考试类图书

纲

记掌中宝

卷与解析

国家执业药师考试通关笔记与押题秘卷

国家执业药师考试通关密押6套卷

国家执业药师考试历年真题试卷全解

国家执业药师考试通关特训1200题

国家执业药师考试通关必做2000题

视频精讲 透视药考真题 把脉2020方向

决胜2020 国家执业药师资格考试

药学专业真题试卷

天创科技 Tianchuang Technology

药师在线 51YAOSHI.COM

决胜2020 国家 资

药学专业真题试

（2015~201

川路管材系列

川路型材系列

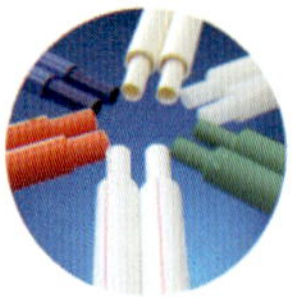

佳装修产品系列

国家级高新技术企业
成都市企业技术中心
中国环境标志产品荣誉称号
康居产品认证
2016万科A级供应商
中国塑料加工工业协会理事及管道分会副理事长单位
全国塑料制品标准化技术委员会委员兼sc3副主任委员单位
ISO9001:2008GB/T 19001-2008质量管理体系认证
ISO14001:2004GB/T 24001-2004环境管理体系认证
GB/T28001-2001职业健康安全管理体系认证

川路塑胶 CHUANLU PLASTIC

公司简介

成都川路塑胶集团创建于1986年，是一家专业生产新型化学建材的品牌企业，1988年，率先研发生产白色PVC排水管材管件，是国内研发生产管道及管件产品最早的企业之一。川路人以责任为己任，专注产品本身，始终坚持一个品牌，一个标准服务于市场。

公司秉承“有责任更信任”的企业理念，不断创新，追求卓越，坚持诚信为本，携手共赢，以质取胜，奉献社会。

川路塑胶集团在全国拥有分公司、总经销、特约经销800余家和112个产品配送中心，组成了较完善的营销与服务网络，并与万科、恒大、华润、保利、中信等著名地产公司形成战略合作。“川路管材”、“川路型材”等系列产品广泛应用于国内(外)城市化建设的建筑给(排)水、建筑门窗、电器穿线、电网改造、市政建设、农网改造、石油化工、新农村建设等众多领域。主要工程包括：毛主席纪念堂改造、小平故里、钓鱼台国宾馆、西班牙、加拿大驻北京使馆改造、布达拉宫改造、四位机库、二滩水电站、北京2008奥运主体育馆、上海世博园、博鳌亚洲论坛会址、北京科技大学、万科中心（总部）、喀麦隆议会大厦、塞班国际五星级酒店、巴哈马国家体育馆、非洲索科马糖联甘蔗农场喷灌给水工程等。

川路塑胶集团以国家重大需求为导向，坚持以科学发展与自主创新为主要任务，投身于低碳、节能、环保的绿色建材行业，致力于为人们提供自然、健康的饮用水与温馨、舒适的生活空间。

参与制定，并严格执行国家标准

全面参与制定并起草

PVC-U排水管材国家标准（GB/T5836,1-2006）

PVC-U给水管材国家标准（GB/T10002,1-2006）

PVC-U给水管件国家标准（GB/T10002,2-2003）

无压埋地排污、排水用硬聚氯乙烯（PVC-U）管材（GB/20221-2006）

自主创新,致力于技术研发

为用户提供自然、健康的饮用水

1988年，全国第一家试行生产PVC-U排水产品,由于当时没有国家标准,采用BS英标

1989年，全国第一家生产白色给水PVC-U管材管件产品

1996年，全国第一家生产蓝色给水PVC-U管材管件产品

1999年，开发生产PP-R新型冷热水管系列

2007年，川路成为国家级博士后科研工作站

2012年，研发生产PB给水管道系列

2013年，研发生产PE-RT给水管道系列

2015年，研发生产AGR新型给水管道系列

2016年，研发生产HDPE双壁波纹管

四大原则 品质保障

坚持一个品牌
川路品牌

坚持统一原料
优质原料

坚持一个标准
国家标准

坚持统一生产
同一产地

创造高值化产品
共同开拓更丰富的品味生活
广州厂区：
地址：广东省广州市白云区石井镇滘心村
总机：86-20-36413900
http://www.nypcgz.com
南通厂区：
地址：江苏省南通市通京大道88号
总机：0513-85291811
http://www.nypc.com.cn
惠州厂区：
地址：广东省惠州市博罗县石湾镇石湾大道230号
总机：86-752-6926666
http://www.nanyahz.com.cn
厦门厂区：
地址：福建省厦门市海沧区新阳工业区新美路2号
总机：86-592-6510371
http://www.xmjqf.com

50年品质保证

美国JM Eagle、泉恩集团全球知名塑料管材制造商

·泉恩四大优势·

国际先进生产设备 采用世界上先进的生产设备、模具和检验设备。挤出机单位时间内产量为一般设备的2倍以上，采用的内冷却系统，大大提高管材的冷却效率及产品质量。质检设备均为进口，误差率极低。

国际先进生产工艺 秉承美国JM Eagle集团30年的塑料管材生产经验，沿袭美国专利技术，生产过程中对管材进行实时监测、随机抽样，严控不合格产品出厂。引入美国先进检测方法，确保更严格，更快速的监控产品质量。

国际先进管理体系 泉恩获得ISO体系质量认证中质量管理体系认证、环境管理体系认证、职业健康安全管理体系认证。从原料选配到入厂检测，生产工艺控制到产品质量检测，我公司拥有一套完整的质量体系。确保生产产品符合国家标准。

管材口径大、寿命长 PVC可做到1.6m，PE可做到2米，是国内少数一家拥有生产2.5m管材技术储备的公司。产品规格可满足不同客户群体需求。在正常安装及回填的施工工艺下，管材寿命可达50年，管材使用年限及性价比比较高。

永泉计划

保障饮水安全　造福子孙后代

质量 | 健康 | 未来 | 保障

泉恩高科技管业

禧天龙
碧
彩·纳于绿
禧天龙灵创新色彩，将自然碧绿萃取，融入纯色奶白，
使自然环保概念与收纳灵感遥相呼应。
新品色彩定义自然收纳理念，注入色彩灵性于产品，
为家居收纳生活焕发新灵感。
禧天龙科技发展有限公司
Tel：400 818 9998
Add：天津市滨海新区未来科技城风光大道12号 300450
Web：www.Citylong.com

广东省塑胶行业协会

2019年8月30日广东省塑胶行业协会“大爱乡情 思源回报”扶贫公益活动正式启动，此次大型公益活动受到了当地政府的重视。涟源市人民政府副市长李冰玉同志，涟源市人民政府副市长、市扶贫办主任易专同志全程陪同，涟源电视台、报社等媒体记者纷纷来现场采访报道。参与本次活动奉献爱心的会亲企业及个人共51家，帮扶慰问了由涟源市政府提供纳入了低保、五保政策的200户贫困家庭，为每户提供白面10斤，现金900元；前往金石镇双合村低保贫困户曾建新老人家赠送慰问金5000元，共价值人民币20万余元。此次活动以百姓喜闻乐见的方式将“精准扶贫”送到群众手中，进一步推进了精准扶贫工作，激发出老乡们决胜脱贫攻坚的决心和信心。活动取得了百姓受益，社会好评的良好效应。

广东省塑胶行业协会以中国·常平塑料新材料之都的名义，带领协会高新企业代表：东莞市俊坤科技有限公司、东莞市亨嘉橡塑科技有限公司、东莞市国科新材料科技有限公司、广东龙道新材料有限公司综合组团参加CHINAPLAS 2019国际橡塑展。

塑料改性与加工高性能化技术研修班

2019创新改性塑料及色母粒技术研讨会

地址：广东省东莞市常平国际塑胶大厦4楼
电话：0769- 81083188

中国塑料工业年鉴

CHINA PLASTICS INDUSTRY YEARBOOK

2019

中国塑料加工工业协会　主编

中国轻工业出版社

图书在版编目（CIP）数据

中国塑料工业年鉴. 2019/中国塑料加工工业协会主编. --北京：中国轻工业出版社，2019. 12
ISBN 978-7-5184-2730-7

Ⅰ. ①中…　Ⅱ. ①中…　Ⅲ. ①塑料工业—中国—2019—年鉴　Ⅳ. ①F426. 7-54

中国版本图书馆 CIP 数据核字（2019）第 300406 号

《中国塑料工业年鉴》具有工具性特点：集手册、年表、图录、书目、索引、文摘、表谱、统计资料、指南于一身；具有资料性特点：全面、系统、准确地记述了上年度塑料行业发展状况；具有可读性特点：资料翔实、功能齐全、反应及时、连续出版，同时肩负着“资政”“存史”和“宣传推广”的社会责任。

责任编辑：王　淳　徐　琪　　责任终审：孟寿萱
封面设计：锋尚设计　　封面监印：张　可

出版发行：中国轻工业出版社（北京东长安街 6 号，邮编：100740）
印　　刷：三河市万龙印装有限公司
经　　销：各地新华书店
版　　次：2019 年 12 月第 1 版第 1 次印刷
开　　本：787×1092　1/16　印张：28
字　　数：640 千字
书　　号：ISBN 978-7-5184-2730-7　　定价：480. 00 元
邮购电话：010-65241695
发行电话：010-85119835　传真：85113293
网　　址：http：//www. chlip. com. cn
Email：club@ chlip. com. cn
如发现图书残缺请直接与我社邮购联系调换
181542K4X101HBW

《中国塑料工业年鉴》（2019）编委会名单

林　为　泉州三盛橡塑发泡鞋材有限公司　董事长
刘路兴　山东省塑料协会　会长/研究员
马之清　山东清源集团有限公司　董事长
李振平　山东蓝帆塑胶股份有限公司　董事长/中国塑协塑料助剂专业委员会主任
刘方毅　山东英科环保再生资源股份有限公司　董事长
张先炳　武汉华丽环保科技有限公司　董事长
符　岸　广东省塑料工业协会　会长
李南京　金发科技股份有限公司　总经理
马镇鑫　广东金明精机股份有限公司　董事长
宋旭彬　广东海兴塑胶有限公司　总经理/中国塑协塑料家居用品专业委员会主任
林东亮　大大科技开发（深圳）有限公司　董事长/中国塑协塑木制品专业委员会　主任
段同生　河南省塑料协会会长
王新良　宁波力劲机械有限公司　总经理
左满伦　广东联塑科技实业有限公司　总裁
柯　明　佛山佛塑科技集团股份有限公司　总裁
林云青　康泰塑胶科技集团有限公司　总裁
李忠烈　四川省犍为罗城忠烈塑料有限责任公司　董事长
宋晓玲　新疆天业（集团）有限公司　董事长
陈　宇　北京华腾新材料股份有限公司　董事长兼总经理
徐志强　上海靓敏薄膜科技发展有限公司 董事长
丁良玉　浙江中财管道科技股份有限公司　总经理
佘桂锡　汕头海湾物资有限公司　董事长/汕头市塑胶商会　会长
林丰钦　南亚塑胶工业股份有限公司　资深副总经理
于　建　清华大学化工系高分子研究所 教授/中国塑协改性塑料专业委员会主任
杨卫民　长江学者/中国塑协专家委员会　主任
孔德海　新疆维吾尔自治区塑料加工工业协会　会长
王小红　湖南省塑料行业协会　理事长
傅　强　四川大学高分子材料系　教授

委　　员　田　岩　中国塑料加工工业协会　副秘书长兼综合业务部主任
刘　姝　中国塑料加工工业协会　副秘书长兼会员部主任
孙冬泉　中国塑料加工工业协会　副秘书长兼会展部主任
孟庆君　中国塑料加工工业协会　副秘书长
刘小东　中国塑协中空制品专业委员会　主任
潘公挺　中国塑协人造革合成革专业委员会　主任
冯庶君　中国塑协人造革合成革专业委员会　常务副主任

曹　玲　中国塑协异型材及门窗制品专业委员会　主任
徐建新　中国塑协注塑制品专业委员会　主任
夏嘉良　中国塑协复合膜制品专业委员会　主任
朱山宝　中国塑协板片材专业委员会　主任
姜集康　中国塑协塑料编织制品专业委员会　主任
罗维满　中国塑协双向拉伸聚丙烯薄膜专业委员会　主任
易志龙　中国塑协双向拉伸聚酯薄膜专业委员会　主任
侯树亭　中国塑协泡沫塑料 EPS 专业委员会　主任
孙　锋　中国塑协硬质 PVC 发泡制品专业委员会　主任
罗宏宇　中国塑协滚塑专业委员会　主任
陈　林　中国塑协塑料节水器材专业委员会　主任
宁红涛　中国塑协塑料再生利用专业委员会　主任
曹常在　中国塑协医用塑料专业委员会　主任
黄志刚　中国塑协降解塑料专业委员会　主任
李向东　中国塑协氟塑料加工专业委员会　主任
季德虎　中国塑协多功能母料专业委员会　主任
朱　锦　中国塑协工程塑料专业委员会　主任
王焕清　中国塑协流延薄膜专业委员会　主任
洪晓冬　中国塑协镀铝膜专业委员会　主任
郭鑫齐　中国塑协聚苯乙烯挤出发泡板材专委会　主任
黄伟兵　中国塑协塑料鞋专委会　主任
周赞斌　中国塑协热塑性弹性体专委会　主任
张丹凤　中国塑协线缆材料专委会　主任
蔡朝辉　中国塑协电池隔膜专业委员会　主任

主　　编　马占峰

副 主 编　姜宛君

编　　者（以姓氏笔画为序）

马宏伟　王　旭　王小红　王占杰
王克智　王春芳　王慧凯　毛维琴
文秀松　田　岩　田　辉　冯庶君
吕　方　朱文玮　朱守益　刘　敏
刘汉龙　刘均科　刘清泉　许方敏
许忠斌　李咏懋　岑叙生　何　慧
谷岳阳　沈友良　宋科明　汪建萍
陈　生　陈　宇　陈清清　张文雷
张仲婉　张春辉　张崇和　张惠芳
林佳丽　杨卫民　杨松伟　杨惠娣
范　艳　范艳菊　周家华　周鸿勋
周肇枢　和菊秀　郑天禄　孟庆君

赵　艳（XPS）　赵　艳（管道）
赵克武　荀育军　侯培民　侯树亭
段同生　施珣若　施燕琴　贺　静
翁云宣　高学文　郭书丽　唐　维
郭　晶　崔　正　符　岸　韩简吉
鲁淞彦　焦红文　焦志伟　谢镇铭
鉴冉冉　窦俊岭　谭　固　樊立辉
潘庆功　薛　斌
中国塑料加工工业协会
中国塑协异型材及门窗制品专业委员会
中国塑协复合膜制品专业委员会
中国塑协聚氨酯制品专业委员会
中国塑协 BOPET 专委会
中国塑协硬质 PVC 发泡制品专业委员会
中国塑协塑木制品专业委员会
中国塑协塑料助剂专委会秘书处
中国塑协塑料家居用品专委会秘书处
中国塑料机械工业协会
新疆维吾尔自治区塑料协会

2019 版出版说明

《中国塑料工业年鉴》自 2001 年创刊，至今已出版了 17 卷。由于其内容翔实、资料完整、数据权威的特点，已成为塑料行业从业者了解行业、研究行业的权威工具书，同时是国家各级领导机构、企事业单位、研究所、高等院校查阅资料、了解信息、指导工作的重要参考书，具有很高的保存和收藏价值。

《2019 中国塑料工业年鉴》为第 18 卷，与前 17 卷在时间和内容上保持连续性，设有“专论”“政策法规”“综述”“各地区塑料工业情况”“主要制品行业情况”“塑料标准”等栏目，全面客观地记录了 2018 年中国塑料工业坚持新发展理念，以供给侧结构性改革为主线，坚持创新推动行业高质量发展的重大事件和丰硕成果。

《2019 中国塑料工业年鉴》由中国塑料加工工业协会主编，中国轻工出版社出版发行。中国塑协各分支机构、中国石油和化学工业联合会、中国塑料机械工业协会、中国氯碱工业协会、山西省化工研究所（有限公司）和各省、市、自治区塑料行业协会等单位领导与专家给予了大力支持。

《中国塑料工业年鉴》编委会向所有关心、支持和参与撰稿、组织、筹划及宣传工作的领导、专家、作者和朋友们表示衷心的感谢。诚请广大读者对《2019 中国塑料工业年鉴》编写、出版中的不足之处给予批评、指正。

《中国塑料工业年鉴》编辑委员会

2019 年 10 月

目　录

专　论

政策与法规

综　述

各地区塑料工业

主要制品行业

塑料标准化

展览展示与国际交流

专　论

坚定创新自信　强化创新引领　加快塑料行业转型升级步伐

——张崇和会长出席2018中国塑料加工业科技大会并发表重要讲话

中国轻工业联合会会长　张崇和

（2018年10月28日于南京）

10月28日，中国塑料加工工业协会在南京召开2018中国塑料加工业科技大会。中国轻工业联合会会长张崇和出席会议并发表重要讲话。

张崇和会长认为本次科技大会围绕“提高自主创新能力，大力实施高端化战略”为主题展开研讨，标志着中国塑料加工业科技创新掀开崭新的一页，彰显了全行业加强科技创新和技术进步的信心和决心。并从正确认识科技创新和有效推进科技创新等方面发表了以下四点意见和建议：一、科技创新永远在路上；二、坚定科技创新三个自信；三、突出重点推进科技创新；四、统筹资源推进科技创新。

以下为张崇和会长讲话原文。

非常高兴参加2018中国塑料加工业科技大会。首先，我代表中国轻工业联合会，向大会的成功召开表示热烈的祝贺！向出席大会的各位院士、专家，表示崇高敬意！向一直以来关心、支持塑料加工业发展的政府有关部门和社会各界表示衷心的感谢！

本次科技大会的召开，标志着中国塑料加工业科技创新掀开崭新的一页，彰显了全行业加强科技创新和技术进步的信心和决心。

本次大会，围绕“提高自主创新能力，大力实施高端化战略”为主题展开研讨，共商行业创新大计，同绘行业发展蓝图。借此机会，我谈几点意见和建议。

一、科技创新永远在路上

党的十八大以来，习近平总书记高度重视科技创新工作，强调创新是引领发展的第一动力。2016年全国科技创新大会明确提出，到2020年进入创新型国家行列，2030年进入创新型国家前列，新中国成立100年时成为世界科技强国。这既是国家建设世界科技强国的伟大目标，也为塑料加工业科技创新提出了要求，指明了方向。

我国塑料加工业“十一五”超高速发展，“十二五”结构调整，基本完成了从产业成长期向产业成熟期的过渡。塑料加工业在“跟跑”先进国家的进程中，通过引进、模仿、消化、吸收和再创新，全面提升了企业创新能力，降低了完全依赖自主创新的高投入，这在发展初期是合理的，也是必要的。进入成熟期后，产业步入中高端，企业对技术依赖程度大幅提高，创新驱动必然成为产业谋求竞争优势的关键首选。

科技创新永远在路上。塑料加工业的科技创新不是一朝一夕，不能一蹴而就，需要持续的研发投入，需要长期的技术积累，需要全方位谋划，需要坚定不移、坚忍不拔的长远准备。

二、坚定科技创新三个自信

塑料加工业科技创新要避免“两个倾向”：**一是**不能妄自尊大，自以为科技创新实力很强了，“厉害了”，赶超了，不需要向先进国家学习了。**二是**不能妄自菲薄，对自主创新能力没有信心，亦步亦趋，不敢超越。科技创新需要坚定三个自信。

一是解决问题自信。与先进国家比，我国塑料工业起步晚，几十年时间实现了规模快速扩张，也暴露了诸多问题：产品低端化、同质化，核心竞争力不强，清洁生产不配套，环保设施不达标等。这些问题的核心，是企业技术研发能力弱，科技创新不足。解决这些问题，要靠科技创新，靠技术进步。必须下决心，有信心，直面问题，推动科技创新，推动技术进步。在科技创新中解决发展问题，在解决问题中繁荣行业发展。

二是自主创新自信。实践反复告诉我们，关键技术、核心技术，要不来，买不来，引进不来。自主创新是攀登世界科技高峰、做大做强自身的必由之路。发展初期，我国塑料加工业利用国外现成技术和装备，实现了快速追赶和跨越式发展。这些年，我国塑料加工技术和装备与国外的差距正在缩小，技术门槛逐级提高，追赶步伐明显放缓，企业必须更多依靠自主创新，提高基础科学和前沿技术的原始创新能力；必须利用各种信息技术、管理技术与研发工具，对各种创新要素和创新内容进行选择、优化和集成，形成自主创新能力，赢得产业核心竞争优势，实现关键核心技术自主可控，把创新主动权、发展主动权牢牢掌握在自己手中。

三是并行领跑自信。《国家中长期科技发展规划纲要》提出，创新能力在“跟踪、并行、领跑”中，要以“跟踪、并行”为主，向“并行、领跑”为主转变。这对创新能力提出了更高的要求。我国虽已成为全球塑料制品的生产大国、消费大国和出口大国，但是仍然处在全球价值链的中低端，高附加值和高端产品仍以引进为主。必须在跟进中学习，在跟进中创新，在跟进中突破。

近几年来，塑料加工业在核心技术研发和产品创新方面取得了一些令人瞩目的成绩。比如：塑料体积拉伸流变加工、柔性屏幕用石墨烯碳纳米管薄膜、超强韧薄膜技术、心脏体外循环及呼吸麻醉用插管、导管生产技术等，已进入世界先进水平行列。中国塑料加工业必须有自信，在“并行”中取得突破，在“领跑”中增强信心，在自主创新中有所作为，努力推动行业实现技术追赶。

三、突出重点推进科技创新

科技创新是一个系统工程，必须运用系统化思维，立足优势，明确目标，有计划有重点地加以推进。

一是围绕顶层设计开展科技创新。依据《国家创新驱动发展纲要》，中国塑料协会组织制定的《塑料加工业“十三五”发展规划指导意见》《塑料加工业“十三五”技术进步指导意见》，确立了以新材料、新技术、新装备和新产品为发展重点，大力实施高端化战略的指导思想；确立了功能化、轻量化、生态化、微成型的行业发展方向。这些是塑料加工业推动科技创新和技术进步的顶层设计。要围绕这些顶层设计，开展科技创新，形成布局合理、功能完备、运行高效、支撑有力的塑料加工业科技创新体系；形成智能制造、数字制造、新材料、新装备的科技创新能力；为塑料加工业进入世界先进国家行列奠定坚实的科技基础。

二是围绕“三品”行动开展技术创新。国家推行“三品”行动计划以来，塑料加工全行业提品质、增品种、创品牌，取得了良好成效。塑料加工业科技创新，要以“三品”行动计划为导向，以“功能化、轻量化、生态化、微成型”为重点，加强高性能塑料制品研发，加强轻量化技术研究，加强精密化微成型关键核心技术攻关，努力为实施国家“三品”行动计划提供有力的科技创新支撑。

三是围绕智能制造开展科技创新。当前，以德国工业4.0为代表的新一轮技术革命和产业变革正在快速发展，以智能工厂、智能产品和智能供应链相互支撑的智能制造体系正在加速构建。李克强总理提出，要以“互联网+”推动互联网、云计算、大数据、物联网与现代制造业的结合。产品个性化、高端化、小批量、定制生产将成为未来制造业新趋势。这是包括塑料加工业在内的我国产业不可回避的全球性挑战。塑料加工业要充分利用“两化”深度融合机遇，抓紧做好资源管理系统和制造执行系统的深度融合，为智能转型创造条件，加速探索塑料加工业智慧发展之路。

四是围绕绿色发展开展科技创新。“绿水青山就是金山银山”，坚持绿色发展才能可持续发展。塑料加工业的可持续发展不能以牺牲环境为代价。要加强节能减排技术研究，加强新型环保材料研制，加强塑料循环利用技术研发，从源头降低产品消费后废弃率。要通过完善创新体系，以建设绿色工厂、绿色供应链和绿色产业园区为契机，实现清洁生产和产业生态化，全面提升产业素质，开创塑料加工业节能减排新格局，加快推动全行业转型升级和绿色发展。

四、统筹资源推进科技创新

科技创新是一项复杂的系统工程。要推进科技体制创新、机制创新和政策创新，解决科技资源分离、分散、分隔的“三分”体制性障碍，让科技资源转化为科技优势，转化成经济优势。

一是统筹专业委员会创新资源。中国塑料加工业的快速发展，塑协35个专业委员会功不可没。要统筹各专业委员会的科技创新资源，加强专业领域关键共性技术研究，发挥企业科技创新主体作用，协同产学研用科技攻关力量，联合开展全产业链技术创新。各专委会专家，要成为科研成果转化的推动者、促进者，成为关键共性技术攻关的组织者、实践者，成为引领行业创新发展的主导力量、领军力量。

二是统筹利用地方创新资源。在建设创新型国家思想指引下，一批国家创新型试点城市、国家自主创新示范区、创新改革试验区、国家科学中心落户地方。一些地方建立“政产学研用基金”，建立科技创新平台，建立科技成果转移转化中心。这些地方创新资源，都有可能转化形成塑料加工业科技创新条件。要积极利用地方科技创新资源，依托国家级经济技术开发区和高新技术产业开发区的智力、信息、资金和政策，推动塑料加工业的科技创新。

三是统筹院所院士创新资源。我国改革开放和经济发展四十年来，众多的科研机构发挥了重要作用，蕴藏着巨大的潜力和能量。有效利用高校、科研院所、军工单位的创新力量，是塑料加工业推进科技创新的又一着力点。要联合高校建立新型研发平台，运用市场手段，吸引科研机构力量，发挥院士领衔创新的作用，共同推动塑料加工全行业科技创新。

四是统筹社会创新资源。近年来，我国发展的新动能加快积聚，经济转型升级不断增强，社会创新活力日益提升，企业创新热情持续提高，创新型社会特征更加明显。塑料加工行业企业要全方位统筹社会创新资源，引进创新技术、创新人才、创新资本，建立垂直创新体系，形成社会性协作协同聚合聚变力，最大限度地聚集社会创新资源，不断推动塑料加工全行业科技创新。

同志们，朋友们！走进新时代，共赴新征程，迎接新未来，衷心希望塑料加工行业的同志们，在习近平新时代中国特色社会主义思想的指引下，坚定自信，拼搏奋进，坚定不移地大力推进科技创新，为建设塑料加工业强国作出新的更大的贡献！

中国塑料加工工业协会七届三次理事会工作报告

中国塑料加工工业协会代理理事长兼秘书长　朱文玮

（2018 年 4 月 23 日于上海）

各位理事：

按照会议安排，由我作七届三次理事会工作报告，请审议。

2017 年，中国塑协贯彻落实党的十八大和三中，四中，五中，六中，七中全会精神，认真学习贯彻党的十九大精神，按照国家、中轻联和理事会的总体要求，坚持以推进供给侧结构性改革为主线，以提高经济发展的质量和效益为中心，围绕大力振兴实体经济，坚持传承创新、立足四个服务，创新工作，积极进取，取得了丰硕成果。

一、密切监测，积极引导，塑料加工业实现平稳较快发展

建立健全塑料加工业运行监测机制，发挥中国塑协及分支机构的工作体系作用，分行业密切监测、关注塑料加工业运行情况，发现问题，及时预警，提出措施，塑料加工业发展呈现稳中有进态势。

1. 质量和速度同步提升

2017 年，全国塑料制品行业汇总统计企业产量 7515 万吨，同比增长 3.44%，比上年同期提高了 0.78 个百分点；规模以上企业完成主营业务收入 22808 亿元，同比增长 6.74%，比上年同期提高了 0.53 个百分点；实现利润总额 1354 亿元，同比增长 4.81%，比上年同期降低了 2.51 个百分点；出口额 627 亿美元，同比增长 8.62%，比上年同期提高了 13.79 个百分点；进口额 185 亿美元，同比增长 7.22%，比上年同期提高了 8.68 个百分点；贸易顺差 440 亿美元。

2. 结构和布局进一步优化

东部十省市塑料制品产量 4181.05 万吨，占全国的 55.63%，同比增长 2.61%，是我国塑料制品主要生产区域；中部六省塑料制品产量 1806.56 万吨，占全国的 24.04%，同比增长率为 5.05%，其中江西省安徽省河南省的产量增速较高；西部十二省区塑料制品产量 1338.94 万吨，占全国的 17.81%，同比增长 8.44%。中西部地区产量增速高于全国平均水平，处于快速增长阶段。主营业务收入比重最大的塑料板、管、型材为 5045.35 亿元，占比 22.12%；塑料薄膜、日用塑料、塑料包装箱及容器、塑料零件等产品的主营业务收入增长高于塑料行业平均水平。

3. 产品创新和市场空间不断拓展

随着结构调整进程加快，产业升级突破口正在打开。复合膜软包装行业无溶剂复合和水墨印刷都得到了快速的发展，技术创新势头强劲，国内首创的双头涂布快干型无溶剂复合机、水墨专用印刷机和国际首创的无溶剂凹印机陆续投用。塑料管道行业加强技术创新和市场开拓，燃气管道、智能管件、塑料模块等产品在管网建设、海绵城市等市政相关领域应用量进一步加大。全年塑料加工制品进

出口总值 813.05 亿美元，贸易顺差 441.53 亿美元。

二、加强服务，创新进取，各项工作有序有效开展

把强化服务意识、注重调查研究、狠抓工作落实作为工作的基础，把搞好工作思路职能定位、战略规划引领、搭建服务平台、增强服务能力作为基本方略，在引领和推动行业发展上积极作为。

（一）加强党的建设，规范内部管理

1. 学习贯彻十九大精神，全面加强基层党组织建设

开展“两学一做”，培养四个意识，组织党员学习习近平总书记系列讲话、十九大报告等文件，结合实际抓落实。根据国务院国资委第一巡视组对中轻联总社党委反馈意见，逐条查找问题，制定整改方案并按其组织实施。着手制定了“一个库、二个台账、三项制度”。举行以“不忘初心、牢记使命”为主题的红色教育党日活动，在红岩村召开支部生活扩大会，激发党员的党性意识和理想信念，增强党组织的凝聚力和战斗力。

2. 加强制度建设，提升管理水平

坚持依法合规办会，认真对照中央八项规定要求，结合协会脱钩改革加强监管的要求，建立完善工作、会议和学习各项管理制度，建立工作定期汇报、考核制度，规范分支机构管理，提高工作效率和透明度，主动接受各方监督。制定了“中国塑料加工工业协会脱钩试点实施方案”。完成了办公室搬迁任务。组织召开了七届一次常务理事扩大会议、七届二次理事扩大会议和全国塑料行业地方协（商）会工作会议，产业集群工作会议，分支机构专题工作会议，专家院士行启动会议和汕头、揭阳企业对接，产业链高峰论坛暨专家院士行阶段性总结和梁平企业对接等活动，收到积极的实效。较好地完成了 2016 年度年检、审计、公示等工作。完成协会资产清查工作并上报国资委。

3. 加强职业素养教育，打造有为团队

营造热爱行业、热爱协会、甘于奉献、勇于担当、团结善爱、携手共进、善于学习、乐于助人、创新工作、用心工作气氛；倡导让吃苦的人吃香，实干的人实惠，有为的人有位，努力培养一支政治可靠，专业化、年轻化，职业化的中国塑协秘书处工作团队。目前秘书处人员的专业化水平、文化程度和业务能力有提升，平均年龄有所下降。

（二）坚持服务宗旨，提高工作效能

1. 服务政府工作

中国塑协派驻环保部对外合作中心工作组，在聚氨酯泡沫塑料行业第一期含氢氯氟淘汰项目收尾工作的同时，又承担了第二期项目实施手册编写和相关工作。中国塑协受到了联合国开发计划署、联合国环保署，联合国工业发展组织、世界银行、环保部对外合作中心的表彰。承担了国家质检总局委托的 2017 年食品相关产品监督检查现场检查工作，13 名专业人员分赴辽宁、吉林、黑龙江、内蒙、福建等省份开展工作，按要求在全部 130 家名单中检查了 70 家企业，较好地完成了工作任务，受到了国家质检总局和企业的高度评价，与广东汕头、揭阳、重庆梁平、河南淮阳等地方政府合作，为企业创新提供智力支持。

2. 服务行业发展

通过共建方式支持行业发展。今年首次对历年命名授牌的产业集群，共建企业基地进行了回头看。将今年到期需要复评的中国塑编示范城、中国挤出模具之都、中国水性生态合成革示范基地、中国工程塑料之都、中国塑料鞋之乡、中国合成革产业基地等六个特色区域和产业集群上报中轻联。起草发布了《中国塑料加工业特色区域和产业集群共建管理办法》，为推动行业健康发展提供保障。与企业共建“中国湿法锂电池隔膜装备制造基地”，授予相关企业“中国塑料制品耐候技术实验室”。

3. 服务企业发展

组成调研组，先后对北京、天津、重庆、山东、广东浙江、江苏、福建、湖南、新疆、云南等省市自治区 30 多个城市的相关单位展开调研，实地考察了白余家企业 14 所高校和科研院所。召开了 20 场 300 多家企业参加的座谈会，对这些重点地区塑料加工业发展情况、骨干企业运行情况、科技创新和产业链结合、地方和企业诉求进行了系统调研，并提出了对策和建议，积极为行业争取政策和项目支持。中国塑协与塑木制品专委会帮助企业向政府有关部门多次反映塑木复合材料海关编码归类和关税问题，并派专家专程到海关验证会上讲解介绍，促成海关通过对塑木复合材料及制品单独编码，使困扰企业的重大问题得到解决。就国务院办公厅关于印发禁止洋垃圾入境推进固体废物进口管理制度改革实施案的通知，组织资深专家和部分骨干企业座谈，提出意见并及时报送发改委，工信部等有关部委。就重点企业提出涉及反垄断收购，迅

速反应得到商务部的支持。帮助会员企业向发改委反映 PVC 原料价格垄断问题，得到解决。及时反映聚氨酯原料 TDI 价格异常现象，得到重视，采取措施，价格回落，维护了企业权益。

（三）健全创新体系，推动创新发展

完成并发布《塑料加工业技术进步“十三五”发展指导意见》，为行业技术进步制定纲领性文件。组织落实塑料加工业“十三五”规划，提出“三品”专项行动计划实施意见。

1. 积极开展科技创新年活动

制定了《中国塑料加工业科技创新年活动方案》，举办 2017 中国塑料加工业专家院士行启动大会、2017 中国塑料产业链发展高峰论坛暨 2017 年塑料加工业专家院士行阶段总结会和专家院士与沿海、西部地区部分企业对接活动。加强标准化工作，启动国标工作，开展三品战略专项行动。创新性地开展的中国塑料加工专家院士行活动，得到了行业专家，地方政府和协会，分支机构和塑料加工业骨干企业的大力支持和积极响应。成功召开科技咨询委第四次会议，请行业专家对活动方案提报的 300 余个项目审查把关，上报中轻联申报国家科委，发改委，工信部等政府项目目录及指南，其中多项被列入重大产业化和技改支持项目。

2. 组织开展专题专项研究和行业科技项目及奖励申报

组织企业和专家对工信部科技司编制的《产业关键共性技术发展指南》提出意见建议；组织申报发改委《增强核心竞争力三年行动计划》新材料专项（2018~2020 年）研究塑料新材料重点项目；组织申报干燥节能加热、变频加热节能和能效管理系统的应用、超高速蒸汽制备成套 3 项新节能技术；组织申报 2017 年度国家级工业设计中心认定工作，2 家企业荣获“中国轻工业工业设计中心”认定；组织申报 2017 年度轻工企业管理现代化创新成果，申报 2017 年全国轻工业优秀质量管理小组 2 项；配合中轻联完成 2 项科技项目鉴定；组织申报、参加第 19 届中国专利奖、工业产品生态（绿色）设计示范企业创建工作方案、中国轻工联合会科技进步奖、中国质量奖、第五届中国工业大奖、第二届中国轻工业优秀设计奖、国家质检总局 2017 品牌评价、升级和创新消费品等，获得丰硕成果。组织开展降解地膜农田应用试验和农用功能膜质量性能比较试验，培育并授牌“中国塑料加工业塑料制品耐候技术检测实验室”。完成了中国轻工塑料行业十强和轻工百强企业评价，工信部两化融合管理体系贯标试点企业推荐等项目工作。

（四）加强平台建设，提高服务能力

1. 积极推进会展工作

积极协助中国国际橡塑展，做好相关服务工作。大力推动重庆塑料工业展，组织了第四届中国聚酯薄膜技术及市场研讨会、中国塑协工程塑料论坛、中国塑协专家委员会年会 3 场高质量专题活动，为企业搭建上下游产业合作交流平台。与德国 K 展的合作洽谈正在进行中，有望取得实质性进展。全面启动了 2018 年中国国际塑料展暨第三届新材料、新技术、新装备、新产品展览会的筹备工作。组成了展会组委会，强化了以分支机构为主，吸引专业招展机构招展为辅助和相关单位、地方协会参与的工作机制。成立了五个展会工作督导服务组，积极构建自办展为主，委托为辅，招展、招商、招观众，办会的工作格局。

2. 推进行业信用体系建设

积极推进行业诚信体系建设和行业自律行为。分两批共计对 44 家会员企业进行了信用等级评价的初评，对 31 家企业进行了年度复审，共评出 3A 企业 42 个，2A 企业 2 个；年度复审 3A 企业 29 个，2A 企业 2 个；成立“推进硬质 PVC 发泡制品行业诚信建设工作组”，制定发布行业诚信自律倡议书，组织会员签署承诺书，开展信用培训、咨询和评价等服务；我协会被国家发改委推荐为“第二批重点行业协会商会信用体系建设示范单位”，制定了推进塑料行业信用体系建设的行动方案，确定了塑料行业信用体系建设总体要求和目标、行动计划和保障措施。推广了塑料家居专委会诚信联盟建设、PVC 板片材诚信建设工作组的经验与做法。

3. 推进行业标准化工作

启动团体标准制定。审定通过《中国塑料加工工业协会团体标准工作方案（审议稿）》《中国塑料加工工业协会团体标准制定工作管理办法》，在全国团体标准信息平台上注册并通过审核。正在进行中国塑协团体标准委员会委员征集、组建、工作方案制定等相关工作。管道专委会正加紧《聚乙烯（PE）大口径长纤维增强复合管材》等 4 个团体标准的工作进程。积极推动行标工作。制定加工贸易单耗标准。征集 2018~2020 年加工贸易单耗标准制修订和管理课题计划；对《高阻隔多层共挤出吹塑薄膜加工贸易单耗审定方法》《集装箱运输液体用聚乙烯袋内衬膜加工贸易单耗标准》两个标准进行了征求意见、完成审定材料，组织《聚乙烯塑木复合材料加工贸易单耗标准》编写工作。降解塑料专委会、热塑性弹性体专委会、管道专委会、塑料节水器材专委会、多功能母料专委会等积极作为，承担、参与和推进了多项行业标准制定、修编工作。

4. 做好会员、分支机构日常服务管理工作

制定了分支机构工作条例（模板），对分支机构所处的行业或功能职责按照其特色情况进行了要求。2017 年共发展新会员 178 家。协会协助线缆材料专委会、热塑性弹性体专委会申请了微信公共服务平台，为会员单位及时提供政策、经济等信息服务；秘书处在 2017 年分支机构会议上，将国家对协会的改革政策规定用会议资料汇编的形式发给大家，一方面供大家遵守执行，另一方面也通过分支机构主任、秘书长的学习领会，使得分支机构规范运作，转变服务方式，了解新时代、新要求下如何更好地为会员服务。

各分支机构积极发挥专业性特点，认真开展专业技术培训和技术交流活动。如管道专委会重视教育培训，持续开展专业人员培训工作，与国家化学建筑材料测试中心（材料测试部）合作，共同主办了“2017（第九届）全国塑料管道产品检测技术培训班”，为提升塑料管道行业整体技术水平做出努力。BOPP、BOPET、硬质 PVC 发泡制品等专委会在年会同期召开了高质量的技术交流会，编制的技术资料会刊发表了行业专家教授高水平的论文、技术资料和信息，引领技术进步，提升服务水平。

5. 加强信息服务平台建设

做好每月塑料加工业经济运行数据计算分析，撰写季度经济运行分析报告，分析行业运行情况，提出政策建议，预测行业发展趋势。做好相关刊物的编辑、出版、发行，以及中国塑协官网及相关微信公众号运行工作。利用网站及“中国塑料加工工业协会”和“中国国际塑料展”两个微信公众号，发布协会重大活动报道和协会活动报道，发布和各分支机构会议信息和相关报道，刊登行业信息等。

2018 年协会在中轻联和上级的指导下，经过全体会员的努力，在各项工作取得了一定的成绩，同时，也存在着不足，在加强行业服务工作、全球化品牌建设、产品品质提升、标准化工作、争取政府支持等方面，还有待提升。具体表现为四个不适应：一是能力建设与日益加快的经济变革还不适应，业务素养、知识结构、人员结构有待进一步优化；二是作风建设与日益提高的发展需求还不适应，传统的工作习惯、粗线条的工作作风、应付式和简单化解决问题的方式等还在很大程度的影响着工作成效；三是思维方式与日益深化的改革大局还不适应，思维、学习、认知有差距；四是格局视野与日益加深的世界性经济融合还不适应，缺乏社会化、市场化、国家化视野，还没有完全树立起大国塑料协会的意识和责任感。

三、聚焦重点，靶向施策，深入推进塑料加工业发展

党的十九大提出要坚定不移实施创新驱动发展战略，贯彻新发展理念，建设现代化经济体系。刚刚结束的全国“两会”指出：未来五年，要坚持稳中求进工作总基调，坚持新发展理念，紧扣我国社会主要矛盾变化，按照高质量发展的要求，统筹推进“五位一体”总体布局和协调推进“四个全面”战略布局，坚持以供给侧结构性改革为主线，统筹推进稳增长、促改革、调结构、惠民生、防风险各项工作，大力推进改革开放，创新和完善宏观调控，推动质量变革、效率变革、动力变革。中国塑料行业正处于新旧动能转换的攻坚阶段，转型升级的新路径仍在探索、新动力正在集聚，如何在保持可持续的增长速度的同时，把提高经济增长质量和效益的挑战转换为新的发展机遇；如何由依靠投入数量的增长，转换为更多依靠全要素生产率的提高；如何由高速度增长阶段加快向高质量发展阶段迈进，都需要进一步强化支撑。2018 年，中国塑协将全面贯彻落实十九大和中央经济工作会议精神，坚持以供给侧结构性改革为主线，坚定不移实施创新驱动发展战略，带动塑料加工产业链上下游协同发展，加快结构调整升级。重点做好以下工作。

（一）坚持全面从严治党，不断加强自身建设

认真学习贯彻党的十九大精神，加强党对协会工作的领导，坚定不移强化四个意识，坚定不移强化理论武装，坚定不移强化正风肃纪。

1. 加快协会向规范化转变

按国家的政策法规要求，循序渐进，不断完善规范协会的运行，认真学习借鉴国内、国际协会成功的经验，在规范化上下更大功夫。从建章立制到行为规范，从内部管理到外部形象，树立国家级协会形象和内涵。

2. 推动协会向市场化转变

按照国家十部委颁布的《行业协会商会综合监管办法》要求，细化工作方式、方法，推出工作完成时间表。积极主动适应协会改革的要求，按照社会化办会的方向，不等不靠，立足自身，把协会作为“自主经营、自负盈亏”的企业来对待，按照市场规则推动自身发展。在政策允许范围内，通过商业拓展、个性化服务、项目对接合作等方式来创造合理的市场运作模式和渠道。

3. 加速协会向平台化转变

把协会打造成“四个服务”的大平台，整合政策资源、企业资源、科技创新资源、市场信息资源等，依靠资源整合提供优质服务。积极响应国家深化军民融合发展战略，搭建军民桥梁，尽快使行业在原有服务领域基础上，拓展为军队、国防现代化服务的空间。

4. 推进协会向协同化转变

进一步密切协会与分支机构的联系和协同，各分支机构要主动落实协会的工作部署，协会要更多的关心支持和更有效地为分支机构服务，凝聚协会整体力量，共同开拓发展空间。

促进协会向国际化转变。要有大国塑料协会的视野和格局，积极寻求与国际组织的合作，加强与“一带一路”沿线国家相关机构的交流与合作，主动走出去，掌握更多资源，提升自我，更好实现服务宗旨，努力创办一流协会。

（二）落实创新发展战略，推动构建现代产业体系

根据《国家中长期科学和技术发展规划纲要（2006-2020年）》等文件精神，紧紧围绕《塑料加工业“十三五”发展指导意见》和《塑料加工业技术进步“十三五”发展指导意见》两大规划，坚持创新发展战略，坚持产业链上下游产业协同发展，突出功能化、轻量化、生态化、微成型技术方向，重点推动上下游协同创新与进步，依托上游行业科技进步，促进塑料制品品质提升；依托下游行业科技进步，倒逼塑料加工行业创新发展。

1. 完善科技创新体系

塑料加工业要培育支持行业公共科技资源，共享机制和服务体系的建设，探索产业链协同创新，政产学研金用集成创新，供给侧与需求侧精准对接，高效创新等科技创新的新体制。不断完善以企业为主体的科技创新体系。加强产业共性技术研发平台、检测平台、重点实验室、工程（技术）研究中心、企业技术中心等建设。按照“功能化、轻量化、生态化、微成型”发展趋势进一步引领行业健康发展，跟踪当代科技最新发展动态和前沿技术，瞄准产业链高端进行自主创新，通过上下游产业链的联合攻关，推进行业技术进步和自主创新，逐步缩小与国际先进技术水平之间的差距，加快科技成果转化，大力培育“塑料行业+人工智能+互联网+大数据”新业态，加速全方位深度融合，提升生产过程智能化水平；发挥移动互联网平台作用，创新制造、管理、服务模式。

2. 大力实施“三品”战略

落实“三品”提升战略重点工作实施方案，以增品种、提品质、创品牌为抓手，在全行业中大力实施“三品”战略。帮助企业制定实施“三品”战略的行动计划，力争“一企一策”，推动行业领军企业对照世界顶尖产品、工艺技术和企业管理找差距，采取有效措施，全面提高企业增品种、提品质、创品牌的发展能力。

3. 组织重大技术攻关

围绕国家重大需求、科技指南等，组织专家研究提出有利行业的政策、项目建议，并积极向政府有关部门反映。组织行业专家牵头承担、争取政府、企业的科技项目，承担行业相关国标、行标、团标的制定，承接地方政府和企业委托的项目开发、科技咨询、规划制订、研究院、专家工作站等，推进行业技术进步。

（三）加强服务载体建设，提高服务发展能力

在科技创新、企业服务等方面加大力度，强化服务平台建设，助推行业发展。

1. 加强会展工作

按照供给侧结构性改革的思路，推动产品与市场的无缝对接。办好2018中国国际塑料展览会，按工作方案，不断细化抓好落实，真正办成行业自己的展会及中国的国际的品质展会。借力中轻联“国际产能合作联盟”，推进雅式橡塑展，重庆塑料工业展、德国杜塞尔多夫国际塑料及橡胶展（K展），特别是“四新”展会等方式，利用“一带一路”政策，联动上下游企业，共同携手努力，实现全产业链抱团“走出去”，对接与开拓国内、国际两个市场。

2. 继续开展科技创新系列活动

围绕“自主创新、重点跨越、支撑发展、引领未来”主题，持续开展科技创新系列活动，使之成为引导和支持企业创新的有效载体。在2017年专

家院士沿海行活动基础上，扩大相关活动范围，充分发挥专家、院士以及各专委会的积极作用，支持塑料加工技术创新公共服务平台建设。

3. 完善信息服务平台建设

加强信息的收集和整理工作，在现有统计数据的基础上，加强对全国重点省区行业经济运行数据的收集、整理和分析工作，争取掌握全国塑料行业的发展情况，研判塑料工业经济发展趋势，强化预测预警能力。建立与媒体的联络和信息沟通工作，积极有效应对大众媒体对塑料制品误导性报道，加强对行业企业的信息服务工作。改进《中国塑料工业年鉴》和《中国塑协通讯》工作，至少出版一部有代表性的地方或子行业的发展史。

（四）加强组织，提高行业规范发展能力

1. 推进诚信发展

继续深入开展行业自律和诚信体系建设工作，按照协会推进塑料行业信用体系建设的行动方案中内容，做好方案的推进实施工作；继续在其他子行业开展行业诚信自律公约的履行和承诺书的签署工作；继续做好中国塑料行业企业信用等级评价工作，与政府、机构、上下游行业进行协调沟通，做好评价结果的应用工作；与地方协会和专委会合作，计划开展信用管理培训工作，推进并帮助企业开展信用管理服务工作。

2. 继续推进标准化工作

启动实施团体标准制定，做好中国塑协团体标准委员会委员征集、组建、工作方案制定等相关工作，充分发挥各专委会的专业优势，加快推动管道专委会正加紧《聚乙烯（PE）大口径长纤维增强复合管材》等团体标准的工作进程。制定加工贸易单耗标准。加大力度，尽早完成在编的各行业标准制定和修编工作。

3. 加强会员服务管理

继续做好发展新会员和巩固老会员的工作，保持稳定的会员队伍，加强与会员、企业沟通联系。做好特色区域和产业集群与特色企业的培育共建工作，帮助政府培育产业集群或产业园区。积极组织行业调研活动，了解企业实际发展情况及存在的困难，及时向相关部门反映行业发展状况，争取行业发展有利政策，及时反映行业诉求，保障行业健康、持续发展。

中国塑料加工业2018年度发展报告

中国塑料加工工业协会

2018年，我国塑料加工业在新发展理念引领下，坚持以供给侧结构性改革为主线，以科技创新为动力，着力推动高质量发展，总体保持稳中有进的发展态势。

一、塑料加工业经济运行情况

（一）产量平稳增长

2018年，全国塑料制品行业汇总统计企业累计完成产量6042.15万吨，同比增长1.10%。

1. 从塑料制品分类看

产量最高的是塑料薄膜，为1180.36万吨，占19.54%。增长率最高的是泡沫塑料，产量为242.43万吨，同比增长9.99%；其次是人造革合成革，产量为299.5万吨，同比增长3.06%。增长率最低的是农用薄膜，产量为119.95万吨，增长率为-4.84%；其次是日用塑料，产量为559.21万吨，同比增长-3.7%。详见表1、图1及图2。

表1　2018年塑料制品行业产量与增长率对比表

塑料制品类别	产量/万吨	占比/%	同比增速/%	增速比上年同期/个百分点
塑料制品	6042.15	100.00	1.10	-2.34
塑料薄膜	1180.36	19.54	0.89	-2.45
其中：农用薄膜	119.95	1.98	-4.84	-8.25
泡沫塑料	242.43	4.01	9.99	2.15
人造革合成革	299.5	4.96	3.06	1.72
日用塑料	559.21	9.26	-3.7	-9.5
其他塑料	3760.64	62.24	1.24	-1.82

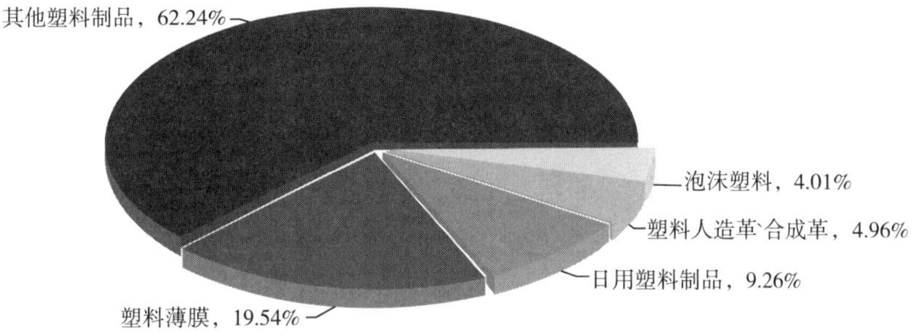

图 1 2018 年全国塑料制品分品种产量比重

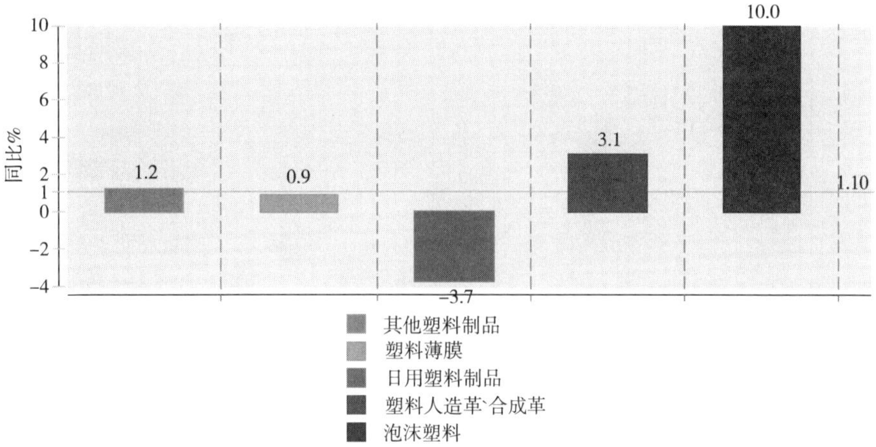

图 2 2018 年塑料制品分品种产量增速情况

2. 分地区看

塑料制品生产主要集中在广东省、浙江省、江苏省、福建省、湖北省、安徽省、四川省、河南省、山东省、河北省等地区。其中：广东省产量最高，为 1002.13 万吨，占 16.59%；其次是浙江省，为 803.47 万吨，占 13.3%。增长率最高的是福建省，产量为 449.54 万吨，同比增长 16.1%，其次是安徽省，产量为 405.01 万吨，同比增长 12.76%。同比增长率最低的是河南省，产量为 266.93 万吨，同比增长−11.79%；其次是河北省，产量为 176.52 万吨，同比增长−7.63%，详见表 2、图 3 及图 4。

表 2 2018 年塑料制品累计产量主要地区增速及占比情况

地区	累计产量/万吨	同比增长率/%	占比/%
全 国	6042.15	1.10	100.00
广 东	1002.13	−5.17	16.59
浙 江	803.47	1.14	13.3
江 苏	469.34	1.38	7.77
福 建	449.54	16.1	7.44
湖 北	415.2	6.14	6.87
安 徽	405.01	12.76	6.7
四 川	398.8	−3.04	6.6
河 南	266.93	−11.79	4.42
山 东	266.29	4.39	4.41
河 北	176.52	−7.63	2.92

3. 从产品分布看

我国塑料薄膜主要产区在东部省份，东部 6 省占总量 67.05%，浙江、广东是最大生产省份。山东、河南是我国农用薄膜的主要产区，云南、四川、陕西产量有较大增长，甘肃、新疆、

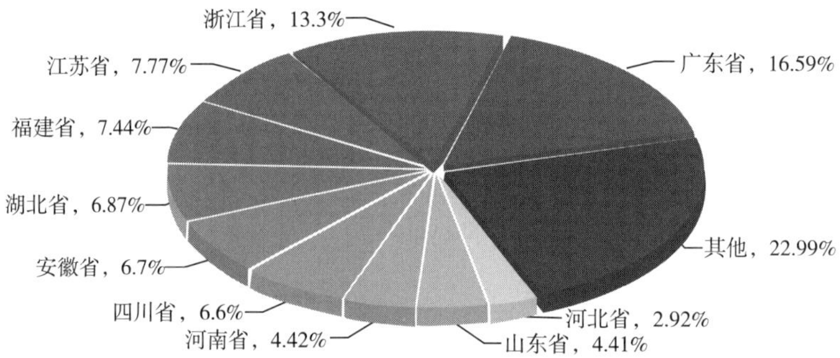

图 3　2018 年塑料制品产量地区占比情况

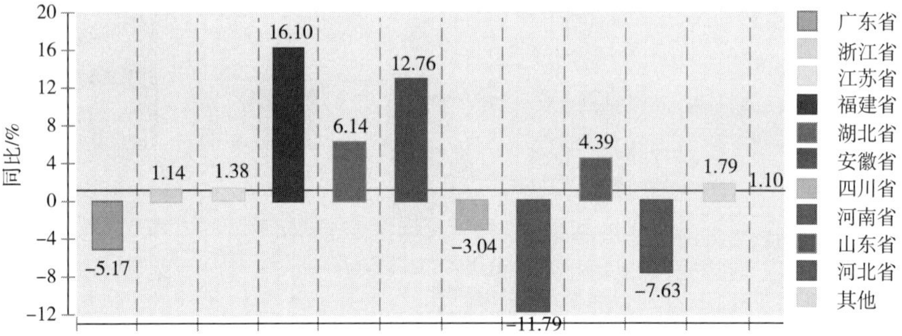

图 4　2018 年主要地区塑料制品产量同比增长情况

吉林产量大幅降低。广东是我国泡沫塑料产量最大省份，湖北增长较快，占比排名第二。人造革合成革较为集中，主要生产省份在东部，福建、浙江是最大生产省份，安徽、湖南增长较快。日用塑料最大生产省份是广东、浙江，中部省份湖北、安徽增长迅速。广东、浙江是其他塑料生产的最大省份，安徽、四川、湖北等中西部省份增长较快（表 3 至表 8）。

表 3　　2018 年塑料薄膜十大生产省区市

地区	2018 年产量/吨	累计比上年同期/%	2018 年占比/%	2017 年占比/%
全　国	11803649. 3	0. 89	100. 00	
浙　江	2606700. 38	6. 27	22. 08	26. 05
广　东	2009788. 96	−3. 07	17. 03	15. 14
福　建	1416174. 41	24. 94	12. 00	7. 80
江　苏	1308534. 45	−3. 72	11. 09	8. 95
河　南	642009. 33	−32. 84	5. 44	9. 91
山　东	616053. 91	6. 72	5. 22	6. 54
四　川	541810. 95	−1. 48	4. 59	4. 61

续表

地区	2018 年产量/吨	累计比上年同期/%	2018 年占比/%	2017 年占比/%
上　海	405494. 62	7. 78	3. 44	2. 57
安　徽	382499. 96	9. 28	3. 24	3. 09
重　庆	324402. 86	26. 06	2. 75	2. 69

表 4　　2018 年农用薄膜十大生产省区市

地区	2018 年产量/吨	2018 年增长率/%	2018 年占比/%	2017 年占比/%
全　国	1199536. 41	-4. 84	100. 00	100. 00
山　东	238941. 7	13. 59	19. 92	19. 46
河　南	237545. 5	-7. 84	19. 80	22. 95
云　南	115366. 04	9. 76	9. 62	5. 26
浙　江	90799. 22	-0. 29	7. 57	10. 32
四　川	76437. 07	8. 76	6. 37	3. 56
甘　肃	65093. 67	-27. 59	5. 43	4. 98
陕　西	61917. 3	19. 9	5. 16	3. 46
新　疆	59350. 91	-32. 77	4. 95	4. 98
吉　林	44224. 78	-18. 12	3. 69	9. 69
广　东	36276	24. 82	3. 02	2. 13

表 5　　2018 年泡沫塑料十大生产省区市

地区	2018 年产量/吨	2018 年增长率/%	2018 年占比/%	2017 年占比/%
全　国	2424252. 08	9. 99	100. 00	100. 00
广　东	577765. 9	3. 48	23. 83	16. 42
湖　北	422289. 11	29. 55	17. 42	11. 70
浙　江	221512. 88	3. 29	9. 14	9. 05
江　苏	169746. 64	17. 37	7. 00	5. 65
山　东	144105. 98	772. 36	5. 94	2. 55
河　北	139904. 02	-9. 19	5. 77	2. 33
河　南	124566. 42	-34. 4	5. 14	23. 49
陕　西	109562. 79	44. 59	4. 52	5. 30
四　川	99913. 84	21. 91	4. 12	6. 59
福　建	55925. 3	-1. 75	2. 31	1. 89

表 6　**2018 年人造革合成革十大生产省区市**

地区	2018 年产量/吨	2018 年增长率/%	2018 年占比/%	2017 年占比/%
全　国	2995008. 38	3. 06	100. 00	100. 00
福　建	868862. 82	13. 22	29. 01	26. 05
浙　江	668408. 28	−11. 1	22. 32	22. 68
安　徽	481174. 55	28. 19	16. 07	10. 78
江　苏	311416. 04	0. 65	10. 40	10. 83
广　东	291218. 94	3. 11	9. 72	8. 49
河　北	139693. 18	−13. 16	4. 66	4. 67
湖　南	67448	24. 61	2. 25	1. 55
上　海	55487. 92	7. 33	1. 85	1. 48
河　南	29656. 8	−49. 54	0. 99	10. 30
江　西	19557	22. 23	0. 65	0. 69

表 7　**2018 年日用塑料十大生产省区市**

地区	2018 年产量/吨	2018 年增长率/%	2018 年占比/%	2017 年占比/%
全　国	5592132. 07	−3. 7	100. 00	100. 00
广　东	1731148. 06	−8. 45	30. 96	22. 83
浙　江	857819. 26	5. 75	15. 34	17. 61
湖　北	707435. 81	25. 55	12. 65	8. 52
四　川	492862. 01	−40. 15	8. 81	11. 64
福　建	301943. 21	12. 34	5. 40	3. 34
江　苏	270479. 3	6. 11	4. 84	6. 62
山　东	261443. 1	−2. 87	4. 68	4. 25
安　徽	230990. 65	61. 03	4. 13	2. 35
重　庆	100901. 57	14. 51	1. 80	1. 50
河　南	93054. 47	−8. 48	1. 66	5. 88

表 8　**2018 年其他塑料十大生产省区市**

地区	2018 年产量/吨	2018 年增长率/%	2018 年占比/%	2017 年占比/%
全　国	37606423. 74	1. 24	100. 00	100. 00
广　东	5411364. 84	−6. 1	14. 39	11. 91
浙　江	3680301. 37	−0. 9	9. 79	9. 13

续表

地区	2018 年产量/吨	2018 年增长率/%	2018 年占比/%	2017 年占比/%
安 徽	2904383. 75	8. 65	7. 72	5. 91
四 川	2850313. 45	8. 12	7. 58	6. 86
湖 北	2834661. 38	-1. 89	7. 54	6. 87
江 苏	2633211. 02	2. 81	7	7. 84
福 建	1852526. 37	12. 6	4. 93	4. 17
河 南	1780015. 06	3. 5	4. 73	9. 15
山 东	1625964. 65	-2. 83	4. 32	6. 59
广 西	1600428. 14	38. 19	4. 26	4. 22

（二）效益持续增长

2018 年，塑料制品行业 15571 家规模以上企业完成主营业务收入 18061. 75 亿元，同比增长 5. 04%；实现利润 950. 40 亿元，同比增长 3. 28%；主营业务收入利润率为 5. 26%，同比降低 0. 68 个百分点；工业增加值增速 3. 7%，同比降低 2. 4 个百分点。各子行业主营业务收入、利润总额、利润率详见表 9。

表 9　2018 年塑料制品行业各子行业主营业务收入、利润总额、利润率

子行业	汇总企业个数/个	主营业务收入		利润总额		主营业务收入利润率/%
		本月止累计/千元	累计同比/%	本月止累计/千元	累计同比/%	
塑料制品业	15571	1806175157	5. 04	95039976	3. 28	5. 26
塑料薄膜制造	1815	242757222	6. 90	10854203	-1. 50	4. 47
塑料板、管、型材的制造	2901	372835598	5. 99	22994968	5. 26	6. 17
塑料丝、绳及编织品的制造	1738	175744210	-0. 72	9629770	5. 01	5. 48
泡沫塑料制造	843	73742619	3. 64	3516236	4. 49	4. 77
塑料人造革、合成革制造	446	90738743	5. 26	3264398	1. 25	3. 60
塑料包装箱及容器制造	1601	157135328	8. 09	8946329	2. 25	5. 69
日用塑料制品制造	1734	169295926	5. 94	8435536	9. 09	4. 98
人造草坪制造	132	18779146	-3. 31	1080055	-4. 14	5. 75
塑料零件及其他塑料制品制造	4361	505146365	4. 88	26318481	2. 07	5. 21

1. 资产负债率处于适宜水平

塑料制品行业 15571 家规上企业的资产负债率平均为 50.03%，最高的子行业是日用塑料制品制造，为 54.93%，最低的是塑料丝、绳及编织品的制造，为 43.51%。各子行业资产负债率相对 2017 年均有提高，但仍处于适宜水平，详见表 10。

表 10　2018 年塑料制品行业规模以上企业资产负债情况

指标名称	汇总企业个数/个	资产总计		负债合计		资产负债率/%	
		本月止累计/千元	累计同比/%	本月止累计/千元	累计同比/%	2018 年	2017 年
塑料制品业	15571	1462777672	3.99	731823900	4.40	50.03	47.10
塑料薄膜制造	1815	236738142	4.13	123159119	4.51	52.02	48.49
塑料板、管、型材的制造	2901	351576102	4.44	164917743	7.10	46.91	44.04
塑料丝、绳及编织品的制造	1738	108891793	-2.50	47382795	-1.72	43.51	39.90
泡沫塑料制造	843	49109010	5.88	24008180	2.02	48.89	43.97
塑料人造革、合成革制造	446	63398440	4.51	33349593	2.89	52.60	52.09
塑料包装箱及容器制造	1601	122529426	0.22	61156058	-3.48	49.91	48.30
日用塑料制品制造	1734	115863069	2.92	63646378	1.86	54.93	52.82
人造草坪制造	132	11458859	4.44	5594491	-0.39	48.82	-
塑料零件及其他塑料制品制造	4361	403212831	6.66	208609543	7.78	51.74	-

2. 主营业务收入占轻工行业近 10%

2018 年，塑料制品行业规模以上企业完成主营业务收入 18061.75 亿元，同比增长 5.04%，增长率比上年同期降低了 1.7 个百分点，占轻工行业主营业务收入的 9.23%。

其中，主营业务收入最高的是塑料零件及其他塑料制品制造，为 5051.46 亿元，占 27.97%；其次是塑料板、管、型材的制造，主营业务收入为 3728.36 亿元，占 20.64%%。增长率最高的是塑料包装箱及容器制造，主营业务收入 1571.35 亿元，同比增长 8.09%；其次是塑料薄膜制造，主营业务收入为 2427.57 亿元，同比增长 6.9%；同比增长率最低的是人造草坪制造，主营业务收入为 187.79 亿元，同比增长-3.31%；其次是塑料丝、绳及编织品的制造，主营业务收入 1757.44 亿元，详见表 11、图 5 及图 6。

表 11　2018 年塑料制品行业主营业务收入增长及占比情况

塑料子行业	主营业务收入/亿元	同比增长率/%	占比/%	增长率比上年同期/个百分点
塑料制品业	18061.75	5.04	100	-1.7
塑料零件及其他塑料制品制造	5051.46	4.88	27.97	-
塑料板、管、型材的制造	3728.36	5.99	20.64	2.24
塑料薄膜制造	2427.57	6.9	13.44	-3.06

续表

塑料子行业	主营业务收入/亿元	同比增长率/%	占比/%	增长率比上年同期/个百分点
塑料丝、绳及编织品的制造	1757.44	-0.72	9.73	-5.97
日用塑料制造	1692.96	5.94	9.37	-3.9
塑料包装箱及容器制造	1571.35	8.09	8.7	1.25
塑料人造革、合成革制造	907.39	5.26	5.02	9.37
泡沫塑料制造	737.43	3.64	4.08	-1.76
人造草坪制造	187.79	-3.31	1.04	-

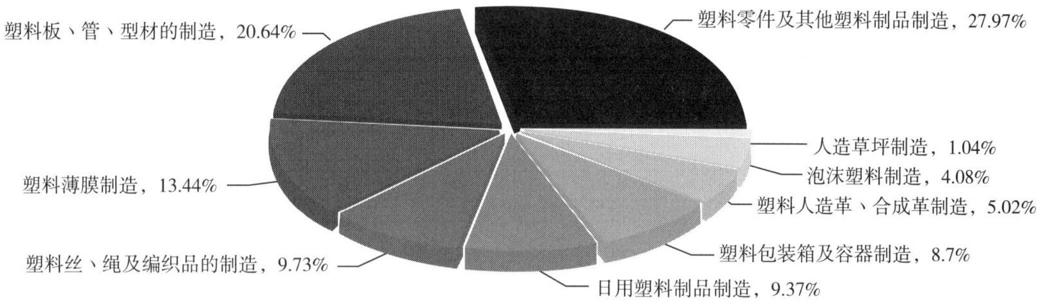

图 5　2018 年塑料制品行业主营业务收入子行业占比情况

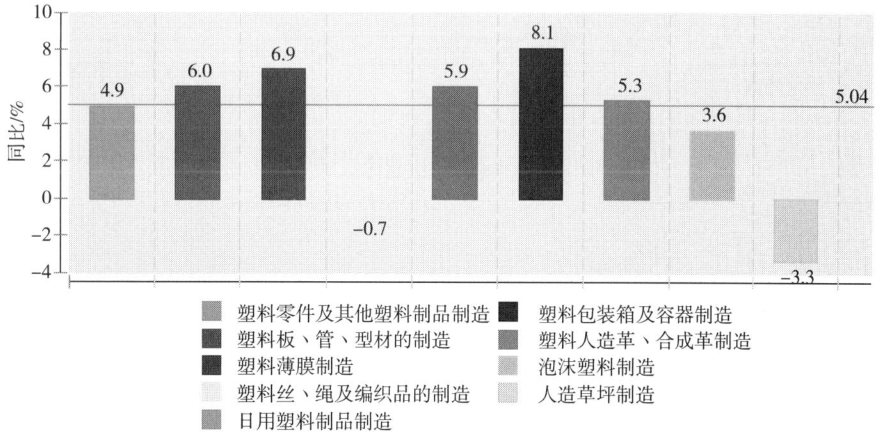

图 6　2018 年塑料制品行业主营业务收入子行业同比增长情况

3. 利润总额先抑后扬

2018 年，塑料制品行业规模以上企业实现利润 950.40 亿元，同比增长 3.28%，增长率比上年同期降低了 1.53 个百分点，占轻工行业利润总额的 7.41%。

其中，利润总额最高的是塑料零件及其他塑料制品制造，利润总额为 263.18 亿元，占 27.69%；其次是塑料板、管、型材的制造，利润总额为 229.95 亿元，占 24.2%。增长率最高的是日用塑料制品制造，利润总额为 84.36 亿元，同比增长

9.09%；增长率最低的是人造草坪制造利润总额10.8亿元，同比增长-4.14%；其次是塑料薄膜制造利润总额108.54亿元，同比增长-1.5%，详见表12、图7及图8。

表12　2018年塑料制品行业利润总额增长及占比情况

塑料子行业	利润总额/亿元	同比增长率/%	增长率比上年同期/个百分点	占比/%
塑料制品业	950.40	3.28	-1.53	100.00
塑料零件及其他塑料制品制造	263.18	2.07	-	27.69
塑料板、管、型材的制造	229.95	5.26	3.76	24.2
塑料薄膜制造	108.54	-1.5	-14.21	11.42
塑料丝、绳及编织品的制造	96.3	5.01	3.85	10.13
塑料包装箱及容器制造	89.46	2.25	-4.76	9.41
日用塑料制造	84.36	9.09	0.3	8.88
泡沫塑料制造	35.16	4.49	10.41	3.7
塑料人造革、合成革制造	32.64	1.25	19.38	3.43
人造草坪制造	10.8	-4.14	-	1.14

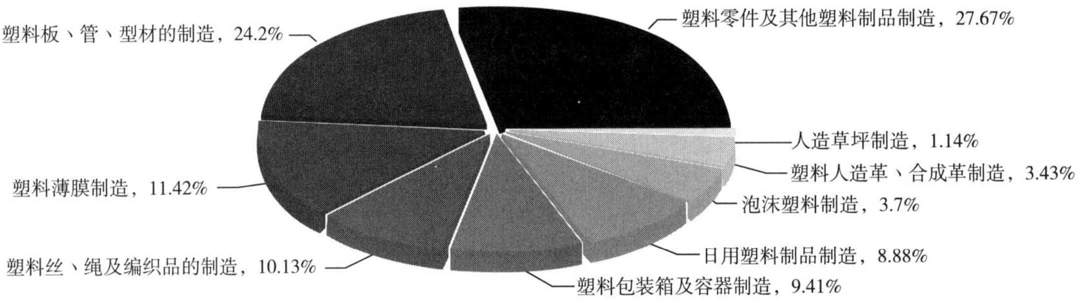

图7　2018年塑料制品行业累计利润总额子行业占比情况

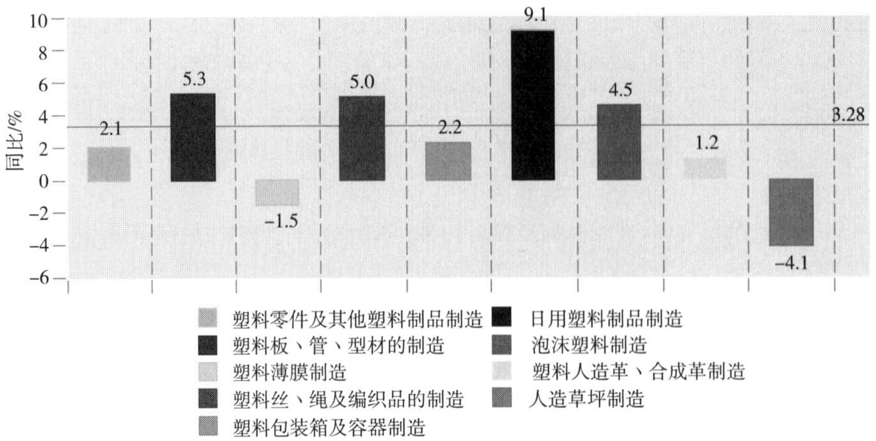

图8　2018年塑料制品行业利润总额子行业同比增长情况

由于禁废令、环保整治、中美贸易摩擦等不利因素的影响，2018 上半年，塑料制品行业利润总额增长率低，截至 6 月，同比增长-2.95%。在调结构转方式等积极措施作用下，下半年负面因素造成的不利影响开始消化，行业增长情况明显好于上半年，利润逐月回升，特别是 12 月份同比增长达 25.67%，全年利润同比增长升至 3.28%。

4. 主营业务收入利润率偏低

2018 年，塑料制品行业主营业务收入利润率为 5.26%，利润率比上年同期降低了 0.68 个百分点，低于全国工业 6.49%的平均水平，也低于轻工业 6.56%的平均水平，在轻工各子行业中，排名仅高于自行车、助动车及非公路休闲车制造业，农副食品加工业，木、竹、藤、棕、草制品业三个行业。

其中主营业务收入利润率最高的是塑料板、管、型材的制造，为 6.2%，其次是人造草坪制造，为 5.8%；最低的是塑料人造革、合成革制造，其主营业务收入利润率为 3.6%，其次是塑料薄膜制造，主营业务收入利润率为 4.5%。各行业主营业务收入利润率情况详见表 13 及图 9。

表 13　　2018 年塑料制品行业主营业务收入利润率增长及占比情况

塑料子行业	主营业务收入利润率/%	利润率比上年同期/%
塑料制品业	5.26	-0.68
塑料零件及其他塑料制品制造	5.2	-
塑料板、管、型材的制造	6.2	-0.24
塑料薄膜制造	4.5	-0.93
塑料丝、绳及编织品的制造	5.5	-0.31
塑料包装箱及容器制造	5.7	-0.82
日用塑料制造	5.0	-0.74
泡沫塑料制造	4.8	-0.97
塑料人造革、合成革制造	3.6	-0.9
人造草坪制造	5.8	-

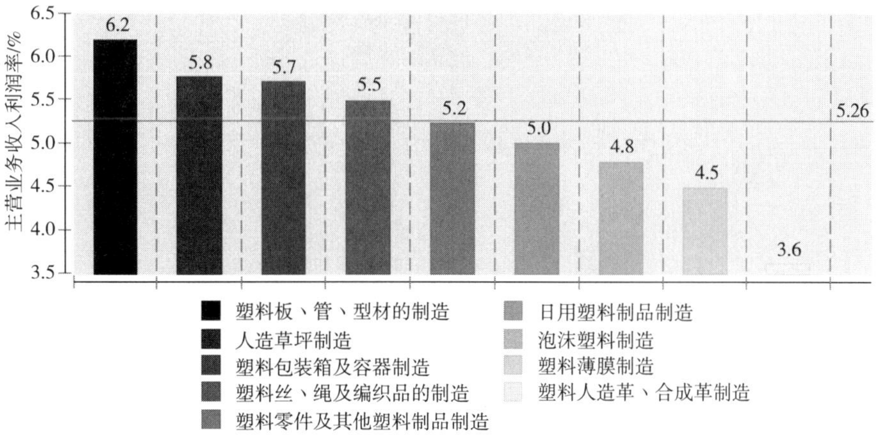

图 9　2018 年塑料制品行业主营业务收入利润率子行业对比情况

（三）出口稳中向好

2018 年，根据国家统计局数据，全国塑料制品行业规上企业累计完成出口交货值 2309.35 亿元，同比增长 7.21%，略高于 2018 年全国货物出口增长率 7.1%，各子行业的同比增长率均为正数，进出口稳中向好的目标较好实现。

其中，出口交货值最高的是塑料零件及其他塑料制品制造，出口交货值为 934.01 亿元，占

40.44%；其次是日用塑料制品制造，出口交货值477.83亿元，占20.69%；增长率最高的是塑料板、管、型材的制造，出口交货值292.89亿元，同比增长22.89%；其他子行业出口交货值同比增长率均低于平均值，同比增长率最低的是塑料人造革、合成革制造，出口交货值51.87亿元，同比增长0.35%，详见表14及图10。

2018年1~12月塑料制品行业出口交货值子行业同比增长情况见图11。

表14　　2018年塑料制品行业各子行业出口交货值情况

子行业名称	出口交货值累计/亿元	累计同比/%	占比/%
塑料制品业	2309.35	7.21	100.00
塑料薄膜制造	250.13	6.32	10.83
塑料板、管、型材的制造	292.89	22.89	12.68
塑料丝、绳及编织品的制造	88.60	3.19	3.84
泡沫塑料制造	33.23	5.29	1.44
塑料人造革、合成革制造	51.87	0.35	2.25
塑料包装箱及容器制造	145.20	5.97	6.28
日用塑料制品制造	477.83	5.43	20.69
人造草坪制造	35.76	4.09	1.55
塑料零件及其他塑料制品制造	934.01	5.31	40.44

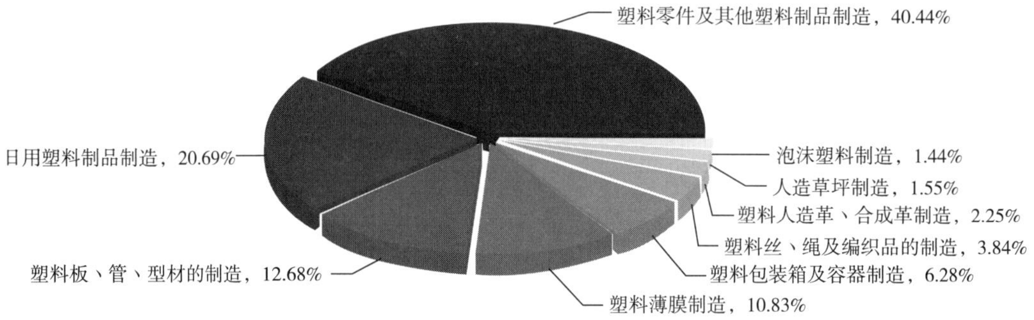

图10　2018年塑料制品行业出口交货值子行业占比情况

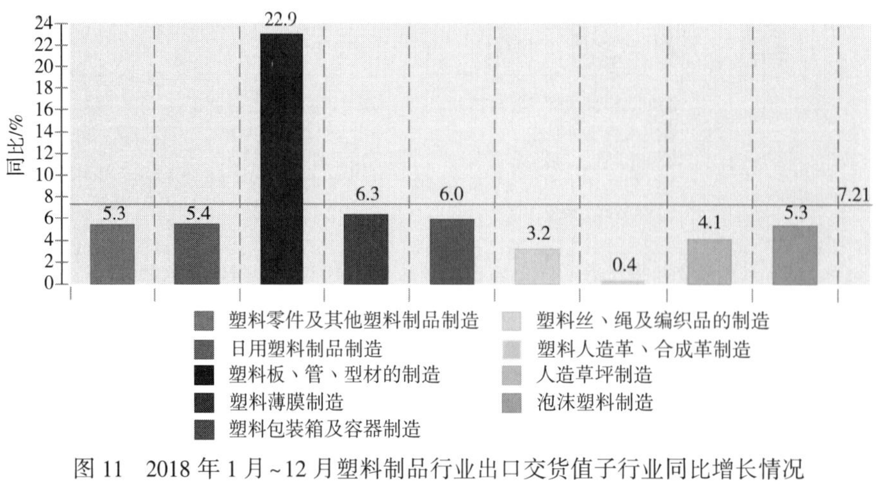

图11　2018年1月~12月塑料制品行业出口交货值子行业同比增长情况

二、总体评价

1. 主要经济指标持续增长

2018 年全国塑料制品行业汇总统计企业累计完成产量 6042.15 万吨，同比增长 1.10%；15571 家规模以上企业完成主营业务收入 18061.75 亿元，同比增长 5.04%；实现利润 950.40 亿元，同比增长 3.28%；主营业务收入利润率为 5.26%，同比降低 0.68 个百分点；工业增加值增速 3.7%。主要经济指标基本实现增长，继续保持稳中有进的基本面。

2. 出口稳中向好

2018 年，在国际贸易形势复杂多变和中美贸易摩擦的情况下，全国塑料制品行业累计完成出口交货值同比仍实现较大增长。全年累计完成出口交货值 2309.35 亿元，同比增长 7.21%，增长率比上年同期提高 1.57 个百分点，且高于 2018 年全国货物出口 7.1%的增长率。同时，塑料制品行业各子行业出口交货值同比均实现增长，特别是塑料板、管、型材的制造，同比增长率达 22.89%，进出口稳中向好的目标较好地实现。

3. 实施“三品”战略取得新成效

调结构、转方式在行业和企业中深入实施。企业针对不同客户需求，开发功能多、效用高的新产品，逐渐由单一品种、单一功能、低端化向多品种、多工艺、多功能、多用途、高端化方向发展，拓展新的应用领域。产业结构进一步优化，产品质量水平逐步提升。如聚酯薄膜行业，在产品同质化的情况下，企业从产品创新和品牌管理两方面下手，拓宽应用领域，立足于竞争激烈的国内外市场；异型材门窗行业低端品种逐渐淘汰，ASA、覆膜等满足客户多样化需求的品种逐步增多，整体处于产品品种调整阶段；泡沫塑料 EPS 行业在传统外墙保温领域萎缩现象没有得到改善的背景下，EPP、EPO 等轻质发泡材料增长速度较快，拓宽了原有发泡类产品的适用范围。

4. 生态化发展得到各方关注并取得实质性进步

近年来，一次性塑料制品在外卖、快递、电商等新业态的快速发展，塑料制品得到量大面广应用。在方便人们生活促进经济发展的同时，后处理问题突显。2018 年 12 月 30 号，海南省生态环境厅关于公开征求《海南省全面禁止生产、销售和使用一次性不可降解塑料制品实施方案（征求意见稿）》意见的公告，将对一次性不可降解塑料制品市场带来很大制约性的影响，倒逼废弃塑料的回收再利用产业发展，也将促进生物可降解塑料的市场应用。这些政策的实施，将引发塑料产业的新变化与生态化进程。

三、存在的问题

1. 效益仍需提高

经过全行业的努力，塑料制品行业规模以上企业主营业务收入和利润总额同比实现增长，但主营业务收入同比增长率 、利润总额同比增长率、主营业务收入利润率均略低于轻工业规模以上企业和全国工业规模以上企业的平均水平，详见表 15。

表 15　　2018 年塑料制品行业、轻工业和全国工业规模以上企业效益情况比较

指标名称	主营业务		利润总额		主营业务收入利润率/%
	收入/亿元	同比增长率/%	总额/亿元	同比增长率/%	
塑料制品业	18061.75	5.04	950.40	3.28	5.26
轻工业	195700.59	5.97	12830.65	5.91	6.56
全国工业	102.2 万	8.50	66351.4	10.3	6.49

2. 亏损企业亏损额扩大、产成品存货增长率高于产量增长率

在汇总统计 15571 家规模以上企业中，有 2238 家企业亏损，同比增长 12.46%，增长率比上年同期降低了 2.64 个百分点；亏损企业亏损额 107.58 亿元，同比增长 32.81%，增长率比上年同期提高了 16.95 个百分点。产成品存货为 832.61 亿元，同比增长率 4.71%，比 2017 年 7.96%的增长率降低了 3.25 个百分点，但比 2018 年 1.1%产量增长率高了 3.61 个百分点。

3. 原料价格持续上涨

2018 年 1~9 月份，工业生产者出厂价格中原材料价格在 2017 年上涨 11.5%的此基础上，又同比上涨 7.1%，而塑料制品的出厂价格保持不变或

涨幅有限和滞后，严重挤压了利润空间。

4. 中美贸易摩擦对行业形成持续影响

2018年6月15日，美国政府发布了对中国进口500亿美元商品加征25%关税的商品清单。美国政府于9月24日起，对原产于中国的2000亿美元商品加征10%的进口关税。其中，塑料制品行业36个涉税商品2017年对美出口额达90.88亿美元，占塑料制品对美出口总额的60.45%，对产品出口依赖美国市场的企业影响较大。

5. 产品低端化、同质化问题仍然存在

核心竞争力不强，企业技术研发能力弱，科技创新能力不足。低端产品过剩，高端原料和产品仍依赖进口。智能化、数字化生产技术仍处于示范阶段，高端装备仍需进口。

四、发展建议

1. 更广泛领域科技创新

当前，新一轮科技革命和产业变革正在孕育，信息技术在工业领域广泛渗透引发发展理念、技术体系、制造模式和价值链的重大变革，协同、智能、绿色、服务等正逐渐成为制造业的核心价值体现，工业互联网、大数据、3D打印等将重构制造业技术体系，产品个性化、高端化、小批量、定制生产将是未来制造业新趋势。塑料加工业要继续以推进“两化”深度融合，大力落实“中国制造2025”，推动智能制造，引进数字化、智能化技术，实现塑料加工智能化转型，建设产业生态系统，加速塑料行业智慧发展之路。

2. 打造更多核心品牌

坚持把结构调整作为永恒主题，加快推动行业向以科技创新为动力的高质量发展轨道上，贯彻实施国家“三品”行动计划，通过提品质、增品种、创品牌，以消费需求为导向提高产品质量水平，做好品牌创建和产品质量提升工作，提高民族品牌的竞争力。行业要寻找新的增长方式和新的增长点，弘扬工匠精神，树立精细制造理念，推动产品品质提升，培育品牌，特别是发展自主品牌，维护品牌形象，提升品牌附加值。

3. 坚持绿色发展

环境治理政策和执行措施越来越严格，影响当前行业运营。禁止固体废料进口，导致废塑料加工业调整，部分应用领域、产品、企业运营效益等受影响。企业要更加注重生产和应用过程的环境保护和节能减排，实现清洁生产和生态化，加强新型环保材料研发，从源头降低产品消费后废弃率。政府要鼓励、支持塑料循环利用产业发展，以提高废弃塑料回收再加工利用率，减少塑料废弃物对环境的污染；加大生物降解塑料的研发与应用，要通过完善创新体系、调整产业结构，提高装备自主化水平，为塑料加工业节能降耗开创新的格局，推动塑料加工业的转型和升级。

4. 积极开拓新市场

塑料行业积极走出去，参与“一带一路”建设，根据“一带一路”沿线国家需求，规划相关路线，利用两个市场、两种资源、谋求共同发展，开辟更大的塑料行业海外市场。

中国塑料加工业三十年发展报告

中国塑料加工工业协会

前　言

20世纪初叶，我国上海开始有了塑料制品的生产。当时，德商礼和洋行将赛璐珞片及其制品输入我国。一些手工业作坊将赛璐珞片制成装饰品出售，我国塑料制品工业开始起步。新中国成立以前，我国的塑料制品生产大多集中于上海、广州、重庆、珠三角流域等沿海和沿江城市，绝大部分是手工业作坊式生产，主要原料依赖进口，产品品种较少，应用范围有限。主要产品为电器零件、纽扣、文具、皂盒、发梳、表带、裤带、赛璐珞眼镜架及电木制品等。1949年全国总产量仅200余吨。

新中国成立后，1956年塑料工业被纳入计划，塑料制品产量逐年上升。1957年为1.4万吨，1965年突破10万吨，达到13万吨，1970年32.8万吨，1976年64.2万吨，1979年达到94.8万吨。产品由热固性酚醛制品为主发展到以聚氯乙烯、聚乙烯、聚丙烯和聚苯乙烯四大烯的热塑性塑料为主。日用塑料制品主要是塑料鞋、印花薄膜、雨衣、床单、票夹、吹气玩具、人造革等。农用塑料制品主要是发展农用薄膜生产，1979年引进日本地膜覆盖栽培技术。工业用塑料制品主要有酚醛电料制品、酚醛层压板、酚醛刹车片、酚醛耐酸材料等，塑料包装材料得到了大力发展，工业用塑料管、板材也有较大生产规模。自1963年开始出口以来，塑料制品出口逐渐增加，出口换汇额到1979年增加到7900多万美元，出口量最大的品种是塑料拖鞋。

改革开放至1989年，中国塑料加工业获得了进一步的发展，不仅反映在产品产量增长上，也反映在产品品种的增长和质量的提高上，出口创汇能力的增长尤为明显。“六五”期间引进了一批设备与技术，加速了制品工业的迅速发展，改进和调整了产品结构。1978年的产量为92.2万吨，1985年达到248万吨，1988年猛增至354.2万吨，跃居世界第6位，年平均增长速度达到两位数。塑料包装材料生产发展很快，包装制品占全国塑料总产量比例上升，接近世界发达国家水平。建筑塑料制品业占塑料总产量的比例上升，整个结构逐渐趋向合理。同时，新产品开发工作也取得了可喜进展，不仅促进了农业、食品工业、包装、家电工业及建筑业等的发展，提高了产品档次，而且扩大了塑料制品的应用范围，提高了经济效益，提升了塑料工业在国民经济地位。出口创汇能力大大增强，1989年我国塑料制品出口量达到30万吨，创汇额达到5.91亿美元。

经过新中国成立以来40年的发展，到1989年，我国塑料原料生产已小有规模，形成了合成树脂产量名列世界第13位、塑料制品产量位居世界第6位的塑料工业体系，塑料制品品种齐全，数千家塑料制品加工厂遍布全国，产品应用范围广泛，可初步满足人民生活基本需求，工业化进程在加快，服务经济、社会的作用逐步显现。

一、中国塑料加工业三十年发展历程

自1989年中国塑料加工工业协会（以下简称中国塑协）成立至2019年的30年间，我国塑料工业的发展大体上经历了下列三个阶段。

（一）1989年至2000年：高速发展阶段

通过引进消化吸收再创新，塑料加工业进入高速发展时期，工业增加值、销售产值、出口交货值、产品销售收入、利润总额均居轻工行业前列。

1. 制品总量高速增长

从1989年的352.5万吨到1997年的1534.0万吨，年均增长率为20.18%；比改革开放初期（1980年114.4万吨到1989年的352.5万吨）的年均增长率13.32%高出6.86个百分点。从1998年的846.84万吨到2000年的1035.76万吨，年均增长率达10.59%（表1）。

表1　1989~2000年我国塑料制品产量及增长率情况

项目 \ 年度	1989	1990	1991	1992	1993	1994	1995	1996	1997	1998	1999	2000
产量/万吨	352.5	366.8	443.5	536.8	669.0	842.7	994.4	1574.2	1534.0	846.84	937.59	1035.76
增长率/%		4.06	20.91	21.04	24.63	26.01	18.00	58.31	-2.55	–	10.72	12.98

注：1998年开始，我国塑料制品统计口径发生变化，统计对象调整为全部国有和年产品销售收入500万元以上的非国有工业企业。

1996年，我国塑料制品产量达到1574.2万吨，仅次于美国，跃居世界第二，成为全球塑料制品生产大国（表2）。塑料等高分子材料已经与钢铁、木材、水泥一起构成现代社会的四大基础材料。

表2　20世纪90年代世界主要国家和地区塑料制品产量情况　单位：万吨

国家 \ 年份	1990	1991	1992	1993	1994	1995	1996
美国	2611.4	2552.1	2769.1	2918	3253	3391.6	3796.2
中国	366.8	443.5	536.8	669	842.7	994.4	1574.2
日本	1143.5	1163	1079.7	1048.3	1084	1130.8	1182.4
德国	860.5	850.9	945.7	904.2	1000	906	923

注：美国、日本和德国为合成树脂国内消费量，近似看成制品生产量。

2. 产业规模高速扩张

1988 年塑料制品行业工业总产值 148.80 亿元，居轻工第 3 位；2000 年达到 1866.36 亿元，居轻工业第二位，仅次于食品加工业，是 1988 年的 12.54 倍，年均增长达 23.46%。1988 年塑料制品行业利税 20 亿元，2000 年达到 129.03 亿元，占轻工行业的 8.83%，是 1988 年的 6.45 倍，年均增长率 16.81%。为国民经济发展做出巨大贡献。经过十年的发展，到 2000 年，塑料工业企业数为 6030 家，占轻工行业（52535 家）的 11.86%，资产合计为 2052.16 亿元。工业增加值、工业销售产值、出口交货值、产品销售收入、利润总额均居轻工行业前列。自改革开放以来 20 年，我国国民经济年均增长为 9.8%，我国塑料工业的年均增长率超过我国国民经济的增长速度。

塑料制品行业加速对外出口步伐，出口量和出口额均快速增长。1989 年塑料制品出口量为 30 万吨，出口额为 5.91 亿美元。到 2000 年，塑料制品出口量 510.5 万吨，出口额 52.37 亿美元，年均增长率达到 21.94%；进出口贸易总值 91.23 亿美元，贸易顺差 13.51 亿美元（表 3）。本时期，一些企业开始走出国门拓展市场，到境外投资设厂，从产品出口转为与当地合作生产，同时出口成套设备。

表 3　1989~2000 年我国塑料制品进出口情况

项目 \ 年度	1989	1995	1996	1997	1998	1999	2000
出口量/万吨	30	156.9	186.1	233.1	263.9	441.43	510.55
增长率/%		19.0	18.6	25.2	13.2	5.1	15.7
金额/亿美元	5.91	24.75	26.87	34.90	38.23	43.9	52.37
增长率/%		29.2	8.5	29.8	9.5	-1.9	19.3

一批大型企业集团诞生。一些地区的塑料加工企业通过加大投入力度，以增量投入带动存量调整，提高生产集中度，扩大市场占有率，实施资源优化组合等措施，形成一批企业集团。企业集团在生产规模、生产装备、技术创新、经济效益和发展前景等方面均显现出较大优势，成为带动与支撑塑料工业发展的中坚骨干力量。

3. 产品结构适应市场需求

为发展农业生产，农用塑料薄膜（大棚膜、地膜等）得到广泛的推广使用，据农业部提供的资料表明，1998~1999 年地面覆盖面积超过 1.8 亿亩，地膜年用量 44 万吨，棚膜覆盖面积超过 2000 万亩，棚膜年耗用量达 65 万吨，全国农地膜实际消费量合计为 110 万吨，居世界首位。塑料节水器材也得到发展，据水利部提供的资料表明，到 1998 年止，我国节水灌溉工程面积为 2.23 亿亩，其中防渗渠道控制灌溉面积 1.3 亿亩，输水管道灌溉 6800 万亩，喷灌 2260 万亩，微灌 171 万亩。在建筑用材方面，自 1995 年国家化学建材领导小组成立以来，我国相继出台了一系列推广使用化学建材的政策，塑料管和塑料型材门窗作为重点推广对象，迎来了高速发展的时期，建筑用塑料产品产量在塑料产品总产量中的比例已由“八五”期间的 7%上升到 10%，塑料门窗异型材的加工能力达到 80 万吨。技术含量与附加值较低的日用塑料产品在塑料产品中所占的比例从 24%下降到 20%，有较高技术含量和高附加值的塑料产品迅速发展。

（二）2001~2010 年：*跨越式发展阶段*

通过自主创新和技术进步，塑料加工业进入跨越式发展时期。到 2010 年年末，我国塑料产量已占全球产量的 24%，超过北美自由贸易区的 21%的比例，跃居全球第一位。

1. 经济运行质量继续提升

到 2010 年年末，塑料制品产量由 2000 年的 1035.8 万吨增加到 2010 年的 5830.38 万吨，十年增长了 4.63 倍，年均增长 18.86%（表 4）。是我国制造业中发展最快的行业之一。工业总产值由 1899.7 亿元增加到 14242.52 亿元，增长了 6.5 倍，年均增长 22.32%，居轻工行业第一位，占轻工业总产值的 10.27%；利润总额由 70.82 亿元增加到 620 亿元，增长了 7.75 倍，年均增长 24.23%；利税总额由 129.03 亿元增加到 925.20 亿元，增长了 6.17 倍，年均增长 21.78%；规模以上企业由 6230 个增加到 20775 个，年均增长 12.8%；从业人数达

268 万，年均增长 8.37%（表 5），行业运行效率和经济效益大幅提高、同步增长。

表 4　**2000~2010 年中国塑料制品行业产量情况**　单位：万吨

年度	2000	2001	2002	2003	2004	2005	2006	2007	2008	2009	2010	年均增长
产量	1035.8	1185.34	1400.53	1650.53	1846.6	2198.6	2801.9	3302.32	3713.79	4479.28	5830.38	18.86%

表 5　**2000~2010 年中国塑料制品行业主要经济指标增长情况**

项目＼年度	2000	2001	2002	2003	2004	2005	2006	2007	2008	2009	2010	年均增长率/%
塑料制品工业总产值/亿元	1899.7	2043.9	2408.48	2936.2	3794.27	4998.0	6358.15	8018.16	9638.40	10992.80	14242.52	22.32
塑料制品业利润/亿元	70.82	91.6	109.82	126.2	141.67	206.3	264.53	291.12	324.60	435.48（1~11 月）	620.00	24.23
塑料制品业利税/亿元	129.03	154.7	181.15	207.5	231.02	325.1	414.14	471.14	549.60	685.17（1~11 月）	925.20	21.78
规模以上企业数/个	6230	6724	7480	8237	9473	11726	12860	14952	16277	19278	20775	12.8
规模以上企业从业年平均人数/万人	111.4	115.82	123.6	139.0	152.2	179.3	196			240	268	9.18

注：该阶段规模以上企业指全部国有和销售收入 500 万元及以上非国有独立核算企业。

塑料制品出口世界多个国家和地区，在国际市场保持较高的市场份额。2004 年出口首次突破千万吨，达到 1078.43 万吨，出口拉动效应明显。到 2010 年年末，塑料制品出口额已由 2000 年的 52.4 亿元增加到 359.4 亿元，增长了 5.86 倍，年均增长 21.23%。进出口总值 521.4 亿美元，其中，出口 1462.2 万吨，货值 359.4 亿美元；进口 183.8 万吨，货值 162.0 亿美元，贸易顺差 197.4 亿美元（表 6）。

表 6　**2000~2010 年中国塑料制品行业进出口情况**

项目＼年度	2000	2001	2002	2003	2004	2005	2006	2007	2008	2009	2010
海关出口量/万吨	510.6	535.8	720.8	879.3	1078.43	1228.5	896.47	1035.48	1192.10	1011.2	1462.2
海关出口额/亿美元	52.4	55.5	79.1	97.4	127.74	166.0	202.88	233.03	269.14	266.9	359.4
海关进口量/万吨	163.9	150.9	162.1	164.1	178.13	173.9	143.13	172.38	158.60	149.14	183.8
海关进口额/亿美元	38.9	38.4	45.2	55.2	70.72	82.9	96.55	111.90	119.32	115.99	162.0

2. 消费总量跃居世界首位

2010 年我国合成树脂表观消费量 6365 万吨，约占世界塑料消费量 2.4 亿吨的四分之一，超过美国居世界首位；人均消费约 46kg，超过

40kg的世界平均水平。我国合成树脂表观消费量从2000年的2196万吨到2010年的6365万吨，年均增长达11.23%，塑料消费增长稳定（表7）。

表7 2000~2010年合成树脂表观消费情况

年度	2000	2001	2002	2003	2004	2005	2006	2007	2008	2009	2010
合成树脂/万吨	2196.0	2853.7	3195.1	3409.2	3813.3	3834.8	4084.1	4578.0	5191.4	5687.8	6365

3. 产业竞争能力逐步增强

塑料制品应用领域进一步拓宽，成为我国制造业中发展最快的行业之一；企业注重科研投入、注重培养人才、注重品牌培育已成为行业共识，通过ISO9000系列标准认证的企业数量大幅增加，名牌产品数量逐年上升，企业综合实力稳步提升，大中型企业比例逐年递增，塑料加工企业加速向规模化、集中化、信息化的方向发展，与发达国家的差距继续缩小，由大集团主导市场的格局正在形成。

（三）2011~2018年：战略发展阶段

2011年以来，随着我国经济由高速增长阶段向高质量发展阶段转移，塑料加工业开始从量的高速增长期进入到质的飞跃提升期，以及调整优化结构、转变发展方式、提升产业素质的战略调整阶段，主要特点是塑料制品产量、主营业务收入和利润总额增速逐渐放缓，产品的品种、门类增加，品质提高，产业结构优化，行业整体水平提升。

1. 总体保持增长态势

到2018年年末，塑料制品产量由2011年的5474.31万吨增加到6042.15万吨，年均增长1.42%；规模以上企业由2011年的12963个增加到15571个，年均增长3.61%；主营业务收入由2011年的15583.74亿元增加到18061.75亿元，年均增长2.13%。2018年的主营业务收入占全国规模以上轻工企业主营业务收入的9.23%，规模仅次于全口径食品行业；实现利润由2011年的882.29亿元增加到950.40亿元，年均增长1.01%。2018年的利润总额占全国规模以上轻工企业的7.41%，占全国规模以上工业企业的1.43%。经济运行总体保持了平稳发展、稳中有进的态势。塑料加工业已发展成为我国轻工行业和全国工业的重要行业之一（表8）。

表8 2011~2018年塑料加工业主要经济运行指标情况1

指标＼年度	2011	2012	2013	2014	2015	2016	2017	2018
产量/万吨	5474.31	5781.86	6188.66	7387.78	7560.82	7717.19	7515.54	6042.15
同比增长率/%	22.35	8.99	8.02	7.44	0.95	2.66	3.44	1.10

注：从2011年1月起，规模以上工业统计范围内的工业企业起点标准已从年主营业务收入500万元提高到2000万元。

表9 2011~2018年塑料加工业主要经济运行指标情况2

指标＼年度	2011	2012	2013	2014	2015	2016	2017	2018
规模以上企业个数	12963	13246	13699	14062	14763	15054	15350	15571
主营业务收入/亿元	15583.74	16310.13	18686.44	20392.39	21466.10	22855.11	22808.36	18061.75
同比增长率/%	27.52	11.79	14.26	8.92	4.6	6.2	6.74	5.04
利润总额/亿元	882.29	963.27	1123.18	1182.86	1302.53	1398.6	1354.68	950.40
同比增长率/%	32.50	15.94	16.45	4.24	8.8	7.32	4.81	3.28

表 10 2000~2018 年我国塑料制品行业利润总额及占比情况

年度	塑料制品业利润总额/亿元	全国规模以上工业企业利润总额/亿元	占比/%
2000	70.82	4262	1.66
2001	91.6	4657	1.97
2002	109.82	5620	1.95
2003	126.2	8152	1.55
2004	141.67	11342	1.25
2005	206.3	14362	1.44
2006	264.53	18734	1.41
2007	291.12	27155	1.07
2008	324.6	30562	1.06
2009	-	34542	-
2010	620	53050	1.17
2011	882.29	54544	1.62
2012	963.27	55578	1.73
2013	1123.18	62831	1.79
2014	1182.86	64715	1.83
2015	1302.53	63554	2.05
2016	1398.6	68803.2	2.03
2017	1354.68	75187.1	1.80
2018	950.4	66351.4	1.43

2. 产品出口稳步增长

到 2018 年年末，我国塑料制品进出口总额 892.83 亿美元，出口额由 2011 年的 393.09 亿美元增加到 694.21 亿美元，年均增长 8.46%；贸易顺差由 2011 年的 212.43 亿增加到 495.59 亿美元，年均增长 12.86%，塑料制品贸易顺差约占我国外贸进出口贸易顺差总值 3517.6 亿美元的 14.09%（表 11）。

表 11 2011~2018 年我国塑料制品出口统计表 单位：亿美元

指标＼年度	2011	2012	2013	2014	2015	2016	2017	2018	年均增长率/%
出口额	393.09	491.85	568.35	604.34	610.62	579.02	627.29	694.21	8.46
增长率/%	25.04	24.55	11.13	6.09	1.04	-5.17	8.62	10.67	
进口额	180.66	184.75	188.03	191.53	178.09	175.49	185.76	198.62	1.36
增长率/%	11.5	-0.46	1.72	1.78	-7.02	-1.46	7.22	6.92	
进出口总值	573.75	676.6	756.37	795.87	788.71	754.51	813.05	892.83	6.52
贸易顺差	212.43	307.1	380.32	412.80	432.53	403.53	441.53	495.59	12.86

3. 产业结构不断优化

实施“三品”战略取得新成效。深入实施调结构、转方式，企业针对不同客户需求，开发功能多、效用高的新产品，高新技术产品比例明显提高，逐渐由单一品种、单一功能、低端化向多品种、多工艺、多功能、多用途、高端化方向发展，品牌效应日益凸显，产品质量水平逐步提升，注重创造需求，引领消费；行业生产集中度大幅提高，大中型企业数量明显增多，企业竞争力进一步加强；通过加快实施“走出去、请进来”的发展战略，行业资源配置得到进一步优化；从注重数量增加转向质量提升，从劳动密集型向技术、资本密集型逐渐转变，出口产品由中低档向中高档产品逐渐转变；注重清洁生产，加快发展绿色、节能、高效新型加工成型工艺，推广“智能制造”，科技创新和技术进步对塑料加工业支撑和保障作用越来越明显。以企业为主体，产学研相结合的技术创新体系已初步形成，创新发展迈出了新步伐。

二、中国塑料加工业三十年取得的成就

三十年来，中国塑料加工业从小到大，从弱到强，健康发展，取得了举世瞩目的成就。

（一）成为支撑发展全局的重要产业

塑料制品不断创新及性能改进，满足国民经济和社会生活各方面需要，应用已遍布到工业、农业、建筑、家电、信息、汽车、航空、航天、医疗卫生、食品、包装等多个领域，成为支撑发展全局的重要产业。如塑料农膜的广泛应用，促进了农作物的生长，助力解决人们的吃饭问题。应用农膜进行农作物的覆盖栽培，农业增产、农民增收，对中国的“米袋子”和“菜篮子”工程做出了贡献。

（二）成为国家经济增长的重要力量

根据数据统计，2000~2018年，我国塑料加工业规模以上企业累计实现利润11879.47亿元。近几年，我国塑料制品规模以上企业利润总额约为1000亿左右，占全国轻工行业规模以上企业利润总额的10%左右，占全国规模以上工业企业利润总额的近2%，是国民经济的重要行业之一。

从1989年到2018年，塑料制品出口额年均增长率达17.86%。从2004年至2018年，塑料制品行业贸易顺差处于递增的趋势，年均增长率达16.70%，是我国出口创汇的重要来源（表12）。

表12　2004-2018我国塑料制品进出口总值、贸易顺差及占比情况

项目/年度	海关出口额/亿美元	海关进口额/亿美元	塑料制品进出口总值/亿美元	塑料制品贸易顺差/亿美元	我国商品进出口总值/亿美元	贸易总值占比/%	我国商品贸易顺差/亿美元	贸易顺差占比/%
2004	127.74	70.72	198.46	57.02	11547.4	1.72	319.8	17.83
2005	166	82.9	248.9	83.1	14221.2	1.75	1018.8	8.16
2006	202.88	96.55	299.43	106.33	17606.9	1.70	1774.7	5.99
2007	233.03	111.9	344.93	121.13	21738	1.59	2622	4.62
2008	269.14	119.32	388.46	149.82	25616.3	1.52	2954.59	5.07
2009	266.9	115.99	382.89	150.91	22072.7	1.73	1960.7	7.70
2010	359.4	162	521.4	197.4	29727.6	1.75	1831	10.78
2011	393.09	180.66	573.75	212.43	36420.6	1.58	1551.4	13.69
2012	491.85	184.75	676.6	307.1	38667.6	1.75	2311	13.29
2013	568.35	188.03	756.38	380.32	41600	1.82	2597.5	14.64
2014	604.34	191.53	795.87	412.81	43030.38	1.85	3824.58	10.79
2015	610.62	178.09	788.71	432.53	39586.44	1.99	5945.04	7.28
2016	579.02	175.49	754.51	403.53	37039.7	2.04	5100	7.91
2017	627.29	185.76	813.05	441.53	41045.04	1.98	4238.9	10.42
2018	694.21	198.62	892.83	495.59	46200	1.93	3517.6	14.09

（三）成为带动区域发展的重要增长点

在国家西部大开发、振兴东北老工业地区以及推进环渤海经济圈发展等大战略鼓励下，中西部塑料制品行业发展迅猛，高科技产品引领行业向高端市场需求迈进，产业特色区域、贸易特色区域逐步向着中西部区域梯度转移，带动中西部地区的经济和社会发展。到2018年末，全国塑料制品产量排名前十位的省区总产量为4653.25万吨，占比77.01%，比2000年84.67%的占比明显降低。在十大主要生产省区中，中部和西部省区逐渐增多。塑料制品行业在部分中、西部地区已经成为重要的支柱产业，带动当地的经济、社会、就业等方面的发展（表13、表14）。

表13　2018年十大主要生产省区市产量与占比情况

地区	产量/吨	占比/%
全　国	60421465.57	100.00
广　东	10021286.7	16.59
浙　江	8034742.17	13.30
江　苏	4693387.45	7.77
福　建	4495432.11	7.44
湖　北	4151989.78	6.87
安　徽	4050131.98	6.70
四　川	3988018.25	6.60
河　南	2669302.08	4.42
山　东	2662949.14	4.41
河　北	1765211.59	2.92
合计	46532451.25	77.01

表14　2018年东西中部和东北地区塑料制品产量及占比情况

地区	产量/万吨	占比/%
全　国	6042.15	100.00
东北地区	119.24	1.97
东部地区	3438.24	56.90
中部地区	1366.27	22.61
西部地区	1118.41	18.51

注：东北地区：辽宁省、吉林省、黑龙江省；东部地区：北京市、天津市、河北省、上海市、江苏省、浙江省、福建省、山东省、广东省、海南省；中部地区：山西省、安徽省、江西省、河南省、湖北省、湖南省；西部地区：内蒙古自治区、广西壮族自治区、重庆市、四川省、贵州省、云南省、西藏自治区、陕西省、甘肃省、青海省、宁夏回族自治区、新疆维吾尔自治区。

（四）成为吸纳城镇就业的重要渠道

改革开放后，在城镇化建设带动下，大量农业转移人口和新增劳动力进入塑料加工业，就业人员连年增长。据统计，2017年末塑料加工业规模以上企业15350个，占2017年末全国规模以上工业企业385369个的4%。到2018年末，塑料加工业规模以上企业由2000年的6230个增加到15571个，年均增长5.22%。规模以上企业从业年平均人数从2000年的111.4万人增加到2010年的268万人，年均增长9.18%，成为社会的稳定器，就业的蓄水池。

三、中国塑料加工业三十年的发展经验

1978年，以中共十一届三中全会为标志，中国开启了社会主义改革开放的伟大历程。中国从不足世界经济总量2%的低收入国家，成长为对全球经济增长贡献率超过30%的世界第二大经济体。伴随40年的改革开放，由于自身的优越特性，塑料加工业得以快速发展，已经成为我国国民经济发展的重要支柱产业。

（一）归功于国家行业政策的支持

从1979年开始，国家全面实施“六优先”和“对内改革、对外开放”的轻工业发展方针，并陆续出台了系列鼓励和促进轻工业（消费品工业）发展的产业政策，为塑料制品工业创造了高速发展的机遇。2001年，随着中国加入WTO，中国塑料加工业逐步走上了跨越式增长的爆发期。2009年国务院公布了《轻工业调整和振兴规划》，为确保塑料加工业等轻工行业稳定健康发展奠定了基础。

（二）有赖于旺盛的市场需求

在实现国民经济持续、快速、健康发展，人民生活总体上达到小康水平的大目标下，随着工业、农业、交通、建筑、通讯、军工等行业的迅速发展，以及人民群众生活水平的不断提高，受生产资料市场和消费资料市场的双重拉动，塑料制品的需求越来越大。推动塑料加工业新产品、新技术、新材料的加速应用，以满足市场不断增长的新需要。

（三）源自于行业自身的不懈努力

一是坚持履行使命。塑料加工企业以“满足国家重大战略需求、满足人们美好生活需要”为己任，从民用领域看，陆续开发了农用薄膜、塑料型材门窗制品、食品级工业包装、卷材地板、发泡壁纸等建筑和医用塑料产品，以及家电、汽车、邮

电、通迅、交通和运输等领域的配套产品。从国防领域看，打破国外封锁，立足自主创新，满足了常规武器、飞机、舰艇、火箭、导弹和人造卫星等领域的需求。获得中国载人航天工程突出贡献奖和“空间实验室任务贡献突出的外协单位”表彰，为中国载人航天工程做出了积极贡献。

二是坚持引进吸收再创新。改革开放以来，我国塑料加工业把自主发展与开放合作有机结合起来，重视从国外引进先进生产技术和设备，通过引进消化吸收，再融合创新。行业着力掌握关键核心技术，完善产业链条，充分利用全球资源和市场，形成自主发展能力和新的比较优势，使产业结构明显优化，制品的质量档次明显提高，应用领域明显扩大。

三是坚持自主创新。塑料加工企业把创新摆在产业发展全局的核心位置，充分发挥企业创新主体及各类研发组织和产业创新中心在协同、开放、创新中的作用，推动产业链上下游融合创新、协同发展。据统计，仅“十二五”期间，塑料加工业累计获得科技进步奖 10 余项，部分技术达到国际先进水平；获得中国专利金奖两项，优秀奖累计 10 余项；截止到 2014 年底，塑料加工业国家级企业技术中心已达 25 个，约占国家认定的技术中心总数的 2.3%。截至 2018 年 10 月，中国塑料加工行业（包括树脂、助剂、工艺、机械和模具）专利申请量合计为 434994 件，远高于日本的 76189 件、美国的 69460 件、韩国的 33184 件以及欧洲的 15012 件，显示出中国塑料加工业积极蓬勃的良好发展态势。科技创新和技术进步对塑料加工业支撑和保障作用越来越明显。

四是坚持节能降耗。据统计，规模以上塑料加工企业万元工业总产值综合能耗、万元工业增加值综合能耗，到“十一五”中期持续降低 29.8%，提前完成了国家规定的“单位国内生产总值能源消耗降低 20%”的要求，不仅节约了能源、资源，还为节水、节地、保护生态和环境、实现绿色低碳发展做出了贡献。为保护大气臭氧层，在国家统一管理下，我国开始 ODS 淘汰工作，取得了卓有成效的成绩。行业还在改变高耗能、高排放、难循环的传统材料工业发展模式上狠下功夫。

五是坚持发展绿色产业。塑料加工企业大力发展绿色产业，提高资源利用效率，促进材料可再生循环利用，走生态文明的可持续发展道路。（1）发展塑料再生利用行业，对废旧塑料进行回收、处理、改性造粒、再利用。（2）发展塑木制品行业，对废旧塑料进行高值化利用。2003 年开始，我国的塑木复合材料行业开始进入稳步的成长期。目前，在 WPC-PE（聚烯烃基材的塑木复合材料）中废塑料比例为 50%～60%；在 WPC-PVC（聚氯乙烯基材的塑木复合材料）中废塑料比例为 10%～30%。WPC-PE 使用的塑料一般占 30%左右，其中 90%塑料均为废旧塑料；WPC-PVC 使用塑料一般占 70%左右，其中有 20%～50%为回收 PVC 粉。塑木制品实现了废塑料高值化应用，减少木材等生态材料使用量。（3）发展可降解塑料产业。20 世纪 80 年代，为解决农膜大量推广使用带来的“白色污染”问题，开始研发可降解塑料地膜。并在一次性使用塑料包装袋、餐具等应用领域，用生物降解塑料去替代不可降解塑料，以减少不当使用对环境造成的污染。

（四）得益于行业协会的服务

中国塑协及分支机构与全国塑料行业地方（商）协会、上下游相关协会一道贯彻执行党和国家的方针政策、法律法规，反映会员的愿望与诉求，维护会员合法权益，协助政府搞好行业管理，通过各种渠道为行业服务。

展望未来，塑料加工业将继续以“满足国家重大战略需求、满足人们美好生活需要”为己任，以创新驱动为引领，推进生态化发展。塑料加工企业要以现代化管理理念精心打造品牌企业，建设品牌文化，弘扬工匠精神。中国塑协将组织开展“十四五”规划的前期研究，把握“功能化、轻量化、生态化、微成型”+智能化发展方向，加速我国由塑料大国发展为塑料强国。

附图

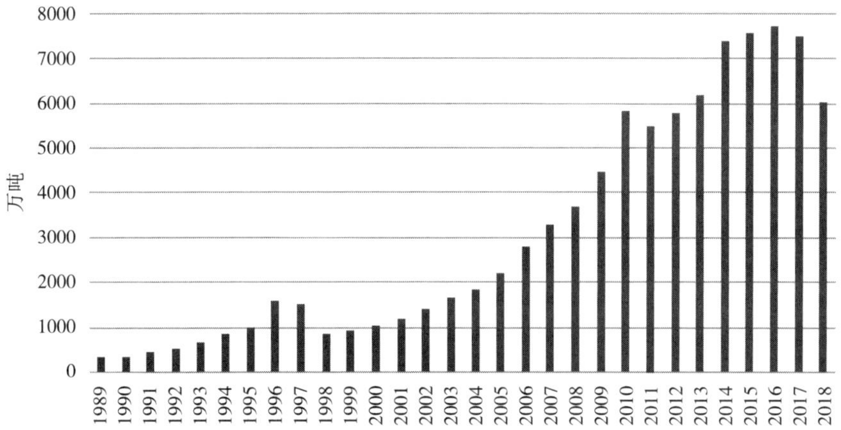

附图 1　1989~2018 年我国塑料加工业产量增长情况

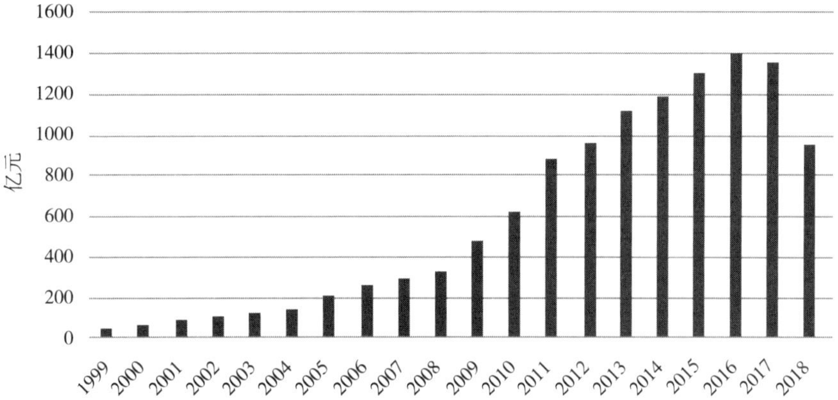

附图 2　1999~2018 年我国塑料加工业利润总额增长情况

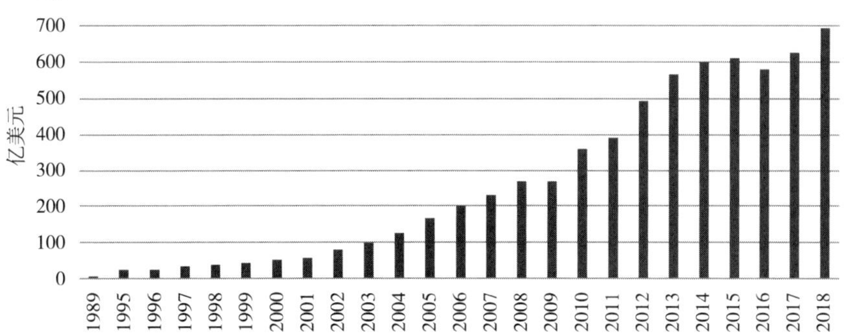

附图 3　1989~2018 年我国塑料制品出口额增长情况

附表

附表 1　　1989~2018 年我国塑料加工业产量增长情况　　单位：万吨

年度	1989	1990	1991	1992	1993	1994	1995	1996	1997	1998
产量	352. 5	366. 8	443. 5	536. 8	669	842. 7	994. 4	1574. 2	1534	846. 84
增长率/%	-	4. 06	20. 91	21. 04	24. 63	26. 01	18	58. 31	-2. 55	-
年度	1999	2000	2001	2002	2003	2004	2005	2006	2007	2008
产量	937. 59	1035. 76	1185. 34	1400. 53	1650. 53	1846. 6	2198. 6	2801. 9	3302. 32	3713. 79
增长率/%	10. 72	12. 98	14. 44	18. 15	17. 85	11. 88	19. 06	27. 44	17. 86	12. 46
年度	2009	2010	2011	2012	2013	2014	2015	2016	2017	2018
产量	4479. 28	5830. 38	5474. 31	5781. 86	6188. 66	7387. 78	7560. 82	7717. 19	7515. 54	6042. 15
增长率/%	20. 61	30. 16	22. 35	8. 99	8. 02	7. 44	0. 95	2. 66	3. 44	1. 1

附表 2　　1989~2018 年我国塑料加工业利润总额增长情况　　单位：亿元

年度	1999	2000	2001	2002	2003	2004	2005	2006	2007	2008
利润	51. 87	70. 82	91. 6	109. 82	126. 2	141. 67	206. 3	264. 53	291. 12	324. 6
增长率/%	-	-	-	22. 05	11. 8	10. 67	30. 16	30. 36	-	-
年度	2009	2010	2011	2012	2013	2014	2015	2016	2017	2018
利润	480	620	882. 29	963. 27	1123. 18	1182. 86	1302. 53	1398. 6	1354. 68	950. 4
增长率/%	-	-	32. 50	15. 94	16. 45	4. 24	8. 8	7. 32	4. 81	3. 28

说明：1989~2019 年，国家统计局对统计范围做过两次调整：自 1998 年开始，统计范围调整为塑料行业全部国有企业和年产品销售收入 500 万元及以上的工业企业，统计范围缩小；自 2011 年起，国家统计局对规模以上企业的划分标准由原来的年销售收入 500 万元调整为 2000 万元，统计范围再次缩小。

附表 3　　1989~2018 年我国塑料制品出口额增长情况　　单位：亿美元

年度	1989	1995	1996	1997	1998	1999	2000	2001	2002
出口额	5. 91	24. 75	26. 87	34. 9	38. 23	43. 9	52. 37	55. 5	79. 1
增长率/%	-	29. 2	8. 5	29. 8	9. 5	-1. 9	19. 3	-	-
年度	2003	2004	2005	2006	2007	2008	2009	2010	2011
出口额	97. 4	127. 74	166. 04	202. 88	233. 03	269. 14	266. 9	359. 4	393. 09
增长率/%	23. 2	31. 21	30	22. 19	14. 86	15. 52	-0. 82	34. 66	25. 04
年度	2012	2013	2014	2015	2016	2017	2018		
出口额	491. 85	568. 35	604. 34	610. 62	579. 02	627. 29	694. 21		
增长率/%	24. 55	11. 13	6. 09	1. 04	-5. 17	8. 62	10. 67		

说明：上述 1989~2018 年的出口额数据，其中有些年份数据为引用联合会提供的海关数据，有些年份数据由协会根据海关数据计算所得，略有差别，供参考。

政策与法规

生态环境部　商务部　国家发展和改革委员会 海关总署联合公告2018年第6号 (关于调整《进口废物管理目录》的公告)

联合公告〔2018〕第6号

为进一步规范固体废物进口管理，防治环境污染，根据《中华人民共和国固体废物污染环境防治法》《固体废物进口管理办法》及有关法律法规，生态环境部、商务部、发展改革委、海关总署对现行的《限制进口类可用作原料的固体废物目录》《非限制进口类可用作原料的固体废物目录》和《禁止进口固体废物目录》进行以下调整：

一、将废五金类、废船、废汽车压件、冶炼渣、工业来源废塑料等16个品种固体废物（见附件1），从《限制进口类可用作原料的固体废物目录》调入《禁止进口固体废物目录》，自2018年12月31日起执行。

二、将不锈钢废碎料、钛废碎料、木废碎料等16个品种固体废物（见附件2），从《限制进口类可用作原料的固体废物目录》《非限制进口类可用作原料的固体废物目录》调入《禁止进口固体废物目录》，自2019年12月31日起执行。

《进口废物管理目录》（环境保护部、商务部、发展改革委、海关总署、质检总局2017年第39号公告）所附目录与本公告不一致的，以本公告为准。

特此公告。

附件：1. 2018年年底调整为禁止进口的固体废物目录

2. 2019年年底调整为禁止进口的固体废物目录

生态环境部

商务部

发展改革委

海关总署

2018年4月13日

附件1

2018年年底调整为禁止进口的固体废物目录

序号	海关商品编号	废　物　名　称	简　　称	其他要求或注释
1	2618001001	主要含锰的冶炼钢铁产生的粒状熔渣，含锰量>25%（包括熔渣砂）	含锰大于25%的冶炼钢铁产生的粒状熔渣	
2	2619000010	轧钢产生的氧化皮	轧钢产生的氧化皮	
3	2619000030	含铁大于80%的冶炼钢铁产生的渣钢铁	含铁大于80%的冶炼钢铁产生的渣钢铁	
4	3915100000	乙烯聚合物的废碎料及下脚料	乙烯聚合物的废碎料及下脚料，不包括铝塑复合膜	工业来源废塑料（指在塑料生产及塑料制品加工过程中产生的热塑性下脚料、边角料和残次品）
5			铝塑复合膜	
6	3915200000	苯乙烯聚合物的废碎料及下脚料	苯乙烯聚合物的废碎料及下脚料	
7	3915300000	氯乙烯聚合物的废碎料及下脚料	氯乙烯聚合物的废碎料及下脚料	

续表

序号	海关商品编号	废 物 名 称	简 称	其他要求或注释
8	3915901000	聚对苯二甲酸乙二酯废碎料及下脚料	PET的废碎料及下脚料，不包括废PET饮料瓶（砖）	
9			废PET饮料瓶（砖）	
10	3915909000	其他塑料的废碎料及下脚料	其他塑料的废碎料及下脚料，不包括废光盘破碎料	
11			废光盘破碎料	
12	7204490010	废汽车压件	废汽车压件	
13	7204490020	以回收钢铁为主的废五金电器	以回收钢铁为主的废五金电器	
14	7404000010	以回收铜为主的废电机等（包括废电机、电线、电缆、五金电器）	以回收铜为主的废电机等	
15	7602000010	以回收铝为主的废电线等（包括废电线、电缆、五金电器）	以回收铝为主的废电线等	
16	8908000000	供拆卸的船舶及其他浮动结构体	废船	

备注：海关商品编号栏仅供参考。

附件2

2019年年底调整为禁止进口的固体废物目录

序号	海关商品编号	废 物 名 称	简 称	其他要求或注释
1	4401310000	木屑棒	木废料	
2	4401390000	其他锯末、木废料及碎片		
3	4501901000	软木废料	软木废料	
4	7204210000	不锈钢废碎料	不锈钢废碎料	
5	8101970000	钨废碎料	钨废碎料	
6	8104200000	镁废碎料	镁废碎料	
7	8106001092	其他未锻轧铋废碎料	铋废碎料	
8	8108300000	钛废碎料	钛废碎料	
9	8109300000	锆废碎料	锆废碎料	
10	8112921010	未锻轧锗废碎料	锗废碎料	
11	8112922010	未锻轧的钒废碎料	钒废碎料	
12	8112924010	铌废碎料	铌废碎料	
13	8112929011	未锻轧的铪废碎料	铪废碎料	

续表

序号	海关商品编号	废 物 名 称	简 称	其他要求或注释
14	8112929091	未锻轧的镓、铼废碎料	镓、铼废碎料	
15	8113001010	颗粒或粉末状碳化钨废碎料	颗粒或粉末状碳化钨废碎料	
16	8113009010	其他碳化钨废碎料，颗粒或粉末除外	其他碳化钨废碎料，颗粒或粉末除外	

备注：海关商品编号栏仅供参考。

海关总署公告2018年第48号（关于公布《进口可用作原料的固体废物装运前检验监督管理实施细则》的公告）

根据《进口可用作原料的固体废物检验检疫监督管理办法》，海关总署制定了《进口可用作原料的固体废物装运前检验监督管理实施细则》，自2018年6月1日起执行。

特此公告。

海关总署

2018年5月28日

进口可用作原料的固体废物装运前检验监督管理实施细则

第一章 总则

第一条 为加强和规范对进口可用作原料的固体废物（以下简称“废物原料”）装运前检验和装运前检验机构的监督管理，根据《中华人民共和国进出口商品检验法实施条例》《进口可用作原料的固体废物检验检疫监督管理办法》，制定本细则。

第二条 本细则适用于进口废物原料装运前检验活动、装运前检验机构的备案管理，以及相关的监督管理工作。

第三条 海关总署负责对装运前检验实施监督管理，对装运前检验机构实施备案管理，并对其活动依法实施监督管理。

第四条 海关总署不予指定检验机构从事进口废物原料装运前检验。

第五条 海关总署对进口废物原料装运前检验机构实施备案管理。第三方检验机构在从事废物原料装运前检验业务之前，应当向海关总署提出备案申请。

第六条 海关总署对装运前检验机构实施风险预警及快速反应管理。

第七条 装运前检验机构应当遵守中国相关法律法规和海关总署的有关规定，以第三方身份独立、公正地开展进口废物原料装运前检验工作，并对其所出具的装运前检验证书的真实性、准确性负责。

第八条 装运前检验机构及其关联机构不能申请或者代理申请供货商注册登记，不能从事废物原料的生产和经营活动。

第二章 装运前检验

第九条 装运前检验是指在进口废物原料运往中国境内之前，依照中国法律法规、国家环境保护控制标准和国家技术规范的其他强制性要求，以及装运前检验规程等的要求，由装运前检验机构对其进行检验、监装和施加封识，然后出具装运前检验证书的行为。

第十条 装运前检验机构应当在进口废物原料的境外装货地或者发货地，按照中国国家环境保护控制标准、相关技术规范的强制性要求和装运前检验规程实施装运前检验。

第十一条 根据装运前检验工作质量风险特性与管理要求，装运前检验机构应当在其合法注册所在的国家或地区开展装运前检验活动。

第十二条 装运前检验机构应当具备与其实施装运前检验活动相适应的规模、检验人员数量和检验设施设备，确保经其检验的废物原料符合中国法律法规、国家环境保护控制标准和国家技术规范的其他强制性要求。

第十三条　装运前检验机构应当分别设置检验、授权签字等关键岗位，保持相互独立，同时制定任职的专业背景条件，持续接受业务培训和教育，确保检验员、授权签字人熟悉掌握与废物原料有关的中国法律法规、国家环境保护控制标准和国家技术规范的其他强制性要求，以及相关的管理规定。

第十四条　装运前检验机构应当依据本细则第十条的规定，制定适合本机构情况的装运前检验工作程序或者作业指导书，规范现场装运前检验活动。

第十五条　装运前检验机构应当依靠自身检验能力，完整地实施检验、监装和施加封识等工作程序，并对其工作质量负全责，不得委托其他机构、组织或人员实施。

第十六条　装运前检验机构应当以适当方式，真实、完整、可追溯地记录其实施的装运前检验活动过程，并妥善贮存、保管检验原始记录，至少保存5年。

第三章　备案管理

第十七条　装运前检验机构应当提前向海关总署备案，并提交以下材料：

（一）备案申请书（见附件1）；

（二）经公证的所在国家（地区）合法注册的第三方检验机构资质证明；

（三）固定的办公地点、检验场所使用权证明材料；办公场所和经营场所平面图，能全面展现上述场所实景的视频或者5张以上照片；

（四）ISO/IEC17020体系认证证书彩色复印件及相关质量管理体系文件；

（五）从事装运前检验的废物原料种类；

（六）装运前检验证书授权签字人信息及印签样式；

（七）公司章程。

提交的备案申请材料应当使用中文或者中英文对照文本。

第十八条　备案申请人在准备好申请材料后，将全套材料提交海关总署，以海关总署收到的书面申请资料为准。

第十九条　海关总署在收到备案申请书面材料后，根据下列情况分别处理：

（一）备案申请材料不齐全，或者不符合要求的，当场或者5个工作日内一次性告知备案申请人需要补正的全部内容，要求备案申请人须在30天内补正完毕；

（二）备案申请材料齐全、符合要求的，或者备案申请人补正材料后，经审查材料齐全、符合规定要求的，予以受理；

（三）逾期未补正的，终止办理备案；

（四）未按照要求全部补正备案申请材料或者补正后备案申请材料仍不符合要求的，不予受理。

第二十条　海关总署自受理装运前检验机构备案申请之日起10个工作日内组成专家组，按照《进口可用作原料的固体废物装运前检验机构备案审核记录表》（见附件2）的要求，审核申请人资格、申请材料的完整性、符合性等情况。

专家组应当在审核工作结束后作出审核结论，向海关总署提交审核报告。

第二十一条　海关总署自收到审核报告之日起10个工作日内作出是否同意备案的意见。审核合格的，同意备案，签发《进口可用作原料的固体废物装运前检验机构备案证书》（见附件3）；审核不合格的，不予备案。

第二十二条　海关总署自受理备案申请之日起20个工作日内作出同意备案或不予备案的意见。专家组审核时间不计算在内，但应将专家组审核所需时间书面告知备案申请人。

第二十三条　海关总署应及时将已备案的装运前检验机构的信息对外公开。

装运前检验机构的联系电话、传真、电子邮件发生变化的，应当及时告知海关总署。

第二十四条　装运前检验机构拟增加实施装运前检验的废物原料种类，或者机构名称、商业登记地址、法定代表人、出资方或所有权发生变化的，应在变化后的30天内向海关总署申请重新备案。

申请重新备案的流程按照本章第十七条的规定实施。

第二十五条　装运前检验机构通过提供虚假材料、隐瞒有关情况取得备案，海关总署可以撤销其备案。

被撤销备案的装运前检验机构，3年内不得再申请备案。

第四章　监督管理

第二十六条　海关总署依照职责对装运前检验机构及其装运检验工作实施现场检查、验证、追踪货物环保质量状况等形式的监督管理。

装运前检验机构不接受、不配合监督管理的，海关总署可以撤销其备案。

第二十七条　装运前检验机构出现（但不限于）以下情况时，海关总署可视需要随时安排监督检查：

（一）备案要求或机构的备案信息发生变化时；

（二）需要对投诉或其他情况反映进行核实调查；

（三）被海关总署实施风险预警措施的；

（四）发现装运前检验工作质量问题的；

（五）未按规定报送年度报告或在年度报告中隐瞒有关情况的；

（六）海关总署认为有必要进行的专项检查验证时。

监督检查方式可以是现场检查，也可以是其他方式，如书面调查、文件审核等。

第二十八条　检查人员进行现场检查时，可以采取现场见证、采集样品、查阅或者复制相关资料等措施。被检查的机构应当如实反映情况，提供必要的材料。检查人员应当为被检查的机构保守技术秘密和业务秘密。

第二十九条　装运前检验机构应当积极主动配合做好现场检查的各项准备工作，协助检查人员办理有关进出境手续。

海关总署决定采取文件审核方式实施监督检查的，被检查机构应当在收到通知后的 10 天内，将存在问题的有关说明材料和证明文件提交海关总署。

第三十条　检查人员按照《进口可用作原料的固体废物装运前检验机构现场检查记录表》（见附件4）实施现场检查。重点检查以下方面的真实性、有效性和符合性：

（一）向海关总署提交的备案信息文件；

（二）确保装运前检验活动的独立性和公正性的制度措施；

（三）质量管理体系运行情况；

（四）现场见证被检查机构按照中国环境保护、固体废物管理的国家技术规范的强制性要求和海关总署关于进口废物原料装运前检验有关规定开展检验的能力。

第三十一条　对于现场检查发现的不符合项，被检查机构应当及时实施纠正，需要时提出预防措施，并在 2 个月内完成。检查组应对纠正预防措施的有效性进行验证。如需再次进行现场验证，被检查机构应当配合。

纠正预防措施验证完毕后，检查人员汇总最终检查结果和意见，形成现场检查报告提交海关总署。

第三十二条　海关总署对现场检查报告，或者装运前检验机构提交的说明材料进行审查，必要时可要求检验机构补充提交证据。

现场检查报告和说明材料可作为海关总署确定或调整机构管理类别，以及撤销备案的依据。

第三十三条　经装运前检验机构实施装运前检验的进口废物原料，在口岸到货检验中被发现货证不符或者环保项目不合格的，装运前检验机构应当在收到海关总署通知后的 15 日内，向海关总署报告相关批次废物原料的装运前检验情况，并提供记录检验过程等情况的图像和书面资料。

第三十四条　海关总署或者各地海关在进口废物原料检验监管工作中，发现装运前检验机构存在下列情形之一的，海关总署可以发布警示通报并决定在一定时期内不予认可其出具的装运前检验证书，但最长不超过 3 年：

（一）出具的装运前检验证书存在违反《进口可用作原料的固体废物检验检疫监管管理办法》第三十三条规定的；

（二）装运前检验机构存在违反《进口可用作原料的固体废物检验检疫监管管理办法》第三十五条、第四十六条、第五十九条规定情形的。

第三十五条　装运前检验机构应当在每年度第一个月内向海关总署报送上一年度的工作报告（见附件5）。报告内容包括机构现状及经营管理情况、装运前检验业务的实施情况、检验发现的不合格情况、受到的投诉举报和被调查情况，以及其他需要报告的情况等。

第五章　附则

第三十六条　如无特指，本细则中所称“日”均为工作日，不含法定节假日；“天”为自然日，含法定节假日。

第三十七条　本细则由海关总署负责解释。

第三十八条　本细则自 2018 年 6 月 1 日起施行。

工业和信息化部关于印发《重点新材料首批次应用示范指导目录（2018年版）》的通告

工信部原〔2018〕262号

为进一步做好重点新材料首批次应用保险补偿试点工作，现发布《重点新材料首批次应用示范指导目录（2018年版）》，自本通告发布之日起施行。《重点新材料首批次应用示范指导目录（2017年版）》（工信部原〔2017〕168号）同时废止。

特此通知。

附件：重点新材料首批次应用示范指导目录（2018年版）

工业和信息化部

2018年12月26日

重点新材料首批次应用示范指导目录（2018版）

序号	材料名称	性能要求	应用领域
先进基础材料			
一	先进钢铁材料		
1	G115马氏体耐热钢	在630℃下10万小时的持久强度≥100MPa，抗拉强度 R_m≥660MPa，下屈服强度 $R_{eL}{}^a$≥480MPa，断后伸长率A纵向≥20%，横向≥16%，冲击吸收能量（KV2）纵向≥40J，横向≥27J，硬度HBW（195~250），HV（195~265）。	超超临界电站
2	大吨位工程机械用超高强钢板	屈服强度≥1100MPa，抗拉强度1250~1550MPa，-40℃纵向冲击≥27J。	工程机械
3	海洋工程用低温韧性结构钢板	S355G10钢板：屈服强度 R_{eH}≥355MPa，抗拉强度 R_m≥490MPa，屈强比 R_{eH}/R_m≤0.90，断后伸长率A≥22%，厚度：100~120mm，厚度方向Z35断面收缩率≥50%，厚度方向抗拉抗拉强度≥450MPa，近表面+厚度1/2处-40℃冲击性能KCV均值≥100J，试样PWHT模拟焊后热处理仍能满足上述拉伸、冲击要求，冲击性能的均值应明确试样的数量（不小于3个），5%应变时效冲击性能KCV均值≥100J，钢板可焊接性能好，-10℃试验CTOD特征值≥0.20mm。	海上风电、海洋平台建设、超大型集装箱船
4	海洋工程及高性能船舶用特种钢板	海洋平台桩腿结构用大厚度高强齿条钢：厚度>180mm的特厚钢板，-40℃低温冲击韧性>69J，Z向抗撕裂性能达到Z35级，以及低碳当量下的焊接性能（Ceq≤0.75%）。 高强度止裂船板：屈服强度≥460MPa，抗拉强度570~720MPa，延伸率≥17%；-40℃冲击功≥64J；止裂韧度Kca≥6000N/mm$^{3/2}$。	船舶及海洋工程装备

续表

序号	材料名称	性能要求	应用领域
5	高性能耐磨钢板系列产品	表面布氏硬度：HBW330～500，供货厚度 8～100mm，-40℃低温冲击功≥24J，抗拉强度≥1000MPa，断后延伸率≥9%，焊接性能、耐腐蚀性能优异。	高端煤矿机械、工程机械
6	新型高性能掘进机刀具用钢	A、C 类夹杂物≤0.5 级，B、D 类夹杂物≤1.5 级；抗拉强度＞2000MPa，热处理硬度＞56HRC，冲击韧性 Aku>20J。	机械
7	高铁车轴用轨道交通用钢	光滑试样和缺口试样 107 周次旋转弯曲疲劳强度极限分别大于 350MPa 和 215MPa，全尺寸疲劳性能要求：轴身外表面受力≥240MPa 下完成 107 周次循环后无裂纹产生。	铁路
8	汽车用高端热作模具钢	磷含量≤0.010%，硫含量≤0.003%，A、C 类夹杂物≤0.5 级，B、D 类夹杂物细系≤1.5 级，粗系≤1.0 级，钢材横向心部 V 型缺口冲击功≥13.6J，横向和纵向比≥0.85，球化组织 AS1～AS4，带状组织级别 SB 级。	汽车
9	高精度高温合金管材	氧含量≤15ppm，硫含量≤50ppm，磷含量≤50ppm，材料疏松和偏析<0.5 级，屈服强度≥310MPa，抗拉强度≥690MPa，外径公差±0.1mm，壁厚公差（+10%，-5%）。	航空
10	船用耐蚀钢	下底板年腐蚀速率<1mm，上顶板 25 年腐蚀速率<2mm，包括钢板（厚度 8～40mm）、配套焊材及型材。	船舶
11	特种无缝钢管	超超临界火电机组建设用高压锅炉管（耐热不锈钢 Surper304、S740、HR3C 等），核电建设蒸发器管（耐蚀钢 690U 型管）耐高压≥25MPa，耐高温≥600℃，铅、锡、砷、锑、铋单个元素含量<30ppm，总含量<120ppm，耐腐蚀、长寿命等性能达到国际领先水平。	火电、核电
12	高档轴承钢	［O］≤7ppm，［Ti］≤15ppm，夹杂物 A+B+C+D≤2 级，最大颗粒夹杂物 DS≤0.5 级，4.5GPa 赫兹应力下的接触疲劳寿命 L_{10}≥5×10^7次。	汽车、家电
13	特殊密封用丝带材	符合蜂窝密封、刷丝密封、W 型密封及 C 型密封用材标准，丝材直径 0.07～0.2mm，箔材厚度 0.05～0.15mm，耐工况的环境温度>650℃以上。	核电、燃气轮机、发动机
14	大线能量焊接用钢高效焊接材料	焊接接头 R_m≥490mPa，与母材同等温度考核低温韧强，并满足 GB 712—2001 的要求。	船舶、桥梁、建筑、压力容器、机械
15	高温合金粉末盘坯料	高温合金牌号：FGH4097 产品规格：最大直径>600mm 技术参数：低倍组织检验非金属夹杂不超过 1 个，荧光检验时荧光亮点少于 3 个，Φ0.8mm 平底孔超声波水浸探伤杂波低于-15db，微观组织无原始颗粒边界缺陷，晶粒度 6～8 级，力学性能满足相关型号标准。	航空航天

续表

序号	材料名称	性能要求	应用领域
16	超高纯铸造高温合金母合金	［O］≤6ppm，［N］≤6ppm，［S］≤6ppm；高温持久（950℃）>40h。	航空发动机、燃气轮机、汽车
17	高韧塑性汽车钢	抗拉强度 1000MPa 级，延伸率（A50）≥30%。	汽车
二	先进有色金属材料		
（一）	铝材		
18	大规格 7050 系铝合金预拉伸厚板	板厚度≥80mm，板宽度≥1600mm，尺寸偏差：宽度（+7mm，0mm），厚度（0.127mm，-0.127mm）；平直度偏差<0.127mm）；典型热处理状态抗拉强度级别 530MPa 以上，断裂韧度水平≥24MPa·$m^{1/2}$，加工后无翘曲。	航空航天、高端装备
19	7B50 大规格铝合金预拉伸板	板厚度≥75mm，板宽度≥1200mm，典型热处理状态抗拉强度级别 565MPa 以上，断裂韧度水平≥23MPa·$m^{1/2}$。	航空
20	含 Sc 铝合金加工材	典型热处理状态抗拉强度级别 360MPa 以上，焊接接头系数≥85%。	航天
21	航空支撑骨架用型材	高强高韧型材，纵向性能：抗拉强度≥615MPa，屈服强度≥580MPa，延伸率≥8%；横向性能：抗拉强度≥570MPa，屈服强度≥540MPa；压缩性能≥580MPa；断裂韧性：L-T≥23.1，T-L≥18.7；剥落腐蚀不低于 EB 级；检测耐应力腐蚀性能；超声波探伤符合 A 级。	航空
22	耐损伤铝合金预拉伸板	板厚度≥12.7mm，典型热处理状态抗拉强度级别 430MPa 以上，断裂韧度水平≥40MPa·$m^{1/2}$。	航空
23	高性能车用铝合金薄板	牌号包括 6016~S、6016~IH、6016~IBR、6A16~S、6A16~IBR、5182~RSS、5754、6022 等高性能合金，典型 6xxx 系铝合金板材延伸率 *A*50≥25%，*r* 值≥0.60，60 天停放后屈服强度≤140MPa，烤漆硬化屈服强度增量≥80MPa。	汽车
24	Al-Si-Sc 焊丝	化学成分：［Si］4.5%~5.0%，［Fe］≤0.25%，［Mg］≤0.05%，［Cu］≤0.3%，［Ti］0.2%，［Mn］0.05%，［Sc］0.01%~0.05%，其余为铝；抗拉强度≥260MPa，屈服强度≥180MPa，接头延伸率≥8%，弯曲角：9°~11°，强度系数 55%~75%。	航天航空、轨道交通
25	铝锂合金焊丝	抗拉强度≥450MPa，屈服强度≥350MPa，接头延伸率≥5%，弯曲角 9°~10°，强度系数 65%~85%。	航空航天、船舶
（二）	镁材		
26	大卷重高性能宽幅镁合金卷板	最大宽度>1500mm，厚度范围 1.0~4.0mm，卷重≥1.5t，抗拉强度≥270MPa，屈服强度≥220MPa，延伸率≥15%。	汽车、轨道交通

续表

序号	材料名称	性能要求	应用领域
27	镁合金轮毂	满足汽车行业标准（GB/T 5334—2005《乘用车车轮性能要求和试验方法》及 GB/T 15704—2012《道路车辆轻合金车轮冲击试验方法》美国 SAEJ2530 德国 TUV 标准）。	汽车
（三）	钛材		
28	大尺寸钛合金铸件	轮廓尺寸长和宽>2500mm，最大单重>1200kg，抗拉强度>895MPa，屈服强度>825MPa，延伸率>6%，布氏硬度>365。	船舶及海洋工程
29	纯钛及钛合金带箔材	厚度规格 0.06～0.2mm，厚度允许偏差±5%，不平整度≤0.2mm。	航空航天
30	高强损伤容限性钛合金	抗拉强度≥1050MPa，延伸率≥10%，冲击韧性≥40J/cm^2，平面应变断裂韧性≥80MPa，室温轴向加载疲劳极限≥500MPa（N=107，$K_t=1$，$R=0.06$，$f=130\sim135$Hz）。	航空航天、高端装备
31	焊管用钛带	规格尺寸（0.4～2.1）×（300～610）×L； 牌号 TA1，室温力学性能：抗拉强度≥240MPa，屈服强度 125～210MPa，延伸率≥24%； 牌号 TA2，室温力学性能：抗拉强度≥345MPa，屈服强度 230～350MPa，延伸率≥20%； 牌号 TA10，室温力学性能：抗拉强度≥483MPa，屈服强度≥300MPa，延伸率≥18%。	核电、海洋工程、化工设备、换热设备
32	大卷重宽幅纯钛带卷	宽度≥1000mm，单卷重>3t，牌号 Gr.1 力学性能：抗拉强度≥240MPa，屈服强度 138～310MPa，延伸率≥24%；牌号 Gr.2 力学性能：抗拉强度≥345MPa，屈服强度 275～450MPa，延伸率≥20%。	海洋工程、海水淡化、核电
33	宽幅钛合金板	牌号 TC4，中厚板规格（4.75～150）×（<3000）×（<3000）mm^3，薄板规格（0.5～4.75）×（<1800）×（<3000）mm^3，抗拉强度>895MPa，屈服强度>830MPa，延伸率>8%。	航空、海洋工程
34	高温钛合金	室温性能：抗拉强度≥1100MPa，屈服强度≥950MPa，延伸率≥8%，弹性模量≥110GPa，冲击韧性≥10J/cm^2； 高温 650℃ 性能：抗拉强度≥650MPa，屈服强度≥580MPa，延伸率≥12%，面缩率≥25%，弹性模量≥90GPa；650℃/240MPa 试验条件下，持久断裂时间≥100h；650℃/100MPa/100h 试验条件下，蠕变残余变形≤0.2%。	高端装备
35	高强高韧钛合金棒材	抗拉强度≥1080MPa，屈服强度≥1010MPa，延伸率≥5%，断面收缩率≥16%，冲击韧性≥25J/cm^2，镦饼试样的断裂韧性≥55MPa。	航空航天

续表

序号	材料名称	性能要求	应用领域
（四）	铜材		
36	高频微波、高密度封装覆铜板、极薄铜箔	高频微波覆铜板：介电常数（DK）3.50±0.05（10GHz），高频损耗<0.004（10GHz），玻璃化温度>200℃，剥离强度>0.8N/mm 高密度覆铜板：玻璃化温度>250℃，平面膨胀系数>28； 极薄铜箔：厚度≤6μm，单位面积重量 50~55g/m^2，抗拉强度≥400kg/m^2，延伸率≥3.0%，粗糙度：光面≤0.543μm，毛面≤3.0μm，抗高温氧化性：恒温（140℃/15min）无氧化变色，符合国家行业标准《SJ/T 11483—2014 锂离子电池用电解铜箔》。	新能源电池、电子电路
37	高性能高精度铜合金丝线材	抗拉强度≥475MPa，延伸率≥6%，导电率≥90% IACS，软化温度≥350℃，直径 0.080~0.300mm，长度≥15km。	电力工程、电子信息
38	铜铝复合材料	抗拉强度≥110MPa，延伸率≥11%，界面结合强度≥40MPa，直流电阻率≤0.025Ω·mm^2/m。	电力装备、航空航天、先进轨道交通
（五）	其他		
39	原位自生陶瓷颗粒铝基复合材料	高强度铸造陶铝材料：抗拉强度≥410MPa，弹性模量≥85GPa，延伸率≥2%； 高模量铸造陶铝材料：抗拉强度≥360MPa，弹性模量≥90GPa，延伸率≥0.5%； 高塑性铸造陶铝材料：抗拉强度≥350MPa，弹性模量≥73GPa，延伸率≥14%； 超高强变形陶铝材料：抗拉强度≥805MPa，弹性模量≥76GPa，延伸率≥8%； 高抗疲劳变形陶铝材料：抗拉强度≥610MPa，弹性模量≥83GPa，延伸率≥6%。	汽车工业、高端装备
三	先进化工材料		
（一）	特种橡胶及其他高分子材料		
40	无卤阻燃热塑性弹性体（TPV）	硬度65~75A，强度>10MPa，密度 1.1kg/cm^3，阻燃 V0 或者符合 ISO6722 标准。	电动汽车、航空航天
41	烯烃增韧聚苯乙烯（EPO）树脂	发泡 20 倍时，10%的压缩强度≥0.341MPa，弯曲强度≥558MPa；发泡 30 倍时，10%的压缩强度≥0.157MPa，弯曲强度≥202MPa。	船舶，航空航天
42	新型无氯氟聚氨酯化学发泡剂	外观为无色至浅黄色透明液体，无机械杂质，密度 1.1±0.1，pH 8~11，黏度（25℃下，mPa·s）≤500，凝点≤-15℃，闪点：无沸点：沸点前分解，水溶性：与水混溶。	汽车、船舶、先进轨道交通、航空航天

续表

序号	材料名称	性能要求	应用领域
43	高氟含量氟橡胶材料	门尼黏度 30～60，拉伸强度≥12MPa，断裂伸长率≥120%；275℃老化后：拉伸强度≥10MPa，断裂伸长率≥100%，耐甲醇质量增重≤5%。	航空航天、化工
（二）	工程塑料		
44	高流动性尼龙	拉伸强度>55MPa，弯曲强度>60MPa，简支梁缺口冲击强度>8kJ/m^2，熔融指数（235℃，0.325kg）10～30，熔点220～225℃。	汽车、电子电器、纺织工业
45	汽车核心部件用尼龙复合材料	在85℃、相对湿度85%环境下放置1000小时：力学性能保持在80%以上；长期在120℃高温环境下使用不发生形变，冷热冲击循环300次，塑料件不开裂（－40℃和150℃）。	汽车
46	轴承（传动系统）用工程塑料	在150℃热油、氧环境条件下放置800小时后：拉伸强度>60%，非缺口冲击强度>80%，弯曲强度>90%。	汽车、机床等
47	聚苯硫醚类（PPS）系列特种新材料产品	低氯级：氯含量≤1200ppm，拉伸强度≥70MPa，弯曲强度≥130MPa，弯曲模量≥3.2GPa。	电子电器
		注塑级：拉伸强度≥70MPa，弯曲强度≥130MPa，弯曲模量≥3.2GPa。	汽车、电子电器
（三）	膜材料		
48	VOCs回收膜	膜元件（8040标准型），膜两侧二氧化碳浓度差≥9%，渗透通量≥4.6Nm^3/h，膜元件静电防爆耐腐蚀，测试标准（测试气体为CO_2/N_2混合气体，进气CO_2含量8%±0.5%，进气量为18Nm^3/h，进气温度25℃，操作压力为常压，真空度9000Pa。）	化工、医药
49	复合膜	复合膜：光线透光率≥88%，雾度：（3～60）%，铅笔硬度负重750g≥1H，表面电阻≤1012Ω，热收缩率（90℃、60min）MD≤0.3%、TD≤0.3%，附着力：100%，表观无横纹、纵纹、点弊病、划伤等缺陷。	新型显示
		硬化膜：光线透光率≥90%，雾度≤1.0%，铅笔硬度负重750g≥2H，耐摩擦1000g≥10次，热收缩率（90℃、60min）MD≤0.3%、TD≤0.3%，附着力：100%，表观无干涉纹、晶点、横纹、划伤等缺陷。	新型显示
50	高强度PTFE中空膜	孔径≤0.1μm，物理拉伸强度>1000N，耐酸碱性能pH1～14，膜丝直径1.3mm，壁厚0.3mm。	工业废水治理、海水淡化
51	高性能水汽阻隔膜	透过率≥89%，（水汽阻隔率）WVTR≤10−4g/（m^2·d）。	薄膜光伏封装、OLED显示、量子点封装

续表

序号	材料名称	性能要求	应用领域
52	扩散膜	上扩散膜：雾度 60%～92%，透光率 85%～91%，厚度 188～250mm，正背面涂层附着力达到 5B，背层硬度≥HB，背层表面电阻≤1011Ω； 下扩散膜：雾度 92%～99.5%，透光率 40%～78%，厚度 38～250mm，正背面涂层附着力达到 5B，背层硬度 HB～H，背层表面电阻≤1011Ω。	新型显示
53	锂离子电池无纺布陶瓷隔膜	定量：14～35g/m^2，厚度：18～25μm，纵向抗拉强度≥40MPa，吸液率≥150%，热收缩率≤0.5%（180℃，1h），孔隙率 55%～85%，透气率<100S/100cc。	锂离子电池
54	高压反渗透复合膜材料	膜片脱盐率≥99.7%，水通量≥40L/m^2·h，膜元件（8040 标准型）脱盐率≥99.7%，产水量≥34m^3/d，反渗透海水膜及元件测试标准（进水氯化钠 32000ppm，操作压力 5.5MPa，温度 25℃）。	海水淡化
55	高选择性纳滤复合膜材料	氯化钠截留率≤5%，硫酸钠截留率≥98.5%，水通量≥60L/m^2·h；膜元件（8040 标准型）产水量≥30m^3/d。	水质脱盐、脱硝、盐水分质、浓缩
56	双极膜电渗析膜	膜尺寸≥400×800mm^2，跨膜电压≤1.4V（电流密度为 600A/m^2），电流效率≥75%，酸碱转化率≥90%，寿命超过 1 年。	化工
（四）	电子化工新材料		
57	环保水系剥离液	金属保护剂含量≤1%，杂质金属离子含量≤100ppb，颗粒物（≥0.5μm）≤50 个/mL。	新型显示
58	超高纯化学试剂	电子级磷酸：金属离子<500ppb；半导体级磷酸：金属离子<50ppb；颗粒物（≥0.2μm）<100 个/mL；	集成电路、新型显示
		高纯双氧水、硫酸、氢氟酸：其中金属杂质含量（电子级）≤10ppb、颗粒物（≥0.5μm）≤100 个/mL；金属杂质含量（半导体级）≤0.1ppb、颗粒物（≥0.2μm）≤100 个/mL；芯片铜互连超高纯电镀液：金属杂质含量<60ppb，颗粒物（≥0.2μm）<100 个/mL； 芯片铜互连超高纯电镀添加剂：金属杂质含量<0.1ppm，颗粒物（≥0.2μm）<100 个/mL； 蚀刻后清洗液：金属杂质含量<100ppb，颗粒物（≥0.2μm）<100 个/mL；	
		四乙氧基硅烷：纯度≥99.9999%，氯≤0.1ppb，钴≤0.1ppb，铁≤0.2ppb，锰≤0.1ppb，镍≤0.2ppb。	集成电路、新型显示
59	CMP 抛光材料	CMP 抛光液：小于 45 纳米线宽集成电路制造用 CMP 抛光液系列产品，包括铜抛光液、铜阻挡层铜抛光液、氧化物铜抛光液、多晶硅铜抛光液、钨抛光液等；200～300mm 硅片工艺用抛光液； CMP 抛光垫、CMP 修整盘：200～300mm 集成电路制造 CMP 工艺用抛光垫、修整盘；200～300mm 硅片工艺用抛光垫、修整盘。	集成电路

续表

序号	材料名称	性能要求	应用领域
60	集成电路用光刻胶及其关键原材料和配套试剂	I 线光刻胶：6 英寸、8 英寸、12 英寸集成电路制造用 I 线光刻胶； KrF 光刻胶：8 英寸、12 英寸集成电路制造光刻工艺用 KrF 光刻胶； ArF/ArFi 光刻胶：12 英寸集成电路制造光刻工艺用 ArF 和 ArFi 浸没式光刻胶； 光刻胶树脂及其单体：KrF/ArF/ArFi 光刻胶专用树脂及其高纯度单体、感光性聚酰亚胺树脂；光刻胶专用光引发剂：KrF/ArF/ArFi 光刻胶专用高纯度光致酸剂、I 线光刻胶用感光性化合物；光刻胶抗反射层：与 KrF、ArF 和 ArFi 浸没式光刻胶配套的抗反射层材； 厚膜光刻胶：3D 集成等系统级封装用光刻胶； 光刻胶显影液、光刻胶剥离液：与 KrF、ArF 和 ArFi 浸没式光刻胶配套的光刻胶显影液、光刻胶剥离液。	集成电路
61	新型显示用材料及其关键原材料	LCD 面板用黑色/彩色/PS 光刻胶：性能满足国内主流面板产线使用需求； BM 光刻胶：OD 值>4.1，表面电阻>10^{15}/Ω/□，最小分辨率<20μm，感光度<200mj； 光刻胶树脂：黑色/彩色/PS 光刻胶专用树脂； OLED 显示面板用材料：OLED 显示发光器件各层材料。	新型显示
62	特种气体	高纯氯气：纯度≥99.999%，H_2O≤1.0ppm，CO_2≤2.0ppmv，CO≤1.5ppmv，O_2≤1.0ppmv，CH_4≤0.1ppmv； 三氯氢硅：纯度≥99.99%，一氯甲烷含量<10ppm，二氯氢硅含量≤100ppm，四氯化硅含量≤100ppm，铁含量≤30ppb，镍含量≤2ppb； 锗烷：纯度≥99.999%，H_2<50ppmv，O_2+Ar≤2ppmv；N_2≤2ppmv，CO≤1ppmv；CO_2≤1ppmv；CH_4≤1ppmv；H_2O≤3ppm；氯化氢、氧化亚氮纯度≥99.999%；氧硫化碳、乙硼烷纯度≥99.99%；砷烷、磷烷、硅烷纯度≥99.9999%；	集成电路、新型显示
		二氯二氢硅：纯度≥99.99%，四氯化硅≤50ppm，三氯氢硅≤100ppm；B≤10ppt，P≤10ppt；	
		高纯三氯化硼：纯度≥99.999%，N_2≤4，CO≤0.5，O_2≤1，CH_4≤1，H_2O≤1，CO_2≤2；	
		六氯乙硅烷：纯度≥99.5%，四氯化硅≤300ppm，六氯氧硅烷≤500ppm，三氯氢硅≤100ppm，Al≤10ppt，Ti≤10ppt；	
		四氯化硅：纯度≥99.99%，三氯氢硅≤50ppm，二氯二氢硅≤100ppm；Fe≤2ppt，Ni≤0.1ppm，B≤20ppt，P≤20ppt。	

续表

序号	材料名称	性能要求	应用领域
63	电子胶有机硅材料	热导率≥4.0W/m·K，体积电阻≥10^{14}Ω·cm，击穿电压≥20kV/mm，阻燃性可达UL94 V-0。	航空航天、电力电子、汽车、机械医疗
64	铜蚀刻液	pH：1.7~2.5；氟离子含量：1700~3000ppm；硝酸含量：3.6%~5.0%；双氧水含量：4.0%~6.1%；粒子数（>0.5μm）<100，Li/Mg/Al/K/Cr/Mn/Fe/Ni/Co/Cu/Zn/Sr/Cd/Ba/Pb<1，Na/Ca<3。	新型显示
65	热塑性液晶高分子材料	拉伸强度>90MPa，拉伸模量>10GPa，弯曲强度>130MPa，弯曲模量>10GPa，热变形温度>250℃，冲击强度>200J/m。	新型显示
（五）	其他先进化工材料		
66	半芳香族尼龙（PPA）	玻璃化转变温度≥88℃，熔点≥300℃，拉伸强度（25℃）≥60MPa，弯曲强度（25℃）≥120MPa，吸水率（23℃/50%RH）≤0.7%，特性黏度0.75~0.95 dL/g。	汽车、电力电子
67	聚丁烯-1（PB）	拉伸弹性模量≥445MPa，断裂拉伸强度≥20MPa，弯曲模量≥500MPa，简支梁缺口冲击强度≥15kJ/m^2，熔点120~125℃。	共混改性剂、纤维、电缆绝缘等。
68	聚硼硅氧烷改性聚氨酯材料	密度0.45~0.5kg/m^3，撕裂强度0.9~1.5N/mm，拉伸强度>1.4MPa，断裂伸长率180%~300%，压缩强度140~300kPa，抗冲击防护性能level2。	工业减振
69	聚酰胺56	颗粒度45~65N/g，带黑点颗粒≤0.8%，干燥失重≤0.6~1.5%，黏度120~180mL/g均可实现，按要求可调，熔点250~260℃，相对密度1.11~1.15g/cm^3，拉伸强度（屈服）>75MPa，弯曲强度>105MPa，冲击强度（缺口）>3.2kJ/m^2。	汽车、电子领域
70	硼-10酸	丰度≥95%，纯度≥99.9%。	核工业、医疗
71	热力管道内壁防腐涂料	附着力≥7MPa；耐水煮（95℃，1000h）；耐油浴（150℃，1000h，导热油）；耐高温高压釜（150℃，10MPa，介质：去离子水，168h），涂层不起泡、不脱落、不开裂。	节能环保
72	生物基增塑剂	100%替代邻苯类增塑剂，抗老化性能>1200h（ASTM G-154），环保指标通过欧盟REACH法规认证，绿色安全无毒。	医疗
四	先进无机非金属材料		
（一）	特种玻璃及高纯石英制品		
73	高铝硅酸盐盖板玻璃	表面压应力>860MPa，压应力层厚度>38μm，透光率（550nm）>92.0%，维氏硬度≥700HV。	新型显示、航空、高铁、封装

续表

序号	材料名称	性能要求	应用领域
74	无碱玻璃基板	应变点>655℃，退火点 720～745℃，软化点 970±10℃，线热膨胀系数：（3.0～3.8）×10^{-6}/℃，杨氏模量：72～79GPa，550nm 处透过率：90%～92%；支持六代线及以上显示用无碱玻璃基板。	新型显示
75	半导体用大尺寸高纯石英扩散管	规格：外径 300～400mm，偏壁厚≤0.6mm，金属杂质含量<13ppm，长期使用温度：1150℃。	半导体领域、集成电路
76	光掩膜基板用石英玻璃基片	规格尺寸：8 寸及以下；尺寸精度：达到国际 SEMI 标准；材料金属杂质含量≤2ppm（GB/T 3284）；材料气泡：1 类，条纹等级：1 类，应力双折射：1 类，（JC/T 185）；光谱透过率：T190～280nm≥80%。	微电子光电子制造
77	滤光片	蓝玻璃红外截止滤光片：透过率 AR（420～670nm，R_{max}<0.9%），UVIR（350～390nm，T_{avg}≤3%）；图案的外围和内径部分四角直线度（毛刺）5μm 以内，偏心 50μm 以内，最外围中心和印刷内径中心的差异在 50μm 以内、偏心 50μm 以内；图形胶层厚度 10μm 以下，透过率 T_{max}<0.2%（400～650nm），反射率 R_{max}<4%（400～650nm）；组立件支架的粘着力>3kg/cm；五代彩色滤光片：BM 厚度 1.2±0.3μm；BM OD≥4.0；RGB 厚度 2.28±0.3μm；导电膜组抗值≤30Ω/□；导电膜厚度 1500±200Å；角段差<0.5μm；PS 高度 3.15±0.15μm。	新型显示
78	半导体级电弧石英坩埚	规格：14～24 寸；内层纯度：所有金属杂质含量<12ppm；强度：1500 度高温变形率<2%；寿命可达 200 小时。	集成电路
（二）	绿色建材		
79	防污型绝缘材料	憎水性 HC1～HC2 级，污秽耐受电压跟普通釉绝缘子相比，污秽耐受电压≥1.5 倍，涂层耐磨性≤0.2g，耐漏电起痕及电蚀损≥TMA4.5 级，支柱绝缘子弯曲破坏应力 100MPa，悬式绝缘子抗拉强度 960kN，使用温度－40～105℃，抗拉负荷≥300kN。	电力装备
80	聚烯烃纳米改性防水隔热卷材	拉伸强度≥13MPa；断裂伸长率≥600% 2500h 老化后：拉伸强度≥11MPa，断裂伸长率≥100%，近红外反射比≥80，太阳光反射比≥80，隔热温差≥10℃	环保、建筑
81	低风速风电叶片	叶片长度 60～70m；匹配主机功率为 3～4MW； 气动设计 C_{pmax}≥0.48。	风力发电装备
82	液化天然气船（LNG）储运用增强阻燃绝热保温材料	密度：130±10kg/m^3，导热系数≤17.5，闭孔率≥95%，阻燃等级≥B2 级，常温下（23±2℃）：压缩强度≥1.3MPa，拉伸强度≥3.0MPa；低温下（－170±2℃）：压缩强度≥2.7MPa，拉伸强度≥3.2MPa。	船舶

续表

序号	材料名称	性能要求	应用领域
（三）	先进陶瓷粉体及制品		
83	片式多层陶瓷电容器用介质材料	配方粉：介电常数3000～4000，介电损耗≤2%，绝缘性能RC≥100S，温度特性（-55～125℃）：-15%≤ΔC/C0≤+15%（无偏压），粒度分布D50：0.40±0.05μm，耐电压BDV≥1800V/mil； 基础粉（钛酸钡）：粉体粒径：120±10nm，比表面积：7.0～9.0m^2/g，粒度分布D10：0.05～0.10μm，D50：0.10～0.15μm， D90：0.25～0.45μm，c/a：>1.0095，Ba/Ti：1.000～1.005。	电子信息
84	氮化铝陶瓷粉体及基板	粉体：碳含量≤300ppm，氧含量≤0.75%，粒度分布D10≤0.65μm，D50≤1.30μm，D90≤3.20μm；比面积≥2.8m^2/g； 基板：密度≥3.30g/cm^3，热导率（20℃）≥180W/m·K，抗折强度≥380MPa，线膨胀系数（RT～500℃）4.6～4.8×10^{-6}/℃，Ra≤0.3μm。	高铁、新型显示、新能源汽车、光通讯和智能电网
85	高性能蜂窝陶瓷载体	载体：蜂窝筛孔目数：300-750目；壁厚：TWC≤4mil，DOC/SCR≤6mil；热膨胀系数≤0.6×10^{-6}；耐热冲击性≥650℃。 过滤器材料：孔隙率≥50%，颗粒捕捉效率≥90%。	机动车尾气后处理
86	电子产品用氧化锆陶瓷外壳材料	成品瓷片三点抗弯强度≥1000MPa；韧性≥5MPa·$m^{1/2}$；维氏硬度≥1100；相对介电常数<40。	电子产品
87	DBC基板（覆铜陶瓷基板）	陶瓷氮化铝热导率>170W/m·K，铜箔电导率≥58MS/m，铜箔硬度90～110HV。	电力电子、IGBT模块、新能源汽车太阳能和风力发电装备
88	半导体装备用氧化铝陶瓷部件	密度≥3.90g/cm^3，硬度（HRA）≥90，抗折强度≥400MPa，Ra≤0.6μm。	半导体、LED
89	除尘脱硝一体化高温陶瓷膜材料	适用温度：180～420℃，过滤风速0.8～2m/min，除尘效率≥99.9%，净化后气体杂质浓度≤10mg/Nm^3，脱硝效率80%～90%，过滤阻力1000～3500Pa。	建材、垃圾焚烧炉、焦化
90	特高压瓷芯复合支柱绝缘子	上釉试条强度≥210MPa，弯曲破坏应力>90MPa，扭转强度≥10kN·m，抗地震烈度≥8度，热机和水煮试验后，耐受电压梯度≥30kV/cm的陡波前冲击电压试验。	电力装备
91	高性能氮化硅陶瓷材料	致密度≥99%，弯曲强度≥900MPa，维氏硬度≥1450，断裂韧性≥7MPa·$m^{1/2}$，弹性模量≥320GPa，热膨胀系数≤3.4×10^{-6}，韦布尔模数>12，热导率20～90W/m·K，抗压强度≥3000MPa。	太阳能和风力发电装备、航空航天汽车、电子

续表

序号	材料名称	性能要求	应用领域
92	碳化硅陶瓷膜过滤材料	Φ60×（1000~2500）×（8~10）mm^3，支撑体孔径 40~70μm，气孔率≥40%，膜层孔径 10~20μm，膜层气孔率≥38%，弯曲强度≥15MPa；耐酸性≥98%，耐碱性≥99%，热胀系数<5.46×10-6/K。	化工、能源、电力装备、冶金、环保
（四）	人工晶体		
93	碲锌镉晶体	核工业、环境探测：晶锭直径≥100mm；单晶尺寸≥2000mm^3；成分偏差≤5%；电阻率≥1010Ω·cm；电子迁移率和寿命积≥$2\times10^{-3}cm^2/V$；碲锌镉探测器对 241Am@59.5KeV 的能量分辨率≤5%，峰谷比≥80；对 137Cs@662KeV 的能量分辨率≤1.5%，峰康比≥2，空间分辨率≤0.2mm，计数率 1M/s/mm^2； 外延衬底：衬底面积≥14×14mm^2；最大厚度偏差≤0.05mm；晶体定向偏差≤20′；双晶衍射半峰宽≤30rad·s；位错腐蚀坑密度≤5×104/cm^2夹杂相尺寸≤10μm；夹杂相密度≤2000/cm^2；2~25μm 红外透过率≥60%。	核工业、环境检测、外延衬底
94	溴化镧闪烁晶体	块状晶体尺寸≥Φ50×50mm^3，衰减时间≤20ns，能量分辨ΔE/E≤3.5%，时间分辨≤300ps，阵列式晶体探测器衰减时间≤35ns，峰谷比≥6.5，能量分辨优于 13%@511KeV。	医疗器械、安全检查
95	单或双掺 La、Yb、Er、Nd、Lu、Ce 等稀土元素系列人工晶体	高光输出、快衰减，衰减时间≤30ns，光产额≥60Ph/KeV。	医疗器械、安全检查、地质勘探
96	LED 用蓝宝石衬底片	晶片直径：6 吋衬底 150±0.2mm，8 吋衬底 200±0.2mm；晶片厚度：6 吋衬底 1300±30μm，8 吋衬底 1500±50μm；定位面方向：A（11~20）TOM0±0.2°；平边长度：6 吋衬底 50±1.0mm，8 吋衬底 100±1.0mm；晶向：6 吋衬底 C（0001）TOM0.2±0.05℃，（0001）TOA（11~20）0±0.1°，8 吋衬底 C（0001）TOM0.2±0.1°，C（0001）TOA（11~20）0±0.1°；整体平整度：6 吋衬底≤10μm，8 吋衬底≤15μm；局部平整度：6 吋衬底≤2μm，8 吋衬底≤2.5μm；弯曲度：6 吋衬底−20μm<BOW<0μm，8 吋衬底−25μm<BOW<0μm；翘曲度：6 吋衬底≤25μm，8 吋衬底≤30μm；抛光面粗糙度：6 吋衬底 Ra≤0.2nm，8 吋衬底 Ra≤0.3nm；背面粗糙度 0.8~1.2μm；位错密度≤1000pcs/cm^2。	新型显示等电子产品
（五）	矿物功能材料		
97	高纯石墨	固定碳含量 C≥99.995%。	新能源

续表

序号	材料名称	性能要求	应用领域
98	环保型、高稳定摩擦材料	镉≤0.01%，六价铬≤0.1%，铅≤0.1%，汞≤0.1%，常温剪切强度≥4.5MPa，高温剪切强度≥2.5MPa；摩擦因数在其设定的工作摩擦因数值的±10%的范围内，产品寿命为原来的2~5倍。	汽车
99	汽车尾气处理材料	净化NOx还原剂固体储氨（氨合氯化镁、钙、锶）材料：氨气含量45%wt以上； SCR蜂窝催化剂材料：NOx转化率≥95%，氨逃逸率≤3ppm，使用寿命>18000h； 颗粒过滤器（DPF）材料：开孔率>50%，过滤效率>80%，抗热振>700℃； 氮氧化物吸附材料：脱附温度>200℃。	汽车
100	高纯石英砂	Fe、Mn、Cr、Ni、Cu、Mg、Ca、Al、Na、Li、K、B共12种元素总含量<6ppm。	高品质石英制品
五	其他材料		
（一）	稀有金属		
101	稀有金属涂层材料	高温合金稀有金属防护涂层材料：氧含量≤300ppm，涂层在900℃完全抗氧化，并具备良好的抗热疲劳性能；复式碳化钨基稀有金属陶瓷涂层材料：硬度HRC45~65，使用温度-140~500℃； 高耐蚀耐磨涂层材料：结合强度≥70MPa，硬度HRC30~45，孔隙率<0.5%，抗中性盐雾腐蚀≥500h； 多组元MCrAlY涂层材料：O、N、C、S总和≤500ppm，结合强度≥50MPa，1050℃水淬≥50次，1050℃（200h）次涂层与基体结合及涂层、基体完好无损； 高隔热涂层材料YSZ复相陶瓷材料：熔点>2000K，1200℃（100h）无相变，热导率<1.2W/m·K； 可磨耗封严涂层材料：使用温度500~850℃，硬度HV0.31300，结合强度≥70MPa，工况温度下5000m/h可磨耗试验涂层无剥落掉块； 冷喷涂超细合金粉末涂层材料：粉末粒度D90≤16μm，振实密度≥4.0g/cm^3，近球形粉末形貌。	高端装备零部件表面强化
102	高纯铟	5N主含量大于99.999%，6N主含量大于99.9999%，杂质要求达到YS/T264—2012标准；7N主含量大于99.99999%；杂质要求为：（1）杂质总含量：≤0.1ppm；（2）检测杂质：Ag，Cd，Cu，Fe，Mg，Ni，Pb，Zn。	太阳能光伏、半导体、航天航空
（二）	高性能靶材		
103	金基银钯合金复合材料	TS≥300回合，电阻率2.9~3.3μΩ/cm^2，1.0mil的物理参数EL>9cn，延伸率9%~16%。	高亮LED封装

续表

序号	材料名称	性能要求	应用领域
104	高纯钽靶材	纯度≥99.995%（4N5），晶粒度≤50μm 且均匀，圆形、方形各种规格，在厚度上应以（111）<112>为主的织构，表面粗糙度≤Rz6.3。	集成电路
105	高密度 ITO 靶材	（1）In_2O_3 : SnO_2 = 90 : 10wt%：相对密度>99.5%； （2）In_2O_3 : SnO_2 = 93 : 7wt%（±0.5%）/95 : 5wt%（±0.5%）/97 : 3wt%（±0.5%）：相对密度>99%；纯度>99.99%，电阻率≤$1.6\times10^{-3}\Omega\cdot mm$，焊合率≥95%； 靶材尺寸：旋转靶单节圆筒（Φ100～Φ165）×（400～1500）×（4～20）mm^3； 平面靶单片靶胚（400～2000）×（400～800）×（4～20）mm^3。	太阳能光伏、电子信息
106	高纯钴靶	晶粒尺寸≤50μm，焊合率>99%，满足 200～300mm 半导体制造要求。	集成电路
107	超高纯 NiPt 合金靶材	纯度≥4N，晶粒尺寸≤100μm，钎焊焊合率≥95%，最大单伤≤2%，尺寸公差±0.1mm，表面粗糙度 Ra≤0.8μm，清洁度符合电子级要求。	集成电路
108	铜和铜合金靶	纯度≥6N，晶粒尺寸≤50μm，尺寸公差±0.05mm，焊合率≥99%，表面粗糙度 Ra≤0.4μm，清洁度符合电子级要求。	集成电路
109	平面显示用高纯钼管靶	纯度>99.95%，密度≥10.15g/cm^3，平均晶粒<100μm，均匀分布，且沿长度方向的平均晶粒尺寸偏差<20%，焊合率>97%。 产品尺寸：G6～G11 TFT-LCD 世代线 Φ（150～180）×Φ（120～140）×（1400～3600）mm。	新型显示
（三）	其他		
110	钛合金加工用超细硬质合金高端棒材	碳化钨晶粒度≤0.6um，密度 14.08～14.15g/cm^3，硬度（HV30）1530～1580，抗弯强度≥3000N/mm^2，断裂韧性典型值 12$MPa\cdot m^{1/2}$。	航空航天
111	新型硬质合金材料	深井能源开采用 PDC 硬质合金基体： 孔隙度 A02B00C00E00，抗弯强度≥3500MPa，硬度 HRA 88±0.5，金相夹粗≥25.0μm，整个金相面允许 1 个（注：金相照片要求在 400×视场下观察）； 超粗晶粒硬质合金工程齿： WC 平均晶粒度≥4.0μm，硬度 HRA85.0～89.0，抗弯强度（B 试样）≥1800MPa； 复杂岩层、深部钻探用结构硬质合金： 密度 13.9～14.98 g/cm^3，硬度 85.5～90.8 HRA，抗弯强度≥2500MPa，断裂韧性>30$MPa\cdot m^{1/2}$。	油气开采、矿产开发、海洋勘探

续表

序号	材料名称	性能要求	应用领域
112	反应堆中子吸收体材料	产品牌号为 AgInCd，成分为 Ag：（80±0.50）wt%，In：（15±0.25）wt%，Cd：（5±0.25）wt%，杂质总量不超过 0.25wt%；晶粒度 4～6 级，试样经 350℃/10h 处理后，大于 3 级的晶粒比例小于 30%。	核能
113	热缩型耐温耐磨材料	遇热收缩，比例 2：1；在 150℃环境下放置 1000h，无脆化；低温-40℃放置 2h 后高温 140℃放置 4h，高低温转换时间≤5min，测试 32 个循环，通过高低温冲击试验测试；频率 60r/min，行程 16mm，磨头 0.45mm，钢琴丝，耐磨次数不低于 20 万次。	汽车
114	高性能极细径纳米晶微钻棒材	碳化钨晶粒度≤0.2um，密度 14.35～14.45g/cm^3，硬度（HV30）≥2050，抗弯强度≥4000N/mm^2。	电子信息
115	核电燃料元件用镍基合金材料	抗拉强度 σ_b≥1580MPa，屈服强度 $\delta_{p0.2}$≥1450MPa，纯洁度≥1.0 级。	核能
116	高纯氧化铝生产用固体铝酸钠	湿法结构分离获得铝酸钠固体杂质含量：铁<0.1g/L，钾<2g/L，锂<0.005g/L，硫<0.05g/L，钙<0.01g/L，硅<2g/L，有机物<5g/L，1.2≤a_k≤1.6。	化工、环保
117	高性能自动变速箱油（OEM 装填油）	FZG 齿轮承载≥11 级，DKA 或 ISOT 实验 150℃以上、96H 高温耐久测试通过，通过 SAE NO.2、LVFA、同步器单体摩擦实验等摩擦测试，-40℃布氏黏度≤20000mp·s，150℃高温泡沫倾向性小于 100mL，铜腐蚀试验≤2 级，通过 OEM 特定的整机系列台架及整车行车实验。	汽车
118	高性能普碳钢冷轧轧制液	运动黏度（40℃）35～70mm^2/s，皂化值 30～200mgKOH/g，酸值不大于 15mgKOH/g，5%乳化液 pH 5.0～8.5。	冶金行业普碳板、电工板等冷轧加工
关键战略材料			
一	高性能纤维及复合材料		
119	高性能碳纤维	高强型：拉伸强度≥4900MPa，CV≤5%，拉伸模量 230～250GPa，CV≤2%； 高强中模型：拉伸强度≥5500MPa，CV≤5%，拉伸模量 280～300GPa，CV≤2%。 高模型：拉伸强度≥4200MPa，CV≤5%，拉伸模量 377GPa，CV≤2%。	航空、航天、轨道交通、海工、风电装备、压力容器，不包括体育休闲产品制造
120	碳纤维复合芯导线	导电率≥63.0%IACS，抗拉强度≥2100MPa，线膨胀系数≤2.0×10^{-6}/℃，玻璃化转变温度≥150℃，弹性模量≥110GPa，芯棒卷绕半径满足 50D 不开裂、不断裂。	输配电工程
121	二元高硅氧玻璃纤维制品	SiO_2含量≥95%，宽度>30mm，收缩率≤4%，使用耐温 1000℃，瞬间耐温 1400℃。	航空航天

续表

序号	材料名称	性能要求	应用领域
122	芳纶纤维材料制品	灰分＜0.5%，芳纶纸击穿电压＞20kV/mm，抗张强度＞3.2kN/m，芳纶层压板击穿电压>40kV/mm，耐热等级达到220℃，阻燃达到VTM-0或V-0级，水萃取液电导率＜5ms/m，180℃长期对硅油无污损，外观、层间结合状态与进口产品一致。	轨道交通、新能源、航空航天、电力装备
123	高强高模聚酰亚胺纤维	拉伸强度3.0~4.5GPa，拉伸模量100~170GPa，断裂伸长率2%~5%。	航空航天、核工业、电子电器、交通
124	玄武岩纤维	耐温温度-269~650℃，弹性模量≥80GPa，抗拉强度≥3000MPa。	消防、环保、航空航天、汽车、船舶
125	高性能碳纤维预浸料	0°拉伸强度≥2700MPa，0°拉伸模量≥170GPa，CAI≥300MPa。	航空航天
126	汽车用碳纤维复合材料	密度＜2g/cm^3，抗拉强度≥800MPa，抗拉弹性模量40~70GPa。	汽车
127	耐高温连续碳化硅纤维	拉伸强度≥2.8GPa，杨氏模量≥200GPa，伸长率1.2%~1.8%，纤度180±10tex，氧含量≤12%，1100℃，空气10h，强度保留率≥85%。	航空航天
128	航空制动用碳/碳复合材料	密度≥1.76g/cm^3，抗压强度≥140MPa，抗弯强度≥120MPa，层间剪切强度≥12MPa，热导率≥30W/m·K，石墨化率≥45%。	航空
二	稀土功能材料		
129	稀土化合物	高纯稀土化合物：绝对纯度＞99.995%，相对纯度＞99.999%； 超高纯稀土氧化物：稀土绝对纯度＞99.9995%，CaO＜2ppm，Fe_2O_3＜1ppm，SiO_2＜2ppm； 超高纯稀土卤化物绝对纯度≥99.99%，水、氧含量＜50ppm； 高纯稀土氟化物镀膜材料：绝对纯度>99.99%，相对纯度>99.995%，氧含量<100ppm； 高纯氧化钪：绝对纯度>99.99%，粒度D50=0.6~1.4μm； 超细粉体稀土氧化物：相对纯度＞99.99%，粒径D50=30~100nm，分散度（D90~D10）/（2D50）=0.5~1。	功能晶体、集成电路、红外探测、燃料电池、陶瓷电容器
130	AB型稀土储氢合金	AB_5型稀土储氢合金：常温下可逆容量＞1.5 wt%，循环1400周次，容量保持率>80%。 Mg基含稀土合金最大储氢量>6 wt%，寿命>2500次； A_2B_7型储氢合金：初始容量>390mAh/g，循环300次容量保持率为92%以上，温区宽度-40~80℃。	新能源

续表

序号	材料名称	性能要求	应用领域
131	高性能稀土发光材料	高端显示、照明及激光用新型发光材料：满足显示色域≥95%NTSC，照明显色指数 CRI≥97（Rg 和 Rf 均≥95）的应用需求；生物农业照明发光材料：满足 360~460nm LED 芯片激发，发光波长在 400~800nm，发光强度满足水果生长和植物生长所需光生理作用需要； 健康照明及信息探测发光材料：在 380~700nm 波段可见光激发下，实现 780~1600nm 的近红外线高效发射，满足应用需求。	新型显示、生物农业照明
132	高性能钕铁硼永磁体	低重稀土钕铁硼系列：52SH 档产品，综合重稀土含量<1wt%；48UH 档产品，综合重稀土含量<1.5wt%；44EH 档产品，综合重稀土含量<2.5wt%；高性能辐射环：综合磁性能（BHm）（MGOe）+Hcj（kOe）>60；高性能各向异性粘结磁体：（BHm）（MGOe）+Hcj（kOe）>30。	新能源汽车、高铁、机器人、消费电子
133	高性能钐钴永磁体	Br>11.5kGs，Hcj>25kOe，（BH）max>29MGOe。	航空航天，海洋工程及高性能船舶轨道交通等高端装备
134	新型铈磁体	无 Tb、Dy 重稀土前提下，铈含量占稀土总量≥30%，（BH）max（MGOe）+Hcj（kOe）≥50；铈含量占稀土总量≥50%时，（BH）max（MGOe）+Hcj（kOe）≥35。	家用电器
135	特种稀土合金	稀土镁合金，纯度>99.95%，延伸率≥15%，屈服强度≥250MPa，抗拉强度≥280MPa。	航天、电子通讯、交通运输
136	汽车尾气催化剂及相关材料	稀土储氧材料，产品比表面>80m²/g，储氧量>500μmol O_2/g；经 1000℃，10%H_2O，水热老化 10 小时后，比表面积不低于 30m²/g；氧化铝材料，经 1100℃，10%H_2O，水热老化 10 小时后，比表面积不低于 70m²/g； 堇青石蜂窝陶瓷载体，TWC、DOC、SCR 目数/壁厚分别为 400/4、600/4、300/5，孔隙率 48%-53%； 钒基 SCR 催化剂：NOx 起燃温度 T50≤200℃，T80 温度窗口宽度≥300℃，催化剂入口温度 550℃ 台架老化 200h 后，NOx 转化效率劣化率≤5%，使整车性能满足国五排放标准。	交通装备、节能环保
137	工业烟气稀土基及 SCR 稀土无钒脱硝催化剂	横向抗压强度≥0.55MPa，纵向抗压强度≥1.5MPa，稀土含量>5%，脱硝率≥92%，烟气温度适应范围 310~450℃，使用寿命>3 年。	化工、冶金、环保
138	超高纯稀土金属材料及制品	超高纯稀土金属材料：以 60 种以上主要杂质计算，绝对纯度>99.99%，气体杂质总量<100ppm； 超高纯稀土金属深加工产品：型材最大方向尺寸可达 300mm；绝对纯度>99.95%，型材晶粒平均尺寸<200μm。	电子信息领域

续表

序号	材料名称	性能要求	应用领域
139	稀土抛光材料	高档稀土抛光液，粉体 CeO_2 含量≥99.9%，晶粒尺寸≤30nm，形貌接近球形，抛光液粒度 D50 = 50 ~ 300nm，Dmax<500nm，有害杂质离子浓度<40ppm，硅晶片抛光速度≥100nm/min，表面粗糙度 Ra≤1nm，高性能玻璃基片抛光速度≥25nm/min，表面粗糙度 Ra≤0.5nm。	电子信息
三	先进半导体材料和新型显示材料		
140	氮化镓单晶衬底	包括 2 英寸及以上 GaN 单晶衬底，位错密度<$5\times10^{6}cm^{-2}$，半绝缘 GaN 电阻率>$10^{6}\Omega\cdot cm$。	电子信息
141	功率器件用氮化镓外延片	4 英寸及以上氮化镓外延片，背景载流子浓度<$10^{16}cm^{-3}$，翘曲小于 50μm，迁移率>600cm^2/vs。	新型显示
142	电子级多晶硅	符合国标 GB/T 12963—2014 要求。电子 1 级：施主杂质≤0.15×10^{-9}、受主杂质≤0.05×10^{-9}；电子 2 级：施主杂质≤0.25×10^{-9}、受主杂质≤0.08×10^{-9}；电子 3 级：施主杂质≤0.30×10^{-9}、受主杂质≤0.10×10^{-9}。	集成电路、分离器件
143	碳化硅外延片	4 英寸及以上碳化硅同质外延片，外延片内浓度不均匀性（σ/mean）< 15%；外延片内厚度不均匀性（σ/mean）< 10%；外延表面缺陷密度< 5/cm^2；外延表面粗糙度< 0.5nm。	电子信息
144	大尺寸硅电极产品	纯度≥11N（不计调整电阻率而掺入的杂质）；外径>300mm，公差±10um；硅电极电阻率 60 ~ 80ohm · cm，径向电阻率波动 10%内；表面粗糙度≤10nm；硅电极导气微孔均匀性≥98%；硅电极导气微孔边缘倒角 R0.2±0.1mm。	集成电路制造
145	电子封装用热沉复合材料	WCu：CTE≤8.6 PPM/K，TC≥165 W/M.K； MoCu：CTE≤10.8 PPM/K，TC≥190 W/M.K； CMC：CTE≤9.4 PPM/K，TC≥170 W/M.K； CPC：CTE≤11.5 PPM/K，TC≥200 W/M.K。	电子通信、功率芯片、微波射频、集成电路
146	高性能有机发光显示与照明材料	蓝光色度坐标达到 CIE（0.135±0.015，0.055±0.005），1000cd/m^2亮度下，效率>8cd/A，寿命 LT97>100h；红光色度坐标达到 CIE（0.675±0.01，0.325±0.01），5000cd/m^2亮度下，效率>40cd/A，寿命 LT97>300 小时；绿光材料色度坐标达到 CIE（0.21±0.03，0.71±0.03），10000cd/m^2亮度下，效率>120cd/A，寿命 LT97>100h。	新型显示
147	碳化硅单晶衬底	4 英寸及以上 SiC 单晶衬底，4H 晶型，微管密度<5/cm^2，N 型 SiC 衬底电阻率 0.015 ~ 0.030Ω · cm，半绝缘 SiC 衬底电阻率≥105Ω · cm，表面粗糙度<0.3 nm；X 射线摇摆曲线半高宽<1 弧分。	电子信息

续表

序号	材料名称	性能要求	应用领域
148	4英寸低位错锗单晶	单晶直径≥104mm，单晶长度≥120mm，单晶晶向：<100>偏<111> 9°±1°，导电型号P型，电阻率0.01～0.05Ω·cm，径向电阻率不均匀性≤15%，位错密度≤1000/cm^2。	空间太阳三结电池
四	新型能源材料		
149	硅碳负极材料	硅碳负极材料： 低比容量（<600mAh/g）：压实密度>1.5g/cm^3，循环寿命>500圈（80%，1C）； 高比容量（>600mAh/g）：压实密度>1.3g/cm^3，循环寿命>200圈（80%，0.5C）。 纳米硅碳负极材料： 低比容量（<450mAh/g）：压实密度>1.7g/cm^3，循环寿命>1500圈（80%，1C）； 高比容量（>450mAh/g）：压实密度>1.6g/cm^3，循环寿命>800圈（80%，0.5C）。	新能源汽车
150	新能源复合金属材料	铜镍复合带/汇流片：电阻率2.0±0.2μΩ·cm，表面硬度HV0.2：T≤0.1mm：Cu45～55，Ni65－85；T≥0.8mm：Cu65～75，Ni90～120，成分比：Cu78%～83%，Ni17%～22%； 钢铜复合带：电阻率9.0±1.0μΩ·cm，表面硬度HV0.2：Cu60－75，SUS430：115～140 成分比：Cu15%～20%，SUS430：80%～85%； 钢铜镍复合带：电阻率2.9±0.5μΩ·cm，表面硬度HV0.2：Ni160～180 成分比：Ni10%～11%，SUS430：30%～32%，Cu59%～61%； 铝铜复合带：电阻率2.0±0.2μΩ·cm，表面硬度HV0.2：Cu45～65，Al：15～25 成分比：Cu45%～55%，Al：45%～55%； 铝镍复合带：电阻率4.2±0.2μΩ·cm，表面硬度HV0.2：Ni90～110，Al：15～25 成分比：Ni45%～55%，Al：45%～55%。	新能源汽车
151	锂电池隔膜涂布超细氧化铝粉体材料	物相：a-Al_2O_3，比表面积：4～7m^2/g，扫描电镜观察颗粒分布均匀，无大颗粒，表面光滑无缺陷，粒度分布D10>0.13μm，D50：0.6～0.8μm，D100<6μm，杂质元素含量：Fe<100ppm，Cu<10ppm，Cr<10ppm。	新能源汽车
152	高电压钴酸锂（≥4.45V）	比容量>178 mAh/g（0.5C），循环寿命>750周（80%）。	电子信息、新能源
153	双氟磺酰亚胺锂盐	纯度：≥99.9%，外观：白色，水分≤50ppm（K－F），Cl^-≤10ppm，SO_4^{2-}≤10ppm，Na≤20ppm，K≤5ppm。	新能源汽车

续表

序号	材料名称	性能要求	应用领域
154	镍钴铝酸锂三元材料	比容量≥190mAh/g（0.5C），循环寿命≥1000周（80%，0.5C）。	新能源汽车
155	氟磷酸钒锂电池正极材料	比容量为145ma·h·g^{-1}，电压4.2V，比能量609WH·kg^{-1}，2000次循环后容量仍保持在84%，-40~80℃温度范围内安全平稳可靠。	新能源汽车、风光大型储能电站、航空航天、军事、医学
156	锂电池超薄型高性电解铜箔	超薄化、高温高延展率；抗拉强度强、厚度均匀、表面粗糙度好，抗拉强度≥350MPa，延伸率（23℃）7.0%，抗氧化性（180℃，1h）无氧化，产品幅宽≤1350mm，表面粗糙度Rz（um）≤2.0。	新能源汽车、机站储能电源
157	高纯晶体六氟磷酸锂材料	纯度≥99.9%，酸含量≤20ppm，水分≤10ppm，DMC不溶物≤200ppm，硫酸盐（以SO_4计）≤5ppm，氯化物（以Cl计）≤2ppm，Fe、K、Na、Ca、Mg、Ni、Pb、Cr、Cu离子≤1ppm。	新能源汽车
前沿新材料			
158	石墨烯改性防腐涂料	附着力1级，耐盐雾≥6000h，耐盐水≥3000h，耐水≥6000h。	电力装备、海工、石化
159	石墨烯薄膜	可见光区平均透过率（含基材）优于85%，纯石墨烯薄膜雾度<1%、面电阻值<100Ω，与其他纳米材料复合的石墨烯薄膜雾度<5%、面电阻值<10Ω，石墨烯薄膜与基材结合力可耐3M胶带百格测试，具有弯曲性能，在ITO膜失效的情况下，可以承受超过10万次的循环弯曲实验。	微电子、新能源
160	石墨烯润滑油	石墨烯液力传动油和石墨烯液压油FZG台架测试通过9级，石墨烯液力传动油和液压油摩擦因数<0.11，氧化安定性>3000h；轴承的使用寿命增加1.5~3倍。	汽车、工程机械
161	石墨烯导静电轮胎	电导率达到1.0×10^{-8}~1.0×10^{-4}S/m，抗撕裂强度提升50%，模量提升50%以上；100km/h—0干地制动距离缩短0.1m~0.5m；80km/h—0湿地制动距离缩短1.0m~2.0m；轮胎滚阻降低5%~16%。	汽车
162	石墨烯增强银基电接触功能复合材料	镉含量<100ppm，电阻率≤1.8μΩ·cm；断后延伸率：退火态≥20%，抗拉强度≥180MPa，硬度≥70HV，静态接触电阻≤25mΩ，电寿命>40万次；材料损失率≤0.005g。	电力电器
163	石墨烯导电发热纤维及石墨烯发热织物	纤维性能：电阻率<1000Ω·cm，断裂强度>3cN/tex，干摩擦色牢度>3，熔点>250℃； 织物性能：电热辐射转换效率>68%，表面温度不均匀度<±5℃。	电子信息、汽车

续表

序号	材料名称	性能要求	应用领域
164	液态金属及其电子浆料	液态金属：熔点≤300℃，表面张力室温下 0.4~1.0N/m，黏度室温下 0.1~0.8cSt，比热容 0.01~5kJ·kg^{-1}·$℃^{-1}$，热导率 8~100W/（m·℃），导热系数室温下为>10W/m·K，电导率室温下为 1~9×10^6S·m^{-1}。	电子工业
		液态金属电子浆料：电导率≥3.5×$10^6$$\Omega^{-1}$$m^{-1}$，黏度为（$10^{-6}$~$10^{-8}$）$m^2s^{-1}$，熔点为（0~100）℃。	
165	3D 打印用合金粉末	3D 打印用合金粉末材料：粒度分布：15~53μm，球形度≥0.85，流动性≤20s/50g，氧含量≤300ppm；	3D 打印
		钛合金粉末：粉末粒度 15~150μm，球形度≥94%，增氧量<100ppm，霍尔流速<30s/50g，空心粉≤0.8%，非金属夹杂个数<10 个/kg，松装密度≥50%； 高温合金粉末：粉末粒度 15~150μm，球形度≥98%，增氧量<50ppm，霍尔流速<14s/50g，空心粉≤0.8%，非金属夹杂个数<10 个/kg。	
166	高速熔覆用合金粉末材料	粒度分布：15~75μm，球形度≥0.84，安息角≤28°，氧含量≤300ppm。	增材制造

国家邮政局关于印发《快递业绿色包装指南（试行）》的通知

各省、自治区、直辖市邮政管理局，各经营快递业务的企业：

为深入贯彻习近平生态文明思想，打好快递业污染防治攻坚战，指导经营快递业务的企业做好绿色包装工作，根据《快递暂行条例》《国务院办公厅关于推进电子商务与快递物流协同发展的意见》等有关规定，国家邮政局制定了《快递业绿色包装指南（试行）》，现印发给你们。请结合实际深入推进快递业绿色包装工作，逐步实现包装材料的减量化和再利用。

国家邮政局

2018 年 12 月 14 日

（此件主动公开）

快递业绿色包装指南（试行）

第一条　为贯彻落实习近平生态文明思想，打好快递业污染防治攻坚战，指导经营快递业务的企业做好绿色包装工作，根据《快递暂行条例》等有关规定，制定本指南。

第二条　快递业绿色包装坚持标准化、减量化和可循环的工作目标，加强与上下游协同，逐步实现包装材料的减量化和再利用。

第三条　经营快递业务的企业应当按照规定使用环保包装材料。在不影响快件寄递安全的前提下，逐步选择低克重高强度的包装材料，设计和使用规格统一的包装或缓冲物；坚持规范作业生产，避免违规分拣操作；探索开发使用循环包装信息系统和回收装备。

第四条　经营快递业务的企业要逐步建立绿色供应体系，采购包装物时可根据需要要求供应商产品取得绿色产品认证，或者由供应商提供由第三方检测机构出具相关检测报告。

第五条　经营快递业务的企业要逐步建立快递包装物使用的企业内部统计制度，包括但不限于各类包装物使用的个数、重量、执行标准、绿色包装使用率，推动提升符合标准要求的环保箱、环保袋和环保胶带使用率，减少单件快递包裹的平均包装耗材。

第六条　经营快递业务的企业要积极组织从业人员开展绿色包装标准、操作规范的培训。

第七条　经营快递业务的企业在采购和使用塑料包装时，可遵循下列要求：

（一）采购时，加入全生物降解塑料考察因素，要求竞标单位提供产品的环境标志或第三方检测报告，其中降解性能符合《快递封装用品 第3部分：包装袋》（GB/T 16606.3—2018）国家标准的要求，生物碳含量符合《环境标准产品技术要求塑料包装制品》（HJ 209—2017）国家标准的要求；

（二）制订相应计划，逐步提高符合上述标准的塑料包装袋的采购比例，并在一定范围内披露；

（三）建立绿色包装应用的推动机制，主动为用户提供绿色包装选项，并建立相应的激励机制以推动绿色包装应用。

第八条　经营快递业务的企业在采购包装物料时，宜优先采购采用水性印刷工艺生产的包装物料，或者由具有绿色认证资质的企业生产的包装物料。

第九条　经营快递业务的企业使用封装胶带封装操作，可遵循下列要求：

（一）使用符合《邮政业封装用胶带第1部分：普通胶带》（YZ/T 0160.1—2017）、《邮政业封装用胶带第2部分：降解胶带》（YZ/T 0160.2—2017）等邮政行业标准的封装胶带；

（二）根据企业实际，按照《快递封装用品第2部分：包装箱》（GB/T 16606.2—2018）国家标准规定的包装箱的型号，制定相应的胶带封装长度操作规范；

（三）以下为各类包装箱的参考胶带封装方式和长度：

1. 1#和2#包装箱宜采用“一”字型封装方式，使用的胶带长度不宜超过最大综合内尺寸的1.5倍；

2. 3#、4#和5#包装箱宜采用“十”字型封装方式，使用的胶带长度不宜超过最大综合内尺寸的2.5倍；

3. 6#和7#包装箱宜采用“井”字型封装方式，使用的胶带长度不宜超过最大综合内尺寸的4倍。

第十条　经营快递业务的企业要积极探索使用循环快递箱、共享快递盒等新型快递容器，逐步减少包装耗材用量。

第十一条　经营快递业务的企业使用缓冲填充物，可遵循下列要求：

（一）优先使用可降解材质的缓冲填充物；

（二）在使用气泡垫、气泡膜、气泡柱等填充物作为缓冲包装时，尽量使用“即充即用”型的缓冲填充物；

（三）在寄递协议客户标准产品时，提出针对性的缓冲包装方案，以减少缓冲物用量。

第十二条　经营快递业务的企业对包装物品进行印刷，可遵循下列要求：

（一）减少包装印刷油墨用量，尽量避免满版印刷；

（二）减少包装印刷面积。包装箱、封套和包装袋印刷面积均不宜超过表面总面积的50%。

第十三条　经营快递业务的企业寄递协议客户的标准产品时，要加强与上游电子商务企业或生产企业的协同，积极向协议客户建议使用简约包装，逐步减少二次包装。

第十四条　经营快递业务的企业要积极推行在分拨中心和营业网点配备标志清晰的快递包装回收容器，建立相应的工作机制和业务流程，推进包装物回收再利用。

第十五条　经营快递业务的企业要逐步推广使用可循环快件总包，避免使用一次性塑料编织袋。快件总包使用的材质、规格等宜符合快递行业相关标准，循环使用次数不低于20次。

第十六条　本指南由国家邮政局负责解释。

2019 年塑料及其制品海关进出口税率

商品编码	附加编号	商品名称	进口税率		出口税率	增值税	消费税	计量单位	监管条件
			优惠	普通					
39011000	01	初级形状比重<0.94 的聚乙烯	6.5	45.0	0.0	13.0	0.0	千克	A
39011000	90	初级形状比重<0.94 的聚乙烯	6.5	45.0	0.0	13.0	0.0	千克	A
39012000	01	初级形状比重≥0.94 的聚乙烯	6.5	45.0	0.0	13.0	0.0	千克	A
39012000	90	初级形状比重≥0.94 的聚乙烯	6.5	45.0	0.0	13.0	0.0	千克	A
39013000		初级形状乙烯-乙酸乙烯酯共聚物	6.5	45.0	0.0	13.0	0.0	千克	A
39019010		乙烯-丙烯共聚物（乙丙橡胶）	6.5	45.0	0.0	13.0	0.0	千克	A
39019020		线型低密度聚乙烯	6.5	45.0	0.0	13.0	0.0	千克	A
39019090		其他初级形状的乙烯聚合物	6.5	45.0	0.0	13.0	0.0	千克	A
39021000	10	电工级初级形状聚丙烯树脂	6.5	45.0	0.0	13.0	0.0	千克	A
39021000	90	其他初级形状的聚丙烯	6.5	45.0	0.0	13.0	0.0	千克	A
39022000		初级形状的聚异丁烯	6.5	45.0	0.0	13.0	0.0	千克	AB
39023010		乙烯-丙烯共聚物（乙丙橡胶）	6.5	45.0	0.0	13.0	0.0	千克	
39023090		其他初级形状的丙烯共聚物	6.5	45.0	0.0	13.0	0.0	千克	
39029000	10	端羧基聚丁二烯，CTPB	6.5	45.0	0.0	13.0	0.0	千克	3
39029000	20	端羟基聚丁二烯，HTPB	6.5	45.0	0.0	13.0	0.0	千克	3
39029000	90	其他初级形状的烯烃聚合物	6.5	45.0	0.0	13.0	0.0	千克	
39031100		初级形状的可发性聚苯乙烯	6.5	45.0	0.0	13.0	0.0	千克	A
39031900		初级形状的其他聚苯乙烯	6.5	45.0	0.0	13.0	0.0	千克	A
39032000		初级形状苯乙烯-丙烯腈共聚物	12.0	45.0	0.0	13.0	0.0	千克	
39033000		丙烯腈-丁二烯-苯乙烯共聚物	6.5	45.0	0.0	13.0	0.0	千克	A
39039000		初级形状的其他苯乙烯聚合物	6.5	45.0	0.0	13.0	0.0	千克	
39041010		聚氯乙烯糊树脂	6.5	45.0	0.0	13.0	0.0	千克	A

续表

商品编码	附加编号	商品名称	进口税率		出口税率	增值税	消费税	计量单位	监管条件
			优惠	普通					
39041090	01	聚氯乙烯纯粉	6.5	45.0	0.0	13.0	0.0	千克	A
39041090	90	其他初级形状的纯聚氯乙烯	6.5	45.0	0.0	13.0	0.0	千克	A
39042100		初级形状未塑化的聚氯乙烯	6.5	45.0	0.0	13.0	0.0	千克	
39042200		初级形状已塑化的聚氯乙烯	6.5	45.0	0.0	13.0	0.0	千克	
39043000		氯乙烯-乙酸乙烯酯共聚物	9.0	45.0	0.0	13.0	0.0	千克	
39044000		初级形状的其他氯乙烯共聚物	12.0	45.0	0.0	13.0	0.0	千克	
39045000		初级形状的偏二氯乙烯聚合物	6.5	45.0	0.0	13.0	0.0	千克	
39046100		初级形状的聚四氟乙烯	10.0	45.0	0.0	13.0	0.0	千克	
39046900		初级形状的其他氟聚合物	6.5	45.0	0.0	13.0	0.0	千克	
39049000		初级形状的其他卤化烯烃聚合物	10.0	45.0	0.0	13.0	0.0	千克	
39051200		聚乙酸乙烯酯的水分散体	10.0	45.0	0.0	13.0	0.0	千克	
39051900		其他初级形状聚乙酸乙烯酯	10.0	45.0	0.0	13.0	0.0	千克	
39052100		乙酸乙烯酯共聚物的水分散体	10.0	45.0	0.0	13.0	0.0	千克	
39052900		其他初级形状的乙酸乙烯酯共聚物	10.0	45.0	0.0	13.0	0.0	千克	
39053000		初级形状的聚乙烯醇	14.0	45.0	0.0	13.0	0.0	千克	AB
39059100		其他乙烯酯或乙烯基的共聚物	10.0	45.0	0.0	13.0	0.0	千克	
39059900		其他乙烯酯或乙烯基的聚合物	10.0	45.0	0.0	13.0	0.0	千克	
39061000		初级形状的聚甲基丙烯酸甲酯	6.5	45.0	0.0	13.0	0.0	千克	
39069010		聚丙烯酰胺	6.5	45.0	0.0	13.0	0.0	千克	AB
39069090	01	聚丙烯酸钠	6.5	45.0	0.0	13.0	0.0	千克	
39069090	90	其他初级形状的丙烯酸聚合物	6.5	45.0	0.0	13.0	0.0	千克	
39071010		初级形状的聚甲醛	6.5	45.0	0.0	13.0	0.0	千克	
39071090		其他初级形状的聚缩醛	6.5	45.0	0.0	13.0	0.0	千克	

续表

商品编码	附加编号	商品名称	进口税率		出口税率	增值税	消费税	计量单位	监管条件
			优惠	普通					
39072010		聚四亚甲基醚二醇	6.5	45.0	0.0	13.0	0.0	千克	
39072090		初级形状的其他聚醚	6.5	45.0	0.0	13.0	0.0	千克	
39073000	01	初级形状溴质量≥18%或进口CIF价	6.5	45.0	0.0	13.0	0.0	千克	
39073000	90	初级形状的环氧树脂	6.5	45.0	0.0	13.0	0.0	千克	
39074000		初级形状的聚碳酸酯	6.5	45.0	0.0	13.0	0.0	千克	
39075000		初级形状的醇酸树脂	10.0	45.0	0.0	13.0	0.0	千克	
39076011		高黏度聚对苯二甲酸乙二酯切片	6.5	45.0	0.0	13.0	0.0	千克	A
39076019		其他聚对苯二甲酸乙二酯切片	6.5	45.0	0.0	13.0	0.0	千克	A
39076090		其他初级形状聚对苯二甲酸乙二酯	6.5	45.0	0.0	13.0	0.0	千克	A
39077000		初级形状的聚乳酸	6.5	45.0	0.0	13.0	0.0	千克	
39079100		初级形状的不饱和聚酯	6.5	45.0	0.0	13.0	0.0	千克	
39079910	01	未经增强或改性的初级形状PBT树脂	6.5	45.0	0.0	13.0	0.0	千克	
39079910	90	其他聚对苯二甲酸丁二酯	6.5	45.0	0.0	13.0	0.0	千克	
39079990		初级形状的其他聚酯	6.5	45.0	0.0	13.0	0.0	千克	AB
39081011		聚酰胺-6，6切片	6.5	45.0	0.0	13.0	0.0	千克	
39081019	10	尼龙11、尼龙12切片	6.5	45.0	0.0	13.0	0.0	千克	
39081019	90	聚酰胺-6切片等	6.5	45.0	0.0	13.0	0.0	千克	
39081090		其他初级形状的聚酰胺-6，6等	6.5	45.0	0.0	13.0	0.0	千克	
39089000		初级形状的其他聚酰胺	10.0	45.0	0.0	13.0	0.0	千克	
39091000		初级形状的尿素树脂及硫尿树脂	6.5	45.0	0.0	13.0	0.0	千克	
39092000		初级形状的蜜胺树脂	6.5	45.0	0.0	13.0	0.0	千克	
39093010		聚（亚甲基苯基异氰酸酯）（聚合MDI）	6.5	35.0	0.0	13.0	0.0	千克	

续表

商品编码	附加编号	商品名称	进口税率		出口税率	增值税	消费税	计量单位	监管条件
			优惠	普通					
39093090		其他初级形状的氨基树脂	6.5	45.0	0.0	13.0	0.0	千克	
39094000		初级形状的酚醛树脂	6.5	45.0	0.0	13.0	0.0	千克	
39095000		初级形状的聚氨基甲酸酯	6.5	45.0	0.0	13.0	0.0	千克	
39100000		初级形状的聚硅氧烷	6.5	45.0	0.0	13.0	0.0	千克	
39111000		初级形状的石油树脂等	6.5	45.0	0.0	13.0	0.0	千克	
39119000	01	芳基酸与芳基胺预缩聚物	6.5	45.0	0.0	13.0	0.0	千克	
39119000	03	改性三羟乙基脲酸酯类预缩聚物	6.5	45.0	0.0	13.0	0.0	千克	
39119000	04	聚苯硫醚	6.5	45.0	0.0	13.0	0.0	千克	
39119000	05	偏苯三酸酐和异氰酸预缩聚物	6.5	45.0	0.0	13.0	0.0	千克	
39119000	90	其他初级形状的多硫化物、聚砜等	6.5	45.0	0.0	13.0	0.0	千克	
39121100	01	未塑化二醋酸纤维素等	6.5	40.0	0.0	13.0	0.0	千克	
39121100	90	初级形状的未塑化醋酸纤维素	6.5	40.0	0.0	13.0	0.0	千克	
39121200		初级形状的已塑化醋酸纤维素	6.5	40.0	0.0	13.0	0.0	千克	
39122000		初级形状的硝酸纤维素	6.5	45.0	0.0	13.0	0.0	千克	
39123100		初级形状的羧甲基纤维素及其盐	6.5	45.0	0.0	13.0	0.0	千克	
39123900		初级形状的其他纤维素醚	6.5	45.0	0.0	13.0	0.0	千克	
39129000		初级形状的其他未列名的纤维素	6.5	45.0	0.0	13.0	0.0	千克	
39131000		初级形状的藻酸及盐和酯	10.0	45.0	0.0	13.0	0.0	千克	AB
39139000		初级形状的其他未列名天然聚合物	6.5	50.0	0.0	13.0	0.0	千克	
39140000		初级形状的离子交换剂	6.5	45.0	0.0	13.0	0.0	千克	
39151000		乙烯聚合物的废碎料及下脚料	6.5	50.0	0.0	13.0	0.0	千克	AP

续表

商品编码	附加编号	商品名称	进口税率		出口税率	增值税	消费税	计量单位	监管条件
			优惠	普通					
39152000		苯乙烯聚合物的废碎料及下脚料	6.5	50.0	0.0	13.0	0.0	千克	AP
39153000		氯乙烯聚合物的废碎料及下脚料	6.5	50.0	0.0	13.0	0.0	千克	AP
39159010		聚对苯二甲酸乙二酯废碎料及下脚	6.5	50.0	0.0	13.0	0.0	千克	AP
39159090		其他塑料的废碎料及下脚料	6.5	50.0	0.0	13.0	0.0	千克	AP
39161000		乙烯聚合物制单丝，条，杆及型材	10.0	45.0	0.0	13.0	0.0	千克	
39162000		氯乙烯聚合物制单丝，条，杆及型材	10.0	45.0	0.0	13.0	0.0	千克	
39169010		聚酰胺制的单丝，条，杆及型材	10.0	45.0	0.0	13.0	0.0	千克	
39169090		其他塑料制单丝，条，杆及型材	10.0	45.0	0.0	13.0	0.0	千克	
39171000		硬化蛋白或纤维素材料制人造肠衣	10.0	50.0	0.0	13.0	0.0	千克	A
39172100		乙烯聚合物制的硬管	10.0	45.0	0.0	13.0	0.0	千克	
39172200		丙烯聚合物制的硬管	10.0	45.0	0.0	13.0	0.0	千克	
39172300		氯乙烯聚合物制的硬管	10.0	45.0	0.0	13.0	0.0	千克	
39172900		其他塑料制的硬管	10.0	45.0	0.0	13.0	0.0	千克	
39173100		塑料制的软管	10.0	45.0	0.0	13.0	0.0	千克	
39173200		其他未装有附件的塑料制管子	6.5	45.0	0.0	13.0	0.0	千克	
39173300		其他装有附件的塑料管子	6.5	45.0	0.0	13.0	0.0	千克	
39173900		塑料制的其他管子	6.5	45.0	0.0	13.0	0.0	千克	
39174000		塑料制的管子附件	10.0	45.0	0.0	13.0	0.0	千克	
39181010		氯乙烯聚合物制糊墙品	10.0	45.0	0.0	13.0	0.0	千克	
39181090		氯乙烯聚合物制的铺地制品	10.0	45.0	0.0	13.0	0.0	千克	
39189010		其他塑料制的糊墙品	10.0	45.0	0.0	13.0	0.0	千克	

续表

商品编码	附加编号	商品名称	进口税率		出口税率	增值税	消费税	计量单位	监管条件
			优惠	普通					
39189090		其他塑料制的铺地制品	10.0	45.0	0.0	13.0	0.0	千克	
39191010		丙烯酸树脂类为主的自粘塑料板等	6.5	45.0	0.0	13.0	0.0	千克	
39191091		宽度≤20cm的胶囊型反光膜	6.5	45.0	0.0	13.0	0.0	千克	
39191099		其他宽度≤20cm的自粘塑料板片等	6.5	45.0	0.0	13.0	0.0	千克	
39199010		其他胶囊型反光膜	6.5	45.0	0.0	13.0	0.0	千克	
39199090		其他自粘塑料板，片，膜等材料	6.5	45.0	0.0	13.0	0.0	千克	
39201010		乙烯聚合物制电池隔膜	6.5	45.0	0.0	10.0	0.0	千克	
39201090	01	乙烯-四氟乙烯膜（四氟乙烯单体）	6.5	45.0	0.0	13.0	0.0	千克	
39201090	10	农用非泡沫聚乙烯薄膜	6.5	45.0	0.0	10.0	0.0	千克	
39201090	90	其他非泡沫乙烯聚合物板，片，膜，	6.5	45.0	0.0	13.0	0.0	千克	
39202010		丙烯聚合物制电池隔膜	6.5	45.0	0.0	13.0	0.0	千克	
39202090	10	农用非泡沫聚丙烯薄膜	6.5	45.0	0.0	10.0	0.0	千克	
39202090	90	非泡沫丙烯聚合物板，片，膜，箔及	6.5	45.0	0.0	13.0	0.0	千克	
39203000		非泡沫苯乙烯聚合物板，片，膜，箔	6.5	45.0	0.0	13.0	0.0	千克	
39204300	10	农用软质聚氯乙烯薄膜	6.5	45.0	0.0	13.0	0.0	千克	
39204300	90	氯乙烯聚合物板，片，膜，箔及扁条	6.5	45.0	0.0	13.0	0.0	千克	
39204900	10	其他农用软质聚氯乙烯薄膜	6.5	45.0	0.0	13.0	0.0	千克	
39204900	90	其他氯乙烯聚合物板，片，膜，箔及	6.5	45.0	0.0	13.0	0.0	千克	
39205100		聚甲基丙烯酸甲酯板片膜箔及扁条	6.5	45.0	0.0	13.0	0.0	千克	

续表

商品编码	附加编号	商品名称	进口税率		出口税率	增值税	消费税	计量单位	监管条件
			优惠	普通					
39205900		其他丙烯酸聚合物板片膜箔及扁条	6.5	45.0	0.0	13.0	0.0	千克	
39206100		聚碳酸酯制板，片，膜，箔，扁条	6.5	45.0	0.0	13.0	0.0	千克	
39206200	01	9≤厚≤15.9μm 聚酯薄膜	6.5	45.0	0.0	13.0	0.0	千克	
39206200	02	5≤厚≤8.9μm 聚酯薄膜	6.5	45.0	0.0	13.0	0.0	千克	
39206200	03	16≤厚≤29.9μm 聚酯薄膜	6.5	45.0	0.0	13.0	0.0	千克	
39206200	04	50≤厚≤99.9μm 聚酯薄膜	6.5	45.0	0.0	13.0	0.0	千克	
39206200	09	其他聚对苯二甲酸乙二酯板片膜等	6.5	45.0	0.0	13.0	0.0	千克	
39206300		不饱和聚酯板，片，膜，箔及扁条	10.0	45.0	0.0	13.0	0.0	千克	
39206900		其他聚酯板，片，膜，箔及扁条	10.0	45.0	0.0	13.0	0.0	千克	
39207100		再生纤维素制板，片，膜，箔及扁条	6.5	45.0	0.0	13.0	0.0	千克	
39207300		醋酸纤维素制板，片，膜，箔及扁条	6.5	45.0	0.0	13.0	0.0	千克	
39207900		其他纤维素衍生物制板，片，膜箔及扁条	10.0	45.0	0.0	13.0	0.0	千克	
39209100	01	聚乙烯醇缩丁醛膜	6.5	45.0	0.0	13.0	0.0	千克	
39209100	90	聚乙烯醇缩丁醛板，片，箔，扁条	6.5	45.0	0.0	13.0	0.0	千克	
39209200		聚酰胺板，片，膜，箔，扁条	10.0	45.0	0.0	13.0	0.0	千克	
39209300		氨基树脂板，片，膜，箔，扁条	6.5	45.0	0.0	13.0	0.0	千克	
39209400		酚醛树脂板，片，膜，箔，扁条	10.0	45.0	0.0	13.0	0.0	千克	
39209910		聚四氟乙烯制非泡沫塑料板，片，箔	6.5	45.0	0.0	13.0	0.0	千克	

续表

商品编码	附加编号	商品名称	进口税率		出口税率	增值税	消费税	计量单位	监管条件
			优惠	普通					
39209990		其他非泡沫塑料板，片，膜，箔，扁条	6.5	45.0	0.0	13.0	0.0	千克	
39211100		泡沫聚苯乙烯板，片，带，箔，扁条	10.0	45.0	0.0	13.0	0.0	千克	
39211210		泡沫聚氯乙烯人造革及合成革	9.0	70.0	0.0	13.0	0.0	千克	5
39211290		泡沫聚氯乙烯板，片，带，箔，扁条	6.5	45.0	0.0	13.0	0.0	千克	5
39211310		泡沫聚氨酯制人造革及合成革	9.0	70.0	0.0	13.0	0.0	千克	5
39211390		泡沫聚氨酯板，片，带，箔，扁条	6.5	45.0	0.0	13.0	0.0	千克	5
39211400		泡沫再生纤维素板，片，膜，箔，扁条	10.0	45.0	0.0	13.0	0.0	千克	
39211910		其他泡沫塑料制人造革及合成革	9.0	45.0	0.0	13.0	0.0	千克	
39211990		其他泡沫塑料板，片，膜，箔，扁条	6.5	45.0	0.0	13.0	0.0	千克	
39219020		以聚乙烯为基本成分的板片	6.5	45.0	0.0	13.0	0.0	千克	
39219030		聚异丁烯为基本成分的板片卷材	6.5	45.0	0.0	13.0	0.0	千克	
39219090	01	离子交换膜	6.5	45.0	0.0	13.0	0.0	千克	5
39219090	10	敏感物项管制结构复合材料的层压	6.5	45.0	0.0	13.0	0.0	千克	35
39219090	90	未列名塑料板，片，膜，箔，扁条	6.5	45.0	0.0	13.0	0.0	千克	5
39221000		塑料浴缸，淋浴盘，洗涤槽及盥洗盆	10.0	80.0	0.0	13.0	0.0	千克	
39222000	10	含濒危动物成分的塑料马桶座圈及盖	10.0	80.0	0.0	13.0	0.0	千克	EF
39222000	90	其他塑料马桶座圈及盖	10.0	80.0	0.0	13.0	0.0	千克	
39229000		塑料便盆，抽水箱等类似卫生洁具	10.0	80.0	0.0	13.0	0.0	千克	
39231000		塑料制盒，箱及类似品	10.0	80.0	0.0	13.0	0.0	千克	

续表

商品编码	附加编号	商品名称	进口税率		出口税率	增值税	消费税	计量单位	监管条件
			优惠	普通					
39232100		乙烯聚合物制袋及包	10.0	80.0	0.0	13.0	0.0	千克	
39232900		其他塑料制的袋及包	10.0	80.0	0.0	13.0	0.0	千克	
39233000		塑料制坛，瓶及类似品	6.5	80.0	0.0	13.0	0.0	千克	
39234000		塑料制卷轴，纡子，筒管及类似品	10.0	35.0	0.0	13.0	0.0	千克	
39235000		塑料制塞子，盖子及类似品	10.0	80.0	0.0	13.0	0.0	千克	
39239000		供运输或包装货物用其他塑料制品	10.0	80.0	0.0	13.0	0.0	千克	
39241000		塑料制餐具及厨房用具	10.0	80.0	0.0	13.0	0.0	千克	AB
39249000		塑料制其他家庭用具及卫生或盥洗	10.0	80.0	0.0	13.0	0.0	千克	B
39251000		塑料制囤，柜，罐，桶及类似容器	10.0	80.0	0.0	13.0	0.0	千克	
39252000		塑料制门，窗及其框架，门槛	10.0	80.0	0.0	13.0	0.0	千克	
39253000		塑料制窗板，百叶窗及类似制品	10.0	80.0	0.0	13.0	0.0	千克	
39259000		其他未列名的建筑用塑料制品	10.0	80.0	0.0	13.0	0.0	千克	
39261000		办公室或学校用塑料制品	10.0	80.0	0.0	13.0	0.0	千克	
39262011		聚氯乙烯制手套（包括分指手套）	10.0	90.0	0.0	13.0	0.0	双	
39262019		其他塑料制手套（包括分指手套）	10.0	90.0	0.0	13.0	0.0	双	
39262090		其他塑料制衣服及衣着附件	10.0	90.0	0.0	13.0	0.0	千克	
39263000		塑料制家具，车厢及类似品的附件	10.0	80.0	0.0	13.0	0.0	千克	
39264000		塑料制小雕塑品及其他装饰品	10.0	100.0	0.0	13.0	0.0	千克	
39269010		塑料制机器及仪器用零件	10.0	35.0	0.0	13.0	0.0	千克	
39269090	10	敏感物项管制结构复合材料的预成	10.0	80.0	0.0	13.0	0.0	千克	3
39269090	90	其他塑料制品	10.0	80.0	0.0	13.0	0.0	千克	

本类注释说明：

一、本目录所称“塑料”，是指品目39.01至39.14的材料，这些材料能够在聚合时或聚合后在外力（一般是热力和压力，必要时加入溶剂或增塑剂）作用下通过模制、浇铸挤压、滚轧或其他工序制成一定的形状，成形后除去外力，其形状仍保持不变。本目录所称“塑料”，还应包括钢纸，但不包括第十一类的纺织材料。二、本章不包括：（一）品目27.12或34.04的蜡；（二）单独的已有化学定义的有机化合物（第二十九章）；（三）肝素及其盐（品目30.01）；（四）品目39.01至39.13所列的任何产品溶于挥发性有机溶剂的溶液（胶棉除外），但溶剂的重量必须超过溶液重量的50%（品目32.08）；品目32.12的压印箔；（五）有机表面活性剂或品目34.02的制剂；（六）再熔胶及酯胶（品目38.06）；（七）附于塑料衬背上的诊断或实验用试剂（品目38.22）；（八）第四十章规定的合成橡胶及其制品；　（九）鞍具及挽具（品目42.01）；品目42.02的衣箱、提箱、手提包及其他容器；（十）第四十六章的缏条、编结品及其他制品；（十一）品目48.14的壁纸；（十二）第十一类的货品（纺织原料及纺织制品）；（十三）第十二类的物品（例如，鞋靴、帽类、雨伞、阳伞、手杖、鞭子、马鞭及其零件）；（十四）品目71.17的仿首饰；（十五）第十六类的物品（机器、机械器具或电气器具）；（十六）第十七类的航空器零件及车辆零件；（十七）第九十章的物品（例如，光学元件、眼镜架及绘图仪器）；（十八）第九十一章的物品（例如，钟壳及表壳）；（十九）第九十二章的物品（例如，乐器及其零件）；（二十）第九十四章的物品（例如，家具、灯具、照明装置、灯箱及活动房屋）；（二十一）第九十五章的物品（例如，玩具、游戏品及运动用品）；（二十二）第九十六章的物品（例如，刷子、纽扣、拉链、梳子、烟斗的嘴及柄、香烟嘴及类似品、保温瓶的零件及类似品、钢笔、活动铅笔）。三、品目39.01至39.11仅适用于化学合成的下列货品：（一）温度在300℃时，压力转为1013毫巴后减压蒸馏出的液体合成聚烯烃以体积计小于60%的货品（品目39.01及39.02）；（二）非高度聚合的苯并呋喃——茚式树脂（品目39.11）；（三）平均至少有五个单体单元的其他合成聚合物；（四）聚硅氧烷（品目39.10）；（五）甲阶酚醛树脂（品目39.09）及其他预聚物。四、所称“共聚物”，包括在整个聚合物中按重量计没有一种单体单元的含量在95%及以上的各种聚合物。在本章中，除条文另有规定的以外，共聚物（包括共缩聚物、共加聚物、嵌段共聚物及接枝共聚物）及聚合物混合体应按聚合物中重量最大的那种共聚单体单元所构成的聚合物归入相应品目。在本注释中，归入同一品目的聚合物的共聚单体单元应作为一种单体单元对待。如果没有任何一种共聚单体单元重量为最大，共聚物或聚合物混合体应按号列顺序归入其可归入的最末一个品目。五、化学改性聚合物，即聚合物主链上的支链通过化学反应发生了变化的聚合物，应按未改性的聚合物的相应品目归类。本规定不适用于接枝共聚物。六、品目39.01至39.14所称“初级形状”，只限于下列各种形状：（一）液状及糊状，包括分散体（乳浊液及悬浮液）及溶液；（二）不规则形状的块，团、粉（包括压型粉）、颗粒、粉片及类似的散装形状。七、品目39.15不适用于已制成初级形状的单一热塑材料废碎料及下脚料（品目39.01至39.14）。八、品目39.17所称“管子”，是指通常用于输送或供给气体或液体的空心制品或半制品（例如，肋纹浇花软管、多孔管），还包括香肠用肠衣及其他扁平管。除肠衣及扁平管外，内截面如果不呈圆形、椭圆形、矩形（其长度不超过宽度的1.5倍）或正几何形，则不能视为管子，而应作为异型材。九、品目39.18所称“塑料糊墙品”，适用于墙壁或天花板装饰用的宽度不小于45厘米的成卷产品，这类产品是将塑料牢固地附着在除纸张以外任何材料的衬背上，并且在塑料面起纹、压花、着色、印制图案或用其他方法装饰。十、品目39.20及39.21所称“板、片、膜、箔、扁条”，只适用于未切割或仅切割成矩形（包括正方形）（含切割后即可供使用的），但未经进一步加工的板、片、膜、箔、扁条（第五十四章的物品除外）及正几何形块，不论是否经过印制或其他表面加工。十一、品目39.25只适用于第二分章以前各品目未包括的下列物品：（一）容积超过300升的囤、柜（包括化粪池）、罐、桶及类似容器；（二）用于地板、墙壁、隔墙、天花板或屋顶等方面的结构件；（三）槽管及其附件；（四）门、窗及其框架和门槛；（五）阳台、栏杆、栅栏、栅门及类似品；（六）窗板、百叶窗（包括威尼斯式百叶窗）或类似品及其零件、附件；（七）商店、工棚、仓库等用的拼装式固定大型货架；（八）建筑用的特色（例如，凹槽、圆顶及鸽棚式）装饰件；

(九）固定装于门窗、楼梯、墙壁或建筑物其他部位的附件及架座，例如，球形把手、拉手、挂钩、托架、毛巾架、开关板及其他护板。子目注释：一、属于本章任一品目项下的聚合物（包括共聚物）及化学改性聚合物应按下列规则归类：（一）在同级子目中有一个“其他”子目的：1. 子目所列聚合物名称冠有“聚（多）”的（例如，聚乙烯及聚酰胺—6，6)，是指列名的该种聚合物单体单元含量在整个聚合物中按重量计必须占 95%及以上。2. 子目号 3901. 30、3903. 20、3903. 30 及 3904. 30 所列的共聚物，如果该种共聚单体单元含量在整个聚合物中按重量计占 95%及以上，即应归入上述子目。3. 化学改性聚合物如未在其他子目具体列名，应归入列明为“其他”的子目内。4. 不符合上述（一）、（二)、（三）款规定的聚合物，应按聚合物中重量最大的那种单体单元（与其他各种单一的共聚单体单元相比）所构成的聚合物归入该级其他相应子目。为此，归入同一子目的聚合物单体单元应作为一种单体单元对待。只有在同级子目中的聚合物共聚单体单元才可以进行比较。（二）在同级子目中没有“其他”子目的：1. 聚合物应按聚合物中重量最大的那种单体单元（与其他各种单一的共聚单体单元相比）所构成的聚合物归入该级相应子目。为此，归入同一子目的聚合物单体单元应作为一种单体单元对待。只有在同级子目中的聚合物共聚单体单元才可以进行比较。2. 化学改性聚合物应按相应的未改性聚合物的子目归类。聚合物混合体应按单体单元比例相等、种类相同的聚合物归入相应子目。二、子目 3920. 43 所称增塑剂，包括次级增塑剂。

（刘均科）

综　述

2018 年合成树脂行业运行情况及发展态势

2018 年，我国合成树脂行业总体延续良好发展态势。在中美经贸冲突加剧的大背景下，国内合成树脂主要产品供需相对平稳，市场价格波动分化，主营收入较快增长，但成本上升，盈利有所下滑。近年来，随着“禁废令”和“煤改气”政策及聚烯烃应用领域的拓宽，五大合成树脂（聚乙烯、聚丙烯、聚氯乙烯、聚苯乙烯、ABS 树脂）需求稳步增长。与此同时，消费结构升级对于合成树脂高端化需求愈发提升，而我国树脂行业整体偏中低端、结构不合理、创新薄弱等问题依然存在，结构调整和产业升级的任务依然艰巨。

一、合成树脂生产

近年来，随着国内煤制烯烃产业和大型石化项目的快速发展，使得我国合成树脂生产能力明显增加。2018 年，我国五大合成树脂产能保持较快增长，增速约为 4.1%，主要来自聚烯烃，约占新增总量的 85%。

（一）生产运行良好

2018 年，我国合成树脂行业生产运行态势良好，整体效益相对平稳。但同时，合成树脂行业结构性矛盾仍然突出，中低端市场竞争加剧；成本仍在高位运行，企业盈利有所下滑。

一是效益稳步增长。据国家统计局数据，2018 年全国合成树脂行业规模以上企业 1695 家（主营业务收入 2000 万元以上），比上年减少 3 家；实现主营业务收入 8967.2 亿元，比上年增长 11.7%；资产总计 10175.8 亿元，同比增长 3.3%（见表 1）。

二是盈利能力下滑。2018 年，合成树脂行业利润总额 624.9 亿元，同比下降 3.9%；主营业务成本 7663.4 亿元，比上年增长 12.5%，高出主营收入增幅 0.8 个百分点；每 100 元主营收入成本为 85.5 元，比上年上升 0.6 元；主营收入利润率为 7.0%，比上年下降 1.1 个百分点。2018 年合成树脂行业亏损面为 17.6%，比上年扩大 2.4 个百分点。

（二）产量平稳增长

据统计，2018 年我国合成树脂总产量达到 8558.0 万吨，再创新高，同比增长 4.2%。其中，聚乙烯（PE）1402.0 万吨，增长 4.9%；聚丙烯（PP）2041.9 万吨，增长 7.3%；聚氯乙烯（PVC）1873.9 万吨，增长 5.6%；聚苯乙烯（PS）175.7 万吨，下降 13.2%；ABS 树脂产量 325.8 万吨，增幅 0.4%。上述五大通用树脂总产量合计 5819.3 万吨，同比增长 5.0%，占比 68.0%，比上年提高 0.5 个百分点（见表 2）。

表 1　2014~2018 年我国合成树脂行业主要经济指标完成情况　单位：亿元,%

项目＼年度	2014	2015	2016	2017	2018
主营收入	8554.6	8311.7	7818.3	8025.5	8967.2
同比	7.1	-2.8	-5.9	2.7	11.7
利润总额	262.2	349.1	453.3	650.6	624.9
同比	-17.8	33.1	29.9	43.5	-3.9
资产总计	7984.9	8520.2	9118.8	9851.7	10175.8
同比	12.8	6.7	7.0	8.0	3.3

（数据来源：国家统计局、中国石油和化学工业联合会，2017 年数据有所调整，下同）

表 2　　2014~2018 年我国合成树脂产量　　单位：万吨,%

年度 产品产量	2014	2015	2016	2017	2018
合成树脂合计	6959.5	7718.2	8018.2	8213.6	8558.0
年增长率	14.0	10.9	3.9	2.4	4.2
五大通用树脂小计	4828.5	5305.1	5441.6	5541.2	5819.3
聚乙烯（PE）	1336.6	1385.5	1435.5	1336.3	1402.0
聚丙烯（PP）	1378.9	1686.4	1810.6	1903.5	2041.9
聚氯乙烯（PVC）	1636.8	1619.0	1689.9	1774.5	1873.9
聚苯乙烯（PS）	208.7	305.3	195.8	202.5	175.7
ABS 树脂	267.5	308.9	309.8	324.4	325.8

注：PE 主要包括 LDPE、HDPE、LLDPE 等，PS 包括 EPS、HIPS 和 GPPS，下同。

分地区看，东部地区合成树脂生产平稳增长，比重下降；西部地区继续较快增长，比重上升。据统计，2018 年，东部 10 省市合成树脂产量 4549.1 万吨，同比增长 1.7%，占全国比重 53.2%，比上年下降 1.2 个百分点，其中江苏、浙江、山东和广东 4 省产量合计达 3213.9 万吨，占全国总产量的 37.6%；西部 12 省市区产量 2654.2 万吨，同比增长 9.6%，占比达 31.0%，比上年提高 1.5 个百分点；中部 6 省产量 677.3 万吨，同比增长 3.2%，占比 7.9%；东北 3 省产量 677.4 万吨，同比增长 1.9%，占比 7.9%（见表 3）。

表 3　　2014~2018 年合成树脂产量分地区情况　　单位：万吨,%

年度 分地区	2014	2015	2016	2017	2018
东部产量	4067.3	4508.7	4528.0	4471.3	4549.1
占比	58.4	58.4	56.5	54.4	53.2
中部产量	661.0	659.4	621.2	656.5	677.3
占比	9.5	8.5	7.7	8.0	7.9
西部产量	1652.5	1963.0	2194.7	2421.2	2654.2
占比	23.7	25.4	27.4	29.5	31.0
东北产量	578.7	587.1	674.2	664.6	677.4
占比	8.3	7.6	8.4	8.1	7.9

二、合成树脂消费

（一）消费稳步增长

2018 年，我国合成树脂消费总体延续平稳增长态势。全年表观消费量为 1.09 亿吨，比上年增长 1.3%。其中，五大通用树脂表观消费量达到 7791.7 万吨，同比增长 8.4%，占合成树脂表观消费总量的 71.3%，较上年提高 4.7 个百分点（见表 4）。

表 4　　**2014~2018 年我国合成树脂表观消费量变化**　　单位：万吨，%

年度 表观消费量	2014	2015	2016	2017	2018
合成树脂合计	9660. 3	10407. 3	10626. 5	10791. 5	10934. 4
年增长率	9. 3	7. 7	2. 1	1. 6	1. 3
五大通用树脂小计	6202. 7	6799. 4	6941. 8	7190. 7	7791. 7
年增长率	6. 6	9. 6	2. 1	3. 6	8. 4
聚乙烯	2170. 9	2345. 2	2399. 9	2491. 0	2781. 6
聚丙烯	1729. 6	2009. 5	2088. 4	2191. 7	2338. 7
聚氯乙烯	1610. 0	1624. 1	1659. 3	1764. 5	1890. 2
聚苯乙烯	261. 2	350. 1	301. 3	243. 7	258. 9
ABS 树脂	431. 0	470. 5	492. 9	499. 8	522. 3

2017 年 9 月，我国出台“禁废令”，废旧塑料进口量由 2017 年的 583 万吨锐减到 2018 年的 5. 2 万吨。废旧塑料进口量的减少，除了由国内再生树脂补充，更多的是为原生料腾出了空间，估计 2018 年“禁废令”拉动聚烯烃消费增长 1. 5 个百分点。

生活节奏的加快及生产技术的提升，催生新兴产业发展，餐饮外卖和滴水灌溉等兴起，为聚烯烃打开新的应用领域，并为其需求增长奠定了很好的基础。如外卖用容器就很好地促进了 PP 需求增长，也使得 PP 快速注塑料一度受到市场的青睐。此外，快递包装也是推动近几年聚烯烃需求大增的原因之一。

总的看，我国合成树脂市场消费潜力依然很大，特别是高端产品供需存在较大缺口（见表 5）。根据目前消费增长趋势判断，未来我国合成树脂市场消费仍将保持平稳增长态势。

表 5　　**2014~2018 年我国五大通用树脂供需缺口变化**　　单位：万吨，%

年度 供需缺口	2014	2015	2016	2017	2018
五大通用树脂小计	-1374. 2	-1494 3	-1500. 2	1649. 5	-1972. 4
聚乙烯（PE）	-834. 3	-959. 7	-964. 4	-1154. 7	-1379. 6
聚丙烯（PP）	-350. 7	-323. 1	-277. 8	-288. 2	-296. 8
聚氯乙烯（PVC）	26. 8	-5. 1	30. 6	10. 0	-16. 3
聚苯乙烯（PS）	-52. 5	-44. 8	-105. 5	-41. 2	-83. 2
ABS 树脂	-163. 5	-161. 6	-183. 1	-175. 4	-196. 5

（二）消费领域广泛

合成树脂被广泛应用于包装、建筑、农业、家电及汽车等领域。2018 年，聚乙烯消费量仍保持最大，占到合成树脂表观消费总量的 25. 4%，较上年提高 2. 3 个百分点；聚丙烯继续居第二位，占比 21. 4%，比上年提高 1. 1 个百分点；聚氯乙烯居第三位，占比 17. 3%，比上年提高 0. 9 个百分点。这三大通用树脂消费量占整个合成树脂消费总量的 64. 1%（见图 1）。

1. 聚乙烯

随着电子商务的快速发展、聚乙烯原生料对废旧塑料的替代及聚丙烯应用领域的不断拓宽，2018 年聚乙烯表观消费量达到 2781. 6 万吨，比上年增长 11. 7%。在聚乙烯产品的消费中，高密度聚乙烯（HDPE）表观消费量为 1098. 9 万吨，占比 39. 5%，比上年下降 0. 7 个百分点；低密度聚乙烯（LDPE）

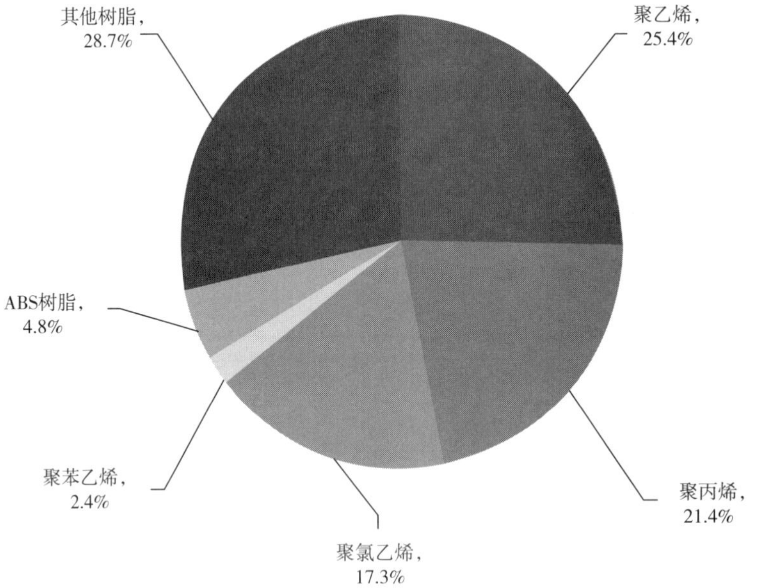

图 1　2018 年国内五大通用树脂消费结构图

消费约 670.2 万吨，占比 24.1%，比上年提高 3.7 个百分点；线性低密度聚乙烯（LLDPE）消费 1012.6 万吨，占比 36.4%，比上年提高 3.4 个百分点。

HDPE 消费结构：薄膜、注塑、中空吹塑、管材是 HDPE 的四大应用领域，分别占 HDPE 消费总量的 29.0%、22.3%、19.0%和 14.4%（见图 2）。

HDPE 适用于生产各类中空容器，如食品、药

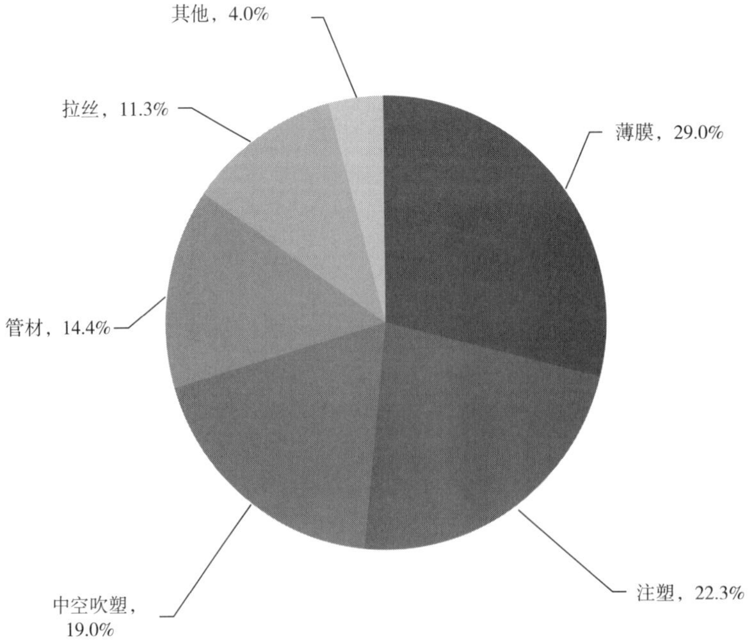

图 2　国内 HDPE 消费结构图

品、化妆品容器以及中空托盘、周转箱、IBC 包装桶等大型中空产品。HDPE 薄膜制品中，以高强度薄膜为主，主要包括各种塑料袋、多层衬里膜、耐候膜等。HDPE 注塑制品可大量替代钢材和木材，广泛应用于各个领域，如铁路、港口、远洋运输、包装生产线等。HDPE 管材具有优良的机械性能、韧性好和耐腐蚀等优点，被广泛应用于供水系统及电线电缆等的套管领域。此外，随着人们生活水平的不断提高和消费升级，HDPE 在中空包装领域的应用也越来越广泛。

LDPE/LLDPE 消费结构：包装薄膜（包括特殊包装薄膜）和农用薄膜等是 LDPE/LLDPE 的最大消费领域，占其消费总量的 80%左右；其次是注塑，约占 9%（见图 3）。

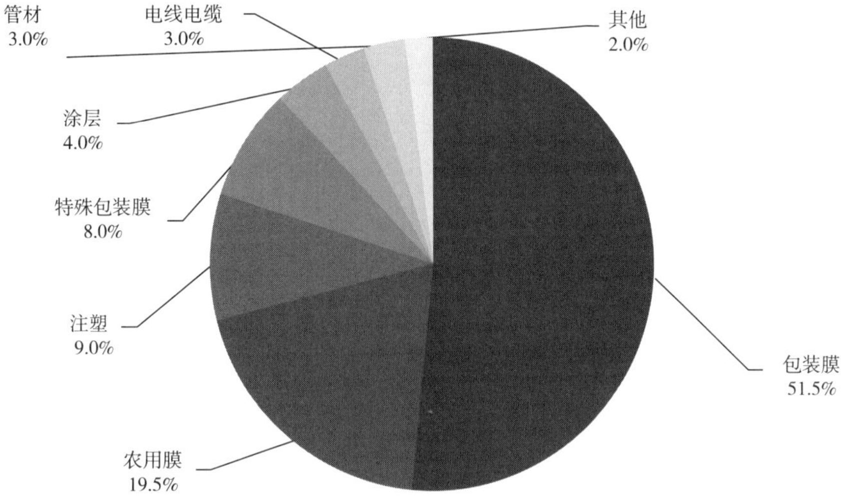

图 3　国内 LDPE/LLDPE 消费结构图

包装薄膜主要有扭结包装膜、收缩包装膜、缠绕包装膜、贴体包装膜、充气包装膜、高阻透性膜、高耐热性膜等。农用薄膜是目前最重要的农业生产资料之一。我国是世界上最大的农膜生产国和消费国，约占世界总量的 60%以上。近年来，大棚膜在农作物、植物和动物养殖中的应用不断增加，有力拉动了聚乙烯的消费增长。据统计，2018 年，我国规模以上企业塑料薄膜产量达到 1180. 4 万吨，农用薄膜产量 120 万吨。

2. 聚丙烯

随着包装、汽车、家电等行业的不断发展，聚丙烯的消费也持续增加，近年来需求呈现稳定增长态势，2018 年聚丙烯表观消费量为 2338. 7 万吨，比上年增长 6. 7%。塑编、注塑等是聚丙烯最主要的应用领域，分别约占聚丙烯消费总量的 36. 4%、31. 8%（见图 4）。

塑编制品主要用于粮食、化肥、水泥及合成材料等大宗产品的包装。近年来，塑编制品企业受产业结构调整影响，由东部沿海地区向中西部地区逐步转移。注塑制品主要应用于汽车、家电、玩具、日用品、工业容器等领域。随着制造业的不断发展，近年来对嵌段共聚聚丙烯的需求快速增加。BOPP 薄膜具有质轻、机械强度高、尺寸稳定性好等优点，广泛应用于包装特别是食品的小包装及精包装领域。聚丙烯纤维（即丙纶）是以聚丙烯为原料通过熔融纺丝制成的一种纤维制品，具有质轻、疏水及强度高等诸多优良性能，因而在装饰、服装等领域广泛应用，是合成纤维主要品种之一。

3. 聚氯乙烯

2018 年，国内聚氯乙烯消费稳中有升，表观消费量达到 1890. 2 万吨，比上年增长 7. 1%。总体而言，我国聚氯乙烯主要有硬制品和软制品两大消费市场，目前分别占比约 60%和 35%。硬制品主要是各种型材、管材、板材、硬片和吹塑制品等；软制品主要为各种用途的膜、电线电缆、人造革、织物涂层、各类软管、手套、玩具、铺地材料、塑料鞋以及一些专用涂料和密封剂等（见图 5）。

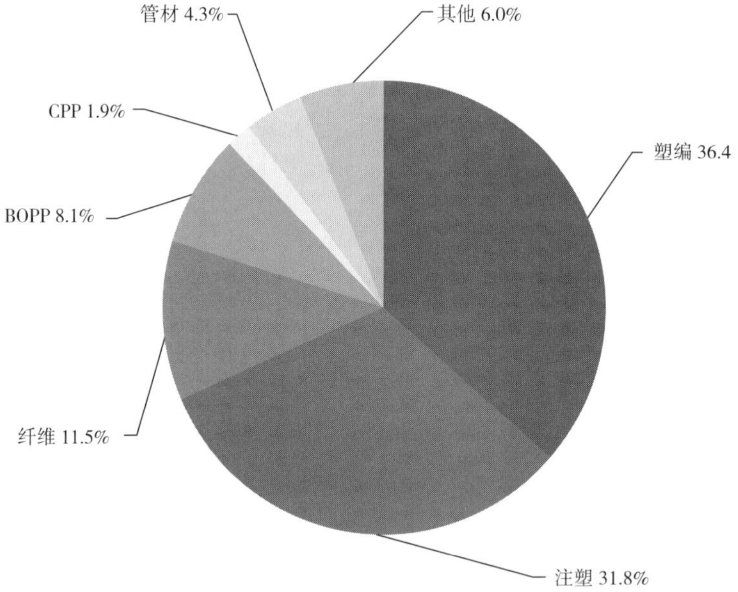

图 4　国内聚丙烯消费结构图

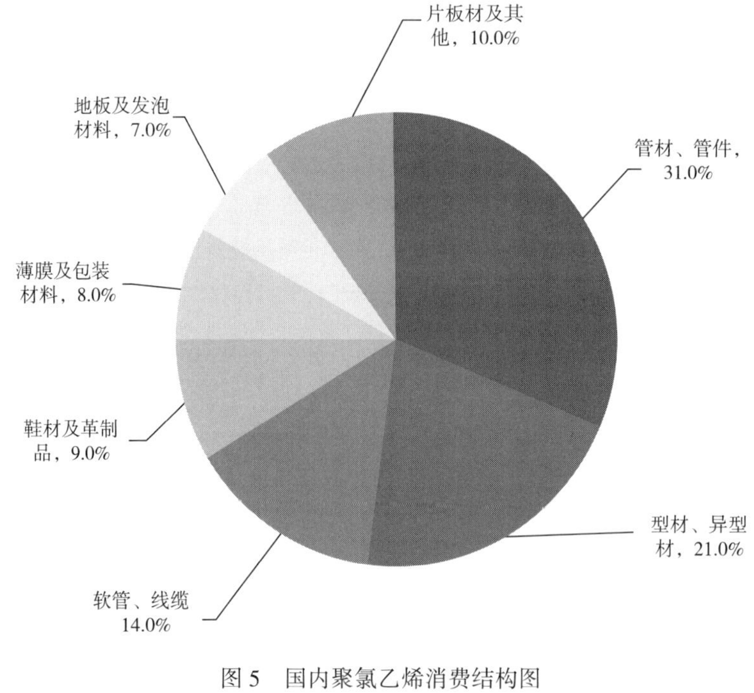

图 5　国内聚氯乙烯消费结构图

随着聚氯乙烯消费市场的发展，近年来高性能PVC专用树脂供不应求。一些生产厂家推出了一系列高性能的PVC合金专用粒料和粉料，如耐冲击PVC瓶料、耐热电子电器专用料，鞋用PVC合金、医用PVC合金，耐辐射、抗静电PVC合金，纤维增强PVC合金，以及阻燃抑烟无铅-钙PVC电线电缆复合料等专用料。此外，具有特殊性能的特种PVC树脂在市场上也逐渐得到应用。如PVC糊用及掺混树脂、特种糊用PVC树脂，氯乙烯-醋酸乙烯共聚树脂，粉末涂料用PVC专用树脂，超高分子量PVC专用树脂、超高吸收PVC专用树脂，消光专用树脂，溶液聚合型共聚树脂，弹性体专用树脂等。

4. 聚苯乙烯

2018 年，国内聚苯乙烯表观消费量为 258.9 万吨，比上年增长 6.2%。目前，在我国聚苯乙烯消费中，发泡聚苯乙烯（EPS）约占 45%，通用聚苯乙烯（GPPS）和抗冲击聚苯乙烯（HIPS）约占 55%。

EPS 消费结构：EPS 主要消费领域是包装材料（包括汽车及家用电器中缓冲材料）和建筑保温材料，分别约占其消费量的 45%和 48%（见图 6）。

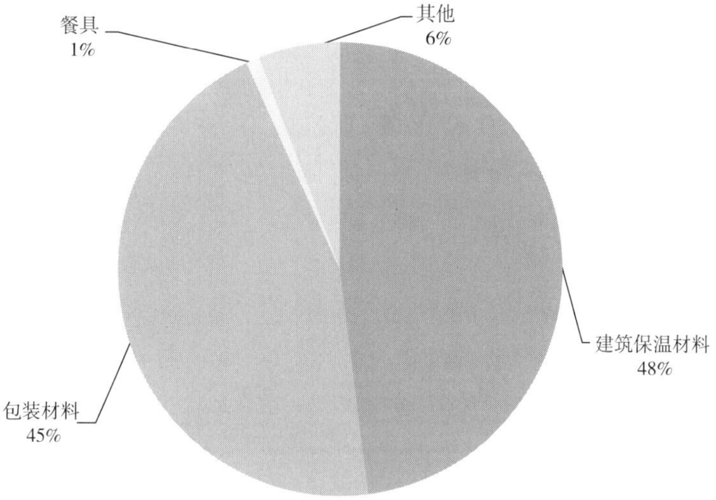

图 6 国内 EPS 消费结构图

未来，EPS 在汽车和家电领域的消费增长将保持相对稳定，但受国家海洋局将 EPS 列入重点海域主要污染物监控范围和部分国家出台禁止进口 EPS 包装容器的影响，EPS 在包装领域的消费增长会继续放缓。由于建筑保温材料政策解禁及《建筑防火设计规范》（GB 50016—2014）标准的实施，建筑保温材料在 EPS 消费结构中的占比会呈上升趋势。

GPPS/HIPS 消费结构：我国 GPPS/HIPS 主要消费领域是电子电器、日用品和办公用品，分别约占其消费总量的 38%、31%和 12%（见图 7）。

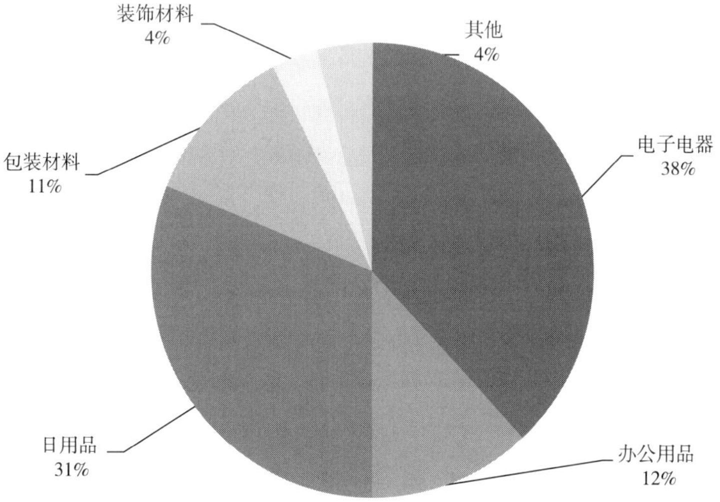

图 7 国内 GPPS/HIPS 消费结构图

在电子电器领域，GPPS/HIPS 主要用于制作家电及电子产品的外壳、零部件、冰箱板材以及音像制品等。在日用品领域，主要用于家用器皿、牙刷、化妆品盒、装饰品、圆珠笔等。在包装材料中，GPPS/HIPS 则主要应用于包装和电绝缘方面。目前，国内对 BOPS 的应用主要集中在服装辅料、药品托盘及其他口服液包装、食品包装等，应用相对偏窄。

未来一定时期内，国内 GPPS/HIPS 消费结构估计不会有大的变化。但我国电子电器产品出口量较大，因而出口形势变化将对聚苯乙烯消费结构产生较大影响。

5. ABS 树脂

近年来，我国 ABS 树脂消费总体呈现稳步增长势头。2018 年表观消费量达到 522.3 万吨，比上年增长 4.5%。由于 ABS 刚性好、冲击强度高、耐热、耐低温、耐化学品性、力学强度和电器性能优良，易于加工、稳定性和表面光泽好，还可以进行喷涂、电镀、焊接和粘接等二次加工，被广泛应用于家用电器、办公设备、交通运输、生活用品、玩具和建材等领域。目前电子电器约占 ABS 总消费量的 55%，办公设备约占 19%，车用领域约占 15%（见图 8）。

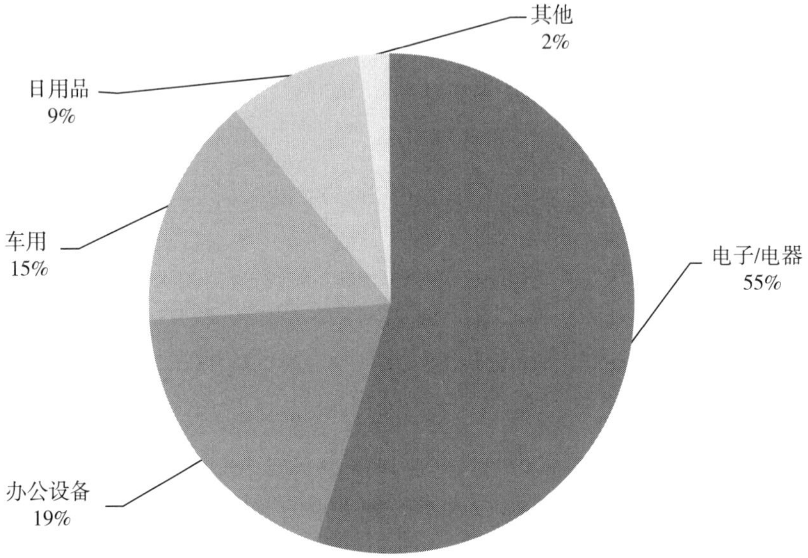

图 8　国内 ABS 树脂消费结构图

电子电器主要包括电冰箱、冰柜、空调、洗衣机、微波炉、音响等；办公设备主要为计算机、传真机、电话、复印机等；车用领域主要为汽车、摩托车的仪表板、车轮罩、散热器隔栅、空调器、行李箱、手柄等部件；ABS 树脂的日用品消费领域主要有箱包、玩具，建材中主要为管材、装饰板等。

（三）下游加工业生产平稳

据统计，2018 年，我国塑料制品总量 6042.1 万吨，比上年增长 1.1%。其中，塑料薄膜产量 1180.4 万吨，同比增长 0.9%，占塑料制品总量的 19.5%，与上年大体持平；泡沫塑料 242.4 万吨，增长 10.0%；日用塑料制品 559.2 万吨，下降 3.7%；塑料人造革、合成革 299.5 万吨，增长 3.1%。此外，2018 年全国胶鞋产量 3.93 亿双，同比增长 5.1%。总体而言，下游塑料制品加工业生产稳中趋缓（见表 6）。

国内塑料制品产量趋缓，究其原因：一是国内环保趋严，再生料使用量下滑；二是中美贸易冲突大背景下，代加工减少；三是制品行业洗牌，经过持续几年的竞争淘汰，环保和贸易壁垒的双重压力下，具有技术和资金优势的企业抗风险能力更强，产业的集中度进一步提高。

表 6 **2014~2018 年塑料制品产量增长情况** 单位：万吨，%

年度 / 产品名称	2014	2015	2016	2017	2018
塑料制品总量	7485.8	7560.7	7267.5	5976.4	6042.1
塑料薄膜	1271.0	1313.8	1407.3	1169.9	1180.4
农用薄膜	219.8	231.0	190.8	126.1	120.0
泡沫塑料	219.2	245.0	258.4	220.4	242.4
塑料人造革、合成革	366.4	343.8	343.7	290.6	299.5
日用塑料制品	588.7	592.7	628.6	580.7	559.2

三、合成树脂进出口

2018 年，在中美贸易摩擦不断升级及“禁废令”实施的大背景下，我国合成树脂行业进出口贸易总额达到 641.3 亿美元，比上年增长 9.5%；贸易逆差 377.9 亿美元，同比扩大 6.6%，仍是化工行业最主要的逆差来源。2018 年我国合成树脂进出口总量 3614.7 万吨，同比下降 5.2%；净进口量达到 2376.4 万吨，同比下降 7.8%。

（一）合成树脂进口

1. 进口基本情况

受中美贸易摩擦及“禁废令”的影响，2018 年我国合成树脂进口总量 2995.5 万吨，比上年下降 6.3%。其中，塑料废碎料由上年的 582.9 万吨骤降至 5.2 万吨，下降 99.1%。除塑料废碎料之外，2018 年合成树脂主要品种进口量总体保持增长（见表 7）。

2018 年，五大通用树脂进口量 2140.8 万吨，比上年增长 15.7%，占合成树脂进口总量的 71.5%；净进口量为 1972.5 万吨，同比增长 19.6%，占合成树脂净进口总量的 83.0%。其中，聚乙烯进口量 1402.5 万吨，同比大幅增长 18.9%，占合成树脂进口总量的 46.8%，继续保持进口量第一的地位；聚苯乙烯进口量 115.3 万吨，同比大幅增长 55.2%。其他合成树脂进口量 668.9 万吨，同比增长 14.5%，占合成树脂进口总量的 22.3%。

2018 年，我国合成树脂进口总额 509.6 亿美元，比上年增长 8.4%。其中，聚乙烯进口总额 175.1 亿美元，同比增长 23.1%，占合成树脂进口总额的 46.8%，比上年提高 16.6 个百分点；其他合成树脂进口总额 163.1 亿美元，同比增长 14.0%，占合成树脂进口总额的 32.0%。

表 7 **2014~2018 年我国合成树脂进口量增长情况** 单位：万吨，%

年度 / 进口量	2014	2015	2016	2017	2018
合成树脂总计	**3215.3**	**3187.2**	**3182.5**	**3195.9**	**2995.5**
年增速	2.9	-0.9	-0.1	0.4	-6.3
五大通用树脂合计	1618.3	1659.5	1619.7	1850.6	2140.8
聚乙烯	910.8	986.7	994.3	1179.4	1402.5
聚丙烯	363.2	339.7	301.7	317.8	328.0
聚氯乙烯	92.6	92.9	86.7	100.2	93.8
聚苯乙烯	84.9	77.8	68.4	74.3	115.3
ABS 树脂	166.8	162.5	168.6	178.9	201.3
环氧树脂	24.1	22.1	23.5	27.5	26.9

续表

年度 进口量	2014	2015	2016	2017	2018
聚碳酸酯	148.0	142.7	131.9	138.5	141.7
聚硅氧烷	11.8	11.9	11.3	12.1	12.0
塑料废碎料	825.4	735.5	734.7	582.9	5.2
其他合成树脂	587.6	615.5	661.3	584.3	668.9

（数据来源：中国海关总署、中国石油和化学工业联合会，下同）

2. 主要进口来源地

我国合成树脂进口主要来自中东及我周边国家和地区。2018年，进口排名前三位的国家和地区依次为中东地区、东盟地区和韩国，进口量分别为893.6万吨、599.8万吨和435.5万吨，分别占我国合成树脂进口总量的29.8%、20.0%和14.5%；进口额分别为116.0亿美元、86.3亿美元和79.7亿美元，分别占进口总额的22.8%、16.9%和15.6%。受中美贸易摩擦的影响，来自美国的合成树脂进口明显减少，2018年进口量181.0万吨，进口额41.3亿元，同比分别下降23.4%和3.0%（见表8）。

表8　2017/2018年我国合成树脂主要进口国家和地区　单位：万吨，万美元

国别（地区）	2017年		2018年		同比/±%	
	数量	金额	数量	金额	数量	金额
世　界	3195.9	4700828	2995.5	5096327	-6.3	8.4
中国香港	113.6	80821	37.6	52710	-66.9	-34.8
中国澳门	5.1	3150	0.1	63	-98.7	-98.0
中国台湾	357.1	636296	353.9	686840	-0.9	7.9
东　盟	553.7	721432	599.8	862840	8.3	19.6
日　本	221.5	438556	147.8	409665	-33.3	-6.6
韩　国	444.2	744831	435.5	796886	-1.9	7.0
印　度	28.8	35717	78.0	94784	170.6	165.4
巴基斯坦	3.6	1992	0.4	347	-89.6	-82.6
中　东	796.5	943774	893.6	1160331	12.2	22.9
欧　盟	251.4	431923	149.3	402951	-40.6	-6.7
俄罗斯	20.4	24324	15.3	21395	-25.4	-12.0
乌克兰	0.0	13	1.1	1423	—	—
美　国	236.4	425230	181.0	412559	-23.4	-3.0
加拿大	23.8	22892	18.5	24819	-22.2	8.4
拉丁美洲	53.9	53343	29.0	40376	-46.1	-24.3
非　洲	14.2	12262	15.2	17724	7.3	44.5

续表

国别（地区）	2017年		2018年		同比/±%	
	数量	金额	数量	金额	数量	金额
澳大利亚	30.0	21170	4.4	6620	-85.2	-68.7
新西兰	0.7	407	0.1	145	-80.9	-64.3
其他国家和地区	40.9	102694	34.8	103849	-14.9	1.1

3. 进口贸易方式

在我国合成树脂进口贸易中，以一般贸易方式为主，加工贸易为辅。2018年，在进口贸易量中，一般贸易占70.1%，较上年下降1.7个百分点；来料加工贸易占20.3%，较上年提高1.0个百分点；两种贸易方式合计占进口贸易总量的90.4%（见表9）。

表9　2017/2018年我国合成树脂进口贸易方式情况　单位：万吨，万美元，%

贸易方式	2017年进口贸易			2018年进口贸易		
	金额	数量	占比	金额	数量	占比
一般贸易	3151589.2	2293.6	71.8	3456478.6	2098.6	70.1
进料加工贸易	1064450.6	615.7	19.3	1110091.7	609.0	20.3
保税区仓储转口货物	314194.3	190.8	6.0	331953.9	185.8	6.2
来料加工装配贸易	99803.5	53.4	1.7	96948.6	51.6	1.7
保税仓库进出境货物	64219.4	37.2	1.2	95093.2	47.2	1.6
边境小额贸易	3979.3	4.5	0.1	2974.1	2.6	0.1
其他	1798.0	0.6	0.0	2786.6	0.8	0.0
共计	4700828.0	3195.9	100.0	5096326.7	2995.5	100

（二）合成树脂出口

由于我国合成树脂出口规模相对较小，中美贸易冲突对国内合成树脂的影响主要体现在下游塑料制品出口、商品包装类塑料制品及产品出口上。

1. 出口基本情况

2018年，我国合成树脂出口量618.0万吨，同比微增0.2%。从出口量增速看，聚硅氧烷较快，同比增长23.5%。但出口量最大的仍然是其他合成树脂，为388.5万吨，增长10.6%，占合成树脂出口总量的57.6%，较上年提高1.6个百分点；其次是聚氯乙烯，出口量110.3万吨，占比9.2%（见表10）。

2018年，我国合成树脂出口总额为131.7亿美元，比上年增长13.9%。其中，聚硅氧烷和聚碳酸酯出口额分别为11.0亿美元、8.3亿美元，同比分别增长73.6%、4.2%，占比分别为8.4%、6.3%；其他合成树脂出口额87.9亿美元，增长16.7%，占比66.7%。

表10　2014~2018年我国合成树脂出口量增长情况　单位：万吨，%

产品＼年度	2014	2015	2016	2017	2018
合成树脂总计	514.5	498.1	574.2	618.0	619.1
年增速	22.6	-3.2	15.3	7.6	0.2

续表

年度 产品	2014	2015	2016	2017	2018
聚乙烯	24.9	26.9	29.9	24.7	22.9
聚丙烯	12.6	16.6	24.0	29.6	31.2
聚氯乙烯	119.3	87.7	117.3	110.3	77.4
聚苯乙烯	32.3	33.0	31.8	33.1	32.0
ABS 树脂	3.3	2.4	2.8	3.5	4.8
环氧树脂	6.6	7.3	6.7	7.2	5.8
聚碳酸酯	22.3	21.2	22.3	28.8	26.0
聚硅氧烷	12.1	13.2	13.9	21.4	26.4
塑料废碎料	4.3	3.0	3.5	3.7	4.3
其他合成树脂	276.8	286.6	321.8	355.7	388.5

2. 主要出口目的地

我国合成树脂主要出口目的地仍是亚洲及我周边国家和地区。2018 年出口量居前三位的国家和地区依次为东盟、美国和印度，出口量分别为 138.0 万吨、53.3 万吨、52.9 万吨，合计占我国合成树脂出口总量的 39.4%，出口总额的 37.8%（见表 11）。

表 11　　2017/2018 年我国合成树脂主要出口国家和地区　　单位：万吨，万美元

国别（地区）	2017 年		2018 年		同比/±%	
	数量	金额	数量	金额	数量	金额
世　界	618.0	1155948	619.1	1316888	0.2	13.9
中国香港	42.3	107084	36.2	100791	−14.4	−5.9
中国澳门	0.0	112	0.1	154	23.7	37.4
中国台湾	15.8	40103	16.9	49229	6.8	22.8
东　盟	139.9	241065	138.0	273643	−1.4	13.5
日　本	21.1	51906	22.3	59236	5.5	14.1
韩　国	42.6	88837	39.3	97060	−8.0	9.3
印　度	58.0	89038	52.9	98654	−8.7	10.8
巴基斯坦	11.9	20686	10.2	22148	−14.0	7.1
中　东	52.1	93911	46.4	93775	−11.0	−0.1
欧　盟	35.1	85394	44.1	122290	25.9	43.2
俄罗斯	21.2	34122	16.0	35214	−24.4	3.2
乌克兰	2.6	3891	2.4	4684	−5.2	20.4

续表

国别（地区）	2017 年		2018 年		同比/±%	
	数量	金额	数量	金额	数量	金额
美 国	49.4	107147	53.3	124889	8.0	16.6
加拿大	4.6	9552	5.9	12864	28.0	34.7
拉丁美洲	37.1	67256	43.7	83234	17.8	23.8
非 洲	38.9	55236	43.0	68074	10.4	23.2
澳大利亚	7.9	14571	8.1	17121	1.8	17.5
新西兰	1.0	1842	1.4	2818	40.6	53.0
其他国家和地区	36.5	44198	39.0	51009	6.8	15.4

3. 出口贸易方式

在我国合成树脂出口贸易中，一般贸易和来料加工贸易占比较大。2018 年，在出口贸易量中，一般贸易占比 56.7%，较上年提高 1.1 个百分点；来料加工贸易占比 36.1%，较上年下降 0.4 个百分点。两者合计占出口贸易总量的 92.8%。一般贸易占比延续上升态势，加工贸易比重继续缩减（见表 12）。

表 12　　2017/2018 年我国合成树脂出口贸易方式情况 单位：万吨，万美元，%

贸易方式	2017 年出口贸易			2018 年出口贸易		
	金额	数量	占比	金额	数量	占比
一般贸易	652280.9	343.5	55.6	776441.9	351.2	56.7
来料加工贸易	413706.1	225.8	36.5	444186.9	223.6	36.1
保税区仓储转口货物	60261.1	32.9	5.3	57936.2	27.6	4.5
来料加工装配贸易	13532.8	8.6	1.4	13837.4	6.5	1.0
保税仓库进出境货物	4846.9	2.5	0.4	8129.0	3.7	0.6
边境小额贸易	5423.9	2.4	0.4	6524.2	2.9	0.5
其他	4375.2	1.4	0.2	9832.3	3.6	0.6
共计	1155948.0	618.0	100.0	1316887.9	619.1	100.0

四、合成树脂市场情况

2018 年，随着国际油价的起伏震荡，我国合成树脂市场也波动分化、涨多跌少。在石化联合会市场监测的 29 种主要合成树脂产品中，有 19 种产品价格不同程度上涨，其中聚丙烯（拉丝）年均价上涨 11.8%；有 10 种产品价格下降，其中聚合 MDI 年均价下跌 26.8%。

（一）聚乙烯价格

2018 年，国内聚乙烯市场呈现震荡走势，一季度上涨，二三季度均呈先扬后跌态势，四季度在国际油价暴跌打压下，市场行情迅速回落，全年聚乙烯主要品种价格涨跌互现。市场监测显示，高密度聚乙烯（5000S）均价 11002 元/吨，同比上涨 6.5%；低密度聚乙烯（2426H）均价为 9956 元/吨，下降 6.7%；线性低密度聚乙烯（7042）均价 9622 元/吨，微降 0.6%（见表 13）。

2018 年，进口聚乙烯价格也波动较大。其中，高密度聚乙烯进口均价为 1311.6 美元/吨，同比上涨 11.2%；低密度聚乙烯均价为 1195.7 美元/吨，下降 6.0%；线型低密度聚乙烯均价为 1185.6 美元

/吨，下降 1.7%。总的看，进口聚乙烯价格波动大于国内市场（见表 14）。

表 13　　2014～2018 年国内聚乙烯市场价格变动情况　　单位：元/吨,%

产品名称	等级/规格	2014 年	2015 年	2016 年	2017 年	2018 年
HDPE	5000S	11908	10026	9894	10332	11002
	同比	2.9	-15.8	-1.3	4.4	6.5
LDPE	2426H	12251	10330	10368	10672	9956
	同比	2.0	-15.8	0.4	2.9	-6.7
LLDPE	7042	11127	9353	9233	9675	9622
	同比	-1.0	-15.9	-1.3	4.8	-0.6

表 14　　2014～2018 年进口聚乙烯价格变动情况　　单位：美元/吨,%

产品名称	2014 年	2015 年	2016 年	2017 年	2018 年
HDPE	1535.7	1260.2	1136.2	1179.8	1311.6
同比	5.1	-17.9	-9.8	3.8	11.2
LDPE	1616.2	1315.1	1225.7	1272.5	1195.7
同比	4.7	-18.6	-6.8	3.8	-6.0
LLDPE	1606.0	1287.8	1206.4	1206.6	1185.6
同比	6.1	-19.8	-6.3	0.0	-1.7

（二）聚丙烯价格

2018 年，国内聚丙烯市场维持涨势。全年国内市场聚丙烯（F401）平均价格为 9693 元/吨，同比上涨 11.8%，延续了上年的回升态势。

2018 年，进口聚丙烯价格也继续回升。全年我国进口聚丙烯（初级状）均价为 1278.2 美元/吨，同比上涨 5.7%，价格稳步回升（见表 15）。

表 15　　2014～2018 年聚丙烯价格变动情况　　单位：元/吨，美元/吨,%

名　称	规　格	2014 年	2015 年	2016 年	2017 年	2018 年
国内市场均价	F401	10973	8042	7630	8673	9693
	同比	-1.6	-26.7	-5.1	13.7	11.8
进口均价	初级状	1601.4	1306.9	1167.9	1209.5	1278.2
	同比	2.8	-18.4	-10.6	3.6	5.7

（三）聚氯乙烯价格

2018 年，国内聚氯乙烯市场价格趋稳。市场监测显示，聚氯乙烯（SG5）年均价为 6675 元/吨，同比上涨 3.6%；聚氯乙烯（LS-100）年均价 7002 元/吨，下降 2.2%（见表 16）。

截至 2018 年年底，我国 PVC 产能达 2404 万吨，与 2017 年年底基本持平。目前，我国聚氯乙烯产能主要集中在中西部地区，占比六成以上，消费市场则主要集中在东部，运输成本较高，加上环保、人力等成本刚性上升，对价格形成支撑。随着氯碱行业价格好转、效益改善，一些企业投资冲动又开始显露，对市场形成一定压力。同时，PVC 市场也在供需、环保、期货、原料等众多因素影响下博弈，而下游需求又存在季节性变化，市场波动性有所加大。

2018 年，进口聚氯乙烯价格保持相对平稳。其中，糊树脂均价为 1196.3 美元/吨，同比上涨 2.3%；初级状未掺混聚氯乙烯价格 930.3 美元/吨，上涨 0.9%；未塑化聚氯乙烯价格 1457.4 美元/吨，上涨 3.6%；已塑化聚氯乙烯价格 2031.6 美元/吨，微跌 0.2%（见表 17）。

表 16　　2014~2018 年聚氯乙烯国内市场价格变动情况　　单位：元/吨,%

产品名称/规格	2014 年	2015 年	2016 年	2017 年	2018 年
聚氯乙烯/SG5	6208	5413	5858	6441	6675
同比	-5.2	-12.8	8.2	9.9	3.6
聚氯乙烯/LS-100	6807	6393	6978	7159	7002
同比	-2.4	-6.1	9.2	2.6	-2.2

表 17　　2014~2018 年聚氯乙烯进口价格变动情况　　单位：美元/吨,%

产品名称/规格	2014 年	2015 年	2016 年	2017 年	2018 年
聚氯乙烯/糊树脂	1335.2	1110.0	1127.9	1169.7	1196.3
同比	-3.5	-16.9	1.6	3.7	2.3
聚氯乙烯/初级状	1064.7	882.5	834.0	921.6	930.3
同比	3.4	-17.1	-5.5	10.5	0.9
聚氯乙烯/未塑化	1197.5	1052.9	1301.8	1406.7	1457.4
同比	-6.1	-12.1	23.6	8.1	3.6
聚氯乙烯/已塑化	2129.3	2035.3	2054.7	2034.9	2031.6
同比	1.5	-4.4	1.0	-1.0	-0.2

（四）聚苯乙烯价格

2018 年聚苯乙烯市场价格涨势趋缓。GPPS（透苯，注塑级）国内市场均价 12067 元/吨，同比上涨 8.1%；HIPS（抗冲击级）均价为 10567 元/吨，微涨 0.2%；EPS（阻燃料）均价为 12064 元/吨，大涨 6.7%。市场监测的聚苯乙烯主要品种价格与 2017 年相比均呈回稳趋势。

2018 年，进口聚苯乙烯价格出现大幅下降。其中，我国进口 EPS（初级可发性）均价为 1364.0 美元/吨，同比下降 22.4%；进口 HIPS（初级改性）均价为 1408.0 美元/吨，下降 11.6%（见表 18）。

表 18　　2014~2018 年聚苯乙烯国内和进口价格变动情况

单位：元/吨，美元/吨,%

产品名称	规格	2014 年	2015 年	2016 年	2017 年	2018 年
国内均价						
GPPS	注塑级	11977	9548	9105	11166	12067
	同比	-11.6	-20.4	-4.6	22.6	8.1

续表

产品名称	规格	2014 年	2015 年	2016 年	2017 年	2018 年
HIPS	抗冲击级	13067	9796	9657	10544	10567
	同比	-	-25.0	-1.4	9.2	0.2
EPS	阻燃料	12117	9791	9585	11304	12064
	同比	-	-19.2	-2.1	17.9	6.7
进口均价						
EPS	初级状	2215.0	1779.8	1794.9	1758.1	1364.0
	同比	7.8	-19.6	0.8	-2.1	-22.4
HIPS	初级状	1923.7	1547.4	1449.8	1592.5	1408.0
	同比	-2.8	-19.6	-6.3	9.8	-11.6

（五）ABS 价格

2018 年，国内 ABS 树脂市场价格出现小幅回落。通用级 ABS 年均价 15363 元/吨，同比下降 4.0%。

2018 年，进口 ABS 树脂价格出现大幅下降，其中 ABS 树脂（改性）进口均价为 1962.5 美元/吨，同比下跌 12.3%（见表 19）。

表 19　　2014~2017 年 ABS 价格变动情况　　单位：元/吨，美元/吨，%

产品名称	规格	2014 年	2015 年	2016 年	2017 年	2018 年
ABS（国内）	通用级	14115	10878	11461	15998	15363
	同比	-5.4	-22.9	5.4	39.6	-4.0
ABS（进口）	改性	2491.6	2225.1	2025.0	2236.8	1962.5
	同比	-0.5	-10.7	-9.0	10.5	-12.3

五、世界合成树脂供需简况

目前，世界合成树脂供需总体仍维持供大于求的格局。2017 年，全球五大通用合成树脂（PE、PP、PVC、PS、ABS）总产能约为 2.82 亿吨/年，比上年年末增长 3.1%；消费量约 2.26 亿吨，同比增长 1.8%。

据中石化经济技术研究院《2019 中国能源化工产业发展报告》分析预估，2018 年世界五大通用合成树脂总产能约 2.93 亿吨/年，同比增长 3.9%；消费量约 2.37 亿吨，同比增长 4.7%。

（一）2018 年全球合成树脂供需两旺

1. 供应方面

2018 年，因北美及亚洲地区发力，全球五大合成树脂再掀扩能高峰，新增产能 1097 万吨/年，累计总产能达到 2.93 亿吨/年。新增产能主要来自聚烯烃，产能增量占五大合成树脂扩能总量的 82%。

北美页岩油气技术的深入应用推动了该地区聚乙烯工业的再次崛起。丰富的乙烷资源促进了该地区乙烯工业的发展，进而拉动下游配套产业。随着陶氏杜邦、埃克森美孚及雪佛龙新建聚乙烯装置的相继投产，2018 年北美地区新增 PE 产能 286 万吨/年，占全球新增产能总量的 45.8%。与此相比，丙烷贸易活跃反而在一定程度上使北美地区丙烷工业发展缺少了紧迫感，其下游配套产业的发挥也相对缓慢，2018 年 PP 新增产能在全球新增总量中的占比不足 5%。

亚洲因需求拉动和丙烯资源丰富，成为此次扩能高峰的主角，尤其是PP产品。占有市场先机的中国、印度及东南亚一些国家近年来树脂生产规模快速扩张，新增产能主要集中在PE和PP两类产品。神华宁煤煤化工项目和中海壳牌二期石脑油基项目于2018年上半年先后投产；印度信任工业及OPAL公司9套产能共计257万吨/年的聚烯烃装置于2017~2018年陆续释放产能。2018年，亚洲PE和PP新增产能分别占全球新增总量的42.9%和92.6%。

2. 需求方面

2018年北美经济率先向好，带动全球经济发展，五大合成树脂需求保持强劲增长态势，增量比2017年高70万吨，达到1114万吨，需求增速也较2017年高出0.1个百分点，至4.7%，全球五大合成树脂消费总量约2.37亿吨。

分产品看，PE和PP需求快速增长，PVC和PS需求增速下滑，ABS需求增速略有回升。在聚烯烃应用领域不断拓宽（如PP在餐饮外卖包装领域的应用），以及给水管、汽车零部件等领域对PVC、ABS等材料替代的多重因素作用下，聚烯烃成为五大合成树脂需求增长的主要动力，其需求增量占五大合成树脂需求增量的77%。

五大合成树脂需求增长主要来自东北亚，而北美和印巴地区需求呈现加速态势。因人均消费增长拉动、制造业的稳定快速发展及出口的不断扩大，中国带动东北亚地区成为五大合成树脂消费增长的主要推动力。另外，美国经济恢复及制造业逐步回归，印巴地区人口红利释放，带动当地合成树脂消费加速。

（二）2019年全球合成树脂供应趋于紧平衡

2019年全球扩能步伐有所放缓，预计新增产能近1000万吨，约为2018年新增产能的90%。

北美廉价乙烷继续推动其聚乙烯产能的扩张，沙索、埃克森美孚、中国台塑及美国量子化学公司均在美国有新建装置投产计划，预计2019年新增产能200万吨/年，约占全球聚乙烯新增产能的42%。产品除了在其国内销售，将主要出口中国和南美等地。

亚洲市场需求推动了当地聚烯烃工业发展，尤其东北亚丙烯资源来源丰富化，2019年聚丙烯产能将大幅提升，增量约占当年全球PP新增产能的58%，主要来自中国。

2019年，中国将继续引领全球合成树脂的扩能，除PE新增产能主要来自北美地区和中国，PP、PVC、ABS新增产能均主要来自中国。预计中国五大合成树脂新增产能在全球新增总量的占比达到60%，其中PE为44%，其他产品占比均在70%以上。其中，民营炼化项目和煤基路线项目起到一定作用。大连恒力、浙江石化等民营炼化一体化项目在2019年陆续投产，聚烯烃产能将增加205万吨/年，对市场供需和价格都会产生很大影响。

（中国石油和化学工业联合会　贺静）

2018年我国聚氯乙烯行业发展分析

我国聚氯乙烯总产能在2013年达到2476万吨的峰值后，2014~2016三年，产能总数保持净减少。以调结构增效益为主的行业深化改革的作用在2016下半年逐渐显现，市场呈现出了供需两旺的局面，行业整体利润也逐渐好转。进入2018年，行业整体运行情况较为稳定，行业产业集中度不断提高，产品开工率不断提升，产能增长进入到理性发展阶段。

一、我国聚氯乙烯行业格局分析

（一）2007~2018年聚氯乙烯供给变化

2018年我国聚氯乙烯生产企业稳定在75家，产能为2404万吨（其中包含聚氯乙烯糊状树脂125万吨）。年内新增加产能66万吨，退出规模为68万吨，产能净减少2万吨。

2008年金融危机过后，国内PVC产能再次进入快速增长期。2009~2010年，产能净增长量均超过200万吨，涨幅超过12%；2011~2013年，虽然产能增速有所放缓，但年增长量也超过100万吨。行业快速扩张使得国内PVC呈现出供过于求的局面，开工负荷甚至一度低于60%。2014年开始，化解过剩产能的产业政策和市场调节机制联合作用，大量闲置、落后产能逐步退出市场，国内PVC产能总数连续三年保持负增长，市场供需关系逐步改善。经过深度调整，2017~2018年行业总产能虽

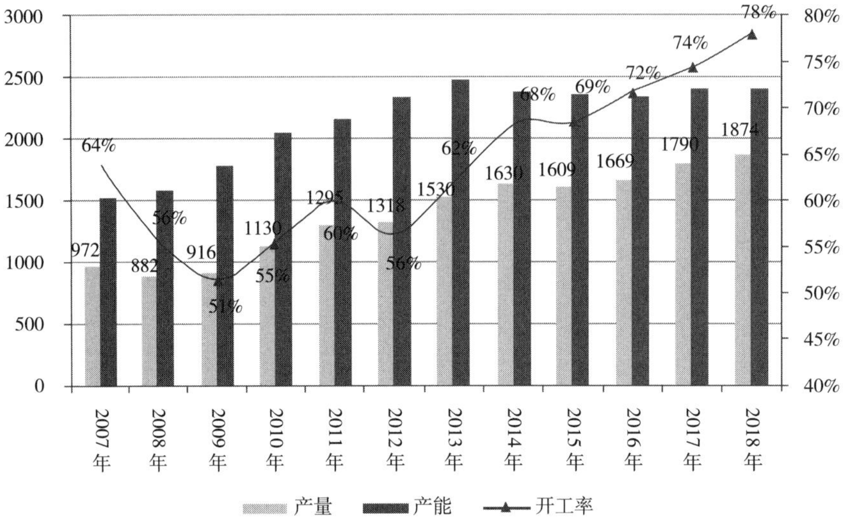

图 1　2007~2018 年中国 PVC 行业开工率走势图（单位：万吨;%）

然出现一定起伏，但整体运行平稳，全行业开工率属于连续回升状态。

（二）聚氯乙烯企业变化特点

表 1　　2012~2018 年我国 PVC 企业数及新增-退出产能对比表　　单位：万吨

	企业总数	新增	退出	净增
2012 年	94 家	296	-118	178
2013 年	93 家	286	-151	135
2014 年	88 家	66	-153	-87
2015 年	81 家	78	-119	-41
2016 年	75 家	89	-111	-22
2017 年	75 家	108	-28	80
2018 年	75 家	66	-68	-2

2016~2018 年，国内 PVC 生产企业数量一直保持在 75 家，分析其原因主要为：一是 2013~2015 年之间，僵尸企业集中清退，之后在产的 75 家生产企业均保持了稳定开工；二是 2016 年 7 月份，国家颁布了《国务院办公厅关于石化产业调结构促转型增效益的指导意见》，从政策层面切断了氯碱项目（包含聚氯乙烯）在之前完全无备案、无产能等量或减量置换情况下的新建情况。

（三）聚氯乙烯集中度情况

表 2　　2016~2018 年国内 PVC 行业产能规模归类

规模	企业数			产能合计/万吨			产能占比/%		
	2016 年	2017 年	2018 年	2016 年	2017 年	2018 年	2016 年	2017 年	2018 年
≥100 万吨	3	3	3	403	403	403	17. 3	16. 7	16. 8
100 万吨> 企业 ≥50 万吨	6	6	6	370	390	390	15. 9	16. 2	16. 2

续表

规模	企业数			产能合计/万吨			产能占比/%		
	2016 年	2017 年	2018 年	2016 年	2017 年	2018 年	2016 年	2017 年	2018 年
50 万吨> 企业 ≥30 万吨	28	30	30	1026	1115	1116	44.1	46.3	46.4
30 万吨> 企业 ≥10 万吨	29	26	25	478.5	445.5	436.5	20.6	18.5	18.2
10 万吨> 企业	9	10	11	48.5	52.5	58.5	2.1	2.2	2.4
合计	75	75	75	2326	2406	2404	100	100	100

目前我国 PVC 行业平均规模为 32 万吨，在产业西移化进程中，西北上下游一体化企业在成本和环保方面的优势凸显，出现了一大批五十万吨级以上甚至百万吨级企业。另外，跨区域、跨行业的兼并重组，也促进了上下游一体化的进程，增强了企业在市场中的抗风险能力。氯碱产品中，PVC 便于运输，但烧碱和液氯受到运输半径的限制较大，未来国内氯碱产业的格局仍将保持西部大而强、东部精而专的并存状态。

（四）当前聚氯乙烯产业地域特点

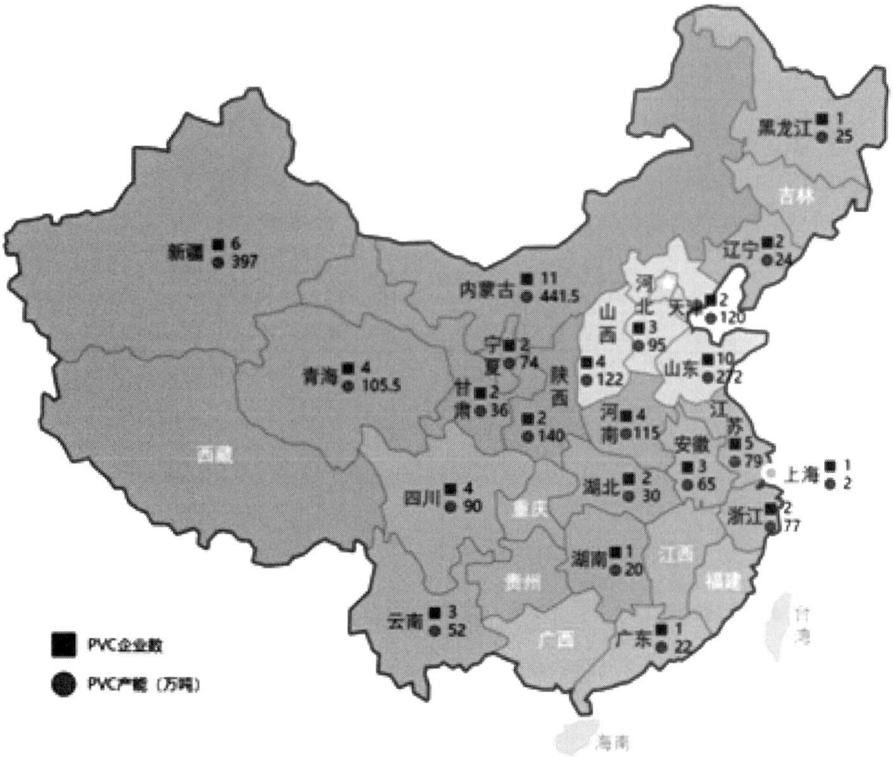

图 2

西北地区依托丰富的资源和较低的成本，在我国 PVC 产业格局中占据绝对的领先地位，除一套煤制烯烃工艺的乙烯法生产装置外，全部为电石法生产工艺。华北、华东地区则呈现电石法和乙烯法并存的状态，而且得益于乙烯来源的多样化，后期华北、华东地区的乙烯法工艺的扩能会更加集中。

二、聚氯乙烯行业需求分析

（一）2007~2018 年聚氯乙烯下游需求

表 3　　2007~2018 年我国 PVC 表观消费量列表　　单位：万吨

	产量	进口	出口	表观消费	
				消费量	增长率/%
2007 年	972	110	71	1011	13
2008 年	882	80	60	902	-11
2009 年	916	163	24	1055	17
2010 年	1130	120	22	1228	16
2011 年	1295	105	37	1363	11
2012 年	1318	94	39	1373	1
2013 年	1530	76	66	1540	12
2014 年	1630	68	111	1587	3
2015 年	1609	71	77	1603	1
2016 年	1669	65	104	1630	2
2017 年	1790	77	96	1771	9
2018 年	1874	74	59	1889	7

从聚氯乙烯下游需求增长率来看，2018 年虽然不及上年 9%的增长，但相较 2014~2016 年的低增长率，国内聚氯乙烯需求仍保持在了较好的增长态势。需求量的增长直观地反映出了国内 PVC 下游产品的结构升级，并且这一升级主要体现在“质”上。自 2017 年开始，国家集中整治“小散乱污”企业，大量小型塑料加工厂关停，在短时间内对 PVC 的需求产生了影响，但随着订单集中到大中型塑料加工商后，其产品质量相对高端化，对 PVC 的需求量也更大。以 PVC 管材为例，小型加工商生产 PVC 管材所用纯粉比例有统计大约在 30%，而大中型塑料加工企业的这一比例基本维持在 40%~50%，产品品质的提高则相应拉动了 PVC 需求量的增长。

（二）聚氯乙烯地域需求特点

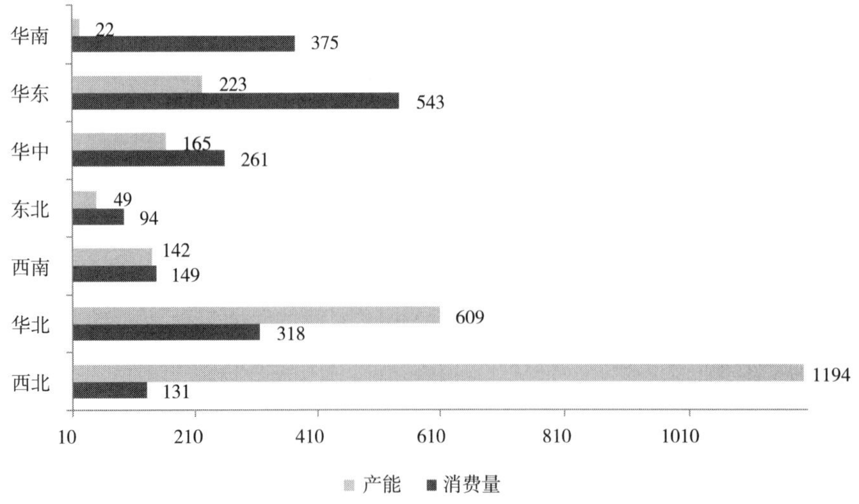

图 3　2018 年全国各区域 PVC 消费情况对比（单位：万吨）

目前华东、华南是国内聚氯乙烯的主要消费地，同时华北和华中两个消费市场从目前的培育情况看仍有不小的潜力。当前西北作为主产地，因远离终端客户和贸易港口，其区内消费能力有限，货源主要供应华东、华南等地。基本贸易流向可分为：西北铁运直达华东；西北铁运至华北转汽运至华东；西北铁运至华北船运至华南；华北汽运至华东；华北船运至华南等。

（三）聚氯乙烯下游消费结构

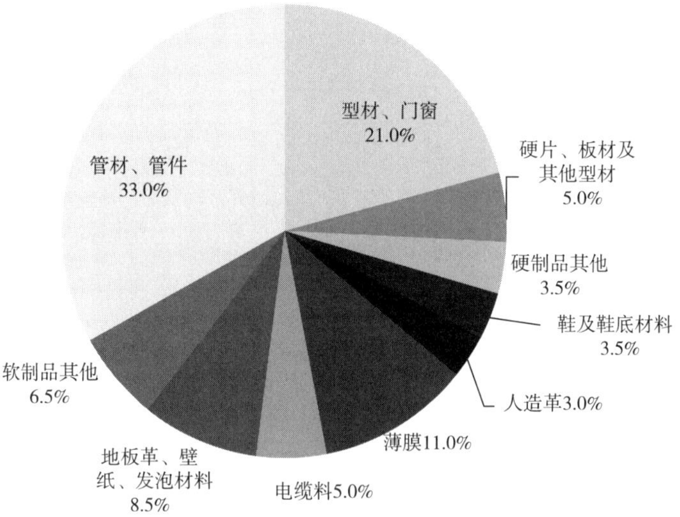

图 4　2018 年中国 PVC 下游消费结构图

聚氯乙烯作为通用塑料应用非常广泛。在建筑材料、工业制品、日用品、地板革、地板砖、人造革、管材、电线电缆、包装膜、瓶、发泡材料、密封材料、纤维等方面均有广泛应用。近几年，随着国内消费者对环保和产品质量升级要求的提升，PVC 在日用品消费领域受到 PP、PE 的冲击。但得益于中国城市化进程的推进，基础设施建设中，PVC 管材管件、型材门窗的需求有所增加。

今年以来，PVC 加工行业维持了稳定增长趋势，行业集中度不断提升，龙头企业订单较好，尤其是龙头管材企业的订单增幅明显。从上市企业年报来看，部分龙头管材企业上半年销量增幅达到了 10%以上；型材方面，龙头型材企业整体运行平稳，但中小型材企业销量同比有所下降。

三、聚氯乙烯市场

（一）聚氯乙烯行情走势

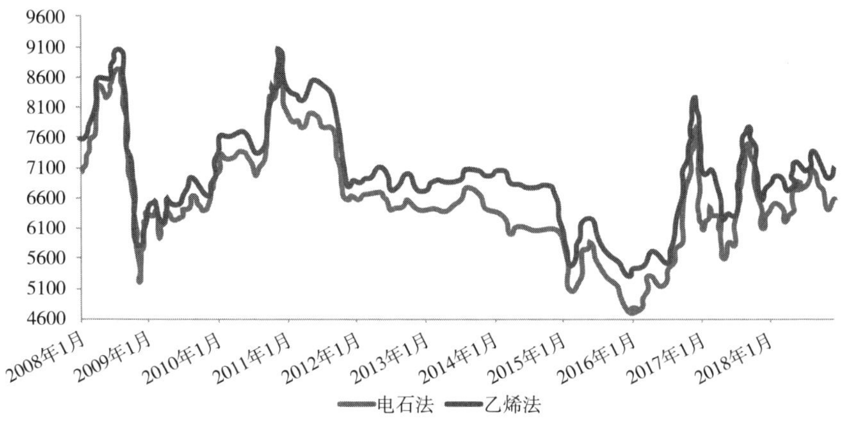

图 5　2008~2018 年 PVC 价格走势图（单位：元/吨）

纵观十多年的行情变化，国内PVC价格与其供需关系和宏观经济环境有着紧密联系。2008年的全球金融危机使中国PVC价格也经历了断崖式的下跌。2010年开始，随着经济逐渐复苏，国内PVC行业又步入了高速发展期，但同时产能产量增长迅速，国内供需平衡状态被打破，市场持续低迷了很长时间，以至于2015年年底出现了多年来的最低价，当时的国内电石法PVC平均仅为4632元/吨，乙烯法PVC全国均价为5291元/吨。

2016年下半年开始，多年淘汰落后产能的作用开始显现，PVC市场之前供大于求的关系得以改善，市场恢复活跃，行业盈利情况也逐渐好转。

（二）期货对现货的影响

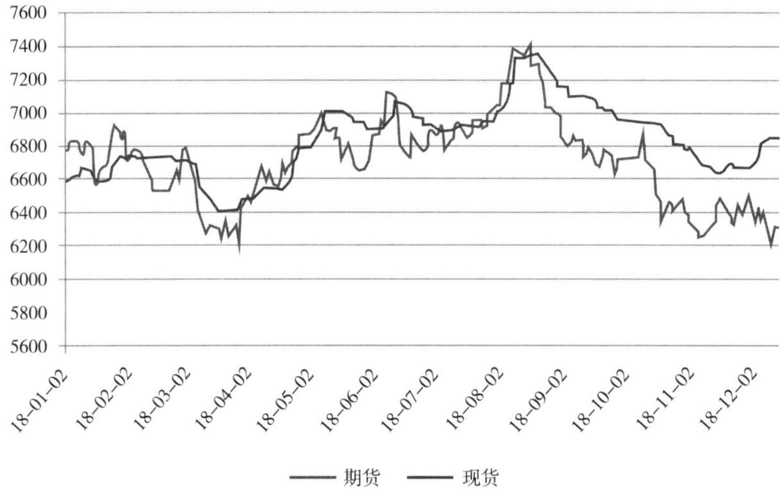

图6　2018年PVC市场期现价格走势图（单位：元/吨）

2009年5月25日，PVC期货正式在大连商品交易所挂牌交易。大商所于2015年3月将原推荐品牌交割制度调整为交割注册品牌制度，只有经交易所认可的品牌才能够进行交割，以进一步明晰交割标的物，增强期货价格代表性，该制度自V1604合约开始实施。交割注册品牌制度实施后，随着现货市场供需结构的改善，PVC期货活跃度得到提升，期现互动性不断增强。

四、聚氯乙烯对外贸易

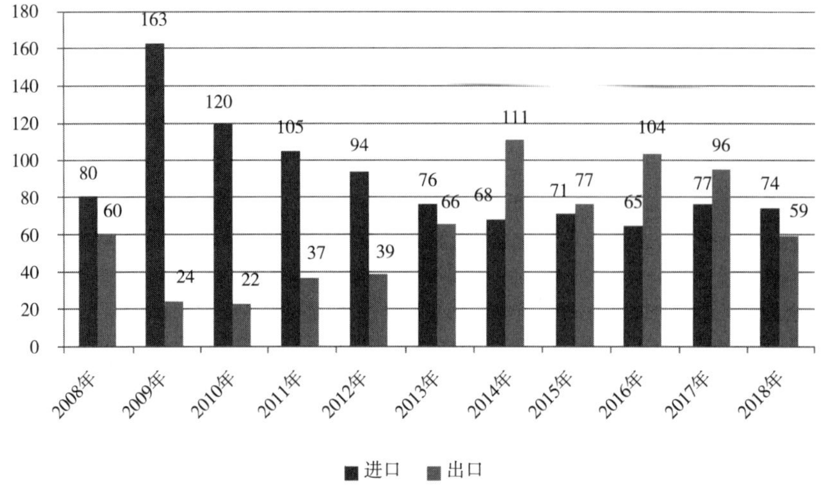

图7　2008~2018年我国PVC纯粉进出口变化（单位：万吨）

2018年国内聚氯乙烯价格维持在相对高位，国际上，美国依靠其低廉的页岩气和乙烷成本，竞争力增强，加上中美贸易摩擦，国际贸易环境愈发严峻，我国聚氯乙烯出口量较上年出现明显萎缩。

（中国氯碱工业协会　张文雷）

塑料助剂

广义的塑料助剂是指在塑料制品加工成型过程中，所有添加在树脂基体中，可用于降低制品成本、改善或赋予制品某项使用性能，或是改善制品的加工性能的物质。狭义的塑料助剂又称为塑料添加剂，特指可以改善塑料加工性能或是改善或赋予制品某项性能的化工原料，如增塑剂、抗氧剂、热稳定剂、光稳定剂、阻燃剂、加工及抗冲改性剂、偶联剂、成核剂、抗静电剂、润滑剂等，通俗地讲，也就是塑料加工中添加的“味精”。

目前，我国塑料制品生产总值有2万多亿元，已成为塑料生产、消费、回收大国，年消费量超过1亿吨，约占全球消费的四分之一，位居世界首位。据国家统计局数据，2018年我国塑料加工行业汇总统计企业塑料制品产量6042.15万吨，同比增长1.1%，总体平稳、增速放缓，进入中低速增长阶段。

2018年我国塑料助剂企业遇到了市场的冰山、融资的高山、转型的火山，再加上环保设施的持续投入、中美贸易战的影响，原料价格的波动，尽管困难重重，但是行业积极适应市场的发展变化，调整、优化产品结构，重视技术储备，积极开发新产品、新技术；继续加大环保设施的投入；加强管理，降低生产成本，行业总体保持稳中有升的态势。据行业统计，2018年，塑料助剂总消费量约为640万吨，其中，增塑剂消费量为近400万吨，热稳定剂消费量约为60万吨，阻燃剂50万吨，抗冲改性剂与加工助剂53万吨，发泡剂20万吨，润滑剂30万吨，抗氧剂20万吨，光稳定剂4.5万吨，偶联剂及抗静电剂都有所提高，各类助剂均稳步上升。

近年来，随着塑料的广泛应用，全球塑料助剂行业取得了快速增长。世界塑料助剂需求以年均约3%~4%的平均速度持续增长，欧洲、北美和亚太地区（不包括中国）需求的年均增速为3%，我国需求的年均增速高达8%~10%，其他地区需求的年均增速为5%~6%。据预测，在未来一段时期内，塑料助剂市场仍将以3%~4%的速度增长。目前，世界上从事塑料助剂生产的企业主要分布在亚、欧、美等各大洲，国际大型厂商由于资金实力雄厚、从事相关行业时间较长、技术较宽泛，因此从事多种助剂的生产，产业链较长，高端塑料助剂生产比重大。因为亚洲人力成本相对低廉、市场规模庞大，塑料助剂产业逐步向亚洲转移，尤其是中国聚集了大多数的生产厂家。因此，近年来塑料助剂的快速增长中，中国逐步成为全球最大、增长最快的市场。表1预测了2019~2022年我国塑料助剂的市场需求及供给规模。

表1　2019~2022年我国塑料助剂的市场需求及供给规模预测

单位：万吨

	2019年	2020年	2021年	2022年
供给	710	741	781	812
需求	616	643	678	705

一、增塑剂

（一）国内生产及市场现状

我国增塑剂主要的生产企业有四十多家，拥有全球最大的增塑剂市场，消费量约在400万吨/年，约占全球总消费量的40%，并且今后五年仍将保持较快的增长速度。近年来，塑料产业的飞速发展拉动了增塑剂等塑料助剂行业以年均10.9%的速度增长。据预测，到2020年全球增塑剂市场规模将超过1200亿元。

长期以来，增塑剂以邻苯二甲酸酯类产品为主，出于环保考虑，近年来各国相继颁布禁令，限制此类增塑剂的使用，绿色环保的生物基增塑剂的市场需求逐年增加，邻苯二甲酸酯类增塑剂将逐渐失去市场份额。目前，我国已经成为全球最大的增塑剂生产国、进口国和消费国，邻苯二甲酸酯类增塑剂的产能占总产能的80%以上，而绿色环保的生物基增塑剂品种相当匮乏。“十三五”生物产业发展规划中提到，到“十三五”末，生物基增塑剂的产能将达到20万吨。

在我国整体经济面临“去杠杆”和“产能”的双重压力下，增塑剂产业利润越来越低，非常多的塑料制品出口企业都遭受了很大的运营压力。由于环保制裁、无竞争力、资金压力等原因，DOP受影响装置达到105万吨/年；DBP达到22万吨/年；DOTP达到36万吨/年；环氧大豆油35万吨/年；其他增塑剂15万吨/年。从增塑剂产业来看，去产能更多的是为了调整不合理的产业结构，去杠杆化更多的是为了清理不必要配置资源，降低成本的效果。据中宇资讯分析，之前的金融危机并没有给中国造成什么实质性冲击，相反中国很多增塑剂及塑料制品企业现在所承受的，更多的是过度扩张、乐观带来的后果，在需求疲软的现今，企业利润的确难有回升。

据分析，经历2016~2017年的洗礼过后，我国增塑剂产业，无论是传统增塑剂，还是环保增塑剂等其他产品，都面临着大比例的关停。除了过剩严重的产品在市场竞争中被淘汰，资金压力和环保制裁同样会让很多小型的增塑剂企业难以为继。然而去杆杠与产能的结果，是下游生产企业消失得更多。据观测，即便是有效产能正在大量减少，但市场的需求下降程度似乎仍高于增塑剂产品。

2018年11月份，国内DOP市场走势下行，其中华东市场跌幅8.8%；山东地区跌幅9.5%，华南地区跌幅7.1%；DBP以山东市场为例，跌幅7%。但进入12月，增塑剂产业链进入反弹阶段，上至原料丙烯，下至增塑剂产品，进入普涨阶段，否极泰来。

（二）品种和技术发展动向

江南大学的蒋平平教授团队以1，4-环己烷二甲醇、戊二酸和2-丙基庚醇为原料，采用酯化缩聚法，以钛酸四正丁酯为催化剂、环己烷为带水剂，合成了新型的聚戊二酸1，4-环己烷二甲醇酯增塑剂。

北京化工大学的汤华燊教授课题组利用可逆加成断裂链转移（RAFT）聚合方法成功制备出聚氯乙烯—聚己内酯嵌段共聚物（PVC-b-PCL），该共聚物将成为新一代环保型的PVC基大分子增塑剂，增塑效果可以与传统的邻苯二甲酸二辛酯（DOP）媲美，而且这是一种具有无迁出特性的增塑剂。

2019年1月，由中石化南京化工研究院有限公司、安徽香枫新材料股份有限公司合作研发的“DINP催化加氢制DINCH项目工艺技术开发”项目顺利通过科技成果评价。该项目成果开发了DINP加氢制DINCH催化剂，该催化剂以氧化铝为载体、Ru-Pd双金属为活性组分，具有反应活性高、反应压力低的优点，围绕催化剂和加氢工艺，研究成果达到同类技术的国际先进水平。

中国林业科学院林产化工研究所承担的环保型增塑剂连续化生产关键技术开发项目通过了成果鉴定，该成果以油脂、对苯二甲酸等为原料，从现有的工艺条件入手，发明了浆态化预处理和复合催化新技术，创新研发了无增塑剂迁移的反应型增塑剂、高闪点环氧二聚脂肪酸甲酯增塑剂等环保型产品，首创了环保型增塑剂DOTP连续化生产新工艺，解决了间歇法生产工艺能耗高、质量不稳定等问题，其中对苯二甲酸二异辛酯（DOTP）连续化生产技术达到国际领先水平，采用该技术可使单位产品的能耗降低20%以上，生产时间缩短10%以上。

山东蓝帆化工有限公司推出的聚己二酸二甘醇酯增塑剂是以己二酸和二甘醇为原料，2-乙基己醇作为封端剂，钛酸四丁酯为催化剂，通过酯化、缩聚合成聚己二酸二甘醇酯增塑剂，该增塑剂应用到耐油PVC手套上，其增塑性能和耐油效果较好。

近年来，欧洲市场正逐步转向环保增塑剂，摒弃邻苯二甲酸酯增塑剂。柏斯托（Perstorp）公司将从2019年起扩大其非邻苯二甲酸酯聚酯增塑剂Pevalen的生产能力。Pevalen（四戊酸季戊四醇酯或PETV）是该公司真正的高性能非邻苯二甲酸酯增塑剂，其众多优异的特性保证了一流的产品性能，可媲美或优于主流的邻苯二甲酸酯类增塑剂，它是敏感应用和人体直接接触产品的完美选择，例如：玩具和儿童护理产品、服装和配件、运动休闲产品、汽车内饰或其他室内应用，如家庭和公共场所的家具、地板或墙壁覆盖物。Pevalen具有其他增塑剂所不具备的独特性能，具有高塑化效率、低迁移率和低挥发性。基于此，其与意大利Alcoplast Srl公司签订了长期生产协议，将使目前的产能增加一倍以上，每年总产量达到5万吨。

据预测，全球对非邻苯二甲酸酯类增塑剂的需求将继续增长，每年增速约为10万吨。环保性更强、能效更高、功能更优越、价格更低廉、生产过程更低碳的新型增塑剂是今后增塑剂研发创新方向，主要包括高碳醇酯类、柠檬酸酯类、环氧类、聚酯类、生物降解类五大类在内的环保型增塑剂，目前国内主要研究单位有浙江大学、江南大学、华东理工大学和天津大学。

柠檬酸酯类增塑剂作为生物基增塑剂的一大类，无毒、无味，在环境中可以自然降解，现已成为国内外塑料工业首选的环保型增塑剂。随着各个国家和地区一系列法律法规或政策的出台，市场需求将日益增加。

我国仅有部分增塑剂生产企业根据市场的需求进行转型，生产绿色环保的生物基增塑剂，但与国外企业相比，还存在较多问题，例如生产工艺水平较低、产品质量不高、生产规模小，不足以满足市场需求，生物基增塑剂主要依赖于进口。国内企业应积极寻求与科研院所的合作，将其研究成果转化为生产应用，以提高自身的技术水平，改善生产工艺和产品质量。在了解到市场对生物基环保增塑剂大量需求的情况下，行业应加快产品结构调整步伐，大力开发高新品种，提升行业竞争力，在绿色环保增塑剂方面制定扩产计划，抢占市场。

二、热稳定剂

经过多年发展，中国 PVC 热稳定剂产业已形成一定的规模，目前生产企业众多，市场化程度较高，同时根据产品不同形成了不同的市场化特征和竞争格局。生产铅盐类、硬脂酸皂类、金属皂复合稳定剂、有机锡、有机锑、稀土以及有机辅助稳定剂（如β-二酮、亚磷酸酯等）各个门类几十种产品。

（一）国内生产及市场现状

目前，我国热稳定剂消费量约为 60 万吨/年，基本上能够生产加工工业所需的所有热稳定剂品种，其中铅盐类约占 34%，硬脂酸盐类约占 21%，复合型约占 28%（部分含铅），有机锡约占 7.5%、其他约占 9.5%。据不完全统计，我国目前规模 2 万吨及以上的热稳定剂企业大约有 20 家，能够生产的品种约 50 种，产耗量都位列塑料助剂前茅，然而千吨级以上的热稳定剂企业估计有数百家之多，行业存在小而散的情况。

据不完全统计，PVC 树脂的年消费量到 2016 年为 1609 万吨，热稳定剂年产销量从 20 年前不足 5 万吨发展到如今的近 60 万吨。“十二五”期间热稳定剂行业总投入接近 60 亿元，配套领域不断拓宽，产品品种大幅度增加，新产品开发活跃，产品结构日益优化，不少新工艺、新技术得到应用和推广，节能减排、清洁生产、提供产品质量等方面也取得了新进展，整个行业的生产能力、技术水平和市场竞争力都跨上了一个新台阶。

PVC 热稳定剂行业的生产厂家主要集中在浙江、山东、河北、江苏和广东，其中产量以江浙、广东为最。表 2 列出了国内热稳定剂的主要生产厂家及其产能。

表 2　国内热稳定剂的主要生产厂家及其产能

生产厂家	生产能力/万吨	主要品种
河北精信化工集团公司	17	铅盐类、稀土复合、硬脂酸盐类、无毒环保钙锌等
江苏联盟化学有限公司	6	铅盐类、硬脂酸盐类、复合钙锌、复合钡镉锌、无毒环保钙锌等
九江天盛塑料助剂有限公司	4	硬脂酸盐类、钙锌复合系列、铅盐类等
山东金昌树新材料科技有限公司	5	钙锌复合稳定剂
嘉兴若天新材料科技有限公司	3	钙锌、透明、耐高温
广东河源市鑫达科技有限公司	2	硬脂酸盐类、钙锌稳定剂
浙江传化华洋化工有限公司	2	复合热稳定剂系列、环保复合热稳定剂钙锌系列、环保液体稳定剂钡锌、复合钙锌
广东中山华明泰化工股份有限公司	4	硬脂酸盐类、月桂酸锌

续表

生产厂家	生产能力/万吨	主要品种
江西宏远化工有限公司	2	铅盐类、复合钙锌、水滑石等
杭州油脂化工有限公司	3	硬脂酸盐类、环保复合钙锌系列
南京金陵化工有限公司	4	金属盐、金属皂及 PVC 复合稳定剂
江阴市恒汇塑业有限公司	2	改性稀土复合、液体钙锌、固体钙锌、钡锌
湖北犇星新材料股份有限公司	8	有机锡类、巯基乙酸异辛酯等
内蒙古皓海化工有限责任公司	3	硬脂酸盐类、铅盐复合、复合钙锌等
浙江海普顿新材料股份有限公司	2	甲基锡、钙锌复合、液体复合等
深圳志海实业有限公司	3	无毒环保复合
河南新乡三合化工有限公司	2	铅盐类、稀土复合
百尔罗赫塑料添加剂	2	铅、钙锌、有机钙、钡、锌和锡、液体/金属复合等
南通艾德旺化工有限公司	2	液体复合、有机锡

此外，重庆太岳新材料科技有限公司、重庆太岳科技有限公司主要从事钙锌稳定剂、铅盐稳定剂研发等，随着新工厂的建成，年产稳定剂的整体能力将达到 4 万吨，其中钙锌稳定剂年产 2.5 万吨，公司整体实力达到行业先进水平。

我国热稳定剂行业是以中小企业为主的行业，企业数多达数百家，呈现散乱差的现象。这与世界热稳定剂企业生态有很大不同，国外生产企业数不多，但其重点的热稳定剂品种都成为行业的标杆。最近几年的环保风暴，有些小企业关门，从行业发展而言，也是一件好事情，但这是被动的整合，今后，更应该通过技术创新整合行业资源，培育成真正具有世界行业领导地位的企业。在当前中国积极推进一带一路，构建多元化世界的大经济背景下，PVC 树脂行业和热稳定剂行业的健康发展未来可期。

据预测，到 2025 年，全球对 PVC 的需求量将以 3.2%的年增长率上涨，其中亚太地区迄今为止仍是最大的 PVC 销售市场，占全球总消费量的近 56%，在未来仍是 PVC 需求增长率最快的地区。

（二）品种和技术发展动向

目前传统的热稳定剂主要以铅盐类、有机锡类、金属皂类等含金属离子的热稳定剂为主，但随着人类环保意识的不断增强，其中含重金属离子的稳定剂由于对环境易造成污染而逐渐面临着淘汰，所以开发环保型 PVC 热稳定剂来替代传统非环保型 PVC 热稳定剂的愿望越来越迫切。有机热稳定剂由于不含金属元素受到了业界的广泛关注，是目前新型环保热稳定剂研发热点。浙江工业大学材料学院王旭教授课题组多年来致力于新型有机热稳定剂的研究。近期，他们以 6-氨基-1，3-二甲基尿嘧啶为原料，合成了一种具有长烷烃链的双尿嘧啶类化合物（OSU），该类化合物在透明 PVC 中有着极佳的热稳定效果。

江苏温塑实业有限公司生产的乙酰丙酮盐，其中乙酰丙酮镧有以下几个优点：塑化快、降低 PVC 黏度、长效稳定性好、耐候性好、透明性好。针对 DBM 用户市场推广，性价比超高。稀土元素对 CPE 有增强，对钙粉与 PVC 有耦合作用。

发展 PVC 相关热稳定剂，应包括适用于合成和加工两个阶段的产品。实际 PVC 的降解过程在树脂合成阶段已经发生，所以，应该大力发展高稳定性的、相对分子质量高和相对分子质量分布窄的内部稳定化 PVC 树脂，这比起在加工过程中的稳定化或许具有事半功倍的效果。PVC 合成阶段的热稳定剂，相对树脂尽管用量较少，但比起大宗原料更成为行业发展的决定因素。另外，中国 PVC 树脂的品种还应进一步多元发展，PVC 树脂的工程塑料化可以是一个方向，这也需要高温热稳定剂的配合。

对于热稳定剂而言，节能、环保、易回收利用成为技术开发的出发点，取缔和限制铅/镉等重金属稳定剂是助剂行业始终追求的目标。行业的发展仍是围绕替代铅稳定剂展开，禁铅过程发达国家已经走过30多年了，中国跟随世界限铅、禁铅，但替铅进展并不尽如人意，其中有技术、产品质量、经济、传统习惯等方面各类问题，但关键还是技术，如果有一个好的技术替代方法，经济也合理，下游加工企业乐意替代是不言而喻的。

近年来，随着国家层面出台各种环保措施，以及行业自律等，替代步伐必将加快，虽然，目前钙锌复合稳定剂是替铅的主流，也应着力拓宽其他替铅的品种。

无铅稳定剂替代更多走的是复配的道路，核心问题是要大力开发新的组分，积极开发具有自己知识产权的新型化学品，有机基热稳定剂应该成为关注的重点，如1，3-二甲基-6-氨基尿嘧啶、三羟乙基异氰尿酸酯、β-氨基巴豆酸酯及其衍生物、含氮杂环化合物、多羟基硬脂酸盐等。目前，热稳定剂的复配是主要的解决方案，动辄复配组分就达到10多种，积极探索“全效一包化助剂”可以方便应用。稳定剂与PVC、以及各种稳定剂之间发生反应生成新化学物质的安全性问题，也就是复配的安全性值得注意。

目前，国内应用的PVC热稳定剂品种相对较少，需要开发新型热稳定剂，特别推进耐热、耐候、透明、高温等功能性高效热稳定剂的开发。另外，也提倡塑料加工企业根据产品选用适合的单品稳定剂成分进行针对性的自行独特复配。国家规划应关注热稳定剂用新物质组分开发的课题，这不仅是国内热稳定剂行业赶超国际水平的关键领域，其实也是新材料开发的关键领域，就塑料材料而言，许多新材料的开发离不开助剂，有时甚至比材料本身更关键。建立有效的热稳定剂评价体系和相应标准是今后发展的重要任务，是行业争取国际PVC热稳定剂话语权，建设PVC热稳定剂强国的抓手。

三、抗氧剂

抗氧剂是指在塑料中可延缓或抑制其在聚合、储存、运输、加工、使用过程中受大气中氧或臭氧作用而降解的过程，从而阻止塑料老化并延长使用寿命的化学物质。抗氧剂是塑料中应用最广泛的助剂，在塑料的聚合合成、造粒、储存、加工、使用各个不同阶段，均有抗氧剂的应用。常用的抗氧剂按分子结构和作用机理一般分为五类，受阻酚类、亚磷酸酯类、含硫类、复合类和受阻胺类。

（一）国内生产及市场现状

目前，国内受阻酚产能总计约12万吨/年，其中两家外资企业巴斯夫和圣莱科特国际集团（雅宝）约4万吨/年，我国主要生产企业约8万吨/年，其中辽宁营口风光化工有限公司约2万吨/年，山东临沂三丰化工公司约2万吨/年，北京极易化工有限公司约1万吨/年，其他中小企业约3万吨/年，硫醚类抗氧剂骨干企业天津力生化工有限公司和松原百孚化工有限公司的产能共1.5~2万吨/年。2018年，国内抗氧剂产能约为17万吨，产量约为16万吨，表观消费量约为15.5万吨。

巴斯夫在上海漕泾基地的全新世界级抗氧剂装置正式投产，该装置年产能4.2万吨，主要为塑料添加剂市场生产抗氧剂及相应颗粒形态产品和混合物，该装置的一期工程包括粉末混合装置、液体抗氧剂生产装置和颗粒形态生产装置，现已投入生产运营。通过这项投资，巴斯夫将巩固其作为全球领先的抗氧剂供应商的地位。目前亚洲是世界上最大的抗氧剂市场，而中国几乎占亚洲市场的65%，中国市场将呈现出极具吸引力的中长期增长态势，装置位于上海化学工业区内的巴斯夫漕泾基地，毗邻其位于上海的地区研发中心，能为该地区的聚合物生产商提供技术支持。

我国塑料产量快速增长促进了我国抗氧剂的生产与消费，近年来，随着MTO（甲醇制烯烃）和PDH（丙烷脱氢制丙烯）等装置的陆续建成和投产，我国抗氧剂的生产与消费也相应地得到了刺激和拉动。据预测，到2020年中国乙烯产能将达到3000万吨/年，丙烯产能将达到4400万吨/年左右。而且随着乙烷裂解制乙烯，丙烷脱氢制丙烯和煤制烯烃装置的不断建设，为抗氧剂产业提供了良好的市场空间。2018年，东华能源拟投资200亿在江苏连云港新建丙烷脱氢和聚丙烯等装置，项目采用世界先进生产工艺与技术，建设丙烷脱氢制丙烯和聚丙烯装置以及以碳纤维为代表的高端聚丙烯复合材料工厂。此外，中国石化长城能源化工（贵州）有限公司60万吨/年聚烯烃项目已获批复，建设规模为年产聚烯烃60万吨。

国内抗氧剂行业包括BASF、临沂三丰、北京极易和营口风光在内的骨干企业都在纷纷扩能增产，预计“十三五”末抗氧剂总产能将新增10万吨/年左右，预计2020年将增加到20万吨以上。抗氧剂增长势头迅猛，预计到2025年每年平均增长率为5%，我国抗氧剂市场前景广阔，表3预测了 2019~2020 年抗氧剂产能、产量、表观消费量。

表 3　2019~2020 年抗氧剂产能、产量、表观消费量预测表

单位：万吨

	2019 年	2020 年
产能	17.4	17.82
产量	16.4	16.87
表观消费量	15.9	16.25

根据行业统计，我国塑料抗氧剂骨干企业 20 多家，实现了从苯酚烷基化到单品合成再到预混的全产业链协同发展，国产品种数量和质量与世界先进水平基本对接。表 4 列出了国内抗氧剂骨干企业及其主要品种。

表 4　国内抗氧剂骨干企业及其主要品种

生产企业	主要品种
圣莱科特化工有限公司	1010、1076、3114、168、626、618、B215、B225 等
巴斯夫高桥特性化学品（上海）有限公司	1010、1076、168、B215、B225 等
山东临沂三丰化工有限公司	1010、1076、168、626、B215、B225 等
天津力生化工有限公司	DLTDP、DLTP、DSTDP、DTDTP、1135 等
辽宁营口风光化工有限公司	1010、1076、626、168、B215、B225 等
北京极易化工有限公司	1010、1076、626、168、B215、B225 等
天津利安隆新材料有限公司	1098、MD1024、MD697、B215、B225 等
青岛丰华灏龙化工助剂有限公司	1010、1076、168、B215、B225 等
天津晨光化工有限公司	1010、1076、168、B215、B225 等
北京三安化化工产品有限公司	1010、168、DLTP 等
松原百孚化工（唐山）有限公司	DLTDP、DSTDP、DTDTP、DMTDP 等

（二）品种和技术发展动向

根据聚合物的自身特点和需求，添加合适的抗氧剂，以求更好地延长聚合物制品的寿命。当前抗氧剂的发展仍将以受阻酚类为主，约占到总份额的一半以上，并有不断增大的趋势。未来抗氧剂的发展势向高相对分子质量、多功能化、新型化、复合化、反应型和环保型发展，深入研究抗氧剂的结构特点，并以此为基础进一步开发出新型高效的抗氧剂，将对高分子材料的加工与应用起到深远的影响。

未来的发展趋势是高温抗氧剂、复合型抗氧剂、符合环保要求的抗氧剂、高效多效型抗氧剂。硼酸酯类化合物、碱金属盐、氨基甲酸盐（酯）类化合物都是高温抗氧剂。为了提高抗氧剂的效果，在合成时制成多种官能团集于一体的抗氧剂，不同抗氧化机理的三种抗氧剂复合，例如胺类抗氧剂、锌盐和有机钼化合物组成的三元复合型抗氧剂。

随着人们环保意识不断提高，各种可生物降解型抗氧剂的开发也越来越受到重视，如硼酸酯类化合物，不含硫磷的多元醇酯类物质等，这类添加剂的研究在我国目前已得到重点关注。酚胺结构的抗氧剂具有优异的抗氧化性能；含酚-硫磷酸盐类和酚-二硫代氨基甲酸盐抗氧剂兼具自由基清除剂和过氧化物分解剂的功能。

从我国塑料抗氧剂的生产和开发情况来看，国内抗氧剂的质量仍然与发达国家存在较大差距，其供应还远远不能满足日益变化的市场需求。因此，在提高抗氧剂使用效率的基础上加大科技投入，大力开发相容性好、挥发性小、环保效益好、多功能的抗氧剂新品种，不断改进生产工艺，才能真正提高我国抗氧剂的生产质量，使其在工业领域发挥更大的效能。

抗氧剂种类繁多，需根据实际情况结合高分子材料特点、加工特性等条件进行选择和复配。抗氧效果持续性是今后抗氧剂发展过程中必须考虑的一个问题。抗氧剂的使用将持续很长时间，新型无毒、环保、价廉也是其发展的必由之路。随着人们生活水平的提高，对塑料制品的卫生、安全和环保提出了更新更高的要求，抗氧剂将向着多功能化、高分子量化、专用化方向发展。此外，抗氧剂的标准体系也有待进一步加强，同时规范市场，促使相关产业结构升级。随着食品安全关注度的提高，应用到接触食品的高分子制品中的抗氧剂也被推到了风口浪尖，采用低毒或无毒抗氧剂替代较大毒性助剂的要求日益高涨，这正是天然提取物或环保型、无毒抗氧剂研发必须得到重视的主要原因。

未来抗氧剂行业将呈现高端化、高效化、复合化、定制化、系列化、环保化、母粒化、集约化的发展总趋势。

1. 高端化

高端化是指高技术含量和高附加值抗氧剂的开发应用和推广。目前对于抗氧剂 1010、抗氧剂 168 等一些通用抗氧剂品种，我国无论在合成技术水平还是在应用水平方面均已达到与国外产品比肩，国外类似产品已不再具有优势，但同时也导致其附加值降低。通过加大技术研发投入等途径，不断提高高技术含量和高附加值的抗氧剂新产品的产量和消费量。

2. 高效化

高效化是指在不提高抗氧剂用量的情况下实现抗氧剂效能最大化。普通抗氧剂往往存在分子量较低、容易挥发迁移的缺陷，尽管这些所谓的缺陷在初期的抗老化方面可以起到良好的效果，但在后期或长期的抗老化效能则明显不足。另外，抗氧剂的耐热稳定性、抗水解能力以及与树脂基材的相容性也极大影响其抗老化性能的发挥，因此，可以通过抗氧剂的高分子量化、分子结构的优化等途径来提高抗老化效能并使其作用效能得到最大发挥。

3. 复合化

复合化就是抗氧剂的复配，即利用不同抗氧剂的各自特性和优势，通过两种及两种以上的抗氧剂混合复配，发挥几种抗氧剂的协同效应，实现 1+1>2 的效果。因此，抗氧剂之间的协同效应机理研究、抗氧剂协同组分的应用开发、组分间的最佳复配配比研究将是抗氧剂复合化应用技术的关键所在。

4. 定制化

定制化是针对客户对高分子材料不同的抗老化需求而开发特殊定制的抗氧剂产品。由于高分子材料在不同使用条件、不同环境条件下的耐老化要求是不同的，一个既定的抗氧剂产品不能满足客户的所有要求，通过对客户产品的具体要求，针对性地开发特定的抗氧剂产品是趋势所向，从而实现差异化服务和为客户创造价值。

5. 系列化

系列化也是为了满足客户的不同需求而定，但其更注重抗氧剂产品的市场通用性。抗氧剂行业从业人员通过及时的、长期的市场调研，总结各类高分子材料的抗老化需求，开发满足不同高分子材料的通用性抗老化需求，实现抗氧剂产品的系列化，可以为满足不同客户、不同高分子材料提供较为全面的抗老化解决方案。

6. 环保化

国家对环保督查的力度显著加大，而且随着环保法规的日益严格和社会经济的可持续发展需要，环保化将成为今后化工行业发展的重点，抗氧剂行业亦不例外。实现抗氧剂行业的环保化发展，除了在抗氧剂生产过程的清洁化生产工艺关键技术开发，从而减轻对环境造成的污染，还可以通过限制或禁止使用对人体和自然环境有毒有害的抗氧剂，转而大力发展环境友好型的抗氧剂来实现，逐步替代有毒有害抗氧剂。

7. 母粒化

母粒化是指通过将粉末状、溶剂型的抗氧剂以合适树脂载体而制备成高浓缩母粒的方法，实际上也是抗氧剂环保化的一种有效途径。母粒化的另一优势在于，直接在树脂中添加粉末状的抗氧剂尽管操作简单方便，但也极易造成抗氧剂成分在树脂中的分散均匀性不够，进而造成产品的质量稳定性较差。将粉状抗氧剂进行母粒化，可以通过母粒制备的加工过程实现抗氧剂的预分散，然后在母粒使用过程中通过与其他树脂成分的再次加工，可以实现助剂的再次分散，从而实现抗氧剂有效成分在材料中的均匀分散，并实现其抗老化效能的充分发挥。

8. 集约化

我国抗氧剂行业在多年的发展过程中呈现分散发展的状态，但多年的抗氧剂合成技术、应用技术积累、服务水平的提升以及多年的市场先期培育，为我国实现产业并购、集约化发展提供了坚实的基础和良好的资源，国内更多出现几家产品过硬、技术实力雄厚、服务水平世界领先的优秀大型企业，从而在整体上实现我国抗氧剂行业在全球的领先地位。

四、光稳定剂

光稳定剂是一种能够抑制或减弱光对塑料的降解作用，提高塑料耐光性的化学物质，其通常与抗氧剂协同使用以抑制塑料的光氧化降解，主要包括紫外线吸收剂、自由基捕获剂（主要为受阻胺类光稳定剂（HALS））、光屏蔽剂等。

（一）国内生产及市场现状

光稳定剂是具有一定的技术门槛且对材料性能影响较大的助剂，其产业的形成和发展与塑料等聚合物制品的户外应用密切相关。我国光稳定剂工业化品种基本满足了国内聚合物加工应用的市场需求，主导产品的产业链条已经形成，二苯甲酮类、苯并三唑类紫外线吸收剂的代表性品种和受阻胺中间体与代表品种的产能跃居世界前列，产品大量出口，行业数据分析表明，目前我国光稳定剂产能、产量和消费结构中受阻胺光稳定剂占比最大。

我国高分子材料化学助剂生产制造企业形成了以环渤海为中心的产业优势集群，此外，在长三角地区也形成了一定规模的产业密集区。国内外高分子材料未来庞大的产量规模可带来对抗氧剂、光稳定剂等高分子材料化学助剂的大规模需求，随着塑料产业的不断发展以及对材料性能日新月异的要求，作为塑料抗老化必备的抗氧剂、光稳定剂具有广阔的市场前景，预计国内抗老化助剂行业增速高于4%~6%。

就消费分布而言，农膜、型材、纤维、户外油漆和涂料是光稳定剂的主要应用领域，而从应用树脂分析，聚烯烃是光稳定剂的最大消费对象，基于聚烯烃通用塑料工程化进程的加快，其在汽车、户外座椅等方面替代金属、木材和工程塑料的应用将持续增多，必将带动受阻胺类光稳定剂市场的发展。另外，太阳能电池背板、大型公共设施等建设将拉动聚碳酸酯、聚酯等透明工程塑料的户外应用市场，而工程塑料的耐候性要求使用高性能的紫外线吸收剂，因此，据预测，我国光稳定剂消费量的年均增长率仍将保持在10%以上。

北京天罡助剂有限公司是我国较早专业从事防老化功能材料技术开发、生产的企业之一，主要从事高性能聚合物助剂研发与生产，在北京市大兴区与河北省固安县拥有两个现代化的生产基地，同时与瑞士科莱恩化工（Clariant）签署了合资合同，共同开拓光稳定剂市场，双方斥资在中国建立世界一流的生产设施，以满足不断增长的聚合物稳定剂和光稳定剂市场需求，包括针对纺织和汽车领域的应用，在河北省沧州市国家级化工园区正在兴建的占地300亩的生产基地，计划于2019年投产，主要生产聚合物稳定剂和光稳定剂。作为我国光稳定剂领域领先的高新技术企业，公司向市场推出了Tiangang® HS-625、Tiangang® T-68、Tiangang® T-69等针对农用大棚膜的耐酸性高性能光稳定剂系列产品，受到了市场的高度好评，在应用效果上已经达到了国际先进产品水平。

江苏宿迁联盛化学有限公司是国内最早的HALS生产企业，不仅是中国最大的受阻胺类光稳定剂制造商及出口商，而且是亚洲最大的受阻胺类光稳定剂生产厂家之一，产能为2万~2.5万吨/年，HALS占全世界的至少50%，其主要产品包括受阻胺类光稳定剂944、622、770、783、791及其他相关塑料助剂中间体。目前，光稳定剂944年产量4500吨，光稳定剂622年产量3000吨，光稳定剂770年产量3000吨，光稳定剂协同剂3114年产量1500吨，年产值达8亿元人民币。

天津利安隆新材料股份有限公司目前正向为客户提供一站式解决材料抗老化问题的U-PACK个性化产品的更高技术领域迈进，便捷的一站式添加，帮助客户简化高分子材料生产中复杂的化学助剂添加过程，降低客户生产成本。在产能方面，公司投建项目达产后将新增1.15万吨抗氧剂产能和3000吨紫外线吸收剂产能，在原有规模上增幅较大。2018年年底，该公司宣布正式启动对衡水凯亚化工有限公司的并购程序。利安隆现有产品已覆盖抗氧剂和紫外线吸收剂的主要产品类别，凯亚化工是一家在受阻胺光稳定剂（HALS）及中间体的生产、研发方面具有较强技术优势的企业，两家产品结构能够形成有益的互补关系，将联合构成抗老化助剂行业全球最全产品覆盖的企业之一。

2018年全球第二大聚合物稳定剂制造商韩国松原（SONGWON产业集团）宣布其与江苏帝盛科技有限公司（江苏帝盛）建立合作伙伴关系，帝盛科技将为松原生产紫外线吸收剂光稳定剂系列中的一部分产品。经过几年的成功合作，双方都意识到有必要扩大合作范围，签订了关于SONGWON一系列紫外线吸收剂的战略性长期协议。按照合作框架，帝盛为SONGWON提供塑料和涂料应用所需的紫外线吸收剂（SONGSORB®和SONGSORB® CS系列）。松原是特种化学品开发、生产和供应领域的领导者，帝盛科技是中国光稳定剂的领先生产商之一，现有三家制造基地，在福建省还有一家现代化基地在建，为聚合物和涂料稳定剂行业供应产品，以期跻身世界最大光稳定剂生产商的行列。

2018年，全球光稳定剂产量在8万吨左右，2014~2018年平均增幅为8%，预测2019~2023年增幅将在6.5%左右。未来光稳定剂的产能、产量及表观消费量将持续增长，表5列出了对2019年到2020年光稳定剂产能、产量、表观消费量增长的预测。

表5 光稳定剂产能、产量、表观消费量增长预测表

项目	2019 年/万吨	2020 年/万吨	增长率/%
产能	3.65	3.84	30
产量	3.05	3.17	35
表观消费量	1.35	1.4	40

（二）品种和技术发展动向

巴斯夫助力国内领先无纺布制造商佛山市南海必得福无纺布有限公司打造高品质聚丙烯（PP）无纺布车罩，改进制造工艺，该车罩能够保护汽车免受有害紫外线损害和恶劣天气的影响。其新开发的光稳定剂套装可改善加工稳定性，从而节约成本，提供长效耐紫外线保护且高耐热性。套装包括在挤出成型时用于保护材料的加工稳定剂，以及防止发生热降解和光降解的紫外线稳定剂和热稳定剂。该光稳定剂能够帮助减少在生产过程中发生熔体破裂，因而十分适合采用高剪切速率的高要求工艺条件，熔体流动控制的改善能够减少模具沉积，优化过滤压力，从而延长运转时间，令加工更稳定并降低维修成本。巴斯夫光稳定剂产品系列包括紫外线吸收剂，保护聚合物不受紫外线影响；以及受阻胺光稳定剂（HALS），通过移除光致氧化过程中形成的自由基中间体发生作用，带来了更高效的持续生产，提高了生产力。稳定剂技术延长了聚合物的使用寿命，帮助将 PP 无纺布业务扩大到户外应用。

美利肯（Milliken）公司在 Interpack 展会上展示了如何通过其 Clearshield 紫外线吸收剂为 PET 瓶提供保护，该吸收剂通过提供有效的紫外线过滤吸收，为内容物提供保护，同时还能保持包装材料的通透性，为 PET 包装带来真正价值，其可过滤95%波长高达 390 纳米的紫外线，只需非常低的剂量，便可达到有效的效果，而品牌商由于减少所需的稳定剂和防腐剂，同时也可减少制剂的复杂性，最终可降低成本，已获得欧洲食品安全局（EFSA）食品接触应用的批准，它克服了传统技术的不足之处，易于处理和测量，可直接加入 PET 中，不会渗透到饮料中，PET 瓶坯的生产商通过使用加入 ClearShield 的 PET，也可简化制程，降低生产成本。使用 ClearShield 还能带来可持续效益，其使用剂量可比传统紫外线吸收剂的用量减少 20 倍，而最终的防护效果是一样的。同时，不用担心它会对废水造成污染，更好的内容物保护和延长保质期，有助于减少产品浪费。而且由于采用 ClearShield，品牌商可继续采用天然、未着色的 PET，避免使用深色或彩色的容器来做包装。

Adeka/Amfine Chemical 公司开发的低碱性 HALS 可抵抗硫黄熏蒸，并可长期保持农业用 PE 薄膜的耐候性。

目前，光稳定剂行业正向专用化、多功能化、高分子量化、反应性化、复合化、环境无害化等方向发展，现单一化合物新品种很少，而复配物发展很快，品种也很多，高性能光稳定剂体系是未来的发展方向，应该大力开发高效适合国内塑料工业发展的新品种，并努力实现光稳定剂生产工艺清洁化、工艺装置连续化、品质稳定化，大力降低生产成本。

五、成核剂

成核剂主要通过改变结晶性聚合物的结晶行为、结晶形态和结晶参数来提高和改善制品力学性能和光学性能，其应用主要包括聚烯烃、聚酰胺、热塑性聚酯、聚乳酸等热塑性不完全结晶树脂，尤以聚丙烯为最大的消费领域。目前，市售成核剂按化学结构分类，主要有无机成核剂和有机成核剂。无机成核剂主要包括滑石粉、二氧化硅、云母等无机填料或颜料；有机成核剂主要包括二苯亚甲基山梨醇衍生物、芳基磷酸酯金属盐类、芳香羧酸金属盐类、酰胺类、脱氢松香酸皂类等。

（一）国内生产及市场现状

添加成核剂能改变 PP 的结晶性能，从而改善其成型加工性，提高材料的透明性、刚性、热变形温度等，实现了通用塑料的高性能化。以成核剂为基础寻求高性能化的 PP 结晶改性技术已经成为一个重要的研究课题。成核剂改性也是目前比较可靠、经济、易工业化的结晶改性方法。我国成核剂产业起步较晚，但发展速度之快令世界瞩目。21 世纪以来，国内聚烯烃成核剂的创新研究和成果转化进入发展的快车道，以增透、增光、增刚为功能的 DBS 类、芳基磷酸酯盐类、芳香羧酸皂类、脂环羧酸皂类、松香酸皂类等聚丙烯 α 晶型成核剂和以增韧、提高热变形温度等为目的的聚丙烯 β 晶型成核剂品种相继应市，与国际市场先进水平的差距日渐缩小，基本满足了聚丙烯的专用化、功能化改性要求。

山西省化工研究所致力于成核剂的研制开发，迄今已完成了包括 TM、TMA、TMB、TMP、TMX、

TMY 系列聚烯烃成核剂和 TMB 系列聚烯烃 β 晶型成核剂、TMC 系列生物基及生物可降解塑料成核剂的开发以及 TMN 系列工程塑料专用成核剂的开发。

归纳起来，目前国内聚烯烃成核剂的总产能约 2000 吨/年，产量为 1000～1500 吨/年，主要涉及山西省化工研究所、湖北松滋南海化工公司、烟台只楚化学合成化学公司、上海欣鑫化工有限公司、广州呈合科技有限公司和广州炜林纳功能材料有限公司等十余家骨干企业。表 6 归纳了我国成核剂主要生产厂家及产品牌号。

表 6　　我国成核剂主要生产厂家及产品牌号

生产厂家	产品牌号
山西省化工研究所	TM-1、TM-3、TM-6、TMA-3、TMB-5、TMP-1、TMP-6、TMX-2、TMC-300、TMC-306、TMC-328、TMC-326、TMC-200 等
上海晟霖公司（上海科塑新材料有限公司）	NA9945、NA-40、S-20、S-60 等
湖北松滋南海化工有限公司	SKC-Y5988、SKC-Z9988 等
烟台只楚合成化学有限公司	ZC-2、ZC-3 等
上海科塑高分子新材料有限公司	NA-S20，NA-S25 等
湖北华邦化学有限公司	HB2002
山东飞达化工有限公司	
中科院化学所	Nu-K、Nu-Na
北京燕化高新技术股份有限公司	YS- 688、YS - 609
华东理工大学	NA9930T
洛阳石化总厂研究所	TAPP
扬子石化公司研究院	母粒、SZ - 1、SZ - 2
广州石化总厂研究所	GPC- 818
广州兴业新材料研究中心有限公司	CHT- 2
北京兴龙化工公司	XL-NA2001、XL-NA2002
广东炜林纳功能材料有限公司	W BG-1、W BG-2、W BG-3、W BG-4

应当指出，尽管目前市售成核剂产品基本为聚烯烃改性市场所有，但近年来聚乳酸等生物基与生物可降解塑料以及聚酰胺、热塑性聚酯（如 PET 等）等工程塑料用成核剂市场已经启动，拟建和在建的煤基聚烯烃和百万吨级乙烯装置将陆续投产，透明聚丙烯专用料、PP-R 管材专用料、增光专用料等专用化树脂的产耗量将进一步放大，这一时期工程塑料和生物基与生物可降解塑料的改性也将步入快速发展阶段，2018 年市场需求量已达到 2200 吨左右，据预测，未来五年我国成核剂有 1000 吨/年的增长量，增长率超过聚烯烃增长率，成核剂的市场需求量仍将以年均 15%以上速度持续增长。

（二）品种和技术发展动向

结晶改性作为聚合物改性的重要手段越来越受到塑料加工和改性行业的重视，近年来，伴随通用塑料工程化、功能化、专用化趋势的发展，对成核剂的性能提出了更新更高的要求，归纳起来，成核剂的品种开发和技术创新呈现出如下特征。

1. 高效创新结构成核剂品种不断涌现

高效化仍然是聚烯烃成核剂创新研究的目标，综观国内外技术发展现状，创新结构的聚烯烃成核剂品种不断涌现。代表性的创新结构如 Milliken

Chemical公司的壬糖醇基缩醛类高透明成核剂Millad NX 8000，山西省化工研究所开发的均苯三甲酸酰胺类聚丙烯高效成核剂TMC-326和新日本理化公司报道的丙三羧酸酰胺类高效成核剂RiKACLEAR PC-1，标志着世界范围内探求聚丙烯高效成核剂的创新研究仍在持续。

2. 复合化趋势

复合化是充分利用不同结构成核剂品种之间的互补和协同效应开发满足不同改性要求的专用化品种，相对而言，复合化在成核剂品种开发方面具有事半功倍的效果，已经或正在成为成核剂开发研究的重要趋势。迄今应市的成核剂品种中，山西省化工研究所开发的TMP系列芳基磷酸酯盐类成核剂极具代表性。应当指出，复合型成核剂的开发并非简单的几类物质的组合，而是在进行系统机理研究的基础上，通过模型设计开发和研究的。为此，开展聚合物结晶机理和相关成核剂结构关系的基础研究对成核剂复合化品种开发十分重要。

3. 工程塑料等结晶性树脂成核剂专用品种开发活跃

聚酰胺、热塑性聚酯（如PET、PBT等）等结晶性工程塑料的高性能化改性对其结晶性提出了新的要求，因此促进和带动了满足这些缩聚类树脂结晶改性要求的专用成核剂品种开发。在成核剂研究方面，Clariant公司推出Licomont CaV 102应用于聚酰胺，Licomont NAV 101用于聚酯，主要用于PET和PBT，由于其分子量高，在终端制品中具有低挥发性和非常好的耐迁移性。Bruggemann Chemical公司的聚合型成核剂Bruggolen P 22和Honeywell公司的乙烯-丙烯酸离聚物类成核剂Honeywell A-C 540等品种已投入工业化应用；在热塑性聚酯成核剂方面，布吕格曼的成核剂BRUGGOLEN P 250是具有代表意义，适用于所有部分结晶的热塑性塑料，特别是聚酯（PET、PBT），也适用于尼龙（PA6、PA66、PA11、PA12、共聚PA）和聚烯烃（PP、HDPE）。在注塑成型加工时可缩短成型周期，提高生产效率，改善脱模，改善制品尺寸稳定性，减少制品后收缩，防止制品应力开裂，改善机械性能（提高拉伸强度和硬度），改善表面光泽。

Milliken公司的NX8000和NX8000E可极大提升聚丙烯的透明度，使其达到与PET和PS相媲美的透明度。可使聚丙烯的加工温度降低到190～200℃，最多可比传统透明剂的工作温度低40℃，从而提升生产效率。

4. 聚丙烯β晶型成核剂开发和应用技术趋于成熟

β结晶改性赋予聚丙烯抗冲击性、耐热变形性和高微孔率，近年来，全球范围内有关β晶型成核剂品种开发和聚丙烯β结晶改性的研究异常活跃，β晶型成核剂的应用开始集中到β结晶PP-R管材和锂电池PP微孔隔膜两个领域，山西省化工研究所开发的芳基酰胺类聚丙烯β晶型成核剂TMB-5和广东炜林纳功能材料有限公司的稀土金属皂类聚丙烯β晶型成核剂WBG和日本新日本理化公司的NU-100是目前世界上为数不多的聚丙烯β晶型成核剂商业化品种。

随着我国PP的生产能力不断增加，市场上成核剂的需求也在不断上升，但国内的成核剂在质量、品种等方面均不能满足市场需求，为了改变这种局面，除加强基础理论研究外，注重开发具有自主知识产权的先进技术，研究生产高效率、多功能、低成本的成核剂品种是我国成核剂工业市场需要研究的重要课题。同时，要提高产品质量，在竞争中创出自己的品牌，以推动我国成核剂工业的有序发展。总之，高效、专用、环保、性价比高始终是成核剂品种开发和研究必须坚持的目标。

六、生物基与生物可降解塑料配套助剂

众所周知，生物基与生物可降解塑料是塑料工业绿色、低碳和环境友好的重要体现。以可再生资源为原料和具有可降解特征的生物基与生物可降解塑料引起了世界范围的广泛关注，聚乳酸（PLA）、二氧化碳环氧丙烷共聚物（PPC）、聚羟基脂肪酸酯（PHAs）等已经或正在商业化推广。然而，多数生物基与生物可降解塑料多为脂肪基聚酯结构，固有结晶速度慢、结晶度低、易水解、熔体强度差等不足，很难单独加工和使用，只有通过必要的改性才能赋予其使用价值。概括起来，生物基与生物可降解塑料配套助剂包括聚乳酸专用成核剂、扩链剂等，山西省化工研究所在国内率先确立了生物基与生物可降解塑料配套助剂研究方向。在生物基与生物可降解塑料绿色化改性应用领域，开展结构创新研究，引领国内聚合物助剂行业技术进步。

2018年全球生物可降解塑料的市场金额超过11亿美元，据预测，到2023年，全球生物可降解塑料的市场金额有望达到17亿美元。2018年，全球对生物可降解聚合物的需求量是36万吨，但IHS预计到2023年，全球生物可降解聚合物的消耗量可增长超过50%，达55万吨，这意味着从2018～2023年这五年间，全球生物可降解聚合物消耗量的年平均增长率可达到9%。

（一）聚乳酸成核剂

聚乳酸结晶速度慢、结晶度小，带来相应的注塑周期长和热变形温度低等不足，开发和应用成核剂改性已经成为行业共识，近年来，山西省化工研究所先后开发出包括取代酰肼类聚乳酸专用成核剂TMC-300、TMC-306，苯基膦酸盐类聚乳酸成核剂TMC-210、TMC-200和均苯三甲酸酰胺类聚乳酸专用成核剂TMC-328等多个品种，投放市场后赢得了很高的市场认可度，也为聚乳酸结晶改性做出了应有的贡献。

（二）扩链剂

生物基和生物可降解塑料多为脂肪基聚酯结构，固有对热敏感、易水解、易降解等不足，严重影响其加工和应用性能，利用扩链剂熔融扩链是解决上述缩聚物降解、断链问题行之有效的技术方案。山西省化工研究所先后开发出以KL-E4300、KL-E4370为代表的聚合型环氧官能化扩链剂，通过在国内聚乳酸等生物基和生物可降解塑料行业推广，赢得了市场的认可，其应用性能达到了巴斯夫公司Joncryl ADR系列产品的水平。

（三）抗水解剂

生物基与生物可降解聚酯类树脂一般具有易水解性，这在一定程度上限制了它们作为耐久制品（如手机外壳等）的应用，为改善PLA等水解稳定性，需要添加和使用抗水解剂。碳化二亚胺类抗水解剂是目前应用最多的抗水解剂类型，德国莱茵化学推出适用于生物基塑料的单体型抗水解剂Bioadimide 100和聚合型抗水解剂Bioadimide 500显示出良好的稳定化效果，国内山西省化工研究所推出的单体型碳化二亚胺抗水解剂Bio-SW 100的应用性能已经赢得市场普遍认可。

七、工程塑料配套新型助剂

（一）成核结晶体系

2018年，山西省化工研究所研发的工程塑料专用成核剂TMN-102和TMN-22，突破技术难关，顺利完成中试产业化。TMN-102的特殊性能使其在聚酰胺等工程塑料中得到广泛应用：在各类注塑级聚酰胺中具有出色的成核和润滑效果，能使注塑周期缩短25%；应用于聚甲醛和聚烯烃树脂可以中和树脂中的酸性物质，防止树脂的加速老化，与硬脂酸钙相比，TMN-102作为酸吸收剂的独特之处在于其极低的挥发性，即便是高温下也如此。TMN-102具有出色的热稳定性、低挥发性以及颜色稳定性，可提供优异的成核效应和润滑脱模效果，既不影响聚酰胺的透明度和机械性能，也不会导致聚合物降解。TMN-22是各种聚酰胺的专用成核剂，其在聚酰胺树脂中均匀分散，诱导聚合物分子链的重排结晶，达到促进树脂结晶速度，提高结晶度和改善制品加工应用性能的目的。TMN-22在注塑成型加工时具有以下优点：缩短成型周期，提高生产效率；改善脱模；改善制品尺寸稳定性；减少制品后收缩；防止制品应力开裂；改善机械性能（提高拉伸强度和硬度），这些改性效果不仅存在于未增强尼龙中，在增强型尼龙中同样有效，特别适合于玻璃纤维增强尼龙。

（二）稳定化体系和扩链体系助剂

2018年，山西省化工研究所团队旨在围绕尼龙6的稳定化、高性能化开展尼龙专用紫外线吸收剂VSU-312、单体型碳化二亚胺类抗水解剂Bio-SW 100、聚合型碳化二亚胺类抗水解剂Bio-SW 500等的研发。此外，积极开展聚合型环氧扩链剂KL-E4370及其他聚合型和单体型扩链剂的研究。

（三）流变改性助剂——超支化树脂

超支化树脂可作为尼龙润滑剂、防玻纤外漏剂、PP相容剂、PVC填充改性剂、PET和PC流动改性剂、免喷涂金属粉体分散剂等，国内具有代表性的研发公司有威海晨源分子新材料有限公司、武汉超支化树脂科技有限公司等。代表性品种有武汉超支化树脂科技有限公司的HyPer C100，这种具有“超支化”结构的高分子量、无挥发、无分解的节能环保润滑剂，集“增加流动、增加伸长率、提高分散、提高相容、提高填充量”多种功能于一体。山西省化工研究所研发作为流动改性剂的超支化树脂也已起步。

未来塑料助剂的发展趋势主要有：

1. 针对塑料应用安全性的新型添加剂

不含邻苯二甲酸酯的增塑剂、低挥发和低VOC排放的添加剂、可用于与食品接触的塑料用添加剂、可满足医疗用途的塑料用添加剂等。

2. 改善塑料加工性能的新型改进剂

流动改进剂、无卤阻燃且制品具有优异加工性能及机械性能的阻燃剂、改善PLA耐温性同时加工性能更佳的添加剂、降低二次模塑料的加工温度且改善流动性的新型添加剂、改善材料高温加工性能的新型添加剂。

3. 具有更广泛特性的功能性添加剂

抗污和耐久添加剂、改善激光打标和焊接性能的添加剂、适用于PP之外更广泛透明塑料的增透剂、各种实现轻量化同时兼具机械性能的添加剂、防止车内结雾以及异物滋生的添加剂、针对个性化需求的复配添加剂、用于发泡材料阻燃的新型高效添加剂。

2019年广州雅式展的主题是“智能制造、高新材料、环保及可循环解决方案”，对于助剂行业，如何应对新的政策要求和新的市场导向，如何跟随大政方针，及时调整我们企业的发展方向，既能享受政策红利，又具有自主能动性。塑料助剂直接决定了塑料所能实现各种特殊性能的范围和程度，是塑料性能表达的关键性成分，未来塑料助剂行业将继续朝着功能化、绿色化、环境友好化等方向稳步发展。

（山西省化工研究所（有限公司）
张惠芳　王克智）

2018~2019年中国塑料机械工业经济运行报告

进入2018年以来，我国经济发展面临的国内外形势出现了较大变化。总体来看，当前世界经济呈现动能趋缓、分化明显、规则调整加快的特点，2019年面临的不确定、不稳定因素增多。随着中美贸易战的加剧，在形势复杂严峻、经济下行压力增大的背景下，我国塑机行业发展面临着风险增加、运行稳中有变的新局面。

一、国内经济稳定是塑机行业增长的重要根基

作为向国民经济各领域提供重要技术装备的工作母机，塑机行业与包装、建材、汽车及交通、电子电器、光电通讯、生物医疗、农业、轻工业、航空航天、国防、石化及新能源等产业的发展息息相关。

面对严峻的国际形势和国内艰巨的改革发展任务，国家按照高质量发展总要求、以深化供给侧结构性改革为主线，打好三大攻坚战，统筹推进稳增长、促改革、调结构、惠民生、防风险各项工作。经济运行保持在合理区间，2018年国内生产总值增长6.6%，总量突破90万亿元。经济结构不断优化，消费拉动经济增长作用进一步增强；服务业对经济增长贡献率接近60%，高技术产业、装备制造业增速明显快于一般工业，农业再获丰收。单位国内生产总值能耗下降3.1%。质量和效益继续提升。发展新动能快速成长，正在深刻改变生产生活方式、塑造中国发展新优势。改革开放取得新突破，对外开放全方位扩大，共建“一带一路”取得重要进展。防范化解重大风险，宏观杠杆率趋于稳定，金融运行总体平稳，生态文明建设成效显著。人民生活持续改善，居民人均可支配收入实际增长6.5%。这些均为塑机行业持续健康发展提供了重要基础和坚实保障。

二、中国塑料机械行业发展现状

（一）2018年行业运行概况

根据国家统计局数据分析，2018年全年我国塑料机械制造规模以上企业增长至423家，产量达320798台。全年规模以上塑机企业完成主营业务收入644.32亿元，同比下降4%。其中1季度154.12亿元，同比增长7%；2季度178.3亿元，同比下降4%、环比增长16%；3季度176亿元，同比增长25%、环比下降1%；4季度135.9亿元，同比下降32%、环比下降23%。

利润总额66.35亿元，同比下降4%。其中1季度14.15亿元，与2017年基本持平；2季度21.42亿元，同比增长15%、环比增长51%；3季度20.38亿元，同比增长16%、环比下降5%；4季度10.4亿元，同比下降44%、环比下降49%。

出口交货值94.35亿元，同比下降14%。其中1季度20.86亿元，同比下降10%；2季度22.83亿元，同比下降16%、环比增长9%；3季度25.86亿元，同比下降14%、环比增长13%；4季度24.8亿元同比下降14%、环比下降4%。

2018年中国塑料机械规模以上企业产量及主要经济指标走势详见图1、图2。

（二）2019年上半年行业运行情况

中国塑料机械工业历经2018年的严峻形势，2019年1季度有所回暖，但2季度后又不容乐观，具体表现在以下几个方面。

1. 规模企业数量增加，亏损增加

2019年上半年中国塑料机械工业规模以上企业（以下简称“规上企业”）增加至450家，其中亏

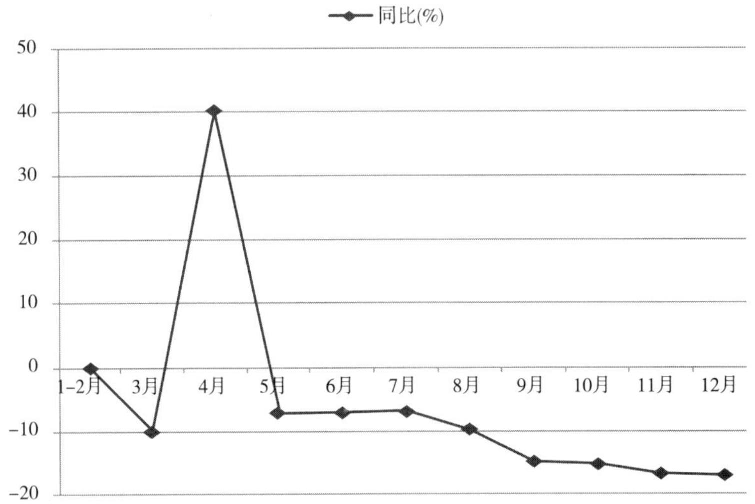

图 1　2018 年中国塑料机械规模以上企业产量走势

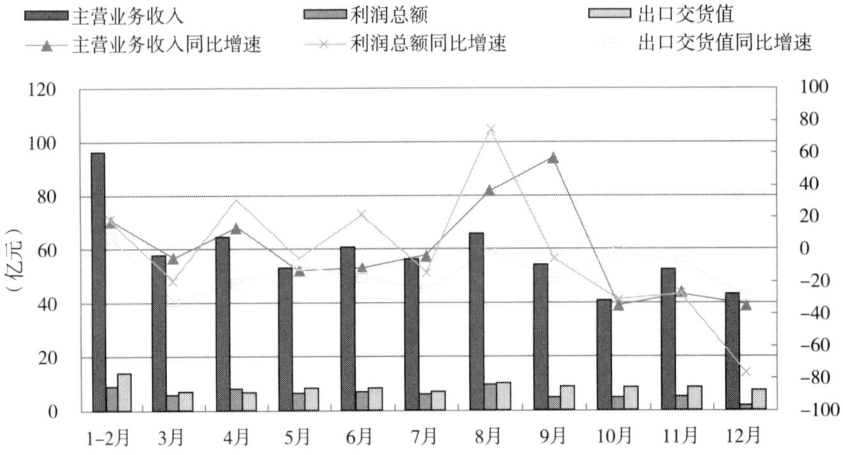

图 2　2018 年中国塑料机械规模以上企业主要经济指标走势

损企业数为 112 家，亏损企业数比去年同期多出 29 家，亏损面近 1/4，而去年同期亏损面不到 1/5。

2. 营业收入、营业成本双降

上半年 450 家规上企业营业收入 316.9 亿元，同比下降近 5%；营业成本 248.21 亿元，同比下降 3%，营业收入下降幅度超过成本降幅。

3. 利润降幅波动较大

上半年塑机规上企业利润总额 28.29 亿元，同比下降 20%，其中 1~2 月同比下降 40%，3 月有所缓解，同比增长 38%，但 4 月和 5 月又分别同比大幅下降 58%、26%，6 月环比增长 62%。

4. 主要经济效益指标优于机械工业平均水平

2019 年上半年塑机规上企业营业收入利润率为 8.93%，高于同期全国机械工业 5.89% 的平均利润率水平；成本费用利润率（未包含研发费用）为 9.93%，高于机械工业 6.36% 的平均水平；营业收入成本费用率 89.87%，低于机械工业 92.12% 的平均水平，说明每百元营业收入中，塑机成本费用为 89.87 元，少于机械工业 92.12 元的平均成本费用。

但塑机行业在流动资产周转、存货周转、应收票据及应收账款周转等营运能力方面尚有所不足。2019 年上半年，塑机规上企业流动资产周转率为 1.26 次，低于机械工业 1.46 次的平均水平；存货周转率 1.67 次，低于机械工业 2.96 次的平均水平；应收票据及应收账款周转率为 1.97 次，与机械工业 1.98 次的平均水平基本相当，资产流动性、资金使用效率和短期偿债能力等方面均有待提高（图 3）。

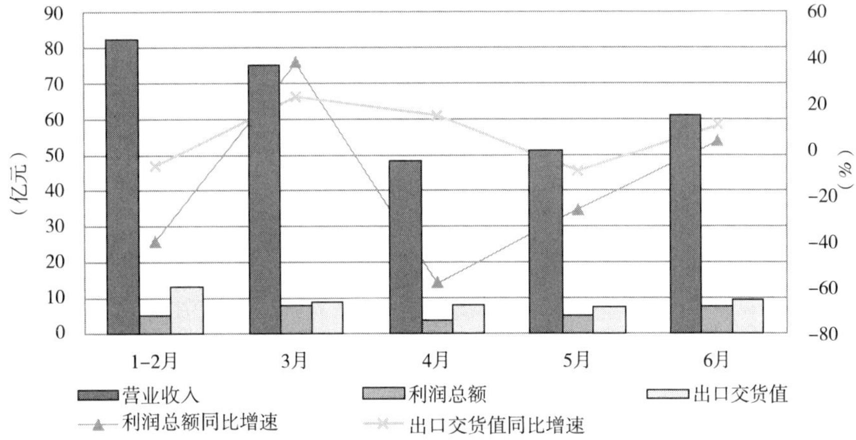

图 3　2019 年上半年中国塑料机械规模以上企业主要经济指标走势

（三）进出口情况

2018 年，塑机 12 个税号产品进口 21261 台，与 2017 年基本持平，进口额 20.08 亿美元，同比增长 15%；出口 1266644 台（其中 3D 打印机 1006797 台），同比增长 48%，出口额 24.47 亿美元，同比增长 9%，顺差 4.39 亿美元。其中注塑机、挤出机、吹塑机、塑料中空成型机和塑料压延机的合计进口数量和金额分别为 9738 台、15.77 亿美元，平均单价 16.19 万美元/台；出口数量和金额分别为 157676 台、20.64 亿美元，平均单价 1.31 万美元/台。

分产品来看，注塑机进口数量基本和上年持平，进口金额同比增长 4%，出口数量同比增长 106%，出口顺差达 3.78 亿美元，但出口额同比下降 2%；塑料造粒机呈现进出口双升、出口增幅大于进口增幅的态势，进口数量和金额分别同比增长 37%、60%，出口数量和金额分别同比增长 114%、102%；吹塑机进口数量同比增长仅 1%，而进口金额同比增长了 34%，出口数量虽然同比下降 18%，但出口金额依然保持同比增长 5%；塑料中空成型机和塑料造粒机一样呈现进出口双升的局面，但进口增幅大于出口增幅，进口数量和金额分别同比增长 663%、20%，出口数量和金额分别同比增长 128%、10%；塑料压延成型机则进出口双降、进口降幅大于出口降幅，进口数量和金额分别同比下降 44%、41%；出口数量和金额分别同比下降 31%、9%（图 4）。

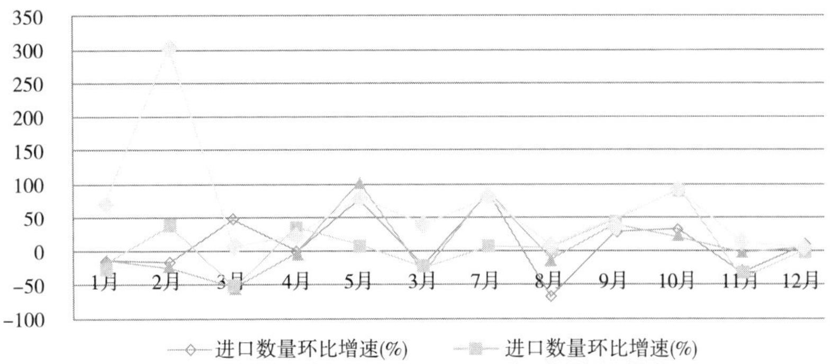

图 4　2018 年塑机 12 个税号产品进出口数量增速走势

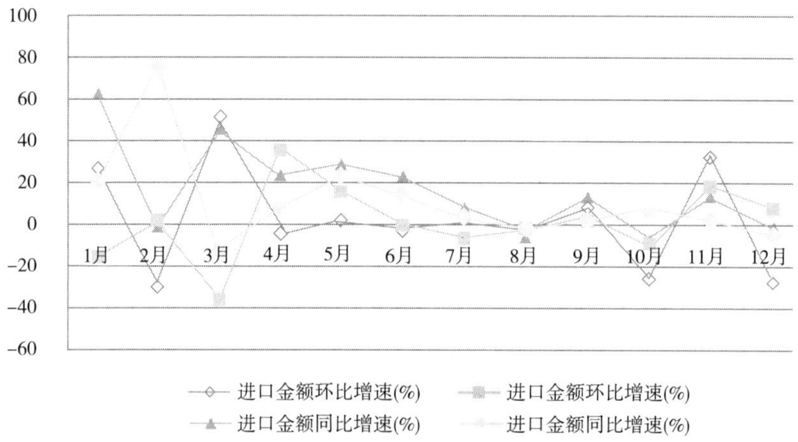

图 5　2018 年塑机 12 个税号产品进出口金额增速走势

2019 年上半年，塑机 12 个税号产品进口 10561 台，同比增长 7%，进口额 9.89 亿美元，同比下降 2%；出口 629880 台（其中 3D 打印机为 545210 台），同比增长 20%，出口额 12.4 亿美元，同比增长 4%；贸易顺差 2.51 亿美元（图 6）。

其中注塑机、挤出机、吹塑机、塑料中空成型机和塑料压延成型机的合计进口数量为 4085 台，同比下降 22%，进口额 7.45 亿美元，同比下降 9%，平均单价 18.24 万美元/台，上年同期为 15.59 万美元/台；出口数量 50247 台，同比下降 53%，出口额 9.99 亿美元，同比下降 2%，平均单价 1.99 万美元，上年同期仅为 0.95 万美元/台。

分产品来看，注塑机呈现进出口双降的局面，进口数量和金额分别同比下降 13%、16%，出口数量和金额分别同比下降 53%、5%；塑料造粒机虽然进口数量下降 47%，但进口金额同比增长 56%，出口数量和金额则分别同比下降 74%、16%；吹塑机进口数量和金额分别同比增长 11%、2%，出口数量同比下降 73%，但出口金额同比增长 6%；塑料中空成型机继续双降的态势，进口数量和金额分别同比下降 93%、5%，出口数量和金额分别同比下降 54%、2%；塑料压延成型机进口数量和金额分别同比下降 31%、24%，出口数量和金额则分别同比增长了 106%、22%（图 7、图 8、图 9）。

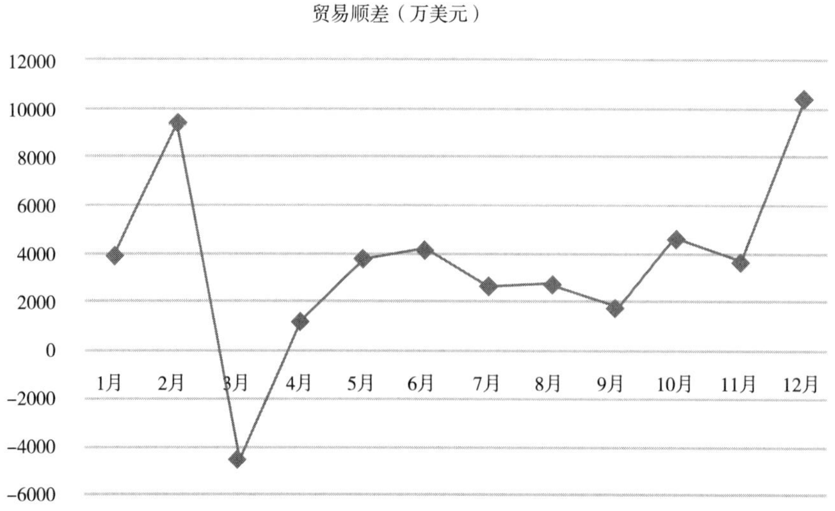

图 6　2018 年塑机 12 个税号产品进出口贸易顺差走势

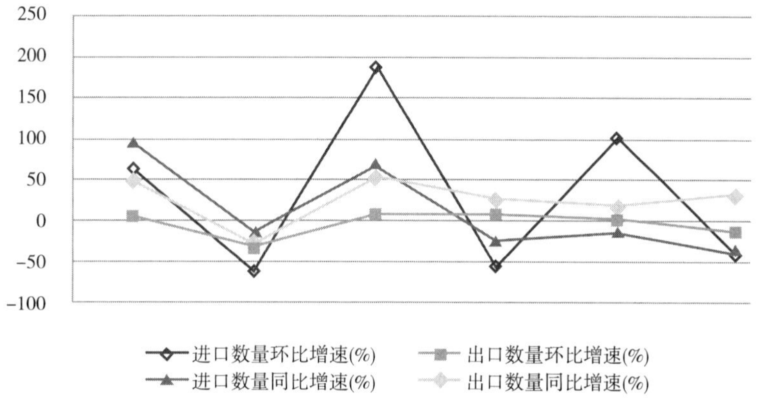

图 7　2019 上半年塑机 12 个税号产品进出口数量增速走势

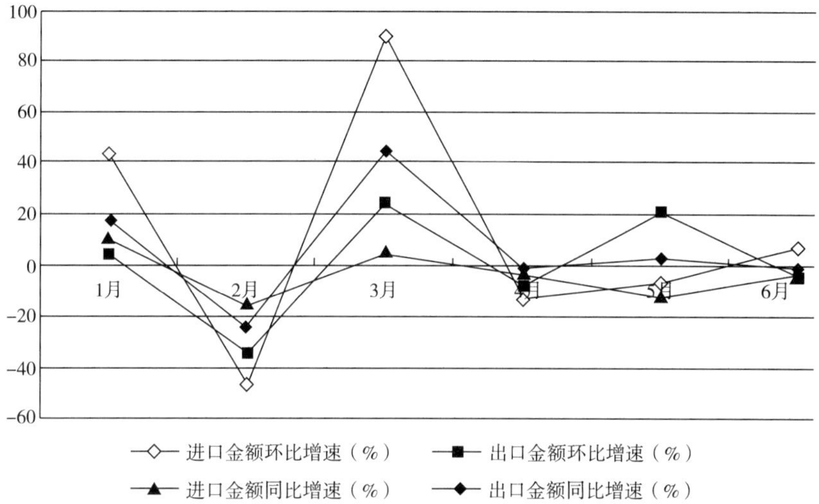

图 8　2019 上半年塑机 12 个税号产品进出口金额增速走势

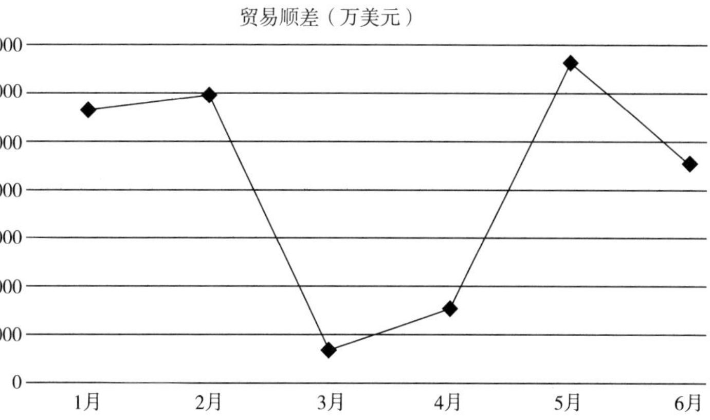

图 9　2019 上半年塑机 12 个税号产品进出口贸易顺差走势

三、重点市场关注

2019年巴西国际塑料工业展览会Plastico Brasil、墨西哥国际塑料工业展览会Plastimagen分别于3月25~29日、4月2~5日在圣保罗和墨西哥城举行，中国塑料机械工业协会粟东平常务副会长、王静秘书长一同前往观展、了解当地市场情况并与国际行业协会进行交流，还组织了部分中国展商代表参访位于圣保罗的海天华远南美机械贸易有限公司。

（一）巴墨两展联动 掀起美洲塑机市场新浪潮

巴西国际塑料工业展览会（Plastico Brasil）由英弗曼博览集团主办、巴西机械制造商协会支持，每两年举办一届。本届展会总面积逾4万米^2，吸引了超过40个国家及地区的340余家企业参展，其中包括4个官方展区：中国、德国、意大利和奥地利；有45000名观众前来现场参观。据主办方统计，本届Plastico Brasil比上届展会面积增长了20%，参展商数量增加48%，参观人数增加15%，发展势头良好。本届展会以机械设备厂商为主，观众组织从数量到专业化程度都比较高；新展馆环境和使用条件优越，餐饮卫生管理也很有序。由于此项展会今年为第二届，本次参展的中国企业总体数量不多，有20余家，包括贝尔、力劲、三垒、富强鑫、信易、朗格、联塑等。国际知名塑机企业如恩格尔、克劳斯玛菲、巴顿菲尔、阿博格、住友德马格、莱恩豪芬等悉数亮相。巴西当地企业也展现出不俗实力，ROMI、RULLI STANDARD、CARNEVALLI等利用本土优势，携带高质量机器大面积参展，所展示的设备形象与质量远超预期。据协会粟会长一行沟通了解，展商整体反馈效果不错，对南美洲的市场前景非常看好。但由于巴西官方语言为葡萄牙语，英语普及率不高，很多在当地没有代理的中国企业来此开拓市场存在一定的语言沟通障碍，对交流洽谈有所影响，尽管借助翻译工具可完成基本的沟通，但从长远贸易往来考虑，依旧要注重解决语言和文化差异问题。

墨西哥国际塑料工业展览会（Plastimagen）由E. J. KRAUSE TARSUS MEXICO. 主办、墨西哥塑料工业协会（ANIPAC）支持。从1988年起，PLASTIMAGEN每一年半举办一次，至今已成功举办了22届，在中美洲地区乃至整个美洲大陆都具有广泛的影响力。Plastimagen2019在墨西哥城Centro Banamex展览中心举办，共有来自27个国家和地区的870家企业参展，展出面积超过4.5万米^2，展示品牌数超过1600个。本届展会有近160家中国企业参加，海天、博创、伊之密、上海金纬、大连三垒等均在展会上惊艳亮相，展位前来洽谈的观众人头攒动。中国展团的参展企业数量也创历史新高，展团整齐划一的红色搭建，在热情似火的美洲市场刮起最为抢眼的中国风。

（二）当地市场情况

1. 巴西

巴西位于南美洲东南部。北邻委内瑞拉和哥伦比亚，西接秘鲁、玻利维亚，南接巴拉圭、阿根廷和乌拉圭，国土的80%位于热带地区。巴西为拉丁美洲第一大国，国土面积广达851万多平方公里，位于世界第五大，仅次于俄罗斯、加拿大、中国及美国。人口2.09亿（2017年），占整个拉丁美洲人口的44.24%；2017年GDP为2.06万亿美元，人均9821美元。人口和国内生产总值均居拉美首位，同时是世界第七大经济体。其产值最高的前五种产业为：纺织、机械设备、汽车工业、纸张及纤维业。2017年，巴西生产约270万辆乘用车，主要汽车厂家为通用、菲亚特、大众、本田、丰田和中国的奇瑞、力帆、江淮，比亚迪则在当地电动公交车领域占有一定的市场份额。

从中国和巴西两国整体贸易情况来看，中国是巴西第一大出口国、第二大进口来源国和最大贸易顺差来源地。从塑机行业来看，巴西曾经是中国塑机的第一大出口国，特别是在2010年、2011年高速增长，于2011年达到出口峰值11465万美元。但随后受巴西泛民主政治及去工业化影响，市场下滑十分明显。从2012年起开始下降，2016年跌至谷底，出口额仅为2711万美元，2017年有所恢复至4568万美元，但还没达到2009年4665万美元的出口水平。

出口至巴西的中国塑机产品以注塑机为主，2009~2017年，注塑机占同期出口巴西市场塑机产品占比除了2015年和2016年低谷值之外，基本保持在75%以上。

通过与海天华远南美机械贸易有限公司（简称“海天巴西”）许飞一总经理交流得知，巴西去工业化为巴西经济发展带来了很大的创伤，产业结构存在缺陷，加之前几年政治因素影响，2014~2016年增长尤为困难，2017年有所恢复，2018年略有一点增长。巴西进口增值税分为三级：联邦、州（各州税率不同，可进行抵扣）和市级，注塑机的进口关税14%，进口企业根据当地市场需求可申请减免关税，由巴西机械制造商协会（ABIMAQ）负责审批。

海天巴西是海天国际于2004年在圣保罗设立的海外子公司，负责巴西区域的销售与服务工作，团队人员本土化率很高。2019年是海天巴西成立15周年，15年来无论当地市场起落变化，海天巴西一直稳居市场占有率前列。由于巴西本土最大的注塑机企业ROMI年产量有限，不能满足当地需求，给国外的塑机品牌很大的生存空间。目前，“海天”“天剑”和“长飞亚”品牌注塑机在巴西的市场份额约占35%，主要应用领域为包装、日用品、汽车和家电等。2018年，海天巴西的总销售量比上年增长55.5%，尤其是电动注塑机的销售实现了翻倍增长，吸引了越来越多的高端用户。近年来，不仅海天在巴西这块热土上展示了中国塑机的风采，伊之密、朗格塑机等中国企业也以各自特色在巴西开拓了市场。

随着巴西新总统的执政，其将在打击腐败和犯罪、推行私有化和社保改革、重视农业矿业等方面作为主要施政目标，巴西或将迎来新的增长期令人期待。

巴西有着很大的潜在市场空间，中国企业在看好这片市场的同时也要重点注意以下事项：

（1）注重当地安全标准要求和对设备进口的相关认证规定。

（2）巴西赊销情况严重、回收账款周期较长、融资成本较高，需要提前做好出口信用保险。

（3）巴西法律属欧美系统，注重安全意识。

（4）近来巴西货币雷亚尔兑美元汇率变动较大，注意防范汇率波动风险。

表1　　2009~2017年中国塑机出口巴西统计

数量单位：台；金额单位：万美元；占比单位:%

年度		注塑机	其他注射机	塑料造粒机	其他挤出机	吹塑机	塑料中空成型机	塑料压延成型机	其他真空模塑机及其他热成型机器	其他模塑或成型机器	合计
2009	出口数量	1173	8	65	53	81	2	1	36	78	1497
	数量占比	3.68	0.03	0.20	0.17	0.25	0.01	0.003	0.11	0.24	4.70
	出口金额	3567	16	195	513	205	6	0.23	32	131	4665
	金额占比	4.70	0.02	0.26	0.68	0.27	0.01	0.0003	0.04	0.17	6.15
2010	出口数量	2443	4	60	95	149	35	2	32	73	2893
	数量占比	5.49	0.01	0.13	0.21	0.33	0.08	0.004	0.07	0.16	6.50
	出口金额	7927	28	194	374	753	106	0.13	56	524	9962
	金额占比	6.95	0.02	0.17	0.33	0.66	0.09	0.0001	0.05	0.46	8.74
2011	出口数量	2352	54	61	131	158	29	5	39	102	2931
	数量占比	4.55	0.10	0.12	0.25	0.31	0.06	0.01	0.08	0.20	5.67
	出口金额	8816	156	202	696	421	74	30	165	905	11465
	金额占比	6.02	0.11	0.14	0.48	0.29	0.05	0.02	0.11	0.62	7.83
2012	出口数量	1520	13	97	251	83	26	18	257	35	2300
	数量占比	2.18	0.02	0.14	0.36	0.12	0.04	0.03	0.37	0.05	3.30
	出口金额	6545	38	214	953	314	88	32	107	359	8650
	金额占比	4.04	0.02	0.13	0.59	0.19	0.05	0.02	0.07	0.22	5.34

续表

年度		注塑机	其他注射机	塑料造粒机	其他挤出机	吹塑机	塑料中空成型机	塑料压延成型机	其他真空模塑机及其他热成型机器	其他模塑或成型机器	合计
2013	出口数量	1397	22	59	195	84	200	7	99	46	2109
	数量占比	1.03	0.02	0.04	0.14	0.06	0.15	0.01	0.07	0.03	1.56
	出口金额	6365	89	135	890	323	178	41	247	83	8351
	金额占比	3.69	0.05	0.08	0.52	0.19	0.10	0.02	0.14	0.05	4.84
2014	出口数量	1113	23	34	135	59	19	9	82	226	1700
	数量占比	0.48	0.01	0.01	0.06	0.03	0.01	0.004	0.04	0.10	0.74
	出口金额	5285	30	123	809	212	71	61	71	302	6964
	金额占比	2.87	0.02	0.07	0.44	0.12	0.04	0.03	0.04	0.16	3.78
2015	出口数量	667	6	28	111	45	51	7	155	265	1335
	数量占比	0.14	0.001	0.01	0.02	0.01	0.01	0.001	0.03	0.06	0.28
	出口金额	3556	29	169	667	149	98	45	72	139	4924
	金额占比	1.88	0.02	0.09	0.35	0.08	0.05	0.02	0.04	0.07	2.60
2016	出口数量	374	1	21	51	20	1	0	15	193	676
	数量占比	0.06	0.0002	0.003	0.01	0.003	0.0002	0.00	0.002	0.03	0.11
	出口金额	1493	7	70	269	34	5	0	73	760	2711
	金额占比	0.75	0.003	0.03	0.13	0.02	0.002	0.00	0.04	0.38	1.35
2017	出口数量	818	12	18	83	40	14	2	174	485	1646
	数量占比	0.10	0.001	0.002	0.01	0.005	0.002	0.0002	0.02	0.06	0.19
	出口金额	3440	55	80	429	124	46	7	155	232	4568
	金额占比	1.54	0.02	0.04	0.19	0.06	0.02	0.00	0.07	0.10	2.04

2. 墨西哥

墨西哥地处北美最南端，面积196万多平方公里，人口1.23亿（2017年），是自由市场经济体，经济实力排名美洲第4，世界第13。1994年北美自由贸易区正式建立后，墨西哥与美国的贸易和投资往来增加很快，极大地促进了经济发展和国民收入提高。在主要以塑料包装生产为主的北美，塑料包装产品销售额达到了430亿美元左右，其中墨西哥市场年平均增长率接近10%。墨西哥目前约有4400家塑料公司（其中84%属于小型或微型公司），每年可加工500万吨塑料产品。其塑料产品中超过40%为包装用品，其他则大量用于建筑、农业、家居及玩具。另外，美国的塑料产量多年来一直为各国之首，塑料制品也名列前茅。由于墨西哥的低成本优势，美国很多塑料加工企业迁入了墨西哥，这对当地塑料工业的增长起到了极大的促进作用。与此同时，墨西哥的塑料制品结构也相应发生了很大变化，高附加值产品不断增多，对设备的需求也发生了变化。其中以小型设备居多，注塑机以全电动占优，智能化、自动化、高速机型较受欢迎，用于医疗、消费品和硅材料的专用设备非常畅销。

因地理位置毗邻美国，近年来受美国制造业回归的带动影响，墨西哥对中国塑机的需求增长迅速。

（1）绝对量全面开花

从出口金额绝对值来看，2009~2017 年中国塑机各类产品出口至墨西哥均实现快速增长。出口至墨西哥金额从 2009 年的 843 万美元增长到 2017 年的 10531 万美元，年均增长 37.11%。其中注塑机出口从 2009 年的 374 万美元，增长到 2017 年的 8123 万美元，年均增长 46.93%；挤出机出口从 2009 年的 198 万美元，增长到 2017 年的 1030 万美元，年均增长 22.97%；吹塑机出口从 2009 年的 138 万美元，增长到 2017 年的 404 万美元，年均增长 14.37%；塑料中空成型机从 2009 年的 67 万美元，增长到 2017 年的 115 万美元，年均增长 6.99%。

（2）相对量注塑机一枝独秀

从中国塑机不同产品同期出口墨西哥市场的占比相对量来看，注塑机出口占比上升较快，其他塑机产品出口占比有不同程度的下滑。

注塑机占同期出口墨西哥市场塑机产品占比稳步上升，从 2009 年的 44.37%提升至 2016 年的 77.50%、2017 年 77.13%；挤出机占同期出口墨西哥市场塑机比率从 2009 年的 23.49%下降至 2016 年 8.80%、2017 年 9.78%；吹塑机在同期出口墨西哥市场塑机占比从 2009 年的 16.37%下降至 2017 年的 3.84%；塑料中空成型机占比则从 2009 年的 7.95%下降至 2017 年的 1.09%。

表 2　2009~2017 年中国塑机出口墨西哥统计

数量单位：台；金额单位：万美元；占比单位：%

年份		注塑机	其他注射机	塑料造粒机	其他挤出机	吹塑机	塑料中空成型机	塑料压延成型机	其他真空模塑机及其他热成型机器	其他模塑或成型机器	合计
2009	出口数量	146	1	62	23	79	11	1	15	12	350
	数量占比	0.46	0.003	0.19	0.07	0.25	0.03	0.003	0.05	0.04	1.10
	出口金额	374	3	100	98	138	67	1	13	49	843
	金额占比	0.49	0.004	0.13	0.13	0.18	0.09	0.001	0.02	0.06	1.11
2010	出口数量	274	2	36	34	101	15	15	31	22	530
	数量占比	0.62	0.004	0.08	0.08	0.23	0.03	0.03	0.07	0.05	1.19
	出口金额	901	0.2	135	134	234	64	1	27	89	1585
	金额占比	0.79	0.0002	0.12	0.12	0.21	0.06	0.001	0.02	0.08	1.39
2011	出口数量	406	1	68	38	68	14	11	119	18	743
	数量占比	0.79	0.002	0.13	0.07	0.13	0.03	0.02	0.23	0.03	1.44
	出口金额	1816	15	206	198	199	125	3	116	66	2744
	金额占比	1.24	0.01	0.14	0.14	0.14	0.09	0.002	0.08	0.05	1.87
2012	出口数量	524	9	133	52	87	28	6	268	28	1135
	数量占比	0.75	0.01	0.19	0.07	0.12	0.04	0.01	0.38	0.04	1.63
	出口金额	3000	46	197	421	193	148	35	148	76	4264
	金额占比	1.85	0.03	0.12	0.26	0.12	0.09	0.02	0.09	0.05	2.63

续表

年份		注塑机	其他注射机	塑料造粒机	其他挤出机	吹塑机	塑料中空成型机	塑料压延成型机	其他真空模塑机及其他热成型机器	其他模塑或成型机器	合计
2013	出口数量	584	22	63	77	113	17	8	45	90	1019
	数量占比	0.43	0.02	0.05	0.06	0.08	0.01	0.01	0.03	0.07	0.75
	出口金额	2841	144	211	402	312	84	5	96	129	4224
	金额占比	1.65	0.08	0.12	0.23	0.18	0.05	0.003	0.06	0.07	2.45
2014	出口数量	596	20	85	58	143	8	12	93	59	1074
	数量占比	0.26	0.01	0.04	0.03	0.06	0.003	0.01	0.04	0.03	0.47
	出口金额	3183	167	239	403	320	43	8	170	77	4610
	金额占比	1.73	0.09	0.13	0.22	0.17	0.02	0.004	0.09	0.04	2.50
2015	出口数量	682	50	74	118	131	13	12	74	180	1334
	数量占比	0.14	0.01	0.02	0.02	0.03	0.003	0.002	0.02	0.04	0.28
	出口金额	4281	363	300	475	366	150	19	201	256	6411
	金额占比	2.26	0.19	0.16	0.25	0.19	0.08	0.01	0.11	0.14	3.39
2016	出口数量	878	54	96	94	193	20	5	50	559	1949
	数量占比	0.14	0.01	0.02	0.01	0.03	0.003	0.001	0.01	0.09	0.31
	出口金额	7193	305	325	492	466	158	10	195	137	9281
	金额占比	3.59	0.15	0.16	0.25	0.23	0.08	0.005	0.10	0.07	4.64
2017	出口数量	919	21	103	131	160	27	15	673	6943	8992
	数量占比	0.11	0.002	0.01	0.02	0.02	0.003	0.002	0.08	0.81	1.05
	出口金额	8123	119	416	614	404	115	44	498	198	10531
	金额占比	3.63	0.05	0.19	0.27	0.18	0.05	0.02	0.22	0.09	4.70

四、优势企业表现

自2011年以来，我协会已连续九年面向社会各界推出了中国塑机行业优势企业榜单，分别有“中国塑机制造业综合实力30强企业”“中国塑料注射成型机行业15强企业”“中国塑料挤出成型机行业10强企业”“中国塑料中空成型机行业3强企业”和“中国塑机辅机及配套件行业5强企业”。入榜企业影响力越来越大，带动作用也越来越强，不仅得到了行业的广泛关注和肯定，也成为国内外塑机相关产业及用户了解中国塑机企业发展的风向标。

根据上榜企业的数据，可以了解中国塑料机械行业企业的最新发展情况。2019中国塑机行业37家上榜的优势企业，其2018年度工业总产值和工业销售产值分别为327.8亿元和315.8亿元，较2017年同期分别增长1.1%和下降0.3%，主营业务收入和利润总额分别为293.4亿元和43.4亿元，同比分别下降1.4%和0.7%，出口额为76.9亿元，同比增长8.6%。这与2018年度行业整体发展情况基本一致，但优势企业的出口增速明显，说明中国塑机优势企业的产品质量和品牌效应得到了提升，国际市场认可度好，这也成为拉动企业发展的新亮点。

表 3　**中国塑料机械行业优势企业 2009~2018 年主要经济指标及在行业的占比**

序	指标	金额/亿元										占比/%									
	年份	2009	2010	2011	2012	2013	2014	2015	2016	2017	2018	2009	2010	2011	2012	2013	2014	2015	2016	2017	2018
1	主营业务收入	109.2	167.1	195.0	194.2	217.3	207.5	205.8	236.7	297.7	293.4	42.1	40.2	44.2	43.0	43.5	39.0	39.4	39.7	44.4	45.5
2	资产总额	151.0	191.0	230.9	267.7	314.2	336.2	375.3	421.3	486.3	456.1	47.9	48.9	52.3	57.0	60.0	59.5	63.2	63.8	67.6	61.3
3	利润总额	—	—	23.7	23.1	29.0	26.8	24.8	33.4	43.7	43.4	—	—	56.1	55.5	64.7	55.9	50.2	58.7	63.2	65.4
4	出口额	—	—	44.9	52.1	51.4	52.1	55.6	60.0	70.8	76.9	—	—	67.0	62.0	69.8	57.5	66.0	66.3	64.7	81.5
5	负债	—	—	—	—	126.8	127.8	151.1	165.4	205.7	197.2	—	—	—	—	50.6	47.8	56.6	55.0	59.5	52.7

表 4　**中国塑料机械行业及优势企业 2013~2018 年综合指标**

指　标	塑机行业规模以上企业						优势企业					
	2013 年	2014 年	2015 年	2016 年	2017 年	2018 年	2013 年	2014 年	2015 年	2016 年	2017 年	2018 年
资产负债率/%	47.9	47.3	45.0	45.6	48.0	50.3	40.4	38.0	40.3	39.3	42.3	43.2
主营业务收入利润率/%	9.0	9.0	9.5	9.5	10.3	10.3	13.2	12.9	12.1	14.1	14.7	14.8

在企业经营方面，2019 中国塑机行业优势企业的主营业务收入利润率为 14.8%，高于行业 10.3% 的平均水平；去年同期分别为 14.3% 和 10.3%，与去年同期基本持平。优势企业的资产负债率为 43.2%，低于行业 50.3% 的平均水平；去年同期分别为 42.3% 和 48.0%，较去年同期都有所增长，但优势企业的增幅少于行业整体水平，说明优势企业的资金运作能力好于行业整体水平，抵御风险能力更强。37 家入榜企业的全员劳动生产率（工业总产值/从业人数）为 103 万元/人·年，其中注塑机企业的全员劳动生产率为 124 万元/人·年，挤出机企业的全员劳动生产率为 91 万元/人·年，中空成型机企业的全员劳动生产率为 62 万元/人·年，辅机及配套件企业的全员劳动生产率为 61 万元/人·年。

从地域分布看，2019 中国塑机行业优势企业主要集中在华东和华南地区。华东地区 22 家，其中浙江省 15 家，江苏省 5 家，上海市 1 家，山东省 1 家；华南地区 11 家，集中分布在广东省。另有辽宁省 2 家，陕西省 1 家，河北省 1 家。注塑机企业集中分布在浙江和广东两省，浙江省 12 家，广东省 6 家。挤出机企业分布相对分散，江苏 3 家，上海 1 家，广东 2 家，辽宁 2 家，山东 1 家，河北 1 家。中空企业在江苏、广东、陕西各有 1 家。塑机辅机及配套件企业集中分布在苏浙和广东地区，其中浙江 3 家，江苏 1 家，广东 2 家。注塑机行业发展迅速，集中度高，与当地的投资环境、配套企业、创新氛围、环境优势、政府支持等综合因素有着密切的关系。

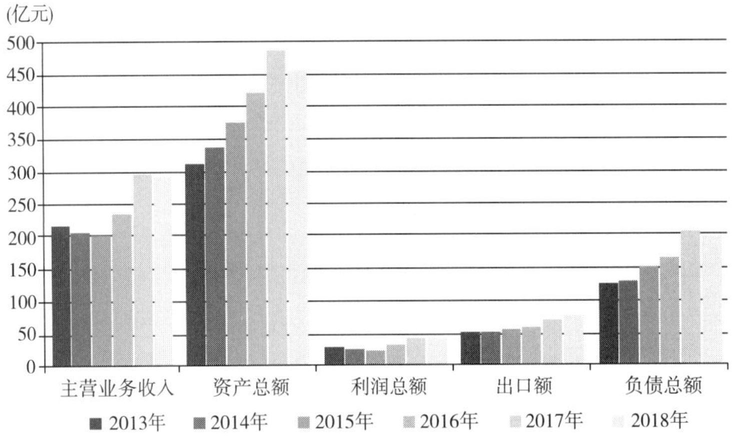

图 10　中国塑料机械行业优势企业 2013~2018 年主要经济指标

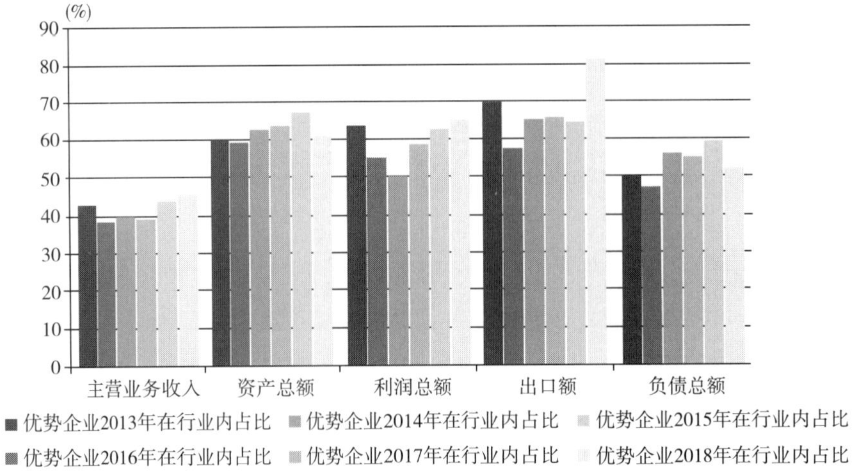

图 11　中国塑料机械行业优势企业 2013~2018 年主要经济指标在行业的占比

表 5　　中国塑料机械行业优势企业 2011～2018 年主要经济指标　　单位：亿元

序号	指标	2011 年	2012 年	2013 年	2014 年	2015 年	2016 年	2017 年	2018 年
1	工业总产值	196. 3	208. 8	235. 1	241. 6	219. 0	249. 2	324. 1	327. 8
2	工业销售产值	189. 7	200. 4	232. 3	236. 3	212. 1	243. 7	316. 6	315. 8
3	资产总额	230. 9	267. 7	314. 2	336. 2	375. 3	421. 3	486. 3	456. 1
4	主营业务收入	195. 0	194. 2	217. 3	207. 5	205. 8	236. 7	297. 7	293. 4
5	净利润	20. 8	20. 6	24. 6	22. 4	20. 2	28. 1	36. 6	35. 3
6	纳税总额	9. 1	10. 6	12. 7	12. 8	12. 7	16. 1	18. 2	18. 1
7	出口额	44. 9	52. 1	51. 4	52. 1	55. 6	60. 0	70. 8	76. 9
8	研发费用	7. 0	7. 6	8. 9	9. 2	8. 8	11. 8	12. 5	12. 6
9	利润总额	23. 7	23. 1	29. 0	26. 8	24. 8	33. 4	43. 7	43. 4
10	所有者权益	130. 5	152. 1	178. 7	192. 0	225. 0	249. 4	268. 2	257. 5
11	负债总额	—	—	126. 8	127. 8	151. 1	165. 4	205. 7	197. 2

表 6　　中国塑料机械行业优势企业 2011～2018 年主要经济指标同比增速　　单位：%

序号	指标	2011 年	2012 年	2013 年	2014 年	2015 年	2016 年	2017 年	2018 年
1	工业总产值	—	6. 3	12. 6	2. 8	−9. 4	13. 8	30. 1	1. 1
2	工业销售产值	—	5. 6	15. 9	1. 8	−10. 3	14. 9	29. 9	−0. 3
3	资产总额	20. 9	16. 0	17. 4	7. 0	11. 6	12. 2	15. 4	−6. 2
4	主营业务收入	16. 7	−0. 4	11. 9	−4. 5	−0. 8	15. 0	25. 8	−1. 4
5	净利润	1. 8	−0. 9	19. 6	−8. 9	−9. 7	38. 9	30. 2	−3. 6
6	纳税总额	−4. 2	15. 8	20. 2	0. 5	−0. 3	26. 5	13. 4	−0. 6
7	出口额	—	16. 1	−1. 4	1. 3	6. 8	7. 9	18. 0	8. 6
8	研发费用	13. 1	9. 0	16. 4	3. 2	−4. 2	34. 9	5. 9	0. 8
9	利润总额	—	−2. 7	25. 6	−7. 4	−7. 6	34. 6	30. 8	−0. 7
10	所有者权益	35. 4	16. 5	17. 5	7. 5	17. 2	10. 9	7. 5	−4. 0
11	负债总额	—	—	—	0. 7	18. 3	9. 5	24. 3	−4. 1

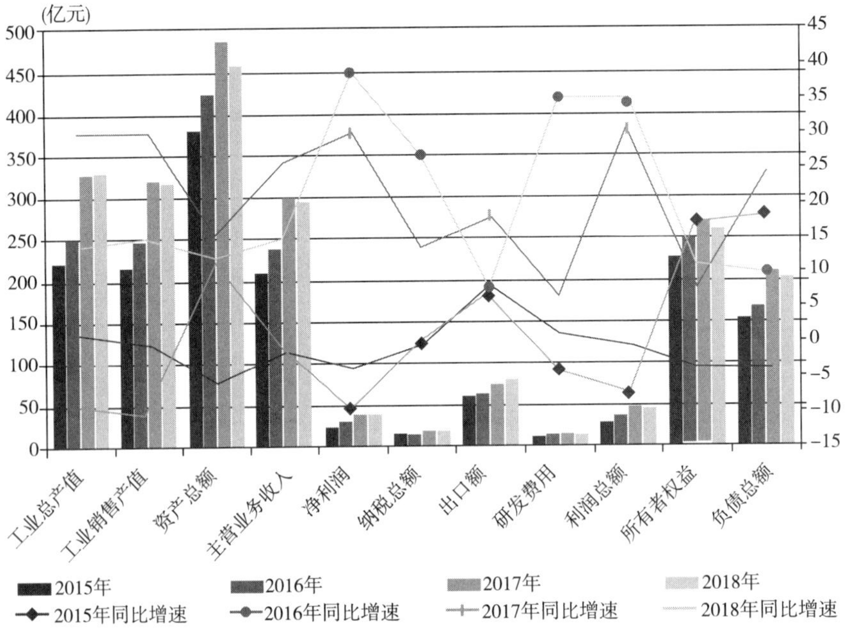

图 12　中国塑料机械行业优势企业 2015~2018 年主要经济指标和同比增速

在排名位次变化上，3 家国有企业成绩喜人，其中大橡塑一改之前连续 4 年亏损的状态，近 5 年来首次实现盈利，且在综合实力 30 强企业排名中位居第 4 位；秦川机床首次进入综合实力 30 强企业榜单中，进步也很大；浙江申达在综合实力 30 强企业排名从去年的 22 位提高至 20 位，净利润排序更是从 29 位上升至 25 位；说明国企改革初见成效。

中国塑机优势企业是塑料机械行业发展进程中名副其实的主力。37 家入榜企业的主要经济指标占行业同期规模以上 423 家企业的比例分别为，主营业务收入占 45.5%，资产总额占 61.3%，出口额占 81.5%。

2019 年中央经济工作会议经济工作提出了“巩固、增强、提升、畅通”的八字方针，为我们坚定信心、深化认识指航定向。2019 年是新中国成立 70 周年，全体塑机同仁要按照中央的要求和部署，全面分析内外部环境的深刻变化，科学把握重要战略机遇新内涵，沉着应对各种风险与挑战，加快我国塑机行业高质量发展步伐，努力为新时代中国特色社会主义建设做出更大贡献！

（中国塑料机械工业协会）

塑料先进制造技术发展与展望

任何机械加工技术都离不开产品的导向。随着近年来塑料行业中轻量化多孔制品、复杂实体快速制造、材料高性能化等需求量不断加大，也诞生了一系列先进的制造技术：如超临界流体微孔发泡成型技术、三维打印快速制造技术、纳米纤维静电纺丝技术等。与此同时，传统的制造技术也在不断地革新和发展，朝着精密化、高速化、智能化方向发展。例如智能物联的注塑机群集成网络、制品缺陷自诊断与自调节技术等。本文将为读者简单梳理一下近年来全球塑料行业的最新技术进展。

一、超临界流体微孔发泡成型技术

微发泡复合材料制备技术，是指在高分子树脂塑化过程中引入超临界流体（如 CO_2、N_2），制备气体复合材料，以实现塑料制品的高强低重。目前最为成熟、应用最普遍的工艺是Trexel公司的Mucell技术。方法是将氮气或二氧化碳等不易燃的气体加热并加压到超临界状态，作为物理发泡剂直接注射到聚合物熔体中，形成均质单相溶液，最后在温度、压力等条件下，气体成核并膨胀形成微纳米孔洞的轻量化制品。微发泡注塑成型工艺，是一种革新的精密注塑技术，突破了传统注塑的诸多局限，可显著减轻制件的重量、缩短成型周期，并极大地改善制件的翘曲变形和尺寸稳定性。

除了Mucell微发泡技术，阿博格与德国亚琛塑胶加工（IKV）研究所一同研发了预发泡技术ProFoam，如图1所示，其基本原理是在原料进入机筒之前通过低压氮气进行浸润发泡。原料首先被加入由两个加压腔体组成的预发泡装置的上部腔体中，低压下（50 bar）加入物理发泡剂（N_2）。随后腔体气体阀门打开让原料进入下部加压腔后锁闭，上部腔体继续加料。待下部腔体阀门打开后，原料进入塑化系统中，物理发泡剂因此可均匀溶入塑料熔体里。注射时伴随减压过程，可在制品内部产生均匀分布的微孔结构。这种工艺的优势在于不需要在螺杆上设置额外的剪切和混合功能部件。尤其值得一提的是，Profoam还被用于生产带长纤维增强的发泡部件，以达到更优良的机械特性。相比于传统的，生产出的部件可获得平均长度更长的增强纤维。根据材料的不同，还可利用变模温技术对表面品质进行优化。

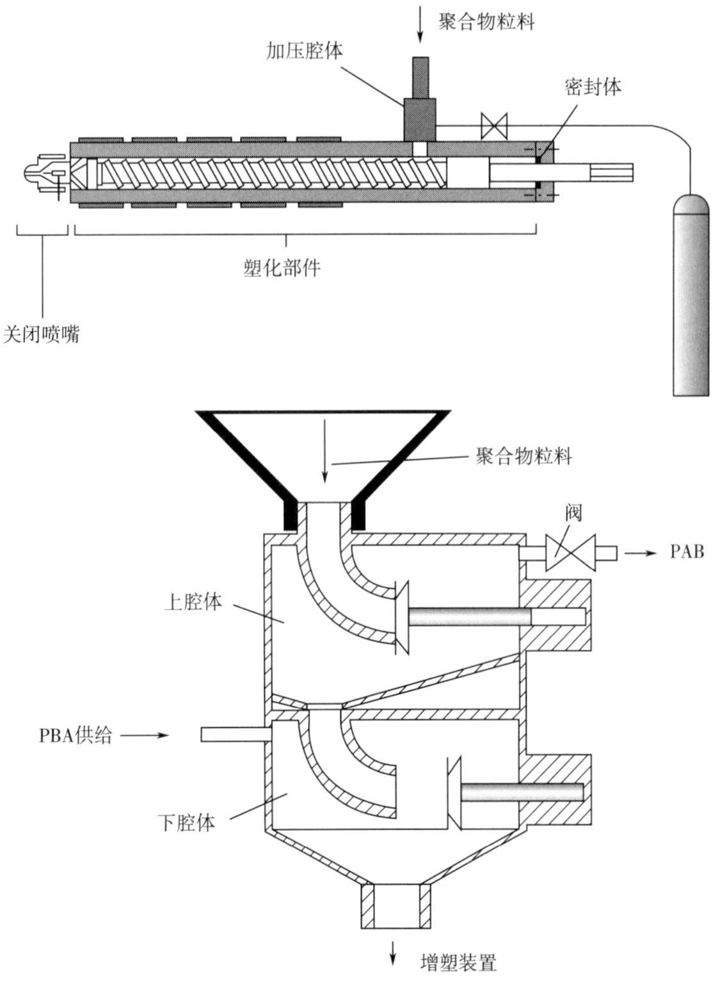

图1 阿博格物理发泡注射成型基本原理

二、三维/四维打印快速制造技术

聚合物3D打印技术是一种高分子材料先进制造技术，它为材料和结构提供了一种新的制造方法，是一种“从无到有”的增材制造方法，突破了传统制造技术在形状复杂性方面的技术瓶颈，能快速制造出传统工艺难以加工、甚至无法加工的复杂形状及结构特征。与传统加工方式相比，3D打印技术的生产成本与制品的复杂程度无关，只与用料多少及用料成本有关，从一定程度上能够降低制造成本。3D打印技术可以直接成型整个部件，无需组装，并且大大扩展了所加工制品形状的范围。正是由于3D打印具有一系列的优势，在未来这种技术将会逐渐渗透到人们的生活中，得到越来越广泛的应用。目前三维打印技术在微观尺度打印、生物医学器件等领域均取得了长足的进步和发展。

在3D打印的基础上，加上时间维度，便出现了4D打印技术。4D打印技术是指采用一种能够自动变形的打印材料进行三维实体打印的技术，如图2所示。只需特定条件（如温度、湿度等），不需要连接任何复杂的机电设备，就能按照产品设计自动折叠成相应的形状。4D打印的关键是具有形状记忆功能的“智能材料”。通过事先设定好形状记忆纤维的变化，让产品外形随着时间而产生改变。这就意味着，4D打印出来的东西，不再以固定的形态存在，而是可根据前期设定的时间，在温度、湿度等特定条件下，自动折叠成相应形状，甚至可以制造出传统生产技术下无法制作出的外形。

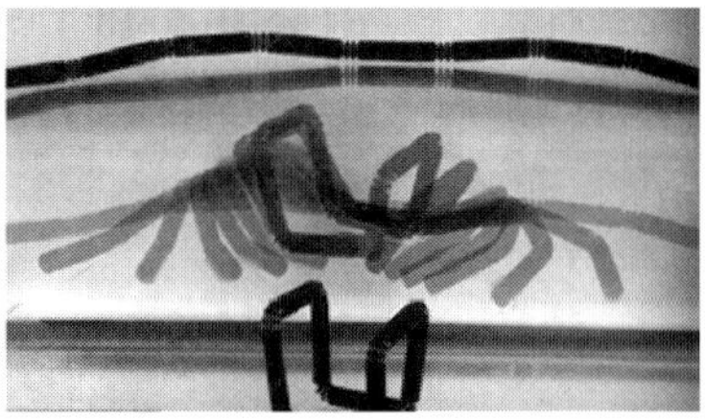

图2　4D打印技术

三、三维复印技术

虽然3D打印技术有诸多优点，但是由于以逐层堆积的方式构造产品，成型效率相对较低。在高分子材料模塑成型技术基础上发展起来的聚合物“3D复印”技术，对三维实体进行精确复制，将熔融的高分子材料注入特定模腔进行冷却固化成型，是一种“从一到多”的等材制造方法。3D复印工艺大致分为三个阶段：制品实体扫描或三维建模、模具（或模仁）逆向制造与三维打印、模塑成型。聚合物“3D复印”技术是将注塑成型装备作为“3D复印机”，以3D打印模具为手段，实现复杂结构特征塑料制品的三维立体复制，生产过程高度自动化，效率高、速度快、制品精确高。无论是高精度产品制造还是大批量生产，“3D复印”技术都有着其他技术无可比拟的优势。与传统的纸质复印机一样，能够实现样本的快速、高精度、大批量复制。而复印的价值就在于“低成本、高效率”，因此3D复印技术具有广阔的应用前景，能够满足日益迫切的市场需求。

3D复印技术的基本原理（见图3）是根据三维实体的结构轮廓、形状特征等信息制作模具型腔，然后在模具型腔内加入加工材料，在外力或材料自身相态变化的作用下，复制成型三维制品。在此加工过程中，不同的材料需要分别加以控制，使其达到所需要的加工温度，而后按预先设定好的工艺流程，注入模具中，最后冷却固化得到所需要的制品。

四、聚合物熔体微分多场协同热管理技术

在聚合物加工中，特别是对于纳米复合材料及热敏性生物材料的成型，流体对流传质和内部热管理不足的问题严重制约着生物纳米复合材料的发展。对高黏度、高分子量的塑化混合往往伴随着剧烈的剪切生热，这种过热效应会产生不必要的热损失和较差的熔体质量。如果熔体内部局部热无法及时的转移，会破坏和打断分子链，甚至导致材料分

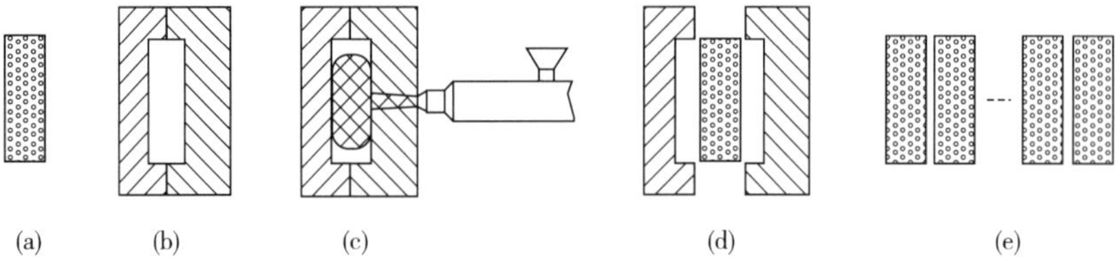

图3　3D复印技术原理图
（a）实体　（b）打印模具　（c）注入材料　（d）成型　（e）复制的实体

解，严重影响制品的精度和高性能化。因此对聚合物塑化过程温度的有效调控和热的精确管理是非常必要和重要的。

笔者所在团队针对热质控制不足这一关键性问题，从多场协同的角度出发，在对塑化螺杆中聚合物熔体的传热传质内在机制进行深入研究时发现，温度场与速度场的耦合协同作用对流体的对流换热过程具有显著的影响，进而影响熔体内部温度和热的物理分布。由此提出聚合物熔体微分多场协同热管理技术，并发明了一系列强化传热螺杆新结构。如图4所示为引入螺旋扭转流动以改善温度-速度协同的扭转螺杆结构。

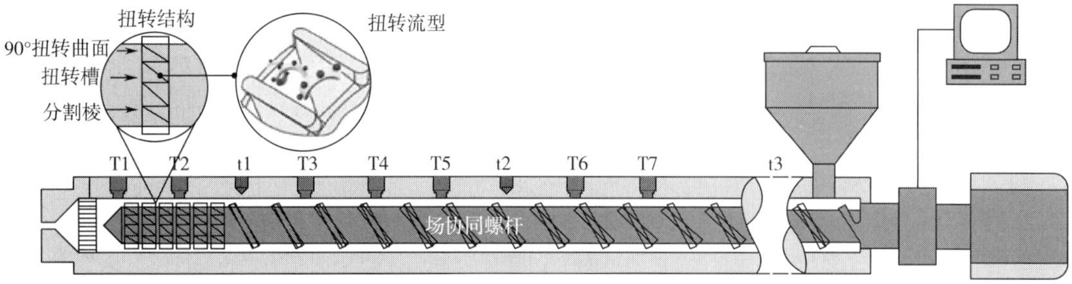

图4　聚合物熔体微分多场协同螺杆及扭转结构

五、纳米纤维静电纺丝技术

聚合物纳米纤维具有许多优异的性能，在空气净化、能源环保、生物医药和国防建设等诸多领域应用前景十分广阔，受到国内外学者的高度重视。自然界中从50微米的羊毛、10微米的蚕丝，再到数百纳米的蛛丝一直是人造纤维追逐赶超的对象。静电纺丝技术的出现，使人造纳米纤维成为可能，主要分为溶液静电纺丝和熔体静电纺丝。捷克的爱尔玛科公司在2010年上海世博会上推出的溶液电纺“纳米蜘蛛”，率先实现了产业化。目前来讲，两种电纺技术各有优缺点，具体表现为：溶液电纺需要借助有毒溶剂溶解聚合物本体，而熔体电纺则由于熔体黏度高导致纤维细化困难。针对这两个技术的难点，国内外学者做了大量的工作，使纳米纤维绿色制造逐渐成为可能。在溶液电纺方面主要为寻找可替代的绿色环保溶剂，如天津工业大学的程博闻教授团队。同时，笔者所在团队就熔体电纺纺丝效率低、纤维细化难等问题发展了一种伞形锥面熔膜微分成纤方法，取代传统的针管式喷头，有效地避免了高黏度熔体的针头堵塞难题，成功制备得到低于500nm的熔体电纺纤维，如图5所示。

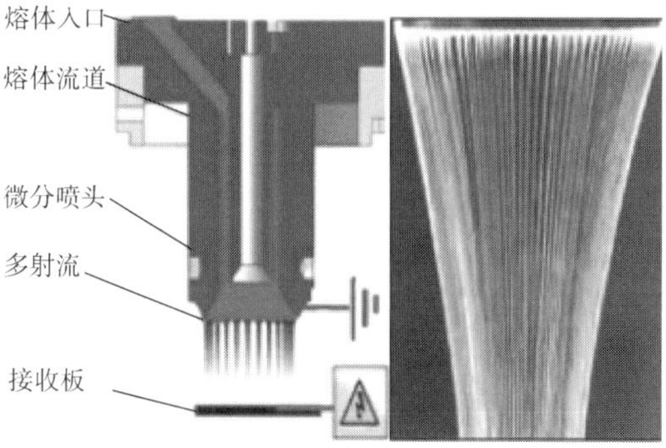

图5　伞形锥面熔膜微分成纤方法

六、智能物联的注塑机群集成网络

工业4.0的目标是智能工厂。智能工厂是对工艺和生产数据的系统使用、对生产单元的联网和整合，是机器、部件以及对自适应辅助系统的分散使用所带来的更高的产率、机器使用率、质量和灵活性。

智能物联的注塑机群网络主要通过数据处理中心及各种终端（如PC端、手机APP、大屏监控中心等），将注塑机地理位置、运行数据等信息进行统一监管。如图6所示，主要分为三部分：第一部分是感知层，通过适配器与注塑机的控制器连接，经由有线或无线的方式，上传和下达注塑机的运行数据，实现对注塑机的远程监控和智能控制；第二部分是网络层，部署在多处的数据处理中心，对数据系统进行分析/处理/关联后，传输至各应用系统；第三部分是运用端，通过形式多样的终端设备，如电脑、手机、iPad等，实现设备管理、维修管理、大数据分析等功能。

例如，博创提出的智能工厂以锁模力 600～68000kN 的注塑机为主机，各个辅机按照设定的指令，使其自动执行各自的任务，并配合上下游完成整个的系统工程。通过注塑成型设备的主控制器与各种辅助设备的通讯和控制，实现智能互动。随着注塑成型设备的注塑工艺的改变，辅助设备上的各种控制参数能随之改变。而辅助设备的工作状态的变化也能通过注塑成型设备的主控制器实时监控。每个单机装备在按照设定的指令自动执行各自的任务同时，还可配合上下游完成整个的系统工程。上述的设备组成了整个自动化系统，再把所有设备串联网络执行通讯，连接中央电脑，开发特殊程式进行操控，便构成了注塑成型智能制造系统（图 6）。

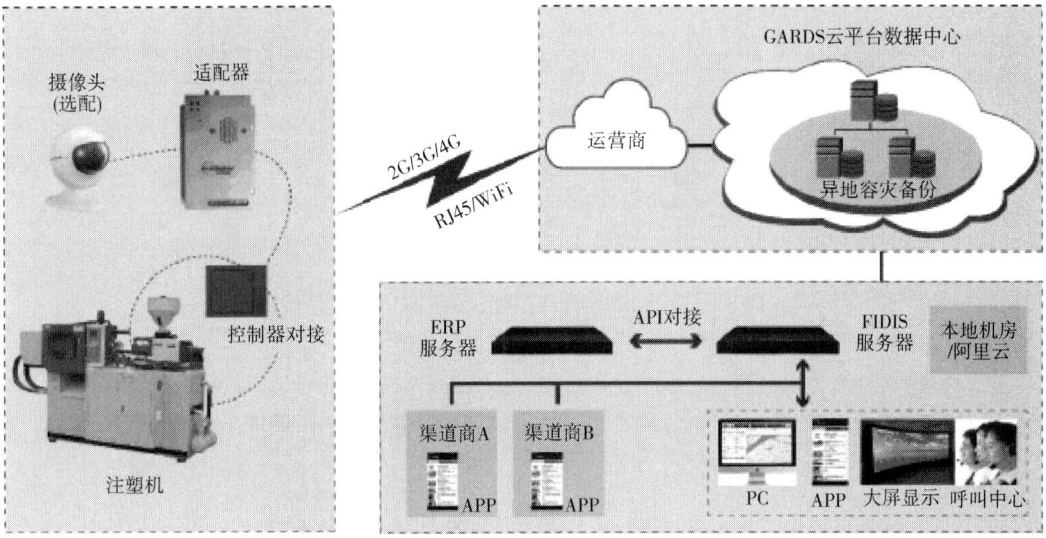

图 6　智能物联的注塑机群集成网络

七、制品缺陷自诊断与自调节技术

聚合物的 PVT 特性是描述材料比容积随温度和压力的改变而变化的情况，是高分子材料的固有属性，对制品的尺寸重复精度和质量重复精度具有重要的影响。换句话说，掌握了聚合物的 PVT 特性并对成型过程进行有效控制，便能够提高制品的精度。笔者所在团队基于聚合物的 PVT 特性，开发了注塑制品缺陷在线诊断及自愈调控系统，在聚合物 PVT 特性曲线图上定义制品质量标准工艺路径，如图 7 所示，通过实时在线监测模具型腔内熔体温度（T）、压力（P）、比容（V）的变化，自动识别因环境条件变化或黏性变化引发的工艺波动，并与制品质量标准成型工艺路径进行对比，如果发生偏离，程序将会自动根据该聚合物熔体的 PVT 特性进行调整，采取相应的应对措施。通过该系统可以显著提高制品的重复率，降低废品率，真正意义上实现注塑制品缺陷的在线诊断和自愈调控。

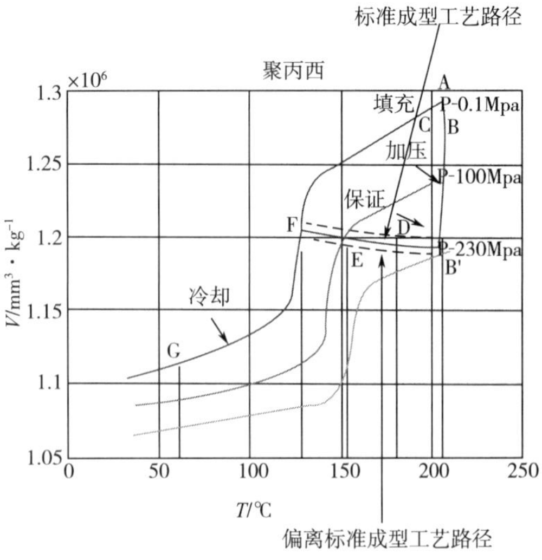

—标准成型路径；- - -允许偏离边界

图 7　注塑缺陷在线诊断及自愈调控

克劳斯玛菲在 NPE2015 展示了 APC 注塑零缺陷控制技术，可以根据注塑制造过程中的波动进行即时补偿，从而实现注塑过程自适应控制和高品质生产。APC 即 Adaptive Process Control，其每个循环周期会根据当时的熔体黏度与模具内的流动阻力调整 V/P 切换点和保压曲线，实现在单次注射过程中的波动补偿，显著提升制品的重复精度。其中，可以补偿的因素包括温度变化、环境变化、物料批次变化等各种外部因素引起的波动。除了可用于在生产过程中的波动补偿之外，还可在停机重启时进行补偿以避免残次品产生。此外，设备内部如螺杆机筒磨损、止逆阀磨损等使得塑化过程发生变化的情况，都可以通过 APC 系统实现补偿。

恩格尔推出的注塑 inject4.0 通过 iQ 软件产品系列可以持续地分析关键的工艺参数，在废品产生前识别偏差并立即补偿，包括注塑和保压阶段始终保持熔体量和熔体黏度的一致性，以模具排气不断地重新调整锁模力，且不受外部环境或者原料质量波动的影响；通过独立调节模具温度稳定性来降低产生废品的风险。此外，恩格尔在其为满足塑料加工行业的要求而特殊订制的产品组合中拥有了自己的 MES（制造执行系统），可实现极高程度的纵向数据集成。

结论与展望

随着德国工业 4.0、美国回归制造业和中国制造 2025 等国家战略的提出以及终端市场对于聚合物高性能化的要求不断提高，高分子材料的应用领域也逐步向生物医学、航空航天、精密电子等领域拓展。材料制品需求的提高不断推动着相应的材料加工技术的不断发展，正朝着智能化、绿色化、生态化、网络化、定制化、功能化、高性能化等方向发展。

参考文献

［1］国家发展改革委关于印发《增强制造业核心竞争力三年行动计划（2018-2020 年）》的通知（发改产业〔2017〕2000 号），2017 年 12 月 20 日.

［2］伍秋涛. 无溶剂复合技术［M］. 内部资料.

［3］张烈银. 食品包装材料与脂肪族聚氨酯胶粘剂［J］. 食品工业，1990（04）：40-42.

［4］俞颂德. 脂肪族聚氨酯胶粘剂的生产及应用［J］. 食品工业，1989（06）：35-36+48.

（北京化工大学　杨卫民、鉴冉冉）

溯源应对新规，创新驱动发展

摘　要：近年来，多角度、多层次的安全环保法规标准将任何一种软包装制品、原辅材料都纳入法规的约束中，构成了保护食品包装安全的网障。整个产业被法规倒逼发展，无论膜、墨、胶、溶剂、制品，还是工艺、装备、厂房、“三废”处理设备，都派生出很多新技术、新产品。技术创新必须善于捕捉新需求。创新内容不能逾越法规所限。法规倒逼创新可能迫使我国建立以技术手段保证包装材料产业链各环节的安全环保可追溯性的食品用包装材料卫生安全溯源管理体系，以创新思维应对行业新规的挑战，自上而下的保证产品的合规性，从源头为食品安全监管提供技术保障，助力企业技术发展。

关键词：法规 标准 创新 溯源 发展

软包装与食品安全息息相关，一直受到广泛关注。近年来，相继实施的安全环保法规技术标准大致分为三个层次。一是食品安全法规和技术标准；二是环保法规和技术标准；三是应用端提出的新要求新标准。据中国塑料加工工业协会复合膜制品专委会不完全统计，2016 年一年国家就连续发布了 53 项食品包装材料卫生安全相关的强制性标准，实施了多项针对软包装材料的环保法规，这些已经或正在制定的法规和标准影响着行业的发展，对软包装技术和工艺提出挑战。新技术和新工艺的开发与发展不应是规避或者寻求理解的差异性，应突破传统“绕着走”模式，利用溯源思维，迎接行业技术新规的桎梏及机遇，实现行业发展的合规性及创新性相依相存。

一、多维度的安全环保卫生法规倒逼行业创新发展

十年来，国内面向食品软包装原材料及制品的安全、环保、卫生、应用等方面的法规与标准纷至沓来。2008 年 6 月 1 日，《食品安全法》正式将直接接触食品的包装及包装材料列入食品安全相关产品实施法律监管。同年，国标 GB 9685—2008 也将食品软包装使用的“膜、墨、胶、溶剂”的原材料及添加剂纳入强制性标准化管理，启动肯定列表式的品种、数量、迁移量管理。由此，“塑化剂”争议此起彼伏。挥发性有机物（VOCs）的排放标准和减排要求给行业形成了高压态势。2013 年，工信部着手制定印刷包装行业 VOC 减排计划与行动方案。“蓝天保卫战”所到之处，中小企业无不面临“关、停、限”。修订中的 GB 9683—××××也对蒸煮包装制品、胶粘剂、油墨、溶剂的品种结构都有了新规定。

正是这些多角度、多层次的法规和标准构成了保护食品包装安全的网障。任何一种软包装制品、原辅材料都将被纳入法规的约束中。整个产业被法规倒逼发展，无论膜、墨、胶、溶剂、制品，还是工艺、装备、厂房、“三废”处理设备，都派生出很多新技术、新产品。无溶剂复合技术、能量固化油墨印刷的发展速度迅猛。食品包装用非溶剂复合制品在全部复合制品的占比已接近 30%，这一增长几乎是欧洲花了 30 年的时间才达到的。挥发性有机物（VOCs）吸附或富集浓缩—惰性气体解析—溶剂回收或焚烧为特色的环保设施技术成为行业技术发展的焦点。

任何一种迎合并满足特定新法规的新技术新产品必定得到业内的青睐和追捧，但也极有可能会触碰另一套法规体系的红线。双组分溶剂型胶粘剂满足 GB 9685—2016 肯定列表要求的自信充足，但双组分无溶剂胶粘剂可能就没有那么自信了。水性胶粘剂和水性墨中一定没有挥发性有机物吗？具施用过程采用的稀释剂都是纯水吗？能量固化油墨符合 GB 9685—2016 吗？

法规的立体屏障倒逼创新的同时，要求创新方案与目标兼顾法规制约的综合性与复杂性，避免因噎废食和盲目追赶时髦。唯有溯源才能解决全面科学创新。溯源是为了排查各种有利和不利因素，定制方案，定向解决问题。

二、不断更新的直接接触材料添加剂肯定列表内容为溯源提供了精准的目标

据称，完全按照 GB 9685—2008 列表允许用于油墨的的物质清单，无法配制出合乎印刷要求的油墨。GB 9685—2008 实施过程中，不断接受新物质的申请，不断更新。新发布的 GB 9685—2016《食品接触材料及制品用添加剂使用标准》中的添加剂肯定列表物质由 GB 9685—2008 的 958 种增加至 1294 种，同时删除 13 种物质，并同时缩小了其余 5 种邻苯二甲酸酯物质的使用范围和限制要求。除了物质的更新外，还对部分添加剂的迁移量、使用量、适用范围作了修订。

直接接触材料添加剂肯定列表内容不断更新，不断有新的物质加入，同时有物质的使用范围被扩大或缩小，这将对科研开发过程中原材料的选择以及工艺设计产生影响。特别是在人们的关注点从单一的添加量管理到添加量、迁移量的双重管理，为工艺合成过程的控制提出了更高的要求和挑战。这都构成溯源的依据和目标。

三、复合技术创新成果深入应用的同时带来隐忧

（一）*初级芳香胺（PAA）、摩擦因数、热封温度成为无溶剂复合制品的三大隐忧*

国内无溶剂复合塑料软包装材料应用增长迅速，源头治理挥发性有机物排放效果显著。预计 2020 年正常使用的无溶剂复合机台数量将达 3000 台套，双组分无溶剂胶粘剂消费量将达到 6.3 万吨。国家发展和改革委员会 2017 年也将“可耐 120℃～135℃高温蒸煮或无溶剂型食品包装用聚氨酯胶粘剂”列入《增强制造业核心竞争力三年行动计划（2018-2020）》重点领域关键技术产业化实施方案[1]。大有一副势不可挡的浪潮将横扫复合技术。

无溶剂复合技术的影响因素杂多。随着国内复合装备技术的提升，核心技术有所突破，与国外先进技术装备的差异在缩小。基材薄膜的表面性能也在不断完善，与国外先进品种差别不大。无溶剂胶粘剂的国产化比例日趋升高。

溯源而论，双组分无溶剂与双组分溶剂型聚氨酯胶粘剂的化学结构与性能相比，具有分子量小、黏度低等特点、由此派生出润湿与流平性好，易施工等特点。低分子量的异氰酸酯预聚体与低分子量端羟基或侧羟基聚合物反应交联固化生成的热固性树脂整体分子量也不高，因此，耐热、耐水解、耐溶剂（耐化学物质）性能差。这导致具有显著的经济效益和社会效益的无溶剂复合技术发展存在局限性。通用型无溶剂胶粘剂的耐水煮、蒸煮性能低，含铝结构应用技术不完善。同时，双组分溶剂型胶粘剂的羟基预聚体树脂合成过程中扩链剂异氰酸酯

反应彻底，其游离异氰酸酯单体含量无法检出，固化剂中游离异氰酸酯含量可以被准确地控制在0.5%以下。无溶剂胶粘剂中游离异氰酸酯单体过量，难以保证在固化交联反应中消耗完全。因此，无溶剂复合材料的初级芳香胺风险比溶剂型复合材料大得多。

国产双组分无溶剂聚氨酯胶粘剂与进口产品相比流平性和加工性更佳。溯源发现，为了提高无溶剂型聚氨酯胶粘剂流平性，生产企业往往会在异氰酸酯预聚体组分中设计添加过量的单体异氰酸酯，如MDI，有的产品单体含量甚至超过了20%。单体异氰酸酯是预聚体树脂的良溶剂，不仅可降低胶粘剂的黏度，还会改善胶体在复合薄膜基材上的流平性或润湿性，可以满足低上胶量、高复合速度的加工要求。游离单体的大量存在导致复合膜的初级芳香胺迁移量偏高，带来卫生安全隐患。据实验统计，国外无溶剂产品复合薄膜后经45℃、1天熟化，其PAA含量可降至10μg/kg以下，经45℃、3天熟化，其PAA含量可降至2μg/kg；部分市售国产无溶剂产品复合薄膜后经过45℃、5天熟化，其PAA含量依然无法降至10μg/kg。

目前市场应用的无溶剂胶基本上都是采用芳香族异氰酸酯为原料的。使用芳香族异氰酸酯的突出优点是原材料来源丰富、成本较低；缺点也非常地明显：游离的异氰酸酯单体迁移进入包装袋内，遇水反应生成初级芳香胺，造成包装内容物被污染的风险。

目前，我国还没有针对PAA相关的国家标准，只有GB 9683《复合食品包装袋卫生标准》中规定甲苯二胺（TDA）的最高限量4ppb的规定，欧盟（EU）NO 10/2011明确规定了在食品包装中初级芳香胺的总含量要求，迁移测试结果要求小于10ppb；德国有一个建议性规定，BfR Recommendation XXVIII推荐的由紫外光谱法所测得的可萃取PAA含量不应超过2ppb。

无溶剂复合材料高速生产过程中，转移钢辊与薄膜接触分离的胶粘剂层不可避免地产生“飞丝”现象。胶液黏度越低，“飞丝”现象越重。这种“飞丝”成分中大比例的含有异氰酸酯单体。因此，高端无溶剂复合设备在涂胶部位都有良好的排风系统且有安全门形成相对密闭的空间，高速转动产生的胶叶飞丝能被正常排出车间外。

过量的游离异氰酸酯单体不仅有可能导致内容物和加工环境污染的风险，还是恶化加工性能的原罪者。实验证明，在一个玻璃容器瓶中，加入少量无溶剂胶粘剂的异氰酸酯预聚体组分，用LDPE薄膜将瓶口扎紧密封后将瓶子倒置，让瓶内胶液完全覆盖封口薄膜部分0.5小时后，将瓶子回置原状，封口膜内表面涂挂了一层胶液。室内静置一周后，瓶内胶液依然可流动，封口膜外表面出现一层“白霜”。结构表征分析析出物，确认为脲类物质。正是敷胶背面的脲类物质存在，导致摩擦因数上升，热封温度提高。

实现无溶剂型聚氨酯胶粘剂的去PAA化，改善其固有的加工性能缺陷，成为行业技术研究的热点。业内提出了多种解决方法，大致归为两类：①胶粘剂生产厂家通过配方、工艺的调整尽可能减少游离MDI的含量；②调整配方，提高MDI与羟基组分的反应速度，尽量避免过多MDI的残留。所有的方法治标不治本，都不能完全解决PAA带来的卫生安全问题，只有开发超低游离芳香族异氰酸酯单体含量的或者脂肪族无溶剂型聚氨酯胶粘剂，实现零PAA。

（二）水性胶粘剂的制造与应用亟待安全标准化

2016年7月8日，为加快重点行业VOCs消减，推动工业绿色发展，工信部、财政部联合发布《重点行业挥发性有机物削减行动计划》，要求到2018年，工业行业VOCs排放量比2015年消减330万吨以上。其中《计划》制定的主要目标，到2018年低（无）VOC胶粘剂产品比例要达到85%以上。因此，水性胶粘剂市场发展潜力不言而喻。

凭字面理解，水性胶粘剂的推广应用就可以从源头解决VOC排放治理问题。但是，追根求源，发现我们国家几乎没有针对食品复合软包装用水性胶粘剂及其复合材料专门制定过质量标准。首先，出于成本或性价比考虑，业内并没有用水性聚氨酯胶粘剂替代溶剂型聚氨酯胶粘剂，而是启用了粘接强度较低的水性丙烯酸及酯类胶粘剂，二者差异较大。其二，水性丙烯酸胶固化后，有的形成热固性树脂，有的形成热塑性树脂且具有压敏性。用于复合工艺的丙烯酸胶固化产物基本都是压敏性产品。因此，其耐热、耐水解、耐油性都与聚氨酯胶无法比拟。其三，很多丙烯酸胶并没有进行残余单体的消除处理和添加剂的针对性选择与优化，导致水胶送检依然检出超标很多的VOC。使用者对于水性胶粘剂的关注不应局限于其环保性，更多的关注功能性、食品安全性。排查发现，国内很多复合包装的质量环境安全标准几乎都是基于溶剂型胶粘剂生产与使用制定的。近两年发布的法规开始涉及无溶剂型胶粘剂，但是几乎未提到水性胶粘剂。水性胶粘剂在药品包装中的应用性能要求几乎与溶剂型产品性能完全相当。例如，依据药包行业通用标准YBB00132002-2015《药用复合膜、袋通则》检测过程中发现，水性胶粘剂复合制备的药包制品的正己烷溶出物远高于标准值。溯源追踪发现，标准的编制基于溶剂型干法复合或无溶剂复合，这样的性能要求能否平移到水性胶粘剂复合材料有待实验验证。

现行的胶粘剂国家标准、行业标准中关于水性胶粘剂的比较少，溶剂型胶粘剂或者无溶剂型胶粘剂的标准是否适用于水性胶粘剂？加快法规标准的规范化，实现水性胶粘剂安全标准化，有利于促进水性胶粘剂行业发展及国内胶粘剂领域产业结构调整。

四、凹版印刷油墨的技术创新推动印刷工艺及制品的安全环保升级

塑料软包装印刷95%以上采用的是凹版印刷[3]。凹版印刷图案鲜艳、层次清晰、色彩丰富、耐印率高、印品质量好，但是凹版印刷带来的不利影响也很显著。

承印的塑料薄膜表面性能特点，导致油墨连接树脂即油墨树脂的品种结构因材而变。油墨树脂是油墨中颜料的载体，是油墨的核心材料，其品质的好坏将直接影响油墨的性能，很大程度上决定了油墨的黏度、黏性、干燥性、流动性等性质。原则上，油墨树脂的原料和品种和颜料一样必须符合肯定列表要求，即便有例外，至少不能在否定列表中。因此，油墨树脂与胶粘剂一样必须满足GB 9685—2016的基本要求。

油墨本身和施印过程中，使用大量的有机溶剂。据中国塑料加工工业协会复合膜专委会统计，每年复合软包装材料凹版印刷使用的溶剂达到44万~54万吨；此外，印刷溶剂沸点低、挥发性高、易在承印材料上残留，造成卫生安全隐患；为此，GB 9683专门针对复合应刷包装材料的溶剂残留规定了限值。

近年来，彩印企业采用印刷单元全封闭式生产、安装溶剂回收装置等方法减少凹印废气的无组织排放。采取催动残余溶剂快速逃逸措施的同时，也针对油墨树脂的结构与品质的选择与控制、无溶剂化或水性化、单一溶剂化、浅版印刷、版辊设计与印刷工艺改造方面等技术开展了系统研究和集成创新，收效显著。

凹印油墨树脂技术创新基本还是在聚丙烯酸（酯）、聚氨酯、环氧树脂、能量引发交联固化反应的树脂等范围内优化比选或设计开发。业内很多成员现场观摩了佛山松德开发成功的UV-LED固化的凹印油墨、专用印刷设备的联动印刷效果。不少客户购置了专用设备和专用油墨、尚未能确认专用油墨对于法规的符合性。能量固化油墨是油墨无溶剂化的一个重要途径。其引发剂和其他未知单体残留必须经受肯定列表检查和指纹谱图的溯源结构表征，以采用技术手段确认油墨新品种对于法规和标准的符合性。

油墨水性化产品的研发依然是从可水分散的树脂和颜料入手。水基聚丙烯酸树脂作为水性油墨树脂是很多厂家的首选，已有不少厂家在包装纸盒印刷应用，但耐热、耐水、无异味的要求可能会限制此类油墨在凹印食品软包装领域的深入发展。水基聚氨酯树脂分散体可能会成为凹印软包装用水墨树脂主力军。已有很多国内外油墨企业开发成功聚氨酯基水墨。环氧树脂改性丙烯酸聚合物，环氧树脂改性聚氨酯也是水性油墨树脂的改进发展方向。无论是水性油墨树脂还是可水分散性颜料的品种、结构、用量、迁移量只有符合GB 9685—2016才能保持其在食品软包装领域的生存空间。水墨的施印也需要对印刷机、版辊、烘道及其温度进行专门新改造才能保证凹印效果。

水墨印刷环保不节能已经是共识，但水墨印刷真的没有挥发性有机物排放吗？答案很含糊，很不肯定。为此，几乎遍访了国外知名油墨企业的技术负责人，得到了几种答案。100%是可以生产的；在一定条件下100%用纯水做稀释剂是可以印刷的。但是100%的纯水为分散相的墨采用100%的纯水为稀释剂在任何季节和任何承印材料上实施凹版印刷是不可能的。因此凹版水墨印刷任重道远。

包装印刷业面临着国家环保政策、食品安全法规以及食品包装材料标准的多重夹击，开发和应用符合环保和安全、卫生要求的绿色凹版印刷油墨是必然趋势，需要油墨、装备、制版、印包企业共同努力。

五、复杂的加工食品导致食品包装应用条件苛刻，倒逼复合结构与原材料升级换代

（一）蒸煮级复合包装胶粘剂的脂肪化

食品接触材料的安全性成为世界各国对于食品

安全的关注热点之一。食品复合包装材料的胶粘剂主要是芳香族聚氨酯。残留的微量游离单体[3]，可能会透过内层材料迁移到食品中，水解后生成具有致癌危害的芳香胺，对人体的健康造成一定的威胁，

$$OCN——R——NCO + 2H_2O \longrightarrow$$
$$H_2N——R——NH_2 + 2CO_2$$

20世纪80年代开始，美国明确禁止采用芳香族聚氨酯胶粘剂的复合材料包装的蒸煮食品进入美国市场。加拿大也仿效美国，禁止销售这种食品。欧盟EU 10/2011规定塑料及其制品中不得检出特定的初级芳香胺。在这种严峻的形势下，美日欧各国纷纷寻找安全卫生的胶粘剂来制造食品包装材料。脂肪族聚氨酯胶粘剂不产生初级芳香胺。1983年4月美国首先批准在高温蒸煮（121℃）复合薄膜中使用脂肪族聚氨酯胶粘剂[4]，正式拉开了蒸煮级复合软包装胶粘剂脂肪化的序幕。多数发达国家也开始采用脂肪族聚氨酯胶粘剂来生产软包装食品包装，并明确规定了芳香族族胶粘剂不准用于高温蒸煮食品包装，并拒绝接受这类产品的进口[4]。

我国的食品软包装起步较晚，但发展很快。20世纪80年代引入的在国外有争议的芳香族聚氨酯胶粘剂，一直以来占据国内食品包装复合膜用胶的主导地位，这也限制了我国塑料包装出口贸易的发展。例如，2008~2010年，欧盟食品饲料快速预警系统（RASFF）就通报了我国食品接触材料439例，其中初级芳香胺迁移量超标被通报110例[5]。

面对越来越严峻的国际环境，我国也不断强化芳香族聚氨酯胶粘剂的监管。GB 9683—88《复合食品包装袋卫生标准》中规定，经加热抽提处理后，包装袋初级芳香胺（包括有利单体和裂解的水碎片，以甲苯二胺计）含量不得大于0.004mg/L。2017年发布的《复合食品接触材料及制品（征求意见稿）》中规定食品接触材料及制品中芳香伯胺迁移量为不得检出（检出限0.01mg/kg），并要求当聚氨酯类粘合剂与食品接触层之间无有效阻隔层阻隔时，该粘合剂不得用在超过121℃条件下使用的复合食品接触材料及制品。虽然在2018年的《复合食品接触材料及制品（征求意见稿）》中删掉了121℃条件下不得使用的要求，但是在国内外高度关注食品卫生安全的环境以及在国外严苛的限制条件下，高温蒸煮型聚氨酯胶粘剂的脂肪化势在必行。

（二）耐苛刻条件的聚氨酯胶粘剂的应用

耐苛刻条件的聚氨酯胶粘剂应用于需高温杀菌蒸煮的食品包装，关键技术在于如何提高胶粘剂的耐高温性、耐水解性、耐特殊食品添加剂性，提高粘接强度，达到耐蒸煮的目的，并且在长期存储过程中，能够抑制食品添加剂对胶粘剂的破坏作用，从而保证存储期内复合袋的粘接性能。根据这些要求，对聚合物的分子结构进行设计，同时对合成配方及工艺进行筛选优化，并通过对助剂的研究大大提升了胶黏剂的粘接性能，降低了食品添加剂对粘接层的破坏作用，保证高食品添加剂含量内容物包装存储期内的粘接强度。

北京华腾新材料股份有限公司开发的耐苛刻条件的聚氨酯胶粘剂能够用于各种铝塑、塑塑复合结构，并且能够在135℃、121℃高温蒸煮食品及100℃水煮条件下应用；熟化完成后，对于铝塑复合结构，粘接强度≥3.5N/15mm，对于塑塑复合结构，粘接强度大于基材的拉伸强度，因此可以达到基材破坏、无法剥离的粘接力；在完成135℃，45min、或121℃，40min蒸煮后，或100℃，45min水煮后，粘接强度可保持在4N以上；蒸煮、水煮后的复合袋，包装酸、辣、油模拟物的条件下，在50℃下老化30天，平均粘接强度可保持在4N/15mm左右；包装含特殊食品添加剂如乙基麦芽酚模拟物下，平均粘接强度可保持在0.5N/15mm以上，揉搓不脱层；产品流平性能极佳，在120m/min复合机速下，也不会出现明显晶点等复合弊病。在同等条件下与国外进口产品老化效果对比看出，产品粘接效果优势明显，保证了包装材料在整个货架期内的粘接效果。因此，对于需要进行高温蒸煮、含有特殊食品添加剂等苛刻条件下的复合软包装具有很好的应用前景。

六、复合包装的整体降解和环境消纳

食品用复合包装几乎完全是一次性消耗品。多材质、多层结构、不降解、粘合剂复合、油墨印刷、塑铝复合、又薄又小等特点，导致传统的复合软包装材料给人类带来了便利的同时也对生态环境增加了较大的负荷。复合包装的回收难度相当大，不同材质的基材分离、去除胶粘剂、油墨非常困难。即便回收了复合包装，再利用的成本也很高，并且还会带来污染。因此需要开发复合膜整体降解和环境消纳技术。

理想的绿色环保型复合包装可整体降解，且能被环境消纳，即在不降低使用性能的前提下，复合

包装（包括塑料、油墨、胶粘剂等）整体废弃后无论采用堆肥、焚烧、填埋等任何垃圾处理方式进行处理，均能满足环境保护要求。

广泛用于复合软包装的塑料类材料都是不可降解的石油基合成材料。国内关于完全生物降解树脂特别是脂肪族聚酯材料的技术开发日臻完善，双向拉伸生物降解聚酯薄膜力学性能可否满足符合包装要求，改性的生物降解聚酯可否替代聚烯烃成为热封材料，脂肪族聚酰胺可否生物降解等一系列技术都需要有人去尝试，去创新。

七、小结

法治与规治环境下的技术创新活动首先应该将创新目标定位于法规的网障约束内。创新内容不能逾越法规所限。新法规创造新机会，新机会必定带来新需求。技术创新必须善于捕捉新需求。剖析新需求的捷径就是溯源追踪。溯源完全可以技术化。法规倒逼创新可能迫使我国建立以技术手段保证包装材料产业链各环节的安全环保可追溯性的食品用包装材料卫生安全溯源管理体系，以创新思维应对行业新规的挑战，自上而下的保证产品的合规性，从源头上为食品安全监管提供技术保障，助力企业技术发展。

（陈宇[1,2]，张春辉[2]，文秀松[1]，崔正[1,2]，谭固[3]
1 中国塑料加工工业协会复合膜专委会专家组；2 北京华腾新材料股份有限公司；3 珠海福瑞聚合物材料有限公司）

2018 年中国模具技术研究进展

模具作为工业生产的基础工艺装备，被称为“工业之母”。工业生产上用于注塑、吹塑、挤出、压铸或锻压成型、冶炼、冲压等。常见的模具可分为冷作模具、热作模具及塑料模具三种。其中，冷作模具又分为冷挤压模、冷冲裁模、冷冲压模、冷镦模等，热作模具则主要包括锤锻、热挤压模和压铸模[1][2]。国民经济中许多产品的开发与生产很大程度上依赖模具工业的发展。这些产品涉及机械、汽车、轻工、电子、化工、冶金、建材等各个行业，特别在汽车、轻工、电子和航天等行业中显得尤为重要[3~5]。因此，模具技术是评判一个国家制造水平高低的重要指标，这也体现了研究与提升模具技术的重要性[3]。

我国模具技术正处于快速发展时期，模具技术水平日新月异。本文系统整理了 2018 年国内关于模具技术发展的研究文献，从模具材料、新型模具的设计与开发、模具制造加工技术以及模具 CAD/CAE/CAM 技术的智能化四个方面进行综述，指出国内模具技术存在的问题及未来的发展趋势。

一、模具材料

据统计，在模具失效的诸多因素中如设计结构、成形及制造工艺、模具材料的选用、热处理工艺及表面强化、润滑及使用维护等，由于模具选材和热处理不当而引起的失效约占 70%[6]。因此，模具材料的选择以及模具材料性能的强化显得格外重要。但是，我国目前中低档模具材料居多，在高端模具钢市场很大程度上依然依赖于国外优质进口模具钢[7][8]。而且模具材料的质量与一些工业发达国家相比，仍存在较大的差距。这就需要研发更先进的生产技术，进一步提升国内模具材料的质量。

提高模具钢质量的常用方法就是提高模具钢热处理技术，一般模具钢的热处理工艺有预备热处理、常规热处理和表面热处理[1]。其中，预备热处理的目的是改善模具钢加工性能、消除内应力和为最终热处理准备良好的金相组织。如雷家柳等[9]在探究热处理工艺参数对 H13 钢性能影响时，发现 H13 钢经球化退火后消除了锻件各向异性，大大提升了钢的加工性能。常规热处理主要是淬火+回火：金欣等[10]对 H13、A1、A2 钢的常规热处理工艺参数进行了研究，确定了其最佳淬火温度；而陈旋等[11]则探讨了不同回火温度对组织和硬度的影响，并确定了最佳回火温度。表面热处理的方法则多种多样，如低温渗流热处理[12]、火焰表面淬火[13]、激光热处理[14~16]、离子渗碳[17]等。

添加其他元素或改变原有元素含量也是提高模具钢性能的有效方法。其中王喜刚等[18]以常见的冷作模具钢 Cr12MoV 为实验对象，确定了 Al 元素含量对该冷作模具钢显微组织及其抗拉强度等力学性能的影响。周灿等[19]以 H13 热作模具钢为实验原料，探究稀土 Ce 含量对模具钢各方面性能的影响，发现随着 Ce 含量的增加，模具钢洛氏硬度、室温拉伸性能、耐磨性能和冲击韧性都呈现先增加后减少的趋势。王振光等[20]则分析研究了钒锶添加量及添加方式对5CrNiMo热作模具钢热疲劳性能的影响，确定0.5%钒含量、0.5%锶含量，纯金属钒添加方式为该模具钢的最佳选择。而对于塑料模具钢，李娜等[21]以贝氏体塑料模具钢FT600和SDP1为研究对象，讨论了化学成分和冷却速度对相变行为的影响，证明增Mn降Si可以大幅降低残留奥氏体含量。

许多学者利用镀层法大大提升了模具钢的各方面性能，如张晓翠[22]利用电沉积法对Cr12MoV钢进行表面强化，制备Ni-Co合金镀层，并探究了电流密度对合金镀层组织性能的影响。此外，还存在其他一些工艺方法来进一步提升不同模具钢的某方面性能。如毛明涛等[23]将研究工作集中于液析碳化物的产生机理，论述了几种不同控制手段下如凝固控制、微合金化等对液析碳化物的影响。

二、新型模具的设计与开发

1. 冲压模

冲压是靠压力机和模具对板材、带材、管材和型材等施加外力，使之产生塑性变形或分离，从而获得所需形状和尺寸的工件的成形加工方法。冲压可分为冷冲压和热冲压。其中，热冲压成形工艺一般是将板料加热到再结晶温度以上某个适当的温度，使其完全奥氏体化后再进行冲压成形[24]。这项技术由于可以解决高强度钢板常温下容易拉裂、回弹大、难成形的缺点，一直是国内外学者研究的热点[25]。包丽等根据奥氏体在不同冷速下相变得到的组织不同，设计出了一种新型的热冲压分区模具，并首次采用感应加热的方法来布置加热端，冲压实验证明，该模具升温速率快，且能成功获得符合要求的变强度热冲压件[25][26]。另外，为了满足热冲压成形零件淬火及批量生产的要求，模具中冷却系统的设计也尤为重要。庞立娟等通过对热冲压模具保压冷却阶段的温度场分析，对冷却水道的结构布置、水道数、水道直径以及水流速度进行参数优化，最终获得力学性能一致的热冲压件[27]。冲模技术中的多工位级进模是我国重点发展的精密模具品种，它代表了冲模技术的先进水平[5]，许多学者在这一方面做出了许多研究。邓和平等利用模拟软件分析了摩托车启动链轮中凸台的成形性能，并对应设计了精冲级进模，成功制备出符合要求的链轮零件。

2. 压铸模

压铸，将金属液低速或高速铸造充型进模具的型腔内，并随着金属液的冷却过程加压锻造。大多数压铸铸件都是不含铁的，常用铸件材料有锌、铜、铝、镁等。陈润山[28]对铝合金制的J7重卡12TA变速器进行工艺和模具创新，修改了分型面和浇口位置，优化了抽芯、推出机构和滑道结构等等，有效规避了变速器模具传统设计在制造、装配中的缺陷。黄美莲等[29]则对铝合金材质的发动机前盖进行压铸模开发，他们基于Magma软件的模拟结果，对压铸模浇注系统、顶针排布、水冷排布实现优化设计，将较大平面加工的平面度控制在0.8mm以内，并实现96%以上的成品率。

3. 注塑模

注塑是一种通过将材料注射到模具中制造零件的制造方法。其成型具体过程可概括为：塑化、注射、保压、冷却和脱模五个过程。注塑模具结构复杂，按其各部分功能的不同，注塑模具可以分为成型模腔、流道系统、导向部件、顶出装置、温控系统、排气系统等[30-31]。在注塑模具设计中，热流道技术应用是近几年研究的热点。采用热流道技术不仅可以大幅度提高塑件的质量，还能减少能源浪费、提高生产率，我国不少学者针对注塑模具中的热流道结构设计进行了深入的研究。如张维合等[32]就将顺序阀热流道浇注系统以及氮气弹簧弹出与传统汽车导流板模具结合，成功解决了注射时熔体流动困难、熔接痕以及表面发光等缺陷。

除了上述一些有关模具设计的研究方向，一些极端工况下的模具结构也是许多学者研究的重点。吉林大学课题组[33-35]顺应超高压模具大型化的需求，针对硬质合金承受拉力和剪切力能力较差的缺陷，基于侧向支撑原理和未裂先分原则，设计了多种剖分式超高压模具（普通剖分式、圆形压缸双层剖分式、双斜边扇形块式多层交错剖分式），通过仿真和实验证明该结构改善了模具的受力情况，可以实现大腔体超高压模具的制造。

三、模具制造加工技术

1. 模具补偿与修复

大型化、高性能、高精度是目前模具的发展趋势，这也就意味着更高的生产加工成本，因此如何延长模具的使用寿命、降低成本、节约资源是目前模具研究的重点问题[36]。模具在使用过程中避免不了出现磨损、刮伤、腐蚀等问题，而这些问题往往会导致模具失效，降低模具的使用寿命。表面修复技术是目前最有效、最常用的修复模具的方法之一。在所有的表面修复技术中堆焊技术是最早用于模具修复的表面技术，也是被公认比较理想、可靠的模具再制造技术[37]。翟大军等[38]对汽轮机叶片热锻模具进行堆焊修复试验，实施过渡层和强化层复合的多层堆焊，大幅提升了锻模的整体使用寿命。除此之外，模具激光熔覆修复技术是新兴的交叉表面处理技术。模具激光熔覆修复技术是指以不同的填料方式在经过预处理的模具失效区域放置所选择的材料，经激光辐照后使之以极快的速度和基体表面一薄层同时熔化，并快速凝固后形成稀释度极低、与基体呈冶金结合的表面涂层[36]。任德亮等[39]针对凹曲面的冷作模具进行激光熔覆修复，研究确定了最佳工艺参数以及最佳修复路径。另外，一些学者在传统修复工艺的基础上进行创新，开发新型的修复工艺。刘立君等在传统激光修复和TIG手工填丝修复的基础上，将二者结合，提出TIG填丝+激光熔凝模具修复工艺，使得修复区的抗热疲劳性能大幅度提升。

2. 逆向工程在模具中的应用

逆向工程技术，是指用一定的测量手段对实物或模型进行测量，根据测量数据通过三维几何建模方法重构实物的CAD模型的过程[40]。逆向工程与传统的正向设计不同，它从产品原型出发，这也就决定了它需要经过数据采集、数据处理、数字化建模等几个关键过程[41]。综合2018年逆向工程技术在模具设计中的应用主要包括以下几个方面：回弹测量与控制[42]、无原始模型的模具修复[43][44]、实物模具重建[45~48]等。在模具的逆向工程设计中，数据采集过程中的采集与数据处理精度与最终的成型模具精度紧密相关，甚至决定了逆向设计的成败。因此，许多学者对数据采集、处理进行深入研究。陈智等[49]研究了扫描角度、喷涂层数和光强等三个因素对模具点云获取质量的影响，并确定了该实验条件下的最佳参数。而高志华等[50]则侧重于点云数据处理方向，自主开发数据处理算法和UG开发程序驱动，在UG环境下实现了分块化点云数据处理，大大提高了数据处理的灵活性。

3. 数控加工技术

数控加工技术主要包括数控机械加工技术、数控电加工技术和数控特种加工技术。其中数控机械加工技术主要指车削、铣削等，数控电加工技术则主要是数控电火花加工技术，数控特种加工技术则是利用光能、声能等实现加工，如快速原型制造技术等[51]。其中铣削加工是型腔模具加工的重要手段，目前，铣削加工技术朝着高速的方向快速发展，即高速铣削技术。高速铣削技术相比传统铣削具备工件升温低、切削力小、加工平稳、质量好、效率高等优点［4］，因此许多学者在这方面开展了有益工作。如任长春等[52][53]设计了一种基于模具零件加工结构特征的高速切削工艺数据库，并建立切削参数优化模型，利用人工神经网络优化方法，实现多目标优化，解决了以往仅凭经验选择工艺参数的缺陷。另外，曲面铣削由于其时变的切削力带来的各种问题也是铣削加工中的难点，哈尔滨理工大学机械动力课题组[54~56]就针对普通淬硬钢模具以及多硬度拼接淬硬钢模具的曲面铣削建立有限元仿真模型，探究曲面铣削过程中的稳定性、力与温度变化特性等，为大型汽车覆盖件铣削加工提供理论指导。

四、模具CAD/CAE/CAM技术的智能化

目前，不论是在模具设计还是模具制造过程中都离不开模具CAD/CAE/CAM技术，这些技术的应用不仅可以显著缩短模具设计与制造周期，还能有效降低生产成本、提高模具质量。随着产品的各方面需求的提高，人们对该技术的要求也越来越高。总的来说，CAD/CAE/CAM技术的发展趋势可以用集成化、三维化、智能化和网络化来总结[4~5]。由于研究人员在模具设计与制造中普遍使用这项技术，故本节不再赘述本项技术的基本应用，而是着眼于关于本项技术的发展与延拓，重点关注智能化与CAD/CAE/CAM技术的结合。

在模具设计方面，智能化自主设计系统是目前的研究热点。从本质上说，智能化自主设计系统传统CAD技术的进阶，利用人工智能来提高设计的合理性和先进性，并进一步缩短生产周期，提高生产成本。陈更新等[57]就开发出了一种玻璃瓶罐模具快速设计系统，通过建立包含玻璃瓶模型特征以及对应模具组件方案的实例库，以检索相似案例的方法实现瓶罐类模具的快速设计。王静等基于参数化设计与关联设计思想，结合规则推理和模糊推理开发了一种NX环境下的顶针智能化系统，一定程度上实现了顶针设计的智能化。

在模具制造方面，自动化加工的发展可以分为三大阶段：半自动化、自动化、智能化[58]。可见，自动化是智能自动化的基础。范崎峰等[59]设计了一款自动锻压系统，实现了锻压过程的自动化。而智能自动化的实现要求在自动化的基础上具备数据处理、分析能力，并提出优化方案。郑蕾等[60]就提出了一种新的模具装配序列规划方法，引入几何可行性和被连接件优先原则两项强行约束条件，减轻工作量，提高实际过程中的可行性。另外，智能化还要求系统具备反馈能力，即具有监控检测能力。何述平等[61]就针对冲压模具生产过程的监控不完善问题，开发了一套完整的模具智能检测系统，为智能自动化打好基石。

五、结语

虽然我国模具技术水平与发达国家相比仍有很大的差距，但是，我国模具生产总量已跃居世界前列，模具技术正处于快速发展时期。因此，如何把握好模具技术发展方向是目前的关键问题，而针对关键需求重点发展则是实现我国模具技术跨越式发展的基本策略。结合本文对2018年模具技术发展的分析，提出以下几点模具技术未来的发展趋势。

（1）在模具材料及其热处理方面，主要是利用如激光熔覆等先进技术，获得高硬度、高耐磨性等高性能模具材料的开发。

（2）在模具设计、制造方面，主要是高速、高精度、复杂、大型、长寿命以及极端情况下的模具开发与制造，重点研究能实现这些目标的先进技术，如高速铣削等。

（3）在CAD/CAE/CAM技术方面，朝着集成化、三维化、网络化和智能化方向发展，其中专项产品的智能化设计、模具生产与应用过程智能化是重点发展方向。

参考文献

[1] 杨明亮，赵作福，霍宝阳，邱玉艳，孙磊强，刘亮．H13模具钢热处理工艺的研究进展［J］．辽宁工业大学学报（自然科学版），2018，38（05）：311-314+324.

[2] 王婷．冷冲压模具常用金属材料及其热处理工艺研究［J］．科技创新与应用，2018（01）：69-70.

[3] 黄荣学，范洪远．我国模具工业发展概述及展望［J］．机械工程师，2007（05）：13-15.

[4] 钟佩思，沈友徽，马静敏，王素玉．模具先进制造技术发展趋势综述［J］．模具制造，2005（03）：1-4.

[5] 李大鑫，张秀棉．模具技术现状与发展趋势综述［J］．模具制造，2005（02）：1-4.

[6] 崔崑．国内外模具用钢发展概况［J］．金属热处理，2007（01）：1-11.

[7] 夏书文，左鹏鹏，吴晓春．国内外压铸模具钢发展概述［J］．模具制造，2017，17（07）：93-99.

[8] 吴茜，刘斌．模具材料研究与应用现状及发展趋势［J］．模具工业，2017，43（03）：1-7+20.

[9] 雷家柳，陈跃，徐先锋，赵栋楠．热处理工艺对H13模具钢的组织和力学性能影响研究［J］．湖北理工学院学报，2018，34（03）：31-34.

[10] 金欣，周健，迟宏宵，马党参，王坚．Mo-W-Co系高热强性热锻模具钢的组织与性能［J］．金属热处理，2018，43（02）：8-15.

[11] 陈旋，韩永强，吕穿江，吴晓春．SDPM钢高硬度均匀性热处理工艺研究［J］．金属热处理，2018，43（04）：111-115.

[12] 殷淑芳．5CrNiMo模具钢低温渗硫热处理的磨损性能研究［J］．热加工工艺，2018，47（08）：143-145.

[13] 王迹，曹立明．火焰表面淬火对变质的CARMO钢组织和性能的影响［J］．热加工工艺，2018，47（16）：230-231+234.

[14] 王建杰，陈立宇，杨夏明，许桢英，杜金星，王匀．激光冲击强化H13热作模具钢的性能分析［J］．热加工工艺，2018，47（10）：119-123.

[15] 谢锐波，廖一峰．复合镀层激光热处理过程汽车模具配件磨损性能测试［J］．激光杂志，2018，39（09）：82-85.

[16] Tran Van Nghia，杨森．H13热作模具钢表面激光熔覆原位合成Cu/TiB_ 2复合涂层组织与性能研究［J］．科技创新导报，2018，15（05）：95+97.

[17] 唐磊，陈尧，彭甜甜，李冬，顾晓明，胡静．H13热冲压模具无化合物层抗冲击抗热疲劳离子渗氮技术研究与应用［J］．表面技术，2018，47（11）：48-53.

[18] 王喜刚．热处理对Cr12MoV锻造冷作模具钢性能的影响［J］．热加工工艺，2018，47（12）：149-152.

[19] 周灿，张庆贺．H13热作模具钢的变质处理与性能研究［J］．热加工工艺，2018，47（16）：212-214+216.

[20] 王振光．钒锶添加对5CrNiMo热作模具钢热疲劳性能的影响［J］．钢铁钒钛，2018，39

（02）：74-77.

［21］李娜，张铮．贝氏体塑料模具钢 SDP1 热变形再结晶行为研究［J］．热加工工艺，2018，47（20）：63-66.

［22］张晓翠．基于模具钢基体的 Ni-Co 合金镀层的性能研究［J］．电镀与环保，2018，38（05）：1-4.

［23］毛明涛，郭汉杰，孙晓林，王飞．H13 热作模具钢中液析碳化物的研究进展［J］．工程科学学报，2018，40（11）：1288-1299.

［24］林建平，王立影，田浩彬，孙国华，王芝斌．超高强度钢板热冲压成形研究与进展［J］．热加工工艺，2008（21）：140-144.

［25］包丽，刘博林，蔡有杰，吴志东，刘萌，刘尚．新型热冲压模具的研发和试验研究［J］．热加工工艺，2018，47（07）：141-144+147.

［26］包丽，蔡有杰，吴志东，刘萌，刘尚．变强度热冲压件数值仿真及其组织性能预测［J］．塑性工程学报，2018，25（02）：30-36.

［27］庞立娟，张雪峰，黄治勇．热冲压成形模具冷却系统的设计研究［J］．粉末冶金工业，2018，28（04）：71-76.

［28］陈润山．J7 重卡 12TA 变速器中壳压铸工艺和模具结构创新设计［A］．中国机械工程学会、铸造行业生产力促进中心．2018 中国铸造活动周论文集［C］．中国机械工程学会、铸造行业生产力促进中心：中国机械工程学会铸造分会，2018：8.

［29］黄美莲，罗柏奎，陈木荣，何宇云．基于数值模拟的发动机前盖压铸模开发［J］．特种铸造及有色合金，2018，38（11）：1222-1225.

［30］姬雷雷．《典型注塑模结构》多媒体系统软件的研究［D］．南京：南京航空航天大学，2004：14-16.

［31］梁艳丰．注塑模结构设计要点分析［J］．中国科技纵横，2010（9）：21.

［32］张维合．基于顺序阀热流道技术汽车导流板注塑模设计［J］．塑料科技，2018，46（12）：100-104.

［33］赵亮．剖分式超高压模具的设计与研究［D］．吉林大学，2018.

［34］依卓，付文智，李明哲．双层剖分超高压模具数值模拟及实验［J/OL］．吉林大学学报（工学版）：1-7［2019-05-06］．https：//doi. org/10. 13229/j. cnki. jdxbgxb20180556.

［35］王伯龙，李明哲，刘志卫，韩鑫．新型多层交错剖分超高压模具的数值模拟及其试验验证［J］．高压物理学报，2018，32（06）：27-32.

［36］郭小燕，张津，张叶成，孙智富．表面技术在模具修复中的应用进展［J］．表面技术，2007（06）：70-73+76.

［37］胡随芯，秦训鹏，胡泽启，邓庆文，武建祥．热作模具堆焊修复再制造技术发展现状与趋势［J/OL］．热加工工艺，2019（05）：10-16［2019-05-04］．https：//doi. org/10. 14158/j. cnki. 1001-3814. 2019. 05. 003.

［38］翟大军，文仲波，侯勇，唐道磊，李艳丽．汽轮机叶片热锻模具堆焊层组织与力学性能［J］．热加工工艺，2018，47（17）：81-84.

［39］任德亮，林齐，李婷，齐海波．冷作模具曲面激光熔覆修复工艺及路径研究［J］．表面技术，2018，47（03）：54-60.

［40］王京美，王德斌，刑渊．逆向工程技术在模具制造中的应用［J］．模具制造，2001（01）：3-6.

［41］成思源，张湘伟，黄曼慧．逆向工程技术及其在模具设计制造中的应用［J］．机械设计与制造，2009（06）：233-235.

［42］刘飞，范昇，廖宏谊，余汉红，鲍家定，屈婧婧，李海林．基于 Dynaform 的整体式波形片成形回弹研究及其模具参数优化［J］．锻压技术，2018，43（09）：29-36.

［43］蔡佩松．基于逆向工程的汽车覆盖件模具修复［J］．现代制造工程，2018（06）：153-156+31.

［44］唐文彬，刘晓晶，孙威，王洪强，王孟．无原始模型的失效模具的快速修复［J］．应用科技，2019，46（02）：122-126.

［45］王海雄，王军力，黄启欣．电吹风手柄后盖逆向工程建模与模具设计［J］．中国塑料，2018，32（11）：131-135.

［46］侍崇诗，严陈希，王冰，黄明宇，倪红军．基于 RE 的安全帽三维造型及其注塑模设计［J］．塑料工业，2018，46（06）：58-61.

［47］阳波，刘红昌，党敏升，毕小龙．逆向工程技术在航空模具制造中的应用［J］．模具技术，2018（02）：41-44.

［48］陈丽丽，尹华彬，刘胜兰，张丽艳．航

空实物制造依据三维数字化测量及模型重建［J］．航空制造技术，2018，61（05）：24-29.

［49］陈智，魏艳红，刘仁培，沈泳华．基于PTS光栅扫描仪的模具点云获取工艺研究［J］．机械制造文摘（焊接分册），2018（06）：32-38.

［50］高志华，李彦奎．基于云数据处理的航空叶片精锻模具逆向设计智能化分析［J］．制造技术与机床，2018（05）：41-45.

［51］李松江．模具制造技术与发展趋势［J］．模具制造，2006（07）：3-6.

［52］任长春，何宁，陈京，张旭．淬硬钢模具零件高速切削工艺优化方法研究［J］．模具制造，2018，18（08）：64-68.

［53］任长春，何宁，陈京，张旭．基于特征的企业型模具零件高速切削工艺数据库设计［J］．模具工业，2018，44（07）：51-55.

［54］岳彩旭，郝胜宇，黄翠，王彦武．淬硬钢模具曲面铣削有限元仿真及试验研究［J］．哈尔滨理工大学学报，2018，23（05）：40-45.

［55］岳彩旭，王彦武，高海宁，马晶．凸曲面拼接模具铣削过程三维有限元仿真研究［J］．航空制造技术，2018，61（16）：34-42.

［56］岳彩旭，冯磊，高海宁，朱磊，张海涛，刘献礼．多硬度拼接淬硬钢铣削动力学分析［J］．振动．测试与诊断，2018，38（03）：531-539.

［57］陈更新，朱兴元，崔海华，马建华，王华君．基于模型检索的玻璃瓶模具组件设计方法与实现［J］．图学学报，2018，39（05）：862-866.

［58］张传忠，栾春伟，唐贵荣．汽车模具数控加工自动化发展进程分析［J］．模具工业，2018，44（05）：1-3.

［59］范崎峰，杨林，郭忠峰．基于轴承环坯的自动锻压系统的设计与研究［J］．制造技术与机床，2018（02）：105-110.

［60］郑蕾，周雄辉．基于蚁群算法的模具装配序列规划［J］．模具技术，2018（06）：1-5+18.

［61］何述平，陈立军，唐倩，陈锐，付磊磊．冲压模具智能检测系统的开发［J］．制造业自动化，2018，40（07）：1-4+36.

（浙江大学　许忠斌　许方敏　薛斌）

节能、环保、绿色的聚氯乙烯（PVC）塑料制品

目前聚氯乙烯（以下简称PVC）塑料制品在全球发展迅速，前景广阔，世界各国都看好PVC塑料制品的应用范围和发展潜力，以及其对生态环境，尤其和其他通用树脂相比较更其节能、低碳的优点。PVC正以其优越、独特的性能向世人证明其作用和地位是目前任何其他产品都无法取代的，社会发展需要它，环境保护需要它，它是我们人类社会文明进步的必然趋势。从城市发展来看，住房、人口、交通、环境是困扰未来发展的四大难题，要缓解这些问题，塑料工业起着不可替代的作用。PVC塑料制品在建筑、农业、交通、通信、装饰、装修领域成功的替代金属、陶瓷、石材和木材等传统材料，充分体现了其节能、环保、经济的特性，具有显著的社会效应，市场需求量也随之大幅度增长，发展前景广阔。另外，随着城市发展和人们生活水平的提高，对改进新材料的需求亦趋于迫切，各类新型材料将不断涌现以满足人们衣食住行等各方面的要求。可以说PVC塑料制品的可持续发展与城镇化可持续发展内在要求是一致的，这对于包括PVC在内的塑料工业发展极其有利。

一、PVC的历史回顾

PVC的历史可追溯到近180年前的1835年，大概80年后，人们看到了这种高分子材料的工业价值，再过大概15年，即1930年代初，PVC实现了商业化。在此之前，由于加工性差以及未找到有效的稳定剂，PVC的发展受阻。在1930年至1936年间，美国的Union Carbide和德国Bitterfeld的IG Farben公司实现了年产量为几百吨的均聚PVC工业化生产（1912年德国格金海电化厂的Fritz. Klatt发现可由乙炔和氯乙烯加成制得这种合成物）；1935（1936）年德国法本（I. G. Farben）公司采用乳液法首先实现了工业化生产；1940年美国化学家Waldo Semon开发成功悬浮法PVC，制成软质PVC浴帘，并在其所在的B. F. Goodrich公司实现了工业化；20世纪50年代，法国Saint Gobain公司发明了本体法PVC。从此，PVC开始稳步增长。

PVC 工业品为白色或浅黄色粉末，相对密度 1.36，含氯量 56%~58%。聚氯乙烯耐酸碱性、耐磨性、电绝缘性好，不燃烧，具自熄性，但热稳定性和耐光性差，140℃即会分解释放氯化氢，但聚氯乙烯的加工温度却在 160~180℃以上，为此，在成型过程中，必须加入热稳定剂。聚氯乙烯软化温度低，使用温度限在 80℃以下。相对低分子质量的聚氯乙烯易溶于酮类、酯类和氯代烃类等溶剂，相对高分子质量的难溶于上述溶剂。

工业上，用于合成 PVC 树脂的氯乙烯单体可以通过石油和煤两条不同原料路线生产，所得的氯乙烯进而可采用本体聚合、乳液聚合和悬浮聚合法制得 PVC。但一般多用悬浮法制得粉末状树脂，约占 PVC 总产量的 80%左右，其次用乳液法制得糊状树脂。

二、节能、环保的 PVC

PVC 工业的发展曾因其可能对环境和健康有一严重危害而受到影响。但在 2000 年前后全球大量的调查研究表明，PVC 对环境和健康的危害：如二噁英、酸雨、重金属及 DOP 环境荷尔蒙的危害，并没有像曾经指出的那么严重，而更客观的情况可能是，PVC 实际上比其他替代物对环境和健康更无害。二噁英问题通过在焚烧时去除 HCl 等改进的技术手段解决了；铅等重金属污染问题紧跟 2015 年欧洲禁铅活动完成后，中国热稳定剂的环保化进程也全面展开，已基本弃用含重金属的产品；增塑剂影响环境荷尔蒙的问题也已成功找到了替代产品。

苏格兰爱丁堡地球生态协会指出：大气层中仅 3%的氯化氢是由现代焚烧炉焚烧 PVC 废弃物产生的，由此所形成的酸雨占总酸雨量的不到 0.2%。美国纽约市政府能源和发展局通过焚烧实验后发现，城市固体垃圾中 PVC 废弃物含量与二噁英的形成其实没有必然的联系。

欧洲乙烯制品委员会的实验研究证明，废弃 PVC 制品不容易分解，即便有一定数量的增塑剂和稳定剂释放到土壤中，但其释放量极其有限，对环境不会造成危害。研究结果还证明，在土壤中发现的氯乙烯不是由 PVC 分解产生的。因此，难分解的废弃 PVC 制品完全可以和其他固体垃圾一起掩埋处理而无害于环境。

一些环境科学家正在以新的眼光看待 PVC，即生产和加工 PVC 的能耗比传统材料和 PP、PE 等要低 40%甚至几倍，有利于降低“温室效应”。伦敦学者约翰．爱克尔顿说“由于有利于节约能源，PVC 作为环境友好材料将在 21 世纪再度兴起”。进入新世纪后，对 PVC 从防止气候变暖、资源有效利用等视角进行重新评价，认为 PVC 塑料制品是可对循环型社会做出贡献的重要材料之一。而纵观国内 PVC 消耗前 10 年的高速增长，验证了上述科学者的论断。

首先，与 PE、PP、PS 等材料相比，PVC 可减少 CO_2 排放，见表 1。表 1 中 CO_2 发生量是完成燃烧时经碳换算的发生量。

表 1　CO_2 排放比较

材料	CO_2 发生量（kg/kg）	比率（以 PVC 为 1）
PVC	0.38	1
PE	0.85	2.24
PP	0.85	2.24
PS	0.93	2.45

PVC 制造时，能源消耗量少，见表 2。与 PE、PS、PET 相比，PVC 的能源消耗是最小的。

表 2　原料生产能源消费量

材料	制造能耗	比率（以 PVC 为 1）
PVC	55	1
PE-LD	74	1.35
PE-LLD	92	1.67
PE-ULD	79	1.43
PS-HI	94	1.71
PET	113	2.05

从 PVC 的分子结构—（CH_2CHCl）$_n$—看，CH_2CH/Cl= 27/36，其消耗的石油资源仅占 43%，氯占 57%，即一半以上的原料不是石油资源，与全部 100%使用石油为原料的其他通用树脂相比，是资源能源负荷最小的树脂。由于消耗了大量的氯，所以对国内高速增长的化工工业有着不可替代的贡献。

三、PVC 制品

国内 PVC 生产工艺成熟、成本低、易加工成型，可用注塑、挤塑、中空成型、压延成型、压塑、旋转成型、喷塑、蘸塑等加工方法制成 PVC 塑料制品。PVC 塑料制品可根据是否添加增塑剂及添加的多少，分为硬质、半硬质和软质制品。

1. 硬制品

主要包括各种管材、型材、板材、片材，以及发泡板材和装饰、装修制品。硬制品占 PVC 总消费量的 55%左右。其中 PVC 管材管件约占其消费量的 20%，为 350 万吨左右；硬质片材、板材和塑木制品，快装墙板和地板（因环保压力目前家具用材已由传统的材料转向 PVC 发泡板），增长极快，据不完全统计约占 PVC 总消费量的 25%，为 450 万吨左右；型材、异型材约占 PVC 总消费量的 8.0%，约为 150 万吨；总消耗 PVC 树脂约为 900 万吨。

2. 软制品

主要包括包装材料、压延膜/革、电线电缆、乳胶手套、儿童玩具、圣诞礼物和特殊用途制品、塑料鞋等，作为快速消费品比例呈逐年上升趋势，软制品占 PVC 总消费量的 45%左右总消耗 PVC 树脂约为 800 万吨，到 2020 年可望突破 50%。

PVC 膜又被细分为广告膜、农用膜、家具膜、透明膜、玩具膜、灯箱膜等，市场容量巨大。

四、低碳、绿色的 PVC 塑料

随着我国可持续发展战略的提出以及人们对居住环境质量要求的日益提高，建材与建筑的“绿色化”被提到了议事日程。建筑业中可持续发展观念是以资源有效利用、健康环境和生产效率为基本原则，符合这些原则的建筑被称为绿色建筑。当今，“绿色”已成为人类环保愿望实现的标志，是建筑市场发展的潮流，“绿色度”表明其对环境的贡献程度，而建筑节能制品是体现建筑绿色度的重要内容。特别是具有低碳、节能、高性价比的化学（塑料）建材制品将随着社会的发展越来越受到人们的关注。“十三五”节能减排综合工作方案中明确指出强化建筑节能，实施建筑节能先进标准领跑行动，开展超低能耗及近零能耗建筑建设试点，推广建筑屋顶分布式光伏发电。编制绿色建筑建设标准，开展绿色生态城区建设示范，到 2020 年，城镇绿色建筑面积占新建建筑面积比重提高到 50%。而回顾“十二五”期间国家有关推进《海绵城市建设》和《地下管廊建设》无不推高对管道产品的需求：a. 中央财政在积极引导地下综合管廊建设，财政部会同住房城乡建设部确定了 10 个试点城市，计 划三年内投入 102 亿元以上引导地方建设试点；b. 到 2020 年海绵城市建设总投资将达 1.2 万亿，到 2030 年将达 4.8 万亿，塑料管材将会迎来新的发展机遇；c. 据相关报告显示，建筑行业对塑料管材的需求是最大的，至 2019 年中国对塑料管材的需求仍将以 9%左右的年增长率上涨。当然化学建材制品中 PVC 塑料管材和门窗产品是最具代表性的。

本文以下内容谨以 PVC 门窗、管材两个品种为例，来看看 PVC 和传统材料在制造、使用过程中的各种数据及性价比：

1. 门窗

我国建筑的能耗（包括建造能耗、生活能耗、采暖空调等）约占全社会总能耗的 30%。其中最主要的是采暖和空调，占到 20%。而这“30%”还仅仅是建筑物在建造和使用过程中消耗的能源比例，如果再加上建材生产过程中耗掉的能源（占全社会总能耗的 16.7%）和建筑相关的能耗，将占到社会总能耗的 46.7%。

随着国家节能减排形势的需要，建筑节能指标进一步提高。在 2011 年 2 月 22 日召开的北京市建筑节能工作大会上，北京市政府提出将“十二五”时期的北京市建筑节能的各项指标瞄准国际上同纬度国家的最高水平。北京市《居住建筑节能设计标准》于 2012 年发布实施以来，将住宅的相关建筑节能标准提高至 75%。随着建筑节能指标的不断提高，更加推进了节能塑料门窗的发展与应用。天津、新疆、河北及山东等相关地区也在提高建筑节能水平实施四步节能，推广应用节能门窗。

（1）建筑节能中门窗节能的重要性

门窗是建筑围护结构的重要组成部分，是建筑物外围开口部位，也是房屋室内与室外能量阻隔最薄弱的环节。有关资料表明，通过门窗传热损失能源消耗约占建筑能耗的 28%，通过门窗空气渗透能源消耗约占建筑能耗的 27%，两者总计占建筑能耗的 50%以上，可见，建筑节能的关键是门窗节能。

门窗节能的本质，就是尽可能减少室内空气与室外空气通过门窗这个介质进行热量传递。热传递的方式有传导、对流和辐射。要减少热量通过热传导传递，就要求门窗材料应选用低导热系数的材料；要减少对流热量传递，就要求门窗的密封性能良好；要减少热辐射传递，就要求成窗具有较好的遮阳功能。在建筑节能设计标准中，门窗的这些性能是分别通过传热系数、气密性能和遮阳系数来表示的。

一般普通外门窗的保温隔热性能比外墙差很多，而且外门窗和墙连接的周边又是保温的薄弱环节，因此，从降低建筑能耗的角度出发，必须要求建筑外门窗的保温性能。建筑门窗对建筑能耗高低的影响主要有以下几个方面：一是窗的传热系数影响冬季采暖、夏季空调时的室内外温差传热；二是窗受太阳辐射影响而造成室内得热；三是因门窗密封性差室内外冷热空气交换造成的能耗。

在冬季，通过窗户进入室内的太阳辐射有利于建筑节能，因此，减小窗的传热系数抑制温差传热以及提高窗户密封性能是降低窗热损失的主要途径之一；而夏季，通过窗口进入室内的太阳辐射热成为空调降温的负荷，因此，减少进入室内的太阳辐射热以及减少窗的温差传热及提高窗户密封性能都是降低空调能耗的途径。窗户的热工性能优劣极大地影响到建筑的采暖和空调能耗，使用节能塑料门窗是降低建筑能耗的重要途径。

（2）不同材质型材对门窗保温性能影响

窗户是由窗框、扇材料及玻璃系统组成，目前，市场上窗材料常用的有 PVC 塑料窗、铝合金窗、木窗、钢窗等，每种不同材质的窗框、扇材料其导热系数差异较大。

表 3　常用窗框材料的导热系数

W/（m·K）

玻璃	钢材	铝合金	PVC	PA	松木	玻璃钢
0.76	58.2	203	0.16	0.23	0.17	0.52

表 4　常用窗框材料的传热系数

W/（m^2·K）

普通铝合金框	断热型铝合金框	PVC 塑料框	木框
6.21	3.72	1.91	2.37

从表 3~表 4 可以看出，在门窗常用材料的导热系数中，导热系数最小的材料为 PVC 材料，为 0.16W/（m·K），导热系数最大的材料为铝合金，为 203W/（m·K）。铝合金的导热是 PVC 的 1268 倍。通过不同材料传热系数的比较不难看出，PVC 材料应是节能门窗的首选材料。

在回收重复利用方面，塑料型材的回收能耗也远低于铝合金等金属材料：塑料型材旧料粉碎后，可掺入新料重新挤出成辅材，或制作管道等其他挤出制品；而铝合金等金属制品回收后，要经过高温熔化，再进行成分调整、铸锭处理等多个工序才能制成制品。

节能塑料门窗还具有防潮、防水、耐候、绝缘、改善结露等优良性能，可广泛适用于风沙大、雨水多、高热、高寒及有腐蚀性气体等环境恶劣的场所，是较为理想可靠的建筑节能门窗。建筑节能为塑料门窗的发展提供了机遇，而塑料门窗的广泛应用给社会带来了绿色效应。

2. 管道

据美国研究者在 2014 年发布的报告称：PVC 管寿命至少百年（Catherine Kavanaugh丨 塑料新闻中国 发表于北京时间 2014/5/20 @ 01：18）。

全文如下：最新的一项研究称，通过对全球使用中的 PVC 管道的挖掘和测试表明，PVC 管道的可靠服务寿命超过 100 年。报告作者 Steven Folkman 说，这一数字比某些管道专家提出的时间长一倍。犹他州大学地下结构实验室的研究人员已对所有类型的管道进行了长达 50 年的分析和测试。他们在 5 月 14 日发布的研究报告以过去的挖掘报告、新质量测试的结果以及生命周期成本分析为依据。研究学者对澳大利亚、欧洲和北美的供水系统中所用的 PVC 管道性能展开了分析。挖掘报告表明，经过数十年的使用后无老化现象。一些挖出的美国在 1964 年、1987 年和 1990 年早期安装的塑料管道还在 2013 年接受了 USU 实验室的机械测试，以评估使用过程中的老化情况。研究表明，所有管道仍达到了相关标准。该报告在谈及 PVC 管道寿命时说，“北美研究表明 100 年只是保守估计。”

由此可见，塑料管材并非普通消费者的认识——塑料比不上金属，一般都从使用寿命来对比，为此我们搜集了各种材质的管道在制造能耗，适用范围，应用条件，使用寿命，综合造价等全方位数据来考察对比各种材质的优势，详见表 5。

3. PVC 管材、型材的绿色效应

（1）PVC 管材与金属管材相比，生产每立方米 PVC 和生产每立方米钢及铝计算，钢的能耗为 316KJ/m^3，铝的能耗是 619KJ/m^3，PVC 的能耗为 70KJ/m^3，即钢的能耗是 PVC 的 4.5 倍，铝的能耗是 PVC 的 8.8 倍。而生产 PVC 管的加工能耗也仅为同口径金属管材的三分之一。同时由于 PVC 管壁光滑，不结腐蚀瘤，输水效率高，用于输液可节电 20%左右。

表 5　**PVC 管材与金属管材的对比**

比较项目	PVC 塑料管道	金属管道		混凝土管道
		钢管	离心球墨铸铁管	预应力钢筒混凝土管
原料	PVC 树脂	金属	金属	混凝土、金属
成型方式	挤出成型	一般采用铸轧法生产	铸铁浇铸成型	混凝土浇筑钢筒成型
加工温度	中温	高	高	较低
加工能耗	低	高	高	高
适用管径（mm）	DN16-1600	DN20-2000	DN80-2600	DN600-4000
适用范围	输引水支线	输引水干线、支线	城市供水	城市工业供水、输引水干线、支线
使用寿命/年	≥50	20~30	30~50	>50
铺设条件	浅覆土、室外直接安装	浅覆土	浅覆土	深覆土
耐腐蚀能力	强	弱	弱	较强
流体阻力	小	大	大	大
连接方式	柔性连接，承口连接；无电情况下，可采用胶水粘接	一般是焊接	一般是焊接	承口连接
环保	好、无 污染	一般，有污染	一般，有污染	好、无污染
适应地形能力	强	强	较强	较强
抗震能力	较强	弱	一般	较强
施工安装	运输吊装方便	内外防腐麻烦	运输吊装较难	运输吊装难
对工地基础要求	低	低	较低	低
施工质量	易控制	不易控制	不易控制	易控制
综合造价	中	高	最高	中
重量	轻	较重	较重	重
环刚度	低	高	高	低

对于管道生产成本，PVC 管道的生产成本约为 5932 元/吨，钢管的生产成本约为 5038 元/吨，球墨铸铁管的生产成本 3414 元/吨，预应力钢筒混凝土管生产成本为 2685 元/吨（备注：以上数据均通过行业龙头上市公司 2017 年年报计算得出）。但是，由于 PVC 制品密度一般只有金属管道的 1/5~1/6，所以实际 PVC 管道的同压力等级下的单位数量价格远小于金属管道（以重量 1/5 比，计算同距离长度成本，安装同一长度管道的成本，PVC 仅为钢管的 25%不到）。

（2）生产每吨 PVC 塑料异型材的能耗约为 49kgce/t，是钢的 2/9，铝的 1/8（铝型材约为 400kgce/t）。

经济：相对于同样性能的断桥铝门窗，节能塑料门窗的价格可以便宜 30%，经济效益明显。

节水：我国水资源短缺，农牧渔业、造纸、金属冶炼、化学工业等需要大量的水资源。水受到严重污染，就不能还原复生；塑料门窗用 PVC 型材的生产则只需很少的水进行冷却，并可循环利用；

节木：100平米的塑料窗大约可取代5~7米^{3}木材。1亿米^{2}塑料窗可节约木材600万米^2，按照每立方米木材相当于4棵大树计算，600万米^{3}木材相当于150万棵树免受砍伐。

4. PVC门窗的节能效益分析

以下以安徽省为例，对夏热冬冷地区采用节能塑料窗和普通窗的节能经济效益进行分析：

40万吨型材约4000万米^{2}塑料窗比普通窗节约能量为：

安徽省节能建筑外窗的传热系数的限值K≤2.8W/m^2·K，以4000万米^{2}的双玻塑料窗来代替传热系数K=4.0W/m^2·K普通窗进行分析计算：

$$Q_J = 4 \times 10^7 (K_P - K_S) \times (t_n - t_P) \times 24 \times n_1 / 10^3 \quad (1)$$

式中：Q_J——年节能量（KWh）；

K_P、K_S——分别为普通窗和节能塑料窗的传热系数（W/m^2·K），分别取4.0、2.8；

t_n——采暖期室内温度，取18~20℃，取值18℃；

t_p——采暖期室外平均温度，3.5℃；

n_1——采暖天数，62天/年。

代入公式（1）

代入公式得：$Q_J=4\times10^7\times(4.0-2.8)\times(18-3.5)\times24\times62/10^3$

$=1.03565\times10^9$（kWh）

安徽省居民用电平均电价为0.5元/度电，以此计算，

$M= 1.03565\times10^9\times0.5=5.17825\times10^8$元

4000万米^{2}节能塑料窗比普通窗节约电费：5.17825亿元

煤在燃烧过程中要产生大量对环境严重污染的有害物，生产1kWh的电需燃煤平均为0.35kg，则上述电能节约标准燃煤为36.25万吨；减少二氧化碳排放量为94.975万吨；减少二氧化硫排放量为0.308万吨。

综上所述，以安徽省4000万米^{2}的门窗中，如果使用传热系数2.8W/m^2·K的节能塑料窗代替4.0W/m^2·K普通窗，在采暖期内可以节约电费5.17825亿元，减少大量有害物质排放，可见在夏热冬冷地区窗户节能对建筑节能具有重要的影响，在夏热冬冷地区，采用塑料窗代替普通窗，其节能效果和经济效益都有明显提高。如果在严寒寒冷地区采用四腔或五腔三密封三玻节能塑料窗会具有更大的节能效果、经济效益和环境效益。

5. PVC塑料门窗的发展趋势

塑料门窗至20世纪50年代由欧洲国家研发成功到现在，经过50多年的努力和产品技术水平的不断提高，塑料门窗以其保温、隔热、隔音、耐腐蚀等诸多优势，在欧洲乃至世界迅速推广应用。目前，无论是技术水平还是发展速度，德国均居世界领先地位。由于上世纪70年代世界性能源危机爆发，德国政府为了解决寒冷地区门窗的冬季结露和节省供暖能源的问题，开始重视塑料门窗的研制和应用。在政府的大力推动下，塑料门窗的质量迅速提高，标准和规范逐步完善，最终形成了规模巨大、高速发展的产业。

目前，我国城乡建筑房屋每年以20%以上的速度增长，年竣工面积为20亿米^2，其中既有建筑400亿米^2，95%以上为高能耗建筑，其门窗的能耗为发达国家的2~3倍。在未来30年内，我国将建造400亿米^{2}新建筑。在东北三省和内蒙古等地，40%以上的新建住宅都使用了塑料门窗，青岛和大连新建住宅中塑料门窗的应用量则达到80%以上，我国节能减排工作的深入开展及绿色建筑的提倡有利于具有良好的保温隔热和密封性能的节能塑料门窗提升市场占有率。

随着人们生活水平的提高和科学技术的进步，并通过行业近年来对产品的大力研发、科学设计、无毒环保型配方的改进及先进设备的投入，使得外形美观、高性能及个性化的塑料门窗倍受欢迎，塑料门窗在节能建筑领域的优势日益显现，经过多年的发展，塑料门窗培育出良好产业基础、技术成熟、应用状况优良、市场前景广阔而备受投资商的青睐。

结束语

从上面的介绍中可以清楚地认识到PVC塑料产品替代传统材料对环境保护的积极作用，此类产品完全不同于购物袋、快餐包装、快递包装、饮料瓶等一次性塑料消费制品。消费者不能谈塑色变，要正确区分，认识不同塑料品种、制品对社会发展的存在意义。当前，社会主要矛盾发生了深刻变化，人们对生活品质和居住环境的诉求越来越迫切，习总书记提出“绿水青山，就是金山银山”生态环境保护新思想，为PVC新型绿色建筑材料替代金属、陶瓷和木材等传统材料提供了可持续的发展空间，也必将充分体现其节能、环保、经济和显著的社会效益。而且从各国发布的数据获悉，欧美

各国化学建材（塑料制品）的使用比例已远高于传统材料，尤其是管道和门窗制品，对比国内还存在不小的差距。对此全社会都要引起重视，要让塑料制品在迈向“青山绿水”过程中发挥应有的作用。

2017年全球PVC消费量达5000万吨以上，同期国内的表观消费量为1700万吨左右。据预计，至2021年，全球对PVC的需求量将以3.2%的年增长率上涨。其中亚太区迄今为止仍是最大的PVC销售市场，占全球总消费量的近56%，在未来仍是PVC需求增长率最快的地区。尽管我国PVC树脂工业在全球范围内已取得产能、产量和消费量三个第一，但从人均消费量来看，在中国还有较大的发展空间。据预测，未来十年或许更长时间全球PVC需求量将以每年4.1%比率增长，而中国将成为PVC主要消费国，其表观消费量增速有望达到10%左右，PVC产业大有发展潜力，众多的新产品、新市场需要我们去开发去占领。

（施珣若　宋科明　朱守益）

绿色高效PVC稳定剂发展趋势及展望

聚氯乙烯（PVC）因其突出的阻燃性能、电绝缘性、耐磨性、耐腐蚀性等优点，被广泛应用于管材、门窗、日用品等领域[1]。2018年我国PVC产量为1889.7万吨，同比增加3.08%。由于PVC分子链中叔氯、烯丙基氯等缺陷结构的存在，导致PVC在高于100℃时会脱除HCl，并产生共轭双键，进而发生断链等降解行为。因此，热稳定剂是PVC加工过程中必需的添加剂[2]，但目前行业中常用的部分稳定剂具有一定的毒性以及环境污染的问题，热稳定剂的绿色环保化是实现PVC产品绿色、环保的重要组成部分。

目前，市场典型的热稳定剂主要是铅盐稳定剂和有机锡稳定剂，但两者均存在一定的安全、环保问题。铅盐存在严重的重金属污染，对人体和环境危害较大。美国加州65号法案、欧盟的REACH法案等均限制了重金属在塑料制品中的使用量。欧盟化学品管理局（ECHA）提出铅化合物的限制提案，建议限制铅化合物的使用，当PVC材料中含量（以铅计）大于0.1%时，不得投放市场。有机锡稳定剂虽然热稳定效果优异，但存在以下几个缺陷：

（1）锡为重金属元素，存在一定的安全隐患；

（2）甲基锡等部分有机锡稳定剂存在一定的毒性；

（3）绝大部分有机锡为液体产品，易于挥发，具有难闻气味；

（4）有机锡稳定剂相对其他稳定剂价格较高。

目前，常用的环保稳定剂为钙皂/锌皂复配稳定剂，另外，不含金属元素的无毒有机稳定剂一般也被认为是一种环保PVC稳定剂。钙皂/锌皂复配稳定剂取代铅盐和有机锡稳定剂，以及发展无毒纯有机稳定剂已成为当下稳定剂行业发展的总体趋势。钙皂/锌皂复配稳定剂存在“锌烧”和长期热稳定效果不佳的缺点，通过复配技术可以在一定程度上改善上述缺点，但仍不能与铅盐或有机锡相媲美，特别是在透明稳定剂领域。有机稳定剂同样存在初期白度和长期热稳定效果均有待提高等问题。因此，进一步提高钙皂/锌皂复配稳定剂和无毒有机稳定剂对PVC的热稳定效果成为这两类稳定剂发展的关键。针对绿色环保钙皂/锌皂稳定剂和有机稳定剂的高效化，业界开展了大量的研究工作，在稳定剂对PVC的长期热稳定性和初期白度等方面取得了较好的成效。

一、PVC环保钙皂/锌皂复配稳定剂

钙皂/锌皂复配稳定剂中用量最大的为硬脂酸钙/硬脂酸锌复配稳定剂，具有无毒、环保的优点，已逐渐成为PVC环保稳定剂市场的主要品种之一。硬脂酸钙/硬脂酸锌复配稳定剂作为主稳定剂使用时的热稳定效果欠佳，需要与辅助稳定剂复配提高对PVC的稳定效果，并赋予稳定剂润滑性、抗菌性等多种功能。但稳定剂的复配也带来了复配助剂的毒性、迁移性等问题，增加了稳定剂的生产成本。因此，提高无毒、环保钙皂/锌皂主稳定剂对PVC的稳定效果，减少辅助稳定剂种类和用量，成为目前钙皂/锌皂复配稳定剂高效化、环保化的主要研究方向。

硬脂酸钙/硬脂酸锌复配稳定剂中硬脂酸锌稳定剂为主稳定剂，其作用是取代PVC分子链上的

不稳定氯原子，抑制 PVC 脱除 HCl 并形成共轭双键。但硬脂酸锌稳定剂存在“锌烧”这一缺点，即在稳定 PVC 过程中产生具有催化 PVC 降解作用的副产物 $ZnCl_2$，使 PVC 制品颜色迅速变黑。工业上常将硬脂酸钙与硬脂酸锌进行复配，利用硬脂酸钙与 $ZnCl_2$ 反应，生成 $CaCl_2$ 和锌皂，抑制“锌烧”。硬脂酸钙/硬脂酸锌复配稳定剂中的硬脂酸阴离子具有一定的润滑功能，但不具备稳定功能。因此，优化钙皂/锌皂稳定剂阴离子结构，使其具备一定的稳定功能，成为目前钙皂/锌皂稳定剂高效化的有效路径。

Ernesto Ureta 等合成并研究了含氮类有机稳定剂——马来酸锌对 PVC 的热稳定效果。结果表明，马来酸锌稳定 PVC 试样在长期稳定性上优于硬脂酸锌。其稳定机理为马来酸锌不仅可以取代 PVC 分子链上的不稳定氯原子，还能与 PVC 分子链上的共轭双键发生加成反应。该课题组的 Ming Wang 等人又合成了马来酸钙作为 PVC 热稳定剂使用[3]。马来酸钙吸收 HCl 的能力优于硬脂酸钙，但初期白度欠佳。作者进一步比较了马来酸锌/马来酸钙、马来酸锌/硬脂酸钙的复配使用效果。结果表明，马来酸锌/硬脂酸钙复配稳定剂对 PVC 的初期白度与白度保持性优于硬脂酸锌/硬脂酸钙复配稳定剂，但长期稳定性不佳。

Fiaz S. Mohammed 等合成并研究了 11-马来酰亚胺十一烷酸锌以及 11-马来酰亚胺十一烷酸钙对 PVC 的稳定性能[4]。结果表明，这类稳定剂与环氧大豆油复配能有效抑制 PVC 降解，缓解材料变色，提高了 PVC 制品的长期热稳定时间。其主要热稳定机理为 11-马来酰亚胺十一烷酸锌和 11-马来酰亚胺十一烷酸钙在 PVC 降解初期取代不稳定氯原子，并在 PVC 降解后期与 PVC 链上的连续共轭双键发生加成反应，抑制共轭双键生成。同时，环氧大豆油也具有取代不稳定氯原子的作用和良好的增塑作用。虽然该类稳定剂制备的 PVC 试样长期稳定性良好，但 PVC 试样的白度保持性不能满足工业应用需求。

浙江大学的 Lizhi Zhu 等合成了不同锌含量的甘露醇锌配合物[5]，研究探讨了不同锌含量甘露醇锌的 PVC 热稳定性能及其机理。结果表明该稳定剂基于多羟基与 $ZnCl_2$ 螯合机理，能在一定程度上缓解锌烧，但对 PVC 的长期热稳定效果仍欠佳。

中国林业科学研究院的李梅课题组在生物来源的桐油基含氮有机锌稳定剂方面开展了一系列的研究工作。Mei Wang 等制备了 N-（3-氨基苯甲酸）桐油马来酸钙、N-（3-氨基苯甲酸）桐油马来酸锌液体稳定剂[6]，并研究了其对 PVC 的热稳定效果。结果表明，该稳定剂稳定 PVC 试样的刚果红热稳定时间和烘箱静态热稳定时间均优于硬脂酸钙/硬脂酸锌复配稳定剂，但初期白度与白度保持能力较差。该课题组进一步合成了 N-（2-氨基乙基）桐油马来酸钙、N-（2-氨基乙基）桐油马来酸锌和 N-（2-氨基苯基）桐油马来酸钙、N-（2-氨基苯基）桐油马来酸锌[7]，研究了两种复配稳定剂对 PVC 的热稳定效果。结果表明，N-（2-氨基乙基）桐油马来酸钙/N-（2-氨基乙基）桐油马来酸锌和 N-（3-氨基苯甲酸）桐油马来酸钙/N-（3-氨基苯甲酸）桐油马来酸锌对 PVC 的静态热稳定性能相近，N-（2-氨基苯基）桐油马来酸钙/N-（2-氨基苯基）桐油马来酸锌对 PVC 的刚果红热稳定时间和烘箱静态热稳定时间优于另外两种生物基钙皂/锌皂热稳定剂。虽然以上三种生物基稳定剂在 PVC 长期热稳定性方面显示了优异的热稳定效果，但 PVC 试样的初期白度不如硬脂酸钙/硬脂酸锌复配稳定剂。

Mei Wang 等制备了富含羟基和氨基的桐油基环氧化多元醇酯锌[8]，作为 PVC 稳定剂。该含锌稳定剂单独使用时，对 PVC 的热稳定效果不佳。与复配桐油基环氧化多元醇酯复配后，能显著提升 PVC 的长期稳定性与初期白度，但白度保持性不如硬脂酸钙/硬脂酸锌复配稳定剂。此外，该课题组制备的 N-（3-氨基苯甲酸）萜烯马来酸钙、N-（3-氨基苯甲酸）萜烯马来酸锌[9]和沸石咪唑盐骨架-8[10]稳定剂具有较好的刚果红热稳定时间和烘箱静态热稳定时间，但仍然没有解决 PVC 试样白度保持性不佳的问题。

浙江工业大学王旭课题组的徐晓鹏博士研究了多种有机含锌稳定剂[11]。首先合成了氰尿酸锌，利用热失重法、烘箱变色法以及刚果红法表征了该锌盐对 PVC 的热稳定性能。结果表明，氰尿酸锌具有较强的吸收 HCl 能力，单独使用时对 PVC 的长期热稳定效果优于硬脂酸钙/硬脂酸锌复配稳定剂，但 PVC 试样的初期白度不佳。氰尿酸锌进一步与二苯甲酰甲烷、季戊四醇、环氧大豆油等有机辅助热稳定剂复配后，PVC 的长期热稳定性能与白度保持性均得到了很大的提高。

该课题组的施燕琴博士进一步合成和研究了氟哌酸钙、氟哌酸锌[12]、恶喹酸钙、恶喹酸锌[13]等含氮有机锌热稳定剂。结果表明，这两种稳定剂能赋予 PVC 优异的长期热稳定性，但单独使用时，PVC 的初期白度和白度保持性仍有欠缺。在上述研究基础上，施燕琴博士设计了精氨酸锌稳定剂，引入具有较强 HCl 吸收能力的碱性胍基基团，提升稳定剂对 PVC 的长期热稳定效果。同时，精氨酸阴离子中的氨基能与 $ZnCl_2$ 络合，从而抑制锌烧，精氨酸锌稳定 PVC 试样具有良好的初期白度、白度保持能力和长期热稳定性。此外，精氨酸锌稳定 PVC 试样具有良好的透明性，有望开发成为 PVC 透明热稳定剂，精氨酸锌具有较好的商业应用前景。

上述研究表明，新型钙皂/锌皂复配稳定剂在初期白度、白度保持性和长期热稳定性方面均有较大突破，业界正致力于新型高效钙皂/锌皂复配稳定剂的工业化进程。

另外，2018 年也涌现了大量钙皂/锌皂复配稳定剂专利，如环保型 PVC 大棚膜专用粉体钙锌稳定剂及其制备方法（CN107746518A），一种 PVC 微发泡地板环保钙锌稳定剂及其制备方法（CN107778727A）等，这些稳定剂均为特定产品开发的环保稳定剂。

二、PVC 有机热稳定剂

无毒有机稳定剂不含金属元素，且结构可设计性强，是环保稳定剂发展的一大趋势。大部分有机稳定剂对 PVC 的稳定效果尚不能作为主稳定剂使用，主要作为其它稳定剂的辅助稳定剂使用。但无毒有机稳定剂的环保特性，以及结构的高度可设计性，引起了人们极大的兴趣，并开展了大量的研究工作。根据无毒有机稳定剂所含元素的不同，研究工作主要集中在含氧有机稳定剂和含氮有机稳定剂两大类。

无毒、环保含氧有机热稳定剂主要包括环氧类稳定剂、多元醇类稳定剂等。

环氧类稳定剂主要为含有环氧基团的高级脂肪酸酯类，一般为液体产品，工业中常用的有环氧大豆油、环氧硬脂酸（异）辛酯等。除 PVC 热稳定效果外，这些稳定剂还具有一定的增塑效果。环氧类稳定剂的热稳定机理为环氧基团取代 PVC 分子链上的不稳定氯原子，从而提高 PVC 的长期热稳定性。Boussaha 及 Taghizadeh 等[14-15]合成的环氧葵花籽油作为 PVC 的增塑剂与稳定剂时，具有吸收 HCl 并降低 HCl 释放速率的能力，能够提高 PVC 试样的力学性能。Hussein 等[16]合成的单宁基环氧树脂通过抑制 PVC 共轭双键的生成降低多烯氧化断链几率，有效地提升了 PVC 的力学性能以及流变性能。该稳定剂与钙皂/锌皂复配稳定剂复配后，能显著提高 PVC 的热稳定性能。虽然环氧类有机稳定剂的高效化取得了一定的研究进展，但对 PVC 的稳定效果仍欠佳，不足以作为主稳定剂使用。

多元醇类稳定剂主要包括季戊四醇、三羟甲基氨基甲烷等。多元醇稳定剂的多羟基结构能络合锌离子、镉离子等金属离子，形成稳定的螯合物，达到抑制“锌烧”[17]的作用，因而多元醇常用作锌盐、镉盐的辅助稳定剂。Johan Steenwijk 等[18]的研究显示，过多的羟基会引起分子内脱水环化，伯羟基稳定效果最好，仲羟基及叔羟基反而会促进 PVC 降解。清华大学武润的研究[19]表明，三羟甲基氨基甲烷单独使用时，能提高 PVC 的初期白度和长期稳定性，其稳定机理为氨基结构取代 PVC 分子链上的不稳定氯原子，同时能够吸收 HCl，但是吸附 HCl 能力较弱，长期稳定性提升有限。而三羟甲基氨基甲烷与钙皂/锌皂复配复配后具有较好 PVC 长期热稳定效果，其机理为三羟甲基氨基甲烷上的多羟基结构络合 $ZnCl_2$，从而缓解锌烧。另外，虽然多元醇与金属皂类热稳定剂具有较好的协同作用，但在 PVC 的工业加工中添加量不多。原因在于多元醇多为小分子化合物，与 PVC 相容性较差，导致其在 PVC 基体中分散性较差，不仅影响 PVC 制品的透明性，而且易在加工过程中升华，在设备上沉积，影响生产效率。这一问题的解决方案主要是将多元醇酯化来增加与 PVC 基体的相容性。景永杰等[20]合成了一种己二酸季戊四醇酯，与钙皂/锌皂稳定剂复配后具有较好的 PVC 稳定性能，且与 PVC 基体相容性较好。以上多元醇的研究现状表明，单独使用多元醇时，其稳定效果还不能达到主稳定剂水平，仍然停留在作为金属皂稳定剂的辅助稳定剂阶段。

以上研究结果说明，新型的含氧有机稳定剂虽然在一定程度上提高了 PVC 热稳定性，但提高幅度有限，仍不能满足主稳定剂的要求，一般用作钙皂/锌皂复配稳定剂的辅助稳定剂使用。

含氮有机稳定剂也是一类十分热门的无毒有机稳定剂，主要包括脲衍生物、马来酰亚胺衍生物以及含氮杂环类衍生物等。此类热稳定剂的稳定机理为吸收 HCl 并取代不稳定氯原子，因而具有十分优异的 PVC 长期热稳定效果，是现有有机热稳定剂中研究最多的种类。

脲衍生物的主要稳定基团为脲基，其稳定机理是脲基中 C-N 单键易形成 C=N 双键，产生活性位点并取代 PVC 分子链上不稳定氯原子[23-24]。广东工业大学的吴茂英课题组研究[23]发现，N，N′-二甲脲烘箱老化稳定时间只有 20min，而 N-苯基脲能达到 30min，N，N′-二苯脲最佳，长达 60min。这说明脲衍生物的结构与稳定效果密切相关。一般认为，脲基中 N-取代基的电负性越强，对 PVC 的热稳定效果越好。

马来酰亚胺衍生物作为亲双烯体，能与 PVC 加热老化后生成的共轭双键发生 Diels-Alder 反应，有效降低 PVC 链上连续共轭双键数量，缓解材料变色[26-27]。同时，马来酰亚胺及其衍生物也具有取代不稳定氯原子的能力，改善 PVC 的长期热稳定性与初期白度。Abir S. Abdel-Naby 等[28]比较了马来酰亚胺衍生物和马来酰亚胺 PVC 接枝聚合物的热稳定效果，马来酰亚胺 PVC 接枝聚合物与 PVC 链的相容性较好，对 PVC 的稳定效果更佳，特别是改善 PVC 的初期白度十分明显。但马来酰亚胺 PVC 接枝聚合物的 PVC 热稳定效果仍不能达到工业应用要求，不能作为主稳定剂使用。

含氮杂环类稳定剂是目前有机稳定剂中研究最多、热稳定效果最好的无毒热稳定剂。该类稳定剂具有优秀的长期热稳定性以及透明性、光稳定性、抗菌性等一些特殊功能。

巴比妥酸及其衍生物是较早被研究的含氮杂环稳定剂，具有降低 HCl 释放速率[29-30]，提高 PVC 长期热稳定性的能力。在此基础上，埃及的 Mohamed 课题组采用苯并咪唑、蒽醌等含氮杂环结构[31-34]作为 PVC 稳定剂，研究结果表明，几种结构的热稳定性能均不佳，远不能达到主稳定剂的要求。浙江工业大学的王旭课题组制备了 3-氨基-1，2，4 三唑作为 PVC 稳定剂[35]。该稳定剂具有出色的 PVC 长期热稳定性，静态热稳定时间长达 160min。此外，该稳定剂对大肠杆菌和金黄色葡萄球菌具有良好的抗菌性能，有望应用于医学、包装等 PVC 制品中。

尿嘧啶类衍生物是当下最热门且最有希望成为主稳定剂的含氮杂环类有机稳定剂，部分尿嘧啶衍生物已成为商业化辅助稳定剂。浙江工业大学的徐晓鹏博士合成了 6-氨基-1-甲基尿嘧啶、6-氨基 1，3-二甲基尿嘧啶、6-氨基尿嘧啶三种不同取代基的尿嘧啶衍生物，研究了三种尿嘧啶衍生物对 PVC 的热稳定效果。结果表明，6-氨基-1，3-二甲基尿嘧啶对 PVC 的热稳定效果最优，单独使用时，PVC 试样的烘箱老化时间长达 110min。虽然 6-氨基 1，3-二甲基尿嘧啶稳定效果优秀，但熔点较高，制备的 PVC 试样透明性不佳。徐晓鹏博士在 6-氨基-1，3-二甲基尿嘧啶结构基础上引入二碳、四碳、六碳、八碳脂肪长链，降低了 6-氨基 1，3-二甲基尿嘧啶衍生物的熔点与极性，提高了 6-氨基 1，3-二甲基尿嘧啶衍生物与 PVC 的相容性以及 PVC 试样的透明性。最为重要的是，6-氨基 1，3-二甲基尿嘧啶衍生物在 PVC 基体中良好的分散性，进一步提高了其对 PVC 的热稳定效果。此外，6-氨基 1，3-二甲基尿嘧啶衍生物与环氧大豆油、亚磷酸三苯酯等辅助稳定剂具有较好的协同热稳定效果，复配稳定剂稳定 PVC 试样的初期白度、白度保持性和长期热稳定性均得到了显著的提高，且不影响 PVC 试样的透明性。因此，6-氨基 1，3-二甲基尿嘧啶衍生物具有良好的商业化前景[36-37]。

含氮稳定剂作为纯有机稳定剂的热门研究方向，涌现了许多优秀的稳定剂结构与配方。其中脲衍生物、马来酰亚胺衍生物都具备一定的热稳定性能，并与钙皂/锌皂复配稳定剂等其他稳定剂具有良好的协同作用。而含氮杂环类稳定剂同时具有优秀的长期热稳定性与白度保持性，是最具发展潜力的有机热稳定剂种类。相信通过结构的进一步优化以及深入的复配研究，含氮杂环类稳定剂，特别是 6-氨基 1，3-二甲基尿嘧啶衍生物，能够满足商业稳定剂要求，并在现有稳定剂市场占有一席之地。

三、总结与展望

在全球塑料制品绿色、环保化趋势推动下，PVC 稳定剂的绿色、环保化是 PVC 产品绿色、环保化的重要组成部分。这一需求极大地推动了绿色环保无毒钙皂/锌皂复配稳定剂和有机稳定剂的研发热潮。虽然，目前市场上的绿色、环保稳定剂仍然以钙皂/锌皂复配稳定剂为主，但大量的研究表明，精氨酸锌等新型钙皂/锌皂复配稳定剂的 PVC 热稳定效果已明显优于传统的钙皂/锌皂复配稳定剂，正在向工业化应用发展。6-氨基 1，3-二甲基尿嘧啶衍生物等有机热稳定剂的研究结果表明，含氮杂环有机热稳定剂已经突破了以往有机稳定剂稳定效率低，只能作为辅助稳定剂使用的局限，具有成为 PVC 主稳定剂的巨大潜能。

不管是钙皂/锌皂复配稳定剂还是有机稳定剂，其工业化进程中都存在一系列问题有待解决，主要包括：

（1）新型钙皂/锌皂复配稳定剂或有机稳定剂制备大多处于实验室阶段，其工业化生产工艺和技术有待推进。

（2）新型钙皂/锌皂复配稳定剂或有机稳定剂与辅助稳定剂、润滑剂、抗氧剂等复配技术有待进一步提高。

（3）新型钙皂/锌皂复配稳定剂或有机稳定剂的市场应用方向有待明确。

（4）因价格对新型稳定剂市场竞争力的重要影响，新型钙皂/锌皂复配稳定剂或有机稳定剂价格有待进一步评估和定位。

上述问题的解决将极大地促进新型绿色、环保钙皂/锌皂复配稳定剂和有机稳定剂的工业化进程，促进 PVC 产业的绿色、环保化，提高 PVC 产业的市场竞争力。

参考文献

［1］唐伟，陈语．我国 PVC 热稳定剂的现状与发展趋势［J］．聚氯乙烯，2017，45（8）：11-16.

［2］范杵兰，白启荣，郭中丽．聚合物降解与稳定化［M］．化学工业出版社，2002，144-146.

［3］Ureta E，Cantu M E. Zinc maleate and zinc anthranilate as thermal stabilizers for PVC［J］．Journal of applied polymer science，2000，77（12）：2603-2605.

［4］Mohammed，Fiaz S，Conley M. Enhanced thermal stabilization and reduced color formation of plasticized Poly（vinyl chloride）using zinc and calcium salts of 11 - maleimideoundecanoic acid［J］．Journal of Applied Polymer Science，2015，DOI：10. 1002/APP. 41736.

［5］Zhu L，Wu Y，Shentu B，et al. Preparation and characterization of zinc-mannitol complexes as PVC thermal stabilizers with high efficiency［J］．Polymer Degradation and Stability，2016，133：399-403.

［6］Wang M，Xia J，Jiang J，et al. A novel liquid Ca/Zn thermal stabilizer synthesized from tung-maleic anhydride and its effects on thermal stability and mechanical properties of PVC［J］．Polymer Degradation and Stability，2016，133：136-143.

［7］Wang M，Song X，Jiang J，et al. Binary amide-containing tung-oil-based Ca/Zn stabilizers：effects on thermal stability and plasticization performance of poly（vinyl chloride）and mechanism of thermal stabilization［J］．Polymer Degradation and Stability，2017，143：106-117.

［8］Wang M，Song X，Jiang J，et al. Excellent hydroxyl and nitrogen rich groups-containing tung-oil-based Ca/Zn and polyol stabilizers for enhanced thermal stability of PVC［J］．Thermochimica Acta，201，658：84-92.

［9］Wan M，Xia J，Jiang J，et al. Mixed calcium and zinc salts of N-（3-amino-benzoic acid）terpene-maleamic acid：Preparation and its application as novel thermal stabilizer for poly（vinyl chloride）［J］．Rsc Advances，2016，6（99）：97036-97047.

［10］Wang M，Song X，Jiang J，et al. Influence of Zeolitic imidazolate framework-8 on the thermal stabilization of poly（vinyl chloride）［J］．Polymer Degradation and Stability，2018，149：112-118.

［11］Xu X，Chen S，Tang W，et al. Investigation of basic zinc cyanurate as a novel thermal stabilizer for poly（vinyl chloride）and its synergistic effect with calcium stearate［J］．Polymer Degradation and Stability，2013，99（1）：211-218.

［12］Shi Y，Chen S，Ma M，et al. Highly efficient and antibacterial zinc norfloxacin thermal stabilizer for poly（vinyl chloride），RSC Advances，2016，6（100）：97491~97502

［13］Shi Y，Wang Y，Ma B，et al. Tensile properties，thermal stability，and the mechanism of PVC stabilized with zinc and calcium oxolinic complexes. Journal of applied polymer science，2019，136（4），DOI：10. 1002/app. 47004.

［14］Boussaha B，Mohamed T B，Valerie M. Effect of Biobased Plasticizers on Thermal，Mechanical，and Permanence Properties of Poly（vinyl chloride）［J］．Journal of Vinyl and Additive Technology，2014，20（4）：260-267.

［15］Taghizadeh，M T，Nalbandi N，Bahadori A. Stabilizing effect of epoxidized sunflower oil as a secondary stabilizer for Ca/Hg stabilized PVC［J］．Express Polymer Letters，2008，2（1）：65-76.

［16］Hussein A S，Moayad N K，Yousef J. Thermal degradation，dynamic mechanical and morphological properties of PVC stabilized with natural polyphenol-based epoxy resin［J］．Radiation Effects and Defects in Solids，2018，75（8）：3473-3498.

［17］ Wang M, Xu J, Wu H, et al. Effect of pentaerythritol and organic tin with calcium/zinc stearates on the stabilization of poly（vinyl chloride）［J］. Polymer Degradation and Stability, 2006, 91（9）: 2101-2109.

［18］ Steenwijk J, van Es DS, van Haveren J, et al. The effect of（natural）polyols on the initial colour of heavy metal- and zinc-free poly（vinyl chloride）［J］. Polymer Degradation and Stability, 2006, 91（9）: 2233-2240.

［19］ 武润. 几种多元醇化合物对聚氯乙烯热稳定性能的影响［D］. 北京：清华大学, 2012.

［20］ 景永杰, 于先进, 李德刚, 等. PVC 辅助热稳定剂己二酸季戊四醇酯催化合成研究及应用［J］. 山东化工, 2011, 40（3）: 18-23.

［21］ 吴茂英, 林悟森, 林莅萌. β-二酮作用模式和锌基热稳定剂协同作用机理研究（上）［J］. 塑料助剂, 2010, 1: 27-30.

［22］ 吴茂英, 林悟森, 林莅萌. β-二酮作用模式和锌基热稳定剂协同作用机理研究（下）［J］. 塑料助剂, 2010, 2: 42-47.

［23］ Chen S, Xu X, Zhang J, et al. Efficiency and mechanism for the stabilizing action of N, N'-bis（phenylcarbamoyl）alkyldiamines as thermal stabilizers and co-stabilizers for poly（vinyl chloride）. Polymer Degradation and Stability, 2014, 105: 178-184.

［24］ Sabaa MW, Mohamed RR, Yassin AA. Organic thermal stabilizers for rigid poly（vinyl chloride）VIII. Phenylurea and phenylthiourea derivatives［J］, Polymer Degradation and Stability, 2003, 81（1）: 37-45.

［25］ 吴茂英, 林莅萌. 脲衍生物对 PVC 热稳定性影响的递变规律［J］. 合成树脂及塑料, 2013, 2: 32-36.

［26］ Mohammed FS, Conley M, Rumple AC, et al. Enhanced thermal stabilization and reduced color formation of plasticized Poly（vinyl chloride）using zinc and calcium salts of 11-maleimideoundecanoic acid［J］. Polymer Degradation and Stability. 2015, 111: 64-70.

［27］ Abdel-Naby AS, Al-Dossary AO, Use of N-（N′-arylamino）maleimides to improve the thermal properties of poly（vinyl chloride）through chemical modification and graft copolymerization［J］. Journal of Vinyl and Additive Technology, 2008, 14（4）: 167-174.

［28］ Mohamed NA, Yassin AA, Khalil KD, et al. Organic thermal stabilizers for rigid poly（vinyl chloride）I. Barbituric and thiobarbituric acids［J］. Polymer Degradation and Stability, 2000, 70（1）: 5-10.

［29］ Sabaa MW, Mohamed NA, Khalil KD, at al. Organic thermal stabilizers for rigid poly（vinyl chloride）II. Benzal thiobarbituric acid and some of its derivatives［J］. Polymer Degradation and Stability. 2000, 70: 121-133

［30］ Mohamed NA, El-Ghany NAA, Fahmy MM, et al. Synergistic effect of maleimido phenyl urea derivatives mixed with some commercial stabilizers on the efficiency of thermal stabilization of PVC［J］. Polymer Testing, 2015, 44: 66-71.

［31］ Mohamed NA, Sabaa MW, Oraby EH, et al. Organic thermal stabilizers for rigid poly（vinyl chloride）VII. Effect of mixing 2-benzimidazolyl-omega-phenylpropenylidineacetonitrile with some commercial stabilizers［J］. Polymer Degradation and Stability, 2003, 79（3）: 495-501.

［32］ Sabaa MW, Mohamed NA, Oraby EH, et al. Organic thermal stabilizers for rigid poly（vinyl chloride）V. Benzimidazolylacetonitrile and some of its derivatives［J］. Polymer Degradation and Stability, 2002, 76（3）: 367-380.

［33］ Sabaa MW, Oraby EH, Naby ASA, et al. Organic thermal stabilizers for rigid poly（vinyl chloride）. Part XI: Anthraquinone derivatives［J］. Polymer Degradation and Stability, 2006, 91（2）: 242-254.

［34］ Xu X, Chen D, Tang W, et al. Synthesis and application of uracil derivatives as novel thermal stabilizers for rigid poly（vinyl chloride）［J］. Polymer Degradation and Stability, 2013, 98: 659-665.

［35］ Xu X, Chen D, Wu B, et al. Novel organic antibacterial thermal stabilizers for transparent Poly（vinyl chloride）［J］. Journal of Thermal Analysis and Calorimetry. 2015, 122（3）: 1435-1444.

［36］ Wu B, Wang Y, Chen S, et al. Bis-uracil based high efficient heat stabilizers used in super transparent soft poly（vinyl chloride）［J］. Polymer Degradation and Stability, 2018, 149: 143-151.

[37] Wu B, Wang Y, Chen S, et al. Bis-uracil based high efficient heat stabilizers used in super transparent soft poly (vinyl chloride) [J]. Polymer Degradation and Stability, 2018, 149: 143-151.

(浙江工业大学材料科学与工程学院
施燕琴 鲁淞彦 王旭)

中国塑木产业的现状及发展前景

塑木复合材料又称木塑复合材料（Wood-plastic composites, WPC），是国内外近年蓬勃兴起的一类新型复合材料，它是由木粉、竹粉、稻糠、秸秆等废植物纤维与热塑性塑料特别是再生热塑性塑料（聚乙烯，聚丙烯，聚氯乙烯等）经塑料成型加工工艺制成的性能优良的环保型绿色复合材料（图1）。WPC不仅兼有塑料与木材二者的优点，还有类似木材的外观、具有热塑性塑料的加工性、耐酸碱、防水防虫、刚性硬度大、无甲醛释放等特点，在建筑、园林、装饰、包装、家具、汽车、市政设施等许多领域具有广泛的用途。由于塑木复合材料可大量利用木粉、废弃的农副产品纤维及再生热塑性塑料，且加工方便，且可采用传统的塑料成型加工方法如挤出、注射、模压等进行生产，因而获得迅速发展，成为近年来国内外的一个研究开发热点。

图1 由再生热塑性塑料与植物纤维形成的塑木复合材料及其制品

进入21世纪以来，全球面临的资源和环境形势十分严峻。保护环境，节约资源，刻不容缓。随着人们对环境和资源重视程度的提高，以废旧资源回收和综合利用为核心的循环经济发展模式已成为世界发展的趋势，大力开发资源循环利用的技术将对国民经济的发展和环境可持续发展产生深远影响。一方面，随着环保意识日益增强，各国对森林砍伐进行限制，但对木材的需求量却有增无减，中国木材的短缺要求寻求木材替用材料。另一方面，随着农村生产水平的日益提高，在广大的中国农村，过去被大量用作农村烧柴主要原料的农业植物纤维已逐渐被液化气、煤气等清洁燃料所取代，除少量被用于生产饲料及经济作物以外，大量的农业植物纤维（尤其是稻糠、秸秆、果壳等材料）被焚烧处理。这不仅造成自然资源的严重浪费，更对农村及其周边城市的环境造成了巨大的损害。因此，用废植物纤维制造代木材料的研究越来越引起人们的重视。据调查，国内目前农业纤维，包括稻糠、各种秸秆等，每年的产量都在几千万吨以上，木粉有100万吨以上，其他天然纤维也有500万~1000万吨。另一方面，随着高分子材料产量越来越大，使用越来越普及，废旧塑料的产生量越来越多，其回收及再利用的研究，对于环境保护和资源再生具有重要意义。废植物纤维资源丰富，价格低廉，将其与塑料复合，作为木材的替代品，前景广阔，对促进国民经济和社会的发展具有重要的意义。

一、国内外WPC发展现状

塑木复合材料出现的历史并不长。它与传统的层合板、纤维板、刨花板等不同，WPC大多不使用含甲醛的脲醛树脂、酚醛树脂等热固性树脂，而是使用聚乙烯（PE）、聚丙烯（PP）、聚氯乙烯（PVC）等热塑性塑料特别是再生热塑性塑料，同时，它可使用各种各样的农副产品废纤维，有利于大规模产业化。因此，塑木复合材料一出现就显示出蓬勃的生命力，获得了飞速的发展。

由于符合环保和绿色的原则，塑木制品受到美国、加拿大、德国、日本等国的欢迎，已形成一个新兴的材料产业。塑木复合材料替代天然木材已从室外部分发展为替代室内木制品的装修、装饰用途；汽车工业正在应用塑木复合制件取代玻纤、无机填料增强塑料制件。世界塑木复合制品的年增长率已达25%，远远高于同期塑料工业的总体增长率。预计今后十年内，仍将高速增长。我国塑木复合材料的发展是从20世纪90年代末开始，至今为止，在国内研制、生产、销售仅二十余年的历史，但已显示出蓬勃的生命力。近年来，中国塑木复合材料的产业化生产和应用取得了迅速的发展。各地的塑木复合材料工厂不断涌现。如惠东美新塑木型材制品有限公司、安徽森泰木塑科技有限公司、宁波禾隆新材料股份有限公司、南京聚锋新材料有限公司、广东康特环保科技有限公司等，其产品已在国际市场占有相当的分量。其产品均为挤出型材，并在建筑、板材、托盘、码头、铁路旁轨与枕木、楼梯扶手、院墙篱笆、门窗型材等领域得到广泛应用。作为一种新型环保材料，近年来，随着生产技术进步、产品标准完善、国家环境保护及绿色发展政策的大力扶持，其产销量迅猛增长，据不完全统计，2018年全球总产量超过400万吨，其中我国的产量接近250万吨。2019年，全球木塑复合材料市场呈现进一步增长态势。目前，中国已取代美国，成为全球第一大塑木制品生产和出口国。

二、塑木复合材料的应用

塑木复合材料的应用包括建筑装修装饰材料（如墙板、天花板、装饰板、地板、隔板、门窗和洗脸间的防潮设施等）及建筑模板、移动房屋、高速公路噪声隔板等；园林设施如公园、球场、街道等场合用的露天桌椅、围墙、护栏、花箱、花架、垃圾箱等；交通、市政方面如铁路轨枕、下水井盖、格栅板；包装材料如商品运输包装托盘、搬运垫板、包装箱、防潮箱等；汽车内饰如汽车门内板、顶棚、后搁物板、行李箱基材等。

三、塑木复合材料的发展趋势

随着塑木复合材料生产技术的不断发展，其发展趋势主要体现在以下几个方面：

（1）集成工艺的优化及专用面层、设备的开发：针对第一代塑木制品易粉化褪色、不耐划痕污迹的现象，采用耐候面层包覆芯层的共挤出技术，推出第二代共挤塑木产品，显著提高了塑木制品的降解腐蚀、不易褪色、抗污迹的特性。例如，惠东美新塑木型材制品有限公司率先推出的“超越木”塑木型材，在性能、外观、应用方面保证了产品的高质量。

（2）高性能塑木复合材料及其制品的开发：在尽可能不大幅提升材料的成本的前提下，进一步改善塑木复合材料的强度、刚性及韧性。例如，广东金发科技有限公司采用连续高强纤维预浸料片材增强技术，有效地提高了木塑产品力学性能与抗变形断裂能力，同时产品的收缩变形得到了改善。

（3）塑木复合材料应用领域的多样化：通过注射成型技术，开发复杂形状的塑木制件，进一步拓宽塑木复合材料在家居、汽车、建筑等领域的应用。

（4）原材料的标准化及专用料开发：为了高品质保证木塑复合制品的稳定性，通过规范塑木用热塑性树脂、植物纤维的物化指标，开发专用塑木助剂及母料，可进一步提高WPC性能，稳定产品质量。

（5）功能性塑木复合材料的研发及其应用：针对塑木产品的特殊使用环境和用途，开发高性能防霉、防火阻燃的功能性塑木制品。

（6）规范塑木制造企业环保技术：针对塑木企业在生产制造过程中出现的粉尘、气味，开发专用的环保处理设备，提升企业的可持续发展。

目前中国塑木复合材料普遍存在的问题和努力方向是急待开发具有自主知识产权的新技术。

四、塑木复合材料的相关标准

目前，中国已取代美国，成为全球第一大塑木制品生产和出口国。然而我国的塑木产品标准相对落后，近年来在行业协会及质监部门的大力促进下，陆续出台了部分的塑木标准，如国家标准“木塑装饰板（GB/T 24137—2009）”“木塑地板（GB/T 24508-2009）”“塑木复合材料铺板性能等级和护栏体系性能（GB/T 29419—2012）”“塑木复合材料 人工气候老化试验方法（GB/T 29365—2012）”“塑木复合材料产品物理力学性能测试（GB/T 29418—2012）”“建筑模板用木塑复合板（GB/T 29500—2013）”“建筑木塑复合材料防霉性能测试方法（GB/T 35469—2017）”“绿色产品评价 木塑制品（GB/T 35612—2017）”；行业标准“园林景观用聚乙烯塑木复合型材（QB/T 4161—

图 2 塑木复合材料的应用

2011）”“建筑装饰用塑木复合墙板（QB/T 4492—2013）”“木塑复合材料术语（JC/T 2222—2014）”“室内装饰装修用木塑型材（JC/T 2223—2014）”“注塑专用木塑复合粒料（JC/T 2374—2016）”“木塑复合材料耐氯水色牢度试验方法（JC/T2427—2017）”“挤出成型木塑复合板材（LY/T 1613—2015）”“竹塑复合材料（LY/T 2565—2015）”等。但由于塑木这种新材料发展较快，部分塑木标准水平偏低，加上塑木生产企业良莠不齐，致使部分塑木产品质量不稳定，严重影响了塑木材料的健康发展，导致塑木材料在国内和国际贸易中产品质量信誉问题时有发生。加强塑木产品质量体系的标准化建设势在必行。

产品质量体系的标准化建设是一项技术复杂的工作，特别是对于塑木复合材料这类新兴产业，难度更大。建议在符合国家政策的前提下，通过行业协会组织，由龙头企业牵头，在质监部门和行业专家的监督下，结合实际生产、市场需求，切切实实地制定能健全塑木产品质量的标准体系，全面提升我国塑木产品标准的总体水平，进而稳定提升产品质量。

五、塑木复合材料的税则号

作为一种新兴的产业，塑木复合材料一直以来没有单独的税则号，给塑木企业报关出口带来极大的不便。基于塑木复合材料及其制品的塑性基本特征，开始时塑木行业大部分生产、贸易企业在进出口时，是按国家海关编码第六类第39章的税则号3925900000、3918909000或3921902000、3918109000申报。前几年，海关经常对企业上报的出口税则号、原料成分等提出质疑，个别海关还对企业发起调查、处罚，对本行业的健康发展产生严重负面影响。从2016年开始，中塑协塑木制品专委会结合塑木产品的特点，通过中国塑料加工工业协会、中国轻工联合会向国家海关总署提出将塑木复合材料归类于第三十九章塑料制品。经过中轻联、中塑协、塑木专委会与海关总署的反复沟通说明，海关总署组织专家咨询评审，2017年9月30日海关总署于发出《海关总署公告2017年第46号（关于公布、废止部分商品归类决定的公告）》文件，明确将塑木复合材料归类于中华人民共和国海关进出口货物商品归类商品税则号列第三十九章塑料制品类，归类决定编号J2017-0004，归类决定为"根据归类总规则一，若塑木制品的塑料是热塑性塑料，其加工工艺符合塑料制品加工工艺，且木粉在产品中是作为填充料，即分散相存在，则这类塑木产品可按照塑料制品归入第39章。"商品名称为"塑木复合材料商品"，商品描述为"塑木复合材料，行业称作WPC，是由热塑性塑料（如聚乙烯PE、聚丙烯PP、聚氯乙烯PVC等）与木质或其他生物质纤维材料（包括木粉、稻壳、竹粉、秸秆等）和助剂复合而成的材料。此类商品热塑性塑料和木粉等纤维材料质量比重不一，热塑性塑料质量含量从30%~80%、木粉含量从10%~70%变化不等。根据其加工工艺，将原料混合后，通过螺杆挤压成粒子，再经过挤出、注射或者压制成型等加工方法制成板材。其中塑料是基体（连续相），木质纤维和无机填料是分散相，主要起到填充增强作用。"

塑木复合材料体现了低碳技术、循环经济、资源节约、绿色环保等可持续发展的先进理念，是国家鼓励发展的新材料产业项目，符合国家"十三五"规划关于加快改善生态环境、全面推进循环经济的政策方针。"十三五"规划期间，塑木产品被列入《国家战略性新兴产业重点产品和服务目录》；在《资源综合利用产品和劳务增值税优惠目录》（财税［2015］78号）中，塑木（木塑）制品这种典型的资源综合利用产品首次列入增值税减免政策；2016年中国发布首批13项绿色设计产品评价技术规范团体标准，塑木制品入选国家第一批《绿色产品目录》。

塑木复合材料可将国内大量存在的废植物纤维与再生热塑性塑料科学地复合，不仅为国民经济建设增添一类价廉而有广泛应用前景的新材料，而且能为废植物纤维的综合利用和再生塑料的回收利用增加一条新途径，对我国新材料的发展、环境保护、资源再生利用和可持续发展将做出巨大的贡献，符合国家关于"要把节约资源作为基本国策，发展循环经济，保护生态环境，加快实现资源节约型、环境友好型社会，促进经济发展与人口、资源与环境相协调"的政策方针。

（华南理工大学　何慧）

复合膜行业热点问题及技术前沿的探讨

一、背景

近年来，我国塑料薄膜产量逐年增加，年均增长速度达到了15%。塑料薄膜市场将保持20%以上的容量扩张。随着各种新材料、新设备和新工艺不断地涌现，将促使中国的塑料薄膜朝着品种多样化、专用化以及具备多功能的复合膜方向发展。

当前，对于国内的软包装企业，仍旧是一个机遇与困难并存的时期。受益于中国经济发展日新月异、城镇化进程加快、人们生活水平提高，消费市场对包装的安全性、便利性、差异性、环保性等需求劲增。与此同时，包装行业又共同面临着VOCs环保指标愈加严格、原材料价格浮动频繁、产业区域化转移、成本难以控制以及招工困难等困境。面对越来越激烈的市场竞争，越来越同质化的产品，复合膜软包装企业如何破局而出，把握市场风向，利用技术创新成果迎接变局，以技术为主导、创新驱动行业发展成为了整个行业所面临的问题。

塑料几乎在所有领域都有重要应用，功能性塑料包装材料在包装领域更是必不可少。虽然适当处置和再利用的问题对全球社会构成重大挑战，为了使功能性复合膜产业能够得到快速发展，迅速赶上国际先进水平以满足日益发展的市场、环保以及可持续发展循环经济的需要，近几年，复合膜软包装企业不断增加研发投入，有效突破了一些技术瓶颈，产业化进程也在加速。为减少废膜污染，软包装行业正从材料、工艺设计等方面着手创新，以可持续的方式生产制造高质量的产品，旨在引领和推动行业的可持续发展。

二、中国塑料复合软包装薄膜行业发展现状

近年来功能性软包装复合薄膜发展的主要趋势与整个高分子材料发展的大趋势是一致的，即高性能、多功能化。高性能、功能化是指在包装薄膜现有功能的基础上赋予或提升其新的性能和应用功能，包括电、磁、光学、耐高温、耐低温、阻渗透和生物降解等。阻隔性复合软包装薄膜是近几年来发展最快的功能性包装材料，阻隔性复合软包装薄膜一般是指复合层结构中含有功能可量化的气体阻隔功能层和水蒸气阻隔功能层的膜包装材料。这类复合膜可以单独作为软包装材料使用，也可以通过印刷、涂层、复合（干式、湿式、挤出等复合方式）等二次加工后使用。

根据阻隔性复合软包装材料的组成结构，按阻隔功能层组合方法可分3类：

（1）气体阻隔层位于薄膜结构表层的多层（至少二层）复合软包装薄膜。其结构特点是：由气体阻隔性基材与水蒸气阻隔性基材（内层）的多层（至少二层）复合软包装薄膜。气体阻隔性基材膜主要有玻璃纸（PT）、BOPET、BOPA、VMBOPP、VMBOPET、KBOPP、KBOPET等双向拉伸薄膜以及多层共挤出阻隔薄膜；水蒸气阻隔性基材膜（热封层）主要有聚烯烃（PP、PE等）、改性聚烯烃（EVA、EAA、沙林等）吹膜、流延薄膜。

（2）气体阻隔层位于薄膜结构中间的多层（至少三层）复合软包装薄膜。其结构特点是：阻隔层置于印刷层（表层）和热封膜之间，通过干式复合或/和共挤出复合组合制备而成。表层或印刷层基材膜主要有纸、BOPP双向拉伸薄膜；内层（热封层）基材膜主要有聚烯烃（PP、PE等）、改性聚烯烃（EVA、EAA、沙林等）薄膜；气体阻隔层主要有铝箔、VMBOPP、VMBOPET、KBOPP、KBOPET等双向拉伸薄膜。

（3）气体阻隔层位于薄膜结构内层的多层（至少三层）复合软包装薄膜。其结构特点是：赋予热封层阻氧性能，例如VMCPP基材膜。

根据阻隔性复合软包装材料的组成结构，按加工方法可分3类：

（1）采用干式复合、无溶剂复合、湿式复合、挤出复合制备的阻隔功能性复合膜。

（2）采用共挤出复合制备的以EVOH（乙烯-乙烯醇共聚物）、PA、PVDC等树脂作为阻隔层的多层共挤出复合薄膜。

（3）在基材膜上通过涂布或蒸镀的方法制备的阻隔性薄膜，其中最具代表性的是KPT、KBOPP、KBOPET、KONY、VM（PET、BOPP、CPP）等薄膜，并作为复合软包装材料中的阻隔材料广泛使用。其中透明蒸镀膜是为替代铝箔、镀铝和K涂层膜而开发的一种高阻隔薄膜。

三、复合软包装阻隔薄膜的发展方向

21世纪是环保世纪，构筑循环经济社会、走可持续发展道路已成为全球关注的焦点和迫切任务，为适应新时代的要求，塑料包装材料除要求能满足市场对包装质量和数量等日益提高的要求外，其发展必须以节省资源，废弃物易回收利用，易处置或易被环境消纳或降解为技术开发的出发点。塑料包装新材料、新工艺、新技术、新产品不断涌现，并正向高性能、多功能，积极采用新原料、新技术、拓宽应用领域以及塑料包装与环保谐调发展等方向发展。

行业技术发展的重要手段仍将是复合技术，相信在相当长的时间内，各种形式的复合技术仍将成为改善和提高薄膜性能的主流方法。通过将不同性能薄膜材料的叠加和组合，赋予薄膜更多、更好的性能和功能。

面对市场多变、技术变革等多种问题，高性能复合膜作为一种新型材料，膜技术作为一种高科技技术，虽然在我国实际商业化应用已有十余年，但是，不可否认的是我国现有高性能复合膜制造的技术水平与国际行业先进水平仍相差较大。随着全球范围环保问题的重视，高性能复合软包装材料的开发不仅要满足功能性要求，而且还应考虑环境适应性问题，单一材质、多功能、高性能、低污染、低环境负荷、可循环使用已经成为多层阻隔膜开发的发展方向。因此研究开发环境适应型软包装材料和加工技术是今后功能性复合膜领域研究的重要课题。

四、行业可持续发展的前沿技术热点

循环经济已成为全球橡塑行业最热的话题之一，循环经济是一条必须要走的路。在过往60年中，全球总共生产了90亿吨塑料。迄今为止，已造成63亿吨废塑。据统计，其中只有6亿吨被回收利用。随着世界人口的增长，到2050年塑料消费量将增加10亿吨。

为贯彻党的十九大关于“加强固体废弃物和垃圾处置”“推进资源全面节约和循环利用”的部署，以及2025年全球对塑料包装（包括软包装和硬包装）可持续发展的关键节点，特别是以美国、欧盟为首的发达国家都已经将可回收、可循环使用纳入发展目标，软包装材料从研发、生产、应用到废弃、标识、回收、再利用已经成为软包装复合膜，特别是高阻隔功能性复合薄膜行业可持续发展的前沿技术热点。

（一）可持续发展目标

面向生态文明建设与保障资源安全供给的国家重大战略需求，根据复合软包装薄膜行业的产品特点，大力提倡包装薄膜从设计、生产、消费到废弃实行“减量化、资源化、无害化、低碳化以及安全化”的“五化”发展要求。

（二）关键技术

围绕源头减量—清洁生产—智能分类—高效转化—清洁利用—精深加工—精准管控的可循环发展技术链，制定高效和具有前瞻性的薄膜制品解决方案，围绕现有的回收系统，建立科学的薄膜结构评估体系是行业的两大热点。针对软包装行业以未来应用为导向的薄膜和包装解决方案的特点，研究和开发源头减量、清洁生产和废弃物回收或处理技术是行业可持续发展的三大关键技术。

1. 减量、高性能技术的研究开发是高性能多层复合薄膜可持续发展最根本的源头技术

近年来，随着人们越来越重视环境保护，减少原料的使用便显得更加重要。事实上，减少原料确实是减少包装对环境影响的一个最为有效的方法；同时能够降低生产成本，获得更多的利润。软包装复合薄膜行业，在过去的15~20年，减量技术的研究开发方面有了重大的发展，也取得一定的成果。

要做到在减少原料使用的同时，又能维持或改善包装材料的性能和功能，对薄膜制造企业来说，需要对原料、产品结构、成型工艺、功能组合等进行系统化的创新。而“结构化材料”是实现高性能薄壁化多层复合包装薄膜的重要技术手段。

我们所说的“结构化材料”不是在化学层面的，而是在物理性能层面最大化的应用。即具有量身定制的功能层结构特性和响应，使用结构组合实现轻量化、高性能化，并可以提高能效、有效负载能力和生命周期性能以及生活质量。其研究内容包括开发独立优化特性的膜层结构组合方法以及加工成型方法，创建层结构化多功能材料系统等。

高性能薄壁化和多层复合是当前塑料包装薄膜的发展趋势。双向拉伸多层共挤复合薄膜不仅可以满足包装行业对薄膜多功能性的要求，还具有“减薄”功能，可大幅度减少同类塑料薄膜的用量，降低生产成本。例如，江苏彩华包装集团有限公司研发并产业化的“超薄高分子合金薄膜”，通过双向拉伸多层共挤出合金化工艺以及成型方法的创新，集减量、清洁生产工艺以及短流程于一体，可在保持功能的基础上将厚度减薄20%~60%，是一项促进功能性软包装基材可持续发展，包装材料与节能减排综合利用以及环境保护的创新技术。依托项目成果，彩华集团建成了年产6万吨的示范工程，从产品结构到成型加工都具有突破性的创新。德国W&H、莱芬豪舍开发了PE薄膜纵向拉伸技术—MDO转换设备，通过4~6倍的纵向拉伸实现减薄，陶氏公司、中石化提供支持该解决方案PE树脂对于MDO工艺而言也是至关重要的。

另外，透明蒸镀膜作为一种应用前景及其广阔的超高阻隔薄膜，是实现高性能（超高阻隔）、薄壁化、可回收多层复合包装薄膜的重要技术手段。ALO_X和SIO_X作为陶瓷薄膜中应用最广泛的镀膜材料，受到市场的极大关注。

2. 清洁生产的研究是高性能多层复合薄膜可持续发展最有效的生产过程处理技术

清洁生产是循环经济的基石，是实现循环经济的必由之路。清洁生产要求企业在生产过程中将从原材料选用、生产设备采购、工艺的节能化、生产过程的排放、资源的综合利用、包装材料的回收等方面尽量减少废弃物的排放，是低耗、高效、降污染的有效途径。

清洁生产是以集约型、环保型为主要特征的生产模式，尤其是针对印刷、复合等一些污染较为严重的企业，通过推行清洁生产，降低节约资源，减少污染范围，降低部分企业环境治理的费用，进而提高企业经济竞争能力；这种生产模式能够在产品的源头上，对污染物进行控制，进而减少资源的浪费，在一定程度上，也能够有助于部分企业的优化升级，进而促进企业的可持续发展。软包装印刷、复合清洁生产的应用发展趋势如下：

（1）印刷材料与版材

• 印刷油墨：水性柔印油墨、水基型凹印油

墨、无水胶印油墨；紫外（UV）油墨、电子束（EB）油墨；喷墨数字印刷机用电子墨水。

• 印版版材：免化学处理版材、免处理版材。

• 印刷辅助材料：无溶剂粘合剂、水性粘合剂、环保型橡皮布、免酒精无醇润版液、水性光油。

（2）印刷设备与工艺

• 无溶剂、水性、能量固化凹版印刷；柔性版印刷、数字印刷、胶印；组合印刷；主要组合形式有：柔印+胶印；柔印+凹印；柔印+胶印+凹印+数字印刷。

（3）印后加工

• 精密涂布技术、特种上光工艺、辐射固化与冷 UV 固化技术、EB 固化技术和无溶剂复合工艺。

• 无溶剂复合：全过程无溶剂排放，不使用挥发性有机溶剂，可实现清洁生产；产品无溶剂残留，由于复合包装无溶剂残留，可保证内装物的安全，是食品、药品、妇幼用品等卫生性要求高产品的必选工艺；节能，不需要采用干燥系统，比干式复合机节能大约三分之二。

（4）共挤出复合技术和水性涂布技术

3. 废弃物的回收技术是高性能多层复合薄膜可持续发展最有效的末端处理技术

（1）包装废弃物的回收技术的发展趋势

根据处理的种类不同，现有的包装废弃物利用技术分为两大类：单一材质塑料聚合物处理技术（简单再生）和多品类塑料聚合物综合利用技术（改性再生、燃料热能利用技术和裂解单体化技术）。

人们在致力于可降解和高性能软包装材料研究的同时，更关注高性能软包装废弃物回收再利用技术的研究，直接回收、改性再利用是高性能多层复合包装废弃物回收再利用技术的研究热点。作为直接回收，有利于回收的单一材料设计已成为塑料软包装领域可持续发展的一个重要趋势。例如，陶氏化学与品牌 RB、塑料包装加工商 Drukpolton、福建凯达等企业共同研发的创新可多次重新密封的立式袋。采用纵向拉伸薄膜制成的系列聚乙烯基膜，可用于生产中高阻隔性包装。由于整个立式袋都是采用单一材料制成，可在消费后进行回收再利用。

然而，软包装行业面对的是功能性多层高阻隔软包装薄膜，其核心技术在于：如何在保持功能的前提下通过现有回收系统和渠道实现分类和有价值的直接回收，其核心技术及目标实现效果达到国际先进水平。

（2）多层高阻隔复合膜单一材质化技术

多层高阻隔软包装薄膜单材化制膜技术，要求整体复合薄膜层结构材料中某单一材质的含量不低于 95%；采用共挤、拉伸、涂层等清洁加工成型新技术提升薄膜的机械性能，保持薄膜的设计功能，实现减薄；借助涂层、复合、拉伸技术，量化功能和性能；实现加工过程中的废品、边角料以及包装用后的废弃物 100%可直接分类、回收。

核心目标、指标及效果是厚度减薄 15%～50%；单一聚合物含量不低于 95%（例如，薄膜级热塑性聚合物）；共聚物中主体聚合物含量高于 90%；不含 PVC、纤维或铝箔；其他聚合物含量低于 5%（例如 EVOH、NY 等其他热塑性聚合物、涂层（含镀铝、氧化铝、氧化硅、油墨、胶粘剂等）），保持传统复合材料的外观和商品期，适用于各种细分市场，包括新鲜农产品、冷冻食品和宠物食品，家庭和个人护理市场等各种软包装类型。

高阻隔薄膜受到越来越多的关注，传统的高阻隔薄膜有多层共挤、涂覆、真空镀铝等，随着材料和工艺的发展，新型阻隔层制备技术得到了应用，新材料的研发向多功能化、复合化、低维化发展，实现表面功能化，大大提高了薄膜的阻隔功能，并保持高透明性是一个重要的发展方向。相对于普通塑料薄膜材料，高阻隔膜对其阻氧性和阻水性提出了更高的要求，其在食品包装、电子器件封装、太阳能电池封装等方面有较多的使用。一般高阻隔膜为多层结构，其阻隔层可通过涂布技术以及近年来迅速发展的镀膜技术沉积到基材薄膜上。利用涂布镀膜技术能够在基材表面形成一层致密的、具有特殊性能的膜层，通过添加不同材料、设计不同的阻隔层结构等方式，高阻薄膜的阻隔性一步提高。

例如，安姆科（Amcor）公司推出的一款可回收高阻隔软包装，采用高阻隔 OPP 薄膜取代了原有原包装采用的聚对苯二甲酸乙二醇酯（PET）层。通过使用超薄、透明的阻隔涂层来取代铝和金属化阻隔层，在提供零金属的阻隔包装的同时减少包装碳足迹。这一用材的变化，结合材料的可回收性，可将软包的碳足迹减少高达 64%。安姆科还委托第三方独立测试研究室 cyclos-HTP，对该包装在实际应用环境中，在聚烯烃回收系统的可回收性进行认证。

真空镀膜也是近几年迅速发展起来的表面工程技术领域的重要组成部分。与之相关的基材表面改性技术、基材表面预溅射技术、高真空度、基材温度和反应气体量控制技术是研究和开发的重点。

在基材表面通过物理气相法或化学气相法沉积一层金属氧化物、硅氧化物或其他材料，能够有效地提高薄膜的阻氧性和阻湿性。在薄膜结构的研究方面，以氧化铝和氧化硅作为阻隔层材料均采用多层结构，除了阻隔功能层，还包括预涂层、粘结层、保护层等多种不同用途的功能层，并且阻隔层也不仅限于单层，多层叠加甚至多个不同成分的阻隔层叠加成为主流。在高阻隔复合薄膜结构研究方面，研究的方向更侧重薄膜内各层结构性能的共同提高，以及如何实现高质量回收。为了兼顾膜层性能和成膜效率，对基材的成膜工艺提出了新的要求，其中对镀膜基材进行表面改性或预处理是提高阻隔膜性能的研究热点。另外，高阻薄膜的研究进展直接推进了镀膜工艺与镀膜设备的发展，镀膜组件的集成化是一个主要研究方向。

（3）多层高阻隔复合膜增容改性技术

包装废弃物直接再生利用的主要优点是工艺简单、再生产品成本低，但对于功能性复合膜来说，因分离技术难度大，成本高而被搁置。为了获得高价值的再生料，近年来对复合膜层间材料的增容改性技术的研发越来越受到重视。

我们把这种技术称为合金化技术，其技术关键在于提高复合膜不同材料之间的相容性，改善由于各相之间不良的界面粘结力和应力传递而造成的较差的力学性能。从而实现多层复合膜加工过程中产生的废品、边角料以及包装用后的废弃物高质量回收。

（4）生物降解在多层软包装中的应用前景

近年来，随着各国循环经济法相继出台，塑料废弃物的分类收集、资源回收再利用和相关法规的建立等方面得到了进一步的加强。生物降解塑料一方面作为治理环境污染的方案之一，另一方面，生物降解塑料是材料领域中一类技术比较复杂，学科面广，受环境因素制约多，检验评价难度大的高新材料，目前虽已开发了许多产品，其中有的产品如淀粉基塑料、PLA 等都已有了万吨级规模的生产线。但对于多层复合薄膜而言，除了品种有限、成本高之外，要满足包装材料的功能要求还有很多关键技术有待解决。并且生物降解塑料用后回归自然循环，也需要一定的环境条件和经历一定的周期，其包装废弃物同样需要收集，然后进行堆肥化处理。因此生物降解塑料用作多层功能性复合包装薄膜任重道远。但是，随着多层复合膜单一材质量技术的不断进步，从缓解资源矛盾、减轻环境污染，确保塑料包装的可持续发展的视角，以生物质为基础的生物降解塑料将更倍受关注。

五、结语

进入 21 世纪以来，经济、资源及环境相协调发展，已成为世界各国的主要国策，而对塑料包装而言，如何处理三者的关系更为重要。

任何材质的废弃物对环境适应性的评价不能凭直觉或常识判断什么对环境有益，什么对环境有害，对环境负荷影响若仅从其用后处理的难易程度进行评价是不科学、不合理的，因为环境问题是很复杂的，必须从整个生命周期，即从原料开采、运输、制造、加工、流通、消费、废弃物处理全过程对资源、能源及环境的影响进行综合分析评价，才能对材料的环境适性进行公正合理的评价。

塑料软包装薄膜的生产、加工成型（环保型印刷和复合）是无污染排放、低消耗、高效率的过程；塑料质轻，而且易成型薄壁化、轻量化包装产品，从而可节约原料，减少垃圾和二氧化碳的排放量，降低运输能耗。而且大部分单一材质的包装废弃物是可回收利用的，据此，塑料软包装薄膜应归属于资源节约型的环境友好材料范畴。

减少废弃塑料污染问题需要产业链各环节的共同努力，创造一个更清洁的环境和一个更可持续、更紧密连接的供应链和技术链。解决这个问题的首要挑战是如何确保进行充分的评估和思考，以便有适当的制度来管理投放到市场的所有材料，并从社会的角度仔细权衡利弊。

新技术的开发、基础设施的投资、政策的制定、评估系统、包装系统、分类收集和回收系统的建立和拓展，都需要花费时间进行有效的设计和实施。关键在于行业要保持专注和紧迫感，加快经验的分析和理念的倡导，要把重点放在不断创新，不断突破技术瓶颈，建立循环经济所需的管理制度和基础设施上，以创造一个更加循环的经济。

（江苏彩华包装集团有限公司　高学文）

泡沫塑料行业淘汰消耗臭氧层物质活动

一、臭氧空洞与保护臭氧层国际条约

在离地面 10~50km 的大气平流层中，集中了大气中约 90%的臭氧，其中离地面 22~25km 臭氧浓度值达到最高，称其为臭氧层。臭氧层能吸收 99%以上对地球生态有害的太阳紫外线，保护地球上的生命免遭短波紫外线的伤害，是地球的重要生态屏障。研究表明，臭氧层遭到破坏可以导致人类患皮肤癌、白内障、免疫功能下降，还能造成农作物减产、海洋生态系统破坏和材料老化等一系列问题。1985 年，英国南极考察队队长法曼报告，他们从 1977 年起就发现南极上空的臭氧总量在每年 9 月下旬开始，迅速地减少到一半左右，形成一个“臭氧空洞”。美国加利福尼亚大学教授罗兰和莫利纳从 20 世纪 70 年代开始研究臭氧层变化的原理，首先提出当时大量生产和使用的全氯氟烃（CFCs）是臭氧层损耗的元凶，二人因此获得 1995 年诺贝尔化学奖。

为了保护臭氧层，联合国环境规划署于 1985 年 3 月 22 日在奥地利维也纳召开了保护臭氧层外交大会，会上通过了《保护臭氧层维也纳公约》（以下简称《公约》），拉开了国际保护臭氧层统一行动的序幕。为了贯彻《公约》，采取实质行动保护臭氧层，1987 年 9 月 16 日在加拿大蒙特利尔召开会议，会议根据《公约》精神通过了《关于消耗臭氧层物质的蒙特利尔议定书》（以下简称《议定书》）。1995 年 1 月 23 日，联合国大会通过决议，确定从 1995 年开始，每年的 9 月 16 日为“国际保护臭氧层日”。

二、中国保护臭氧层顶层设计

中国政府一直积极参加和推进保护臭氧层活动，于 1989 年签署了《公约》，1991 年签署了《议定书》及其伦敦修正案。1993 年 1 月，颁布了《中国消耗臭氧层物质逐步淘汰国家方案》（以下简称《国家方案》），正式开始消耗臭氧层物质（ODS）淘汰工作。

1991 年，中国政府成立了跨部门的协调机构——国家保护臭氧层领导小组，由当时的国家环境保护总局任组长单位，负责履行《公约》和《议定书》，组织实施《国家方案》。1992 年，设立了保护臭氧层多边基金项目管理办公室（现设在环境保护部环境保护对外合作中心内），具体负责保护臭氧层多边基金项目的准备和报批工作，并对项目实施进行管理、协调和监督。2000 年，国家环境保护总局（现环境保护部）、对外经济贸易合作部（现商务部）和海关总署联合成立了国家消耗臭氧层物质进出口管理办公室，负责消耗臭氧层物质（ODS）进出口日常管理工作。

目前中国已经建立了比较完善的保护臭氧层法律法规体系，为保护臭氧层事业提供了有力的法律保障。2000 年 4 月 29 日修订的《大气污染防治法》首次纳入了保护臭氧层条款；2015 年 08 月 29 日最新修订的《大气污染防治法》第八十五条规定，“国家鼓励、支持消耗臭氧层物质替代品的生产和使用，逐步减少直至停止 ODS 的生产和使用。国家对 ODS 的生产、使用、进出口实行总量控制和配额管理。”2010 年 4 月 8 日颁布的《消耗臭氧层物质管理条例》规范和细化了全国淘汰 ODS 的目标、义务和责任，对 ODS 生产、使用、销售、进出口和违规法律责任做出了详细规定。环境保护部等部委、一些地方也出台了保护臭氧层的部门和地方法规、规章。

三、泡沫塑料行业 ODS 淘汰活动

（一）ODS 发泡剂及其替代品

泡沫塑料行业使用 ODS 作为发泡剂的产品有聚氨酯（PU）泡沫塑料、挤出聚苯乙烯泡沫塑料和挤出聚乙烯泡沫塑料（XPS/EPE）。聚氨酯泡沫又分为软泡、硬泡和自结皮泡沫。其中，PU 软泡具有良好的回弹性，广泛用于家具制作等领域；自结皮泡沫具有弹性良好的内芯和强度良好的表皮，主要用于汽车和家具等行业，如座椅、方向盘、扶手等；PU 硬泡主要作为绝热材料使用，是目前已知绝热性能最好的材料，广泛用于家电产品、太阳能热水器、建筑保温、制冷、冷藏运输、石油化工、汽车、航空航天、家具制造等，少量用于非保温用途如制鞋、浮体等。挤出聚乙烯泡沫片材和网套用于各种产品和水果的防振包装；挤出聚苯乙烯片材主要用于生产包装用托盘、餐盒等，也用于广告板基材；挤出聚苯乙烯板材主要用于建筑保温，也用于铁路、公路和机场路基等。

从被淘汰的 ODS 来说，泡沫塑料行业经历了全氯氟烃（或称氟氯碳化物，CFCs）和含氢氯氟烃（或称氟氯烃，HCFCs）两个阶段。表 1 列出了

塑料行业使用的 ODS 发泡剂，表 2 列出了 CFCs 和 HCFCs 发泡剂的替代品。

表 1　　泡沫塑料行业使用的 ODS 发泡剂

消耗臭氧层物质		ODP	GWP	备注
$CFCl_3$	CFC-11	1.0	4000	《议定书》附件 A 第一类控制物质
CF_2Cl_2	CFC-12	1.0	8500	
CHF_2Cl	HCFC-22	0.055	1700	《议定书》附件 C 第一类控制物质
CH_3CFCl_2	HCFC-141b	0.11	725	
CH_3CF_2Cl	HCFC-142b	0.065	2000	

注 1：ODP 是臭氧耗减潜能值（Ozone depletion potential）的英文缩写。以 CFC-11 为基准作为比较物，设定其 ODP 值为 1，其他 ODS 的 ODP 按其损耗臭氧能力比 CFC-11 大或小的数值表示。

注 2：GWP 表示物质的全球变暖潜能值（Global warming potential，简称 GWP）。GWP 是以 CO_2 为基准，其他物质按其导致全球变暖的能力与 CO_2 大或小的数值表示。数据来源于 IPCC 报告 1996 数据，100 年。

表 2　　泡沫塑料行业 ODS 替代进程

泡沫塑料制品			CFCs 发泡剂	CFCs 替代品	HCFCs 替代品
聚氨酯泡沫塑料	聚氨酯软泡（海绵）	块状软泡（连续泡和箱泡）	CFC-11	二氯甲烷（MC），变压发泡（VPF），液态二氧化碳（LCD）	
		模塑软泡（汽车座椅等）	CFC-11	HCFC-141b，水	水（二氧化碳），氟烃 HFCs，氟烯烃 HFO 等
	聚氨酯硬泡（各种保温泡沫和填充泡沫）		CFC-11	HCFC - 141b，碳氢发泡剂 HCs	碳氢发泡剂 HCs，水，氟烃 HFCs，氟烯烃 HFO 等
	自结皮泡沫（汽车转向盘、扶手等）		CFC-11	HCFC-141b，水	碳氢发泡剂 HCs，水，氟烃 HFCs，氟烯烃 HFO 等
挤出聚乙烯、聚苯乙烯泡沫塑料（片材、网套、板材等）			CFC-12	丁烷，液化石油气 LPG，HCFC-22，HCFC-142b	二氧化碳（或与酒精等的混合物），碳氢发泡剂 HCs，氟烃 HFCs 等

注 1：在中国，曾经使用 CFC-12 作为发泡剂的是挤出聚苯乙烯发泡片材和挤出聚乙烯发泡片材、水果网套，在 CFC-12 替代后采用丁烷或液化石油气 LPG 作为发泡剂。使用 HCFC-22/142b 作为发泡剂的是挤出聚苯乙烯板材，未经历过使用 CFC-12 发泡阶段。

注 2：氟烯烃 HFO 是下一代发泡剂。在中国，聚氨酯泡沫行业已有少量应用，但在挤出聚苯乙烯板材行业尚未使用过。氟烃（或称氢氟烃，HFCs）主要作为二氧化碳技术的辅助发泡剂使用。

（二）单个企业项目率先启动 CFCs 淘汰进程

中国泡沫塑料行业从 1991 年国家签署《议定书》后就开始了 ODS 淘汰工作。1992 年 6 月，浙江华江塑料厂（现浙江华江塑料有限公司）CFC-12 淘汰项目获得蒙特利尔多边基金（以下简称多边基金）执委会（以下简称执委会）批准，这是挤出泡沫塑料行业第一家企业，也是我国泡沫塑料行业第一个获得多边基金资助的 ODS 淘汰项目，是中国最早获得执委会批准的 9 个投资项目之一。项目使用丁烷替代 CFC-12，每年 CFC-12 淘汰量

400 吨，批准获得多边基金赠款 1042000 美元，实际使用 993000 美元，于 1995 年 9 月通过验收。

天津聚氨酯塑料制品厂聚氨酯软泡生产中 CFC-11 淘汰项目是中国泡沫塑料行业第一个通过验收的多边基金赠款项目，也是中国完成的第一个多边基金投资项目。该项目于 1995 年 5 月 18 日通过验收，联合国开发计划署在天津隆重举行了“天津聚氨酯软泡生产无 CFC 技术改造”项目的产权移交仪式。该项目于 1993 年 6 月获得执委会批准，每年实现 CFC-11 淘汰量 180 吨，批准获得多边基金赠款 1080000 美元，实际使用赠款 1038593 美元。

根据多边基金执委会秘书处的提供的数据统计，截止到 2011 年 7 月，执委会共批准了中国泡沫塑料行业单个企业 ODS 淘汰项目 144 个（含 HCFCs 淘汰示范项目 4 个，在项目实施过程中因各种原因取消 8 个），实际淘汰 CFCs 发泡剂 11380.4 吨，实际使用多边基金赠款 55220444 美元；实际淘汰 HCFCs 发泡剂 25.9ODP 吨，实际使用多边基金赠款 4168712 美元，详见表 3。

表 3　　中国泡沫塑料行业单个淘汰 ODS 项目统计

消耗臭氧层物质	批准项目	批准淘汰量	实际淘汰量	批准赠款	实际使用赠款
CFC-11/12	140	10986.3ODPton	11380.4 ODPton	US$ 63368011	US$ 55219970
HCFC-141b/22/142b	4	25.9 ODPton	25.9 ODPton	US$ 4168712	US$ 4168712
合计	144	11012.2 ODPton	11406.3 ODPton	US$ 67536723	US$ 59388682

注 1：上表中包括中国家电行业冰箱生产中 CFC-11 发泡剂替代的单独申报和实施的项目，不包括制冷剂和发泡剂同时淘汰的项目。

注 2：144 个批准的项目中，有 8 个项目在实施过程中因各种原因取消。

（三）单个项目管理模式的演变

按照执委会相关规定，使用多边基金赠款项目分别由联合国开发计划署（UNDP）、联合国工业发展组织（UNIDO）、联合国环境署（UNEP）和世界银行（IBRD）这 4 家多边机构，以及美国、德国和日本等双边机构作为国际执行机构负责项目和资金管理。中国泡沫塑料行业单个淘汰 ODS 项目由联合国开发计划署和世界银行两家机构作为国际执行机构，详见表 4。

表 4　　各个国际执行机构负责的单个项目统计

国际执行机构	批准项目	批准淘汰量	实际淘汰量	批准赠款	实际使用赠款
联合国开发计划署 UNDP	71	4841.0MT	4841.0MT	US$ 30621477	US$ 27521521
世界银行 IBRD	73	6171.2MT	6565.3MT	US$ 36915246	US$ 31867161
合计	144	11012.2MT	11406.3MT	US$ 67536723	US$ 59388682

在单个项目审批和执行过程中，国际执行机构起着举足轻重的作用。国际执行机构选派国外专家赴企业实地考察项目企业投产时间、生产设备情况和 ODS 消费情况，设计 ODS 淘汰技术路线和具体淘汰方案，报多边基金执委会审批后实施。项目实施过程中国际执行机构指派专家负责项目替代方案的审核，项目资金由国际执行机构管理和发放（世界银行通过光大银行等国内执行机构发放）；重要替代设备一般由国际执行机构通过招标方式采购后送到项目现场。国家保护臭氧层多边基金项目管理办公室（主要由原国家环境保护局对外经济合作领导小组办公室项目三处承担）、国内行业部门工程技术人员和地方相关部门人员一般只是起到项目推荐、陪同考察和协助项目实施的责任。

随着中国对多边基金项目管理和替代技术、项目实施过程的熟悉逐步深化，中国政府对项目管理权限逐渐增大。1998 年，在保护臭氧层多边基金项目管理办公室下设泡沫工作组，负责领导泡沫行业 ODS 淘汰工作。第一任泡沫工作组组长由中国塑料加工工业协会廖正品会长兼秘书长兼任，曾经先后担任过泡沫工作组组长、副组长的有李永红、付永彬、和平、周晓芳、唐艳冬、王勇、郭晓林和李娟等。在项目管理机制方面，国家环境保护局对外经济合作领导小组办公室（现环境保护部环境保护对外合作中心）逐渐形成了项目三处、财务处和采购处（后改称合同处）分工合作，由分管主任、主任等统一领导的项目管理体制。

在单个项目实施过程中，从项目企业中涌现了一批 ODS 替代技术专家，他们逐渐替代国外专家承担起了项目技术专家的作用。2000 年 6 月，国家环境保护总局对外经济技术合作领导小组办公室和中国塑料加工工业协会共同聘请孟庆君、陈志洁、温和平、申江、王立瑜和梁继祥为泡沫塑料行业 CFCs 替代项目技术专家，这是国家和行业协会正式聘请的首批泡沫行业替代技术专家。技术专家参与项目考察、多边基金项目计划书编制，在项目实施过程中为项目主管单位和项目企业提供技术咨询、参与项目检查、验收等工作。在后续 ODS 淘汰工作中，又有很多技术、安全等方面的专家参加了各个阶段的工作，对项目顺利实施起了重要的作用。2017 年 9 月，在纪念《议定书》缔结三十周年纪念大会上，联合国开发计划署、联合国环境署、联合国工业发展组织、世界银行和环境保护部环境保护对外合作中心联合向聚氨酯泡沫行业技术专家罗振杨、张鹏、殷延山、蒋布诺、张杰，挤出聚苯乙烯泡沫行业技术专家李庆春、王艳芳，安全专家刘建林颁发认可荣誉证书，以表彰他们近年对泡沫行业 ODS 淘汰工作所做的贡献。

（四）伞形项目加快泡沫塑料行业 CFCs 淘汰进程

由于中国泡沫塑料行业 ODS 消费企业众多，单个项目企业的考察、审批和执行程序缓慢，影响了泡沫行业 ODS 淘汰进度。从 2000 年开始，除了申请过 4 个泡沫行业 HCFCs 技术示范项目外，中国泡沫行业不再申请单个项目，代之以伞形项目和行业计划方式申报和实施项目。中国泡沫行业 ODS 淘汰伞形项目的国际执行机构均为联合国工业发展组织，伞形项目形式是把泡沫产品相同或相近，替代技术选择相同的一批企业打包申请和实施的项目。泡沫塑料行业共申请和实施了 8 个伞形项目，第一个伞形项目 25 家挤出聚乙烯发泡网企业淘汰 CFC-12 伞形项目于 1998 年 7 月获得执委会批准。泡沫塑料行业伞形项目情况见表 5。

表 5　　联合国工业发展组织负责的泡沫行业 CFCs 淘汰伞形项目

项目名称	消耗臭氧层物质	企业数量	淘汰量（MT）	批准赠款（US$）	实际使用赠款（US$）	批准时间
25 家挤出聚乙烯发泡网企业淘汰 CFC-12 伞形项目	CFC-12	25	1146.0	4488516	4488516	1998.7
27 家挤出聚乙烯发泡网企业淘汰 CFC-12 伞形项目	CFC-12	27	825.7	5289441	5289441	1999.7
31 家聚氨酯硬泡企业淘汰 CFC-11 伞形项目	CFC-11	31	707.3	5516900	5516900	1999.11
26 家喷涂保温聚氨酯泡沫企业使用 HCFC-141b 替代 CFC-11 项目	CFC-11	26	891.4	3295600	5320774	2000.12
7 家聚氨酯泡沫企业淘汰 CFC-11 项目	CFC-11	7	191.6	1087764	1007311	2001.7
9 家挤出聚苯乙烯泡沫企业使用丁烷替代 CFC-12 伞形项目	CFC-12	9	750.0	2808338	2808338	2001.7

续表

项目名称	消耗臭氧层物质	企业数量	淘汰量（MT）	批准赠款（US$）	实际使用赠款（US$）	批准时间
7家挤出聚苯乙烯泡沫企业使用丁烷替代CFC-12终止伞形项目	CFC-12	7	359.0	2450123	2447518	2001.12
30家挤出聚乙烯发泡网生产企业淘汰CFC-12终止伞形项目	CFC-12	30	849.3	1525648	4325709	2002.3
合计		162	5720.3	26462330	31204507	

注：伞形项目批准CFCs淘汰量和实际淘汰量相同。

在中国，伞形项目在加快泡沫行业CFCs淘汰进程的同时，还探索了一些新的实施方式。在聚氨酯泡沫行业伞形项目中，利用项目设备采购节余资金建立了烟台万华和廊坊福邦德两个配料中心，为在后续的聚氨酯泡沫行业HCFC-141b淘汰计划中配料中心的建设做出了有益的探索，起到了示范作用。在挤出聚乙烯泡沫网套行业CFC-12淘汰伞形项目中，考虑到当时产能过剩的实际情况，将部分产能转产适销对路的聚乙烯发泡片材，促进了产业转型升级。

（五）泡沫行业CFC-11淘汰计划，控制CFC消费量的有效措施

1. 单个项目和伞形项目的局限性

单个项目和伞形项目对中国泡沫行业ODS淘汰工作做出了很大贡献，特别是对于替代品或替代技术相对低廉的挤出聚乙烯发泡制品和挤出聚苯乙烯发泡制品（使用丁烷和液化石油气替代CFC-12）和聚氨酯软泡（使用二氯甲烷替代CFC-11）而言，更是如此。通过单个项目和伞形项目淘汰方式，基本上实现了上述三个泡沫塑料子行业的CFC-11/12替代。但在聚氨酯硬泡子行业则未能按照预期显著降低CFC-11发泡剂的消费量。

多边基金资助单个项目和伞形项目企业的开展CFCs淘汰活动，是为了总体削减CFCs消费量，但在20世纪90年代的中国效果不够理想（见表6）。其原因除了上述替代品价格因素，主要还是由于中国当时经济快速发展、企业数量迅速增加导致的。未对国家水平的CFCs供应加以控制、缺乏必要的政策配套措施、公众尤其是泡沫企业对替代的认识不足、替代技术不普及等也是重要的因素。为此，中国开发了行业计划模式，采取企业水平的淘汰活动、政策措施和技术援助并重的措施开展淘汰活动，并率先在哈龙灭火器行业实施，取得了良好的效果。2001年12月，执委会第36次会议批准了《中国PU泡沫行业CFC-11整体淘汰计划》（以下简称《泡沫行业CFC-11淘汰计划》），中国PU泡沫行业CFC-11淘汰工作也进入了一个新阶段。

表6　　中国CFC-11/12消费数据

年度	1995	1996	1997	1998	1999	2000	2001
国内CFC-11消费量	20030	18900	24898	28008	24605	17421	15247
泡沫行业CFC-11消费量	17908	14870	15800	19199	19162	13096	11597
国内CFC-12消费量	18951	23014	22237	23715	14862	18292	15885
泡沫行业CFC-12消费量	6838	6000	6860	6663	3981	6846	5256
年度	2002	2003	2004	2005	2006	2007	2008
国内CFC-11消费量	17187	13994	10364	6987	6885	401	143

续表

年度	1995	1996	1997	1998	1999	2000	2001
泡沫行业 CFC-11 消费量	14100	11423	8418	6085	6319	237	0
国内 CFC-12 消费量	11467	6940	6246	5461	5421	3335	295
泡沫行业 CFC-12 消费量	1248		116	108	0	0	0

2. 泡沫行业 CFC-11 淘汰计划简述

《泡沫行业 CFC-11 淘汰计划》共获得多边基金赠款 53846000 美元，CFC-11 淘汰目标为 10651 吨，旨在完成 CFC-11 的整体淘汰，建立一套有效地促进淘汰行动的运作机制，包括宣传、监督机制、汇报制度和审计机制等，逐步削减泡沫行业 CFC-11 消费量，并于 2010 年 1 月 1 日完成全部淘汰。行业计划通过政策措施、技术援助和开展企业水平的淘汰活动综合施治，以期在行业影响较小的情况下，实现控制行业 CFC-11 消费量逐步减少，直至完全停止消费。

行业计划批准文件规定了国家 CFC-11 消费控制目标、PU 泡沫行业 CFC-11 消费控制目标和各年度 CFC-11 淘汰合同签署目标（2004 年 11 月执委会第 44 次会议通过的加速淘汰计划提出了更快淘汰 CFC-11 的要求），各年度 CFC-11 消费控制目标和淘汰合同签署目标见表 7。

表 7　PU 泡沫行业 CFC-11 消费量控制目标和淘汰合同签署目标

年度		2002	2003	2004	2005	2006	2007	2008	2009	2010	合计
国家年度 CFC-11 消费上限/吨		17200	15500	13100	10400	7700	4130	3800	300	0	
PU 泡沫行业年度 CFC-11 消费量上限（吨）	行业计划	14143	13830	11666	9646	7164	3821	3553	102	0	
	加速淘汰	–	–	10500	9000	7000	400	0	0	0	
PU 泡沫行业 CFC-11 年度淘汰目标（吨）		2000	2500	2500	2500	600	551				10651

3. 政策措施确保淘汰目标的实现

《泡沫行业 CFC-11 淘汰计划》的成功经验表明，政策措施是行业计划方式的亮点。由于在聚氨酯硬泡子行业替代技术在产品成本、质量方面与 CFC-11 对比不具有优势，出于维持市场份额、产品质量以及追求利润等原因，多数 PU 泡沫企业愿意淘汰 CFC-11。为此，除了给予企业必要的资助，加强技术援助外，加强相关政策、法规的建设和实施，通过适当的政策调节、经济刺激或强制手段，引导企业的行为，才能使大多数 CFC-11 消费企业尽早参加到淘汰行动中来。

控制行业淘汰 CFC-11 消费的关键政策是控制 CFC-11 的供应。1999 年颁布的《关于实施 CFCs 生产配额许可证管理的通知》和 2000 年颁布的《关于加强对消耗臭氧层物质进出口管理的规定》使国家可以严格控制包括 CFC-11 在内的各种 CFCs 的国内供应量。这两个法规在《泡沫行业 CFC-11 淘汰计划》开始实施前出台，对于保证泡沫行业从开始阶段就能够按照与执委会约定逐年削减 CFC-11 消费量起到了积极而又重要的作用。2007 年颁布的《关于禁止生产 CFCs 的公告》和《关于禁止使用 CFCs 物质作为发泡剂的公告》确保了泡沫行业完全停止 CFC-11 消费目标的实现。

除了环境保护部等部委出台了一系列的国家规章，中国政府还鼓励和支持地方政府出台地方性规章，加快所属地方 ODS 淘汰进程。据不完全统计，各省、直辖市、自治区仅在 2006 年至 2009 年间就出台了 25 项地方性法规，有力地支持了 PU 泡沫行业 CFC-11 淘汰活动。

4. 技术援助项目助力淘汰活动成功

与单个项目和伞形项目不同，《泡沫行业 CFC-11 淘汰计划》还开展了很多技术援助项目，包括宣传、替代技术研究、产品标准修订、政策研究等活动等，以接近大多数泡沫企业在 CFC-11 替代过程都可能遇到的共性问题。这些项目形式多样，着眼于行业淘汰的实际需求，使用资金数量虽然不大，但起到了很好的作用。表 8 列出了《泡沫行业 CFC-11 淘汰计划》技术援助项目情况。

表 8　　　　技术援助项目情况

技术援助活动类别	数量	比例/%	费用	比例/%
加强淘汰制度建设	6	14.6	282335.59	12.6
替代品开发	5	12.2	240758.76	10.8
加强相关机构的管理、监督和评估能力	18	43.9	1355675.02	60.7
开展企业管理人员 CFC-11 淘汰活动能力建设，公众宣传	11	26.8	321344.45	14.4
信息管理和交流	1	2.4	33411.58	1.5%
合计	41		2233525.40	

5. 企业水平 CFC-11 淘汰活动是有力的手段

《泡沫行业 CFC-11 淘汰计划》赠款资金主要用途像单个项目和伞形项目一样用于开展企业 CFC-11 淘汰活动，如改造或更换发泡设备、增加安全措施以满足更换发泡剂后的安全需求、对工人和相关管理人员进行使用新设备、新技术培训，对因 CFC-11 淘汰项目产生的失业工人进行再就业培训和补偿、必要的厂房改造和销毁使用 CFC-11 设备等。此外，聚氨酯硬泡和自结皮泡沫在替代改造后生产成本增加，泡沫行业计划也会对企业的生产成本增加部分给予一定补偿。少量项目企业因各种原因难以改造成使用替代品进行泡沫生产，在此情况下，项目赠款用于支持对下岗工人进行失业补偿和再就业培训，如有剩余，剩余部分用于补偿企业的停产损失。在项目形式上，《泡沫行业 CFC-11 淘汰计划》除了单个项目，还开展了工业重组项目和省市项目，丰富了项目实施方式。

《泡沫行业 CFC-11 淘汰计划》以年度计划的方式实施项目，从 2002 年度计划至 2009 年度计划，8 个年度计划共签署了 11384.073 吨 CFC-11 淘汰项目合同，各个年度计划实际签署淘汰项目合同 CFC-11 淘汰量见表 9，子行业分布和企业数量分布见表 10，选用的替代技术情况见表 11。对比表 6 和表 7，我们会发现中国通过《泡沫行业 CFC-11 淘汰计划》的实施成功的控制了泡沫塑料行业和国家的 CFC-11 消费量满足与执委会的约定。

表 9　　　　泡沫行业 CFC-11 淘汰计划各个年度计划 CFC-11 淘汰量

年度计划	2002	2003	2004	2005	2006	2007	2008	2009	合计
签署 CFC-11 淘汰合同量/吨	2352.98	2721.19	2009.066	2660.117	900	740.72	—	—	11384.073
其中：重组项目	2352.98	2721.19	1714.2	364.67	0	0	—	—	7153.04
单个项目	0	0	294.866	2295.447	0	740.72	—	—	3331.033
省市项目	0	0	0	0	900	0	—	—	900
CFC-11 淘汰合同累计/吨	2352.98	5074.17	7083.236	9743.353	10643.353	11384.073	11384.073		11384.073

表 10　泡沫行业 CFC-11 淘汰计划各个年度淘汰合同子行业分布和企业数量分布

年度	硬泡		软泡		自结皮	
	企业数量	淘汰量/吨	企业数量	淘汰量/吨	企业数量	淘汰量/吨
2002 年度计划	31	1164.98	15	1188.00	0	0
2003 年度计划	24	2073.19	11	648	0	0
2004 年度计划	15	708.766	22	1300.30	0	0
2005 年度计划	86	2630.44	0	0	2	29.678
2006 年度计划	200	900	0	0	0	0
2007 年度计划	23	739.47	0	0	1	1.25
合计	379	8216.845	48	3136.3	3	30.928

表 11　泡沫行业 CFC-11 淘汰计划各种替代品（技术）分布

子行业	替代技术	CFC-11 淘汰量/吨		占子行业比例/%	占全行业比例/%
		小计	各种替代技术替代 CFC-11 量		
软泡	二氯甲烷	3137	120	3.9	1.0
	变压发泡 VPF		3017	97.1	26.3
硬泡	HCFC-141b/22	8291.04	5342.298	64.4	46.6
	水		2853.029	34.4	24.9
	碳氢		95.709	1.2	0.8
自结皮	HCFC-141b	31.218	17.678	56.5	0.2
	水		13.25	42.4	0.1

2014 年，环境保护部环境保护对外合作中心又批准了 4 个全水组合聚醚生产项目，这 4 个项目分别位于河北省、北京市和辽宁省，位于管道保温产品的主要产区，将有力地推动附近的企业淘汰 HCFC-141b 发泡剂的进程。

6. 如期圆满完成 CFCs 加速淘汰目标

从表 6 可以看出，中国泡沫塑料行业于 2005 年底前实现了 CFC-12 的完全淘汰，于 2007 年年底停止了 CFC-11 的消费。2007 年 6 月 25 日，原国家环境保护总局发布《关于禁止使用氯氟烃（CFCs）物质作为发泡剂的公告》，公告规定自 2008 年 1 月 1 日起，任何企业不得在产品生产和施工过程中使用氯氟烃（CFCs）物质作为发泡剂，此前于 2007 年 6 月 21 日，颁布了《关于禁止全氯氟烃（CFCs）物质生产的公告》，规定自 2007 年 7 月 1 日起，任何企业不得生产除药用吸入式气雾剂用途、原料和豁免用途以外的全氯氟烃（CFCs）物质。这两个行政法规的颁布，标志着中国泡沫塑料行业彻底结束了使用 CFCs 作为发泡剂的时代。

（六）泡沫塑料行业 HCFCs 淘汰第一阶段

1. 加速淘汰 HCFC 的原因

按照较早的 ODS 淘汰计划，中国作为发展中国家应在 2040 年完成对 HCFCs 的淘汰。在 CFCs 淘汰过程中，HCFCs 是作为替代品使用的。虽然绝大部分 HCFCs 的 ODP 小于 CFCs 的 10%，对臭氧层破坏较小，但随着 CFCs 替代及经济发展被大量使用，其对臭氧层的破坏作用已经不容低估。同时，绝大多数 HCFCs 具有可观的 GWP 值，引起的全球变暖的作用也收到很大关注。2007 年 9 月，蒙特利尔多边基金缔约方第 19 次会议同意了加速淘汰

HCFCs。中国作为《议定书》第五条款国家，应在2013年冻结HCFCs的生产和消费，并在2015年削减生产和消费量的10%，2020年削减35%，2025年淘汰67.5%，直到2030年实现完全淘汰，在2030年至2040年只允许2.5%的维修用途。会议同时要求应优先淘汰ODP高的HCFC品种，其中HCFC-141b的ODP在常用HCFCs中ODP最高。

2. 泡沫塑料行业HCFCs淘汰计划第一阶段简述

2008年7月，执委会第55次会议批准了包括中国PU泡沫行业和XPS泡沫行业HCFCs淘汰管理计划（HPMP）编制项目，中国泡沫塑料行业正式启动HCFCs淘汰工作。2011年7月，第64次执委会批准了中国PU泡沫行业和XPS泡沫行业HCFC淘汰计划（第一阶段），用于支持中国泡沫塑料行业在2011年至2015年期间开展HCFC淘汰活动、技术援助活动、项目管理活动等。其中PU泡沫行业获得多边基金赠款7300万美元，世界银行作为国际执行机构；XPS泡沫行业获得5000万美元，联合国工业发展组织和德国技术公司作为国际执行机构。

2011年以前的几年，PU泡沫行业和XPS泡沫行业均处于快速发展阶段，相应的，HCFCs发泡剂消费量也在快速增长（见表12），在短短2年时间内扭转这种趋势，把2013年消费量降低到2009年和2010年的平均水平（行业基准年消费量），并在2015年进一步削减10%，两个行业均面临很大压力。另外，考虑到制冷维修行业HCFCs淘汰面临更大的困难及执委会优先淘汰ODP大的HCFC-141b的要求，PU泡沫行业还需要额外承担更大多淘汰任务，以保证国家履约目标的实现。为此，PU泡沫行业在2011年至2015年间计划淘汰1373 ODP吨HCFC-141b（12482吨），XPS泡沫行业计划淘汰592 ODP吨（10031吨）。

表12　　2009~2015年PU/XPS泡沫行业HCFCs消费量

		基线水平	2009	2010	2011	2012	2013	2014	2015
XPS泡沫行业消费量	HCFC-22，MT	–	24600	27060	27060	34400	29900	30000	19600
	HCFC-142b，MT	–	16400	18040	16845	9800	11264	9000	10500
	ODP吨合计	2540	2419	2661	2583	2529	2377	2235	1078
PU泡沫行业消费量	HCFC-141b，MT	49020	45971	52069	63570	59109	46338	46978	34202
	ODP吨	5392	5057	5728	6993	6502	5097	5168	3762

注1：XPS泡沫行业使用的两种HCFC根据价格变化等因素消费比例会发生变化，中国政府和执委会协议规定控制行业消费量的ODP消费量。

考虑到聚氨酯泡沫行业HCFC-141b淘汰过程中需要遵守尽量选择零ODP、低GWP替代技术的要求，而聚氨酯泡沫行业符合这个条件的碳氢和水两种替代技术的优点和缺点都比较突出，经过广泛协商，决定优先淘汰具有使用替代技术的成功经验，具有较强的技术、资金和管理能力的子行业，以降低淘汰过程中可能产生的风险，产生良好的示范效应。符合这些条件的子行业主要有冰箱冰柜、小家电和冷藏集装箱三个子行业，聚氨酯泡沫行业计划第一阶段准备整体淘汰这三个子行业的HCFC-141b。此外，聚氨酯泡沫行业计划第一阶段还考虑在太阳能热水器等子行业的大中企业开展淘汰活动，为这些子行业后续淘汰活动积累经验；通过支持组合聚醚企业形成预混环戊烷/水组合聚醚生产能力，提高中小企业使用零ODP、低GWP替代技术的能力。

3. 泡沫塑料行业HCFCs淘汰计划第一阶段实施情况

PU泡沫行业HCFC-141b淘汰计划第一阶段尚未完成，截止到2017年9月底，已经签署了54个HCFC-141b淘汰项目，其子行业分布见表13。这些项目全部采用零ODP、低GWP替代技术，详见表14。另外，还批准了6个碳氢组合聚醚生产项目，这6个项目分布于山东、上海、浙江、广东和河南，就近为采用碳氢技术的企业提供预混组合聚醚，提供技术服务。

表 13　　PU 泡沫行业 HCFC-141b 淘汰第一阶段淘汰合同子行业分布

子行业	企业数量	份额/%	基准年 HCFC-141b 消费量/吨	份额/%
冷藏集装箱	4	7.4	4856.08	38.1
冰箱冰柜	19	35.2	1924.52	15.1
小家电	4	7.4	428.11	3.4
管道保温	16	29.6	1660.26	13.0
板材	6	11.1	2141.78	16.8
太阳能热水器	4	7.4	1682.81	13.2
其他（浮体）	1	1.9	56.35	0.4
合计	54		12749.91	

表 14　　PU 泡沫行业 HCFC-141b 淘汰第一阶段替代技术选择情况

子行业	企业数量	水替代	百分比/%	碳氢替代	百分比/%
冷藏集装箱	4	0	0.0	4	100.0
冰箱冰柜	18	0	0.0	18	100.0
小家电	5	0	0.0	5	100.0
管道保温	16	15	93.7	1	6.3
板材	6	0	0.0	6	100.0
太阳能热水器	4	1	25.0	3	75.0
其他（浮体）	1	1	100.0	0	0.0
合计	54	17	31.5	37	68.5

XPS 泡沫行业使用 HCFC-22/142b 作为发泡剂。按照 XPS 泡沫行业计划第一阶段准备时所做的调查，其中 HCFC-22 约占 60%，HCFC-142b 约占 40%。主要在 HCFC-22/142b 消费量大的企业开展淘汰活动。截止到 2017 年 9 月底，XPS 泡沫行业计划第一阶段共签署淘汰合同 25 个，HCFCs 淘汰量共 9589.98 吨。考虑替代技术的可行性以及行业计划对替代技术零 ODP、低 GWP 的要求，大多数企业在淘汰过程中都选择了二氧化碳混合发泡技术。

PU 泡沫行业 HCFC-141b 淘汰计划和 XPS 泡沫行业 HCFCs 淘汰计划第一阶段继续秉持行业计划模式在政策和技术援助方面的优势，采用综合手段淘汰 HCFCs。HCFCs 淘汰第一阶段出台的影响最大的政策措施是环境保护部于 2013 年 8 月 7 日发布的“关于加强含氢氯氟烃生产、销售和使用管理的通知”，规定对 HCFCs 的生产和使用实行配额管理。另外，根据计划，在冰箱冰柜、冷藏集装箱和小家电三个 PU 泡沫子行业禁止使用 HCFC-141b 作为发泡剂的政策也在制订过程中，将在通过必要程序后发布实行。

PU 和 XPS 泡沫行业 HCFCs 淘汰计划第一阶段也注重通过技术援助活动加强公众宣传和对企业培训，支持替代技术研发和完善为中小企业替代改造提供技术支持等。截止到 2017 年 9 月底，PU 泡沫行业计划批准技术援助项目 12 个，XPS 泡沫行业计划批准技术援助项目 7 个。

（七）泡沫塑料行业 HCFCs 淘汰第二阶段

按照计划，HCFCs 淘汰第一阶段截止到 2015 年为止。随着第一阶段淘汰活动渐进尾声，中国于 2015 年启动了第二阶段淘汰计划的准备工作。经过广泛协商，中国 PU 泡沫行业和挤出聚苯乙烯泡沫行业 HCFCs 淘汰计划第二阶段将是终止行业计划，即覆盖全部未淘汰的 HCFCs 淘汰工作。2016 年 12 月，执委会第 77 次会议批准两个行业计划，其中，PU 泡沫行业 HCFC-141b 淘汰计划第二阶段获得赠款 141471210 美元，XPS 泡沫行业获得赠款 112786630 美元。两个行业将在第一阶段取得的成果的基础上，逐步削减 HCFC-141b 消费量，并将在 2026 年实现全行业淘汰。PU 泡沫行业 HCFC-141b 控制目标见表 15，XPS 泡沫行业 HCFCs 控制目标见表 16。

表 15　　PU 泡沫行业 2016~2026 年消费量控制目标

	基线	2015~2017	2018~2019	2020~2022	2023~2024	2025	2026
最大允许 HCFC-141b 消费量/MT	49020	40451	34314	26961	9804	3000	0
淘汰量/MT	-	8569	6137	7353	17157	6804	3000
淘汰比例/%	-	17.5	30	45	80	94	100

表 16　　XPS 泡沫行业 2016~2026 年消费量控制目标

	基线	2015~2017	2018~2019	2020~2022	2023~2024	2025	2026
最大允许 HCFCs 消费量，ODP 吨	2540	2286	2032	1397	762	165	0
淘汰量，ODP 吨	-	254	254	635	635	597	165
淘汰比例/%	-	10	20	45	70	93.5	100

目前两个行业正在做行业实施手册编制等准备工作，争取尽早开始第二阶段 HCFCs 淘汰活动。

（八）泡沫塑料行业从多边基金得到的其他援助项目

蒙特利尔多边基金除了资助缔约国中的发展中国家项目企业开展 ODS 淘汰活动，还支持开展一些技术援助项目，以及为开发 ODS 淘汰项目设立的准备金项目。中国泡沫塑料行业获得的技术援助项目和项目准备金项目情况见表 17。

表 17　　泡沫塑料行业获得的技术援助项目和项目准备金项目情况

项目类别	项目数量	批准赠款额/美元	实际使用赠款额/美元
技术援助项目	5	405000	844390
项目准备金项目	27	3207626	3085811

注：27 项目准备金项目中，有 3 个后来取消。

此外，在蒙特利尔多边基金框架下，中国 XPS 泡沫行业还从德国政府获得一个使用二氧化碳替代 HCFCs 的技术示范项目，获得资助单位为北京北鹏新型建材有限公司，获得资助金额 130 万欧元。

（九）中国泡沫塑料行业获得多边基金资助项目汇总

截止到 2017 年 9 月底，中国泡沫塑料行业获得的多边基金项目数据见表 18。

表 18　　泡沫塑料行业获得多边基金项目数据汇总

项目种类	项目数量	参与 ODS 淘汰企业数量	批准淘汰量/吨	实际淘汰量/吨	批准赠款/美元	实际使用赠款/美元
PU/PS/PE 泡沫行业 CFC-11/12 淘汰单个项目	144	144	11012	11406	67536723	59388682
PU/PS/PE 泡沫行业 CFC-11/12 淘汰伞形项目	8	162	5720	5720	26462330	31204507
PU 泡沫行业 CFC-11 淘汰计划 其中技术援助项目	165 41	434	10651	11384	53846000	53846000
HCFCs 淘汰示范项目	4	8	332	332	4168712	4168712
PU 泡沫行业 HCFC-141b 淘汰计划第一阶段 其中技术援助项目	72 12	60	14685	12750	73000000	73000000
XPS 泡沫行业 HCFCs 淘汰计划第一阶段 其中技术援助项目	32 7	25	10031	9590	50000000	50000000
PU 泡沫行业 HCFC-141b 淘汰计划第二阶段	-	-	34202	-	141471210	-
XPS 泡沫行业 HCFCs 淘汰计划第二阶段	-	-	30100	-	141471210	-
技术援助项目	5	0	0	0	405000	844390
项目准备金项目	27	0	0	0	3207626	3085811
合计	510	833	116733	51182	561568811	275538102

注 1：单个项目和伞形项目由多边基金执委会直接批准，行业计划则不同，执委会批准行业计划和该行业计划的各年度计划，淘汰项目由环境保护部环境保护对外合作中心批准。

注 2：截止到 2017 年 9 月底，所有的行业计划资金尚未完全使用完毕，但已经接近使用完毕的实际使用赠款数量按照批准金额列出，PU 和 XPS 泡沫行业第二阶段暂未签署 HCFCs 淘汰项目合同，赠款资金尚未使用，实际使用赠款数量暂不列出；批准淘汰量按照 2015 年两个行业消费量计算。

注 3：对于行业计划来说，批准淘汰量是执委会批准行业计划时中国政府与执委会协议规定的淘汰量，实际淘汰量是该行业计划下环境保护部环境保护对外合作中心实际签署的淘汰合同合计数量。

注 4：PU 泡沫行业 HCFC-141b 淘汰计划第一阶段除了采取签署淘汰合同方式淘汰 HCFC-141b，还采取政策淘汰方式淘汰，面向合资、外资和不符合赠款资助的企业，因此签署淘汰合同数量少于批准淘汰量。

注 5：PU 泡沫行业 CFC-11 淘汰计划 165 个项目中，包括重组项目、单个项目、省市项目和全水组合聚醚生产项目（4 个），以及技术援助项目（41 个）。

注 6：未计算德国政府资助的 XPS 泡沫行业 CO_2 替代 HCFCs 示范项目。

四、中国塑料加工工业协会积极助力 ODS 淘汰工作

中国塑料加工工业协会（以下简称中国塑协）从 20 世纪 90 年代初中国开展 ODS 淘汰工作以来，一直积极支持和参与泡沫塑料行业 ODS 淘汰工作。中塑协发挥协会与企业联系密切的优势，协助国家制定泡沫行业淘汰 ODS 战略，为国家淘汰 ODS 工作提供咨询意见和建议，反映行业愿望；宣传、动员企业参加淘汰 ODS 活动；选择、推荐技术专家，支持泡沫塑料行业淘汰 ODS 活动；向国家推荐泡沫行业淘汰 ODS 项目和技术援助项目，为行业服务。在单个项目阶段，中塑协主要负责向国家臭氧层保护活动主管部门和国际执行机构推荐项目企业，协助企业开展项目申报等活动。在此期间参与泡沫塑料行业 ODS 淘汰工作的有廖正品、李耀宾、张懋琪和付永彬等。

1998 年，在保护臭氧层多边基金项目管理办公室下设泡沫工作组，负责领导泡沫行业 ODS 淘汰工作。泡沫工作组承担起了当时新设立的伞形项目，以及后来的行业计划项目的日常管理工作。其中，在伞形项目管理过程中协会派出的工作人员费用是由中塑协自己承担的；从聚氨酯泡沫行业 CFC-11 淘汰计划开始（2002 年），中塑协通过竞争方式承担了国内执行机构任务，后来又承担了很多保护臭氧层多边基金项目管理办公室向社会公开发包的工作，工作经费有了稳定的来源。从 2005 年以来，中塑协以行业部门和保护臭氧层多边基金项目管理办公室的咨询顾问的角色一直积极参与泡沫塑料行业 ODS 淘汰活动，成为中塑协服务政府、服务企业的一个重要阵地。2002 年以来中塑协承担的与保护臭氧层活动有关的项目见表 19。

表 19　2002 年以来中国塑协承担的与保护臭氧层活动有关的项目

序号	项目名称	项目来源	合同时间
1	泡沫行业 CFC-11 整体淘汰项目国内执行机构咨询 服务合同 2002 年度	国家环保总局对外经济合作领导小组办公室	2002. 8. 21
2	泡沫行业 CFC-11 整体淘汰项目国内执行机构咨询 服务合同 2003 年度		2003. 5. 21
3	泡沫行业 CFC-11 整体淘汰项目国内执行机构咨询 服务合同 2004 年度		2004. 11. 15
4	中国聚氨酯泡沫行业 HCFC 淘汰计划编制技术咨询服务项目	环境保护部环境保护对外合作中心	2009. 4. 10
5	挤出聚苯乙烯（XPS）泡沫行业含氢氯氟烃（HCFC）淘汰管理计划编写项目		2009. 6. 19
6	聚氨酯泡沫行业 HCFC-141b 淘汰（第一阶段）项目实施手册编写		2011. 6. 1
7	中国泡沫行业 CFC-11 整体淘汰计划完成报告编写项目		2011. 7
8	泡沫行业淘汰消耗臭氧层物质指南	联合国环境署	2011. 11. 29
9	中国 PU 泡沫行业 HCFCs 淘汰计划第一阶段国内支持机构 2012 年度	环境保护部环境保护对外合作中心	2012. 12. 7
10	中国 PU 泡沫行业 HCFCs 淘汰计划第一阶段国内支持机构 2013 年度		2013. 9. 30
11	聚氨酯泡沫行业 HCFC-141b 第二阶段行业计划编制数据调研及替代技术评估工作项目		2015. 10. 8
12	高 GWP 值的 ODS 替代品（HFCs）行业管控战略研究（泡沫行业）项目咨询服务		2015. 4. 1
13	聚氨酯（PU）泡沫行业第二阶段淘汰行业计划项目实施手册编制咨询服务项目		2017. 7

由中国塑协派出先后在泡沫工作组工作的有付永彬、孟庆君、陈志洁、李小燕、崔永丽、李雄亚、刘卫东、朱静、徐振超、邵一琦、王欣、邹宇田和周艳艳等，一般保持3个人左右的规模。中国塑协聚氨酯专业委员会多年来对泡沫行业ODS淘汰工作也给予了很大支持。

中国塑协在保护臭氧层方面的工作获得国内外相关单位和行业内企业的高度评价。2017年9月12日，在北京召开的《议定书》缔结三十周年纪念大会上，中国塑协受到联合国开发计划署、联合国环境署、联合国工业发展组织、世界银行和环境保护部环境保护对外合作中心的联合表彰。中塑协派出的工作人员也获得高度认可，其中，中国塑协原会长兼秘书长廖正品曾任泡沫工作组组长，主持制定了国家淘汰ODS战略的一部分——泡沫塑料行业替代战略，2003年获得原国家环保总局颁发的首届“保护臭氧层贡献奖”；协会现任常务副理事长兼秘书长朱文玮、副秘书长孟庆君、聚氨酯专业委员会秘书长刘卫东于2017年9月12日获得联合国开发计划署、联合国环境署、联合国工业发展组织、世界银行和环境保护部环境保护对外合作中心联合颁发的认可荣誉证书。

五、中国泡沫塑料行业ODS淘汰工作对环保事业的贡献

（一）中国ODS淘汰工作取得了巨大的成功

中国ODS淘汰工作一直在国家统一管理下进行，开展了卓有成效的保护臭氧层活动，在法规建设、机构设置、监督执法、能力建设、行业和企业ODS淘汰、宣传动员、国际合作等各方面都取得了巨大成就。截止到2017年，在ODS淘汰方面先后实施31个行业淘汰计划，关闭相关生产线100多条，在上千家企业开展ODS替代，推动全行业技术进步和绿色转型升级，累计淘汰ODS超过27万吨，约占发展中国家已淘汰ODS消费量的50%和生产量的60%，为《公约》和《议定书》有效履行贡献了重要的中国力量。

联合国环境署的执行主任Erik Solheim在北京举行的《议定书》30周年庆典上宣布，预计到2060年臭氧层将会完全恢复，这离不开包括中国在内的世界各国的共同努力，中国在保护臭氧层方面的工作获得国际社会的高度肯定。2003年11月14日，在议定书第十五次缔约方大会上，中国获得了2003年度联合国环境规划署国家保护臭氧层机构杰出贡献奖；2007年9约16日，在《议定书》缔结二十周年庆典大会上，国家环境保护总局被联合国环境规划署授予“蒙特利尔议定书实施奖”，2012年9月16日，在《议定书》25周年纪念大会上，中国获得认可荣誉证书。截止到2010年，我国淘汰了约10万吨ODS的生产和11万吨ODS的使用，圆满完成了《议定书》第一阶段以淘汰CFCs为主的履约目标，目前正在大规模开展以HCFCs淘汰为主的第二阶段淘汰工作。

（二）泡沫塑料行业ODS淘汰工作成绩斐然

中国泡沫塑料行业ODS淘汰工作是国家ODS淘汰的重要组成部分。据统计，自20世纪90年代开展ODS淘汰活动以来，中国泡沫塑料行业累计淘汰CFC－11/12和HCFC－141b/22/142b共32586.4 ODP吨，约占全国消费行业淘汰总量的24.4%，占全国总淘汰量的11.9%。在对保护臭氧层做出巨大贡献的同时，也对减少温室气体排放做出了巨大贡献，累计相当于每年减排温室气体17900万吨二氧化碳（详见表20）。在近30年的ODS淘汰过程中，有800多家企业直接参与了ODS淘汰活动，间接参加的包括设备、原料企业和科研单位难以计数。

表20　泡沫塑料行业ODS淘汰产生的温室气体减排效应

	GWP	单个项目和伞形项目	CFC-11淘汰计划	小计	相当于CO_2排放量/吨
CFC-11淘汰量	4000	9646.60	14100.00	23746.60	94986400
合同淘汰CFC-11量		9646.60	11384.00	21030.60	

续表

		GWP	单个项目和伞形项目	CFC-11淘汰计划	小计	相当于 CO_2 排放量/吨
其中	碳氢替代 CFC-11	25	1292.80	96.00	1388.80	34720
	HCFC-141b 替代 CFC-11	630	4766.80	5285.00	10051.80	6332634
	水替代 CFC-11	1	144.10	2866.00	3010.10	3010
	二氯甲烷（MC）替代 CFC-11	0	2164.90	120.00	2284.90	-
	液体二氧化碳替代 CFC-11	1	1278.00	-	1278.00	1278
	变压发泡	0	-	3017.00	3017.00	-
企业自行淘汰（软泡，MC 替代 CFC-11）		0	-	1467.00	1467.00	-
企业自行淘汰（硬泡，HCFC-141b 替代 CFC-11）		630	-	1249.00	1249.00	786870
CFC-12 淘汰量		8500	7060.00	-	7060.00	60010，000
使用丁烷、液化石油气替代 CFC-12		25	7060.00	-	7060.00	176500
CFCs 淘汰过程中每年的温室气体减排量						147661388
PU 泡沫行业 HCFC-141b 淘汰计划每年减排量（行业计划编制时测算）						11234025
XPS 泡沫行业 HCFC-22/142b 淘汰计划每年减排量（行业计划编制时测算）						20127000
截止到 PU/XPS 泡沫行业计划 HCFCs 淘汰第一阶段为止的每年温室气体减排量						179022413

需要强调的是，在取得巨大的环境效益的同时，多边基金项目也有力地提高了泡沫塑料行业企业的环保意识、管理水平和技术水平。企业从缺少环保意识到积极参加环境保护活动，在项目准备过程中做好环境影响评价和环境管理计划，减少企业建设和运行过程中的环境影响，对企业长远发展大有裨益。通过项目实施过程中的培训、交流，企业了解了规范运作的重要性，学会了招标采购等现代企业管理办法，学到了先进的环保技术和生产技术，有些科研单位和企业还开发了具有自主知识产权的实用技术，提高了企业管理水平和技术水平。部分项目实施过程中进行了企业重组和产品转换，促进了企业和产能优胜劣汰、转型升级。企业加深了对员工人文关怀的认识，中小泡沫企业员工流动性比较大，企业对员工的关怀程度较差，通过项目实施，企业知道了对企业下岗员工要给予再就业培训和失业补偿，在获得项目建设用地时要了解农民获得补偿情况，而不是简单地认为这是政府的事情。这对于促进企业内部和谐，加强企业凝聚力，促进行业和企业健康发展都是有好处的。

泡沫塑料行业 ODS 淘汰活动还带动了生产设备和原材料企业技术升级，通过项目实施和公众宣传，提高了上下游企业以及社会公众对保护臭氧层工作的认识，提高了他们自觉使用环保泡沫制品的意识，这对促进泡沫行业保护臭氧层工作，顺利实现 HCFC 替代起到积极的促进作用。

（中国塑料加工工业协会　孟庆君）

聚氯乙烯及其热稳定剂现状与发展趋势

摘　要：介绍了聚氯乙烯（PVC）的绿色特性和市场概况，以及中国发展 PVC 的意义；同时，介绍了中国 PVC 热稳定剂市场概况和各种 PVC 热稳定剂的发展方向。

关键词：聚氯乙烯；热稳定剂；现状；市场概况；发展方向

The Current Situation and Development Trends of PVC and Its Stabilizers

YANG Huidi
(Plastics Technology Cooperation Committee, CPPIA, Beijing 100048, China)

Abstract: The article discusses the green characteristics andthe market for PVC and thesignificance of developingPVC for China. It also analyses the market for PVC heat stabilizers in China and the directions of development of various PVC stabilizers.

Key words: Polyvinyl chloride; stabilizer; situation; market profile; development trends

聚氯乙烯（PVC）是五大通用塑料之一，约占世界塑料总消费量的 1/4[1]。PVC 具有优良的力学性能，广泛用于建筑、线缆、包装、医用、玩具等领域，但是，其热稳定性较差，在成型加工温度下会发生降解，所以，必须加入热稳定剂。

一、PVC 树脂

（一）PVC 的特性

PVC 是一种绿色通用塑料，具有如下特点：

（1）力学性能好、耐磨、耐酸碱、电绝缘性好、耐老化寿命长、具自熄性；

（2）通过是否添加增塑剂及其添加量，可以制得从硬到软到弹性体的制品，具有多样性的特点，加上其易着色，可制得色彩丰富的制品，用途广泛；

（3）可回收再利用；

（4）PVC 分子结构中有 56%～58% 的含氯（Cl）量，生产中这个 Cl 组分来自氯碱行业，将 Cl_2 变废为宝，所以，PVC 树脂使用石油原料的部分只有 42%～44%，是石油依赖度最少的通用树脂品种；

（5）PVC 树脂生产过程中的能耗是通用树脂中较低的，见表 1。

表 1　各种树脂材料生产能源消费量（到树脂材料）

材料	材料制造	比率（以 PVC 为 1）
PVC	55	1
PE-LD	74	1.35
PE-LLD	92	1.67
PE-LUD	79	1.43
PS-HI	94	1.71
PET	113	2.05

（6）PVC 排放少，可减少 CO_2 排放，见表 2 。

表 2　完成燃烧时 CO_2 发生量（碳换算）

材料	CO_2 发生量/（kg/kg）	比率（以 PVC 为 1）
PVC	0.38	1
PE	0.85	2.24
PP	0.85	2.24
PS	0.93	2.45

综上所述，可以认为 PVC 是一个符合节能减排要求，较少消耗不可再生石油资源的通用树脂，是一个具有绿色特性的树脂品种。

PVC 除均聚通用品种外，还有高聚合度，以及与乙烯、EVA 的共聚品种。高分子量 PVC 的力学性能也好，可实现 PVC 的工程塑料化。PVC 树脂还可通过共混改性获得适用于各种应用领域的配混物，其覆盖的应用领域越来越广泛。

（二）PVC 生产和消费概况

1. 全球概况

2014 年全球 PVC 生产能力 59510 千吨，其中，亚洲 39120 千吨，北美 7870 千吨，欧洲 6930 千吨，中南美 2310 千吨。2015 年世界 PVC 需求 40400 千吨，亚洲22730千吨，北美5280千吨，欧洲4750千吨，中南美2550千吨[2]。

2016年全球PVC生产量41500千吨，同比增长2%。PVC树脂，90%是悬浮法生产的，其他为糊树脂和混合物。

2. 中国概况

2005年中国成为世界PVC生产能力第一大国，2006年中国超越美国成为世界第一生产和消费大国[3]，近三年复合增长率达到8.5%。近年中国PVC生产、进出口以及消费量变动见表3。

表3 中国近年PVC生产、进出口以及消费量变动[3,4]

年份	2000	2005	2010	2011	2012	2013	2014	2015	2016	2017	2018
生产量/千吨	2397	6492	11300	12952	13178	15345	16368	16259	16692	17902	19625
增减/%	25.7	27.6	23.4	14.6	1.7	16.4	6.7	-0.7	2.2	7.2	8.6
进口量/千吨	1924	1662	1510	1317	1209	1044	930	951	870	772	721
增减/%	7.1	-21.2	-22.8	-12.8	-8.2	-13.7	-11.3	0.2	-6.6	-11.3	-3.1
出口量/千吨	40.8	150	265	440	450	730	1190	889	1170	957	1100
增减/%	35.1	248.8	7.9	66.0	2.2	62.2	63.0	-25.3	31.6	-18.2	15.3
表观消费量/千吨	4279	8004	12545	13829	13937	15609	16108	16321	18390	17717	19231
增减/%	16.5	11.9	15.5	10.6	0.7	12.0	3.2	1.3	12.7	-3.7	8.6

2017年，中国PE、PP和PVC生产、进出口和消费量见表4[5]。由表可知，2017年中国三大通用树脂，消费量最大的是PE，PP第二，PVC列第三，且比第一位的PE相差9829千吨；生产量第一位是PP，PVC居次，而PE最少。

表4 2017年中国PE、PP和PVC市场概况 千吨,%

项目	生产量		进口量		出口量		消费量	
	数量	增减	数量	增减	数量	增减	数量	增减
PE	14724	2.6	13478	18.2	580	-4.0	27622	9.8
PP	19005	2.7	4955	4.4	359	20.9	23601	2.8
PVC	17902	7.2	1063	14.3	1172	-5.8	17793	8.6
其他	32147	-	9181	6.5	6922	14.9	34406	-
合计	83778	-	28677	11.6	9033	10.6	103422	-

2016年中国PVC生产量占世界PVC总生产量的45.2%；2016年中国各种合成树脂总消费量102310千吨，PVC约占18%。由表3，近年中国PVC进口量呈现下降趋势，而出口有逐年增加的趋势，或可能成为PVC的出口国。

目前，中国PVC消费领域结构比例，硬制品约59.2%，软制品40.8%，与全球PVC硬软制品消费结构比例相当，见表5。

表5 目前中国PVC硬软制品消费领域结构比例

硬质制品		软质制品	
品种	占比/%	品种	占比/%
管材	22	鞋及鞋底材料	13
管件	4	人造革	15
型材、门窗	39	薄膜	29
硬片、板材	15	电线电缆	17
其他	20	其他	26

（三）PVC 的发展符合中国国情

中国是个贫油富煤的国家，石油进口量世界第一。2016 年，中国石油进口 3.81 亿吨，增长 13.6%，表观消费量为 5.56 亿吨，同比增长 2.8%，增速较上年下降 1.5%，原油对外依存度超过 65%，而 2015 年，中国原油进口依赖度达到 60.6%，已经首次突破 60%。

PVC 工业生产主要有基于石油原料的乙烯法和基于煤原料的电石法两条路线。近年我国基于煤原料的电石法 PVC 发展迅速，已经达到 PVC 树脂总生产量的 80%。发展煤原料的 PVC 路线可以减少对石油的依赖，对于我国的国家石油安全具有特殊意义。

另外，发展 PVC 树脂也有利于中国化学工业的氯平衡。

综上所述，发展 PVC 符合中国国情。

二、PVC 热稳定剂

（一）PVC 降解形式与机理

1. 降解形式

一个具有结构完整的理想的 PVC 树脂，与热历程的依存关系很小，就是说基本是热稳定的。理想 PVC 树脂的热降解解温度应不低于 197℃[6]。然而，工业 PVC 树脂聚合时，在原料控制、聚合、后处理等过程中，因各种因素引发副反应而使分子链存在各种结构缺陷，如头-头结构、尾-尾结构、支链、双键（包括孤立双键和共轭双键）、间规立构结构、不饱和端基、不稳定氯等。这些缺陷在加工过程中成为降解的薄弱点，表现为热稳定性差：在 100~120℃ 就开始脱 HCl，200℃ 脱 HCl 速度很快，脱出的 HCl 有进一步催化脱 HCl 反应的作用，呈现一种加速的脱 HCl 链式反应现象。经一系列脱 HCl 反应形成包括共轭双键的多烯序列。

PVC 降解过程几乎不产生单体，主要生成较大量 HCl。一般将 PVC 呈现的这种降解形式称为脱 HCl 的自催化反应。

另外，PVC 树脂中残留的催化剂以及存在的其他杂质等也会降低 PVC 的热稳定性。相对分子质量大小以及分子量分布也影响 PVC 的热稳定性，一般相对分子质量越大、分子量分布越窄，热稳定性越好。

2. 降解机理[7]

降解机理有：自由基、离子机理和单分子机理等。

（1）自由基机理

PVC 分子受热等外界因素作用，生成活化氯自由基，并使邻近 β-位带上诱导电荷，生成游离氯，夺取邻位氢原子，生成 HCl，分子链中电子云密度发生偏转，进一步形成共轭双键体系。

（2）离子机理

脱 HCl 反应起因于 C—Cl 极性键，邻近亚甲基上的 H 原子受其能量活化使其带有诱导电荷 δ^+，其与 Cl 原子形成络合物，分解反应脱去 HCl，和在 PVC 链上生成双键。邻近氯原子的电子云密度增加，导致新的脱 HCl 发生，反应循环进行，形成共轭双键体系。

（3）单分子机理

PVC 降解过程可通过引发、增长、终止，由四元环到六元环的过渡态的反应完成。

PVC 降解机理尚未完全解明，热稳定剂的热稳定化主要集中在稳定链结构和中和 HCl 酸，特别是抑制释放 HCl 的热分解。

（二）热稳定剂的作用

由于工业 PVC 树脂稳定性较差，在 160~200℃ 加工温度下即会出现变色、性能下降的现象，为此，需要加入热稳定剂以顺利成型和保证生产出高质量的 PVC 制品。

PVC 稳定剂主要有以下几个作用：取代（置换）不稳定氯、吸收中和 HCl、与多烯结构加成、捕捉自由基等。

（1）取代（置换）不稳定氯

取代（置换）PVC 链上不稳定氯以抑制脱 HCl。不稳定氯，包括烯丙基氯、叔碳位氯原子、羰基烯丙基氯等，而引发脱 HCl 反应主要根源于端基烯丙基氯[8]，还有酮烯丙基氯[9]。主要有三盐基硫酸铅、二盐基硬脂酸铅，主金属 Zn、Cd 皂，有机锡，亚磷酸酯，环氧化合物，多元醇，β-二酮等。

（2）吸收中和 HCl

吸收降解产生的 HCl，抑制其催化作用，以降低降解速率。这里最多能产生 0.1%的 HCl。主要有：三盐基硫酸铅、二盐基硬脂酸铅，金属（Zn、Cd、Ba、Ca、Mg）皂，有机锡，亚磷酸酯，环氧化合物等。也包括一些具有吸附 HCl 作用的无机水滑石、沸石等。

（3）与多烯结构发生加成

随着脱 HCl 过程的继续，出现多烯结构，特别是共轭双键，使 PVC 吸收光的波长发生变化，当在一个共轭体系中出现 6 个或 7 个多烯结构时，因吸收紫外光，材料开始变色，当双键个数达到 9 个时，呈现肉眼可观察到的淡黄色。随着降解过程的继续，双键增加，吸收光波长进一步变化，PVC 的颜色也逐渐变深，呈黄色、深黄色、红棕色，直至完全变黑。

加成分子链中不饱和双键（C = C）缺陷，防止和破坏多烯结构的大共轭体系形成，抑制减少 PVC 着色。主要有有机锡，亚磷酸酯，β-二酮等。

（4）捕捉自由基，阻止氧化反应

当 PVC 大分子进一步受损时，链中的缺陷，如双键、支化点、含氧结构、残留的引发剂端基等，在热、光、机械力作用下活化生成自由基，又进一步引发链式脱 HCl 降解、氧化、链断裂，甚至发生交联。主要有：硫醇锡、亚磷酸酯，环氧化合物，β-二酮，酚类，低价位变价金属等。

针对 PVC 稳定化作用开发各类热稳定剂。在 PVC 加工中对稳定剂除了必须满足热稳定性要求外，往往还要求其具有与 PVC 体系相容性，以及良好的加工性、耐候性、初期着色性、光稳定性，对其气味、黏性也有严格要求，并最好具有调节润滑的性能。

（三）稳定剂种类

热稳定剂是一类能改善聚合物热稳定性的添加剂。中国 PVC 热稳定剂研制始于 20 世纪 50 年代，主要品种是盐基性铅盐类和硬脂酸金属皂类，至 80 年代，开始引进和开发有机锡类热稳定剂。之后，随着铅热稳定剂的替代，又开始开发钙锌热稳定剂等非铅热稳定剂，与此同时，伴随着开发了不少配伍各种非铅热稳定剂的化合物，如水滑石、β-二酮等，还有各种有机热稳定剂，如尿嘧啶等。

PVC 热稳定剂种类较多，主要有：铅盐类、金属皂类、有机锡类、有机化合物类（Organic-base stabilizer，OBS）、环氧化合物、亚磷酸酯类、多元醇，以及各种复合热稳定剂。市面上，还存在有机锑类稳定剂、稀土复合稳定剂等。环氧化合物、亚磷酸酯类、多元醇因稳定作用较小，实际只是一些辅助稳定剂。环氧化合物还具有增塑作用。主要稳定剂种类，见表 6。

表 6　　主要稳定剂的种类

种　类	分子结构	优　点	缺　点
盐基类铅		热稳定性、电性能、着色性、润滑性	毒性、透明性差、易发生硫污染
三盐基铅	$3PbO \cdot PbSO_4 \cdot H_2O$		
二盐基铅	$2PbO \cdot PbHPO_3 \cdot 2H_2O/2PbO \cdot Pb(OCOC_{17}H_{35})_2$		
金属皂类	$M(OCO-R)_2$ M：Ca、Mg、Ba、Zn、Pb、Cd，一般采用 2 种以上金属组合：Cd/Ba/Zn、Ca/Mg/Zn、Ba/Zn、Ca/Zn（稀土金属） R：$-C_{17}H_{35}$等	热稳定性、着色性、透明性	Cd 有毒性、热稳定性、着色性、透明性
有机锡类		透明性、着色性、内润滑性、稳定效率高而用量小	气味、加工性
烷基锡	甲基锡、丁基锡、辛基锡		
硫醇类	$R_2-Sn-(S-X)_2$ R：$-CH_3$、$-C_4H_9$、$-C_8H_{17}$ X：$(CH_2)n-COOR$		

续表

种 类	分子结构	优 点	缺 点
马来酸类	R_2-Sn（OCOCH=CHCOO） R：$-CH_3$、$-C_4H_9$、$-C_8H_{17}$		
羧酸类	R_2-Sn（OCOR'）$_2$ R：$-CH_3$、$-C_4H_9$、$-C_8H_{17}$ R'：$-C_{11}H_{23}$等		
有机化合物类	亚磷酸酯、环氧化合物、多元醇、尿嘧啶、双（β-氨基巴豆酸硫代二甘醇）	不含金属	价格、加工性、光敏性
其他	稀土、复合稳定剂		

1. 铅盐类热稳定剂

铅（Pb）盐类热稳定剂是传统的PVC热稳定剂，具有优良的热稳定性、加工性、电性能，以及价格优势，是最早应用于PVC加工中的热稳定剂，但因其毒性而被世界发达国家列入禁用名单，属于淘汰的种类。中国虽然还在使用铅盐类热稳定剂，而且是目前市场占有率最高的品种，估计还占有70%左右，但已在一些制品中被明令禁用，作为一类热稳定剂已进入淘汰程序，其将被其他各种非铅稳定剂替代是必然的。

从20世纪80年代开始，世界各国开始限制或禁止使用铅盐、镉盐类等有毒热稳定剂，并相继制订各种法律法规。2000年3月11日欧洲标准化委员会（CEN）批准了与玩具相关的EN71-3标准，其中要求铅限量为90mg/kg；欧洲议会（European Parliament）环保法案76/769/EEC规定从2003年8月开始，在电器类材料中禁止使用铅盐等18种有害物质，到2015年全面禁用铅盐热稳定剂。2003年1月27日，欧盟（EU）颁布了《在电子电气设备中限制使用某些有害物质指令》（Restriction of Hazardous Substances，RoHS），规定从2006年7月1日起，凡投放欧盟市场的大型、小型家用器具、IT和远程通讯设备、视听设备、照明设备、电气和电工工具、玩具及休闲运动设备、自动售货机等8类机电产品规定铅等6种有害物质限量；欧盟废电子电机设备环境指令（Waste Electrical and Electronic Equipment，WEEE），该指令针对各种电器产品规定了产品收集、循环使用及回收的要求及规范；RoHS和WEEE中规定铅的上限浓度为1000ppm。2006年12月18日欧盟议会和欧盟理事会又提出《关于化学品注册、评估、许可和限制制度》法规，即REACH（Registration，Evaluation，Authorization and Restriction of Chemicals）法规，并于2007年6月1日起生效，其中铅限量标准为1000mg/kg。[10]

美国消费者产品安全委员会于1996年颁布了第96-150号和第4426号文件，规定从1996年9月起，只准许铅含量小于200×10^{-6}（200ppm）的PVC制品进入市场。加拿大、南美一些国家也颁布了法规严禁在PVC制品中使用铅系热稳定剂，如加拿大卫生部1994-48号文件。在日本，汽车工业协会已发起了一系列行动，在有关的PVC制品中以钙（Ca）、锌（Zn）热稳定剂代替铅系热稳定剂，在2005年已将铅热稳定剂使用量减为1996年使用量的三分之一；SONY公司建立了绿色伙伴体系（Green partner system），并于2002年7月1日开始实施《SS-00259》产品工程技术标准，该标准是在综合欧盟RoHS及其他环保指令、日本的化学元素限制规定、美国包装材料的重金属规定等一系列环保法规的基础上制定的，规定在塑料制品中铅含量不得高于100×10^{-6}（100ppm）、镉含量不得高于5×10^{-6}（5ppm），高于RoHS。[11]

美国通过发展有机锡热稳定剂，成功地从技术上替代了含铅热稳定剂；欧盟经10余年的努力，于2001年完全停用含镉热稳定剂，按计划于2015年完全取缔含铅热稳定剂。[12]

中国卫生部《生活饮用水输配水设备及防护材料卫生安全评价规范》（2001），对与生活饮用水接触的输配水管的浸泡水重金属含量作了严格限定；在PVC加工过程中通常使用的Pb、Cd、Ba等重金属热稳定剂，均受到严格限制。2004 年建设部公告指出在全国范围内使用的供水管 PVC-U 管必须是非铅盐热稳定剂，而 2006 年 8 月 1 日开始执行的 GB/T 10002. 1 新标准，注明饮水用 PVC 管材必须为“非铅盐热稳定剂生产”。国家信息产业部等七部委于 2006 年 2 月 28 日出台了《电子信息产品污染控制管理办法》，对 Pb、Cd 等有害物质做出了类似 RoHS 指令设定，于 2007 年 3 月 1 日起实行。GB 6675—2003《国家玩具安全技术规范》中限定了玩具材料中可迁移元素的最大限，Pb 为 90mg/kg；国家标准 GB 21550—2008《聚氯乙烯人造革有害物质限量》于 2009 年 3 月 1 日开始实施，限定人造革中可溶性 Pb 含量应不大于 90mg/kg，可溶性 Cd 含量应不大于 75mg/kg。

不同国家，关于无铅热稳定剂应用概况见表 7[13]。

表 7　　不同国家各类热稳定剂应用概况[13]

	硬质 无 Pb	硬质 无 Sn	软质 无 Cd	电线 无 Pb
日本	√×	√×	√	√
欧洲	√	√ ×	√	√
美国	×（Sn）	×	√ ×	√
中国	×（中国 Pb）	√ ×	×（中国）	√
其他	×	×	√ ×	√ ×

注：√—是；×—不是。

在各种法规的推动下，在中国含铅稳定剂作为淘汰品种正逐步退出 PVC 加工行业。

2. 钙锌稳定剂

铅盐稳定剂退出市场，各种非铅热稳定剂，特别是钙锌热稳定剂将是填补这一市场的主要方向。

世界著名热稳定剂生产商均有钙锌类产品推出，如法国 Akcros 公司的 Akcrostab CZ 系列、Witco 公司的 Mark 系列、Barlocher 公司的 Baropan 系列，美国 Ferro 公司的 EZn-Chek 系列。

中国于 20 世纪 70 年代初期开发出液体钙锌复合体系，后于 90 年代开始，相继开发出固体钙锌复合热稳定剂。早期山东招远化工厂引进美国 Ferro 公司技术建成 3000 t/a 复合金属皂类装置，可生产 260 个牌号包括 Ca、Zn、Ba、Cd 在内的复合产品，成都、广东等地也有小规模金属皂类热稳定剂生产装置，但其稳定效率与国外同类产品相比尚有较大差距。

近年随着行业限铅禁铅行动不断推进，钙锌稳定剂生产厂家快速发展。

目前在中国市场代表性的钙锌复合热稳定剂的生产厂家有德国百尔罗赫塑料添加剂（江苏）有限公司、奥地利开米森科技有限公司、深圳市志海实业股份有限公司等。

钙锌热稳定剂主要缺点：

①初期着色变红，存在锌烧；

②热稳定效率不及铅盐、有机锡，需要较大的添加量，在大口径管材（ϕ500 以上）、管件等物料停留时间较长的应用中还不尽如人意；

③即使号称可用于透明制品的钙锌稳定剂牌号，在生产透明制品时，透明性仍不及有机锡稳定剂；

④易析出、喷霜或者遇水白化；

⑤一般，成本较铅类稳定剂高。

这些问题有的已经解决，如通过配合 β-二酮化合物可抑制锌烧，但还有些问题，特别是用于加工过程中停留时间较长的场合稳定效率还需提高，透明性、析出等问题尚需进一步解决。

另外，现场技术工程人员对其还不熟悉和掌握，也需要学习与掌握，需要加强培训。

为解决钙锌稳定剂存在各种问题，以适用不同制品，常常采用复配的方法，制成复合稳定剂。一种复合稳定剂，其中的组分常常达到十多种。这样，依靠其中组分特性，解决了存在的各种问题，使钙锌稳定剂获得长足进步，终于登上了替代含铅稳定剂的舞台。今后，还是依靠高效新化合物的应用，提高稳定效率，克服不足，如与有机热稳定剂的复配。

3. 有机锡类稳定剂

有机锡类稳定剂如前所述，可以在取代活泼氢、吸收 HCl、加成二烯、捕捉自由基等各个方向发挥稳定作用，适用性强、效率高、用量少，可以用较少的牌号去满足不同工艺等的加工要求，另外，其透明性优异，可用于与食品接触的应用，在需要透明、高效的 PVC 制品应用领域有优势，透明制品如片、膜、中空容器等医用、包装等领域；一些较难加工的制品，如大口径管材、管件可用有机锡稳定剂，还有 CPVC（氯化聚氯乙烯）加工采用有机锡热稳定剂是一个较好的解决方案。所以，有机锡热稳定剂也是铅类热稳定剂的重要替代品种之一。

有机锡类稳定剂包括烷基锡、硫醇类、马来酸类和羧酸类，其中，甲基锡、硫醇甲基锡较常用。硫醇甲基锡在 PVC 中的迁移极微，已通过德国联邦卫生局（BGA）、美国食品和药物管理局（FDA）、英国的 BPF 和日本的 JHPA 认证。所以在美国、欧洲、日本等国家硫醇甲基锡准许用于食品和医药包装用 PVC 制品及上水管中，但 BGA 和 FDA，分别规定最高允许量为 2% 和 1.2%，而这已足够满足 PVC 加工时的耐热需求[14]。2000 年 12 月经国家全国食品卫生标准专业委员会第十五次会议审议，硫醇甲基锡被列入 GB 9685—94《食品容器、包装材料助剂使用卫生标准》中[14]。

目前，全球而言，美国是使用有机锡稳定剂最多的国家，占比达到 40% 以上。有机锡稳定剂在中国目前市场占有率 10%～15%。中国现已成为世界有机锡生产基地，其中代表性企业湖北犇星新材料股份有限公司，已是中国乃至全球最大的有机锡生产企业（见表 8），国外代表性企业有 PMC、Galata 等公司。

有机锡稳定剂缺点是价格较高，但因其效率高，用量较少；另外，其有腐草味，处理不当会发生污染，使用有机锡热稳定剂时应注意工作场所通风，这是必须加以注意的。

今后发展气味小的热稳定剂，提高硫醇锡的耐候性，改善马来酸锡的加工性和耐热性是主要方向，另外，与钙锌等金属皂、有机基热稳定剂的复合也是值得关注和期待的。

4. 有机基稳定剂

有机基稳定剂，由于不含金属，特别是重金属，不存在锌烧问题，符合环保要求，能提供很好的初期着色并抑制高温下 PVC 的变黄，受到关注。

有机基稳定剂种类较多，包括含 N、含 P、含 O 和含 S 等 4 种类型，比较常见的有尿嘧啶类、亚磷酸酯、环氧化合物、多元醇、β-二酮化合物等热稳定剂。

有机基稳定剂大多为低碱化合物，一般均有取代烯丙基氯上活泼氯的作用，而且许多与钙锌热稳定剂等有协同作用。

目前欧洲在这方面研发走在前列，据报道，有机基热稳定剂技术上已能够替代铅热稳定剂，在国内近年开发有机基热稳定剂也不在少数，代表企业为湖北犇星新材料股份有限公司，但还应在以下几方面努力工作：

（1）进一步全面了解各类研究开发的新型有机热稳定剂的各项性能，对现有已产业化的有机基热稳定剂进行评价，筛选经济适用的品种，推进实用；

（2）研究其与其他热稳定剂及辅助热稳定剂的协同关系，进行复配研究，开发性能优异、高效、性价比高的有机基复合热稳定剂；

（3）研发新型、高效、功能性有机基热稳定剂，如透明、高温应用的有机热稳定剂；

（4）研究有机热稳定剂在 PVC 制品配方、工艺、设备方面的协调发展；

综上，有机热稳定剂或将成为下一代的绿色 PVC 热稳定剂。

5. 稀土类稳定剂

稀土类稳定剂（Rare-earth stabilizer）主要是指轻稀土 La（镧）、Ce（铈）、Pr（镨）、Nd（钕）、Sc（钪）、Y（钇）系等元素形成的氧化物、有机酸盐、氯化物，其通过与 Cl 原子结合形成配合物使不稳定原子结构趋近稳定，通过元素的化合价变化产生稳定作用[15]。

轻稀土元素化合物在热稳定剂中对 PVC 热稳定性的贡献不会超过碱土金属元素，例如钙，其初期着色性也较差，但是，已经证实，稀土元素的其他特性会提升热稳定剂各复合组分的协同效果，改善热稳定剂与 PVC、其他组分的相容性，还有增韧、增亮、增艳等效果。为此，实际应用中常常根据稀土化合物特性及作用机理，结合 PVC 加工特点，与钙锌元素、配位体并用以发挥协同效应，利用多种有效物质，制成一种多功能复合稳定剂加以利用。

稀土稳定剂性能随稀土来源、生产厂家不同而有较大差别。稀土类稳定剂用作 PVC 热稳定剂，对于我国稳定剂产品结构体系的调整，促进稳定剂向具有中国特色的无毒、高效、环保型发展及提升我国 PVC 制品的绿色化和使用性能有积极作用。

6. 复合稳定剂

综上所述，要获得好的应用效果，通常采用将具有不同特长的各种稳定剂复配来制备复合稳定剂。由于复合稳定剂组分复杂，为简化应用过程，有采用“一包化”（One Package System，OPS）技术，优化复合热稳定剂原材料及配方体系，这进一步开辟了未来更高效更环保稳定剂的替代之路。

（四）全球 PVC 热稳定剂生产和消费概况

2018 年全球热稳定剂的需求量，从 PVC 消费量分析推算，约为 1470 千吨；中国的需求量约为 650 千吨[16]。

目前中国规模 2 万吨及以上的企业大约有 20 家，而千吨级以上的 PVC 稳定剂企业估计有数百家之多，行业存在小而散的情况。主要生产企业见表 8。

表 8　目前中国主要 PVC 稳定剂生产企业一览　千吨

No	生产单位	生产能力	主要品种	备注
1	河北精信化工集团	70	环保无毒钙锌产品（15）、稀土复合稳定剂、铅盐、硬盐	
2	江苏联盟化学有限公司	60	二盐基亚磷酸铅、硬脂酸铅；三盐基硫酸铅；硬脂酸铅、锌、钡、钙、镉；粉状复合铅钡；粉状复合钡镉锌；液体复合钡镉锌、钡锌；无毒环保钙锌	
3	湖北犇星新材料股份有限公司	80	硫醇甲基锡（20）、逆酯锡（5）、有机基热稳定剂（20）、巯基乙酸异辛酯（20）、其他	
4	山东金昌树新材料科技有限公司	50	钙锌复合	
5	南京金陵化工有限公司	40	金属盐、金属皂及 PVC 复合稳定剂	
6	九江天盛塑料助剂有限公司	40	硬脂酸钙、锌、钡、铅；二盐基亚磷酸铅、硬脂酸铅；三盐基硫酸铅；铅复合、钙锌复合；无毒稳定剂	
7	广东中山华明泰化工股份有限公司	40	硬脂酸钙、锌、钡、镁，月桂酸锌	
8	内蒙古皓海化工有限责任公司	30	钙锌、铅盐复合；硬脂酸盐；三·二盐；氧化铅	
9	深圳市志海实业股份有限公司	30	无毒环保复合	
10	嘉兴若天新材料科技有限公司	30	钙锌、透明、耐高温	

续表

No	生产单位	生产能力	主要品种	备注
11	杭州油脂化工有限公司	30	硬脂酸锌、钡、钙、铅，复合，环保钙锌	
12	浙江传化华洋化学集团有限公司	20	复合热稳定剂系列；环保复合热稳定剂钙锌系列；环保液体稳定剂钡锌、钡锌、钙锌系列；环保复合热钙锌电缆料系列	
13	河南新乡三合化工有限公司	20	三盐基硫酸铅、二盐基亚磷酸铅、稀土复合	
14	江西宏远化工有限公司	20	钙锌复合、铅盐	
15	百尔罗赫塑料添加剂（江苏）有限公司	20	铅、钙锌，有机钙，钡、锌和锡，有机基，液体-金属复合	
16	江阴市恒汇塑业有限公司	20	改性稀土复合、液体钙锌、固体钙锌、钡锌	
17	广东河源市鑫达科技有限公司	20	硬脂酸盐、钙锌	
18	南通艾德旺新材料有限公司	20	液体复合、有机锡	
19	浙江海普顿新材料股份有限公司	20	甲基锡、钙锌复合、液体复合	
20	发基化学品有限公司	20	硬盐	

三、结束语

如上所述，实际 PVC 的降解过程在树脂合成阶段已经发生，所以，应该大力发展高稳定性的、相对分子质量高和分子量分布窄的内部稳定化 PVC 树脂，这比起在加工过程中的稳定化或许具有事半功倍的效果。另外，中国 PVC 树脂的品种还应进一步多元化发展，PVC 树脂的工程塑料化可以是一个方向，这也需要高温热稳定剂的配合。

发展 PVC 相关热稳定剂，应包括适用于合成和加工两个阶段的产品。PVC 合成阶段的热稳定剂，相对树脂尽管用量较少，但比起大宗原料更成为行业发展的决定因素[3]。

热稳定剂行业的发展还是围绕铅稳定剂替代展开。禁铅过程发达国家已经走过 30 多年了，中国跟随世界限铅、禁铅，但替铅进展并不尽如人意，其中，有技术、产品质量、经济、传统习惯等方面各类问题，但关键还是技术，如果有一个好的技术替代方法，经济也合理，下游加工企业乐意替代是不言而喻的。近年随着国家层面出台各种环保措施，以及行业自律等，替代步伐必将加快，虽然，目前钙锌复合稳定剂是替铅的主流，也应着力拓宽其他替铅的品种。

目前，国内应用的 PVC 热稳定剂品种相对较少，需要开发新型热稳定剂，特别推进耐热、耐候、透明、高温等功能性高效热稳定剂的开发。无铅稳定剂替代更多走的是复配的道路，核心问题是要大力开发新的技术组分，积极开发具有自己知识产权的新型化学品，有机基热稳定剂应该成为关注的重点，如 1，3-二甲基-6-氨基尿嘧啶、三羟乙基异氰尿酸酯、β-氨基巴豆酸酯及其衍生物、含氮杂环化合物、多羟基硬脂酸盐等。

目前，为对应 PVC 树脂复杂的降解过程，热稳定剂的复配是主要的解决方案，动辄复配组分就达到 10 多种，积极探索“全效一包化助剂”可以方便应用。复配的安全性需要注意，要注意稳定剂与 PVC，以及各种稳定剂之间发生反应生成新化学物质的安全性问题。另外，也提倡塑料加工企业根据产品选用适合的单品稳定剂成分进行针对性的自行独特复配。两者或者是提高热稳定剂效率的殊途同归的方向。

国家规划应关注热稳定剂用新物质组分开发的课题，这不仅是中国热稳定剂行业赶超国际水平的关键领域，其实也是新材料开发的关键领域。一些规划均将新材料开发列于其中，但就塑料材料而言，许多新材料的开发离不开助剂，有时，甚至比材料本身更关键。

建立有效的热稳定剂评价体系和相应标准是今后发展的重要任务，是行业争取国际 PVC 热稳定剂话语权，建设 PVC 热稳定剂强国的抓手。

中国稳定剂行业是以中小企业为主的行业，企业数多达数百家，呈现散乱差的现象。这与世界热稳定剂企业生态有很大不同，国外生产热稳定剂的企业数不多，但其重点的稳定剂品种一个个都竖在那里成为行业的标杆。最近几年的环保风暴，有些的小企业关门，从行业发展而言，也是一件好事情，但这是被动的整合，今后，更应该通过技术创新整合行业资源，育成真正具有世界行业领导地位的企业。

在当前中国积极推进一带一路，构建多元化世界的大经济背景下，PVC 树脂行业的健康发展可期，PVC 稳定剂行业的健康发展可期。

参考文献

[1] 魏艳辉．提高聚氯乙烯树脂热稳定性研究．天津大学，硕士论文，2001.4.1：4

[2] 内田阳一．2018のプラスチックス产业の展望/盐化ビニル树脂．プラスチックス，2018.1：21

[3] 邴涓林．中国聚氯乙烯工业现状及其提高热稳定性能的探讨．PVC 热稳定剂发展论坛，包头，2017.6.20

[4] 海关统计．2010.12-2017.12：53，61

[5] 岸村小太郎．JPIF2017 年统计资料集/概况．日本工业联盟．プラスチックス，2018.6：4

[6] 魏艳辉．提高聚氯乙烯树脂热稳定性研究．天津大学，硕士论文，2001.4.1：6

[7] 王晓萌．热稳定体系研究及其对 PVC 综合性能的影响．北京化工大学，学位论文，2017.5.21：5-6

[8] 魏艳辉．提高聚氯乙烯树脂热稳定性研究．天津大学，硕士论文，2001.4.1：12

[9] [日] 塑料橡胶用新型添加剂．CMC 编辑部编，吕世光译．化学工业出版社，1989.12，第 1 版：12

[10] 吴茂英．PVC 热稳定剂的发展趋势与技术进步．《塑料》，Vol.39，No.3，2010.3：1

[11] 施珣若，楼东旭．PVC 加工用热稳定剂现状与发展．《聚氯乙烯》，Vol.37，No.2，2009.2：1

[12] 吴茂英．锌基无毒热稳定剂技术进展与 PVC 热稳定剂的发展趋势，《聚氯乙烯》，Vol. No.10，2006.10：1

[13] 日本 Adeka 公司资料，2014.10

[14] 王建军等．硫醇甲基锡热稳定剂及其应用．塑料助剂，总 37 期，第 1 期，2003.2：19

[15] 王晓萌．热稳定体系研究及其对 PVC 综合性能的影响．北京化工大学，学位论文，2017.5.21：10

[16] 中国塑料加工工业协会．中国塑料工业年鉴．2016：664

（杨惠娣）

高性能合成革绿色制造技术前景展望

摘要：在我国合成革发展史上，出现过两大奇迹。一是产量产能快速增长的奇迹，即经过不到三十年的发展，我国合成革产业一跃成为世界合成革的生产大国和消费大国；二是新技术、新材料创新应用快速增长的奇迹，即合成革高性能、生态化绿色制造技术走在世界合成革发展的最前沿。回顾历史、总结现状、研究当前和展望未来，让我们看到了高性能合成革绿色制造的光明前景和发展方向。

真正意义上来说，我国合成革发展才不到三十年。而在三十年中，我国合成革产业从无到有发展成为世界合成革第一制造大国和消费大国，产量产值增幅在全国塑料加工行业中，名列前茅。合成革产业的发展从内涵上来说还在于合成革产品的性能不断得到提升、产品的种类不断得到增加和合成革加工制造技术不断获得创新发展。

合成革产品的优异性能和产品特点是相对于人造革和真皮而言的。相对 PVC 人造革来讲，合成革具有更好的真皮手感，更好的透气透湿性，更接近于真皮；相对真皮而言，合成革具有绝对的价格优势和产品多样性的优势，具有符合规模化大生产的优势。因此合成革及其加工制造方面集成了上述二大类产品无法替代的优势，合成革产业的飞速发展也在必然之中。

然而，传统合成革也有着致命的缺陷。首先传统合成革是以 PU 湿法和干法工艺为加工基础的。在 PU 湿法工艺中，为了平衡生产加工中实现合成革贝斯层良好的透气透湿性和维持合成革贝斯层的一定厚度，一方面需要加入大量的 DMF 溶剂对 PU 树脂进行稀释，另一方面又要加入大量的填充材料，弥补树脂稀释后固含量的不足造成合成革贝斯层厚度做不起来的影响，其结果带来了传统油性工艺下合成革产品耐水解性和耐久性下降，导致合成革产品物性始终难于突破。加上合成革加工材料中含有大量有机溶剂，一度以来，合成革的低物性和有毒有害性，使合成革产品的高端形象变成了低端产品的代名词。同时，合成革加工制造过程中，大量使用 DMF 有机溶剂，造成环境的严重污染，合成革产业也成为了高污染产业的代名词。

因此，开发高性能合成革及其推进合成革绿色制造，是合成革产业发展中不可回避的重大课题。

一、高性能合成革绿色制造发展的历史必然性

1. 高性能合成革产品代表了当今合成革消费的主旋律

所谓高性能合成革，是对应于传统合成革性能而言的。一般来讲，

高性能合成革首先是指物理性能要明显好于传统合成革产品。这些物理性能具体体现在合成革的抗磨耐刮性、抗撕裂性、耐水解性和剥离强度的大小等方面；其次，高性能合成革表现在同真皮的比较性能，如优异的手感、真皮的触感、垂感和良好的透气透湿性能；最后，高性能合成革还表现在具有优异的生态性能，即没有对人体有伤害的有毒有害物质，没有不良的气味残留等。

合成革的这些性能以及这些性能的不同组合，便可形成庞大的合成革产品体系和产品群，进入到国民消费的各个领域。随着时代科技的进步、消费观念的改变和国民消费水平的提高，高性能合成革制品将越来越受到人们的青睐。因此，合成革产品已完全超越了传统意义上仅用于人体穿着方面的使用，而是可以进入到日常用品、文化体育、产品包装、家居装饰及公用耐用消费品等许多领域中来。

2. 绿色制造代表着我国合成革制造业发展的必然趋势

在工业发展到一定时期、一定阶段或进入后工业时期后，绿色制造将是必然趋势和必然要求，即凡是对环境有严重伤害的制造业终将被清洁生产、绿色制造所替代，合成革行业也不会例外。

从合成革的发展史就可以充分看出合成革产业的发展同经济的发展、环境的要求是紧密联系在一起的。传统油性 DMF 工艺下的合成革，是从发达国家和地区向经济相对落后的国家和地区转移的。20 世纪的 90 年代，合成革从欧美国家转移到经济相对欠发达的亚洲国家，然后转入到当时经济落后的我国大陆。21 世纪初，随着我国经济的腾飞，尤其是沿海地区工业经济的飞速发展，东南沿海一带的合成革已开始向经济相对更落后的中西部地区转移，有的已开始向东南亚经济更欠发达的国家转移，构成了经济发展水平线和合成革产业转移线同步同方向的清晰路线图。

因此，要发展和巩固我国合成革产业，必须要有一定的战略前瞻性，要以绿色制造为抓手，才能使我国合成革产业能稳定发展。

近年来，随着经济的高速发展，我国节能减排形势十分严峻，相应的环保政策越来越严厉，高压下的治气治水行动不断，对传统合成革产业经济收益影响十分重大，也使传统合成革产业面临生死存亡的重大考验。

二、高性能合成革绿色制造的现状

1. 以水性 PU 合成革为代表的高性能合成革绿色制造首先在我国实现了零的突破

水性聚氨酯以无毒高性能为特点应用于合成革制造首先原创于我国。进入 21 世纪，针对可快速推进地方经济发展的合成革产业和又对地方环境带来巨大伤害的合成革产业，广大科技工作者、地方政府领导和企业主、产业工人，对合成革生态化改造提出了要求。经过前期的艰苦工作，我国首先于 2005 年 5 月在上海皮革国际高峰论坛上展出了由张家港佳宝环保材料有限公司、张家港宏裕人造革有限公司合作制造的水性合成革初级产品样品，引起

了于会人员的兴趣和好奇；2007 年 3 月，在香港国际皮革展上，展出了由佳宝公司和昆山协孚合成革有限公司合作加工的纯干法水性合成革产品，再次引起了行业的轰动，由此受到了全行业国内外同行的普遍关注。

2007 年 7 月，德国拜耳公司有代表来访佳宝公司，并确定二公司同时在 2007 年下半年上海国际皮革展上展出水性 PU 合成革产品，揭开了全行业合成革水性化的序幕。随后，在各大国际性合成革、皮革展上，开始不间断的出现水性合成革的身影。

2. 高性能合成革制造正于快速的步伐来到合成革生产实践中

事实上，高性能合成革绿色制造初期的发展是十分缓慢的。其缓慢的原因首先必须要有符合高性能合成革制造的基本材料供应。直到 2008 年，以四川大学为技术支撑的博士达水性树脂有限公司在浙江丽水成立，以江苏张家港佳宝公司和浙江尤尼克公司合作成立的丽水优耐克水性树脂科技有限公司也在浙江丽水落户，才翻开了我国高性能合成革绿色制造的新一页，带动和引领了全国全行业合成革水性化、生态化工业的新发展。其次，高性能合成革制造还要突破和解决来自由于技术、工艺、装备和市场的各种因素限制，尤其是还要解决水性贝斯制造技术等关键共性方面的问题。

诚然，生态型高性能合成革并不是水性革为唯一的一种工艺。在人们对合成革绿色制造热切追求的情况下，同期，即在“十二五”末和“十四五”初的五年多时间里，以无溶剂、高固材料为主的高性能合成革制造得到了全面示范和应用；以硅橡胶为代表的高仿皮合成革绿色制造技术得到了人们的关注。这个时期，水性干法发泡工艺、水性湿法贝斯制造工艺也有所突破；特别是水性仿超纤、水性超纤也相继有了技术突破和产业化应用。应该说，这个时期是高性能合成革绿色制造技术突破和快速获得应用的关键时期和发展盛期。直到 2018 年，高性能合成革绿色制造技术不同工艺下的应用已在全国全行业内有超过三分之一的企业有了小试和中试，有数十家企业进行了规模化的大生产应用。据 2019 年上海国际皮革展统计显示，水性、无溶剂合成革相关参展企业四十一家，占总合成革参展企业的五分之一强，比上年水性、无溶剂产品参展企业数增加三倍多。

因此，高性能合成革绿色制造正在迎面走来，并呈现快速发展的态势。

三、高性能合成革绿色制造必须打破的技术门槛

前文所述，高性能合成革，既要具有较高的物理性能，又要具有相应的功能性，还要具有生态性。所以，要达到这样的要求，必须要依靠材料、工艺及装备等方面的突破来实现。

1. 主体成膜材料上在满足基本性能的基础上还必须满足产品的多样性要求，实现多种材料、工艺配合组团发展

合成革是拥有成千上万个不同花色、不同功能的产品群，在主体材料上必须满足合成革这一产业特点的需求。目前，水性合成革发展较快，主要原因是水性树脂开发比较快，拥有相当的品种种类，基本可以满足生产的需要。比如，已具有了多种性能的水性干法树脂、水性湿法树脂、水性表处树脂以及水性含浸树脂等。但总体来说，细分品种还要不断进行开发，特种功能树脂还缺很多，尤其是高性能的水性湿法树脂、水性含浸树脂部分还在研发过程中，产业化应用面还不广。双组分和单组分无溶剂合成革，硅胶合成革由于功能特点显著，是最近几年来被消费者高度认可的产品。但无溶剂合成革生产条件苛刻、硅胶材料化学惰情，目前适合能应用于合成革制造的品种十分有限，单独情况下，不能满足合成革多样性的要求，因此必须多种材料综合研究，抱团发展，才能打破高性能合成革产品来自材料方面的门槛。

2. 功能性助剂材料必须同步跟上

生产出不同功能特点的合成革，离不开助剂尤其是功能助剂的使用。在很多情况下，合成革的性能是依靠功能型助剂来实现的。比如，在通常情况下，阻燃革需要加入阻燃剂，防霉革需要加入抗菌防霉剂。大部分情况下，做水性革需要发泡，离不开发泡剂和稳泡剂的使用，做环保革必须要使用环保助剂等。目前，这方面的大量研究工作正在进行，有的刚开始，有的已在深化研究和集成攻关中。

3. 加工制造方面，需要进行装备改造和研究

合成革绿色制造，体现在制革的加工过程中，尤其是体现在工艺和设备的结合方面。

2019 年上半年，由丽水鑫科生态合成革研究院、安徽大学、陕西科技大学为代表的研发团队，经过多年的艰苦工作，解决了水性湿法贝斯在普通生产线上的应用问题，为合成革全行业绿色生产提

供了技术支持。因为，如果水性合成革湿法工艺在设备上不能突破，就不能实现水性化的推广。但假如水性湿法必须要专用生产线的话，那么，在合成革水性化过程中不仅会造成大量设备的报废，而且还要新增大量的同类设备，这会给这个行业绿色制造、清洁生产带来巨大的经济伤害，会大大推迟绿色制造的步伐。这一技术门槛的打破，应该是合成革行业生态化改造的巨大福音。

无溶剂合成革制造，同样需要精良的设备作支撑，尤其是双组分无溶剂合成革制造。A、B 二个组分的储藏器必须要密闭性好，混料头要精密，这样才能使 A、B 二个料充分混合、充分反应。设备精良还表现在操作方便上，混合头的流量要同生产线同步可控，要用自动化的手段应用在制革装备上。早几年双组分无溶剂工艺推广不开来，主要问题就是设备操控性差，自动化程度不高，生产中经常出现问题而导致产品报废率高而中止应用的。

因此，一个革命性技术工艺来临之际，必须要有相对材料、工艺和设备等方面的综合性解决方案，任何缺少哪一项或哪一个环节，都有可能导致整个系统的失败。

四、未来高性能合成革绿色制造发展方向

未来合成革的绿色制造，一定是淘汰传统 DMF 工艺下的合成革加制造工艺。

1. 普通全水性合成革绿色制造会有一个飞跃

水性合成革因具有优异的耐水解性、良好的透气透湿性，具有溶剂型合成革无可比喻的生态环保性，已为高性能合成革的一大类。

合成革作为仿皮产品，需要有面层的肤感、中间层的肌感和底层的皮感。全水性彷皮合成革产品，通过面层水性层，中间水性发泡层和粘接用水性材料，完全可实现合成革的全水性和清洁生产。同时，在工艺上也可以先做干、湿法贝斯，再做干法贴面或表处压花，实现通用合成革产品的水性化、生态化。目前，这类工艺随着普通油性生产线略作改造即可生产水性贝斯工艺的成熟，水性、生态的合成革绿色制造将会很快来到合成革的生产实践中。

2. 以水性含浸工艺为特点的水性超纤、水性仿超纤将会快速发展

（1）水性超纤革会快速发展

海岛超纤合成革，是目前合成革的高端产品。由于具有优良的手感、高强度的抗撕裂性，近年来一枝独秀发展很快。但目前的超纤工艺大部分还是油性生产工艺，因此避免不了两大技术难题。一是仍使用 DMF 含浸树脂的加工工艺，会造成大气的严重污染；二是超纤减量会产生大量工业废水。为此，没有大气污染的水性含浸超纤工艺将会迅速发展。由于水性超纤具有比油性超纤更好的弹性和 Q 感，具有更好的垂感，因此水性超纤大部分代替油性超纤将会必然。

（2）水性仿超纤、水性不减量纤将会快速崛起

传统超纤作为高档合成革品种，其加工过程中需要减量处理，工艺复杂且污染环境。水性仿超纤、水性不减量超纤不仅简化了工艺，更是减少了环境污染，使合成革生产更加生态化。水性超纤、水性不减量超纤是通过使用水性专用树脂经含浸工艺后，达到类似超纤优异的手感和相对高的撕裂强度，满足合成革产品功能化的需要。

3. 水性和无溶剂相结合的产品工艺路线会有长足的发展

无溶剂工艺最大的特点是具有较高的剥离强度、极高的耐磨抗括性和耐久性，是一般传统合成革所不具有的。因此也是高性能合成革的一大类。其缺点是发泡层是闭孔结构，透气透湿性不好。目前，大部分无溶剂工艺是面层油性树脂，中间层即发泡层为无溶剂材料并作粘接层。这类工艺，由于面层仍使用油性树脂，故仍不算绿色制造及清洁生产工艺。只有用水性树脂作面层，中间层用无溶剂材料工艺加工，才能真正成为绿色制造。目前，水性树脂作面层的工艺已有突破，未来，这一工艺也会快速发展，成为独立的制革体系。

4. 水性仿超纤同硅胶结合，成为新型合成革绿色制造工艺

硅胶材料在现有的合成革材料中，具有独一无二的低温柔软性和高阻燃性，制成的革垂感、手感非常好，因此容易被消费者接受而成为高性能合成革的另一类产品。由于硅胶具有化学惰性，所以生态性好，生产中不会产生污染，符合绿色制造特征。又由于硅胶材料价格高，生产中可同水性仿超纤材料结合加工，不仅可减少硅胶涂层厚度，节约成本，还能提高制品的强度而增加合成革的使用性能。因此这类合成革及其制造工艺也将成为合成革高端产品绿色制造的重要门类。

结束语：

高性能合成革绿色制造虽然兴起和发展时间不长，但在合成革制造领域中，已经成为新的发展趋势，尽管在发展中仍有一定的困难需克服、要面

对，但前进和发展的步伐不会停止，相信在未来几年内，高性能合成革绿色制造必将呈现快速的增长并成为合成革制造领域的主流。

（丽水鑫科生态合成革研究院　谢镇铭）

聚醚醚酮在医疗领域中的应用

一、聚醚醚酮（PEEK）简介

聚醚醚酮（PEEK）是一种线性芳族半结晶性的热塑性聚合物，其分子主链中既含有刚性的苯环又含有柔性的醚键，此外还含有能够提高分子间作用力的羰基，是一种已经商品化的综合性能极佳的特种工程塑料，被誉为“工程塑料综合性能之王”和“站在塑料金字塔最顶端的材料”。聚醚醚酮由英国帝国化学工业集团公司（ICI）于1977年研发成功，并于1982年开始以VICTREX®牌号进行销售。1993年英国威格斯公司（Victrex）从英国帝国化学工业集团公司收购其PEEK聚合物业务，并于2003年将PEEK年生产能力增加至2800吨。现如今威格斯公司已成为全球聚醚醚酮种类最齐全的生产企业，占据PEEK市场最大份额，2015年其年产能扩大到7150吨，预计在未来几年仍然将占据PEEK市场主导地位，威格斯公司主要产品包括VICTREX™ PEEK聚合物、VICOTE™涂料和APTIV™薄膜。比利时索尔维公司（Solvay）于2009年实现聚醚醚酮产品产业化，占据PEEK市场的第二大份额，其产品牌号为KetaSpire®，年产能约为2000吨。此外，德国赢创公司（Evonik）于2007年实现聚醚醚酮产业化，该公司凭借年产能500吨的VESTAKEEP®聚醚醚酮塑料，使其在高性能聚合物领域的技术领先地位得到进一步巩固。我国对PEEK的研发起步较早，国家在“七五”计划期间，就已在科技攻关计划和“863”计划中分别设立专项基金进行PEEK的研究开发，吉林大学是承担这些研究计划的唯一单位，并在国家“八五”计划期间完成了年产能10吨的扩试，此外检测结果表明，我国自主研发的PEEK材料的主要性能指标已达到国外同类产品水平。在此基础上，吉林大学先后完成“九五”期间科技攻关计划年产能50吨的中试和“十五”期间国家发改委建设年产能500吨的示范工程，从而使我国成为继英国威格斯公司之后第二个能自主生产PEEK的国家。现如今我国生产PEEK的企业主要包括中研高性能工程塑料有限公司、吉大特塑工程研究有限公司、盘锦中润特塑有限公司以及金发科技股份有限公司等。其中中研高性能工程塑料有限公司是我国PEEK主要的生产商，约占国内50%的PEEK市场份额，约占18%的全球市场份额；此外该公司年产能为1000吨，是目前全球第二家采用5000升反应釜进行PEEK工业化生产的企业，该生产技术代表了世界合成聚醚醚酮的最高水平，能够有效保证产品的稳定性及纯度。

PEEK的合成以4，4′-二氟二苯甲酮和对二苯酚为原料，二苯砜作为溶剂，在碱金属碳酸盐存在的条件下和氮气保护氛围中，进行逐步缩合反应从而制得PEEK，起始阶段反应温度在140~150℃，之后逐步升温使聚合物溶解，直到到达320℃，反应完成。PEEK的生产工艺主要有亲核取代和亲电取代两种路线，其中亲电取代路线由于存在着合成过程中有机溶剂和催化剂使用量大、易对环境造成污染、制备费用高昂且产物容易产生支化等缺点，所以目前PEEK生产企业一般选用亲核取代路线，亲核取代路线不使用金属基的催化剂，也不使用稳定剂和添加剂，且产品纯度较高。目前世界上真正拥有PEEK生产工艺技术的国家仅有英国和中国，国外PEEK厂家一般采用英国威格斯公司的生产工艺，国内厂家则主要采用吉林大学研发的工艺技术。

二、PEEK的主要性能

PEEK与其他特种工程塑料相比具有诸多显著优势，其主要性能概括如下：

（1）力学性能：PEEK独特的分子结构使其兼具刚性和韧性，是所有树脂中刚性和韧性结合最完美的材料，其拉伸强度约为100MPa，弯曲强度约为160MPa，即使在高温下PEEK仍能保持较高的强度，200℃时其弯曲强度仍可达到24MPa；此外PEEK线性膨胀系数小，具有非常好的尺寸稳定性，同时其长期耐蠕变性能也非常优异。

（2）耐热性能：PEEK具有优异的耐热性，是现有耐热性最好的热塑性材料之一，其玻璃化转化温度为143℃，熔点高达343℃，热变形温度为

160℃，长期使用温度为260℃，瞬时使用温度可达300℃，此外在400℃的高温条件下PEEK短时间内并不会发生分解，与其他耐高温塑料如聚酰亚胺、聚四氟乙烯等相比，使用温度上限高出将近50℃。此外PEEK还具有非常优异的耐热老化性能，经过1000h的热老化实验后，其材料性能仍然保持在很高的水平。

（3）耐化学腐蚀性能：PEEK具有极佳的耐化学腐蚀性，除浓硫酸外，PEEK不溶于任何强酸、强碱和溶剂，即使在较高温度下，PEEK仍能保持较好的化学稳定性，其耐腐蚀性与镍钢相近。

（4）耐水解性能：PEEK的耐水解性好，23℃其饱和吸水率仅有0.5%，是工程塑料中最低的。即使在250℃的蒸汽或在高压的水中连续浸泡数千小时，PEEK仍可以保持较好的性能，在所有的工程塑料中，PEEK具有最好的耐水解性能和耐蒸汽性能。

（5）阻燃性能：PEEK的化学结构非常稳定，具有优异的阻燃性能，且具有自熄性，即使在不加任何阻燃剂的情况下，1.45mm厚度的PEEK样片的可燃性等级依然能达到最高阻燃标准UL94V-0级。此外PEEK在通常的环境中很难燃烧，即便发生燃烧，其发烟量和所产生的有毒气体量也极小，远低于其他类型工程塑料。

（6）电绝缘性能：PEEK具有优异的电绝缘性能，其体积电阻率可达10^{15}~$10^{16}\Omega\cdot cm$，其表面电阻为$10^{15}\Omega$，此外PEEK的介电损耗即使在高频情况下也非常小。虽然PEEK的电绝缘性能与大部分热塑性材料相当，但是PEEK在极广的温度和频率范围内仍能保持其优异的电绝缘性能，这是其他热塑性材料无法比的。

（7）耐辐射性能：PEEK具有优良的耐辐射性能，能够承受的最大累积辐射剂量为10^7Gy。此外PEEK耐γ射线辐照的能力尤其强，超过了树脂材料中耐辐照性能最好的聚苯乙烯，当γ射线辐照剂量高达1100Mrad时，PEEK的综合性能仍能保持不变。

（8）耐疲劳性能：PEEK的耐疲劳性能十分出众，优于其他树脂材料，在拉伸疲劳测试实验中，PEEK的衰减非常小，即使经过一千万次循环后，材料依然能保持较高的力学强度，可与合金材料相媲美。

（9）耐剥离性能：PEEK的耐剥离性能良好，可制成电线或电磁线的绝缘保护层，并能够在苛刻的条件下使用。

（10）耐磨性能：PEEK耐滑动磨损和微动磨损的性能十分优异，可与聚酰亚胺媲美，在各种压力、温度、速度和相对粗糙度接触面的情况下，PEEK均能表现出极好的耐磨性能。

（11）自润滑性能：PEEK具有良好的自润滑性能，可以实现在无油润滑条件下的长期工作。

（12）加工性能：易于加工是PEEK最重要的性能之一，PEEK具有高温流动性好和热分解温度超高的特点，因此可以采用注塑成型、挤出成型、模压成型、吹塑成型、旋转成型、熔融纺丝、流延成型、发泡成型、静电喷涂等多种方法成型加工且成型效率高，也可采用压延、拉伸、粘接、超声波焊接、复合、机械加工等手段进行二次加工。成型工艺的多样性也决定了PEEK制成产品的种类繁多，比如采用熔融挤出包覆成型加工电缆、电线的绝缘保护层，采用注塑成型制备轴承、活塞环等耐磨零件，采用静电喷涂制成金属等表面的耐热、耐腐蚀涂层，采用旋转成型制造大型成品以及采用吹塑成型加工核废料的容器等。

三、PEEK在生物医疗领域的应用

基于以上诸多的优异性能，聚醚醚酮在某些特殊领域可以起到替代金属、陶瓷等传统材料的作用，譬如在航空航天、石油化工、机械制造和电子电气等相关行业PEEK已得到了广泛的应用，成为了不可或缺的关键材料。随着人们对PEEK材料研究的不断深入，其应用领域也在不断拓宽，其中生物医疗就是PEEK的一个全新的应用领域。

不锈钢、钛合金等金属材料因具有较高的力学强度、良好的生物相容性和耐疲劳等优异性能，长期以来在硬组织修复与替换领域有着广泛的应用并一度成为体内植入材料的首选，直到PEEK的诞生，这种格局才被打破。根据沃尔夫定律，骨的生长、重建都与骨的受力状态相关，传统金属植入材料的弹性模量要远远高于骨组织的弹性模量，譬如应用最广泛的钛合金的弯曲模量为正常骨组织的7倍左右。这样一来就造成金属植入体需要承担大部分的机械负荷，而骨组织所承受的机械负荷相对变小，进而造成应力屏蔽效应，导致骨愈合的速度减慢，长此以往，骨骼就会变得疏松甚至退化，影响植入体的修复效果。再者，金属植入体脱落下来的碎屑会被巨噬细胞所吞噬，之后巨噬细胞会分泌一些促炎因子，而这些促炎因子一方面将诱导炎症细胞浸润，另一方面会抑制成骨细胞的形成，最终导致骨吸收的发生。此外，传统金属植入体与常用的核磁共振成像（MRI）、计算机断层扫描（CT）等成像技术相容性差，得到的图像无法辨认，不利于手术后对骨的生长及愈合过程进行监控。相反，PEEK的弹性模量与骨组织十分接近，很大程度上减弱了应力屏蔽效应，有利于植入体与骨组织之间的骨整合。更为难得的是，与金属植入体不同，PEEK的磨屑不会引起明显的炎症反应。同时PEEK在进行MRI或CT成像时不会像金属植入体那样产生伪影而且得到的图像清晰可辨，因此更容易实现监控术后骨生长和骨愈合的过程。此外PEEK还具有耐磨损、耐疲劳、耐腐蚀、耐水解、易加工且生物相容性好等优点，使得PEEK在多种材料中脱颖而出，成为了替代金属植入体的最佳选择。早在1998年，英国威格斯公司（Victrex）就推出了首款医用级的聚醚醚酮产品PEEK-OPTIMA™，用于长期的体内植入，并且该产品通过了美国食品药品监督管理局（FDA）的认证。此外，该产品经过多次系统毒性、皮下毒性测试及肌肉植入测试，均未见不良反应，也没有致敏或染色体突变的发生。2001年，英国威格斯公司（Victrex）成立了全资子公司Invibio公司，专门生产生物级医用聚醚醚酮。随后，又有两家生产医用植入级PEEK的企业相继出现，2007年索尔维公司（Solvay）宣布植入级聚醚醚酮Zeniva®上市，2009年德国赢创公司（Evonik）推出了植入级聚醚醚酮产品，其牌号为VESTAKEEP®。此外，美国材料与试验协会（ASTM）于2000年首次颁布了植入级聚醚醚酮的标准F2026，该标准规定了植入级聚醚醚酮的各种物理、化学及生物性能的检测方法和要求。我国随后于2008年颁布了外科植入用聚醚醚酮聚合物的标准规范YY/T 0660-2008，该标准基本沿用了F2026。

PEEK虽然具有优异的力学性能和良好的生物相容性，但是聚醚醚酮为生物惰性材料，作为植入体难以与骨组织形成骨整合，一定程度上限制了其在硬组织修复与替换领域中的应用，所以近些年提高聚醚醚酮材料的生物活性成为了研究热点。提高PEEK生物活性的策略主要有两点，其一是将生物活性材料添加到PEEK基体中制备成复合材料，其二是将生物活性材料引入到PEEK材料的表面。第一种方法虽然简单易行并且在一定程度上可以提高PEEK的生物活性，但是这种添加共混的方法会使PEEK的力学性能显著降低，无法达到预期的效果。相比之下，第二种方法只会改变PEEK材料表面的物理化学性质，不会对材料的整体性能造成显著影响，在改善PEEK生物活性的同时保持了材料本身优异的性能，是一种行之有效的手段。PEEK表面改性的方法主要包括使用等离子体、湿法处理等手段对PEEK表面直接进行改性和在PEEK表面制备改性涂层两大类。羟基磷灰石（HA）是骨骼和牙齿的主要无机组成成分，能与骨相互融合，具有其他材料难以比拟的生物活性和骨诱导性。在人体体液的作用下，HA会发生部分降解，游离出钙离子和磷酸根离子，并被人体组织吸收和利用，进而促进新组织的生长。但是羟基磷灰石存在强度低、脆性大、韧性差的缺点，无法用于修复对力学强度要求较高的组织，一般作为涂层材料以提高植入体的生物活性。英国Invibio公司将两种已经得到临床验证的先进材料独特地整合在一起，推出了新的医用级聚醚醚酮产品PEEK-OPTIMA™ HA增强型，该产品不仅具有与纯的PEEK-OPTIMA™相似的力学强度、弹性模量、成像兼容性，更结合了羟基磷灰石增强骨沉积的特性，有效地解决了纯PEEK-OPTIMA™产品生物活性差的难题。临床研究表明，与纯的PEEK-OPTIMA™相比，PEEK-OPTIMA™ HA增强型聚合物在植入体内4周时，能够产生75%以上的直接骨沉积，将植入物与骨的界面剪切强度增加了四倍以上，并且在植入12周后，依然能够起到对骨沉积的增强作用。此外由新型PEEK-OPTIMA™ HA增强型材料制成的植入物已顺利获得了美国（FDA510K认证）和欧洲（CE认证）监管机构的批准。

聚醚醚酮作为一种新型医用植入材料，已应用于脊柱外科、关节外科、整形外科、牙科等多个医疗领域。而聚醚醚酮在医疗领域大规模使用是从聚醚醚酮椎间融合器的临床应用开始的，椎间融合器是一种治疗由退变性腰椎间盘疾病或脊柱不稳引起的顽固性背部疼痛的手段，用于稳定腰椎或颈椎前路。2000年之前，椎间融合器还都是由外源或本体的骨骼制成，金属和聚醚醚酮椎间融合器于2002年相继出现，但是金属椎间融合器占有绝对的统治地位，之后其市场份额逐年萎缩，相反聚醚醚酮椎间融合器的市场份额在不断扩大，到2010年其市场份额已高达65%，远远超过了金属椎间融合器。

人工关节置换术是20世纪最成功的骨科手术之一，其中膝关节置换和髋关节置换最为常见。现如今，临床上主流的人工关节大都由金属或陶瓷材料制成，其中金属关节存在易产生应力屏蔽效应、重金属离子过敏、干扰成像等隐患，而价格更为昂贵的陶瓷关节则抗冲击性能较差，一旦发生破碎，就会对患者造成二次伤害。近日索尔维公司（Solvay）使用其医疗级聚醚醚酮产品 Zeniva®，为中国江苏奥康尼医疗科技发展有限公司开发出一款 PEEK 膝关节植入物，与传统金属、陶瓷人工关节相比，该聚合物人工关节不仅弥补了现有人工关节产品的缺陷，还能以更低的成本实现产品更长的使用寿命，该 PEEK 基人工膝关节计划于 2020 年获国家食品药品监督管理总局（CFDA）批准并实现批量生产。

颅骨修补术是针对脑外伤及开颅手术等导致颅骨缺损而对其进行修补的一种常见的外科手术，临床上通常用到的修补材料有有机玻璃、钛合金、骨水泥、PEEK 等。其中 PEEK 是目前临床上最适合颅骨修补的材料，其摒弃了其他颅骨修补材料排异反应强、隔热效果差、不易塑形、X 射线透过性差等缺陷，并且 PEEK 基颅骨修补材料采用 3D 打印技术成型，可以根据患者颅骨缺损部位的情况进行个性化定制，修补材料能够严丝合缝地嵌入缺损部位，与自然颅骨浑然一体，修补效果极佳。2014 年，湘雅医院神经外科刘劲芳手术团队，使用 PEEK 新型颅骨修补材料，成功为一名颅骨缺损患者进行了修补手术，属国内首例。

随着人们生活水平的提高，口腔修复越来越受到大家的重视，口腔种植技术的出现，不仅恢复了患者缺失牙的功能，还满足了患者对美观性的追求。PEEK 材料在口腔修复领域主要作为种植牙的配件，譬如临时基台、愈合帽、愈合基台等。德国赢创公司（Evonik）专门为口腔修复领域开发了一种 PEEK 新型材料，其产品牌号为 VESTAKEEP® 瓷增强型。与传统口腔修复材料氧化锆、氧化铝相比，该新型材料经计算机辅助设计/计算机辅助制造技术（CAD/CAM）加工，无需烧结，且材料质地柔和，患者佩戴舒适，美观耐用；此外 PEEK 不会释放出金属离子，避免了患者牙龈过敏、牙龈肿胀等问题的出现，修复效果明显优于传统材料。其他如英国 Invibio 公司推出的 PEEK-OPTIMA™ HA 增强型材料也成功地应用于口腔种植领域。

PEEK 经过传统的蒸汽、射线和环氧乙烷反复灭菌后，依然能够保持其良好的力学性能。此外 PEEK 在生理盐水、酒精等的作用下，其各项性能也不会受到影响，而且该材料的溶胀变化也非常小。这些优异的性能使其在医疗器械领域也得到广泛的应用，譬如髓内钉 PEEK 瞄准杆支架、远端锁定用 PEEK 瞄准架、PEEK 外固定支架、微创 PEEK 导向尾等。同时利用 PEEK 的耐蠕变性和耐水解性，可以制成各种需要高温蒸汽灭菌的医疗器械，譬如内窥镜零件、牙科用的去垢器等。

四、PEEK 医疗产品在市场推广过程中的问题

近年来，随着先进材料制备技术的革新，PEEK 凭借其优异的综合性能，使其在医疗领域内的应用范围得到进一步扩大，譬如胃肠道支架、植入式液体泵等产品的开发。虽然 PEEK 制成的医疗产品有诸多优点，但是其在市场推广过程中，仍然暴露出以下几个问题：第一，材料价格昂贵，虽然 PEEK 在我们国家实现了量产，但是国产 PEEK 主要用于国防军工、机械制造等领域，未能达到医用级标准，目前我国的医用级 PEEK 完全依赖于进口，这就造成了 PEEK 医疗产品在我国呈现价格高、销量少的局面。第二，涂层改性技术虽然在一定程度上改善了 PEEK 医疗产品的生物活性，但是由于现有涂层技术的局限性，依然存在着涂层与基体结合力差、涂层易脱落并引起炎症等问题。第三，现有 PEEK 植入体本身不具有抗菌活性，在手术过程中容易引起细菌感染并给患者带来一系列并发症，导致植入手术失败。尽管如此，PEEK 在医疗领域的应用前景仍十分广阔，制备出价格亲民、兼具生物活性和抗菌活性的 PEEK 医疗产品是未来发展的趋势，相信随着材料制备和表面改性技术的日趋进步，攻克上述难题将指日可待。

（天津市塑料研究所有限公司　李咏懋）

我国环保硬脂酸盐行业发展概述

一、环保硬脂酸盐介绍

硬脂酸盐是一族有机化合物，硬脂酸盐兼具润滑性、防水性、压延性和高熔点，工业上广泛用作润滑剂、防水剂、稳定剂、脱模剂、脱色剂、增稠剂、杀菌剂及催化剂等，各种硬脂酸盐所适用的范围不尽相同。硬脂酸盐系列产品可分为硬脂酸锌，硬脂酸钙，硬脂酸钡，硬脂酸铅，硬脂酸镁等金属盐。环保型硬脂酸盐类：硬脂酸锌，硬脂酸钙，硬脂酸镁。根据国家统计局发布的《国民经济行业分类》（GB/T 4754—2011），硬脂酸盐所属行业分类为“C26 化学原料和化学制品制造业”大类，小类为“C2661 化学试剂和助剂制造”，细分类为塑料助剂行业。

环保硬脂酸盐是随着塑料工业的发展而发展起来的重要助剂之一，由于硬脂酸盐兼具金属盐和脂肪酸的双重特性，因此在工业上，尤其是在塑料行业上，被广泛使用。硬脂酸盐可以作为塑料加工过程中的软化剂、润滑剂、成膜剂、光热稳定剂等；尤其用作聚氯乙烯（PVC）的无毒热稳定剂，能与受热 PVC 分解出来的盐酸发生作用防止 PVC 进一步分解；同时硬脂酸盐还是塑料薄膜很好的光稳定剂，能抑制紫外线对薄膜的老化作用，延长农用薄膜的使用寿命。此外，硬脂酸盐还有许多特殊用途：比如用作塑料制品的润滑脱模剂，在油漆工业中用作油漆的催干剂，使油漆在使用过程中缩短干燥时间，也可用作油漆的平光剂、打磨助剂；机械工业中可作为高温固体润滑剂；橡胶工业中做胶料的软化剂、隔离剂、耐高温粉模剂、卤素吸收剂，润滑油和胶粘剂的增厚剂，润滑脂耐温剂及纸张涂料，防水防雨材料的防水剂，铅笔芯润滑剂，医药中药品的粉模剂，化妆品的面粉原料等等，在国内外具有广泛的市场。

目前，市场中的环保硬脂酸盐生产仍然是直接法（干法）和间接法（水法）两种工艺并存的局面，随着越来越严苛的环保法规的出台，间接法工艺将会逐步被直接法工艺取代。

1. 间接法

脂肪酸首先在水中以超过它熔点的温度被加热，其中水的用量在脂肪酸用量的 20 倍以上；然后与等摩尔的强碱溶液发生皂化反应（如氢氧化钠溶液，氢氧化钾溶液，氨水等）。

$$\underset{\text{Stearic Acid}}{C_{17}H_{35}COOH} + \underset{\text{Sodium hydroxide}}{NaOH} \longrightarrow \underset{\text{Sodium Stearate}}{C_{17}H_{35}COO^-Na^+} + \underset{\text{Water}}{H_2O}$$

生成的碱性皂溶解在水中。随后，所要制取的不溶于水的金属皂化物是通过加入一种金属盐溶液（例如，氯化钙溶液，硫酸铝溶液）而制得的。反应遵循下面的方程式。

$$\underset{\text{Sodium Stearate}}{2\,C_{17}H_{35}COO^-Na^+} + \underset{\text{Metal salt solution}}{M^{2+}2X^-} \longrightarrow \underset{\text{Metal Soap}}{(C_{17}H_{35}COO^-)_2M^{2+}} + \underset{\text{Water soluble salt}}{2NaX}$$

$X = Cl^-,\ 1/2\ SO_4^{2-}$

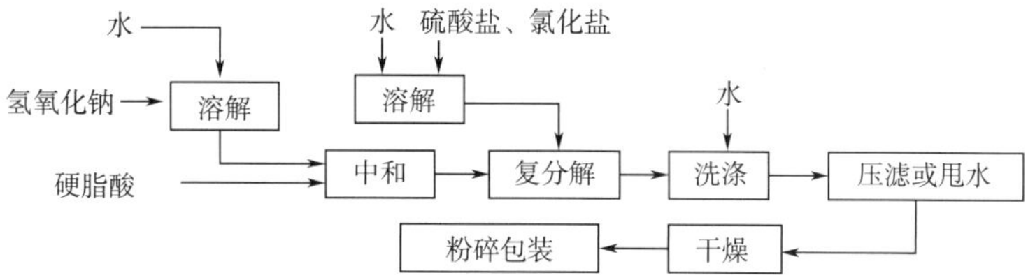

2. 直接法

在直接反应工艺中，金属氧化物或金属氢氧化物与硬脂酸一同在金属皂化物的熔点以上加热，并且不断进行搅拌。由于硬脂酸盐的熔点高于 100℃，反应生产的水就以蒸汽的形式逸出。因此，制得的硬脂酸金属盐没有必要进行干燥。从这个工艺中，能够制得球状，片状以及粉末状的产品。产品具有的高纯度是熔融加工工艺制备硬脂酸金属盐的一个主要特点。

$$2\,C_{17}H_{35}COOH + ZnO \longrightarrow (C_{17}H_{35}COO^{-})_2Zn^{2+} + H_2O$$

Stearic Acid　Zinc oxide　Zinc Stearate　Water

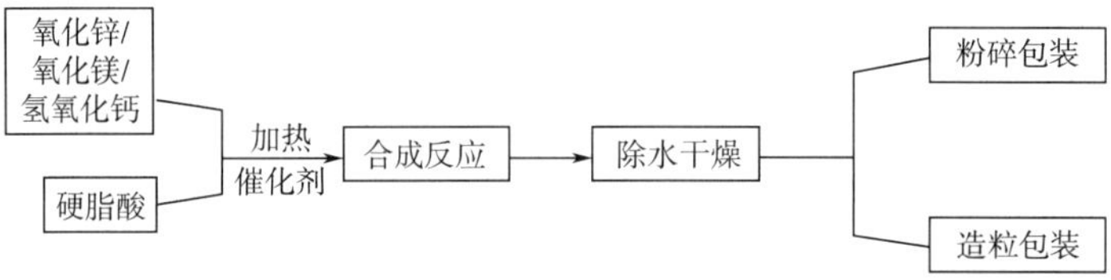

二、环保硬脂酸盐发展历程

我国塑料助剂行业起步较晚，于 20 世纪 70 年代才有相关研究院所及厂商从事塑料助剂的研发、生产，并随着 PVC 工业化而迅速发展起来。现今经过 30 年的建设和发展，我国塑料助剂产业已发展成为门类齐全、厂商众多的一大行业。在全国范围内都有一定规模的企业布局。我国塑料助剂的产销结构与其他国家类似，其中增塑剂占比为 60%，热稳定剂及阻燃剂各占 10%，着色剂占 10%，其他助剂占 20%。中国的塑料助剂消费量明显快于其他地区，年均增速约为 8%~10%。欧洲、北美和亚太地区（不包括中国）需求的年均增速为 3%，其他地区需求的年均增速为 5%~6%。

中国环保硬脂酸盐工业化生产始于 20 世纪 80 年代，在江苏溧阳一带，以家庭式小作坊开始，最初的生产工艺为水发生产，产品单价 2 万元/吨，但每生产一吨产品会产生 30~50 吨的废水，污染严重。具有规模的代表性企业有：上海延安油脂化工有限公司、南京金陵化工厂、江苏中鼎化学有限公司等企业，随着产量的不断提高，国内产品替代进口产品需求越来越大，到 2000 年全国水法生产硬脂酸盐企业达到 100 家，水处理形势更严峻。2000 年后国内第一批进行干法生产的代表性企业有：发基化学品（张家港）有限公司、中山华明泰化工股份有限公司、东莞市汉维科技股份有限公司等企业。同期也是国内环保硬脂酸盐的快速发展时期。到 2007 年太湖蓝藻污染事件发生于 2007 年 5、6 月间，中国江苏的太湖爆发的严重蓝藻污染，造成无锡全城自来水污染。国家环保政策的严格执行，对水法生产企业下达了停产、整顿等整改要求。

随着国家环保一系列政策的实施，国内干法生产企业享受到政策的红利，产能得到了迅速的释放。同时各个工厂都在加紧进行设备改造和产品升级，2009 年国内珠状硬脂酸锌产品率先在东莞市汉维科技股份有限公司实现批量工业化生产，逐渐替代进口的硬脂酸锌珠状产品，随后的 2 年国内干法生产企业也实现了珠状产品的批量生产。随着 2015 年欧盟将实现 PVC（聚氯乙烯）塑料制品全面禁铅的目标，国内 PVC 管材及制品禁铅正在逐步开始，环保稳定剂全部替换铅盐稳定剂的需求预计增加 100 万吨/年，环保稳定剂中主要的原材料环保硬脂酸盐的需求量预计超过 60 万吨/年。2015 年东莞汉维的全自动化无尘环保硬脂酸盐工厂全面投产，工厂产能 6 万吨/年，是目前国内产量生产环保硬脂酸盐最大的工厂，标志我国环保硬脂酸盐生产企业的自动化批量生产的质量水平达到国际先进水平。

三、环保硬脂酸盐行业市场需求快速增长

近年来，随着环保意识的增强、技术的不断进步及产业结构的升级，未来本行业将呈现如下发展趋势：首先，无毒、无公害成为塑料助剂发展的重点。如含铅、卤素等有害物质塑料助剂将逐步被淘汰，而 ACR、MBS 等符合环保和健康要求的塑料助剂获得更大的成长空间。其次，高端塑料助剂国产产品将逐渐实现进口替代。随着我国塑料助剂生产技术水平的提高，国产塑料助剂产品性能已逐步接近国外先进水平，加之价格优势明显，国内市场需求正在转向国产助剂产品。因此，随着技术的进步与行业的革新，硬脂酸盐行业产品将逐步向环保与健康趋势发展。2012~2018 年我国环保硬脂酸盐行业需求连续六年增长超过 10%。

2012~2018 年我国环保硬脂酯盐行业产值

年度	2012	2013	2014	2015	2016	2017	2018
产值/亿元	10.5	12	13	14.5	16	17.5	21

目前，我国硬脂酸盐行业市场需求增速较快，

行业规模处于不断壮大的过程中，行业供给能力不断增强，行业处于成长期。我国硬脂酸盐行业内中小型规模的硬脂酸盐生产企业占比较多，高端市场企业只有几家，而大部分企业在中低端市场竞争，且竞争逐渐激烈，整体市场集中度一般。行业内逐渐形成以若干少数大型企业或企业集团为主体市场格局，能够将适度垄断的有限优势同竞争的基本优势结合起来，来决定环保硬脂酸盐产品的技术革新和产品定价等，逐渐形成龙头企业的引领格局，如东莞汉维、张家港法基、中山华明泰等产业化集中、技术先进的企业。

我国硬脂酸盐的消费区域与下游应用行业的分布密切相关，硬脂酸盐应用范围十分广泛，涉及塑料制品加工制造业、石油化工业、造纸业、涂料行业、复合材料加工业等，应用领域广阔。塑料制品加工制造业直接服务于电子电器行业、建材行业及汽车制造行业，这些行业的景气程度可以通过影响塑料制品的需求进而影响硬脂酸盐行业的市场分布情况。

我国环保硬脂酸盐的主要需求区域是华东地区，占比为37%，其次是华南地区，占比为33%，然后是华北地区12%、华中地区10%，及其他地区8%。

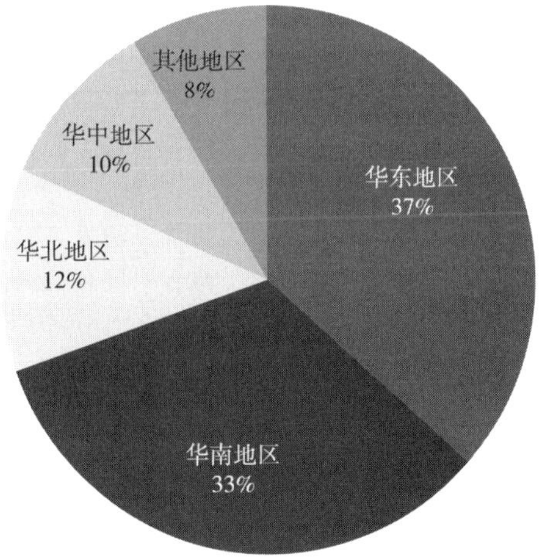

硬脂酸盐的区域市场分布

四、产能产量分析

1. 2012~2018年硬脂酸盐行业产量及增速

2012年，我国硬脂酸盐产量为13.47万吨，2013年，我国硬脂酸盐产量为14.85万吨，同比增长10.24%，2014年，我国硬脂酸盐产量为16.66万吨，同比增长12.19%，2015年，我国硬脂酸盐产量为是18.49万吨，同比增长10.98%，2016年，我国硬脂酸盐产量为21.11万吨，同比增长14.17%。2017年，我国硬脂酸盐产量为23.3万吨，同比增长10.01%。2018年，我国硬脂酸盐产量为26.1万吨，同比增长12%。

2. 2012~2018年硬脂酸盐行业产能及增速

2012年，我国硬脂酸盐产能为17万吨；2013年，我国硬脂酸盐产能为19万吨；2014年，我国硬脂酸盐产能为21万吨；2015年，我国硬脂酸盐产能为是23万吨；2016年，我国硬脂酸盐产能为26万吨；2017年，我国硬脂酸盐产能为28万吨；2018年，我国硬脂酸盐产能为31万吨。

3. 生产企业分布

目前国内硬脂酸盐行业存在复分解法和直接法共存的局面，生产企业主要分布在华南，华东，华北等地，保守估计有近一百多家。华东，华北等地的国内大部分企业，大部分是落后且污染大的复分解法工艺。2010年以来，国内已有一些企业逐步采用直接法工艺生产硬脂酸盐。截至2018年，国内完全采用直接法生产工艺的厂家不超过40家。

硬脂酸盐行业生产企业主要依赖于上游行业的原料生产，因此该行业区域分布与上游生产区域保持一致。我国企业产能占比大致如下：华南地区占比最大，约为45%，其次是华东地区占比约为30%，华北地区占比约为12%，其他地区占比约13%。

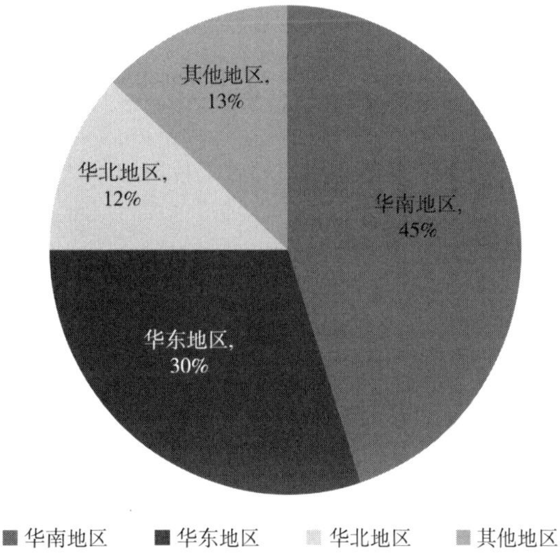

硬脂酸企业分布

四、环保硬脂酸盐中细分占比

在细分产品占比中，2018 年硬脂酸锌 13 亿产值占比最多，达 62%；其次，硬脂酸钙 6.5 亿产值占比达 31%；然后是硬脂酸镁 1.5 亿产值，占比 7%。

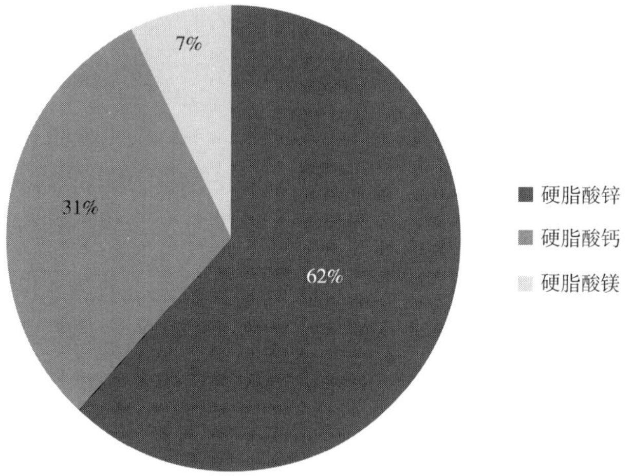

我国主要硬脂酸盐细分行业占比

五、环保硬脂酸盐重点企业介绍

目前，我国硬脂酸盐生产企业中大部分为中小型企业，大型生产企业只有少量的几家，大部分企业大都规模小、技术含量低，竞争较为激烈。其中新加坡发基化学品（张家港）有限公司等公司、东莞市汉维科技股份有限公司、中山华明泰化工股份有限公司等公司在我国硬脂酸盐产品市场份额占比达到 35%以上，其他的国内生产企业市场份额占比较小，全部位于 5%以下。

（一）新加坡发基化学品（张家港）有限公司

发基公司涉足化工市场已逾 70 年历史，生产产品从 1949 年的氢化硬脂酸发展到现今的无毒硬脂酸盐和脂肪酸酯类。通过这些年的持续发展，Faci 已逐步成长为全球油脂化工产品市场的领导者，与石化，PVC，橡胶，食品，医药，化妆品等行业客户建立了广泛而稳定的合作关系。

发基公司于 2005 年成立第一个中国生产工厂——发基化学品（张家港）有限公司，注册资本 900 万美元，是中国唯一一家生产硬脂酸盐的外商独资企业，公司位于中国江苏省张家港市扬子江化学工业园区内。张家港工厂主要生产硬脂酸钙，硬脂酸锌，和硬脂酸镁等无毒金属硬脂酸盐产品。所有主要生产设备均由意大利进口，生产技术也来源于意大利发基有限公司的专有技术。目前已通过 ISO9001：2008、ISO14001：2004 认证以及 RSPO 认证和伊斯兰清真 HALAL 认证。

（二）东莞市汉维新材料科技有限公司

东莞市汉维科技股份有限公司是一家专业生产环保助剂的高新技术企业，公司于 2008 年 7 月 2 日在东莞桥头注册成立，注册资本 9372.92 万元。到 2015 年搬迁至全自动化的新厂房，综合产能 10 万吨。公司拥有 8 项发明专利，18 项实用新型专利。生产采用国际先进自动化生产工艺，产品精选天然绿色环保原料、采用领先清洁节能工艺、品质达到世界先进水平。建立了以 ISO9001、ISO14001、OHSAS18001 等体系为基础的质量、环境、职业健康管理体系，主营产品为硬脂酸锌、硬脂酸钙、硬脂酸镁、特殊聚合润滑剂、环保稳定剂 5 大系列 30 多个型号。2018 年投资在印度尼西亚建分公司，引用桥头工厂的先进生产工艺技术，生产环保硬脂酸盐产品，建成后销售辐射东南亚及欧美市场。

（三）中山华明泰化工股份有限公司

华明泰中山公司成立于 2009 年 1 月，5 月份引入广东省风险投资公司，同年在连云港购地 60 亩，成立了连云港华明泰材料科技有限公司，2010 年 10 月份正式投入生产。公司企业硬脂酸盐产品主要有硬脂酸锌、硬脂酸钙、硬脂酸镁、钙锌稳定剂系列等。整个公司年产量达 5 万吨；主要服务于家具涂料、工程塑料、树脂造粒、纸张、粉末冶金、陶瓷、医药等领域。

公司建立了严谨、科学的 PMC 和 SOP 运行流程，已通过了 ISO9001：2008 质量体系及 QC 080000 有害物质管理体系认证。连续多年被政府授予“纳税贡献奖”、相继荣获“中山市工程技术研发中心”、“广东省著名商标企业”、“广东省高新技术企业”、“中国塑料加工工业协会异型材及门窗制品专业委员会会员单位”、“中国塑料加工工业协会塑料助剂专业委员会副理事单位”等殊荣。

（四）湖州市菱湖新望化学有限公司

湖州市菱湖新望化学有限公司创建于 2000 年，注册资本为 180 万人民币，企业地址位于湖州市菱湖镇西庄加工区，是一家集科、工、贸于一体的高新技术企业。主要产品有硬脂酸锌、硬脂酸镁、硬脂酸钙、硬脂酸钾、硬脂酸钠等。公司技术力量雄厚，拥有多项自主专利产品，工程技术人员占员工总数的 30%以上。公司实行全面质量管理，先后通过了 ISO9001，ISO22000 认证，产品通过了 KOSHER，HALAL 认证。公司生产设备先进，配置合理，各项检测仪器设备齐全，良好的生产环境和科学的生产管理使产品质量稳定，价格合理，深受用户好评。

（五）河北精信化工集团有限公司

河北精信化工集团有限公司隶属于精信集团，创建于 1998 年，是 PVC 助剂整体解决方案提供商。公司产品主要涉及环保无毒钙锌复合稳定剂、稀土复合稳定剂、CPE、单体稳定剂及加工助剂 ACR 等，均为新型高科技环保产品，是国内唯一一家既生产单体产品又能生产复合产品的厂家。

公司通过了 ISO9001：2008《质量管理体系》、ISO14001：2004《环境管理体系》与 OHSAS18001：2001《职业健康安全管理体系》以及欧盟 REACH 法规体系的认证，参与起草了 HG/T2704 CPE 行业标准，并被专业协会指定为钙锌复合稳定剂、型材用 CPE、型材用热定剂、共混料等四项行业标准起草单位，2009 年“JX”牌商标被认定为“中国驰名商标”，公司先后被评为“国家级高新技术企业”、“全国先进民营企业”、“AAA 级劳动关系和谐企业”“省精神文明单位”，并取得了 5 个“河北省名牌产品”、“中国民营科技企业 500 强”、“中国化工企业 500 强”等荣誉。

（六）江苏太湖新材料控股有限公司

江苏太湖新材料控股有限公司成立于 1988 年，总部位于江苏的太湖之畔。公司占地 100000 平方米，拥有资产总额 8600 万元，年销售额达 2.5 亿元。公司先后通过 ISO9001/ISO14001/OHSAS18001 三体系认证，主营 MDEA、DMEA、石油化工助剂、硬脂酸钙、脱硫剂、消泡剂等。

公司于 2009 年和 2012 先后设立了江苏太湖新材料控股盐城有限公司、江苏泰雷克石化装备制造有限公司、江苏太湖新材料技术研发有限公司三个子公司。公司拥有自营进出口权，销售区域遍布全球各地。

（七）江西宏远化工有限公司

江西宏远化工有限公司成立于 1999 年 5 月，位于上高县风景秀丽的境山口科技工业园内，是一家集研发、生产、销售为一体，以科研院校先进技术为依托、以产品质量为保证、打造优质“系统解决服务方案”为宗旨的全国高新技术企业，是专业从事研发、生产和销售塑料助剂的高新技术企业，企业硬脂酸盐系列主要有：硬脂酸锌、硬脂酸钙、硬脂酸镁、硬脂酸钡、钙锌复合稳定剂系列等。

公司近年来在科技创新方面舍得投入、舍得人力，已开发的产品有改质水滑石系列，稀土铝酸酯偶联剂，钙/锌复合稳定剂系列，无尘复合稳定剂系列，硬脂酸盐系列，PVC 增强增韧剂等六大系列，共 68 个品种。

（八）湖南省邵阳天堂助剂化工有限公司

湖南省邵阳天堂助剂化工有限公司是一家集研发、生产、销售、服务为一体的大型化工企业，创建于 1992 年，系湖南省化工厅指定专业生产塑料助剂定点单位，公司总投资 1.2 亿，厂房占地面积 28000 米^2，年产量 3 万余吨。企业硬脂酸盐系列主要有硬脂酸锌、硬脂酸钙、硬脂酸镁、环保钙锌复合稳定剂系列。

公司生产的硬脂酸盐类产品，多年来荣获省市质量监督局合格产品及质量信得过产品荣誉证书，公司参与制定水滑石行业标准 HG/T 4495—2013，拥有多项专利技术，环保钙锌稳定剂经 SGS 检验符合 RoHS、EN71 等世界各国一系列环保标准，“天堂”牌荣获全国著名品牌，并荣获全国优秀化工企业，系列产品一直畅销不衰，深得用户好评。公司从技术到管理都形成了完整的体系，已通过 ISO 9001—2000 质量体系认证和 ISO 14001 环境体系认证，并进行了欧盟 REACH 法规预注册，我们销售网络遍布全国各地，并远销欧美、东南亚等海外市场。

（九）江苏中鼎化学有限公司

中鼎公司创建于 1976 年，专门从事油脂加工、专业生产硬脂酸、甘油、单硬脂酸甘油酯、氢化油、硬脂酸盐系列等产品，产品广泛应用于橡胶、塑料、日用化工、纺织印染、油漆、食品、冶金机械等加工行业。

经过三十多年的不懈努力，中鼎公司已经发展成为集生产、科研、商贸等多种经营、多元发展的中大型工贸企业，产品畅销全国各地并逐步增量出口国外。公司生产的硬脂酸、氢化油、硬脂酸盐等产品规模居国内同行业前列，多种产品获得了国内外客户的高度认同，多次被评为用户满意商品称号。公司已通过了由英国 Moody 公司认证的 UKA-SIS09001 质量体系。

中鼎添加剂公司于 2006 年引进国外先进的分子蒸馏（短程蒸馏）技术和设备，目前已经形成了国内最大规模的分子蒸馏单甘酯生产线，产品纯度高，品质达到了国际产品的水平，符合犹太洁食认证（kosher 认证）和 HACCP 认证标准，还可以根据用户的实际需求生产不同指标的单甘酯，并提供个性化的技术服务。现在企业的产品不但遍布全国各地，还出口至欧美、东南亚、非洲等多个地区，并与多家大型跨国集团建立了长期合作关系。

（湖南科技大学材料科学与工程学院　刘清泉；
东莞市汉维科技股份有限公司　苟育军）

医用聚氯乙烯增塑剂的研究进展

一、增塑剂介绍

聚氯乙烯（PVC）是五大通用塑料之一，其产量仅次于聚烯烃，被广泛应用于建材、工业、农业、包装、日用品、汽车、儿童玩具及医疗耗材等多个领域。聚氯乙烯不仅具有优异的机械性能，而且还有着出色的阻燃性能、耐化学药品腐蚀性能及电绝缘性能。此外，聚氯乙烯具有较好的生物相容性和优良的生物惰性，再加上低廉的成本，使其在医疗领域中的用量占到所有医用塑料的 25%。然而纯聚氯乙烯具有较高的玻璃化温度，导致该材料在常温下仍呈刚性状态，这样就限制了聚氯乙烯的应用。为了使聚氯乙烯便于加工和使用，常常需要在纯聚氯乙烯树脂中加入增塑剂，增塑剂的加入有效降低了聚氯乙烯的玻璃化温度和软化温度，很大程度上改善了聚氯乙烯的加工流动性，同时提高了聚氯乙烯产品的柔软性和弹性。聚氯乙烯产品的软硬程度取决于增塑剂的添加量，一般将增塑剂添加量在 25 份以上的聚氯乙烯产品称为软质品，将增塑剂添加量在 15 ~ 25 份的聚氯乙烯产品称为半硬质品，将增塑剂添加量在 5 份以下的聚氯乙烯产品称为硬质品。加入增塑剂后的聚氯乙烯可被广泛应用于医疗器械领域，比如血袋、输血输液器具、导液管、呼吸面具、腹膜透析袋、体外循环管路、动静脉插管及气管插管等医疗制品。

增塑剂的品种繁多，曾被系统研究过的增塑剂多达 1000 种，而作为商品生产的增塑剂也有 200 多种。真正意义的现代增塑剂研发应用与表面涂料的发展密不可分，19 世纪中期，Alexander Parke 使用硝酸纤维素和蓖麻油为原料制成硝基漆，其中蓖麻油就起到了增塑增韧的作用。但是树脂和塑料的研发应用才是增塑剂得以发展的主要驱动力。1870 年，John 和 Isaiah Hyatt 将硝酸纤维素与樟脑、酒精混合，经过长时间的充分反应，最终制得一种新型的热塑性纤维素塑料“赛璐珞”。“赛璐珞”的研制成功使增塑剂的概念真正形成，并开启了现代塑料和增塑剂工业的起点。在增塑剂的发展初期，制造商主要使用樟脑作为原材料来生产增塑剂，但是樟脑挥发性高、气味大且售价昂贵，无法满足诸多塑料制品的需求。直到 20 世纪初期，磷酸三苯酯成功取代了樟脑并得到了广泛的应用，成为了增塑剂发展历程中的重要转折点，开启了酯类增塑剂的时代。随后，邻苯二甲酸二已酯合成成功，其进入增塑剂领域后，迅速得以广泛应用，直到今天其仍然占据着增塑剂行业的统治地位。继“赛璐珞”推动了现代增塑剂工业发展之后，聚氯乙烯的出现真正意义上促进了增塑剂工业的大规模发展。增塑剂种类众多，分类方式也多种多样，按照物状可分为液体增塑剂和固体增塑剂，按照分子量大小可分为单体型增塑剂和聚合型增塑剂，按照与树脂相容性大小可分为主增塑剂和辅助增塑剂，按照功能作用可分为通用型增塑剂和功能型增塑剂。除此之外，按照增塑剂的化学结构进行分类是常用的方法，可分为以下几类：

（1）苯二甲酸酯类（包括邻苯、对苯、间苯二甲酸酯），此类增塑剂中邻苯二甲酸酯具有化学稳定性高、适应性强、制造简单、成本低廉、与聚氯乙烯相容性好、增塑效率高等特点，其中最具有代表性的产品为邻苯二甲酸二辛酯（DOP）；

（2）磷酸酯类（包括磷酸脂肪醇酯、磷酸酚酯和含氯磷酸酯），此类增塑剂耐热性好，闪点较高且具有极强的阻燃性，是一种多功能增塑剂；

（3）柠檬酸酯类（包括柠檬酸三乙酯、乙酰柠檬酸三乙酯、柠檬酸三丁酯等），此类增塑剂增塑效率一般且售价较高，但其毒性较低，其中一些产品已经被美国食品药品管理局（FDA）批准用于食品包装、医疗器械和儿童玩具，其中最具有代表性的产品是乙酰柠檬酸三丁酯（ATBC）；

（4）脂肪族二元酸酯类（包括己二酸酯、壬二酸酯、癸二酸酯），此类增塑剂属于耐寒类增塑剂，主要应用于制品的低温特性改善方面；

（5）苯多酸酯类（包括偏苯三酸三辛酯、偏苯三酸三己酯、均苯四酸四酯），此类增塑剂的塑化效果和相容性与邻苯二甲酸酯类增塑剂类似，此外还具有聚酯类增塑剂挥发性、迁移性低及电绝缘性好等优点，其中最具有代表性的产品是偏苯三酸三辛酯（TOTM）；

（6）多元醇酯类（包括甘油三醋酸酯、一缩二乙二醇苯甲酸酯等），此类增塑剂与聚氯乙烯的相容性较好，且具有耐老化、耐热、耐抽出、挥发性低等优点；

（7）聚酯类（包括己二酸丙二醇聚酯、癸二酸丙二醇聚酯、邻苯二甲酸聚酯等），此类增塑剂的性能与其分子量紧密相关，具有毒性低、耐迁移、耐抽出、耐高温、挥发性低、稳定性好等优点，但是此类增塑剂加工较复杂、黏度大、增塑效率较差且低温表现不佳；

（8）环氧类（包括环氧大豆油、环氧亚麻籽油、环氧油酸丁酯、环氧硬脂酸辛酯、环氧化甘油三酸酯、环氧四氢邻苯二甲酸二辛酯等），此类增塑剂具有无毒的优点，此外此类增塑剂可以有效阻止聚氯乙烯的分解，很大程度上提高了聚氯乙烯制品的光稳定性和热稳定性，延长了制品的使用寿命，其中最具有代表性的产品是环氧大豆油（ESO）；

（9）含氯类（包括氯化石蜡、五氯硬脂酸甲酯），此类增塑剂对光热稳定性好，且阻燃性能优异；

（10）反应性增塑剂类（包括马来酸二辛酯、衣康酸酯、顺丁烯二酸二丁酯、富马酸酯、不饱和聚酯树脂等），此类增塑剂属于内增塑剂，会与聚合物进行化学反应，而前九类增塑剂都属于外增塑剂，与聚合物只是进行简单的物理混合，与聚氯乙烯的相容性远远高于其他类增塑剂是反应性增塑剂最大的优点。

在聚氯乙烯医用领域，目前最常使用的多为邻苯二甲酸酯类增塑剂，如邻苯二甲酸二辛酯（DOP）、邻苯二甲酸二丁酯（DBP）及邻苯二甲酸二异癸酯（DIDP）等。但近些年来，关于邻苯二甲酸酯类增塑剂的卫生安全性一直存在着许多争议。邻苯二甲酸酯类增塑剂属于小分子，且与聚氯乙烯的分子间作用力相对较弱，在一定的媒介接触条件下，增塑剂会发生浸出或迁移现象，迁移出来的增塑剂能够通过口、呼吸道、皮肤、血液等多种途径进入人体，对人的生命安全造成一种潜在的威胁。1982 年，美国国家癌症研究所选取大鼠和小鼠作为实验动物，对 DOP 的致癌性进行了鉴定，得出 DOP 能使啮齿类动物肝脏致癌的结论。国际癌症研究所根据 DOP 为过氧化物酶体增殖剂，已将其列为人类可疑的促癌剂，美国环保署也将其列为 B2 类致癌物质。与此同时，DOP 被欧盟归类为生殖毒性，并标记为有毒。此外，欧洲化学品管理局于 2014 年宣布 DOP 因其内分泌干扰特性而成为同等关注物质。基于上述情况，许多国家采取了相应的措施来限制邻苯二甲酸酯类增塑剂的使用范围。欧盟颁布了邻苯二甲酸酯禁令（2005/84/EC），规定对于用于 3 岁以下儿童而且能够被放入其口中的用品，其塑料部件中 6 种邻苯二甲酸酯类增塑剂的含量不能超过 0.1%。日本《食品卫生法施行规则》规定儿童玩具的原材料不得采用 DOP 为原材料的 PVC 合成树脂，而在医疗器械相关产品中则禁止加入 DOP。德国也规定在与人体卫生、食品相关的所有塑料制品中禁止加入 DOP。我国的医疗器械监管部门也专门制定了一系列标准，对邻苯二甲酸酯类增塑剂的使用进行了严格限制。例如国家标准 GB 14232. 1—2004《人体血液及血液成分袋式塑料容器 第 1 部分：传统型血袋》限定了塑料血袋中 DOP 的迁移量应低于 15mg/100mL。国家标准 GB 15593—1995《输血（液）器具用软聚氯乙烯塑料》限定了输血（液）器具用塑料中 DOP 的迁移量应低于 10mg/100mL。近年来，邻苯二甲酸酯类增塑剂的限制使用推进了医用环保无毒类增塑剂的研发，其中研究较多的新型增塑剂主要包括以下几类：环氧类增塑剂、柠檬酸酯类增塑剂、聚酯类增塑剂、偏苯三酸酯类增塑剂、环己烷二羧酸二烷基酯类增塑剂等。下面分别对各类医用环保无毒类增塑剂中的典型代表进行详细介绍。

二、新型医用环保无毒类增塑剂

1. 环氧类增塑剂

环氧类增塑剂是利用天然油脂和有机过氧酸进行环氧化反应制备而成的一类新型环保无毒类增塑剂，其主要品种有环氧大豆油、环氧大豆油酸辛酯、环氧糠油酸丁酯、环氧硬脂酸辛酯、环氧乙酰亚麻油酸甲酯等等，目前使用量最多且使用范围最广的是环氧大豆油（ESO）。环氧大豆油对 PVC 的增塑效果与 DOP 相当，且 ESO 挥发和迁移少，同时 ESO 分子中的环氧键能够快速吸收聚氯乙烯因光和热发生降解时释放出来的氯化氢，使得聚氯乙烯分子链上的活泼氯原子更加稳定，阻止了聚氯乙烯的连续分解，延长了聚氯乙烯制品的使用寿命，因此环氧大豆油既是聚氯乙烯的增塑剂，又是聚氯乙烯的稳定剂。如将环氧大豆油和金属盐稳定剂同时使用，既能最大限度地增加其稳定效果，又能减少金属盐稳定剂的使用量。此外环氧大豆油经急性毒理试验，结果证明其无毒；而且环氧大豆油符合美国食品药品监督管理局（FDA）制定的食品添加剂法规中的相关要求，并且其获得日本 PVC 食品卫生协议会的认可，因此环氧大豆油一般作为食品包装和儿童玩具及一次性输液导管、医用手套、血袋等 PVC 制品的增塑剂使用。

2. 柠檬酸酯类增塑剂

柠檬酸酯类增塑剂具有不易挥发、与 PVC 相容性好、无毒等优点，被认为是代替 DOP 的首选增塑剂，其主要产品有柠檬酸三乙酯（TEC）、柠檬酸三丁酯（TBC）、柠檬酸三辛酯（TOC）、乙酰柠檬酸三丁酯（ATBC）等，其中最具有代表性的是 ATBC。乙酰柠檬酸酯除了具有其他柠檬酸酯的优点外，还具有抗霉性、可生物降解、热稳定性好、熔融粘合不发生色变等优势，此外由于柠檬酸酯中的羟基降低了其与 PVC 的相容性，因此乙酰柠檬酸酯较非乙酰化的柠檬酸酯具有更加优异的相容性。ATBC 与 PVC 的相容性不仅优于 DOP 和 ESO，而且 ATBC 能按照 1∶1 的比例来取代 DOP，并且 ATBC 的毒理试验结果表明，无论是急性、慢性或者是亚急性试验，ATBC 均不会引起明显的病理现象。此外 ATBC 在环境中能够缓慢水解生成乙酸、柠檬酸及丁醇，并随其增塑的 PVC 制品进行焚烧处理时生成碳氧化合物和水。正是由于 ATBC 低毒的优点，美国食品药品监督管理局（FDA）认为其是最安全的增塑剂之一，并于 2009 年批准 ATBC 作为食品包装及医疗用具的增塑剂和食品的添加剂，也被新西兰批准作为食品包装的增塑剂和精细食品的添加剂。ATBC 主要作为食品包装材料、儿童玩具、药片包膜材料、牙科材料、一次性输液导管、血袋、血液透析管路等 PVC 制品的增塑剂使用。

3. 聚酯类增塑剂

聚酯类增塑剂是由饱和二元醇和二元羧酸通过缩聚反应制备而成的高分子聚合物，其具有挥发性低、迁移性小、毒性低、热稳定性好等优点，且相对分子质量越大的聚酯类增塑剂其挥发性越小、耐迁移性越好，但是相对分子质量过高的聚酯类增塑剂，其产品黏度太大，严重影响了聚氯乙烯制品的成型加工。聚己二酸丁二醇酯（PBA）是一种典型的聚酯类增塑剂，其耐迁移、与聚氯乙烯相容性优良，且对聚氯乙烯的增塑效果好，此外支化的 PBA 与线性 PBA 相比，具有更好的耐迁移性和增塑效果。另外，聚癸二酸丙二醇酯（PPS）也是一种常用的聚酯类增塑剂，其除了具有 PBA 的优势外，还具有耐久性、耐紫外线好等特点，适合作为在高温、高湿等不良环境中使用的聚氯乙烯医用制品的增塑剂使用。传统的聚酯类增塑剂合成所用的酸和醇一般来源于石化能源，不符合现代的可持续发展战略，因此使用天然植物中提取的酸和醇来制备生物型聚酯类增塑剂将是其未来的一个发展趋势。

4. 偏苯三酸酯类增塑剂

偏苯三酸酯类增塑剂具有耐热性、耐迁移性好、毒性低等特点，兼具邻苯二甲酸酯类增塑剂和聚酯类增塑剂的优势，且价格低于聚酯类增塑剂。偏苯三酸酯的分子结构中比邻苯二甲酸酯多一个酯基官能团，这样不仅使其具有较高的相对分子质量，同时也具有较高的极性，使得其与聚氯乙烯的相容性更加优异。偏苯三酸酯类增塑剂种类较多，其中偏苯三酸三辛酯（TOTM）应用最为广泛。TOTM 的电性能优良且其耐高温特性优于聚酯类增塑剂，同时 TOTM 在其增塑的聚氯乙烯产品中，迁出量远远低于国家标准。此外根据日本厚生省的研究结果，TOTM 相比 DOP 具有更低的毒性，已经成为日本厚生劳动省推荐使用的 DOP 替代增塑剂。同时日本卫生部门对 TOTM 实施了细菌回复突变试验和细胞染色体畸变试验，结果证明了 TOTM 不具有基因毒性。日本卫生部门还公布了TOTM的生殖发育筛选毒性试验结果，证明了TOTM对试验动物的生殖能力、其生殖器官的组织病理学以及其后代的尸体解剖结果均无影响。TOTM较低的毒性，使其主要作为儿童玩具、一次性血袋、一次性袋式输液装置等PVC制品的增塑剂使用。

5. 环己烷二羧酸二烷基酯类增塑剂

环己烷二羧酸二烷基酯类增塑剂是环氢化的邻苯二甲酸酯，其增塑性能优异，其中具有代表性的是环己烷-1，2-二羧酸二异壬酯（DINCH）。DINCH具有无气味、挥发性低、迁移性小、与PVC相容性好、环保无毒等优点，且其增塑后的PVC制品的低温冲击性能优异，同时DINCH增塑的PVC制品的透光性非常好。此外相关毒理试验证明，DINCH的毒理性能十分优异，表现出很好的安全性，并得到欧洲食品安全署的认可，其被认为是能够取代邻苯二甲酸酯的新型无毒环境友好型增塑剂。目前，德国BASF公司生产的Hexamoll DINCH产品，由于其生产工艺较为成熟，产品流通相对广泛，因此具有较高的市场占有率。DINCH增塑的PVC材料主要用于制作食品包装、儿童玩具等产品，还可以用于制作胃管、一次性输液袋、一次性血袋、静脉内输血管等软质聚氯乙烯医用制品，并且其各项指标能够达到欧盟新法规的要求。此外，北京化工大学丁雪佳教授团队通过环己烷二甲酸酐与异辛醇的酯化反应，合成了一种名为环己烷-1，2-二羧酸二异辛酯（DEHCH）的新型增塑剂，DEHCH与DINCH相比，在增塑性能以及生物相容性方面并没有显著的区别，但是DEHCH所需的加工温度更低，便于PVC制品的加工成型，并且该团队使用DEHCH制备的聚氯乙烯气管插管产品取得了国家药品监督管理局颁发的医疗器械注册证。

三、我国医用聚氯乙烯增塑剂的发展展望

随着社会的不断发展和人们生活水平的不断提高，我国的医疗卫生事业得到了迅速发展。现代医疗技术的发展进步都会伴随着医用耗材的创新应用，几乎所有医疗新技术和新方法的实现都离不开医用耗材的支持。医用耗材以塑料制品居多，而医用塑料又主要以聚氯乙烯为主，因此医用聚氯乙烯与其增塑剂的需求量也随着医疗事业发展呈现逐年增加的趋势。DOP作为曾经世界上使用最多、应用最广的聚氯乙烯医疗制品增塑剂，其对人体的危害已经引起各国的高度重视，世界各国都在致力于各种环保无毒新型增塑剂的研究，并且一些研究较成熟的产品已实现量产，比如美国的ATBC、日本的TOTM、欧洲的DINCH等。我国在聚氯乙烯新型增塑剂的研发方面也做了很多工作，但与国外产品相比还是有很大差距，我国未来医用聚氯乙烯增塑剂的发展方向应该包括以下三个方面：

（1）国产化。现有量产的聚氯乙烯环保无毒新型增塑剂绝大多数都是国外产品，而且售价昂贵，严重制约着我国医用聚氯乙烯产品的发展。因此打破国外技术垄断、独立自主掌握环保无毒新型增塑剂的生产工艺或者研发新型环保无毒增塑剂将是未来我国医用聚氯乙烯增塑剂最重要的一个发展方向。

（2）高效化。现有增塑剂在医用聚氯乙烯制品中的添加比例较高，虽然在一定程度上提高了产品的塑性，但是会影响聚氯乙烯制品的其他性能；此外也无法保证现有的环保无毒类增塑剂在大量进入人体后是否会造成伤害。因此研发用量少、增塑性能好的环保无毒类增塑剂将会成为我国医用聚氯乙烯增塑剂的其中一个发展方向。

（3）多功能化。现有的增塑剂一般只具有增塑的功能，要想实现医用聚氯乙烯制品的其他功能，一般会添加相应的助剂，这样一来医用聚氯乙烯制品中助剂的含量就会相应增加，给医用聚氯乙烯制品的安全性带来了隐患。因此研发兼具多种功能的增塑剂，譬如将增塑与抗静电、阻燃、抗氧化等多种功能集于一体，实现多种功能协同作用，将会成为我国医用聚氯乙烯增塑剂的另一个发展方向。

（天津市塑料研究所有限公司　李咏懋）

我国塑料制品进出口情况分析

2018年我国塑料制品出口量2122.98万吨，出口额694.21亿美元，同比增长10.67%；进口量189.1万吨，进口额198.62亿美元，同比增长6.92%；进出口总额892.83亿美元，贸易顺差495.59亿美元；出口单价3.27美元/千克，进口单价10.5美元/千克，进口单价是出口单价的3.21倍。

一、2018年塑料制品出口情况

1. 从塑料制品分类看

出口额最大的是其他塑料制品，其出口额为176.98亿美元，占我国塑料制品出口总额的25.49%；其次是日用塑料制品，出口额为169.95亿美元，占比为24.48%；占比10%以上的还有塑料板、片、膜、箔、带及扁条，塑料包装箱及容器及其附件，建筑用塑料制品，出口额分别为117.26亿美元、91.93亿美元和74.66亿美元。出口单价最高的塑料零件，单价为15.06美元/千克；其次是其他塑料制品和日用塑料制品，单价分别为4.32美元/千克和4.14美元/千克；出口单价最低的是建筑用塑料制品，出口单价为1.51美元/千克，详见表1和图1。

表1　2018年我国塑料制品行业各子行业出口量值表

产品名称	出口			
	数量/万吨	金额/亿美元	占比/%	单价/（美元/千克）
塑料制品	2122.98	694.21	100.00	3.27
塑料单丝、条、杆、型材及异型	28.22	5.35	0.77	1.89
塑料管及其附件	71.55	27.19	3.92	3.80
塑料板、片、膜、箔、带及扁条	393.36	117.26	16.89	2.98
塑料人造革、合成革	66.66	23.49	3.38	3.52
塑料包装箱及容器及其附件	243.89	91.93	13.24	3.77
塑料零件	4.92	7.41	1.07	15.06
建筑用塑料制品	493.72	74.66	10.75	1.51
（1）塑料糊墙品和铺地制品	397.36	55.91		1.41
（2）塑料门、窗、窗板（帘）及类似品	25.34	7.38		2.91
（3）其他建筑用塑料制品	71.02	11.38		1.60
日用塑料制品	410.86	169.95	24.48	4.14
（1）塑料制餐具及厨房用具	139.24	55.85		4.01
（2）塑料卫生设备、洁具及其配件	104.20	44.59		4.28
（3）塑料制办公室或学校用品	32.88	11.85		3.61
（4）其他日用塑料制品	134.54	57.66		4.29
其他塑料制品	409.81	176.98	25.49	4.32

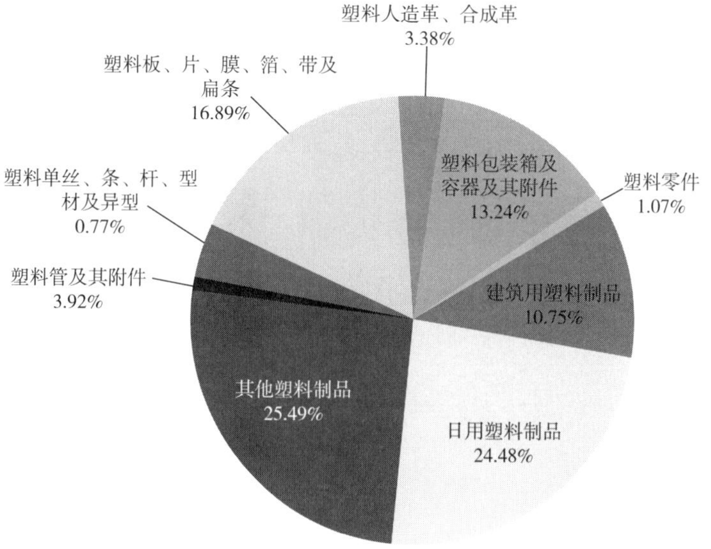

图 1 2018 年我国塑料制品行业各子行业出口额占比情况

2. 分贸易国看

我国塑料制品出口量最大的是美国，出口量为 584.52 万吨，出口额为 178.82 亿美元，出口额占比为 25.76%；其次是日本，出口量为 104.61 万吨，出口额为 41.01 亿美元，出口额占比为 5.91%；我国塑料制品对香港出口量为 51.11 万吨，出口额为 30.46 亿美元，出口额占比为 4.39%，排第三位。排名前十的国家和地区总计出口额为 391.56 亿美元，占比 55.48%。出口单价最高的是香港，单价为 5.96 美元/千克；其次是新加坡，单价为 5.54 美元/千克；出口单价最低的是印尼和菲律宾，单价分别为 2.61 美元/千克和 2.65 美元/千克。详见表 2。

表 2　　2018 年我国塑料制品主要出口国出口量值表

	国家和地区	出口量/万吨	出口额/亿美元	出口额占比/%	单价/（美元/千克）
	全国	2122.98	694.21	100	3.27
1	美国	584.52	178.82	25.76	3.06
2	日本	104.61	41.01	5.91	3.92
3	中国香港	51.11	30.46	4.39	5.96
4	越南	70.93	27.15	3.91	3.83
5	印度	76.01	21.47	3.09	2.82
6	澳大利亚	59.35	19.92	2.87	3.36
7	英国	54.63	19.86	2.86	3.64
8	德国	53.7	18.75	2.7	3.49
9	加拿大	56.34	17.08	2.46	3.03
10	韩国	44.72	17.04	2.45	3.81

续表

	国家和地区	出口量/万吨	出口额/亿美元	出口额占比/%	单价/（美元/千克）
11	马来西亚	37.43	14.2	2.05	3.79
12	泰国	40.57	13.31	1.92	3.28
13	印度尼西亚	50.08	13.07	1.88	2.61
14	荷兰	37.86	12.93	1.86	3.42
15	菲律宾	44.76	11.87	1.71	2.65
16	法国	26.67	10.15	1.46	3.81
17	新加坡	17.11	9.49	1.37	5.54
18	台澎金马关税区	27.26	9.39	1.35	3.45
19	意大利	21.08	9.03	1.3	4.29
20	比利时	16.07	5.29	0.76	3.29
21	其他	648.19	193.91	27.93	

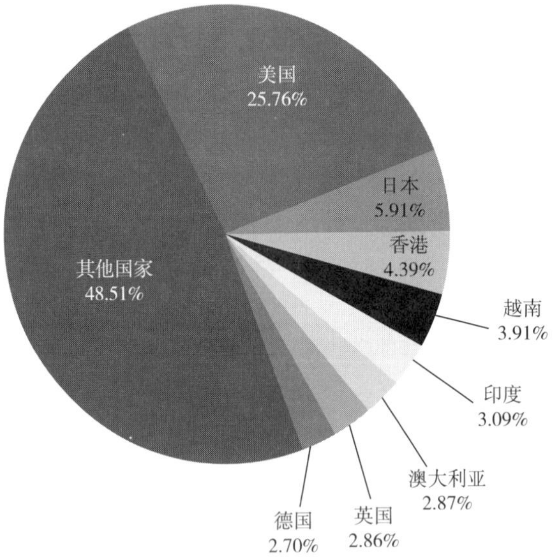

图 2　2018 年我国塑料制品主要贸易国出口额占比情况

二、2018 年塑料制品进口情况

1. 从塑料制品分类看

进口额最大的是塑料板、片、膜、箔、带及扁条，进口额为 113.96 亿美元，占 57.38%；其次是其他塑料制品，进口额为 33.51 亿美元，占 16.87%。进口单价最高的是塑料零件，单价为 41.04 美元/千克；其次是其他塑料制品，单价为 17.98 美元/千克；进口单价最低的是建筑用塑料制品，进口单价为 4.03 美元/千克，详见表 3。

表 3　　2018 年塑料制品行业各子行业进口量值表

产品名称	进口			
	数量/万吨	金额/亿美元	占比/%	单价/（美元/千克）
塑料制品	189.1	198.62	100.00	10.5
塑料单丝、条、杆、型材及异型	1.29	1.31	0.66	10.11
塑料管及其附件	7.50	11.48	5.78	15.31
塑料板、片、膜、箔、带及扁条	120.89	113.96	57.38	9.43
塑料人造革、合成革	4.14	5.46	2.75	13.19
塑料包装箱及容器及其附件	22.96	12.91	6.50	5.62
塑料零件	3.47	14.25	7.18	41.04
建筑用塑料制品	4.83	1.95	0.98	4.03
（1）塑料糊墙品和铺地制品	4.11	1.23		3.00
（2）塑料门、窗、窗板（帘）及类似品	0.39	0.26		6.80
（3）其他建筑用塑料制品	0.34	0.45		13.34
日用塑料制品	5.37	3.79	1.91	7.05
（1）塑料制餐具及厨房用具	1.24	1.32		10.58
（2）塑料卫生设备、洁具及其配件	3.59	1.71		4.76
（3）塑料制办公室或学校用品	0.20	0.13		6.90
（4）其他日用塑料制品	0.34	0.63		18.21
其他塑料制品	18.64	33.51	16.87	17.98

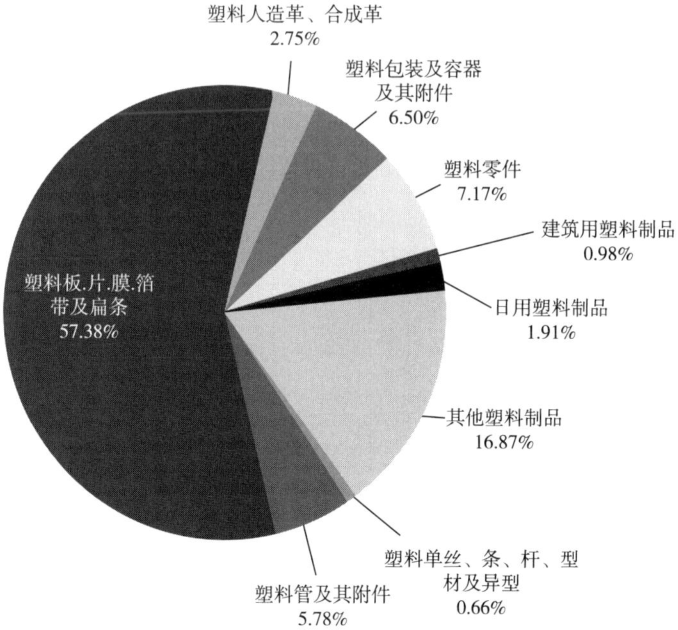

图 3　2018 年我国塑料制品行业各子行业进口额占比情况

2. 分贸易国看

2018 年，我国塑料制品进口最大的来源国是日本，进口量为 37.01 万吨，进口额为 55.92 亿美元，进口额占比为 28.15%；其次是韩国，进口量为 35.6 万吨，进口额为 33.35 亿美元，进口额占比为 16.79%；美国和台澎金马关税区进口额分列第三和第四位，从美国进口量为 13.54 万吨，进口额为 25.65 亿美元，进口额占比为 12.91%，从台澎金马关税区进口量为 32.62 万吨，进口额为 20.43 亿美元，进口额占比为 10.29%。排名前十的国家和地区进口额总计为 166.4 亿美元，占比 83.77%，显示我国塑料制品进口来源国比较集中。进口单价最高的是美国，为 18.95 美元/千克；其次是新加坡，为 16.27 美元/千克；进口单价最低的是印度尼西亚，单价为 2.19 美元/千克，详见表 4。

表 4　　2018 年我国塑料制品主要进口国进口量值表

序号	国家和地区	进口量/万吨	进口额/亿美元	进口额占比/%	单价/（美元/kg）
	全国	189.1	198.62	100	10.5
1	日本	37.01	55.92	28.15	15.11
2	韩国	35.6	33.35	16.79	9.37
3	美国	13.54	25.65	12.91	18.95
4	台澎金马关税区	32.62	20.43	10.29	6.26
5	德国	12.2	17.04	8.58	13.97
6	意大利	3.95	3.61	1.82	9.16
7	英国	2.03	2.82	1.42	13.91
8	比利时	2.6	2.66	1.34	10.23
9	泰国	4.14	2.55	1.28	6.16
10	法国	1.9	2.37	1.19	12.45
11	新加坡	1.39	2.26	1.14	16.27
12	马来西亚	4.46	2.22	1.12	4.96
13	越南	4.25	1.32	0.66	3.1
14	中国香港	4.01	1.03	0.52	2.55
15	荷兰	0.89	0.89	0.45	10.06
16	印度	2.06	0.8	0.4	3.88
17	加拿大	0.8	0.65	0.33	8.04
18	澳大利亚	1.56	0.63	0.32	4.06
19	印度尼西亚	2.71	0.59	0.3	2.19
20	菲律宾	0.28	0.22	0.11	7.9
21	其他	21.12	21.62	10.88	

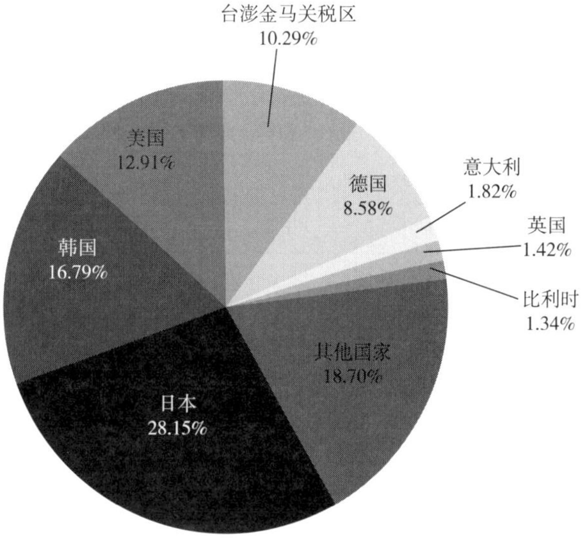

图 4　2018 年我国塑料制品主要贸易国进口额占比情况

三、2018 年我国塑料制品进出口贸易总额情况

从塑料制品分类看，贸易总额最高的是塑料板、片、膜、箔、带及扁条，进出口总额为 231.22 亿美元，占比 25.90%；其次是其他塑料制品和日用塑料制品，贸易总额分别为 210.49 亿美元和 173.74 亿美元，占比分别为 23.58% 和 19.46%。贸易顺差最大的是日用塑料制品，为 166.16 亿美元；其次是其他塑料制品，贸易顺差为 143.47 亿美元。仅有塑料零件表现为贸易逆差，逆差额为 6.85 亿美元；塑料板、片、膜、箔、带及扁条虽表现为顺差，但进口额与出口基本持平，详见表 5。

表 5　2018 年塑料制品行业各子行业进出口贸易总额情况

子行业	出口金额/亿美元	进口金额/亿美元	贸易总额/亿美元	占比/%	贸易顺差/亿美元
塑料制品	694.21	198.62	892.83	100.00	495.59
塑料单丝、条、杆、型材及异型	5.35	1.31	6.65	0.74	4.04
塑料管及其附件	27.19	11.48	38.67	4.33	15.71
塑料板、片、膜、箔、带及扁条	117.26	113.96	231.22	25.90	3.30
塑料人造革、合成革	23.49	5.46	28.95	3.24	18.02
塑料包装箱及容器及其附件	91.93	12.91	104.84	11.74	79.02
塑料零件	7.41	14.25	21.66	2.43	-6.85
建筑用塑料制品	74.66	1.95	76.61	8.58	72.72
（1）塑料糊墙品和铺地制品	55.91	1.23	57.14	6.40	54.68
（2）塑料门、窗、窗板（帘）及类似品	7.38	0.26	7.64	0.86	7.11

续表

子行业	出口金额/亿美元	进口金额/亿美元	贸易总额/亿美元	占比/%	贸易顺差/亿美元
（3）其他建筑用塑料制品	11.38	0.45	11.83	1.32	10.93
日用塑料制品	169.95	3.79	173.74	19.46	166.16
（1）塑料制餐具及厨房用具	55.85	1.32	57.16	6.40	54.53
（2）塑料卫生设备、洁具及其配件	44.59	1.71	46.30	5.19	42.88
（3）塑料制办公室或学校用品	11.85	0.13	11.99	1.34	11.72
（4）其他日用塑料制品	57.66	0.63	58.29	6.53	57.04
其他塑料制品	176.98	33.51	210.49	23.58	143.47

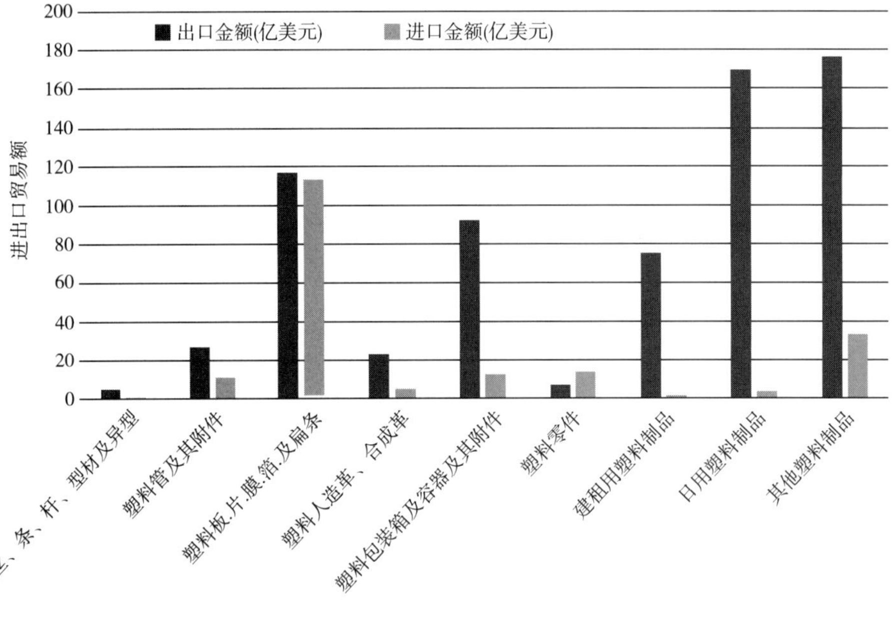

图5　2018年塑料制品行业各子行业进出口额情况
（注：以上2018年数据为从海关网站查询所得）

（中国塑料加工工业协会）

各地区塑料工业

天津市

一、天津市塑料行业协会情况

2018 年协会做了如下的工作

（1）召开年度理事工作会议和负责人办公会，安排了 2018 年的工作和协会的思路。对协会的业务范围进行了重新认定并通过了以下的本会的业务范围。

1）编制行业发展规划，组织行业培训，开展行业技术咨询、信息交流、会展招商以及产品推介等活动；

2）参与有关行业发展、行业改革以及与行业利益相关的政府决策论证，提出有关经济政策和立法的建议，参与政府举办的有关听证会；

3）代表行业企业进行反倾销、反垄断、反补贴等调查，或向政府提出调查申请；

4）依据行规行约，制定本行业质量规范、服务标准；

5）接受项目论证、产品鉴定，参与国家、行业、地方、企业产品标准和试验标准的制修订；

6）通过法律法规授权、政府委托，开展行业统计、行业调查；

发布行业信息、公证证明，价格协调、行业准入资质资格审核等；

7）监督会员单位依法经营，对违反本会章程和行规行约，达不到质量规范、服务标准、损害消费者合法权益、参与不正当竞争、致使行业集体形象受损的会员，本会依据章程进行处理；

8）协调行业内产业结构调整，进行技术引进和成果推广应用；

9）开展国内外经济技术交流与合作；

10）法律法规授权、政府委托的其他职能。

（2）组织部分会员参加了国际塑料会展和台州亚洲国际塑料会展。

（3）推动国家高新技术企业申报工作，2018 年天津市塑料产业共完成申报国家高新技术企业 7 家并全部通过。截止到 2017 年年底天津市涉塑行业有 31 家国家高新技术企业。

（4）推动企业产学研活动，2018 年协会会员单位与大专院校共完成 2 项产学研项目。

（5）天津市塑料行业协会每年对涉塑企业的企业技术中心进行协助申请，2018 年有两个会员单位完成天津市企业技术中心认定工作。

（6）协助会员单位完成天津市清洁生产和清洁能源等认可工作。

（7）积极配合中国塑料加工协会年鉴编制工作，协会在调研了天津市塑料加工企业的现状的基础上并结合天津市塑料行业的发展方向编制了 2017 天津市地区塑料行业的年鉴。

（8）按照年初会长工作会议的建议建立了天津市塑料行业信息发布微信，及时发布塑料行业的国内外有关信息，及时发布国内先进的技术工艺，原料设备现状并作为加强会员之间的沟通渠道。

（9）协会每年根据企业需求定时走访部分协会会员单位对会员单位进行工作指导和政策的支持。

（10）中科院天津生物研究所和地方在天津投资建设了年产 10000 吨生物降解材料企业，预计 2019 年可以正式生产。

二、天津市塑料产业基本情况

1. 天津市塑料产业行业规模

2018 年天津市的规模以上的企业有 561 家，从业人员 6.2 万，未列入国家统计的企业约 1100 多家。塑料制品总产量 231 万吨，比去年下降 5%。主营业务收入 322 亿元，比去年下降 2.3%。环保的压力给部分中小企业带来了前所未有的困难，天津市塑料制品企业登记注册的有 1621 家，截至 2018 年年底停产半停产的企业约 600 多家。

2. 塑料制品产品结构分别占全市塑料制品产量比重

塑料薄膜 39.2 万吨，占总产量的 16.59%；塑料板片材 12.1 万吨，占总产量的 5.24%；塑料管及附件 23.1 万吨，占总产量的 10%；塑料条棒型材 20.3 万吨，占总产量的 9.79%；塑料丝绳编制品 14.9 万吨，占总产量的 6.45%；泡沫塑料 3.9 万吨，占总产量的 1.7%；人造革 0.6 万吨，占总产量的 0.26%；包装容器 24.2 万吨，占总产量的 10.47%；日用塑料 22.2 万吨，占总产量的 9.6%；其他及注塑配件制品等 69.5 万吨，占总产量的 30.1%。

三、存在的问题

（1）由于环境的影响，2018 年天津市塑料制品业处于停滞状态，按全国塑料制品产业增速，2018 年天津市塑料制品产量为负增长。

（2）天津市 2018 年一些大型塑料制品企业尚

可，但是中小企业运营成本及环保压力加大。

（3）天津市规模以上的大型塑料加工企业不多，行业优势产品生产企业少，创新的能力不足。

（4）塑料制品加工方面的研发力量薄弱，企业大部分技术开发工作只限于应用技术推广。大专院校的科研成果转化困难，尚未形成对天津市塑料行业科研技术工作的支撑。特别是在天津滨海新区大批引进石油化工、汽车、航空航天、装备制造和新能源、新材料等产业的情况下，天津市塑料加工工业的技术升级，产业换代的任务十分艰巨。

（5）制品加工从业管理人员专业知识和管理能力偏低，企业中的技术人员稀缺。岗位技能的培训跟不上人员流动的节拍，造成了大部分企业从业人员素质不高，影响了行业的品牌效应。

（6）行业中缺乏宏观引导和政府的支持，产品重复、盲目发展现象仍时有发生，在一些专用材料和新型材料市场例如航天航空领域的高附加值塑料制品应用开发不足。

（天津市塑料行业协会　郑天禄）

山西省

一、山西省内塑料行业发展概况

山西省的塑料工业起步很早，20世纪60年代在全国已名列前茅，涌现出了如最早研发和试制成功的塑料地膜，硬质PVC板材、超静音管材管件的国家标准起草、最早的聚合物助剂科研单位等。

山西省塑料行业协会成立于2002年，是由山西省范围内从事塑料相关的企业、事业单位、科研院所、大专院校等自愿发起成立的非营利性社会团体组织，业务指导归于山西省工信厅。协会以市场为导向，横向协调同行业间关系、纵向业务指导和信息提供给省内各原料、制品生产企业。

协会聘任山西省政协原主席郭裕怀为名誉会长。第一任会长由全国劳模、享受国务院特殊津贴的高分子专家张玉英担任。现任会长由第十二届全国政协委员、山西省政协常委、山西省工商联副会长、长治市人大代表、常委、中国塑料加工工业协会副理事长、中北大学客座教授、山西中德投资集团公司董事长程田青担任。

截至目前，规模以上的有中德集团、南通星辰、运城制版、潞安精蜡、金晖兆隆、化工研究所、太原亚明、天罡新材料、乾通塑胶、天星管业、晋隆塑料、祁县旺中、骏博环保、玉竹新材料、泰鑫塑胶、新超越管业、新环橡塑、金贵塑料、华烨光电、大新传动等具有代表型的企业。我省的塑料工业在国内占比份额较小，与先进发达省份还有不小的差距。

二、经营优势

1. 工艺装备达到国内领先水平

随着塑料制品的高精度、高性能化要求与日俱增，我省塑料企业通过引进国际先进的大型成套装置设备和关键技术，工艺装备达到了国内领先水平。比如中国唯一的万吨级聚苯醚（PPE）工程塑料及酚类生产装置的南通星辰材料公司、拥有世界级水平的板材生产线，板材生产线压力可达1200吨/米^2，为国内最高压力的天罡新材料公司；亚洲产能最大的生物降解原料PBAT项目的金晖兆隆公司；引进德国先进的生产线设备，采用德国汉高处理液配方与北汽的合作，生产技术和装备水平在同行业中处于领先地位的中德集团公司，继萨索尔、壳牌之后全球第三家、国内第一家采用自主专利技术生产高熔点费托蜡的潞安精蜡公司等。

2. 技术创新迈出了新步伐

面对经济发展新常态，多数企业从注重数量增加转向质量提升，通过加大科技创新的投入、吸引专业技术人才、加强交流合作、努力实现规模化和专业化生产，使我省塑料行业产业结构进一步优化，技术创新取得了显著成果，主要表现在以下三个方面：

一是高新技术产品比例提高，比如中德型材每年技术研发投入占主营业务收入的6%（规模以上企业平均达2%～3%），在专注传统产品生产经营的同时，更加注重高科技领域产品的探索和研究，把“铝业和汽车轻量化”建设作为一轮发展重要引擎；金晖兆隆生物降解聚对苯二甲酸-己二酸丁二酯（PBAT）材料可在堆肥环境180天内完全分解成二氧化碳和水，不仅达到美国ASTM6400和欧盟EN13432标准的生物降解规定，还通过了美国食品和药物管理局食品接触应用的批准，环保市场前景广阔，全国 PBAT 厂 15 家，山西仅此一家。

二是加强与科研院所合作，亚明机械与国际管道公司保持着紧密联系和广泛的技术合作；天罡新材料依托北京化工大学、中国塑料信息研究中心等科研单位不断努力做好超高分子量聚乙烯（UHMW-PE）系列产品的研发、生产和销售。

三是参与制定行业标准，山西乾通塑胶有限公司是静音管最新标准的起草和主编单位，金晖兆隆高新科技有限公司是生物降解聚对苯二甲酸-己二酸丁二酯（PBAT）（国家标准）的起草单位之一，中德集团是国家塑料异型材标准委员会成员单位。

3. 市场开拓能力有所提高

面对市场经济环境的不断变化，企业的转型升级需求变得越来越迫切，我省塑料企业通过加强产品开发、管理升级、加大服务力度，努力寻求扩大市场半径的途径，取得良好成效，占国内市场份额稳中有升。充分利用“互联网+”，金晖兆隆产品全部出口至意大利、英国，正在开拓法国和美国市场，生产规模和工艺水平居国内领先地位；天罡一次成型挤出技术可提供按需定制，生产的超高分子量聚乙烯件远销美国、意大利、日本、比利时等国家，外贸份额占 50% 以上；中德集团排名全国五强，近两年相继与北汽、小米、恒大集团、富力集团达成战略合作协议，基本形成了“立足山西、辐射全国、跨出国门”的营销格局。

4. 品牌影响力进一步增强

企业在战略高度更加注重品牌建设，少数品牌已在国内外市场具有一定知名度和影响力。中德型材先后荣获“中国驰名商标”、“全国民族团结进步模范集体”、“中国轻工业企业文化建设先进集体”等，并有 50 多项产品获得国家专利，在第 20 届全国塑料门窗行业年会暨相关产品展览会上入选全国房地产总工优选品牌；太原亚明机械埋地排水聚乙烯大口径结构壁管（B 型）技术达到国内领先水平，获得山西节能监管中心颁发的“山西省建设新技术（产品）推广证书”，确定为山西省建设新技术（产品）推广项目；乾通塑胶连续四届荣获国家八部委“全国名优产品售后服务先进单位”，中国质量协会“双保承诺单位”称号，产品被建设部列入小康住宅建设推荐产品。

三、存在问题

1. 缺乏专业人才

众多塑料中小企业存在人才投入不足，配置不合理，高级技工匮乏的现象。由于高分子类专业人才普遍短缺，而多数企业位置远离市区，就业环境和薪资待遇、发展空间的局限性，使本省相当数量的高分子材料专业毕业生和技术人员外流，人才引进难度很大，导致企业人才资源匮乏。

2. 产品结构不合理

我省 80% 以上塑料企业规模较小，产品结构层次低，加工基础薄弱，缺乏创新能力，导致中低档产品重复、盲目发展现象仍时有发生。用于工业领域的耐磨、耐腐蚀、耐热、清洁等特种介质输送管材和市政建设需要的大口径、高强刚度管材、中高压油气输送管材等高端产品与国际先进水平存在较大差距。特殊工程塑料的推广应用也亟待提升。

3. 科研投入和市场开发能力不足

企业与高校、科研院所联系不顺畅、不广泛，携手引进高新技术或共同开发技术含量高的产品不力，很多企业的品牌意识不强。企业间相互沟通交流不够，尚未形成抱团发展、资源共享、优势互补、共同打造山西品牌，提升竞争力的氛围，更没形成具有一定规模的产业链或产业区。

4. 原料、物流等综合成本较高

我省塑料行业原料除 PVC 树脂外，其他原材料主要靠国内外进口，导致成本较高，产品技术进步也受到限制。

5. 政府支持力度不足

一是扶持力度小，优惠政策落实难。多数企业反映政府对新建项目在土地、吸纳劳动力就业、物流运输成本等扶持力度小，相比发达省市塑料行业作为政府的支柱产业给予重点支持，我省的塑料工业政府扶持力度还很不够，政府工程对同等条件的本地产品倾斜力度小。

二是部分监管部门职能效率执行不到位。附近省份等地假冒劣质塑料产品充斥市场，对本地企业造成恶性冲击。目前个别企业收到外省抛来的“橄榄枝”，有搬迁和异地新建项目的意向。

四、发展建议

总结我省塑料工业发展的经验和问题基础上，根据我国塑料发展动向和市场需求、预测，结合我省实际情况，及时对塑料产业、产品结构进行调整，从而推进塑料行业新的发展。以我省消费行业主流需求为重点，建设长治、太原、运城塑料产业集群，加大产品的自主研发力度，完善技术创新服务平台建设，推进塑料产业向高性能化、复合化、环保化、信息化方向发展，大力发展与国民经济支柱产业密切相关的新型材料和制品，用高新技术大力改造传统塑料材料和产品。重点发展产品：新型建材塑料制品、农用塑料制品及包装塑料、再生及降解塑料制品、特种工程塑料等具有山西特色的塑料产品。

1. 完善行业培训机制，推进专业人才队伍建设

企业应主动出击，全方位选拔人才，引进专业技术人员，强化人才激励机制，调动专家、技术及管理人员创新性开展工作的积极性，真正留住用好绩效高、能力强的核心人才。同时要加强企业在职员工技术技能培训，提高员工专业理论素养和技能水平素质，通过人才保障实现行业可持续发展。组织开展行业技能大赛，制定相关表彰奖励办法，营造发现人才、尊重人才、激励人才的良好氛围。

2. 实施创新驱动战略，引领行业转型升级

积极实施消费品“三品”工程，牢牢把握科技进步大方向，努力跟踪国内外先进工艺和技术最新动态，围绕消费升级的变化趋势进行投资和创新，最大限度地提高投资和创新有效性，优化产业结构、提升产业竞争力和附加值。加强产学研用的深度融合，积极构建以企业为主体的产业技术创新战略联盟，针对企业关键技术、重点环节进行科研攻关，比如加大原辅材料研发力度，缓解原材料短缺问题，推动我省塑料工业的转型升级。

3. 强化品牌营销，积极开拓市场

企业要积极发展电子商务，充分利用大型电商平台，拓展销售渠道，打开产品销路。抓住国家建设“一带一路”的战略机遇和借鉴美国营销中心成功经验，加大对轻工产品企业省外、境外设立营销中心的扶持力度，减少流通环节，降低物流成本，增强企业在自有品牌、自主设计基础上的独立营销能力，促进本土企业与国内外零售企业的直接合作。引导企业开发切合实际的品牌管理机制和品牌塑造方法，运用多种媒体手段进行宣传，提高品牌知名度。

4. 加大政策扶持力度，营造良好市场环境

相关部门督促落实行业优惠相关政策，在同等条件下，政府工程优先采购本省企业产品，对市场前景好的高科技创新型产品给予大力扶持，为本省企业搭台铺路创造更好的氛围。积极搭建银企合作平台，创新投融资模式，支持企业采用 TOT、资产证券化等方式实现融资。监管部门提高职能执行效率，加大假冒伪劣产品打击力度，维护市场经济秩序，营造公平有序竞争环境。

5. 充分发挥行业组织作用，推动行业健康发展

充分发挥行业协会熟悉行业、贴近企业的特点，在政府、研究院所、高校和企业之间发挥桥梁纽带作用。相关部门可通过购买服务充分调动和发挥行业协会在行业管理和服务方面的功能作用。行业协会要在政府的指导和支持下，不断提高服务的能力和水平，及时向政府反映企业的意见和诉求，当好“政府的助手，企业的帮手”，促进行业健康有序发展。

（山西省塑料行业协会　王慧凯）

辽宁省

一、辽宁省塑料制品行业概况

回顾刚刚过去的 2018 年，辽宁省内的塑料行业不可谓不艰难，年初由于国际化工巨头接连遭受不可抗力，PA 价格一路疯涨；国内环保政策趋严、废塑料进口被禁导致一些企业原材料成本大幅上升。与此同时，行业内收并购频发，国际巨头在华投资也在不断扩张。

2017 年开始的禁废在 2018 年达到了一个高潮，继 2017 年年底禁止进口生活源废塑料后，2018 年的废塑料进口量也随着“禁废令”的严格执行而一落千丈，从超过 700 万吨到 7 万余吨，一年的变化如此巨大，着实体现了“禁废”之严格，同时，随着工业来源废塑料的进口于 2018 年 12 月 31 日全面禁止和不断加大的环保整顿力度，2019 年国内废塑料行业将面对废塑料来源减少，再生塑料回收利用企业的规范成本、环保成本和采购成本日益提升，加之国际石油价格大幅下降导致再生塑料与原生塑料的价差进一步缩小，再生塑料市场竞争将会进一步加大，行业的优胜劣汰将促进产业转型升级，我省内再生塑料行业也将进行一轮大洗牌。

塑料制品行业是中国轻工业中近几年发展速度较快的行业之一，增长速度一直保持在 10%以上。辽宁省拥有 243 家塑料零件企业，年销售收入为 4957.32 百万，获得净利润 302.78 百万。

据中商产业研究院数据库显示，2018年8～10月辽宁省初级形态的塑料产量波动幅度较小，2018年10月辽宁省初级形态的塑料产量有小幅度增长；2018年10月辽宁省初级形态的塑料产量为32.29万吨，同比增长7.35%。2018年1～10月辽宁省初级形态的塑料产量为296.86万吨，同比增长15.55%。

工信部宣布，2018年1月1日起施行《废塑料综合利用行业规范条件》。《规范条件》明确了行业新建、已建的三大重点类型企业在废塑料处理能力上的门槛。《规范条件》所指的废塑料综合利用企业，主要包括PET再生瓶片类企业、废塑料破碎清洗分选类企业以及塑料再生造粒类企业。根据规范的要求，PET再生瓶片类新建企业，要求年废塑料处理能力不低于30000吨，已建企业则不低于20000吨；废塑料破碎、清洗、分选类新建企业，年废塑料处理能力不低于30000吨，已建企业不低于20000吨；塑料再生造粒类新建企业，年废塑料处理能力不低于5000吨，已建企业不低于3000吨。作为环保要求门槛高的行业，《规范条件》明确了“资源综合利用及能耗”，如对回收的废旧塑料，“不得倾倒、焚烧与填埋”；再生加工相关生产环节，要求每吨废塑料综合电耗低于500千瓦时；而PET再生瓶片类企业与废塑料破碎、清洗、分选类企业，每吨废塑料综合新水消耗低于1.5吨。

国家已出台一系列刺激经济计划及十大产业振兴规划，这些都将拉动我省塑料产业的需求和消费，推动塑料行业发展。政府相继出台各种措施，包括4万亿元的投资项目，布置实施扩大内需的十项措施，加快铁路公路和机场等重大基础设施建设、加快城市电网改造等重大工程都会应用到聚氯乙烯塑料制品。已经出台实施调整振兴规划的汽车行业、电子信息、轻工等多个行业，也是聚氯乙烯系列塑料制品的使用和消费大户，将对塑料行业的发展起到推动作用。塑料行业在各区域都有不同程度的增长，统计数据分析显示，以往塑料加工业相对薄弱的省份如湖南、海南、山西、内蒙古等地。2018年塑料制品产量都有较大增长，增幅都在50%以上，但是区域分布不平衡格局改变不大，能耗高、加工技术含量低、劳动密集型的产品逐渐流向经济欠发达地区。

2018年我省塑料制品应用广泛，庞大的下游行业为我国塑料制品行业的发展提供了强有力的支撑。但2018年受各种因素的影响，整个塑料行业都受到了不小的冲击。

从大环境上看，塑料行业市场2018年上半年还是比较好的，但到了下半年市场环境开始变得低迷。

中小型制品企业受贸易战和环保双重影响订单下降明显，继而影响到上游的机械和原料厂家，许多机械厂家表示今年市场销售增长缓慢，到下半年部分更有倒退迹象。而2018年原材料价格则一改2017年疯长之势，价格渐趋稳定，甚至部分原材料价格还有所下降。

二、2018年行业关注的问题

1. 全降解环保生物塑料炒的很火，却用的很少

2018年下半年受中美贸易战和环保政策的影响，不少人把目光转向生物塑料、可降解塑料，据悉全球可降解塑料原料产量为100万吨左右，而我国每年仅有几万吨。

虽然人们对可降解塑料态度火热，但碍于生物塑料的价格、产品品质等因素，真正去使用并批量生产的企业并不多。不过生物塑料的方向是确实可行的，接下来如果能够降低生物塑料的技术成本和产品性能问题，又或者人们对其价格接受度提高，节约又环保的生物塑料未来或将成为最为普遍的材料。

2. 关于智能化推进

有人说2018下半年塑料行业的形势低迷是智能化推进，企业转型的过程。今年各种展会、报告、交流会等，也在大肆报道展出智能化机械或设备，许多中小型企业在智能化的问题上还是多持观望态度，会尝试性增加智能机械设备代替人工等。

工厂全面智能化升级比较困难，中小型企业的接受度会比较高的是将工厂局部改进为智能化。像对工厂进行整体整合联网控制的系统云等智能设备，许多企业表示有兴趣，行动者却并没多少。我们发现大多数企业负责人都比较务实，会根据自己企业的实际需要和资金安排来决定，并不会盲目的追求智能化。

3. 许多企业较看好塑料在汽车行业的发展

因汽车行业对塑料配件需求基数很大，加之汽车轻量化的发展，使得塑料在汽车产业占的比重增加，不少有规模的注塑企业甚至原料厂家都想进入汽配行业。

但我们了解到，汽配行业竞争很大，除非是有规模有新技术的厂家，否则难以成为整车厂家新的

一级供应商。2018年汽车市场是20年来首现负增长，业内人士预计2019年行情也难有较大的起色。同时不少业内人士也表示新能源汽车发展有限，并且预计明年轿车总量会有所下降，而受国家补助和支持，农用车明年总量或将会增加。

4. 精密技术行业市场环境良好

因精密制造行业对技术要求很高，所以行业中企业数量基数比普通型工厂少，竞争压力也相对较小，加之精密配件属于最尖端的配件，我省产业链的完善，使得精密技术行业发展良好，如照明支架、精密电子配件等市场依旧呈增长趋势。

5. 大中型企业占据优势

虽说2018下半年塑料市场情况低迷，但不少企业负责人都表示市场资源还是有很多，而环保税收等一系列政策对塑料行业进行了市场调整，许多“脏乱差”不合格的工厂被淘汰掉，整个市场份额则是向大中型企业汇聚。未来塑料市场稳定，大中型企业得到的市场资源会呈现倒立的金字塔状分布。

6. 工厂员工更难招

2018年也依旧有许多企业反映招工困难，表示90、00后嫌工厂工资低、福利差，工作环境不好等，普遍不愿意进工厂工作，因此很多工厂的熟练技术员工难以像以前一样由基层培训而来，只能在业内互相挖角。因而有些非标准产品还不能全自动化生产的企业，他们对智能化、自动化的机械设备兴趣依旧很大。

从目前公布的塑料行业数据来看，全省塑料制品中泡沫塑料、人造革合成革是呈慢增长趋势，而塑料薄膜和日用塑料部分呈负增长。广东塑料制品产区主要集中在珠三角，特别是珠江东、西两岸各市，占据84%，处于珠三角边缘的清远、惠州、肇庆因有良好的产业基础，个别产品的产量有较大优势。

综上所述，预计2019年我省的塑料行业没有2018年的跌宕起伏，但即使如此也不能放松，仍然要关注好政策经济上的变化。

（辽宁省塑料工业协会　马宏伟）

上海市

一、2018年大事记

1月15日下午，协会假座副会长单位上海中山化工市场众创空间会场召开2018新春茶话会，出席会议的有：曾从事协会秘书处工作的老同事、协会四个专委会主任单位和副主任单位以及东道主中山化工市场领导，共计32人。

3月7日晚，“2018塑料行业-荣格技术创新奖”颁奖典礼在上海宝华万豪酒店隆重举行。协会副秘书长兼信息部主任侯培民作为评奖专家参加了典礼活动，并参与为获奖单位代表颁奖。

3月14日上午，上海塑料行业协会与上海中山化工市场联袂召集华东地区六省二市塑协在上海中山化工市场咖啡吧举行行业座谈会。出席的有东道主中山化工市场李文喆总经理、上海塑盛电子商务有限公司（化塑汇）CEO智建鹏等26人。座谈会由上海塑料行业协会副会长兼秘书长陈国康主持。

3月14日下午，由雅式展览服务有限公司和上海塑料行业协会联合举办的“CHINAPLAS 2018国际橡塑展”上海发布会在延安饭店兴会厅隆重举行。协会副会长兼秘书长陈国康等和华东六省一市的同业协会、用家协会和相关协会的会长、秘书长等共50余位代表出席了会议。

3月20日上午，协会在浙江省绍兴市永利大酒店辉煌厅召开“上海塑料行业协会2018年会长办公会暨第六届第六次理事会”会议。当日下午，与会者参观了国内首家生产聚丙烯树脂的民营企业——浙江绍兴三圆石化有限公司的聚丙烯生产现场及中央控制室。共有43家理事单位52位代表出席会议。

4月23日上午，土耳其加济安泰普工业协会（Gaziantep Chamber of Industry）一行16人到访上海塑料行业协会。受到协会副秘书长钮贤圭、信息部徐旭璟以及副会长单位中山化工市场总经理李文喆等热情接待。

4月22日晚上，在上海华纳风格大酒店召开中国塑料加工工业协会七届三次常务理事扩大会议。常务理事单位和代表100多人参加会议。协会副秘书长侯培民出席了会议。

4月24日是CHINAPLAS2018国际橡塑展开幕日，上海塑料行业协会会长和秘书长分成两路。上午，由常务副会长陈铭、副秘书长刘建国和侯培民；下午，由会长李振峰和副会长兼秘书长陈国康拜访参展部分会员企业和国内外相关展商。

4月25日晚七点，应奥地利驻沪总领事馆商务处之邀，利用CHINAPLAS 2018国际橡塑展开幕之际，20多家奥地利参展商在沪之时，在上海虹桥绿地铂瑞酒店举行中奥塑料行业企业的交流联谊会。陈秘书长介绍中国塑料行业的发展；奥地利驻沪薛珊商务领事也希望通过与协会交流，为两国间塑料企业进一步的合作发展创造条件。

4月24日下午，“荣耀与共·感恩有你”雅式四十周年“尊贵合作伙伴”颁奖盛典于上海国家会展中心北大厅隆重举行。上海塑料行业协会常务副会长陈铭、副秘书长刘建国偕同山东省、江苏省、安徽省、浙江省、江西省、福建省和台州市等华东各地同业协会的领导应邀到场共贺雅式40周年庆，并上台接受雅式集团董事长朱裕伦先生亲自颁发的“尊贵合作伙伴”奖。

4月23日上午，华东地区（浙江省、江苏省、安徽省、山东省、江西省、浙江台州市）塑料行业协会的领导，在上海塑料行业协会常务副会长陈铭、秘书长陈国康和副秘书长刘建国的陪同下，一起来到了上海石化，参观考察了该公司的塑料部和厂史馆，并与上海石化副总工程师任国强、宣传部部长余光贤、塑料部总工程师周浩和销售部负责人等领导进行了深入交流。

4月23日下午，上海塑料行业协会常务副会长陈铭、秘书长陈国康、副秘书长刘建国与华东地区（浙江省、江苏省、安徽省、山东省、江西省、台州市）塑料行业协会的领导一起参观考察了上海吉虞实业有限公司，开展了“塑料箱包及其原料发展”研讨。

5月10日上午10:00，上海塑料行业协会副会长兼秘书长陈国康，副秘书长钮贤圭、侯培民，信息部主管徐旭璟一行四人，走访理事单位上海天马精塑有限公司，公司董事长与谢野明和行政部长吴雄辉先生热情接待了协会一行。

5月10日下午1:00，上海塑料行业协会副会长兼秘书长陈国康，副秘书长钮贤圭、侯培民，信息部主管徐旭璟一行四人，走访新会员单位上海沂森机械制造有限公司，受到该公司技术总监周秀泉等热情接待。

5月10日下午2:45，上海塑料行业协会副会长兼秘书长陈国康，副秘书长钮贤圭、侯培民，信息部主管徐旭璟一行四人，走访协会理事单位上海风华塑料制品有限公司。公司总经理姚文炳、副总经理王银土一行接待了协会。

5月17日上午9:30，上海塑料行业协会副会长兼秘书长陈国康和副秘书长钮贤圭、刘建国、侯培民等一行6人，走访理事单位上海紫日包装有限公司，公司生产部副经理王晓宇和对口协会联系人施舒杨工程师热情接待了协会一行。

5月17日下午1:00，上海塑料行业协会副会长兼秘书长陈国康和和副秘书长钮贤圭、刘建国、侯培民等一行6人，冒着酷暑走访理事单位上海盈泰新材料科技有限公司，公司董事长殷作钊热忱接待了协会一行。

5月30日上午10:00点，上海塑料行业协会常务副会长陈铭等一行5人，走访理事单位上海金山星星塑料有限公司，公司董事长兼总经理陈盛、副总经理陈火明等热情接待了协会一行。在陈董事长和陈副总经理陪同下，参观了FFS重包装膜生产车间和拟建设的新材料车间。

5月30日下午2:00点，上海塑料行业协会常务副会长陈铭等一行5人，走访理事单位上海金菲石油化工有限公司，公司总经理高国强等热情接待了协会一行。

6月20日上午9:00点，协会工程塑料专委会组织相关会员和业内企业，前往浙江普利特新材料有限公司开展交流活动，协会常务副会长陈铭出席活动。活动现场由协会秘书长陈国康主持，上海普利特复合材料股份有限公司副总经理李宏致欢迎词。

6月26日，应浙江省塑料行业协会邀请，协会常务副会长陈铭、秘书长陈国康和华东地区的省级塑料协会领导以及台州市塑料行业协会领导一起考察了浙江比例聚合科技股份有限公司和浙江众成包装材料股份有限公司，考察组一行受到两家公司领导的热情接待。

7月18日上午，上海塑料行业协会副会长兼秘书长陈国康出席受邀理事单位龙朴科技乔迁典礼。典礼邀请相关单位和专家等20多人。上海塑料行业协会副会长兼秘书长陈国康提词“牵手为拢，闻谱意实”，勉励龙朴科技团结合作，实实在在地为我国聚烯烃产业的旺盛做事。

7月23日下午，上海市增材制造协会国际部主任于灵、秘书长助理徐芳走访上海塑料行业协会，受到塑协副会长兼秘书长陈国康、副秘书长兼信息部主任侯培民的热情接待。

8月17日上午8:30分，上海塑料行业协会常务副会长陈铭等一行4人，走访副会长单位上海晟海集团，公司常务副总经理姚峰热情接待了协会一行。

8月17日上午10:00点，上海塑料行业协会常务副会长陈铭等一行4人，走访副会长单位上海海湾石化有限公司，公司总经理沈志红等4位领导热情接待了协会一行。

8月27日，由上海塑料行业协会组织的2018年度上海塑料行业技术职称专家评审工作在协会本部会议室隆重举行。最后经各位评审专家认真查看申报人的有关资料对本次申报的评审通过并圆满完成了本次评审工作。本次通过的助理工程师11名、工程师15名、高级工程师3名。

9月5日至8日，在东道主安徽省塑料行业协会的召集下，所处华东地区的上海、浙江及台州、江苏、江西、山东和安徽等塑协，进行为期4天的安徽地区的塑料企业进行调研交流，参与活动的有26位各协会会长、秘书长及专业同仁等，上海塑料行业协会由常务副会长陈铭、副会长兼秘书长陈国康等参加。

9月20日，上海塑料行业协会组织部分会员单位参观在虹桥·国家会展中心举行的第20届中国国际工业博览会。本次协会组织部分业内企业主要参观了位于8.2H的新材料产业展。

9月19日下午，香港雅式集团梁雅琪总经理、上海办项目总监张燕、上海市场传讯部经理宋佩纳等4人到访上海塑料行业协会，受到协会副会长兼秘书长陈国康和协会秘书处的热情接待。

10月10日下午，上海塑料行业协会抵达台州，一行7人在常务副会长陈铭的带领下马不停蹄地走访了台州三友控股集团旗下的浙江三友塑业股份有限公司厂区。10月11日上午，第18届中国塑料交易会在浙江台州开幕。10月11日下午赴台州富岭塑胶有限公司参观交流。

10月12日上午，作为台州第十八届中国塑料交易会的同期活动，上海塑料行业协会与台州市塑料行业协会在台州市国际会展中心的会议中心联袂举办“助推塑料加工发展新技术应用交流会”。台州市塑料行业协会会长江桂兰致欢迎辞，上海塑料行业协会副会长兼秘书长陈国康主持交流会。

“2018中国国际塑料展暨第三届塑料新材料、新技术、新装备、新产品展览会”（以下简称“2018中国国际塑料展”），于10月28在南京国际会展中心拉开帷幕。上海塑料行业协会常务副会长陈铭、副会长上海海湾石化有限公司董事长施洪伟，应邀出席展会开幕式及同期的科技大会。

10月26-27日，协会参加在滴水湖举行的第3届SAMA国际论坛暨2018世界3D打印年会。协会副会长兼秘书长陈国康、副秘书长侯培民出席了本次年会。副秘书长侯培民主持了“3D打印材料与装备”分论坛。

11月1日上午，上海塑料行业协会在协会办公室召开上海市（1978-2018）轻工志塑料制品卷编志第一次会议。会议由副会长兼秘书长陈国康主持。会上刘建国副秘书长讲解了编志的格式要点，侯培民副秘书长对编写人员第一阶段的分工作了明确的安排。

11月8日上午，上海塑料行业协会组团在常务副会长陈铭的带领下作为专业团交易观众前往首届中国国际进口博览会参观。

11月16日上午，上海塑料行业协会在中山化工市场2楼会议室召开“一次性塑料杯质量提升专项活动”第一次会议。参会人员包括上海市的数家一次性塑料杯生产厂家和部分商超，共计有17人参会。

11月28日上午，上海塑料行业协会组织部分会员单位、相关兄弟协会30余人参观位于在上海世博展览馆2号馆的“2018上海国际供热、锅炉、生物质能暨热工设备展”。

12月12日下午1：00，上海塑料行业协会假座虹桥云峰宾馆召开六届四次会员大会/六届七次理事会暨2018年塑料产业发展与思考交流会。出席会议的有：会长、常务副会长、副会长、理事、会员单位以及部分专家代表，共计120余人。

12月21日下午由市工商联、总商会组织举办的上海首场“上海市促进民营经济发展政策宣讲活动”在上海展览中心友谊会堂举行。上海塑料行业协会副秘书长钮贤主及会员单位中广核俊尔、上海海湾石化、上海锐垚科技、美利肯、上海力卡托盘参会。

二、2018年全国和上海塑料产业情况分析

2018年全国和上海的塑料行业与前几年相比，受到宏观经济趋缓、中美贸易战、环保压力、中小企业融资问题、市场疲软等综合因素影响，总体显现销量和效益下降。

1. 宏观经济影响塑料行业经济运行趋缓

在2018年中国宏观经济总体趋缓的背景下，塑料行业与国家几个主要行业相比较，如与汽车制造业、医疗制造业以及计算机通讯和其他电子设备制造业相比，处于略有上升的增长，因塑料行业与许多制造行业息息相关，虽然汽车制造业以及计算机通讯和其他电子设备制造业利润有所下降，但各行业的主营业务同比增长是正的，甚至如医疗制造业呈两位数增长（见表1）。

表1　　2018年全国橡塑制品及相关行业经济效益完成情况　　单位：亿元

行业	主营业务收入		利润总额	
	全年累计	同比增长/%	全年累计	同比增长/%
橡塑制品业	24427.1	3.6	1248.6	3.6
汽车制造业	80484.6	2.9	6091.3	-4.7
医疗制造业	23986.3	12.6	3094.2	9.5
计算机通讯和其他电子设备制造业	105966.2	9.0	4781.0	-3.1

上海目前制造业处于战略调整期，通过环保提升企业的内在质量和产品的档次。同样将橡塑制品业、汽车制造业、医疗制造业以及计算机通讯和其他电子设备制造业与全国相同制造业进行比较，则利润总额整体下降，塑料制品业下降更为明显（见表2）。

表2　　2018年上海橡塑制品及相关行业经济效益完成情况　　单位：亿元

行业	主营业务收入		利润总额	
	全年累计	同比增长/%	全年累计	同比增长/%
橡塑制品业	954.64	-2.9	63.47	-12.3
汽车制造业	8334.23	1.1	1077.68	-1.4
医疗制造业	846.58	14.6	110.34	-6.1
计算机通讯和其他电子设备制造业	5675.34	-4.3	152.39	-17.7

上海地区塑料制品产量下降趋势明显，由于产品结构调整，环境整治和中美贸易战等因素，量大面广的低档次塑料制品业逐年减少。2018年上海塑料制品累计产量157.81万吨，同比增长-14.50%，产量同比下降明显（见表3）。

表3　2018年上海塑料制品产量同比表

塑料制品类别	产量/万吨	同比增减/%
塑料制品	157.81	-14.50
塑料薄膜	40.55	7.78
其中：农用薄膜	2.78	-7.72
泡沫塑料	5.14	-19.39
人造革、合成革	5.55	7.33
日用塑料	7.81	-0.83
其他塑料	98.76	-22.55

上海橡胶塑料制品业2018年主营业务收入954.64亿元，同比增长-2.9%；实现利润总额63.47亿元，同比减少-12.3%，效益水平下降明显。

以上海汽车为例，2018年9月，上海销量最大的三家车企上汽大众、上海通用和上汽通用五菱，销量同时同比下滑并开启下跌通道。2019年2月15日，上汽集团市值一日间蒸发140亿元。股价下挫背后是公司难以抵挡的销量下滑趋势，2019年1月数据显示：上汽集团出售61.15万辆车，同比下降14.13%。受此影响，公司近期公布的几大财务数据均创十年来最低。2018年公司汽车销量同比增速为1.75%；2018年净利润324亿元，同比下滑约1.5%；2018第四季度实现净利润83.3亿元，同比减少14.8%。

据了解，与汽车零部件配套加工以塑料改性见长的上海普利特复合材料股份有限公司，因2018年汽车销售量下滑而使塑料改性销量第一次下降，效益同比增长-40%。

2. 环保风暴持续企业生存发展面临困境

（1）出台“环保税”

2018年1月1日，国家《环境保护税法》正式施行。环保税法规定，征税对象分为大气污染物、水污染物、固体废物和噪声4类。该法是我国第一部专门体现“绿色税制”、推进生态文明建设的单行税法。

塑料行业属于供应集中，需求分散的产业，以聚烯烃产业为例，聚烯烃生产企业中，多为国企、国资背景企业和合资企业，一体化装置产能大，要求高，近年随着国家对环保的重视，企业在生产中对环保的各项要求积极响应，环保税的实施对规范性较好的聚烯烃行业影响不大，但对塑料制品企业和废塑料加工利用企业影响巨大。

（2）建言“废塑料”

国家发改委网站开设“我为塑料垃圾污染防治建言献策”专栏，邀请社会各界人士在2018年1月5日至1月31日期间，围绕不同领域塑料制品的管理要求，提出意见建议。这是继2008年实施《国务院办公厅关于限制生产销售塑料购物袋的通知》以来，国家层面就防治“白色污染”采取的进一步举措。

经过近10年的执行，“限塑令”已取得不容小觑的成绩，但是，新业态要求“限塑令”要与时俱进，需不断进行调整。如果继续按照原有措施进行管理，难免会出现“一刀切”的情况。调整“限塑令”并不是简单地扩大其适用范围，而是在吸取实施10年间的经验和教训基础之上，丰富治理手段、提升治理能力，以期最终实现“限白”的初衷。

（3）整改“回头看”

2018年5月和10月，生态环保督察组分两批对全国20个省份开展“回头看”。重点聚焦第一轮督察反馈问题整改情况。

两批“回头看”共计受理群众举报96755件，合并重复举报后向地方转办75781件。截至2018年12月20日，绝大多数群众举报已办结，其中，责令整改43486家；立案处罚11286家，罚款10.20亿元；立案侦查778件，行政和刑事拘留722人；约谈5787人，问责8644人，直接推动解决群众身边生态环境问题7万余件。

对于塑料行业而言，环保督查就像是一轮清洗，大浪淘沙，洗净铅华，能够促使企业提高环保投入，倒逼落后产能退出。在这场清洗中，一方面，生产工艺达不到环保标准的企业势必难以生存。另一方面，从长远角度来看，塑料行业也将因为落后产能的淘汰迎来一个良性循环的大好时机。

（4）禁止“洋垃圾”

2018年，全国海关已经针对“洋垃圾”走私开展了5轮次高密度、集群式、全链条集中打击，全力封堵拦截“洋垃圾”走私入境，共刑事立案479起，抓获犯罪嫌疑人718名，打掉走私犯罪团伙202个，查证走私废塑料、废矿渣、废五金等涉案固体废物共155万余吨。

2018年4月18日，由生态环境部、商务部等四部委共同审议公布了关于调整《进口废物管理目录》的公告，将工业来源废塑料等16种固体废物调整为禁止进口，自2018年12月31日起执行。

1018年12月19日，海关总署开展“蓝天2018”第五轮打击走私集中收网行动。在海关总署统一指挥下，广东分署，天津、大连、上海、南京、宁波、青岛等13个直属海关，分成行动小组171个，在天津等11个省（区、市）同步开展集中收网行动。

数据显示：2016年1月以来，上海市生态环境局3年共计查处环保违法单位超过10668家（见表4、表5）。行政处罚包括罚款、整改、停产、查封等。涉及行业：橡塑、纸业、五金、家具、建材、纺织、机械、印刷、餐饮等。

表4　上海市生态环境局3年查处环保局违法单位数（家）

年份	2016	2017	2018	合计
违法单位	3256	4382	3030	10668

表5　2018年生态环境局查处环保违法单位月统计（家）

1	2	3	4	5	6	7	8	9	10	11	12	合计
261	171	225	191	162	201	280	339	351	300	327	222	3030

3. 阴云层层密布　中美贸易战对塑料产业冲击

对塑料行业涉及中美互加关税的商品清单有：PA（聚酰胺）、PC（聚碳酸酯）、PVC（聚氯乙烯）、ABS（丙烯腈-丁二烯-苯乙烯　塑料）、PE（聚乙烯）、PP（聚丙烯）、丙烯腈、丙烯等化工塑料产品。并还涉及各种塑料制品、注塑机、挤出机、吹塑机、热成型设备、模具等。贸易战对我国塑料产业及中小企业的影响，美国对塑料制品关税从6.3%将提高到25%。

我国塑料制品出口占国内塑料制成品产量比重超过15%。美国占中国塑料制品出口额的三分之一，我国塑料制品出口企业中民营企业数占73%，出口金额占66.3%。塑料原料方面，受塑料制品企业出口订单下降影响，对聚烯烃等原材料需求下降，导致国内聚烯烃供需出现失衡，市场价格剧烈波动。塑料机械方面，出口美国的塑机数量占我国塑机出口比重高达三分之一以上，主要为3D打印机，占出口塑机比重的85%以上。

4. 雪中及时送炭　鼓励民营企业政策出台

2018年10月22日国家税务总局颁布了对部分产品的出口退税率通知。塑料制品、初级形状的聚烯烃等产品，退税率提升至16%。11月1日，习近平主持召开民营企业座谈会指出，要抓好6个方面政策举措落实：减轻企业税费负担，解决民营企业融资难融资贵问题，营造公平竞争环境，完善政策执行方式，构建亲清新型政商关系，保护企业家人身和财产安全。从中央到地方各层面的政策正相继出台，预示着未来对民企的支持力度增强。

2018年11月5~6日，最高法最高检先后发声：近期将平反一批民营企业家冤案，今后对民营企业家及其财产慎抓慎封。未来在减税降费方面，如社保费率的下调有望尽快推出，增值税减并方案力度或更大，可以直接减轻民营企业的负担。

5. 奋力砥砺前行　积极顺应产业转型发展趋势

2018年在环保政策的不断施压下，行业出现了产值和利润总额双下降的趋势，预计2019年环保压力、中美贸易战的不确定性影响仍然存在，行业相关指标仍有可能呈下行趋势。

环保标准的进一步提高和执行力度不断加强将成为塑料行业加速整合的催化剂，期望在“阵痛”过后，行业仍将会迎来稳定发展的契机。同样，贸易战也会倒逼我国进一步深入改革开放，将给民营企业赢得大发展创造机会。

随着上海制造业转型发展和调整，上海塑料产业发展重点已逐步转到注重配套高新技术的塑料新材料上，如应用于汽车、电子、医疗等中高端领域的具有高附加值的工程塑料、改性塑料及其制品上，而量大面广的低档次塑料制品生产正逐年减少。

上海塑料行业将继续加快产业转型升级为重点，以提高塑料加工业自主创新能力为核心，以新材料、新技术、新装备和新产品为重点，大力实施赶超战略，努力缩小与发达国家差距，大力实施高端化战略，全面提高产业素质。加快完善创新体系建设，力争在智能制造、数字制造、网络制造上取得新的突破。

（上海塑料行业协会　侯培民）

浙江省

一、基本情况

2018年，全球局势依然动荡，美国政府掀起了新一轮中美贸易战，国际原油价格暴跌，大宗商品价格宽幅震荡并呈现下滑趋势；我国继续深化供给侧结构性改革，提升发展质量；合成树脂行业小幅扩产，塑料制品需求保持平稳增长，市场竞争激烈。面对困难和挑战，我省塑料行业全体同仁继续发扬干在实处、走在前列、勇立潮头的浙江精神，全省塑料制品产量保持平稳，技术水平进一步提升，行业经济实现了平稳发展。

1. 行业规模

据浙江省统计局统计，2018年浙江省塑料制品行业规模以上企业2216家，占全国塑料制品行业规模企业总数的14.23%，从业人员25.90万，同比下降1.60%。

2. 塑料制品产量

2018年，全省规模以上企业完成塑料制品总产量803.47万吨，占全国同期塑料制品总产量的

13.30%，居全国第二位，其中：塑料薄膜产量260.67万吨，占全国同期塑料薄膜总产量的22.08%，居全国第一位；塑料薄膜中农用塑料薄膜的产量9.08万吨，占全国同期农用塑料薄膜总产量的7.57%，居全国第四位；泡沫塑料制品产量22.15万吨，占全国同期泡沫塑料制品总产量的9.14%，居全国第三位；合成革人造革产量66.84万吨，占全国同期合成革人造革总产量的22.32%，居全国第二位；日用塑料制品85.78万吨，占全国同期日用塑料制品总产量的15.34%，居全国第二位；其他塑料制品368.03万吨，占全国同期其他塑料制品总产量的9.79%，居全国第二位。

二、企业荣誉

1. 2018浙江省综合百强企业

名次	企业名称	地区	营业收入/万元
54	华峰集团有限公司	温州	3226386
59	利时集团股份有限公司	宁波	2653455

2. 2018浙江省制造业百强企业

名次	企业名称	地区	营业收入/万元
34	华峰集团有限公司	温州	3226386
39	利时集团股份有限公司	宁波	2653455
69	海天塑机集团有限公司	宁波	1527109
78	宁波乐金甬兴化工有限公司	宁波	1236940
90	浙江富陵控股集团有限公司	绍兴	944169
95	浙江中财管道科技股份有限公司	绍兴	832383

3. 2018浙江省成长性最快百强企业

名次	企业名称	地区	营业收入/万元
4	利时集团股份有限公司	宁波	2653455
26	华峰集团有限公司	温州	3226386
52	海天塑机集团有限公司	宁波	1527109

4. 2018年浙江省优秀工业产品名单

序号	企业名称	产品名称及型号
1	浙江万马高分子材料有限公司	电线电缆用抗滴落低烟无卤阻燃聚烯烃护套料
2	浙江天雁控股有限公司	球阀（PVC-U/PP-R）
3	浙江遂金复合材料有限公司	智能化多功能记忆电动床用连续纤维增强热塑性复合板
4	启明新材料股份有限公司	预涂膜基材（BOPP消光膜）
5	浙江绍兴华东包装有限公司	6μm超薄型BOPET薄膜

5. 2018年浙江省高新技术企业创新能力百强名单

排名	企业名称	排名	企业名称
36	浙江伟星新型建材股份有限公司	52	杭州福斯特应用材料股份有限公司

6. 2018年度浙江省名牌产品

新增名牌产品

序号	产品名称	申报企业名称	商标
1	PVDF薄膜	杭州福膜新材料科技股份有限公司	

续表

序号	产品名称	申报企业名称	商标
2	生物降解塑料餐具	宁波家联科技股份有限公司	HL HOME-LINK
3	塑料注射成型机	宁波海雄塑料机械有限公司	HX 海雄
4	塑料注射成型机	宁波创基机械有限公司	
5	聚乙烯（PE）管件	浙江新大塑料管材有限公司	
6	汽车塑料功能件	宁波恒富汽车部件发展有限公司	
7	双向拉伸聚丙烯薄膜（BOPP 薄膜）	瑞安市东威塑胶有限公司	
8	BOPP 薄膜	启明新材料股份有限公司	
9	改性再生专用料	浙江世博新材料股份有限公司	
10	装饰膜	浙江明士达新材料有限公司	MSD 明士达
11	塑胶地板	浙江晶通塑胶有限公司	赞柏
12	塑料管	浙江伟成塑胶有限公司	伟成
13	塑料片材	浙江中盛新材料股份有限公司	中盛
14	环保塑料垃圾桶	浙江中野塑业股份有限公司	ZEPC
15	日用塑料制品	浙江胜利塑胶有限公司	fontal
16	日用塑料制品	顺美塑业有限公司	顺美
17	一次性可降解食品包装容器	浙江金晟环保股份有限公司	RingSun

复评名牌产品

序号	产品名称	申报企业名称	商标
1	塑料管材管件	浙江地球管业有限公司	地球

续表

序号	产品名称	申报企业名称	商标
2	高分子橡塑材料	杭州高新橡塑材料股份有限公司	双帆
3	注塑机	海天塑机集团有限公司	海天 HT
4	塑料模具	宁波方正汽车模具股份有限公司	兴工方正
5	聚氨酯鞋用树脂	浙江华峰新材料股份有限公司	
6	双向拉伸聚酯薄膜	浙江强盟实业股份有限公司	
7	未增塑聚氯乙烯（PVC-U）塑料护栏	华之杰塑料建材有限公司	华之杰
8	聚丙烯树脂	浙江绍兴三圆石化有限公司	
9	双向拉伸聚酯薄膜	绍兴翔宇绿色包装有限公司	
10	给水用塑料管材、管件	浙江枫叶管业科技股份有限公司	枫叶
11	绿海牌农用塑料大棚膜	浙江大东南股份有限公司	绿海
12	塑料杯盒	浙江省东阳市塑料有限公司	DONGSU 东塑
13	PS 导电片材	浦江亿通塑胶电子有限公司	亿通塑胶
14	聚四氟乙烯	浙江巨化股份有限公司	巨化

7. 2018 年发布的“浙江制造”团体标准

序号	标准号	标准名称	主起草单位	发布日期
1	T/ZZB 0330—2018	普通型辐射交联聚乙烯泡沫塑料	浙江交联辐照材料股份有限公司	2018-03-19
2	T/ZZB 0355—2018	光伏组件封装用乙烯-醋酸乙烯酯共聚物（EVA）胶膜	杭州福斯特应用材料股份有限公司	2018-05-25
3	T/ZZB 0377—2018	高生物碳塑料购物袋	浙江华发生态科技有限公司	2018-07-06
4	T/ZZB 0410—2018	电线电缆用抗滴落无卤低烟阻燃热塑性聚烯烃护套料	杭州高新橡塑材料股份有限公司	2018-08-06
5	T/ZZB 0445—2018	PVC 特种安全鞋	浙江和和塑胶有限公司	2018-08-17
6	T/ZZB 0476—2018	低压电器外壳专用阻燃增强聚酰胺复合材料	中广核俊尔新材料有限公司	2018-08-24
7	T/ZZB 0485—2018	城市综合管廊电力和通信用改性聚氯乙烯实壁管材	杭州联通管业有限公司	2018-08-31

续表

序号	标准号	标准名称	主起草单位	发布日期
8	T/ZZB 0495—2018	耐久性耐热聚乳酸碗	宁波家联科技股份有限公司	2018-08-31
9	T/ZZB 0518—2018	低压电器用抗高温黄变阻燃增强聚酰胺	浙江新力新材料股份有限公司	2018-09-07
10	T/ZZB 0598—2018	聚乳酸可降解冷饮吸管	义乌市双童日用品有限公司	2018-10-12
11	T/ZZB 0655—2018	大口径增强复合型聚乙烯缠绕结构壁管材	杭州联通管业有限公司	2018-10-26
12	T/ZZB 0658—2018	塑料安全帽	浙江耐特科技有限公司	2018-10-26
13	T/ZZB 0696—2018	光学级蓝色双向拉伸聚酯薄膜	浙江强盟实业股份有限公司	2018-11-02
14	T/ZZB 0765—2018	筑排水用硬聚氯乙烯（PVC-U）管件	永高股份有限公司	2018-11-15
15	T/ZZB 0766—2018	建筑排水用硬聚氯乙烯（PVC-U）管材	浙江中财管道科技股份有限公司	2018-11-15
16	T/ZZB 0781—2018	高分子自粘胶膜防水卷材	杭州金屋防水材料有限公司	2018-11-23
17	T/ZZB 0789—2018	家具用软质聚氨酯泡沫材料	浙江高裕家居科技有限公司	2018-11-23
18	T/ZZB 0791—2018	不饱和聚酯树脂纽扣	嘉善天路达工贸有限公司	2018-11-23
19	T/ZZB 0797—2018	包装用聚烯烃交联热收缩膜	浙江众成包装材料股份有限公司	2018-11-30
20	T/ZZB 0804—2018	城乡排水用共聚聚丙烯塑料检查井-井座	杭州锦程实业有限公司	2018-11-30
21	T/ZZB 0827—2018	耐刮擦非开挖聚乙烯给水管材	浙江地球管业有限公司	2018-11-30
22	T/ZZB 0846—2018	聚乙烯滚塑船	浙江省嵊泗洋山滚塑游艇科技开发有限公司	2018-12-07
23	T/ZZB 0877—2018	无卤阻燃 PBT 树脂	浙江富丽新材料有限公司	2018-12-24
24	T/ZZB 0878—2018	塑料彩色铅笔	浙江彭胜文教用品股份有限公司	2018-12-24
25	T/ZZB 0881—2018	聚氯乙烯（PVC）防滑浴垫	浙江佳洁塑胶有限公司	2018-12-24
26	T/ZZB 0886—2018	地暖用阻氧交联聚乙烯（PE-X）管材	浙江曼瑞德舒适系统有限公司	2018-12-24
27	T/ZZB 0888—2018	塑料编织阀口袋	温州德泰塑业有限公司	2018-12-24
28	T/ZZB 0915—2018	聚对苯二甲酸乙二醇酯（PET）一次性杯	浙江佳友生物科技有限公司	2018-12-24
29	T/ZZB 0910—2018	胶带型辐射交联聚乙烯泡沫塑料	浙江交联辐照材料股份有限公司	2018-12-24

8. 2017 年度中国轻工业百强企业

名次	企业名称	名次	企业名称
43	公元塑业集团有限公司	68	中广核俊尔新材料有限公司
64	浙江中财管道科技股份有限公司	71	利时集团股份有限公司

9. 2017 年度中国轻工业市场能力百强企业

名次	企业名称	名次	企业名称
42	中广核俊尔新材料有限公司	64	公元塑业集团有限公司
58	利时集团股份有限公司	70	浙江中财管道科技股份有限公司

10. 2017 年度中国轻工业盈利能力百强企业

名次	企业名称	名次	企业名称
28	公元塑业集团有限公司	74	浙江中财管道科技股份有限公司
63	利时集团股份有限公司		

11. 2017 年度中国轻工业价值能力百强企业

名次	企业名称	名次	企业名称
86	浙江中财管道科技股份有限公司	90	公元塑业集团有限公司

12. 2017 年度中国轻工业电商能力百强企业

名次	企业名称	名次	企业名称
8	公元塑业集团有限公司		

13. 2017 年度中国轻工业研发能力百强企业

名次	企业名称	名次	企业名称
33	公元塑业集团有限公司	58	利时集团股份有限公司
51	浙江中财管道科技股份有限公司		

14. 2017 年度中国轻工业成长能力百强企业

名次	企业名称	名次	企业名称
16	中广核俊尔新材料有限公司		

15. 2017 年度中国轻工业塑料行业十强企业

名次	企业名称	名次	企业名称
2	公元塑业集团有限公司	6	浙江中财管道科技股份有限公司
3	中广核俊尔新材料有限公司	7	浙江伟星新型建材股份有限公司
4	利时集团股份有限公司	10	浙江中财型材有限责任公司

16. 2017 年度中国轻工业塑料行业（塑料异型材）十强企业

名次	企业名称	名次	企业名称
1	浙江中财型材有限责任公司	5	华之杰塑料建材有限公司

17. 2017 年度中国轻工业塑料行业（塑料家居）十强企业

名次	企业名称	名次	企业名称
1	利时集团股份有限公司	6	中国・双马塑业有限公司
3	台州富岭塑胶有限公司	9	浙江龙士达家居用品有限公司
5	宁波家联科技股份有限公司		

18. 2017 年度中国轻工业塑料行业（塑料管材）十强企业

名次	企业名称	名次	企业名称
2	公元塑业集团有限公司	4	浙江伟星新型建材股份有限公司
3	浙江中财管道科技股份有限公司	10	浙江中元枫叶管业有限公司

19. 2017 年度中国轻工业塑料行业（聚氨酯）十强企业

名次	企业名称	名次	企业名称
2	浙江圣诺盟顾家海绵有限公司		

20. 2017 年度中国轻工业塑料行业（降解塑料）十强企业

名次	企业名称	名次	企业名称
2	浙江海正生物材料股份有限公司		

21. 2017 年度中国轻工业塑料行业（合成革）十强企业

名次	企业名称	名次	企业名称
3	浙江昶丰新材料有限公司	4	浙江禾欣新材料有限公司

22. 2018 中国民营企业 500 强

排名	企业名称	所属行业	营业收入（万元）
231	华峰集团有限公司	化学原料和化学制品制造业	3226386
242	浙江明日控股集团有限公司	零售业	3075711
276	利时集团股份有限公司	橡胶和塑料制品业	2653455
341	伟星集团有限公司	其他制造业	2182481

三、大事记

1. 参加“中国塑料加工工业协会七届三次理事扩大会议”

4 月 23 日，中国塑料加工工业协会七届三次理事会扩大会议在上海召开，我会会长韩新伟、常务副秘书长郭利强出席。

会议听取并审议通过了《理事会工作报告》、《2017 年度会费收支情况报告》《2017 年度会员及理事变动情况的议案》《法人代表议案》《中国塑料加工工业协会团体标准管理办法（2018）》《中国塑料加工工业协会会费收取管理办法（试行）》《中国塑料加工工业协会电池隔膜专委会更名的议案》和《中国塑料加工工业协会章程》（修改稿）。

2. 组织行业企业参观“CHINAPLAS 2018 国际橡塑展”

“CHINAPLAS 2018 国际橡塑”展于 4 月 24 ~ 27 日在上海虹桥—国家会展中心展馆隆重举行，本协会是该展会的支持单位之一。

“CHINAPLAS 2018 国际橡塑展”是目前亚洲第一、全球第二大塑料橡胶展，本届展会面积达达 34 万平方米，有来自 40 个国家和地区的 3948 家展商参展，观众人数达 180000 余人，相比 2016 年在上海举办的 CHINAPLAS 国际橡塑展增长 21. 62%，与 2017 年在广州举办的 CHINAPLAS 国际橡塑增长 16. 39%，本届展会无论在展览面积还是在观众人数上均创 CHINAPLAS 国际橡塑展新纪录。

为了更好地方便业内企业参观本届展览会，学习并交流国内外塑料行业的先进技术，使业内有关人士了解并掌握当前塑料工业的发展趋势，我协会组织业内 150 余家企业参观本届展览会并参加了展会期间举办的有关论坛。

3. 召开“BOPP 薄膜单位产品综合能源限额及计算方法”地方强制性标准起草会议

“BOPP 薄膜单位产品综合能耗限额及计算方法”被列入浙江省地方标准制定计划，我协会于 4 月 18 日和 6 月 13 日先后在义乌和平阳召开“BOPP 薄膜能单位产品综合能耗限额及计算方法”起草单位会议，与会各起草单位就标准定位、品种及折标准品系数等进行探讨，同时就各企业目前的实际情况进行交流，会上各起草单位一致同意该标准按生产设备的产能、产品类别设定三个等级的能源消耗限额，会后由浙江塑协根据起草会议各起草单位商定的意见整理后形成标准送审稿。

4. 与有关协会联合主办“2018 宁波国际塑料橡胶工业展览会”

5 月 30 ~ 6 月 1 日，由浙江省塑料行业协会、浙江省橡胶行业协会、宁波市塑料行业协会、宁波市塑料机械行业协会、宁波市橡胶商会、宁波市热塑性弹性体商会联合主办的“2018 宁波国际塑料橡胶工业展览会”在宁波举行，此次展会展览面积为 20000 米^2，有 700 余家企业参展，展品涵盖了塑料、橡胶行业的原料、加工机械、检测仪器等，吸引了业内 30000 余名专业人士参观，展会对推动浙江省塑料橡胶行业的进步与发展具有重要意义。

5. 举办“塑料行业先进质量管理方法推广应用培训班”

6 月 28 日、8 月 16 日和 10 月 13 日，浙江塑协与宁波塑料行业协会、兰溪市塑料行业协会和苍南县塑料行业协会先后在宁波、兰溪和苍南联合举办了三场“塑料行业先进质量管理方法推广应用培训班”，培训班邀请四川大学、浙江工业大学、中国计量大学、上海大众汽车有限公司、浙江伟星新型材料股份有限公司的教授和企业质量负责人授课，参加培训人数达 500 余人，培训就卓越绩效管理模式与高质量发展、企业质量管理经验分享、产品开发中的质量分析、行业发展方向等进行培训与交流，通过培训，使企业对质量管理及产品研发方向等的重要性有了进一步的认识，培训受到了企业的普遍好评。

6. 协助省名牌产品的申报评比工作

积极帮助行业开展省名牌产品及著名商标的申报工作，对行业产品进行排名，引导企业争创名牌产品。2018年，全省塑料行业有31个产品获省名牌产品称号，其中新增17个，复评14个。

7. 召开“浙江省塑料行业协会五届四次理事扩大会议暨常务理事会”

9月19日，“浙江省塑料行业协会五届四次理事扩大会议暨常务理事会”在绍兴大禹开元度假村隆重召开。本次会议由浙江省塑料行业协会会长（明日控股董事长）韩新伟主持，协会理事单位及部分会员单位负责人共100余人出席会议。

会议首先听取了协会会长韩新伟关于协会年度工作报告、副会长兼秘书长汪建萍关于协会2017年度财务收支情况的报告、会长韩新伟关于变更部分副会长的议案、常务副秘书长郭利强关于发展新会员的议案。经与会会员认真审议，顺利通过了以上报告和议案。根据协会章程有关规定和协会工作需要，会议增补了浙江金立达新材料科技股份有限公司为协会副会长单位，浙江杭宝集团有限公司不再担任副会长单位；会议吸收了七家单位为协会新会员。汪建萍秘书长就2017年及2018年上半年浙江省塑料行业运行情况进行了交流，为与会代表加深行业了解、做好企业未来经营带去了较有价值的信息。

在协会工作报告中，韩新伟会长指出，未来一阶段，外部经营形势依然严峻，中美贸易战或进一步加剧，负面影响会逐步显现；国内经济预计保持缓下格局，实体经济发展困难，中小企业融资难融资贵、创新难，人工工资等成本持续上升，都将给我们企业发展带来巨大压力。未来，协会将继续坚持推进我省塑料行业进步与行业企业发展为己任，发挥好政府与企业之间的桥梁与纽带作用，努力提升我省塑料行业在全国的地位，继续推进我省塑料行业从塑料大省向塑料强省迈进的步伐。

会议上，浙江金立达新材料科技股份有限公司董事长金文钟、浙江锦盛新材料股份有限公司总经理阮棋江、浙江金石包装有限公司总经理孙国锦做典型企业发言。作为塑料行业中的优秀代表，面对外部严峻的经营环境，三家企业负责人都强调了创新对持续发展的重要性。随后，协会理事单位进行了内部交流。各理事单位就企业应对当前严峻内外部形势、追求企业持续发展与协会未来更好发展等议题进行了深入交流，会议希望我省塑料企业能坚持思想领先、信息化领先、智能化领先、质量领先、市场化领先、技术改造领先、制度领先；面对同行的市场环境，不断加强学习，追求产品创新与机制创新，提升企业的行业比较优势和竞争力；标准就是生产力，重视并加强标准建设；加强协会与企业、省协会与地方协会的沟通交流合作，促进共同发展。同时，与会代表也提到了我省塑料行业企业面临的环保、市场过度竞争、假冒伪劣产品冲击市场等压力，要求加强联合，加强行业监督指导，维护好行业的有序发展。

作为本次会议的重要议程，19日下午协会组织了与会代表实地参观行业优秀企业——浙江绍兴三圆石化有限公司、浙江锦盛新材料股份有限公司，从厂区、车间、检测中心、成品车间到企业自动化生产线，科学的内部管理、多元的企业文化等给同行留下了深刻的印象。

8. 举办“2018首届中国（宁波）食品接触材料及制品行业技术与市场高峰论坛”

11月3日，在宁波举办“2018首届中国（宁波）食品接触材料及制品行业技术与市场高峰论坛”，本次论坛由浙江省塑料行业协会与宁波食品接触材料及制品行业协会联合举办，会议邀请国家食品质量安全监督检验中心、北京工商大学、北化集团、中石化镇海炼化公司、宁波亚洲绿色纸品有限公司、江苏百瑞尔包装材料有限公司、阿姆科中国控股有限公司、江苏彩华包装集团有限公司、浙江理工大学等单位的专家就食品接触材料的研发新现状、食品接触材料及制品食品安全国家标准企业应用特点及问题分析、一次性餐饮具的绿色发展与标准引导、适应食品接触材料的绿色环保型新产品研发与创新应用、光敏性氧气阻隔包装材料的研制等行业热点问题进行了分析和交流，会议取得了圆满成功。

9. 召开塑料行业三项“浙江制造”标准启动会暨研讨会

浙江塑协承担了2018年第四批“浙江制造”标准制定计划中的三项塑料行业标准——改性环保PVC复合木塑颗粒料、塑料垃圾桶和冷收缩拉伸套管膜的牵头组织制定工作，以上三项标准分别于10月19日、11月1日和11月6日先后由我会组织召开了“浙江制造”标准启动会暨研讨会，会议由牵头单位介绍“浙江制造”标准研制要求、主起草单位介绍标准研制情况和先进性说明、与会代表讨论并提出对标准草案和编制说明的意见和建议、确定标准（征求意见稿）征求意见范围和对象。

10. 组团参观“2018 印度加尔各答国际塑料展”及考察印度有关企业

为加强浙江塑料企业与印度塑料行业的交流与合作，开拓印度市场，11 月 28 日~12 月 4 日，浙江塑协组织省内 20 家企业的 25 位企业负责人及研发人员赴印度参观“2018 印度加尔各答国际塑料展”及考察印度石化公司、加尔各答制笔公司、印度塑料型材公司，通过参观展览及考察企业，大家对印度市场充满信心。

11. 参与起草的国家强制性标准——合成革单位产品能源消耗限额已发布

浙江省塑料行业协会作为国家强制性标准——合成革单位产品能源消耗限额的起草单位之一，积极参与标准的调研及标准的起草工作，2018 年 11 月 19 日，“合成革单位产品能源消耗限额”标准（GB 36887—2018）已由国家市场监督管理局、中国国家标准管理委员会正式发布。

12. 协办并组织行业企业参观“第十八届中国塑料交易会”

为加强企业间的交流与合作，协会继续协办并组织业内 100 余家企业参观“第十八届中国塑料交易会”。

13. 积极参与塑料行业国标及行标的有关工作

根据全国塑料制品标准化技术委员会（SAC/TC48）的安排，12 月 13 日在北京参加行业标准—《儿童雨衣用 PVC 人造革》《人造革合成革试验方法　气味的测定》和国家标准—《人造革合成革试验方法　耐寒性的测定》《人造革合成革试验方法　耐揉搓性的测定》《人造革合成革试验方法　拉伸负荷及断裂伸长率的测定》的审查会。

14. 参与食品用包装、容器、工具等制品的市场准入工作

目前国家已将食品用塑料包装、容器、工具等 3 类 39 个产品实施市场准入制度管理，我会积极引导企业开展此项市场准入工作，同时作为组长单位参与食品用包装、容器、工具等制品的市场准入工作，截至 2018 年，全省获证企业 1600 余家。

15. 积极办好“浙江塑料通讯”和“浙江塑料网”

为做好对会员的服务工作，协会努力办好“浙江塑料通讯”和“浙江塑料网”积极报道国家有关政策法规、行业动态、行业信息、市场信息、质量及标准。

16. 撰写 2018 年浙江塑料年鉴

撰写 2018 年中国塑料加工业年鉴中浙江省塑料加工业篇，加强行业联系。

（浙江省塑料行业协会　汪建萍）

温州市

一、行业经济运行概况

2018 年，温州市塑料制品工业秉持新发展理念，以供给侧结构性改革为主线，创新推动行业高质量发展，总体运行平稳。根据市统计局数字，全市规模企业 272 家，比去年减少 45 家，完成工业产值 197.22 亿元，比上年同期增长 2.2%；产品产量 120.3 万吨，同比下降 2.20%，产值产量与 2017 年相当。全社会产值约 600 亿元，民营经济是温州经济最大特色，塑料制品产业是温州市工业支柱产业之一。

全市规模以上工业企业塑料制品分产品产值及产量

行业名称	企业数/家	工业总产值			产品产量	
		累计/万元	增速/%	占比/%	累计/吨	增速/%
合计	272	1972172	2.2	100	1202965	-2.2
塑料薄膜	53	578818	8.8	29.3	438334	4.8
塑料板、管、型材	16	90810	16.8	4.6		

续表

行业名称	企业数/家	工业总产值			产品产量	
		累计/万元	增速/%	占比/%	累计/吨	增速/%
塑料丝、绳及编织品	96	652830	3.1	33.1		
泡沫塑料	7	24673	-13.2	1.3	23018	-15.6
塑料人造革、合成革	27	270064	-17.0	13.7	98691	-16.0
塑料包装箱及容器	3	10900	3.5	0.6		
日用塑料制品	15	75842	4.1	3.8	8437	5.6
塑料零件及其他塑料制品	55	268236	7.7	13.6	634485	-3.7

全市规模以上工业企业塑料制品分县市区产值及产量

县市区名称	企业数/家	工业总产值			产品产量	
		累计/万元	增速/%	占比/%	累计/吨	增速/%
温州市	272	1972172	2.2	100	1202965	-2.2
鹿城区						
龙湾区	21	181287	-16.2	9.2	72968	-22.4
瓯海区	11	52537	1.5	2.7		
开发区	10	64316	-16.8	3.3	31765	-5.1
洞头县						
永嘉县	5	19370	-27.7	1	3387	-28.3
平阳县	63	473097	7.8	24	452636	4.2
苍南县	71	545349	4.6	27.7	327440	-4.5
瑞安市	49	382167	4.8	19.4	297208	-0.9
乐清市	42	254049	9.4	12.9	17561	-13.4

温州市塑料行业产值前十名企业名单

序号	单位名称	序号	单位名称
1	中广核俊尔新材料有限公司	6	温州市金田塑业有限公司
2	温州晨光集团有限公司	7	浙江华庆集团有限公司
3	瑞安东威塑胶有限公司	8	南塑集团有限公司
4	浙江强盟实业股份有限公司	9	浙江新力新材料股份有限公司
5	长虹塑料集团有限公司	10	温州银泰化工有限公司

塑料制品出口情况良好，根据市海关统计，全市出口交货值 4.7 亿美元，比上年增长 27.03%，折合人民币 31 亿元，同比增长 23.86%，增幅为近年来最高，详细情况如下：

温州地区 2018 年塑料制品出口情况

项目	美元值	同比/%	人民币值	同比/%
海关归类	307435358	35.07	2033332626	31.79
协会咨询	162609333	14.17	1072869775	11.18
合计	470044691	27.03	3106202401	23.86

温州地区 2018 年塑料制品出口市场及地区

区域	美元值	同比/%	人民币值	同比/%
东盟	56810792	20.99	375372831	18.16
中东	28486498	5.44	187563672	2.43
非洲	21495012	18.56	141491275	14.76
欧盟	91629179	38.23	605548759	34.66
俄罗斯联邦	10139246	8.47	95648620	13.18
拉丁美洲	53032624	17.79	350753478	15
美国	88325316	35.01	584064130	31.69
其他国家	77047524	63.24	510084871	59.59

二、经济运行特点

1. 行业经济稳中有升

温州塑料制品产业近年来生产情况（比较上一年） 单位:%

年份	2010	2011	2012	2013	2014	2015	2016	2017	2018
产值	24.56	9.15	-4.96	-0.34	-7.5	0	8.1	5.1	2.2
产量	12.45	4.71	-3.86	-1.15	-1.7	8.9	12.2	1.5	-2.2

从上表可以看出，温州塑料制品工业在 2010 年、2011 年为巅峰期；2012 年、2013 年、2014 年经济进入新常态，挑战困难加剧，行业经济有所下滑；从 2015 年后“柳暗花明又一村”行业经济连续二年快增长，最近两年，增长趋缓。

2. 传统产品占主导地位，新兴产品悄然崛起

代表温州区域品牌的三大产品：塑料编织品、塑料薄膜、塑料合成革占全部产值的 76%，其中塑料薄膜增幅最大，同比增长 8.8%；塑料合成革同比下降，产值占比也由去年的 18.34%下降到今年的 13.7%；新兴产业塑料新材料、医用及航空、汽车用塑料制品的占比逐年扩大，行业内产品结构进一步优化。

3. 产业集聚度较高，乐清市占比上升

塑料编织品生产主要集聚在苍南、平阳两县，塑料薄膜生产主要集聚在瑞安市，塑料合成革和塑料新材料生产主要集聚在龙湾区，四大全部产值的 80.3%，以生产塑料配线器材为主导产品的乐清市，产值占比已达 12.9%，占比有上升趋势。今年我市塑料制品产值增长幅度高于产量增长幅度，说明产品“更值钱”了。

4. 产品出口迎来增长期

2018 年塑料行业产品出口交货值占行业总产值 15.22%，比上年 9.44%提高了 6 个百分点，打破了五年来产品出口一直在 10%左右徘徊的局面。塑料薄膜和塑料编织袋出口均有所增长，乐清基地生产的塑料配线器材、尼龙扎带产品大部分出口成为亮点。据协会调查，会员企业中有产品出口的企业不到四分之一，行业内出口空间仍然巨大，外贸工作任重道远。

三、行业科技成果

以企业为主体，以自主创新为主线的塑料加工

业技术创新体系逐步形成。2018年浙江新力新材料股份有限公司、浙江金石包装股份有限公司成立省重点企业研究院获批。到目前，企业中已成功申报省重点企业研究院4个；省级高新技术企业研发中心7家；市级企业技术中心3家；高新技术企业15家；俊尔已成立“博士后工作站”、“院士工作站”，浙江世博公司积极跟进，于今年3月也申请成立“院士工作站”，将科技进步作为企业发展的动力源泉。

包括中广核俊尔、强盟股份、金田塑业、瑞旺科技、新力新材、金石包装等企业在内，在2018年通过省经信委和省科技部门鉴定验收的省级新产品项目共达50多个，其中强盟的双面在线涂布抗静电聚酯薄膜、金田的低温热封BOPP膜和中广核的低压电器用PA专用料等产品，技术水平已达到国内领先。

四、行业标准化建设

由长虹塑料集团英派瑞塑料股份有限公司牵头，八个企业共同参与制订的国家轻工行业标准“塑料压线帽”，2018年5月8日发布，2018年9月1日正式实施；列入2018年第二批和第三批“浙江制造”标准制订计划，由中广核俊尔新材料有限公司、浙江新力新材料股份有限公司、浙江强盟实业股份有限公司牵头制订的三项“浙江制造”标准，“低压电器外壳专用阻增强聚酰胺”、“低压电器用抗高温黄变阻燃增强聚酰胺”、“光学级蓝色双向拉伸聚酯薄膜”分别于8月24日、9月7日和11月2日发布，前二项已于9月30日开始实施，后一项于11月30日开始实施。由我塑料协会温州赵氟隆有限公司为主起草的《聚四氟乙烯衬里容器》标准，已于2017年9月30日开始实施；温州德泰塑业有限公司“塑料阀口袋”产品和浙江曼瑞德舒适系统有限公司产品“地暖用过氧化物交联聚乙烯管材”被列入2018年第四批“浙江制造”标准制订计划。

2018“浙江制造”塑料制品标准发布温州占5席

产品名称	申报单位	立项时间	标准号	实施时间
低压电器外壳专用阻燃聚酰胺	中广核俊尔新材料有限公司	2018年第二批	T/ZZB 0476—2018	20180930
低压电器高温抗黄变阻燃尼龙	浙江新力新材料股份有限公司	2018年第二批	T/ZZB 0518—2018	20180930
蓝色双向拉伸聚酯薄膜	浙江强盟实业股份有限公司	2018年第三批	T/ZZB 0696—2018	20181130
塑料阀口袋	温州德泰塑业有限公司	2018年第四批	T/ZZB 0888—2018	20181231
地暖用过氧化物交联聚乙烯（PE-Xa）管材	浙江曼瑞德舒适系统有限公司	2018年第四批	T/ZZB 0886—2018	20181231

五、传统产业改造提升

温州塑料制品，以传统产品为主，其中塑料编织品、塑料薄膜最有特色，产量占到全部制品一半以上，享有“中国塑编之都”、“中国塑料薄膜生产基地”以及“中国塑料配线器材工贸基地”等美誉。今年6月，温塑协配合中塑协主要领导赴瑞安、苍南等地对基地建设进行现场调研。10月份在南京召开的全国塑编大会上，四家企业：温州晨光集团有限公司、南塑集团有限公司、浙江华庆集团有限公司、浙江瑞旺科技有限公司获得全国塑编20强企业称号。同时，在“2018国际塑料展”上，温州地区共计40多家企业参展，参展规模为历届之最，并以整体形象亮相。

11月29日，由温州市经信委主办，温州市塑料行业协会等单位承办的“2018温州市绿色节能服务塑料行业现场会”，在苍南召开，全市塑料行业企业家代表、各行业协会代表近百人到浙江强盟实业股份有限公司和浙江海威包装有限公司现场观摩，考察他们的节能技改做法，两家公司也分别在现场会上介绍节能降本的经验。

瑞安市针对塑料行业能源消耗大的特点，对原有生产线进行全面的节能改造，近三年来，行业内19家使用煤锅炉企业共26台煤锅炉，全部得到合理改造。

苍南塑编入选中国科协2018年度创新驱动助力工程示范项目，着力建设协同创新平台，促进学会群与企业群跨界融合，创新链与产业链精准对接，引入更多的优质科技资源、创新要素，以促进传统行业改造提升。

六、协会承接职能转移工作，列全市“十佳”

协会承接政府职能转移工作，主要有两项，一是专业技术职称评审，二是外贸预警。

职称培训工作坚持了15年，今年评审和继续教育如期展开，9月12日至16日，由市工科院主办，温塑协协办的“温州市先进高分子材料促进传统产业转型升级高研班”举行，强盟公司、金田集团等企业24位同志参加培训，培训课目丰富，内容实用。15年来，行业内共有724人参与培训，645名同志获得塑料专业技术中初级职称，为行业积累人才后备力量。

为了支持企业产品出口，在市商务局的指导帮助下，2011年协会成立外贸预警点，2014年又入库浙江省产业安全（损害）预警监测分析系统。通过温州塑料行业协会网站设外贸预警专栏，2018年，共发布各类预警信息和行业动态新闻等223条。组织了7家企业加入全省监测分析系统，并对企业每月申报的内容进行及时跟踪和初步审核，今年企业申报率、合格率达到100%。

今年新加入全市质量工作改革试点，温州市塑料行业协会根据活动计划，鼓励并扶持有条件的企业，推进标准化工作硕果累累。

协会参与承接政府职能工作基础条件好，每一项交托的工作都能认真出色完成，因此承接工作每项评优，综合最佳，在年初被市职转办评为温州市承接政府职能“十佳优秀社会组织”。

（温州市塑料行业协会　周肇枢）

安徽省

一、2018年安徽省塑料制品行业概况

安徽省塑料行业2018年1~11月份有关经济数据。1~11月份全国塑料制品总产量为5435.49万吨，比上年同期增长0.03%。其中安徽产量为363.17万吨，占全国总产量比例为6.68%，为全国第六名，比上年同期增长12.11%，增速为全国第七名；其细分为：塑料薄膜34.53万吨，占全国比例为3.29%，为第八名，比上年同期增长9.9%；泡沫塑料4.66万吨，占全国比例为2.14%，为第十三名，增速3.49%；人造革合成革43.48万吨，占全国比例为15.98%，为第三名，增速32.53%；日用塑料20.01万吨，占全国比例为4.05%，为第八名，增速55.54%。其他塑料制品260.48万吨，占全国比例为7.66%，为第五名，增速7.48%；塑料加工专用设备541台，占全国比例为0.20%，为第八名，增速-84.74%。值得一提的是全国排名第四的福建产量为409万吨，占全国总产量比例为7.52%，增速16.97%，发展势头迅猛。2018年1~11月份，在全国所有省、市、区中唯有福建省总量和增速两个指标皆超过安徽，安徽2017年全年增速为12.1%，为全国第一。

从以上数据可以看出，2018年安徽省塑料行业总量和增速综合水平居全国前列，增速与2017年持平，整体运行平稳。但安徽省塑料行业存在的问题仍然较多，主要有以下几个方面。

一是受宏观经济下行压力的影响，市场稳定性差，生产难以均衡。尤其是安徽省260.48万吨其他塑料制品领域，其主要产品是注塑、吹塑和吸塑类主机配套塑料零部件，受下游企业订单不稳定影响较大，塑料企业产能闲置和产能不足，人员富余和人员短缺交替发生。

二是市场信心不足，企业能力提升意愿不强。今年塑料原材料价格一直在高位运行，而下游企业又要求塑料企业为其降本，产品价格不升反降。产品价格对成本的倒逼，致使多数塑料企业盈利能力大幅度下降，亏损面不断扩大。在下游主机产量不稳定时，无序竞争现象更加严重，对行业内规范经营企业负面影响较大，致使多数优质企业固定资产投入和技术改造意愿减弱。这也使得安徽省塑料企业在全国行业内竞争力减弱。

三是营商环境和资金链问题。安徽省塑料行业在近二十年快速发展的过程中一直处于供应链的中段，上游原材料供应商和下游客户大多为强势的巨无霸企业，从20年前的少数下游企业要求塑料企业垫资供货，到现在几乎所有的下游企业付款周期都在3个月以上，还是六个月甚至更长时间的承兑汇票，致使塑料企业从原材料投入到拿到现款最快都需要近一年的时间。因此，融资是安徽省塑料企业的必由之路。2018 年的资金面和融资环境对于安徽省以民营经济为主导的塑料行业来说可谓是雪上加霜，不少企业因资金链断裂而关门倒闭。

四是过度环保的影响。

二、2018 年安徽省塑料协会的主要工作

1. 积极开展省内外交流活动，组团观展，参加有关会议

（1）新年伊始，召开安徽省塑料协会三届二次理事扩大会议暨 2018 新年联谊会，联谊交流互动拉开帷幕。

（2）协会领导受邀参加了安徽省汽车行业新春年会，加强了与下游行业的交流互动。

（3）会长、秘书长参加 2018 雅式国际橡塑展上海发布会及展会协办方华东六省一市塑料协会、台州塑料协会座谈会，并积极建言献策。

（4）参加安徽省企业社会责任知识专家讲座，通过这次讲座让协会工作人员更加清晰了如何开展协会会员单位社会责任宣传指导工作，关键是加强企业对社会责任的理解。

（5）协会组织部分会员企业参观了由香港雅式展览服务有限公司主办，由安徽省塑料协会等单位支持的“第 32 届中国国际塑料橡胶工业展览会”。该展会首次迁址至上海虹桥国家会展中心，展会规模系亚洲第一，世界第二，展会面积逾 34 万米^2，汇聚来自 40 多个国家及地区的近四千家中外展商，全球或亚洲首发技术 120 多项，同期活动“科技讲台”以开放论坛的形式，向业界推出 40 多项极具代表性的前沿热点技术。“第三届工业 4.0 论坛”、“设计+创新：CMF 灵感之源”、“医用塑料汇”，以及多场延伸至各个应用行业的交流活动，也焕发出别样光彩，场场座无虚席，引来一片叫好。“CHINAPLAS 国际橡塑展”不仅密集发布世界级的前沿热点科技，更高度集结全球橡塑界的重量级人士，以开放的心态，积极的姿态，踊跃交流创新技术，探讨行业发展趋势，挖掘无限商机。为了更好地方便业内企业参观本届展览会，学习并交流国内外塑料产业的先进技术，使业内有关人士了解并掌握当前塑料工业的发展趋势，协会在展会开展前做了大量的宣传和信息发布工作并积极组织会员单位参观本届展览会以及参加展会期间举办的相关论坛。

（6）积极与先进省市塑料协会学习互动。2018 年 4 月 20 日，韦明会长赴重庆参加由重庆市塑料行业协会和重庆广播电视集团（总台）重庆网络广播电视台主办，塑多多交易平台承办的 2018 中国（重庆）塑料产业创新与网络强业论坛。在国家大力加强信息现代化，提倡互联网+的新形势下，为了更好地做到网络强业，论坛旨在努力促使塑料加工业建设现代产业体系，利用专业平台技术，为企业转型升级和市场开拓提供服务。倡导塑料加工企业应积极研究、推广应用新技术、新营销模式，为企业转型升级找到实际解决方案，推动中国塑料加工业由大向强战略目标的实现。期间韦明会长还参观了重庆塑协副会长单位隆迪塑业。4 月 26 日安徽省塑料协会领导受上海塑协邀请与华东区塑协领导共同赴上海金山石化塑料部（聚烯烃）参观学习，考察了解聚烯烃材料的生产和质量控制过程以及新工艺、新牌号的开发情况和发展趋势。6 月 26 日受浙江省塑协的邀请，华东区及台州市塑料协会的会长、秘书长相聚在杭州，开展学习和交流活动。期间，赴位于浙江平湖的浙江比例包装股份有限公司参观考察，听取了该企业的经验介绍，感受了该企业勇于产品创新的企业精神。2018 年 9 月 5 日华东各省市塑料协会的会长、秘书长来安徽传经送宝，在韦明会长、翟光景秘书长、刁俊德主席、范钦伟副秘书长等陪同下深入安徽塑料企业进行交流座谈。9 月 5 日下午华东地区塑协领导及安徽省塑料协会部分会员企业代表首先来到国风塑业，朱亦斌总经理向来宾介绍了企业的现状和发展愿景，然后，上海塑协秘书长（原上海金山石化总工）陈国康博士做了《聚烯烃塑料及改性的新技术应用》讲座，让与会人员受益匪浅。在参观国风塑业后，代表团一行赴肥西三河镇实地调研安徽富光公司，受到了吴秀杰董事长的热情接待。华东区塑协领导对富光创业和不断创新精神给予了充分肯定，对富光的发展愿景表示赞赏。9 月 6 日上午代表团驱车赴桐城考察，参观了国家高分子材料质量监督检验中心（安徽）并座谈交流。桐城市委常委、副市长陈先锋出席相关活动。市政府有关局、办及部分乡镇相关负责人参加了相关活动，韦明会长主持座谈会。会上大家交流了行业信息，为共同促进桐城市塑料行业转型发展进行了研讨。此次交流加深了桐城市与各省市协会之间互通互联，达成诸多共识和合作意向，为推动下一步的科研合作、跨省业务融合创造了条件。陈先锋副市长希望国家质检中心（安徽）以此次交流活动为契机，加强与华东地区各省市协会之间的沟通协作，发挥国家中心的品牌

和技术优势，在营造创新氛围、强化应用研究、加强标准制（修）订、提升企业标准化水平方面探寻合作空间，促进桐城市塑料企业转型升级和塑料包装产业优化提升，帮助企业走上绿色、节能、高效、健康的发展之路，并欢迎华东各省市塑料企业来桐城投资兴业。9月7日代表团驱车赴革命老区岳西岳塑股份进行考察交流，并在红二十八军军政旧址举行了华东区塑协各支部联合党员活动。

（7）7月26日参加由安徽工经联主持的“2018年安徽省企业社会责任报告发布会”。

（8）安徽省塑料协会与界首市经信委、光武塑料产业园管委会、国联期货于9月21日在界首市共同主办了“塑化行业高端论坛”。相关专家在论坛上做了专题报告，并和园区企业进行了积极互动，现场气氛热烈。韦明会长还和当地政府相关领导界首塑料协会做了深入的交流，增加了对界首塑料产业的了解。

（9）组织会员参加10月11~14日在台州举办的第18届中国塑料交易会。安徽省塑料协会也是该展会多年的支持单位。台州是中国塑料制品的重要产地，有“塑料制品王国”“模具之乡”之美誉。台州中国塑料交易会历经18年的发展，已成为全国性的塑料日用制品行业“风向标”和展示中国塑料产业发展的一个重要窗口。此次展会设置了“塑·未来”智能生态展区，以“智造机械”“智能模具”“智用原料”“智慧制品”四大区块，涵盖整个塑料产业链，旨在传达“科技与自然相栖，工业与生态共存”的工业环保理念。

（10）参加10月18日至19日在阜阳市召开的由省皖北办、省经济和信息化委、省国资委、省农委、中国工经联、安徽工经联、人民网安徽频道和阜阳市人民政府联合主办，安徽工经联和阜阳市人民政府共同承办的“皖北经济发展2018年阜阳年会”。会议对2018年皖北各市经济发展进行了总结，对2019年的发展思路进行了探讨并提出建议。

（11）参加10月27日在江苏省南京紫金山庄召开的中国塑料加工工业协会七届四次常务理事扩大会议，以及在南京国际展览中心举行的“2018中国国际塑料展暨塑料新材料、新技术、新装备、新产品展览会”开幕仪式、“2018中国塑料加工业科技大会”。展会期间成交活跃，参展企业现场订单成交及意向协议超过20亿元，展会同期举办的科技大会、新产品发布会及40多场的系列会议上，专家、学者分享科技创新成果，交流国内外最新科技信息，参会代表反映良好，收获颇丰。

（12）参加11月15~16日在金寨举行的全省轻工行业协会工作座谈会。会议分析了2018年全省轻工和主要经济运行情况，对2019年工作思路和工作重点进行了讨论研究，轻工各行业协会及各地轻工管理部门相互交流了工作经验。参观了金寨开发区及有关轻工企业。

（13）参加12月12日安徽工业经济联合会三届四次理事会暨2018年行业协会座谈会。会议分析了安徽省2018年的经济运行情况，对国际国内宏观经济形势进行分析和展望，对安徽省的工业经济发展问题进行了剖析，积极推动安徽工业走向更加广阔的舞台。韦明会长受邀在会上做了交流发言。

（14）12月24~25日韦明会长和范钦伟副秘书长赴界首参加了由界首市委、市政府及安徽阜阳高新区管委会共同主办的安徽界首再生塑料高分子材料产业发展论坛。韦明会长受邀做了“安徽省塑料行业2018年运行情况介绍”的报告，重点提出界首塑料循环经济要提高行业对清洁生产和环保的认识，从源头和生产过程抓起，力争做到少污染、不污染，对标国家有关环保标准，科学策划，科学治理。

2. 开展企业调研交流活动

韦明会长、翟光景秘书长、刁俊德主席、范钦伟副秘书长以及部分副会长并邀请相关教授、专家分别多次专程到有关会员企业走访，仔细了解企业生产经营情况和存在的实际困难，听取意见和建议，帮助企业排忧解难。走访的企业有：国风、延锋、杰事杰、天马、东风、国通、晨阳、富光、华隆、大同格兰、长盛、瑞明、岳塑等，走访过程中各企业主要负责人就企业经营发展情况、存在的困难和问题作了详细介绍，并与调研人员就公司经营、营商环境、行业发展做了深入交流。

2018年7月23日上午韦明会长携同德国GKConcept GmbH公司CEO Roger Kaufmann先生、美国Trexel公司副总裁Hartmut Traut先生，以及广东伊之密精密机械股份有限公司工程技术人员一行拜访了JAC技术中心，与中心车身技术研究院黄家奇总监等8位设计研发专家和工程师就汽车轻量化塑料组合成型技术（微发泡，纤维注塑，多物料等），PUR高光模内喷涂，表面装饰工艺等以及汽车轻量化对材料和成型技术、工艺和装备的要求做了广泛的技术交流。

3. 积极服务会员、配合政府部门工作，做好桥梁纽带

（1）为会员企业享受政府有关政策出具相关行业证明材料。近年来各级政府对实体经济的政策支持越来越多，根据政府有关部门要求，享受相关政策须由省级行业协会出具企业在本行业的相关证明材料。应有关会员要求，2018 年共为延锋汽车饰件系统（合肥）有限公司、合肥杰事杰新材料股份有限公司等 10 家会员企业出具了证明材料。

（2）积极参与并配合环保部门加强行业环保建设。当前形势下，安徽省塑料行业面临着巨大的环保工作压力。针对安徽省塑料行业的环保压力，安徽省塑料协会在 2017 年工作的基础上，继续加大对会员企业环保问题的调研，搜集企业相关环境监测数据和国家相关环保标准，并积极与各级相关环保部门联系，反映安徽省塑料行业生产中环保的实际情况，呼吁应以科学的态度对待环保问题。阐明安徽省塑料协会积极倡导环境友好，大力支持防治环境污染，积极引导行业内企业坚持科学生产，使用洁净原料和环保工艺，从源头抓环保，力争不污染，少污染，若产生污染必须科学有效治理。环境污染防治应以防为主，防治结合。治理也应有的放矢，科学治理。我们必须有宏观的思维，防止由于过度治理导致社会资源浪费并产生新的环境污染。11 月份安徽省塑料协会将上述观点致函给中央第三生态环境保护督察组和省环保厅，反映本行业在环境污染防治中的真实情况和实际困惑。

（3）响应会员企业呼声，积极为会员企业排忧解难。2018 年 7 月，安徽省塑料协会收到多家为某家电企业配套的会员企业报告，反映该企业店大欺客，长期不定价不付款，导致这些为其配套的会员企业无法正常运行。接到报告后，安徽省塑料协会立即召开专题会长办公会研讨解决方案。并致函该家电企业总裁说明了问题的严重性，希望能关注会员企业的关切和实际困难，在平等互利的基础上相得益彰，共同发展。该企业予以了回应和处理，尽管未能完全达到会员企业的要求，但却有了可喜的进步。会员企业合肥橡心力资源再生有限公司因政府工程拆迁，导致企业原引进技术丧失无法恢复使用，产生很大的经济损失。当地政府和企业都希望能得到一个公允的结果，该技术虽在很多方面优于有关专利技术，但本身并非专利技术，无法估价。通过安徽省塑料协会与当地政府部门及审计评估单位的积极沟通，并提出建议方案，最终被各方采纳，解决了会员企业的难题。

（4）积极宣传节能新技术，做新技术推广的桥梁。电能是塑料行业的主要能耗来源，节能降耗、低碳环保是塑料行业长期的目标和主题，节约用电无疑是缓解企业成本压力的有效途径之一。采取经济合理、技术可行的措施，减少电能的直接和间接损耗，以提高能源使用效率降低制造成本，同时，也降低能源消耗带来的环保压力。6 月 6 日韦明会长在协会会议室主持召开了高效节电器应用技术对接会。会上，由上海国祺能源有限公司杲总为在肥注塑企业用电大户系统讲解了该公司先进节能技术及设备的高效节电原理、节电计量方法及合作模式。该公司设备除有效节电之外，还能够大大提高供电质量，在外部电压不稳定的情况下有效地使内部用电电压稳定一致，从而提高设备运行的稳定性，保障工艺一致性，进一步提高产品一次合格率。企业代表们对该先进节能技术的应用很感兴趣，并就相关细节进行了提问，杲总一一进行了解答。会议达成共识，希望共同配合做好该项节能新技术的互惠合作。

4. 完成 2017 年度年检工作

根据登记机关和监督管理机构的要求，协会应依法接受年度检查。秘书处工作人员认真填写年度检查报告书和党建工作情况登记表等材料，以及资产负债、业务活动、内部管理、收费情况等表格，申报的材料内容充实，较为全面地反映了社会组织建设发展情况。准时向省民政厅、政务服务中心上报资料，并获得了省民管局下达的合格年检结论。年检合格结果已于 8 月 29 日刊登在《安徽日报》第十版。

5. 编纂 2017 年度《中国塑料工业年鉴》安徽塑料行业综述

根据中国塑料协会和有关企业的要求。安徽省塑料协会编纂了 2017 年度《中国塑料工业年鉴》安徽塑料行业综述。主要介绍了 2017 年协会所做的工作以及开展的各项活动，现已出版发行。

6. 加大宣传力度，积极吸纳发展新会员

2018 年在秘书处的努力工作下，协会进一步加大了宣传力度，更新了协会网站，建立了协会微信人才库群，积极发展新会员，至 2018 年年底共吸纳新会员 8 名，为协会增添了新鲜血液，增大了协会活力。

（安徽省塑料协会　张仲婉）

山东省

一、行业概况

2018年，山东塑料工业面对国内外市场需求不足，以及人民币升值、原材料和劳动力成本上升等一系列不利因素，在国家一系列宏观经济政策扶持下，加快行业转型升级的步伐，使行业生产稳步企稳回升，实现了平稳增长。主营业务收入、塑料制品总产量和利润总额均保持一定幅度的增长，呈现出良好的发展趋势。2018年全省塑料行业实现主营业务收入2875亿元，同比增长7.48%；完成塑料制品总产量1580万吨，同比增长8.51%；实现利润总额176亿元，同比增长6.10%。全部职工62万人。其中规模以上企业1218家：实现主营业务收入2332.83亿元，同比增长8.46%；利润总额148.20亿元，同比增长3.44%利税总额229.67亿元，同比增长4.33%

产业结构和企业结构等都得到进一步改善，但结构性矛盾依旧突出。我省塑料行业总体规模位居全国前列。其中，农用薄膜、塑料编织制品、一次性PVC手套、塑料绳网、塑料土工合成材料、塑料管材、型材等大类产品在全国都占有重要位置。塑料新材料、新工艺、高附加值产品与世界先进水平差距较大。

到2018年底全行业有5个产品保有中国名牌称号；保有山东名牌产品共62个；保持“中国驰名商标”43个；另有部分山东省塑料行业名优品牌和知名品牌。截至2014年年底，山东省塑料行业保持“中国驰名商标”5个；保持“山东省著名商标”70个；“山东名牌”产品69个。

二、协会服务行业发展情况

1. 获得山东省社会组织总会“四星级社会组织”荣誉称号

为提升山东省塑料协会的建设质量和社会知名度、美誉度，促进社会组织更好地为经济社会发展服务，按照《山东省民政厅关于印发山东省社会组织评估指标（2018年修订）的通知》以及山东省社会组织总会下发的《山东省社会组织总会关于开展会员单位“星级社会组织”评定活动的通知》要求，山东省塑料协会积极组织申报材料。

经过协会全体工作人员的努力工作，山东省塑料协会被山东省社会组织总会评为“四星级社会组织”。同时，潘庆功同志获得山东省“社会组织十佳秘书长”荣誉称号。

2. 积极参与“双百扶贫”活动，推动乡村振兴

为全面贯彻党的十九大精神，坚决落实党中央关于打赢脱贫攻坚战重大战略部署，广泛引导和动员社会组织、社会工作专业力量参与脱贫攻坚，根据党中央、国务院引导支持动员社会组织、社会工作专业力量参与脱贫攻坚系列文件精神，依据山东省扶贫开发领导小组2018年脱贫攻坚工作目标任务，山东省民政厅招募107家省管社会组织参与“双百扶贫行动”，山东省塑料协会积极报名参与。

根据省民政厅的工作安排，山东省塑料协会对接临沂市平邑县丰阳镇朱家村、北城村两个村，定点帮扶、精准扶贫。为确保真扶贫、扶真贫，努力提高扶贫攻坚的统筹性、针对性、实效性，山东省塑料协会制定了精准扶贫帮扶工作方案。

3. 推进科技成果评价平台建设

为促进行业发展，提高行业企业自主创新能力，我们把科技成果评价平台建设作为一项重要工作来抓。重点建立科技成果评价平台，完善科技成果评价体系，从资质认证、项目申报、成果转化等全方位为企业提供科技成果评价服务，并以此为切入点增强企业自主创新能力的提高。2018年完成2项科技成果项目评价。

4. 完成《山东省塑料行业生产条件规范》编制

为规范我省塑料企业生产经营行为，加强行业指导和规范，改善企业生产条件，加快新旧动能转换和转型升级步伐，实现行业可持续健康发展。按照省轻工集体企业联社工作安排，依据国家有关法律法规、标准和《〈中国制造2025〉山东省行动纲要》《山东省推进工业转型升级行动计划（2015-2020年）》《山东省塑料行业“十三五”发展规划》等产业政策要求，在充分调查研究的基础上，编制了《山东省塑料行业生产条件规范》。

5. 主办“中国临沂塑料博览会”

2018年“第四届中国临沂塑料博览会”在组委会全体成员的共同努力取得圆满成功，塑博会是集塑料机械、包装机械、塑料制品、塑料原料、塑料模具、塑料印刷、塑料包装制品等全产业链的展会，本届展览会得到了山东省轻工集体企业联社领

导和华东六省二市塑协领导的大力支持。展会为期三天，展出面积16000米^2，展厅共设展位700余个。共吸引了200余家行业知名企业参展，参展企业现场成交额达6000万元，意向成交额达7000万元，观众络绎不绝，范围涉及全国20多个省市及地区经销商、采购商参观采购，展商好评如潮，纷纷都表示收获颇丰，客户满意度达70%~80%，成为鲁南苏北地区的塑料行业盛会。

6. 组织“产融结合，服务实体”2018聚烯烃产业高峰论坛

随着中国供给侧结构性改革不断深化、国际石油等能源价格大幅波动，塑料和相关制品等下游产品价格涨跌幅度相差较大，原料与产成品之间的价格矛盾日益突出，企业面临巨大的市场经营风险，市场缺乏指导性定价，企业避险需求十分强烈。

为此，山东省塑料协会与永安期货公司于2018年11月22日联手举办“产融结合，服务实体”2018聚烯烃产业高峰论坛，希望通过行业交流将期货融入塑料产业，指引企业用期货工具进行保值避险，共同打造共荣共赢的塑料产业生态圈，助推塑料实体经济转型升级。

7. 地方标准制修订

根据山东省质量技术监督局鲁质监标字(2018)34号文《山东省质量技术监督局关于征集2018年“山东标准”建设项目的通知》要求，结合山东省塑料行业实际情况，申报了《山东省塑料薄膜行业能耗标准》。

山东是农用塑料薄膜生产大省和使用大省，其中农用薄膜产量和使用量居全国首位，约占全国产量的30%，地膜产量和使用量居全国第二位。农膜生产技术和装备水平处全国前列，能耗标准的规范和提高对提高我国塑料农用薄膜行业的能耗水平至关重要，能耗标准的实施对促进我省农用塑料薄膜产业转型升级意义重大。

8. 参与省经信委组织的灾后重建

2018年7月19日的一场暴雨给青州市、寿光市、临朐县、昌乐县等地造成了严重的灾害，灾害牵动了全省人民的心。山东省塑料协会在全省塑料行业内发出救灾倡议，针对受暴雨影响损毁的蔬菜大棚问题，重点调度农用塑料薄膜生产企业，保证蔬菜大棚灾后重建所需的农用薄膜等物资供应，稳定农用薄膜等物资的市场价格。灾情发生后，山东省塑料协会主要从以下几个方面开展灾后重建工作：

(1) 积极响应省经信委灾后重建号召；

(2) 动员塑料企业保证农用薄膜生产供应；

(3) 保证供应的同时稳定农用薄膜市场价格；

(4) 重点调度的农用薄膜生产企业。

针对本次灾后重建工作，山东省塑料行业积极应对，发挥我省农用塑料薄膜行业优势，大力倡议我省农用薄膜生产企业参与灾后重建工作，打好灾后重建攻坚战。

9. “单项冠军”及“隐形冠军”培育工作

按照工业和信息化部办公厅、中国工业经济联合会《关于组织推荐第三批制造业单项冠军企业和单项冠军产品的通知》(工信厅联产业函〔2018〕19号)精神和《山东省制造业单项冠军企业培育提升专项行动实施方案》要求，结合我省塑料行业实际情况，大力推荐我省塑料企业及产品为制造业单项冠军企业和单项冠军产品，提高行业企业知名度及影响力。

2018年，山东省塑料协会共推荐6家单项冠军企业。截至2018年底，山东省塑料行业共有一家企业获得国家级制造业单项冠军称号，一家企业获得省级制造业单项冠军称号。

三、科研及重点发展行业

1. 科研部门与行业企业间的合作

加强科研单位与行业企业的合作，实现科研单位与行业企业的共同发展，引领和推动塑料制品行业的快速壮大发展；探索科研单位与行业企业协同发展的新型合作模式，实现和发挥适应行业企业发展需求的科技创新、人才培养、技术服务、科研成果转化等全方位孵化器功能等为目的，合作各方一致决定实行战略合作。作为山东省塑料研究开发中心现有“山东省工程塑料工程技术研究中心”的氟塑料制品研发生产基地。该研发生产基地设在山东省森荣塑业科技有限公司，作为合作各方战略合作的平台，将氟塑料制品及相关产品的研发生产全部纳入该平台，使该平台成为行业技术革新，项目开发，员工培训，产业发展等的有力支撑，共同促进我省氟塑料产业的发展。

2. 重点支柱产业和产品优势明显

农用薄膜、编织制品、管材、土工合成材料、一次性塑料手套、塑料绳网等为山东省塑料制品的重点支柱行业，生产总量均列全国第一。在全部塑料制品总产量中，编织制品占比超过30%，管材、薄膜等分别占比13%~16%，比重相对较大。塑料制品生产和塑料加工专用设备制造相对发达，塑料

树脂及聚物有较好基础；挤出类产品生产设备有比较优势。随着市场范围的不断开拓，部分塑料制品生产企业向其上游塑料原料的生产领域发展，如塑料编织袋生产企业投资生产聚丙烯粉料，配套产业链日趋完善。

3. 产业集聚发展，规模效益明显

全省塑料行业共有国家级特色区域和产集群11个。18个产业基地以塑料编织、农膜、PVC增强软管、管材、塑料绳网等产品为主，分布在淄博、昌乐、聊城、德州、滨州、枣庄等地，汇集了3000多家企业，从业人员12万人，全部生产能力560万吨。2018年度完成产量468万吨，实现主营业务收入605亿元。特色区域和产业集群的培育发展，为山东塑料工业的规模和竞争力注入了新动力，不仅有力地推动了当地塑料产业的壮大发展，还促进了区域经济发展和社会进步。

四、存在的问题

我省塑料产业虽然规模总量处于全国领先地位，但与南方省份相比，在研发投入、品牌建设等方面还存在一些差距。产业大而不强，高端品牌和龙头企业少，发展受制于上下游产业。在全省万余家塑料制品生产企业中，85%以上为中小型企业，规模以上企业仅占企业总数的10%，企业单体抗风险能力及市场竞争能力较弱，总体呈现大而不强态势。在企业规模、品牌知名度等方面，与广东、浙江、江苏等省份相比均有一定差距。我省塑料行业的整体发展受制于上下游产业，汽车、家电、电子行业是注塑行业的重要客户端，我省虽是家电产业大省，但受模具产业水平制约和相关配套产业不健全的影响，对本省塑料注塑行业的拉动作用没有发挥出应有的水平。

研发投入不足，新材料研发滞后。一是我省塑料企业技术改造投入不足，设备改造更新缓慢，产品单耗高、浪费大，资源利用率低；科研开发投入比重低，龙头企业研发费用投入占比不足2%，研发投入总体不足。二是高技术产业发展缓慢，不能满足汽车、家电、医疗、航空航天、高铁、海洋等快速发展行业领域对塑料新材料的高要求、高需求。三是由于研发投入政策扶持的落后，新工艺、新材料、新技术研发和推广应用不足，高新技术产业增加值占整个行业生产总值的比重仅为3.5%左右，远低于发达国家和新兴工业化国家以及发达省份水平。

高级技术人才短缺，自主创新能力弱。一是企业普遍存在人才培训体系不健全、供给短缺等问题，企业管理人才、设计人才及高级技工匮乏等问题较大，招工难、留人难现象比较突出。我省塑料行业万余家生产企业的65万员工中，技术员工仅占1/3左右且多为初级工，技工、技术员、工程师和高级工程师仅占4%左右；80%的企业缺少高端研发人才和高技能操作员工。二是劳动力成本不断上涨，企业用人成本压力较大。三是自主创新能力弱，省级及以上企业技术研究中心数量12个，数量、实力与浙江、广东等省份相比差距较大。

产业和产品结构不合理。一般产品相对过剩与技术含量高、附加值大的产品短缺同时并存。低附加值产品（如农地膜、编织制品、普通管材、PVC塑胶手套等）比重偏大，高技术含量、高附加值的产品（汽车、家电、医疗、航空航天、高铁、海洋等行业领域配套产品）比重偏低；挤拉吹工艺产品比重大，附加值高的注塑产品比重较小；制品加工能力过大，专用设备及模具加工能力不能满足制品生产的需要，在主要塑料产品企业中，80%以上的产品产能利用不足。在全省全部塑料制品总产量中，日用制品、包装、泡沫塑料、板片材、型材等分别占比仅为5%左右，比重过低。产品同质化现象突出，档次不高，附加值较低，许多高档塑料制品仍然需要从外省市或外国调入。企业产品品种更新换代以及具有地方特色和地域特征的创新产品发展缓慢，不符合整体行业发展水平。

塑料机械、塑料模具等配套产业落后于塑料制品加工。塑料机械是为塑料制品提供加工装备的，是整个塑料产业中最能体现核心技术价值的领域，也是最能影响我省塑料产业快速发展的领域。目前，我省塑料机械产业发展落后于塑料工业，不能满足塑料工业较大的市场需求。我省现有塑料制品加工企业80%以上的装备来源于国产塑料机械，其中先进设备仅占20%~30%，而所获得的销售收入只有20%，同样数量的出口产品价值仅为进口产品价值的1/2左右。

五、下一步发展目标

1. 总体目标

到2020年，全省塑料行业规模以上企业主营业务收入达到4225亿元，年均增长8%；利润总额260亿元，年均增长7%。

2. 产业结构明显优化

完善挤出和注射等塑料产业链条，加速加强塑料机械、模具产业配套能力和上下游合作程度，提高塑料模具的设计和加工水平，增加高技术含量、高附加值的注塑产品比重。

3. 整体研发投入逐步增加

塑料制品加工企业设计研发和产权保护意识明显提高，自主研发和合作研发投入加大，龙头企业建立起比较成熟的自主研发团队或平台。到2020年，全省塑料制品业研发费用投入平均占比达3%，龙头企业研发费用投入占比达到5%，行业技术研发平台达到5个，省级及以上企业技术研发中心数量达到15家。

4. 品牌优势明显提升

企业品牌建设成绩明显，企业差异化定位更加清晰，产品档次及品牌包装明显升级。到2020年，中国驰名商标达到6个、山东名牌产品达到80个，山东省著名商标达到60个。

5. 产业集群综合实力进一步增强

国家级和省级塑料产业集群规划更加合理，业态布局更加完整，产业链配套更加完善，集群内公共技术、人才、贸易、电子商务等平台更加成熟。到2020年，国家级产业集群达到15个，省级产业集群达到8个。

6. 发展重点

重点发展领域：材料领域；制品领域；装备制造领域；加工工艺领域。

重点发展产业和产品；农用塑料；塑料包装材料；塑料建材；工程塑料；汽车用塑料；塑料及轻量化新材料；日用塑料制品。

重点发展技术；创新思维，改造和替代传统生产加工技术；循环经济、资源代替和拓展技术；塑料新材料技术；塑料机械、模具的设计加工技术。

重点培育发展产业集群；围绕区域特色产品，着力发展特色区域经济。巩固发展现有的12个国家级和6个省级产业集群；重点培育淄博一次性塑胶手套、泰安和莱芜塑料土工合成材料、临沂塑料小商品的生产与销售等产业基地；重点引导、规范莱州、昌乐、莒县、章丘等地的塑料再生资源利用产业，通过产业园区建设，将塑料再生资源利用企业引入园区，规范管理，借以减轻环保压力。重点培育济南、章丘、青岛等塑料模具加工集群建设。

（山东省塑料协会　潘庆功）

河南省

一、大事记

2018年1月23日，河南省塑料协会会长段同生，副会长、河南塑协塑料包装专委会主任党志军、副秘书长窦俊岭、秘书处秘书张扬等考察河南投资集团资产管理有限公司和巨化集团有限公司合资成立的食品包装重点企业郑州宝蓝包装技术有限公司。

2月12日，河南省塑料协会会长段同生、秘书张扬等到河南省南乐县产业集聚区参观考察省内主要木塑加工企业濮阳市东宝科技有限公司。

3月9日，由雅式展览服务有限公司和河南省塑料协会联合举办的“创新塑未来——新材料、新工艺应用技术（中西部）交流会”在郑州成功召开，会议邀请了中国塑协原会长廖正品和重庆、四川、山西、甘肃、云南等省份塑料行业协会领导，河南省工信厅相关领导和省内电线电缆、皮革、汽车、医疗器械、洗涤业、包装技术、工业设计等行业协会专家领导，以及省内外塑料行业企业家200多人参加了此次盛会。

3月10日，2017年度河南省塑料协会年会胜利召开，来自全省各地及部分兄弟省份塑料行业的教授、专家、学者、企业家等100余人出席了会议。

3月27日，河南省濮阳市南乐县向“白色污染”宣战，出台“禁塑令”，发布《关于治理白色污染推广使用一次性可降解塑料制品的实施意见（试行）》禁止生产、销售、使用不可降解的一次性塑料制品，违者将处以最高2万元罚款。这也是河南省开出的首个“禁塑令”，推广使用可降解塑料制品。根据“禁塑令”，所禁之“塑”是指用石油基原料生产的、在自然环境下不可降解的一次性塑料制品。南乐“禁塑”将分步实施：对于一次性可降解塑料制品，4月1日起，县政府机关、企事业单位开始使用；6月1日起，超市、商场、集贸市场、外卖、快递、饭店等零售和服务场所开始提供使用；10月1日起，农业生产领域开始使用，政府拟将实行资金补贴。

4月18日，为推动我省塑料行业转型升级持久发展，共同探讨产教融合思路，搭建职业化教育和企业之间校企合作桥梁，河南省塑料协会会长段同生、秘书长窦俊岭等领导来到河南省工业设计学校考察交流。与该校校长李刚、副校长马西超、轻化工程系主任李宏兵、校企合作就业办主任郭建军等领导座谈沟通，研讨塑料行业职业化教育新思路。

4月24~27日，第三十二届中国国际塑料橡胶工业展览会（CHINAPLAS 2018国际橡塑展）在中国上海虹桥国家会展中心举行。100多家河南省内塑料行业企业300多人参展参观，通过展会提供的宝贵契机，为河南省塑料行业从原料、设备到技术和研发整个产业链，全方位、全要素都提供了不可多得的学习交流机会，有效推动了河南塑料行业的转型升级和高质量发展。展会期间，河南省塑料协会段同生会长和窦秘书长参加了中国塑机协会六届四次理事扩大会议，段同生会长作为中国塑协特邀副理事长出席了中国塑料加工工业协会七届三次理事扩大会议。展会期间，段同生会长还与香港雅式展览服务有限公司董事长朱裕伦先生就今后双方深度合作进行了沟通交流。香港雅式展览服务有限公司陈宝仪女士代表雅式公司给河南省塑料协会颁发了雅式四十周年“尊贵合作伙伴”奖牌。

6月11日，山西省塑料行业协会秘书长王慧凯到访河南省塑料协会，与段同生会长就两省塑料行业相关工作沟通交流。山西和河南是近邻，在推动当地塑料行业发展工作上有大互补性，王秘书长和段会长就加强两省塑料行业之间的合作达成共识，两家协会将为推进两省塑料行业深度交流交往做更大的努力。

8月18~19日，“2018第十五届先进成型与材料加工技术国际研讨会”在宁夏回族自治区省会银川市政府会务中心隆重举行，河南省塑料协会会长段同生与郑州大学橡塑模具国家工程研究中心及郑州郭氏塑料环保工程有限公司、信阳九州精工科技有限公司等相关企业领导参加了此次盛会。

10月11日，第十八届中国塑料交易会（简称塑交会或China PEC）在浙江省台州市国际会展中心隆重开幕！展会同期举办台州国际机床工具展览会、台州国际机器人及智能工厂展览会。河南省塑料协会会长段同生、秘书长窦俊岭和协会副会长、郑州郭氏塑料环保工程有限公司董事长郭晓恩、信阳众泰智能机械科技有限公司董事长乔传阁、河南省济源科汇材料有限公司总经理张永平、郑州全新塑胶制品有限公司总经理朱保亚、郑州银利包装公司总经理张银喜等部分会员企业领导组团参加了本次行业盛会。

10月28日，由中国塑料加工工业协会主办的“2018中国国际塑料展暨第三届塑料新材料、新技术、新装备、新产品展览会”在南京国际博览中心胜利召开，河南省塑料协会与会员企业河南洋浦科贸有限公司、郑州郭氏塑料环保工程有限公司、河南松亚新材料科技有限公司、广东拓斯达科技股份有限公司、郑州顺风船塑料助剂有限公司、信阳众泰智能机械科技有限公司、河南省济源科汇材料有限公司、郑州市腾达化工有限公司、偃师市同创塑料制品厂等多家企业展出产品、参观采购。展会期间协会段同生会长作为中国塑料加工工业协会特邀副理事长出席了中国塑料加工工业协会七届四次常务理事扩大会议，代表河南省塑料协会参加了“2018中国国际塑料展暨第三届塑料新材料、新技术、新装备、新产品展览会开幕式”、“2018年中国塑料加工业科技大会”、“2018塑料新材料、新技术、新成果交流会暨高分子材料加工成型与先进制造研讨会暨第四届中国塑料/化工研究所发展论坛暨中国塑协专家委员会年会”等同期大型活动。段同生会长被聘为第四届中国塑料加工工业协会专家委员会“企业管理专家”。在“2018中国国际塑料展欢迎晚宴”上，展会组委会向河南省塑料协会颁发了“优秀组织奖”和“合作伙伴”奖牌。

11月12日，“全国线缆行业商协会秘书长（会长）联谊交流会”在郑州胜利召开，河南省塑料协会会长段同生、秘书长窦俊岭出席了会议。

12月22日，2018河南省塑料协会年会在驻马店经济技术开发区、河南省塑料管材龙头企业河南惠洁管业有限公司胜利召开，本次年会以“抓住机遇　创新发展　合作共赢”为主题，邀请了政府相关部门领导以及来自省内外塑料行业的企业家、教授、专家、学者等150多人出席了会议。会议总结了2018年河南省塑料协会工作，完善协会建设相关内容；研讨省内外行业发展形势，探讨了当前塑料行业存在的困难和出路，提出了新年度的发展目标。会议同时还举办了以“新材料、新工艺、新科技”为主题的塑料产业创新论坛，河南省侨联副主席、河南省新能源商会刘东晓会长作了题为《从材料科技创新看塑料产业绿色发展》的报告；郑州大学橡塑模具国家工程研究中心常务副主任刘春太教授作了题为《轻量化和功能化高分子复合材料的加工研究进展》的报告；深圳市高分子协会王文广秘书长分享了《行业发展趋势和协会运营管理》；郑州轻工业大学材料与化学工程学院周立明院长作了《新时代背景下的塑料工业》的报告；克林斯曼新材料有限公司总经理任晓林作了《携越丝路 塑造未来——克林斯曼塑料材料一站式解决方案》演讲。通过各位专家、领导的讲座分享，为与会代表和行业企业提供了新技术、新材料、新产品及企业合作方向、发展思路等多方面的信息资源，为行业企业今后的发展提供了更大选择空间。

二、2018年河南省塑料行业基本情况

（1）河南省塑料产业发展迅速，增长速度已高于经济发达沿海地区，河南省塑料制品行业已成为我国的塑料制品八个产业大省之一，河南省所属市县已形成各具特色品类较多的塑料加工基地。

河南省作为人口大省、农业大省、新兴工业大省，塑料产业在全国举足轻重，塑料累计产量在全国名列前茅，2017年河南省塑料制品产量全国排名第三。受国际大环境及国内经济政策调整、环保治理等相关因素影响，特别农膜和发泡塑料的产量下降，2018年继续还在全国排名前十之内。伴随着中西部地区对塑料制品需求大幅增长，同时东部地区塑料产业的重心逐步向中西部转移，河南省塑料产业的发展又迎来新的机遇。在河南省及周边地区，汽车、电子、家电等行业有较好的产业基础，河南塑料产业市场发展潜力巨大，越来越多大中型企业看好河南市场，近年来很多外省企业到河南省投资发展。具有广阔的市场空间。

全省塑料产业状况，以省会郑州市为中心，辐射到周边地区新乡市、洛阳市、许昌市、开封市、周口市等，以汽车、家电行业为配套的塑料零件、城市建设配套的塑料管材、板材、化学建材，日用塑料等，已成为的中原经济区最大的塑料加工聚集区。商丘市发展成为全国最大规模“塑料钢卷尺”、“塑料打火机零件”集散地；鹤壁是全国最大的，有近百家塑料加工企业研发生产连接器科研、汽车电子产品，已成为全国最大的汽车电器塑料配件生产基地，河南周口农膜生产基地，在全省乃是全国具有规模及影响力。驻马店市借助历年召开“全国乡镇企业东西合作经贸洽谈会”得天独厚的优势，成为电动车及电动车塑料零部件加工集散地。平顶山神马集团国内的尼龙66生产基地，河南也是中原最大的医用塑料及医疗器械配件基地。特别值得一提的是，协会副会长单位，郑州大学橡塑模具国家工程研究中心2007年完成了“神七”出舱宇航服头盔面窗和相关塑料件的研制，得到解放军总装备部的高度肯定，作为全国20个获奖集体之一，荣获“中国载人航天工程突出贡献”奖励。

（2）河南省已经成为国家塑料大省，包括中国塑协及周边地方塑料行业协会建议河南省势在必行建立“河南塑料工业园”，塑料加工届呼声很高，此项工作已纳入河南省塑协今明年的主要工作，成立后将有力推动西北塑料交易市场的建设发展。

（3）河南省塑料制品产量下降原因，一是国际国内大环境影响，环保严格，再生料使用范围越来越规范，用量出现下滑。2013年，海关开展为期10个月的“绿篱”专项行动，导致废旧塑料进口量较上年大幅减少。2015年，海关总署与环保部联合开展“许可证专项行动”，严格管理废旧塑料许可证。2017年，国务院发布关于禁止洋垃圾入境推进固废进口管理的通知，涉及废旧塑料的税则号55个，2017年进口量582万吨，同比下降20.6%。政府加大了对环保的督查力度，新料对废旧料替代性进一步增加。二是塑料制品行业洗牌，经过逐步行业结构调整，加上环保和贸易壁垒的压力，产业的集中度将进一步提高。中大型企业信托完善的生产环境，环保污染处理设备齐全，及稳定的客源等优势，得以在塑料制品行业立足发展，而小微型企业作坊因分布散、原料采购杂、技术水平低等问题，在全国各地环保督查加严背景下，逐渐被市场所淘汰。2018年新修订的《快递封装用品》系列国家标准9月1日起生效实施。标准对快递包装提出绿色化、减量化、可循环三大新要求。据统计，2017年国内在快递和外卖业务的塑料包装用量达到了450万吨，快消品包装所产生的环境污染日益严重。新规的出台预计将对塑料制品需求产生一定负面影响。尽管塑料制品产量下滑，但对于未来的制品行业，政策的引导仍将引导制品行业进一步发展，如国内基础设施建设步伐加快，汽车轻量化、智能家电行业的快速发展，“一带一路”“煤改气”等政策大背景下，塑料制品功能得以提升，制品行业向高质量化方向发展，同时环保督查将进一步促进制品行业的转型升级。

河南省由于历史和区位因素，工业基础比较薄弱，现有塑料加工专用设备生产落后于广东、浙江、江苏等沿海地区。

三、2018年度的主要工作

2018年是改革开放40周年的特殊纪念之年，

是贯彻党的十九大精神的开局之年，是决胜全面建成小康社会、实施“十三五规划”承上启下的关键一年。是中国重温历史、展望未来的特殊之年。40年来，国家发生了巨大的变化。2018年，中国是全球第二大经济体，经济总量占全球14.8%，40年来我国GDP从1978年人均384美元，2018年中国人均GDP将达到9281美元。

塑料工业作为我国轻工业行业支柱产业，近年来增长较快，在一定程度上也是国民经济状况的晴雨表。2018年塑料加工业整体运行平稳，保持增长态势，塑料制品产量为4519万吨，河南省的塑料制品产量439.09万吨，同比幅度有所下降。

河南塑料协会自2016年3月份召开创会会员大会以来，已经走过了3年历程，协会遵循《章程》，在省民政厅、省工信厅、省科协等部门的支持帮助下，始终以“服务会员、服务政府、服务社会”为宗旨，积极开展工作，实现了“强化协会组织建设，打造国内外影响力、突出为会员做好服务”的工作目标。

1. 围绕服务，加强协会自身建设

协会成立时间短，迫切任务就是自身建设。协会在以“服务”为中心，按照“艰苦创业、勤俭办会”的方针，加强了组织机构、人员队伍和制度建设。

（1）构建架构、完善组织。为了更好地做好工作，协会在专职人员不足的情况下，2018年推选河南惠洁管业有限公司董事长贾陆军、新乡金泉塑胶制品有限公司董事长王善有二位同志入职副会长，充实了协会领导层。特聘了张晓静等七位院校和企业业务骨干为副秘书长，壮大了协会秘书处队伍，秘书处下设办公室、会员部、会展部等工作部门，其目的就是更好地服务会员。

（2）加强管理、规范办公。协会按照国家和河南省民政厅健康办会、规范办公的有关法律法规和制度要求，相继制定完善了协会办公制度、印章管理制度、财务管理制度，分支机构管理制度、以及会员服务条款等；使工作开展职责明确，行为规范。

（3）加强党建、规范思想领先。根据中共河南省委办公厅《关于加强社会组织党的建设工作的实施意见》精神要求，协会非常重视党建工作。在不具备组建基层党组织的情况下，积极争取驻地党委支持，加强与其他社会组织的党组织联系，请求驻地党委派专人作为协会党建联络员，指导协会的党建工作。

（4）建设完善“河南省塑料协会官方网站”和微信平台。为了架起我省塑料行业走出河南、走向世界的桥梁和搭建会员相互沟通的平台，协会在原来网站、公众号基础上，增加完善网站功能，与国内外塑料行业、媒体、相关企业等专业网站相连接，提供造势宣传、信息发布、品牌推介等服务。一年来利用网站，公众号、微信群宣传报道协会的工作通讯、行业新闻、行业资讯、政策法规、企业推介等达500多篇次，专业人员阅读关注30000多人次。

（5）会员单位不断壮大。一年来，省内塑料行业企业相继踊跃入协会。其中增加副会长单位2家，推举副会长单位3家。增加常务理事单位8家，理事单位16家。涵盖河南省塑料产业以及之相关行业的企业。

（6）表彰年度先进、树立榜样，弘扬先进企业和个人。3月份在2017年度总结表彰大会上，协会决定，授予56家会员“2017年度河南省塑料行业先进单位”，授予会员单位37名同志“2017年度河南省塑料行业先进工作者”，授予11名同志“2017年度河南省塑料行业先进科技工作者”。

2. 以服务为宗旨，服务政府、助推行业发展

协会把“服务”作为一切工作的出发点和归宿点，坚持不懈，履职尽责。

（1）深入走访、了解需求、做好会员帮手。一年来，协会领导和秘书处人员积极深入基层调查研究，先后走访考察调研金泉塑胶、仲达塑胶等30多家会员企业。深度了解企业发展情况和在新形势下遇到的问题和困难，召开座谈会、策划企业团队市场营销，对企业职员进行专业培训，解决企业发展出现的难题，为企业发展做好顾问参谋。

协会专门邀请和接待了部分会员到协会来访座谈，聆听企业发展状况，了解企业诉求，指导企业经营发展。

（2）建言献策、服务政府。一年来，协会积极参加民政厅、工信厅等部门组织的各种会议。安排会员参加省工信厅组织的“工业设计创新驱动能力专题对接活动”。参加环保厅举办的“消耗臭氧层物质经营活动备案工作培训班”，学习环保政策法律。参加省工信厅组织的“设计扶贫动员推进工作电视电话会议”。协会还特别邀请省退休老领导来协会座谈指导工作，同时也为省有关部门介绍行业情况，为省政策研究机构提供有价值的情报信息，为政府决策提供参考服务。

3. 资源共享、合作共赢、服务社会

社会是一切组织机构生存的基壤。协会只有扎根社会，服务社会，才能有旺盛的生命力。一年来，协会开拓创新，积极开展对外合作。扩大协会在国内外的影响力。

（1）3月份，与香港雅式会展服务公司合作，共同主办了「CHINAPLAS 2018 国际橡塑展－创新·智造·塑料科技分享会」，11月份协办“重庆举办了第八届 CPRJ 车用塑料技术论坛展示会暨2018重庆汽车行业年会”，与全球行业学术界影响力的先进成型技术学会合作，协办“2018第十五届先进成型与材料加工技术国际研讨会”。

与国内有影响的会展公司建立联系，北京国威、济南恒展等，利用展览会，宣传推介协会，提升协会国内外的影响力。

（2）组织会员参加国内知名展览会，宣传力推会员产品，提升河南塑料产业形象。4月下旬，由协会直接组织的就有40多家会员单位100多人，参加“2018年第三十二届中国国际塑料橡胶工业展览会”。会议主办方香港雅式展览服务有限公司为协会颁发了雅式四十周年“尊贵合作伙伴”奖。

10中旬，协会组团参加浙江省台州市举办的“第十八届中国塑料交易会组委会”，郑州郭氏塑料环保工程等10多家会员企业参加了本次行业盛会。

（3）与中国塑协、中国塑机协会建立良好关系，承担了《中国塑料工业年鉴·河南篇》的编写工作，积极参加中塑协的各种活动。4月份、段同生会长和窦俊岭秘书长代表协会在上海参加了“中国塑协七届三次理事扩大会议”和“中国塑机协会六届四次理事扩大会议”。

10月下旬，协会10多家会员单位代表，参加中国塑协在南京主办的“2018中国国际塑料展暨第三届塑料新材料、新技术、新装备、新产品展览会”。河南松亚新材料科技、信阳众泰智能机械等携带制品和资料展出，展示了河南省有代表性的优质产品。展会期间，段会长以中国塑协副理事长的名义参加了“2018中国国际塑料展暨第三届塑料新材料、新技术、新装备、新产品展览会开幕式”、“2018年中国塑料加工业科技大会”、“中国塑协专家委员会年会”等，协会荣获组委会颁发的“优秀组织奖”和“合作伙伴”荣誉称号。段会长被中塑协专家委员会聘为“企业管理专家”。

（4）加强与塑料行业内组织及省内跨行业领域合作。协会与政府脱钩后处于自我发展转型阶段，在大趋势下，协会必然融合发展，坚持自我管理，自我约束，自我发展，资源共享，合作共赢。协会利用河南塑料产业优势，与国内其他省份塑料协会联合。提升河南塑协在国内的地位和影响，努力发展中国中西部塑料产业。

协会与山西塑协、广东塑协、湖南塑协、海南塑协、天津塑协、安徽塑协、陕西塑协、江苏塑协、重庆塑协，深圳高分子协会、深圳塑胶同业公会、汕头塑胶商会等兄弟协商会建立了友好关系，友好相互往来，互相学习交流。4月中旬和12月上旬，段会长应邀参加重庆塑协年会和山西塑协年会。今年8月份，66家省级协会、商会共同发起成立“河南省协商会合作组织”，河南塑协推选为该组织的主席团成员。

（5）多方位加强合作，拟建塑料产业园，为行业服务。一年来，协会与行业外的企业集团如华夏幸福、聚方科技建立合作关系。利用各行业固有的条件优势，多方位、多渠道合作。8月份，协会组织会员20多人到华夏幸福武陟县产业城，参观武陟县未来城市规划，为会员考察生产用地，借鉴兄弟省份经验，拟建中原塑料工业园。10月下旬，协会考察郑州聚方科技园，为协会会员考察寻找集研发、办公、融资等功能郑州发展平台。

协会一年来也存在着诸多不足，由于人手少，缺乏经验，经费匮乏等原因，一些工作还是差强人意，一些工作未有效开展，自身建设还有待加强，这都有待于今后提高和加强。

（河南省塑料协会　段同生　窦俊岭）

湖南省

一、大事记

（1）2017年4月12日至13日，组织参加了在湘潭举办的中国塑协线缆材料专业委员会成立大会。会议期间。会长王小红同志热情欢迎和接待了中国塑料加工业协会领导朱文玮到本协会及湖南相关塑料企业考察和调研。并陪同朱文玮会长到湖南省塑料行业协会会长单位湖南省塑料研究所及湖南路路通塑业有限公司、湖南兆恒材料科技有限公司、湖南科天新材料有限公司等企业和研究单位考察和调研。

（2）2017 年 5 月 15 日协会会长王小红参加中国塑协在广州举办的七届二次理事扩大会议及组织参观全国塑料行业地方第三十一届中国国际橡塑展。

（3）2017 年 10 月 25~27 日，协会王小红会长和秘书处参加了 2017 中国塑协专家委员会年会；

（4）2017 年 12 月 12 日，协会王小红会长和秘书处周晓安同志参加了在大连塑料所召开的全国塑料制品标准化技术委员会年会及相关标准审查会。

（5）2018 年 11 月，湖南省塑料行业协会微信公众号成功开通。通过《湖南塑协》公众号，介绍湖南塑协的工作，动态、塑料行业发展等资讯；

（6）湖南省塑料行业协会参与编制的《湖南省轻工业十三五发展规划》发布，相关塑料行业项目同时发布实施。

（7）2018 年 10 月 11 日，湖南省塑料行业协会会长王小红及部分会员企业领导组团参加了第十八届中国塑料交易会。

（8）2018 年 12 月 5~12 月 6 日《食品包装用复合膜袋生产技术规范》和《一次性餐饮具生产技术规范》两个地方标准审查会在湖南省长沙市顺利召开，湖南省塑料行业协会王小红会长作为专家参加了本次标准审查会。

（9）积极参加中国塑协和各地方塑协组织的相关会议活动。

二、基本情况

1. 产业基本情况

党的十九大以来，湖南省塑料工业企业发展方向更清晰，紧跟国家经济发展趋势，把提高供给体系质量作为主攻方向，深化企业供给侧结构性改革；发展脚步更有力。努力把握国家建设现代化经济体系、建设创新型国家、保障和改善民生、建设美丽中国等方面的机会，不断推进湖南省塑料产业的结构调整，加快湖南省塑料工业企业的转型发展，使得湖南省塑料产品制品产量仍保持较快增长。

2. 湖南省塑料行业十三五新技术新产品重点发展方向

采用共挤和复合技术、改性和合金化技术，推动塑料制品向功能化、轻量化、复合化、生态化发展。重点发展包装、建筑及市政建设、工业、农用、汽车等塑料制品。大力发展阻燃塑料、3D 打印塑料耗材、PMI 泡沫塑料等特种功能塑料。推广绿色印刷，开发安全环保塑料包装产品。配套湖南汽车、高铁产业发展，积极引进塑料先进设备制造、模具、塑料加工企业，加大汽车用塑料件的开发生产，提升模具设计加工水平，做大做强塑料配套产业。推广应用废旧塑料回收再利用技术，加强废弃塑料回收利用。加快建设长沙、株洲、岳阳、永州塑料加工基地，推动湖南省塑料产业集群化发展。

3. 参与编制“十三五”规划

湖南省塑料行业协会参与编制的湖南省经济和信息化委员会组织发布的《湖南省轻工业十三五发展规划》中有关湖南省塑料工业行业重点建设项目如下。

序号	企业名称	项目名称	建设内容、规模	总投资/万元	起止年限	所在市
1	湖南科天新材料有限公司	环保型无卤高阻燃功能材料技术研究及产业化	建设 2 万吨环保型无卤高阻燃聚乙烯功能材料产业基地	6000	2015~2020	长沙
2	湖南省塑料研究所、湖南科天新材料有限公司	“3D 打印塑料耗材”高分子材料技术研发联合筹建项目	开发工程塑料、光敏塑料、橡胶类材料三大系列 3D 打印耗材，形成完善的研发、产销体系。	300	2015~2020	长沙
3	湖南兆恒材料科技有限公司	6000 米^3/年 PMI 泡沫材料研发生产项目	在原 PMI 泡沫中试生产线的基础上进行扩能改造，建成产能 6000 米^3/年生产线，年销售收入达 2.4 亿元。	6000	2016~2020	长沙

续表

序号	企业名称	项目名称	建设内容、规模	总投资/万元	起止年限	所在市
4	湖南华鑫绿能科技有限公司	年产200万米新型复合材料护栏板生产项目	配套设备、板挤出及配件生产设备，生产车间及配套设施建设	10000	2016~2020	常德
5	常德市武陵金德镭射有限公司	防伪材料生产项目	建设高档镭射防伪包装材料生产线	70000	2014~2020	常德
6	常德神舟建材有限公司	新建PVC木塑建筑模板生产线项目	PVC建筑模板生产线	11000	2016~2020	常德
7	常德远超塑料制品有限公司	年产5万吨生物基全降解塑料制品开发项目	建筑面积5.15万米^2，年产生物基全降解塑料制品5万吨	35000	2016~2020	常德
8	澧县五金塑胶制品有限公司	五金塑胶制品项目	生产童车、摇篮系列产品	20000	2016~2020	常德

三、存在问题

湖南省塑料加工业虽然实现了多年的快速发展，年均增长率超过国民经济增长率，但受国内外经济形势发展变化的影响，全省塑料行业产业结构不合理、科技创新能力低、生产力成本不断攀升等仍是制约着湖南省塑料行业发展的重要因素。

党的十八特别是十九大以来，国家提出面对资源约束趋紧、环境污染严重、生态系统退化的严峻形势，必须树立尊重自然、顺应自然、保护自然的生态文明理念，走可持续发展道路。习近平总书记在十九大报告中指出，加快生态文明体制改革，建设美丽中国。

湖南省塑料工业必须把握国家经济这一发展大趋势，在生态文明建设中创新技术，求得发展。但是湖南省塑料工业以民营经济占主导地位，党的十九大以来，我国民营经济站在一个新的历史起点上，既迎来了新的机遇，也面临着新的挑战。民营经济不仅与国有经济处于平等的竞争地位，也同样承担着国民经济发展的战略性任务，同样接受着国内外市场竞争的严峻考验。在这样一个新的历史时期，我国民营经济将如何定位，这个问题值得我们深入探讨。湖南省塑料工业的发展面临不少困难和问题，具体体现在：

1. 科技创新能力偏低、缺乏竞争力

湖南省塑料工业整体状况相对落后，科技创新的能力有限，缺乏自主知识产权技术，特别是缺乏企业和高等院校、科研院所的有效结合，共同开发产品的技术创新能力偏低，同时湖南省塑料工业生产装备水平不高，大量高能耗、低产能的加工设备仍在使用，导致企业加工工艺技术相对落后，市场竞争能力弱。

2. 人力成本上涨，劳动力短缺

随着劳动力成本不断增加，使得企业成本增加，用工缺口增大，直接影响到企业的经济效益。用工缺口和用工成本上升，是企业面临的双重压力。用工的缺口特别是高专业技术水平人才的缺乏，对湖南省塑料行业的发展影响巨大。

3. 中小企业融资困难，资金短缺

中小企业作为湖南省经济的重要组成部分，在实施中部崛起战略中的作用日益加大。湖南省塑料企业3000余家，绝大部分是中小型企业，而湖南省塑料中小企业融资的现状是：融资渠道狭窄，主要靠企业自身内部积累，同时中小企业获得银行贷款的难度很大。目前湖南省中小企业仍居中下水平，发展速度偏低，效益低下，其进一步发展仍然面临着资金短缺的难题，因此极大地制约中小企业的快速发展和做强做大。

4. 生产成本上升，企业压力加大

原材料价格上涨，劳动力成本上升，企业生产成本逐年加大，湖南省企业原材料购进与产品出厂价格“高进低出”明显，导致企业压力不断加大。同时湖南省塑料行业中小企业普遍负税较高，导致企业盈利减少而加剧了企业的资金紧张状况，企业的技术改进受到了更大程度的限制，进而加大了企业的经营风险，甚至对下游行业的产量和质量带来隐患，最终可能陷入恶性循环，使企业缺失竞争力。

5. 政府支持力度有限

湖南省塑料行业企业大规模、有影响力的塑料集团公司不多，大多数是小微型企业，产业集中度低。在我国沿海及发达省市地区，政府对塑料行业企业给予了重点支持，特别是对中小微型企业的扶持力度逐年增加，而湖南省塑料行业政府虽然给予了一定的支持，但力度还远远不够，而政府的支持是中小微型企业发展的重要力量，对处于快速发展的湖南塑料行业作用至关重要。

6. 产业结构不够合理，绿色环保产品发展滞后

产业结构不够合理也是影响湖南省塑料行业发展的一个重要因素。湖南省塑料企业以中小企业为主，小微型企业、家庭作坊式企业数量众多，技术力量薄弱，产品都是以中低档次产品、老产品为主，缺乏高档次、高技术含量和绿色环保的产品，且产品的种类雷同、质量良莠不齐，很大程度上制约着湖南省塑料行业的发展。

四、市场前景

准确把握我国发展的内外部环境，2018 年，我国经济运行平稳、稳中有进，但也面临“稳中有变、变中有忧，外部环境复杂严峻，经济面临下行压力”的局势。从内部看，为解决长期积累的结构性矛盾，我国深入推进供给侧结构性改革，在取得成绩的同时也遇到一些困难、矛盾和挑战。

根据湖南省塑料工业发现现状和市场行情，今后湖南省塑料行业发展的主要趋势表现在以下几个方面：

1. 农村市场

湖南省是一个农业大省，拥有 5750 万亩耕地，4200 多万农村人口。随着经济的发展，农用塑料制品已成为湖南省现代农业发展中不可缺少的生产资料，特别是在推进新型城镇化过程中，将农村土地改革、发展现代农业与乡村振兴有机结合，为推动乡村产业兴旺、促进城乡一体化发展提供合力，以农业结构战略性调整为主线，大力推进农业产业化经营，农业经济运行质量有了明显提高。因此，在发展现代农业、建设社会主义新农村的新形势下，我们要大力推广农用薄膜、农用沼气管、农用塑料节水器材等农用塑料的应用，支持湖南省自主农用塑料品牌的生产与销售，把提升湖南省塑料农业技术水平作为研发重点，以推进湖南省农业的结构调整、农民增收。

从“绿水青山就是金山银山”科学论断提出以来，湖南干部群众把美丽湖南作为可持续发展的最大本钱，护美绿水青山、做大金山银山，不断丰富发展经济和保护生态之间的辩证关系，在实践中将“绿水青山就是金山银山”化为生动的现实，成为千万群众的自觉行动。乡村，白墙黛瓦、一尘不染，是湖南农村的发展趋势，更是老百姓的期盼，建设美丽乡村，对湖南塑料行业来说，蕴藏着巨大的市场机会。比如湖南省塑料行业知名企业湖南路路通塑业股份有限公司，准确把握这一趋势，研制成功的新产品——“光伏瓦”成功获得国家发明专利授权，该产品完美实现了“板瓦合一”，为屋顶光伏安装开辟了全新模式，市场前景不可估量。

2. 汽车工业

随着湖南省新型工业化进程的不断推进，汽车工业在湖南省已成为支柱产业并作为重点扶持产业在发展，据统计湖南全省规模以上列入国家汽车生产企业及产业公告的 35 家，产能已达到约 30 万辆。预计到 2015 年，湖南省汽车产能将达到 100 余万辆，汽车塑料零部件材料的需求将达到 8 万吨左右，其市场前景是非常巨大的。

3. 家电行业

在家电行业中，产品塑料化已经成为家电行业中重要发展方向发展之一，塑料已成为家电领域应用量增长速度最快的材料，近几年每年平均增长速度达到 30% 左右。目前塑料在家电中用量已占重量比的 40%，并随着新型环保、绿色健康材料的研发生产和应用，国内家电市场必将迎来新一轮消费结构的快速升级，从而带动塑料行业的整体发展。

4. 基础设施类建设

“十二五”期间，湖南省委省政府将“一化三

基”战略调整为“两化三基”，即在原来的新型工业化的基础上增加“新型城镇化”提法，而城镇化进程的加快，推动了湖南省塑料管道行业的快速发展，城市给排水、市政排污管道等基础设施用塑料管道市场需求旺盛。随着湖南省高铁、长沙地铁工程的建设，高性能化工程塑料需求量明显增多，如特种结构泡沫材料、塑料轴承、电子电器用塑料元件等，因此，湖南省塑料企业应加大科研投入，依托技术，实现自主创新，推动湖南省工程塑料技术发展，为湖南省支柱产业做好配套服务。

5. 高铁技术

高铁技术，是湖南工业的一张世界级的名片，发展潜力巨大。石门至常德段——石门至常德段已完成预可研审查；常德至益阳段——常益长铁路（350km/h）已于2017年12月26日开工建设；娄底至益阳段已开展前期研究；娄底至邵阳、邵阳至永州段已开展前期研究，线路全长97.7千米。上述这些高铁线路，有的在进行前期研究，有的已经完成研究报告，有的已经在开工建设。这些重大工程的建设，需要大量的功能性工程塑料，谁把握了时机，加大高技术工程塑料的研发，乘势而上，谁就获得了宝贵的发展机会，搭乘湖南经济发展这趟高速列车。

（湖南省塑料行业协会　王小红　沈友良）

广东省

一、基本情况

1. 行业、企业规模

2018年广东省塑料制品制造业规模以上企业3375个，比上年增加414个，从业人员69.21万人，比上年减少3.53万人。规模以上企业资产总计3285.88亿元，同比增长4.4%。全行业规模以上企业数、资产总计均比上年有所增长。未列入塑料制品统计的塑料鞋制造业规模以上企业294个，从业人员4.74万人，资产总计82.01亿元。

2. 塑料制品产量

2018年，广东省塑料制品产量1002.1万吨，同比-5.2%，比上年下降4个百分点，占全国产量16.59%，比上年提升3.08个百分点。其中：塑料薄膜201万吨，同比-3.1%，占全国同类产品17.03%，比上年提升1.89个百分点，占广东省产量20.06%，比上年下降1.63个百分点。泡沫塑料57.8万吨，同比增长3.5%，占全国同类产品23.88%，比上年提升7.46个百分点，占广东省产量5.77%，比上年提升1.26%。人造革合成革29.1万吨，同比增长3.1%，占全国同类产品9.72%，比上年提升0.23个百分点，占广东省产量2.9%。与上年持平。其他塑料541.1万吨，同比-6.1%，占全国同类产品14.39%，比上年提升2.48个百分点，占广东省产量54%，比上年降低1.94个百分点。日用塑料173.1万吨，同比-8.45%，占全国同类产品30.96%，比上年提升8.12个百分点，占广东省产量17.27%，比上年提升2.31个百分点。未列入塑料制品统计的塑料鞋产量16.45亿双，同比-0.51%。

2018年，广东省塑料制品产量增幅较上年为负增长，低于全国平均增幅。列入统计的5个分类产品中有4类产品增幅低于全国同类产品增幅，仅人造革合成革产量增幅略高于全国同类产品增幅，日用塑料、其他塑料和塑料薄膜产量增幅为负增长。塑料制品总产量、泡沫塑料、日用塑料、其他塑料产量占全国比重居省份第1，塑料薄膜产量比重居省份第2，人造革合成革产量比重居省份第5。全部5个产品产量占全国同类产品比重较上年提升，其中泡沫塑料、日用塑料产量占全国比重比上年分别提升了7.45和8.12个百分比。塑料制品总产量占全国比重提升3.01个百分比，居省份首位。广东省是塑料制品加工业大省。

3. 塑料制品加工业产值、销售值

2018年，广东省塑料制品加工业产值4511.25亿元，同比增长5.5%，销售产值4437.85亿元，同比增长4.2%。其中，列入统计的9个分类产品：塑料薄膜产值604.47亿元，同比增长8.1%，销售产值594.77亿元，同比增长7.8%。塑料板、管、型材产值578.75亿元，同比增长15.4%，销售产值567.58亿元，同比增长15.5%。塑料丝、绳及编织品产值118.4亿元，同比增长3.1%，销售产值116.54亿元，同比增长 2.6%。泡沫塑料产值 174.97 亿元，同比增长 12.3%，销售产值 172.5 亿元，同比增长 11.8%。人造革合成革产值 107.1 亿元，同比增长 7.3%，销售产值 106.04 亿元，同比增长 7.1%。塑料包装箱及容器产值 322.26 亿元，同比增长 9.0%，销售产值 317.32 亿元，同比增长 8.8%。日用塑料产值 521.34 亿元，同比增长 1.9%，销售产值 509.91 亿元，同比增长-0.1%。塑料零件及其他塑料制品产值 2029.22 亿元，同比增长 2.6%，销售产值 1999.22 亿元，同比增长 2.8%。人造草坪产值 54.75 亿元，同比-6.2%，销售产值 53.96 亿元，同比-5.4%。未列入塑料制品统计的塑料鞋产值 363.17 亿元，同比增长 3.2%，销售产值 360.4 亿元，同比增长 3.2%。

2018 年广东省塑料制品加工业产值、销售值增速分别为 5.5%、5.3%，保持稳定增长速度并高于产量增速。增幅较大的分类产品为塑料板、管、型材、塑料薄膜、塑料人造革合成革、塑料包装箱及容器、泡沫塑料等。

4. 塑料制品出口交货值

2018 年，广东省塑料制品实现出口交货值 1020.37 亿元，同比增长 4.2%，占全国比重 44.18%。其中列入统计的 9 个分类产品：塑料薄膜 88.24 亿元，同比增长 5.0%，占全国比重 35.28%。塑料板、管、型材 113.42 亿元，同比增长 25.7%，占全国比重 38.72%。塑料丝、绳及编织品 26.93 亿元，同比增长 10.9%，占全国比重 30.4%。泡沫塑料 13.6 亿元，同比-3.8%，占全国比重 40.96%。人造革合成革 10.12 亿元，同比-13.5%，占全国比重 19.51%。塑料包装箱及容器 58.83 亿元，同比增长 6.3%，占全国比重 40.52%。日用塑料 171.23 亿元，同比增长 4.3%，占全国比重 35.83%。人造草坪 17.59 亿元，同比增长 0.7%，占全国比重 49.19%。塑料零件及其他塑料制品 520.4 亿元，同比增长 0.5%，占全国比重 55.72%。未列入塑料制品业统计的塑料鞋出口交货值 110.44 亿元，同比-12.1%。

2018 年，广东省塑料制品出口交货值稳定增长，占全国比重达 44.18%。分类产品中增长幅度较大的是塑料板、管、型材制品，塑料丝、绳及编织品等，占全国比重较大的是塑料零件及其他塑料塑料制品、人造草坪、泡沫塑料、日用塑料、塑料包装箱及容器、塑料板、管、型材制品、塑料薄膜等。泡沫塑料、人造革合成革同比为负增长。广东省塑料制品出口交货值占全国比重一直居省份首位。

5. 塑料制品主营业务收入

2018 年，广东省塑料制品业主营业务收入 4391.53 亿元，同比增长 5.1%，占全国比重 24.31%，比上年提升 2.91 个百分点。其中列入统计的 9 个分类产品：塑料薄膜 594.72 亿元，同比增长 6.3%，占全国同类产品 24.51%，比上年提升 3.8 个百分点，占广东省 13.54%，比上年提升 0.15 个百分点。塑料板、管、型材 560.87 亿元，同比增长 18.3%，占全国同类产品 15.05%，比上年提升 5.88 个百分点，占广东省 12.77%，比上年提升 3.12 个百分点。塑料丝、绳及编织品 113.71 亿元，同比增长 2.8%，占全国同类产品 6.49%，比上年提升 0.58 个百分点，占广东省 2.59%，比上年下降 0.87 个百分点。泡沫塑料 172.68 亿元，同比增长 11.5%，占全国同类产品 23.47%，比上年提升 6.76 个百分点，占广东省 3.98%，比上年提升 0.73 个百分点。人造革合成革 105.18 亿元，同比增长 7.3%，占全国同类产品 11.58%，比上年提升 0.66 个百分点，占广东省 2.4%，与上年持平。塑料包装箱及容器 317.87 亿元，同比增长 9.5%，占全国同类产品 20.24%，比上年提升 4.31 个百分点，占广东省 7.24%，比上年提升 0.96 个百分点。日用塑料 506.78 亿元，同比-0.6%，占全国同类产品 29.95%，比上年下降 2.24 个百分点，占广东省 11.54%，比上年下降 2.04 个百分点。塑料零件及其他塑料制品 1967.13 亿元，同比增长 2.5%，占全国同类产品 38.94%，占广东省 44.79%，人造草坪 52.59 亿元，同比-8.5%，占全国 28.19%，占广东省 1.2%。未列入塑料制品业统计的塑料鞋主营业务收入 349.21 亿元，同比增长 0.8%。

2018 年，广东省塑料制品主营业务收入增长高于产量增长，略高于全国增幅。增幅高于全国同类产品的有，塑料板、管、型材，塑料丝、绳、编织品、塑料包装箱及容器、人造革合成革，泡沫塑料等。广东省塑料制品业主营业务收入占全国比重比上年提升 2.94 个百分点，总量接近全国四分之一，有 7 个分类产品主营业务收入占全国同类产品比重在 15%以上，塑料零件及其他塑料制品占全国比重超三分之一，接近 40%。

6. 塑料制品利润总额

2018 年，广东省塑料制品加工业利润总额

202.79 亿元，同比-0.8%，占全国比重 21.34%，比上年提升 0.95 个百分点。其中列入统计的 9 个分类产品：塑料薄膜 28.32 亿元，同比增长 14.0%，占全国同类产品 26.1%，比上年提升 5.21 个百分点，占广东省 13.97%，比上年提升 1.56 个百分点。塑料板、管、型材 27 亿元，同比增长 1.2%，占全国同类产品 11.74%，比上年提升 3.29 个百分点，占广东省 13.31%，比上年提升 3.36 个百分点。塑料丝、绳及编织品 5.32 亿元，同比-11.1%，占全国同类产品 5.5%，比上年下降 2.45 个百分点，占广东省 2.62%，比上年下降 1.09 个百分点。泡沫塑料 4.01 亿元，同比 12.5%，占全国同类产品 11.36%，比上年提升 3.17 个百分点，占广东省 1.98%，比上年提升 0.31 个百分点。人造革合成革 4.11 亿元，同比-16.8%，占全国同类产品 12.58%，比上年下降 2.25 个百分点，占广东省 2.03%，比上年降低 0.46 个百分点。塑料包装箱及容器 15.98 亿元，同比增长 1.1%，占全国同类产品 17.88%，比上年提升 3.05 个百分点，占广东省 7.88%，比上年提升 1.48 个百分点。日用塑料 25.84 亿元，同比增长 0.8%，占全国同类产品 30.59%，比上年下降 2.11 个百分点，占广东省 15.08%，比上年提升 3.24 个百分点。塑料零件及其他塑料制品 89.93 亿元，同比-4.5%，占全国同类产品 34.19%。人造草坪 2.29 亿元，同比-15.6%，占全国同类产品 21.3%。未列入塑料制品业统计的塑料鞋利润总额 9.22 亿元，同比增长 9.4%。

2018 年，广东省塑料制品业利润总额在持续两年实现高增长后回落，增幅与上年持平。利润增幅高于产量增幅，低于全国行业增幅 3.36 个百分点。利润总额占全国比重已超五分之一。9 个分类产品中有 2 个高于全国同类产品利润增幅，利润增长最大的是塑料薄膜和泡沫塑料。附加值较高的产品塑料薄膜、日用塑料、塑料零件及其他塑料利润占全国同类产品比重分别已达到 26.34%、30.59%、34.19%。广东省塑料制品产品结构调整提升，质量发展转型效果向好。

7. 主营业务收入利润率

2018 年，广东省塑料制品加工业主营业务收入利润率为 4.62%，比上年降低 1.13 个百分点，低于全国平均利润率 0.64 个百分点。其中列入统计的 9 个分类产品：塑料薄膜 4.76%，比上年降低 0.57 个百分点，高于全国同类产品利润率 0.3 个百分点。塑料板、管、型材 4.81%，比上年降低 0.13 个百分点，低于全国同类产品利润率 1.39 个百分点。塑料丝、绳及编织品 4.68%，比上年降低 3.15 个百分点，低于全国同类产品利润率 0.82 个百分点。泡沫塑料 2.33%，比上年降低 6.29 个百分点，低于全国同类产品利润率 2.5 个百分点。人造革合成革 3.91%，比上年降低 0.72 个百分点，高于全国同类产品利润率 0.3 个百分点。塑料包装箱及容器 5.87%，与上年持平，低于全国同类产品利润率 0.63 个百分点。日用塑料 6.1%，比上年提升 0.27 个百分点，高于全国同类产品利润率 1.1 个百分点。塑料零件及其他塑料制品 4.57%，低于全国同类产品利润率 0.62 个百分点。未列入塑料制品业统计的塑料鞋主营业务收入利润率 2.64%，比上年略有提升。

2018 年，广东省塑料制品业主营业务收入利润率较上年有所降低，略低于全国平均值。与上年比较，9 个分类产品中只有 1 个产品利润率提升，1 个产品利润率持平，其他产品利润率均比上年下降。有 3 个产品利润率高于全国平均值。广东省塑料制品业企业运营综合成本偏高，行业处于低、微利运行。

8. 塑料制品加工业亏损面

2018 年，列入统计的广东省塑料制品加工业规模以上企业 3375 个，其中亏损企业 506 个，企业亏损面 15%，比上年提升 2.49 个百分点。亏损额 35.86 亿元，比上年增亏 13.76 亿元。9 个分类产品企业：塑料薄膜企业 410 个，亏损企业 59 个，亏损面 14.39%，比上年提升 1.86 个百分点，亏损额 3.26 亿元，比上年增亏 1.73 亿元。塑料板、管、型材企业 252 个，亏损企业 33 个，亏损面 13.1%，比上年提升 1.56 个百分点，亏损额 1.05 亿元，比上年增亏 0.46 亿元。塑料丝、绳及编织品企业 117 个，亏损企业 28 个，亏损面 23.93%，比上年提升 4.97 个百分点，亏损额 0.63 亿元，比上年增亏 0.14 亿元。泡沫塑料企业 186 个，亏损企业 22 个，亏损面 11.83%，比上年降低 3.6 个百分点，亏损额 1.37 亿元，增亏 0.62 亿元。人造革合成革企业 50 个，亏损企业 7 个，亏损面 4%，比上年提升 6 个百分点，亏损额 0.56 亿元，比上年增亏 0.28 亿元。塑料包装箱及容器企业 269 个，亏损企业 43 个，亏损面 16%，比上年提升 2.67 个百分点，亏损额 2.66 亿元，比上年增亏 0.43 亿元。日用塑料企业 497 个，亏损企业 68 个，亏损面 13.68%，比上年提升 3.37 个百分点，亏损额 2.136 亿元，比上年增亏 1.1 亿元。塑料零件及其他塑料制品企业 1548 个，亏损企业 238 个，亏损面 15.37%，亏损额 24.04 亿元。未列入塑料制品业统计的塑料鞋企业 294 个，亏损企业 38 个，亏损面 12.93%，比上年提升 3.06 个百分点，亏损额 0.28 亿元，比上年略有减少。

2018 年广东省塑料制品企业亏损面比上年提升。由于统计规上企业较上年增加，分类的亏损数和亏损额比上年增加，分类产品企业亏损面均提升，亏损企业数和亏损额叶多于上年。

9. 塑料制品加工业企业资产

2018 年广东省塑料制品加工业规模以上企业 3375 个，资产总计 3285.88 亿元，同比增长 5.4%，企业平均资产 9736 万元。资产总额比上年增加 146.3 亿元，企业平均资产比上年减少 868 亿元。9 个分类产品企业平均资产：塑料薄膜企业资产总计 513.86 亿元，同比增长 7.14%，企业平均资产 12533 万元，平均比上年减少 1364 万元。塑料板、管、型材企业资产总计 399.79 亿元，同比增长 11.5%，企业平均资产 15865 万元，平均比上年减少 568 万元。塑料丝、绳及编织品企业资产总计 79.53 亿元，同比增长 6.6%，企业平均资产 6797 万元，平均比上年减少 1353 万元。泡沫塑料企业资产总计 98.82 亿元，同比增长 7.8%，企业平均资产 5313 万元，平均比上年减少 243 万元。人造革合成革企业资产总计 75.67 亿元，同比增长 5.4%，企业平均资产 15134 万元，平均比上年减少 546 万元。塑料包装箱及容器企业资产 264.2 亿元，同比-13.8%，企业平均资产 9822 万元，平均比上年减少 2582 万元。日用塑料企业资产总计 311.88 亿元，同比-0.6%，企业平均资产 6275 万元，平均比上年减少 203 万元。塑料零件及其他塑料制品企业资产总计 568 亿元，同比增长 2.2%，企业平均资产 9727 万元。未列入塑料制品业统计的塑料鞋企业总计 82.01 亿元，企业平均资产 2789 万元。

2018 年，广东省塑料制品企业资产总计稳步增长，企业平均资产有较大增加，分类产品中塑料管、板、型材企业、塑料薄膜、泡沫塑料企业，资产增幅较大，塑料零件及其他塑料制品、日用塑料类、其他塑料类企业资产也有较大幅度增长，全行业企业实力有所增强，企业规模、集中度有一定提升。由于统计规模以上企业较上年增加，企业平均资产数降低。

二、存在问题

（1）广东省塑料加工业处于结构调整期，发展模式由产量规模发展向质量、效益模式转型效果明显。塑料制品产量增幅近年处于停滞状态，2018 年仍为负增长，但总产量 1002 万吨，占全国比重 16.59%比上年提升 3.28 个百分点、是全国最大塑料制品生产省份。分类产品中的其他塑料制品、日用塑料制品、泡沫塑料产量占全国比重居省份首位，但除泡沫塑料外、总产量及几个分类产品仍处于负增长。

（2）广东省塑料制品产值、主营业务收入、利润等运营指标均优于产量指标，增幅均大于产量增幅。且高于全国平均值，利润增幅比上年有所放缓，主营业务收入和利润占全国比重比上年又有大幅提升，其中主营业务收入占全国比重达 32%，接近四分之一，利润占全国比重 21.34%，超五分之一。主营业务收入利润率比上年降低，并低于全国平均水平，企业运营成本偏高，产品结构仍有待继续调整优化，行业向质量、效益运营模式转型仍有较大差距。

（3）规模以上企业资产总计比上年提升，企业实力增强，但整体上广东省塑料制品加工业企业仍偏小，规模以上企业中真正大型企业不多，行业中优势产品生产企业实力偏小，创新能力有待加强。

（4）塑料原料价格较长时间在高位运营，部分低附加值产品、微利企业受影响大，这类产品、企业需要加快调整，增强抗风险的能力。

（5）国家规范固体废料进口管理制度措施实施，加大环境保护治理力度，部分环保条件不达标企业或产品运营受影响。进口废塑料加工及应用企业和产品受较大影响。进口废塑料加工产业有待规范、转型发展。

（6）中美贸易摩擦影响，塑料制品出口（特别是对美出口部分）受影响，出口产品增长不大。

（广东省塑料工业协会　符岸）

海南省

一、大事记

2018年面临着环保升级、产业升级的压力，未在工业区的中小微塑料制品加工企业约有三分之一停产或转产。塑料回收加工企业几乎全部停产，一度造成塑料瓶等部分废塑料制品无人回收，给酒店的垃圾处理造成压力。

协会按照理事会2018年工作纲要逐项完成，同时针对出现的新问题、新动向，及时调整工作方式，综述如下。

（1）2018年元月26日召开了年会暨迎春联谊大会，其中特邀海南大学材料与化工学院高分子系教授，主讲塑料行业发展趋势、塑料领域高分子研究与成果概述，为仍塑料行业奋斗的企业家拨迷雾、寻商机；针对企业在经营过程中货款欠款、欠款难收、欠款难追等问题，特邀律师主讲了企业经营过程中的法律风险控制。

（2）2~4月，协会发布了团体标准管理办法、成立了海南省塑料行业协会团体标准编审委员会，在全国团体标准信息平台注册并通过了公示，着手团体标准的相关工作。

（3）5月4日，在协会办公室召开了生物塑料专题会议，学习习近平主席在博鳌论坛4.13讲话，学习《中共中央国务院关于支持海南全面深化改革开放的指导意见》，特别是关于海南“禁塑”指示精神，协会组织企业立即行动，一是成立普及生物塑料制品·志愿保护环境联盟，二是决定在5月份到国内生产PLA（聚乳酸）、PBAT等生物降解原料的企业考察学习，考察其生物降解塑料的技术状况、研发能力、生产规模、产品价格等，洽谈合作，为海南“禁塑”的产品生产提前准备。

（4）从5月份开始，协会的工作主要是为“禁塑”调研、政策指导、产品生产等提供协调与服务，同时积极协调企业环保升级、工业区入住等事宜。

（5）6~7月份陪同省生态环境厅、省发改委、省工信厅等部门领导，到本地企业实地考察调研塑料袋、餐饮具的生产状况。

（6）8月8~10日，海南省生态环境厅厅、省发改委、省工信厅、省商务厅、省质监局、海口市工商局组成的生物降解塑料调研考察学习团，到广东、浙江两省知名企业进行实地调研，为海南禁塑做充分的前期准备。海南省塑料行业协会随同并协助做好协调工作。

（7）8月底，秘书长周鸿勋受邀陪同省人大常委会、2018年海南环保世纪行调研组，对一次性塑料制品污染环境情况及一次性塑料制品的流通、销售、生产及监管情况调研。

（8）9月份，陪同农垦集团多次到一次性塑料制品企业考察，了解行业生产状况、生物降解塑料未来市场状况，商谈合适的合作方式与途径。

（9）海南“禁塑”受到国内国际关注，从9月份开始，协会每月接待5~10批来海南考察、需求合作、需求商机的国内外企业与机构，为海南“禁塑”的实施提供持续的咨询与动力。

二、政策法规

（1）海南“禁塑”，2018年4月11日《中共中央国务院关于支持海南全面深化改革开放的指导意见》发布，（二十四）推动形成绿色生产生活方式。全面禁止在海南生产、销售和使用一次性不可降解塑料袋、塑料餐具，加快推进快递业绿色包装应用。

（2）2018年12月14日，国新办举行海南全面深化改革开放新闻发布会，海南“禁塑”是启动的12个先导性重点项目之一。

（3）2018年12月21日，海南省成立全面禁止生产销售使用一次性不可降解塑料制品工作领导小组（琼府办函〔2018〕379号），毛超峰常务副省长任组长，省生态环境厅厅长邓小刚任副组长，省财政、省发改、省旅游与文化广电、省农业农村、省工信、省商务、省科技、省住建、省交通、省金融监督、省市场监督与知识产权、省机关事务、省邮政等局委领导为成员。

三、优秀企业介绍

1. 中石化海南炼化聚丙烯产品

中石化海南炼化20万吨/年聚丙烯装置，由中石化工程建筑公司设计，采用国产化第二代环管反应技术，于2006年9月投产。

2018年完成产量21.84万吨。产品主要包括T03、F03D/G、F08、V30G、Z30S、Y38、Y40、MN65等。

海南办事处销售20300吨。

2018年12月，海南炼化100万吨乙烯项目启动，将生产品种齐全的聚乙烯原料。

2. 海南联塑科技实业有限公司

海南联塑位于定安县塔岭工业区，占地面积287亩，一期占地154亩，产品包括：PVC给水管、PVC排水管及配件、PVC线槽、PVC线管及配件、PE给水管、PP-R给水管及配件、PE双壁波纹管、PVC双壁波纹管、PVC单壁波纹管、PVC电力通讯管材管件、HDPE市政排污管道、缠绕管、克拉管等。

2018年公司实现销售额8亿元，上缴税金近6000万元，在海南百强民营企业中位居第46位。

3. 海南创佳达塑料包装有限公司

海南创佳达塑料包装有限公司位于老城工业区，占地38亩，主要生产地膜、各类塑料袋、胶带，产能一万吨。2018年进行设备改造，规划具备生产生物降解塑料膜袋1.5万吨的产能与配套能力。

4. 海南佳昕塑料制品有限公司

海南佳昕塑料制品有限公司隶属海南嘉昕实业有限公司，2018年海南嘉昕实业有限公司销售额5亿元。

海南佳昕塑料制品有限公司生产车间约5600米^2，主要生产塑料碗、餐盒等，年生产能力约2000吨。

2018年正在进行设备改造与厂方扩建，规划具备生产生物降解塑料餐饮具一万吨的产能与配套能力。

（海南省塑料行业协会　王展伟　岑叙生　周鸿勋）

重庆市

2018年，重庆市塑料行业协会以党的十九大精神为指导，在上级协会的领导下，在广大会员单位的支持下，努力做好运行引领、规范、服务相关工作，和会员齐心协力，共同促进行业健康、稳定、持续发展。协会各项工作的推进有力地促进了行业协会“为社会服务、为行业发展服务、为会员单位服务”等三项服务功能的开展，取得了一定的成效。

一、坚持会议制度情况

（1）2018年1月18日，由重庆市塑料行业协会主办、重庆信鼎精密机械有限公司承办的重庆市塑料行业协会四届六次理事会暨新春团拜会，在重庆信鼎公司顺利举办。协会正副会长、常务理事、理事、正副秘书长、技术顾问、专家学者以及相关单位领导约70人参加，会议由协会秘书长刘汉龙主持。刘秘书长对东道主重庆信鼎总经理吴文忠热情的接待表示诚挚的感谢，也对在繁忙的工作中抽空前来参会的领导表示热烈的欢迎和衷心的感谢。参会领导观看了信鼎宣传视频，感受了信鼎的文化和魅力，吴总在会上致欢迎词并作情况介绍，而后陪同参会领导参观生产车间。信鼎车间干净整洁，生产严谨有序，受到大家一致好评。会上，协会副会长、四通八达总经理梁龙云在会上汇报了协会2017年工作情况，以及2018年协会工作思路。会上，常务副会长陈杰宣读了新会员名单，审议通过成都市义浩环保科技有限责任公司等新会员入会。刘秘书长在会上传达相关文件精神，2017年，市经信委十分重视塑料行业的发展，特别是塑料管板材行业的发展情况，材料处多次协会邀请协会领导作相关报告，刘秘书长深入走访企业，分析塑料管板材现状和发展规划，为市经信了解行业情况提供了很多宝贵建议。各参会领导相继再会上发言，各抒己见，回顾2017展望2018，希望在协会的带领下，为企业解决生产、技术、销售等难题。最后，会长付志敏总结发言。会长首先感谢东道主信易集团的精心筹办。重庆的塑料工业的发展，在轻工行业名列前茅，这是很好前景。在2017年秘书处的辛苦工作及付出，取得一定成效，但未来协会工作任重道远，需要共同发展、放眼行业，做好行业评优评先工作，为企业做实事，继续研究如何服务好企业。

（2）2018年4月20日，由重庆市塑料行业协会和重庆广播电视集团（总台）重庆网络广播电视台主办、塑多多交易平台承办的2018中国（重庆）塑料产业创新与网络强业论坛，在重庆渝州宾馆隆重举行。中塑协、市工业党委、市经信委、市中小企业局、九龙坡区经信委等领导出席会议，本次论坛还邀请了十余家省市塑料协会嘉宾、重庆兄弟协会、重庆市塑料行业协会会员单位、社会同仁、新闻媒体及相关单位200余人参会。会上，重庆市塑料行业协会会长付志敏先生致欢迎辞并做重要讲话，付会长表示互联网已经深入到各行各业，国家也在大力提倡信息现代化，为了更好地做到网络强业，我们将努力建设塑料加工业现代产业体系，推动中国塑料加工业由大向强战略目标的实现。举办的塑料产业创新与网络强业论坛，就是想利用专业平台技术，为企业转型升级和市场开阔提供服务，更好地为塑料企业提供实际解决方案、研究推广新技术、新的营销模式做贡献。中国塑料加工工业协会会长朱文玮先生在会上致辞，探讨了中国塑料加工业创新发展有关问题，朱会长说塑料工业发展事关国民经济基础性行业的夯实，只有坚持走自主创新之路，才能实现我国塑料工业的振兴。只有坚持上下游产业链协同创新，供给侧、需求侧精准对接，本能实现高效创新与发展。重庆塑协在会上进行了评优活动颁奖仪式和新会员授牌仪式，重庆塑协常务副会长陈杰宣读了新会员名单。中塑协朱文玮会长、重庆工业行业党委陈翔书记、重庆塑协付志敏会长、刘汉龙秘书长为获奖单位和新会员授牌。重庆立天正位信息技术有限公司营运总监王晓天介绍了塑多多平台，平台立足中西部，辐射全球，布局塑料产业链，以互联网+N的行业新平台崛起。平台具有客户针对性强、效果快速明显、主导发展趋势、使用操作简单、投资回报率高等核心优势。塑多多交易平台再会上举行了隆重的启动仪式，同时塑多多交易平台合作企业上线签约。会上，产业互联网CIP模式创始人、重庆市中小企业局副局长张勇军主题演讲了“产业互联，塑料聚变”；海尔COSMOPlat采购平台总监李明介绍了“海尔工业互联网COSMOPlat”情况。最后，重庆工业行业党委书记陈翔做重要讲话。在国家西部大开发战略和成渝经济区建设提速带动下，西部市场对于塑料制品的需求逐年增长，产品需求集中在建筑、包装、工业配件和日用品等领域。会后，参会嘉宾和代表还参观沙师弟网络科技公司。

（3）2018年6月21日，塑协召开半年度工作总结会。协会就行业经济发展，下半年工作安排，大家达成共识。

（4）2018年7月2日，重庆塑协与西南国际塑料城管理有限公司联合主办的西南塑料行业上下游产业市场与技术交流大会在西南国际塑料城隆重举行。

（5）2018年9月20日，重庆塑协与山西、江西、云南、广东等塑协主要领导在塑协会议室召开座谈交流会，希望通过各省市协会这个大平台有效促进各协会会员单位的资源共享，有效提升各地协会的良性发展。

二、积极筹建党支部

（1）2018年2月28日下午，中共重庆市工业行业社会组织综合委员会陈翔书记一行3人到协会了解情况并进行党建工作的座谈交流。重庆塑协秘书长刘汉龙、副会长罗建华、副会长梁龙云、副秘书长张峰参加座谈。刘秘书长介绍了协会基本情况、行业现状及发展方向等情况。刘秘书长表示：协会在2016年就启动建立党组织工作，在2017年12月市工业行业社会组织综合委员会召开的会议时，也反映了协会迫切建立党组织的情况。秘书长也提出建立党组织后会遇到的一些问题是否有相关解决办法。陈书记简单介绍了全市社会组织建立党组织的情况，上级十分重视此项工作。也先后到各协会了解情况，指导党建工作。针对我协会，陈书记提出很多指导性意见，对协会的党建工作及党组织建立后开展工作等方面有很大帮助。副会长罗建华、副会长梁龙云、副秘书长张峰也表达对协会党建工作的支持，配合做好相应工作。

（2）3月9日，收到《中共重庆市工业行业社会组织综合委员会关于同意成立中共重庆市塑料行业协会支部委员会的批复》（渝工业社党〔2018〕4号）文件。2018年4月10日召开党员大会，大会采用无记名投票方式选举产生了中共重庆市塑料行业协会支部委员会组成人员，支部委员会由刘汉龙、陈杰、鲍哲松三名同志组成，其中刘汉龙同志任支部书记，陈杰同志任组织委员兼宣传委员，鲍哲松同志任纪律委员兼群团委员。会后向市综合党委提交《关于中共重庆市塑料行业协会支部委员会组成人员的请示》。5月21日收到《中共重庆市工业行业社会组织综合委员会关于中共重庆市塑料行业协会支部委员会组成人员的批复》（渝工业社党〔2018〕26号）文件。

（3）4月17~19日，重庆市工业行业社会组织党建工作会暨党员学习贯彻十九大精神培训在四川仪表工业学校举行。市经济信息委党组成员、副主任，市工业行业社会组织综合党委书记马奇昌，市委非公工委、市民间组织管理局有关领导，市工业行业社会组织综合党委全体委员，市工业行业社会组织负责人、党组织负责人及全体党员共150余人参加了党建工作会。会议由市工业行业社会组织综合党委专职副书记陈翔主持。重庆市塑料行业协会党支部书记刘汉龙秘书长、张峰副秘书长参加会议。重庆市工业行业社会组织综合党委专职副书记陈翔就2018年重点党建工作进行了布置。综合党委委员何祥能就《党委工作规则》和《党委委员联系社会组织党建责任制》进行了解读。重庆市民间组织管理局副局长余东海结合最新政策，就社会组织发展趋势、管理、税收政策等热点问题进行了系统讲解。最后，与会领导向新成立的社会组织党组织授牌，重庆市塑料行业协会党支部荣幸接牌。

（4）2018年11月15日召开了重庆市塑料行业协会党支部第四季度党员支部会议，会议内容：

1）刘汉龙书记（秘书长）介绍参会人员及开会目的，刘汉龙书记表示会员开的十分及时，11月14日市综合党委陈书记一行到协会考察指导工作，重点提出将协会会议室打造成党支部样板会议室，这是协会的荣誉，我们将积极配合市综合党委完成这项工作。

2）陈杰委员宣读市综合党委批复我协会成立党支部及选举情况文件。

3）刘汉龙书记传达习近平总书记在民营经济座谈会上的讲话精神。

4）商讨协会年会相关事宜，进一步落实年会整体策划。

5）刘汉龙书记对管道专委会未开的原因进行说明。

三、积极走访企业市场，加强对外联系渠道

2018年，协会根据工作计划安排，分别考察或走访了西南国际、塑发科技、一龙管道、重庆永高、四通八达、科欣包装、麒麟薄膜、南川工业园区等。

2018年，协会加强了和重庆企业联合会、重庆建材协会、重庆建材促进会、重庆质量协会、节能减排等多个协会单位的交流和联络，互通有无共同进步。

2018年，重庆塑协应邀参加了第20届全国塑料管道生产和应用技术推广交流会、第四届中国（重庆）国际塑料工业展览会、浙江台州第十八届中国塑料交易会、中国塑料加工工业协会七届四次常务理事扩大会议、2018国际塑料展和科技大会、香港雅式车用塑料技术论坛、全国塑料助剂技术交流大会、云南塑料协会五届一次会议等。

四、建立自律机制，促进健康发展

目前，塑料产品的质量参差不齐已严重制约了行业发展，损坏了行业信誉，因此，推进行业诚信自律和社会信用体系建设，对于促进塑料管道行业健康发展具有重要意义。

2018年，协会根据行业的特点，充分发挥市场监管中的自律作用，积极规范行业企业生产和经营行为，引导企业依法竞争，自觉维护市场竞争秩序。协会利用协会网站、公众号、微信群、文件等多种方式强烈呼吁与用户行业共同创造良好的市场环境，规范采购和招标程序，购买、应用合格产品。

2018年3月15日晚，央视“315晚会”播出了“多地市政管道偷工减料，造假手段五花八门”的专题报道。为了使塑料管道在重庆市更加良性的发展，重庆市塑料行业协会在第一时间作出了郑重声明：重庆市塑料行业协会将带领会员企业坚决抵制上述这些企业的违法行为；坚决反对个别塑料管道企业为非法牟利而生产不合格产品；坚决执行中塑协管道专委会组织行业企业共同制定的《塑料管道行业自律公约》《行业职业道德准则》。坚持诚信自律，为老百姓提供合格放心的产品，这是我们的使命，也是我们的责任。让我们共同维护重庆市塑料行业协会的声誉，为应用领域提供合格的产品和优质的服务。

五、全力表彰先进优秀单位，树立榜样力量

2018年，重庆塑协秉着自愿、公平、公开、公正、科学的原则，评选出重庆市塑料行业协会先进单位13个，名优产品12个。

重庆市塑料行业协会先进单位有（以下排名不分先后）：

重庆伟星新型建材有限公司、重庆顾地塑胶电器有限公司、重庆太岳科技有限公司、重庆西南塑料城管理有限公司、重庆百联塑胶有限公司、重庆市一龙管道有限公司、重庆澳彩新材料股份有限公司、重庆联祥融合塑业有限公司、重庆永高塑业发展有限公司、重庆维斯顿实业有限公司、重庆渝万丰科技有限公司、重庆捷泰塑胶工业有限公司、重庆科欣塑料有限公司。

重庆市塑料行业名优产品的单位有（以下排名不分先后）：

重庆伟星新型建材有限公司、重庆顾地塑胶电器有限公司、重庆太岳科技有限公司、重庆百联塑胶有限公司、重庆金山洋生管道有限公司、重庆市一龙管道有限公司、重庆澳彩新材料股份有限公司、重庆联祥融合塑业有限公司、重庆永高塑业发展有限公司、重庆维斯顿实业有限公司、重庆渝万丰科技有限公司、重庆科欣塑料有限公司。

这些获评单位的经济效益和社会效益都比较好，对全市塑料行业的发展都有着较大影响。以点带面，全面推进我市塑料行业又快又好发展，他们将充分发挥优秀企业在我市的带头示范作用。

六、完善基础建设，规范行业行为

2018年，塑协继续加强自身建设，发挥自身优势，在市经信委和上级协会的指导下，通过自我管理、自我规范、自我监督、切实履行行业代表、行业服务、行业协调、行业自律的功能和职责，规范行业行为，表达行业诉求，自觉承担社会责任，配合有关部门进行社会监督，努力在政府行政管理和行业服务建设中发挥重要作用，提高行业的知名度和公信力，成为重庆市塑料行业发展的积极推动力量。同时，协会积极协调企业之间、企业与其他经济组织之间关系，维护企业和行业整体利益。

2018年，协会完善了网站、公众号、微信群等信息平台的建设，充分利用这些新兴通讯工具，发挥网络平台快速、灵活、便捷的优势，及时发布行业相关信息，进一步扩大了塑协的影响力。

（重庆市塑料行业协会　刘汉龙　陈清清）

云南省

云南省塑料行业是以塑料制品加工业为核心，以合成树脂、助剂及模具为组成部分的新兴制造业。产业链上游有聚氯乙烯（PVC）树脂40万吨、特种聚氯乙烯（SPVC）树脂6万吨、醋酸乙烯-乙烯共聚（VAE）乳液12万吨、聚乙烯醇（PVA）4万吨、聚丙烯（PP）树脂15万吨和一个较小的模具制造业，有少量填充母料、改性塑料和废旧塑料回收与利用生产企业为本省塑料产业配套服务。从1958年到2018年六十年间，形成了以塑料板、管、型材，塑料薄膜，塑料丝、绳及编织品，塑料包装袋、箱及容器，泡沫塑料制造等为主的子行业，塑料机械生产几乎为空白。云南省塑料行业是一个配套不完善、产业链较短的产业，产品也相对单一，塑料制品产量只占全国0.82%。但也要看到，随着“一带一路”倡议、面向南亚东南亚辐射中心定位作用的推进，三条泛亚铁路、公路的建成，云南将显示出独特的区位和地缘优势，成为连接南亚、东南亚的枢纽，云南省塑料行业将面临新的发展机遇。近年来，云南省塑料产业增长迅速，2018年规模以上工业总产值92.28亿元，已从一个弱小的行业成长为我省中型经济规模之一的产业。

一、基本情况

2018年，我省塑料行业平稳发展，规模以上塑料制品产量、经济指标均呈现同比增加的态势，亏损企业比上年同期减少。

（一）行业规模情况

2018年，云南省规模以上塑料制品企业有109家。其中，塑料丝、绳及编织品制造31家，塑料板、管、型材制造27家，塑料包装箱及容器制造21家，塑料薄膜制造15家，泡沫塑料制造8家，日用塑料制品制造3家，塑料零件及其他塑料制品制造4家。从业人数1.01万人。

（二）塑料制品产量

2018年，全省塑料行业规模以上企业生产塑料制品49.39万吨，比上年增长4.4%，比全国塑料制品增长率高3.3个百分点。其中，塑料薄膜15.68万吨，比上年增加6.4%，占全国比例1.33%；农用薄膜11.54万吨，比上年增长9.76%，占全国比例9.62%，占我省塑料薄膜的73.60%；泡沫塑料3.75万吨，比上年增长34.89%，占全国比例1.55%；日用塑料制品3.32万吨，比上年增长32.27%，占全国比例0.59%；其他塑料制品26.64万吨，同比减少4.27%，占全国比例0.71%。

（三）塑料制品进出口情况

1. 出口情况

2018年，云南省出口初级形状的塑料及塑料制品8395.07（8667.69）吨（同比减少11.26%），出口金额1133.74万美元；塑料制品31666.88吨（同比增长7.82%），出口金额8767.45万美元。

2. 进口情况

2018年云南省进口初级形状的塑料及塑料制品52966.31吨（同比减少6.61%），进口金额7426.41万美元；塑料制品400.35吨（同比增长

80.17），进口金额1341.04万美元。

（四）经济指标完成情况

1. 工业总产值（当年价格）

工业总产值92.28亿元，比上年增长6.56%。其中，塑料薄膜制造22.39亿元，比上年增长5.41%；塑料板、管、型材制造26.86亿元，比上年增长14.44%；塑料丝、绳及编织品制造18.34亿元，比上年减少0.54%；塑料包装箱及容器制造14.28亿元，比上年减少9.68%；泡沫塑料制造5.83亿元，比上年增长26.65%，日用塑料制品制造1.67亿元比上年增长135.21%；塑料零件及其他塑料制品制造2.91亿元，比上年增长27.07%。

2. 工业销售产值（当年价格）

工业销售产值90.16亿元，比上年增长8.53%。其中，塑料薄膜制造21.85亿元，比上年增长11.54%，塑料板、管、型材制造26.59亿元，比上年增长15.51%，塑料丝、绳及编织品制造17.66亿元，比上年增长0.23%，塑料包装箱及容器制造14.17亿元，比上年减少8.76%，泡沫塑料制造5.69亿元，比上年增长28.44%，日用塑料制品制造1.60亿元，比上年增长131.88%，塑料零件及其他塑料制品制造2.60亿元，比上年增长18.72%。

3. 主营业务收入

主营业务收入86.41亿元，比上年增长5.21%。其中，塑料薄膜制造21.43亿元，比上年增长39.79%，塑料板、管、型材制造25.42亿元，比上年增长10.57%，塑料丝、绳及编织品制造15.88亿元，比上年增长2.58%，塑料包装箱及容器制造14.32亿元，比上年减少8.73，泡沫塑料制造5.33亿元，比上年增长20.86%，日用塑料制品制造1.39亿元，比上年增长20.86%，塑料零件及其他塑料制品制造2.66亿元，比上年增长18.22%。

4. 资产总计

资产总计79.57亿元，比上年增长4.27%。其中，塑料薄膜制造21.52亿元，比上年增长15.70%，塑料板、管、型材制造29.75亿元，比上年减少2.1%，塑料丝、绳及编织品制造17.33亿元，比上年增长1.11%，塑料包装箱及容器制造7.14亿元，比上年增长0.85%，泡沫塑料制造2.59亿元，比上年增长29.5%，日用塑料制品制造0.43亿元，比上年增长13.16%，塑料零件及其他塑料制品制造0.82亿元，比上年增长13.89%。

5. 利润总额

利润总额3.94亿元，比上年增长9.44%。其中，塑料薄膜制造0.87亿元，比上年减少22.32%，塑料板、管、型材制造1.63亿元，比上年减少0.61%，塑料丝、绳及编织品制造0.25亿元，比上年增长4.17%，塑料包装箱及容器制造0.72亿元，比上年增长44%，泡沫塑料制造0.27亿元，比上年增长1488.23%，日用塑料制品制造0.10亿元，比上年增长270.37%，塑料零件及其他塑料制品制造0.16亿元，比上年增长247.83%。

6. 应交税金及附加

应交税金及附加2.76亿元，比上年减少24.32%。其中，塑料薄膜制造0.45亿元，比上年增长55.17%，塑料板、管、型材制造1.01亿元，比上年增长9.78%，塑料丝、绳及编织品制造0.47亿元，比上年增长14.63%，塑料包装箱及容器制造0.56亿元，比上年增长19.15%，泡沫塑料制造0.07亿元，比上年增长133.33%，日用塑料制品制造0.09亿元，比上年增长429.41%，塑料零件及其他塑料制品制造0.10亿元，比上年增长29.87%。

7. 亏损企业

亏损企业16个，比上年减少5个。

（五）2018年度企业获得的荣誉

1. 荣获高新技术企业名单

序号	企业名称	证书编号
134	云南聚博橡胶工程有限公司	GR201853000134
164	云南昆钢石头纸环保材料有限公司	GR201853000164
216	昆明普尔顿环保科技股份有限公司	GR201853000216
238	云南绿洲节水灌溉有限责任公司	GR201853000238
407	云南华诺工贸有限公司	GR201853000407
467	宣威市中博塑料有限公司	GR201853000467
498	昆明环华塑料制品有限公司	GR201853000498

2. 科技型中小企业名单

（1）入库国家科技型中小企业名单

序号	企业名称	注册地
45	昆明博效包装材料有限公司	云南省昆明市嵩明县
97	云南聚博橡胶工程有限责任公司	云南省昆明市五华区
142	云南科地塑胶有限公司	云南省曲靖市马龙区
330	云南昆钢石头纸环保材料有限公司	云南省安宁市
353	云南益华管道科技有限公司	云南省富民县
414	宣威市中博塑料有限公司	云南省曲靖市宣威市

（2）入库云南省科技型中小企业

序号	企业名称	入库登记编号
23	云南聚博橡胶工程有限责任公司	201853010200000160
336	云南益华管道科技有限公司	201853012408000473
354	云南昆钢石头纸环保材料有限公司	20185301810C000491
431	宣威市中博塑料有限公司	201853038108000568

3. 云南省企业技术中心名单

序号	企业名称
1	云南正邦科技有限公司
2	云南天外天天然引领有限公司

4. 昆明市企业技术中心名单

序号	所属区域	企业名称
1	安宁市	云南云天化石化有限公司

5. 荣获中塑协农膜行业奖

（1）农膜行业功勋企业奖

云南塑料厂

玉溪市旭日塑料有限责任公司

（2）农膜行业创新企业奖

云南曲靖塑料（集团）有限公司

二、协会活动

2018年是国家改革开放40周年，也是云南省塑料行业协会换届年，在省工信厅、民政厅等相关业务部门的指导下，在协会负责人、理事、监事、专业委员会和广大会员单位的支持下，协会紧紧围绕“云塑聚力、创新发展、合作共赢”的发展思路和年初制订的工作计划开展工作，群策群力，较好地完成了各项工作任务。

（一）加强自身建设，提高协会规范化管理水平

1. 加强党对协会的领导

按照省民政厅党委对行业协会的要求，充分认识党建工作在协会工作中的重要性和意义，积极参加云南省食品行业协会联合党支部的政治学习和民主生活会，学习了十九大系列文件和习近平总书记在庆祝改革开放四十周年大会上的讲话精神，重温了入党誓词，提高党性修养和认识，切实发挥好党组织的政治核心作用，确保协会的政治方向与党和国家保持一致。

2. 持续提升履职能力

坚持每月2次定期组织学习党的方针政策、法律法规以及国内外塑料行业前沿知识和发展趋势，有效地提高政治及业务能力。通过学习，秘书处工作人员思想素质、执行能力及工作水平得到提升，联动合作，加班加点，主动奉献成为常态。

3. 坚持依法依规办会

协会制定工作人员薪酬、奖惩及岗位考核工资制度，修改了会费标准和管理办法、章程，制订《云南省塑料行业评先推优管理办法》。完成了上级部门相关检查、年检、考核、审计和法定代表人的变更、章程核准、第五届负责人的登记备案工作。

4. 聘用各专委会联络员

为了加强云南省塑料行业协会与我省塑料行业企业和会员单位的沟通联系，搭建行业交流平台，促进各专委会的工作，实现资源共享，优势互补，发挥好凝聚力和桥梁纽带作用，为塑料薄膜、塑料管道、塑料包装和日用塑料专委会分别聘用联络员。

5. 坚持会长轮值制度

开创性地实行会长轮值制度，充分发挥各位负责人的资源和优势，用企业的思维指导秘书处工作，积极推进协会健康、持续、和谐发展。

（二）组织召开各项内部会议，为行业发展提供坚实的组织保障

1. 召开四届七次、八次理事会会议

1月26日、10月25日分别召开四届七次、八次理事会会议，审议通过了2017年工作总结和2018年工作计划；审议相关制度、云南塑料网站升级方案；审查通过四届一次理事会会议以来申请退会的理事，新增备案和退会的企业名单；第五届章程、会费管理办法；第五届分支机构、专家委员会负责人推荐名单，第五届理事会理事、监事会监事候选人名单；差额推荐昆明傲远管业有限公司总经理代志春等20人作为下届理事会负责人候选人。

2. 召开四届七次监事会会议

4月9日，召开四届七次监事会会议，审议云南省塑料行业协会2017年度工作报告摘要中的财务收支和信息公开内容。

3. 召开2018年会长办公会及行业座谈会议

2018年9月12日，召开云南省塑料行业协会2018年会长办公会议及行业座谈会。一是讨论下一届理事会负责人候选人名单；二是讨论《云南省塑料行业协会章程》和《云南省塑料行业协会会费管理办法》的修改；三是成立评先推优工作领导小组，在行业内开展评先推优工作；四是省工业和信息化厅消费品工业处白杰处长和与会代表进行行业交流座谈。

4. 召开协会五届一次会员大会及行业交流会议

2018年12月14日，召开云南省塑料行业协会第五届一次会员大会。会议表决通过了《云南省塑协第四届理事会工作报告》《云南省塑协第四届监事会工作报告》《云南省塑协第四届财务报告》《云南省塑料行业协会章程》《云南省塑料行业协会会费标准和管理办法》。会议全票选举昆明傲远管业有限公司总经理代志春为第五届理事会会长，云南塑料厂李庆荣为第五届监事长，玉溪市旭日塑料有限责任公司董事长靳树伟、昆明特瑞特塑胶有限公司董事长苏瑞芳、云南曲靖塑料（集团）有限公司总经理卢斌分别以88票、86票、87票当选为第五届常务副会长，其他副会长及理事、监事得票数均超过当选所需票数，至此云南省塑料行业协会第五届理事会、监事会和负责人领导班子正式成立。

下午，召开塑料行业交流会议，来自高校、科研院所、行业专家、企业及相关单位代表参加会议。专家委员会副主任委员康远琪高级工程师等7名专家在会上作了报告，并进行互动交流，会议圆满完成各项议程。

5. 召开云南省塑料行业协会专家委员会会议

12月13日上午，云南省塑料行业协会专家委员会会议在云南大学化工学院召开。会议由张松主任主持，并作第四届专家委员会工作报告，与会代表一致鼓掌通过。会议投票设立了第五届专家委员会专家，协会第四届理事长周听昌当选第五届专家委员会主任。

6. 召开各专委会、行业交流会议暨标准宣贯工作

（1）召开塑料薄膜专委会四届七次、四届八次会议暨行业交流会议

4月22~23日，召开四届七次塑料薄膜专委会会议暨国家标准宣贯培训会议，对GB 13735—2017《聚乙烯吹塑农用地面覆盖薄膜》、GB/T 35795《全生物降解农用地面覆盖薄膜》国家标准进行宣贯，并组织薄膜专委会16家单位28人到云南雷马塑料制品有限公司参观交流。

12月13日下午，召开了云南省塑料行业协会塑料薄膜专委会第四届八次会议暨行业交流会议。中国塑料加工工业协会农用薄膜专业委员会刘敏秘书长作《我国农用塑料薄膜现状及发展》报告；云南省质检院工程材料检验所等4家单位从加工设备、塑料薄膜检测、云南地膜覆盖及生物降解塑料、残膜污染与应用、地膜生产与应用中的关键技术问题作了专题发言。

（2）召开塑料管道、工程塑料专委会第四届六次会议暨行业交流会议

12月13日下午，召开了云南省塑协塑料管道、工程塑料专委会第四届六次会议暨行业交流会议。中塑协管道专委会赵艳秘书长作了《塑料管道行业现状及发展建议》的报告，云南省质检院通用机械检验所向树华高级工程师为大家解读新版《给水用聚乙烯（PE）管道系统标准GB/T13663.2和GB/T13663.3》针对新版标准中的修改部分一一作了讲解。会议对行业自律和协会下步工作展开讨论、并提出良好建议。

（3）召开中国石化新产品推介会

12月13日下午，中国石化化工销售有限公司

华南分公司树脂产品推介会在云安会堂召开。会议主要推介茂名石化新产品体系，湛江中科炼化项目进展和装置，以及北海炼化的产品体系。

（三）开展塑料行业评先推优活动

9月12日，在云南省塑协2018年会长办公会议上，讨论通过了《云南省塑料行业评先推优管理办法》，并成立了评先推优工作领导小组，设立评先推优工作办公室。此项活动经协会宣传动员、企业自愿申报材料、初审、专家评审公示，最终确定2013~2018年支持云南省塑料行业发展的12家先进单位、12名先进工作者、39家优秀会员单位，并在12月14日召开的第五届一次会员大会上进行表彰，授予了铜牌和证书。

（四）组织申报2018年云南省轻纺行业塑料专业技术职称工作

根据云轻职改发［2018］2号文件精神，协会于2018年4月下发《关于开展2018年云南省轻纺行业塑料专业技术职称评审工作的通知》到各会员单位，经申报、初审及云南省轻纺工程评审委员会评审、公示，协会统一报送6人，2人获得高级工程师、3人获得助理工程师职称。

（五）加强信息平台建设，做好行业统计、行业宣传工作

（1）行业信息统计，全年统计和编制《省内合成树脂价格行情》《云南省农膜行业信息交流月报表》《省内十家农膜企业产量产值统计表》《云南省初级形状塑料及塑料制品进出口情况》等，并进行信息发布。

（2）全年编辑印发6期《云南塑料信息》，共约15.6万字。每期约有10个以上的栏目，约有25000~28000字，期刊中政策法规、通知公告、行业新闻、行业动态、统计数据、产品与市场、会员风采等栏目受到政府业务指导部门、行业专家、会员单位和行业同仁的好评。

（3）对《云南塑料网》进行改版升级，并于7月6日正式上线，受到行业同仁、政府相关部门、会员单位的关注和好评。

（4）编辑《塑料行业要闻》发微信群和QQ群，以便会员单位及时了解掌握国内外最新塑料方面的资讯和动态。

（六）做好“牵线搭桥”服务，促进企业之间及企业与科研院所的合作

（1）促成企业之间经济技术合作18项。

（2）协调会员单位与云南大学化工学院、西南林业大学材料科学与工程学院签订产学研合作协议。

（3）4月份，为会员单位储备人才，协会征集了会员单位的招聘需求，参加了昆工、云大、西南林大举办的高校招聘会，将符合要求的学生简历发给相关单位。

（4）6月份，周听昌会长为云南大学大三学生介绍云南省塑料行业情况并现场与师生互动交流。

（5）1月份、6月份为西南林业大学材料科学与工程学院师生协调到会员单位参观见习。

（6）10月份、12月份，云南塑料行业协会分别与西南林业大学材料科学与工程学院、云南大学化工学院签订“教学科研就业实习基地”和“云南省塑料行业人才培养基地”合作协议，双方举行了互授牌匾仪式。

（七）组织企业参加国内外展会、论坛和行业交流学习

（1）1月、3月、4月、6月、9月、10月、11月分别参加中国塑料加工工业协会及各专委会、中西部联盟组织的会议、中国农用塑料应用技术学会农用塑料制品分会组织召开的会议，并为部分会员单位协调免费展位宣传企业及产品。

（2）4月24~27日，协会组织27家会员单位65人到上海参观第三十二届中国国际塑料橡胶工业展览会（CHLNAPS2018国际橡胶展）。

（3）8月15日，为促进海峡两岸的经贸合作和技术交流，协会组织企业家一行10人赴台湾参观“2018年第十六届台北国际塑料橡胶工业展览会”，并前往哈镆股份有限公司考察。

（4）9月19~21日，协会组织3家会员单位参加“2018第四届中国（重庆）国际塑料工业展览会”以及展会同期论坛。

（5）10月11~13日，协会组织2家会员单位参加第十二届中国（成都）橡塑及包装工业展，参加了汽车轻量化技术与材料选用等相关同期会议。

（6）2018年10月28~30日，协会组织12家企业28人参加“第三届塑料新材料、新技术、新装备、新产品展览会"及相关论坛、会议。并为两家企业协调了免费展位，展示企业产品。

（八）接受新闻媒体采访，反映企业诉求，为上级有关单位撰写材料

（1）4月份，接受云南广播电视台关于云南省禁塑令情况采访，邀请相关会员单位参加访谈。并参加了5月8日云南省工信厅关于重启“限塑令”

的建议座谈会，会后，协会撰写公文对两个限塑令的提案提出建议。

（2）5月份，向云南省人大常委会、云南省人民政府办公厅、市场监督管理局、省农业厅反映农膜标准贯彻执行及回收利用问题。

（3）6月份，完成《2018年中国塑料工业年鉴》中云南卷的编撰工作。

（4）按照省民政厅评级专家要求，协会号召会员单位上报参与社会扶贫攻坚统计表，9月6日，汇总11家企业单位扶贫情况后报省民政厅。

（5）2018年走访企业43家，针对企业共性的问题，在充分调研的基础上，撰写云南省塑料行业2018年上半年企业亏损调研报告，于9月6日以公文形式报省工信委。

（九）做好行业培训工作

（1）4月份，召开四届七次塑料薄膜专委会会议暨国家标准宣贯培训会议，对GB 13735—2017《聚乙烯吹塑农用地面覆盖薄膜》、GB/T 35795《全生物降解农用地面覆盖薄膜》国家标准进行宣贯培训。

（2）5月份，组织塑料管材企业参加国家化学建筑材料测试中心（材料测试部）和中塑协塑料管道专业委员会在北京举办的塑料管道产品检测技术培训。

（3）5月和12月，分别组织会员企业15人参加中国质量检验协会在昆明开展质量检验专业技术人员岗位培训的学习。

（4）12月13日，省质检院向树华高级工程师为大家解读新版给水用聚乙烯（PE）管道系统标准，并对修改部分进行了详细讲解。

（十）发展新会员，壮大协会队伍

经协会理事会授权，依据协会章程的有关规定，2018年批准云南万道塑胶有限公司共10家单位入会。

三、重点企业

云南省重点企业详见下表。

2018年云南省塑料制品产量在5000吨以上的企业名单

序号	企业名称	产量/吨	主要产品
1	云南能投化工有限责任公	198000	聚氯乙烯（PVC）树脂
2	云南云天化石化有限公司	145000	聚丙烯（PP）树脂
3	云南联塑发展有限公司	97000	管材、管件
4	玉溪市旭日塑料有限责任公司	52434.04	塑料薄膜
5	云南正邦科技有限公司	32000	SPVC树脂、VAE乳液、PVA
6	大理博云塑料有限公司	13089	塑料薄膜
7	云南益华管道科技有限公司	12461.52	管材、管件、PP电缆填充绳
8	昆明特瑞特塑胶有限公司	10747	塑料检查井、管材、管件
9	宣威市中博塑料有限公司	10447	塑料薄膜
10	昆明傲远管业有限公司	9800	管材、管件
11	昆明海午塑胶科技有限公司	5894	管材、管件
12	云南昆钢石头纸环保材料有限公司	5000	石头纸系列产品

四、新产品开发

会员企业新产品开发情况明细表

序号	新产品名称	专利证书号	研究开发单位
1	一种自动断膜、取膜、拨辊和放辊装置	CN201820636157.7	宣威市中博塑料有限公司
2	一种自动断膜、取膜、拨辊和放辊装置	CN201810406696.6	

续表

序号	新产品名称	专利证书号	研究开发单位
3	礼品袋（一）	CN201830085365. 8	昆明鑫鑫大壮降解塑料技术有限公司
4	一种管道内定径延长装置	CN201810922972	云南联塑科技发展有限公司
5	一种挤出机抽真空清粉装置	CN201810922973. 9	
6	一种挤出机抽真空清粉装置	CN201821306612. 3	
7	一种管道内定径延长装置	CN201821307466. 6	
8	一种与暗装开关盒连接的管接头	CN201821113743. X	
9	一种 PE 管件尺寸生产控制方法	CN201810689113. 5	
10	一种易于逃生的高分子逃生管件	CN201810589905. 5	
11	一种易于逃生的塑料逃生管件	CN201810589899. 3	
12	易于逃生的塑料逃生管件	CN201820889136. 6	
13	易于逃生的高分子逃生管件	CN201820888556. 2	
14	一种 PVC-U 给排水管内壁冷却定型装置	CN20180529867. 4	
15	一种 PVC-U 给排水管内壁冷却定型装置	CN201820814138. 9	
16	一种黑白双色保温耐老化六型大棚膜及制备方法	CN201811204345. 3	云南曲靖塑料（集团）有限公司
17	一种烟用黑色地膜及其制备方法	CN201811144886. 1	
18	一种功能性相间配色膜	CN201811138973. 6	
19	一种高强度三层双色农用地膜及其制备方法	CN201810897779. X	
20	一种高强度多层复合结构农用地膜及其制备方法	CN201810855564. 1	
21	一种高强度三层共挤耐用棚膜及其制备方法	CN201810855565. 6	
22	一种塑料管材输送装置	CN201821073510. 1	昆明特瑞特塑胶有限公司
23	一种塑料管材自动切割装置	CN201821065792. 0	
24	一种依次塑料管材输出加工装置	CN201820872737. 6	
25	一种便于塑料板输出接收放置台	CN201820891452. 7	
26	一种辅助定型塑料管输出装置	CN201820892027. X	
27	一种塑料管材定型输送装置	CN201820891686. 1	
28	一种塑料管材加工输料装置	CN201820891556. 8	
29	一种便于管材输出装置	CN201820886804. X	
30	一种塑料管自动切割输出装置	CN201820891865. 5	
31	一种便于调节塑料切割装置	CN201820867677. 9	
32	一种塑料板材除灰尘装置	CN201820871077. X	
33	Plastic plate dust removal device	CN：201820871077：U	
34	一种高压电力电缆防护套管保护装置	CN201821404761. 3	昆明耀龙塑胶有限公司
35	一种高压电力电缆防护套管	CN201821404760. 9	

续表

序号	新产品名称	专利证书号	研究开发单位
36	一种波纹管连接结构	CN201821404742.0	昆明耀龙塑胶有限公司
37	一种波纹管生产包浆冷却装置	CN201821403956.6	
38	一种 PVC 阻燃套管生产挤塑模具	CN201821404715.3	
39	一种 PVC 阻燃套管切割装置	CN201821404675.2	
40	一种 PVC 阻燃套管加工的输送装置	CN201821402823.7	
41	一种改性聚丙烯双壁波纹管环切刀	CN201821402795.9	
42	一种 PVC 阻燃套管挤出加工的限位机构	CN201821402837.9	
43	一种高压电力电缆防护套管检测装置	CN201821402777.0	
44	一种改性聚丙烯原料混合罐	CN201821404771.7	
45	一种改性聚丙烯双壁波纹管加工除尘装置	CN201821403927.X	
46	一种用于 PVC 阻燃套管生产的多功能工装架	CN201821402854.2	
47	一种 PVC 阻燃套管加工的废气收集装置	CN201821404723.8	
48	一种抗菌石头纸的生产方法	CN201811528607.1	云南昆钢石头纸环保材料有限公司
49	石头纸用改性碳酸钙的改性方法	CN201811528600.X	
50	一种阻燃石头纸的制备方法	CN201811527390.2	
51	一种鲜花用石头纸包装装置	CN201822095608.3	
52	一种低透光率的耐久光降解地膜及其生产方法	CN201811527513.2	云南中蔗农业科技有限责任公司
53	一种甘蔗土壤取样铲	CN201820632075.5	
54	一种甘蔗土壤取样锄头	CN201820632074.0	
55	矿泉水瓶（珍茗山泉）	CN201830697279.2	昆明珍茗食品有限责任公司
56	托板（桶装水用托板）	CN201830132534.9	
57	HDPE 钢带增强螺旋波纹管	CN201821076343.6	云南益华管道科技有限公司
58	一种塑料化粪池	CN208532575U	
59	MPP 电力电缆保护管	CN201821077406.X	
60	HDPE 隧道逃生管	CN201821076354.4	
61	钢丝网骨架塑料复合管	CN201821076433.5	
62	一种生产 PE 管冷却装置	CN201821046681.5	
63	新型耐腐蚀双壁波纹管	CN201821046783.7	
64	一种波纹管切割装置	CN201821046154.4	
65	一种 PE 给水管	CN201821046165.2	
66	Corrugated pipe cutting device	CN:201821046154:U	
67	PE water supply pipe	CN:201821046165:U	
68	一种塑料检查井的清理装置及方法	CN201811375438.2	云南百川环保科技有限公司
69	一种塑料检查井清掏装置	CN201821901987.4	

续表

序号	新产品名称	专利证书号	研究开发单位
70	一种塑料检查井清理冲洗装置	CN201821901988.9	云南百川环保科技有限公司
71	一种简易式压板翻斗	CN201820232466.8	昆明仙织塑业有限公司

五、存在的问题

（1）企业自主研发、创新能力有待提高。

（2）低端产品产能过剩，产品低端化、同质化依然严重。

（3）产业集中度不高，规模以下企业较多。

（4）产品单一，核心品牌较少。

（5）人才队伍不稳定，专业技能人才缺乏。

（6）团体标准制订任重道远。

（7）原材料价格波动大，给企业生产经营带来困难。

（8）中美贸易对行业形成持续影响。

六、发展趋势与建议

（一）发展趋势

（1）在“一带一路”倡议和面向南亚东南亚辐射中心定位下，云南省将会从封闭的末端变成开放的前沿，成为连接南亚、东南亚的枢纽，显示出其独特的区位和地缘优势，面临新的发展机遇。

（2）环境保护，特别是农村居住环境提升的建设，如农村安全饮水，城乡供水一体化都涉及给水管道、检查井等产品。政府相关部门提出，在2020年以前要完成70%的农村厕所改造，在2022年要完成100%的厕所改造，厕所改造牵涉到塑料管、化粪池等产品，将带动相关塑料制品企业在这个项目中得到发展、壮大。

（3）云南的种植业、旅游业、养老养生业的推进，给塑料产品市场带来广阔的发展空间。特别是特色高原农业，比如花卉、蔬菜、水果、鲜花的加大投入和扶持，将给农膜、日用、塑料包装业带来新的发展机遇。

（4）随着新材料、新能源汽车在云南的落地和发展，将给工程塑料及塑料配件业带来新的发展机遇。

（5）国家对进口废旧塑料的限制政策，将给塑料回收利用企业带来新的发展机遇。

（6）城市基础建设、海绵城市、综合管廊建设将给我省塑料管道及相关企业带来发展机会。

（7）中国（云南）自贸试验区正式挂牌，着力打造“一带一路”和长江经济带互联互通的重要通道，建设连接南亚东南亚通道的重要节点，设立自贸区，以优惠税收和海关特殊监管政策为主要手段，使贸易更加便利化、自由化。同时，也吸引大批外商入住，行业规模有所增长，行业即将迎来新的发展机遇。

（8）部分产品受物流运输的影响，市场相对封闭，还有一定的发展潜力。

（二）发展建议

（1）加强行业自律，规范市场秩序，减少恶性竞争。

（2）制订行业团体标准，共同遵守规则，以标准促产品质量提高。

（3）加强行业培训，拓宽行业专业技术人才的输送渠道。

（4）调整产业结构，加强研发、创新意识，打造核心品牌。

（5）提高装备自动化水平，节能降耗，坚持绿色、生态化发展。

（6）借助“一带一路”倡议，面向南亚东南亚辐射中心推进的大好形势，积极开拓国际市场。

（7）筹建云南塑料工业园区或塑胶批发市场。

（云南省塑料行业协会　韩简吉）

新疆维吾尔自治区

新疆是一个大农业省区，新疆塑料工业主要是围绕为农业生产配套服务发展起来的，因此在产品结构上，农用塑料制品一直占有主导地位，多年来农用塑料制品产量始终占总量的60%以上，随着建筑、包装行业的发展以及资源性产业的开发，为之配套的新型塑料建材、各类包装用塑料制品、日用塑料制品也占有一定比重。

一、基本情况

2018年新疆塑料行业总体运行略有放缓，规模以上企业实现现价增加值24.76亿元，占新疆轻工行业的10.79%；1~10份主营业务收入89.6亿元，同比下降5.8%，利润总额4.2亿元，同比下降31.1；亏损企业数48家，占规模企业的34%。进入11月后，随着我区农地膜及滴灌带等涉农塑料产品生产旺季的到来，财务指标将会有所好转。

在产品产量方面，2018年142家规模以上企业当月生产塑料制品10.21万吨，较上年同月的11.43万吨下降了10.7%，1~12月规模以上企业累计生产塑料制品104.82万吨，较去年同期118.68万吨下降了11.68%。

2018年1~12月塑料行业规模企业增加值完成情况表

行业名称	现价增加值/亿元		可比价增加值增速/%	
	本月	累计	本月	累计
塑料制品业	2.52	24.76	-3.2	-15.9

新疆塑料行业2018年1~10月份财务指标表

亏损企业数			其中：主营业务收入			利润总额			亏损企业亏损总额		
本月末/个	上年同期/个	增减/%	本月/亿元	上年同期/亿元	增减/%	本月/亿元	上年同期/亿元	增减/%	本月/亿元	上年同期/亿元	增减/%
48	31	54.8	89.6	95.1	-5.8	4.2	6.1	-31.1	1.1	0.6	83.3

2018年1~12月塑料行业规模以上企业主要产品产量

主要产品名称	计量单位	本月	去年同月	本月累计	去年同期	增长速度	
						比同月	比同期
塑料制品	万吨	10.21	11.43	104.82	118.68	-10.7	-11.7

二、工作重点

（1）制定发布了《新疆塑料行业团体标准管理办法》。制定了《一次性塑料酸奶杯（瓶、盒、罐）》、《微灌系统用粘接式硬聚氯乙烯（PVC-U）管件》、《短纤针刺非制造布/聚乙烯流延土工膜》3个团体标准，组织完成了3个团体标准的发布会暨塑料协会发展团体标准研讨会工作。

（2）编写了《聚乙烯土工膜老化及其使用寿命评价实验方案》、《聚乙烯复合土工膜在防渗渠道环境中的老化及其使用寿命评价》，组织完成了聚乙烯复合土工膜样品的抽样、送样、样品检验确定工作，按项目要求检验过程进行不定期监督，形成了《聚乙烯土工膜老化性能中期报告》。

（3）编制了2018年新疆农地膜产业现状调研计划，并按计划组织实施了对我区南北疆农地膜产业现状的调研工作。先后走访了阿克苏地区、巴州、博乐、昌吉、奎屯、乌鲁木齐等70余家农地膜生产企业，对在调研中发现的问题分别向自治区经信委、工商局、农业厅、质监局发出了《关于对新疆南北疆地膜市场情况反映的情况反映》并提出了对策和建议。

（4）编写《2018新疆农地膜产业现状调查报告》，积极为行业争取政策和项目支持。

（5）完成了对农业厅《新疆聚乙烯残膜回收情况调查及聚乙烯残膜回收分级地方标准制定》项目计划及任务委托书工作、完成农业厅《关于农田地膜污染治理工作的意见》修改意见提出及回复工作。

（6）积极开展土工膜产品监造，保障重点水利工程用材料的质量安全。应自治区水利建设管理部门要求，经自治区经信委领导的批示和轻工行办的安排，新疆塑料协会承担了自治区重点水利工程所用关键防水材料—复合土工膜产品的生产监造任务。为确保监造工作质量，协会进一步完善了《PE土工合成材料监造手册》和《监造工作管理制度》，选派了行业内具有丰富质量监控经验的工程技术人员组成现场监造组对中标企业土工膜生产全过程实施质量监控，通过对原料进厂确认、配方和成型工艺参数监控、班组及实验室质量检验数据监督、型式检验样品抽样与委托、产成存放与发货等重点环节的旁站式跟班制造，杜绝了非合同产品或不合格产品流入施工现场，有效地保证了工程用复合土工膜的质量安全，得到了建设单位的认可。在监造过程中监造工程师还以行业专家身份，积极指导和协助企业改进工艺技术、完善基础管理、强化员工专业技术与质量培训等，促进了生产企业管理、质量水平的大幅提升，获得了生产企业的好评。

同时，为土工膜产品起草了《短纤针刺非制造布/聚乙烯流延土工膜》团体标准并予以发布，完成了《聚乙烯复合土工膜在防渗渠道环境中的老化及其使用寿命评价》工作，供业内人士参考使用。

（7）努力发挥好“新疆塑料节水材料产业集群中小企业公共服务平台”作用。新疆塑料节水材料产业集群中小企业公共服务平台（简称：节水平台）是根据国务院《进一步促进中小企业发展的若干意见》（国发［2009］36号）和国家工信部、发改委等7部委《关于促进中小企业公共服务平台建设和指导意见》（工信部联企业［2010］175号）的精神，在新疆维吾尔自治区经济和信息化委员会、自治区轻工行办的指导下成立的产业集群中小企业公共服务窗口平台。

截至2018年底，服务业绩和成效方面主要做了以下几方面工作，平台线上线下各类服务共计10051次，带动服务资源数据455余家次。

典型案例：连续服务我区节水中小微企业磐基实业和金大禹公司，实施现场生产监造及产品老化试验项目等。

重大活动：根据新标准化法及企业需求，我平台今年组织行业专家组织实施编写了3个团体标准并发布，为企业生产合格产品提供了法律依据。

（8）与自治区质监局、自治区农业厅、新疆大学、国家自然干旱老化检测中心联合开展行业专题活动，聚力聚智，共振共享，整合各方资源，为行业搭建综合服务平台，效果赢得广泛共识，提升了塑协的公信力和影响力。

（9）严格执行产品标准，做好产品质量提升工作。应自治区质监局委托完成了对昌吉、塔城、吐鲁番地区农膜生产企业进行了《正确执行产品标准，做好产品质量提升工作》宣传与讲座，有力的配合政府产品质量提升年活动，受到当地政府相关部门的好评。

（10）参加独山子茂金属推介会并在会上做了《现阶段地膜标准执行与应用》专题发言；完成了自治区质监局转来的《政协提案要求更改地膜地方标准》书面回答提交工作；完成了政府转来的《关于推广蓝山屯河生物降解膜》书面意见回复工作；完成了建材行办调研情况材料汇报工作；完成了贝尔微德资产管理公司信息调研采证工作，完成了自治区质监局交办的世界标准日宣传工作

（11）启动实施了科技创新年工作，请新疆大学、水利设计院、额河建管局、水利厅等行业专家对科研项目方案审查把关。完成了针对土工膜GB/T 17943—2011中炭黑含量和氧化诱导时间两项指标的作用和目的、土工膜实际出现的问题等技术内容。

三、市场开拓及其他服务

通过平台网络发布企业供求信息和展会信息，线下组织企业参加相关会议及展会。

（1）2018年4月19~20日，应邀出席重庆塑料论坛开幕式.

（2）2018年4月21~27日，组织15家单位的30名企业家和技术人员参加在上海举办的亚洲第一大展会——第三十二届中国国际塑料橡胶工业展览会，并在同期参加了中国塑料加工工业协会年会以及多场技术交流会议等，通过展览展销、贸易洽谈、产品推介、互相交流学习，开拓了眼界，打开了思路，得到企业的一致好评。

（3）2018年9月11~18日，就起草新疆农地膜准入政策对国家工信部、农膜专委会、兰州金土地公司等进行了相关调研。

（4）2018年10月10~14日，组织我区塑料行业5家企业的8名代表参加在台州召开的第十八届中国塑料交易会及一带一路、合作共赢——中德智能制造高峰论坛，同时对当地企业进行了参观交流学习，增长了见识，扩大了视野，为企业的发展提供了帮助。

（5）2018年10月23~30日，参加在杭州召开的2018全国高分子材料科学与工程研讨会及中塑协南京塑料展。

四、协会其他工作

（1）按计划编辑出版《新疆塑料》内部资料会刊，及时更新《新疆塑料信息网》资讯，向会员企业提供行业性政策、技术资讯，解答企业疑问和

难题。

（2）接待慰问：做好组织协调工作，热情服务于每位来访者；今年共接待中石油西北销售公司、天利高新、新疆天业、中石化西北销售公司、天利高新、农业厅能环站、中泰化学、云南塑协、甘肃金土地地膜总厂等单位来协会的调研及座谈工作。

（3）2018 年 6 月 8~14 日，对南疆麦盖提县库木库萨尔村贫困户进行了慰问。

五、2019 年重点工作

（1）积极发挥行业协会的“桥梁纽带”作用。加强与工信、农业、科技、质监、水利、建设等政府职能部门的联系，加强政策信息采集与传达，及时反映行业诉求，协调解决行业热点、焦点问题，为政府决策和企业发展提供双向服务。

（2）加强行业经济运行调查分析工作。及时掌握和发布行业经济运行动态，配合政府相关部门协调解决经济运行中出现的共性问题。做好地膜、滴灌带等重点产品的产季生产进度抽样统计调查工作。

（3）积极开展行业交流活动。有针对性地组织企业参加国内外专业会展、论坛及考察交流活动。组团对兄弟省区塑料行业进行学习考察。

（4）加强培训工作。一是组织企业管理者、专业技术人员到发达省区或大专院校参加管理、质量、技术等专业进修；并适时开展职工岗位、职业技能培训与鉴定工作。二是做好团体标准推进工作，积极为行业企业生产合格及合法产品提供有效保障。

（5）强化协会信息服务系统。继续完善“节水平台网站”、《新疆塑料》的建设与运营工作。

（6）强化协会自身建设。主要是加强会员管理，健全专家委员会管理。

（7）做好 2019 年重点水利工程用复合土工膜产品的监造工作。

（新疆维吾尔自治区塑料协会）

主要制品行业

农用薄膜

一、行业现状分析

（一）概况

我国现拥有农膜生产企业千家，从业人员约7万，总产能650万吨，实际总产销量280万吨，总产值330亿元。千家企业中年产万吨以上大型骨干企业63家，农膜产品门类齐全，60%以上属功能性农膜，具有中国特色，适合中国国情且具有国际竞争力的创新产品、工艺装备等，其性能、质量和技术水平有的已达到国际先进或国际领先，是世界上薄型化农膜生产水平最高的国家之一。

千家企业中年销售收入超过2000万元的规模以上企业为220家，2018年在国内外大环境复杂多变和严峻苛刻的形势下，下行压力进一步加大，规模以上企业农膜产量出现较大减产，国家统计局数据见表1。

表1　2017~2018年规模以上农膜企业逐月累计产量和同比增长率

月份	2017年累计产量/万吨	2018年累计产量/万吨	2017年同比增长率/%	2018年同比增长率/%
1~2	39.2	29.55	1.0	-2.71
3	61.6	44.70	-0.03	-3.86
4	82.7	60.05	-1.52	-0.91
5	100.8	72.75	-2.3	+0.69
6	119.8	83.40	0.001	-1.25
7	138.7	76.36	0.02	-3.46
8	158.9	80.94	0.38	-2.93
9	180.1	88.11	0.06	-1.93
10	194.3	94.18	2.6	-2.29
11	210.2	103.4	2.9	-3.86
12	197.3	120.00	3.41	-4.84

表1数据显示2018年全年各个月份同比增长率几乎都处于负增长，年终产量大幅下滑，2016年我国农膜行业规模以上企业农膜产量为241.86万吨，达到历史最高水平，2017年下降为197.3万吨，2018年更是滑至120万吨，仅为2016年的一半水平，2018年同比增长率统计局数据为-4.84%。

（二）全国各省（市、区）农膜产量情况

2018年全国纳入统计的省份共25个，其中负增长的高达18个省。其中产量下降最突出的省份是河南、2017年其产量为45.3万吨，2018年仅为23.8万吨，减少21.5万吨，由全国产量第一大省降为第二。山东产量虽然位居全国第一、但比2017年也减产14.5万吨，仅此两省2018年合计减产36万吨。2018年农膜行业规模以上农膜企业产量位居全国前十位的省份及其产量占全国产量比例见表2。

表2　2018年农膜产量列全国前十位的省份及占全国产量之比

位次	1	2	3	4	5	6	7	8	9	10
省份	山东	河南	云南	浙江	四川	甘肃	陕西	新疆	吉林	广东
产量/万吨	23.9	23.8	11.5	9.1	7.6	6.5	6.2	5.9	4.4	3.6
占比/%	19.92	19.8	9.62	7.57	6.37	5.43	5.16	4.95	3.69	3.02

（三）产量下滑原因

受国内外大环境不确定因素影响，国内经济下行压力加大，企业运行成本负担过重，环保治理力度空前严厉，企业生存与发展面临巨大挑战。

（1）国家加大治理大气污染环境督查力度，部分农膜企业因环保手续未达标以及微量挥发性有机物（VOCs）排放问题而被停产整改，影响农膜产量。

（2）下游需求不旺。农产品国内价格比国际价格偏高，大宗蔬菜产品出口不畅，蔬菜大棚面积减少，加之国家调整种植结构又造成许多农作物种植面积缩减，其中玉米、棉花、大豆、烟草的种植面积减少最为突出，导致对农膜应用需求不旺，影响了农膜的生产。

（3）低端农膜产量减产。市场对高端农膜产品的需求日益增长，农膜企业主动压缩低端农膜产品的产量，而集中力量加大高端产品的研发，在一定时间段使得整个农膜产品呈下滑态势。

（4）高端农膜的应用，特别是长寿命产品的应用，使换膜周期由一年变为两年。长寿命多功能高端农膜的应用，节约了资源，提高了效率，受到农民欢迎和推广，势必相应减少每年换膜的数量，农膜产量减少就是发展中伴随的必然结果，这在一定程度上也反映了农膜行业推进供给侧结构性改革，加大中高端产品开发，整个行业向高质量发展的显著进步。

二、发展方向和重要举措

（一）发展方向

农膜产品的发展方向是“功能化”。棚膜向涂覆型复合膜发展，使棚膜的流滴、消雾功能与寿命同步；在聚合物基纳米复合涂覆液体基础上，进一步用极性物质和纳米材料实现对农膜双面的功能改性，使防尘抗污功能也与老化同步；研发更多的保湿和降温棚膜技术，保障作物光合所需的温度；研究不同地区不同作物对直射光和散射光的需求，提供最佳光照方式；完善和推广转光膜技术，研制出更有效的光生态膜；将屏蔽病虫菌可视光技术和光催化杀菌技术尽快实现量产，以减少农药用量。地膜向保护环境和清洁生产方向努力，加大功能性地膜的开发和新材料开发应用，研制更多具有长寿、流滴、除草、增温、防虫、反光等功能性地膜，加快新型高强度耐老化易回收地膜和有色、彩色、打孔、芽口等各种专用地膜的研制与应用，特别关注全生物降解地膜的农田实验和示范进度，向无残留降解地膜方向发展。

1. 坚持创新战略

“创新是引领发展的第一动力，是建设现代化经济体系的战略支撑”，农膜行业要在科技创新上下大力气，生产满足优质高效农业需要的高端农膜产品，使高、中、低端产品的比例由目前的10%：45%：45%提升到20%：50%：30%，进入世界先进水平。产品是强国的主要标志，农膜产品不仅满足保温、保墒、保湿等要求，还要向充分利用光能、发挥光肥、光药作用，向更高效、更长寿命和定制专用化发展。必须坚持创新战略，不断完善行业创新体系，进一步推动行业科技进步。

2. 坚持品质提升战略

以增品种、提品质、创品牌为契机，针对企业的不足，采取有效措施，全面提升企业核心效力。在产品质量管理、装备升级改造、提高全员劳动生产率等方面取得明显进展。有条件的企业，特别是大型骨干企业在生产过程中引入数字化、网络化、智能化方面要积极探索，有所作为，为其他企业起到示范作用。坚持“三品”战略，用品牌产品提高国内外两个市场的占有率，扩大中国农膜在国际上的影响力。

3. 坚持合作共赢

高端产品或关键技术的攻克，不可能是某一个体的单独行为，需要方方面面的有机配合，农膜行业要做强必须加强产业链上下游间的协作、加强政产学研用深度融合、加强自主研发与走出国门借力发展的结合，实现优势互补、整合创新资源，形成合力，现实整体推进、重点突破，为建成世界强国提供技术支撑。

（二）采取的措施

为推动农膜行业健康持续向高质量发展，农膜专委会采取的措施如下：

1. 加强农膜企业一线工人技术培训

农膜专委会于2017年6月提出要针对生产企业存在的共性技术问题，发挥农膜专家在理论知识和实践经验方面的优势，编制简易教材，对农膜生产企业一线工人进行培训。中国塑协从农膜专委会所做的工作基础、完善程度，以及积极性等方面考虑，将培训工作的第一站放在农膜专委会，也是对农膜专委会多年来工作的充分肯定。我们将在中国塑协的指导和支持下，开展好培训工作，使农膜企业管理上台阶，农膜行业技术水平上台阶。

2. 加强行业自律，严守诚信底线

诚信是行业发展的灵魂，只有不断提升管理水平，提升产品品质，坚持诚信，企业才能发展。农膜专委会通过开展“三品”战略和建立行业自律行为，不断引导企业在产品质量安全、社会责任、市场服务等方面提高诚信意识，得到国家工信部领导的认可，出台了一系列相关政策。2018 年农膜专委会又有 8 家会员单位企业的信用等级被评为 3A 级。农膜专委会将再接再厉，加强与企业的沟通和联系，围绕高质量发展目标，引导企业不断提升诚信建设，加强行业自律。

3. 加强标准化工作，特别是团体标准工作

标准是产品生产和应用的基础。中国塑协团体标准技术委员会成立以来，农膜专委会积极支持和参与此项工作，组织相关企业进行团体标准制订工作，完成了《农膜企业挥发性有机物 VOCs 气体排放管控标准》《农用棚膜接触酸性农药后对耐候性影响的判定》《生态塑料吹塑农用地面覆盖薄膜》三项团体标准申请、立项工作。我们将继续不断加强标准制订工作，同时加强团体标准的监管工作，让团体标准为农膜发展立好“路标”，为消费者维权提供有力保障。

4. 加强科技创新和技术进步

企业科技创新和技术进步，要明确以市场为导向，紧密围绕应用领域日益提升的水平要求和应用需求。要充分调研市场、了解应用，根据需求开展科技创新，这种创新才具有较强生命力。企业要把精力放到资源合理配置，不断提升竞争力技术水平上。农膜专委会将积极推动科技创新和技术进步工作，提高企业创新的信心和自觉性，认识到只有不断创新，才能立足发展，才能在日益激烈的市场竞争中脱颖而出。

三、专委会主要活动

（一）隆重召开“中国塑料加工工业协会农用薄膜专业委员会 2018 年会暨专委会成立 30 周年庆典”

“中国塑料加工工业协会农用薄膜专业委员会 2018 年会暨专委会成立 30 周年庆典”于 2018 年 6 月 27 日在美丽的黄海之滨山东省青岛市隆重召开。

应邀参加本次会议的领导有：十届全国人大常委、原轻工业联合会陈士能部长；原轻工业联合会钱桂敬副部长；中国塑料加工工业协会朱文玮理事长；国家工业和信息化部消费品司轻工一处谢立安调研员；青岛市经信委冯伟巡视员；中国-东盟商务理事会许宁宁理事长；中国农用塑料应用技术学会张真和会长；中国塑料加工工业协会王占杰副理事长兼秘书长；原中国农科院蔬菜花卉研究所王耀林调研员；中国农用塑料应用技术学会李莉秘书长；中国塑料加工工业协会田岩副秘书长；山东省塑料协会潘成功秘书长；山西省塑料协会王慧凯秘书长；农膜专委会第一、二届理事长崔守信；农膜专委会第三届理事长韩连贵；农膜专委会第四届主任委员、白山市喜丰集团董事长曹志强；山东农业大学米庆华教授；全国塑料制品标准化技术委员会塑料制品分会彭永杰秘书长；北京化工大学教授、中绿英科（北京）科技有限公司刘东升董事长。

参加本次会议的代表有来自全国各地的农用薄膜及原料、助剂、设备、应用及市场营销等领域生产企业、科研院所、外商驻中国代理机构和商社的代表、专家、学者以及新闻媒体朋友共计 457 位。

上午的会议由专委会副主任郝福江主持。山东省塑料协会潘成功秘书长、青岛市经信委冯伟巡视员、济南新三塑业有限公司总经理乔宪斌等先后致辞。

国家工业和信息化部消费品司轻工一处谢立安调研员向与会代表介绍了工信部 2018 年的工作重点及消费品工业“三品”专项行动的相关工作；地膜国标标准修订的意义和作用；出台《农用薄膜行业规范条件》重要性，对今后的工作安排进行了详细的解读。

随后进行农膜专委会换届选举

由农膜专委会第四届主任委员曹志强做《农膜专委会第四届常委会工作报告》。他总结了本届常委会六年来的主要工作、取得的成绩以及 2017 年以来专委会所做的工作，对专委会今后的工作提出建议。农膜专委会第四届秘书长刘敏向大会通报了专委会换届工作的有关程序和第五届理事会组成名单，并提请大会审议通过。

会议以举手表决的方式选举产生了农膜专委会第五届理事会，主任单位由白山市喜丰塑料（集团）股份有限公司继续担任，副主任单位和理事单位由天津市科技集团有限公司第二塑料制品厂、华盾雪花塑料（固安）有限责任公司、山东清田塑工有限公司等 53 家企业担任。曹志强同志当选中国塑协农膜专委会第五届理事会主任委员，刘杰、郝福江、孙美菊等 19 位同志当选副主任委员；杨文爽、刘军、孟国等 32 位同志当选理事；刘敏同志当选理事会秘书长。

大会第三项议程是农膜专委会成立30年庆典

农膜专委会成立于1988年，至今已走过了30年历程，30年的成长变迁、发展历程由专委会秘书处用短片及纪念册的方式一一展现给大家，作为为专委会30年生日的最好献礼。

同时还向30年来对中国农膜事业发展做出突出贡献的企业和个人进行了表彰。大连橡胶塑料机械有限公司等20家企业获“中国农膜行业功勋企业奖”；崔守信等7位老同志获“中国农膜行业功勋个人奖”；云南曲靖塑料（集团）有限公司等20家企业获“中国农膜行业创新企业奖”；杨彦等24人获“中国农膜行业创新个人奖”；安徽华驰塑业有限公司等11家企业获“中国农膜行业协作优秀企业”称号。

中国塑料加工工业协会朱文玮理事长做总结发言，他首先代表中国塑料加工工业协会对会议的成功召开表示祝贺，向新当选的第五届理事会单位表示祝贺，感谢与会的轻工联合会老领导对专委会工作的支持，感谢大家对农膜行业发展付出的努力，感谢对本次会议大力支持的会员企业。朱会长强调要充分认识新时代的重大意义，深刻领会新时代的丰富内涵，肩负起新时代的发展使命。他介绍了中国塑料加工业发展现状，农膜未来的发展重心以及对农膜行业的三点希望，对农膜专委会为推动农膜行业健康发展所做的努力，对秘书处工作人员良好的精神风貌和工作作风，有大局意识和责任意识，为行业发展做出的贡献给予了高度的评价。他说从这次年会的资料可看到既有30年行业巨大变化的展示，又有履职六年的回顾，还有近一年来工作成绩和总结，资料充实、数据准确、内容丰富，可圈可点、客观存在。希望新产生的第五届专委会要在以往工作基础上再接再厉，开创新时代工作的新局面，取得新成绩。

下午进行了技术交流会，由专委会解非副主任主持。10位专家学者就农膜及其原料应用、农膜生产及相关技术等方面进行讲座，介绍了农膜新产品、新材料、新技术、新装备，使与会代表开拓了视野、丰富了知识，加强了会员单位之间的技术交流和彼此了解与友谊。

本届年会规格高、规模大、影响力强，是一次盛会，回顾过去，展望未来，对专委会工作提出了意见和建议，体现了同心同德、团结奋进的精神，加强了会员单位间联系、协作和交流。在全体与会代表和各界领导、各界朋友的共同努力和大力支持下完成了大会预定任务，取得圆满成功。

（二）成功组织和参加2018年中国国际塑料展取得满意效果

经过一年多筹划和运作，农膜专委会共40多家会员单位参展，按要求完成布展任务，展位数比2016年翻了一番还多（2016年展位数为19个），农膜专委会荣获中国塑协授予的“优秀组织奖”。

参会人员对此展会评价很高，不仅办成突出“四新”为主题的展览，还兼有多场学术报告、技术交流，普遍认为内容丰富、主题鲜明、专业性强、开阔眼界。展会呈现了塑料行业的飞速发展，为广交客户搭建平台，也提升了参会企业的知名度和影响力，是收获丰硕的一次盛会。

参展企业对这次展会也提出许多中肯的建议：一是作为行业顶级展会还要加强宣传力度；二是观展人员以行业内观众居多，直接消费者不多；三是展会期间正是农膜行业生产旺季，影响参展。四是如果能适当降低展位费，可吸引更多企业前来参展。

（三）中国塑协农膜专委会五届一次理事会暨农膜行业团体标准会议圆满召开

“中国塑料加工工业协会农用薄膜专业委员会五届一次理事会暨农膜行业团体标准会议”于2018年10月29日在江苏省南京市隆重召开。

应邀参加本次会议的领导有：中国塑料加工工业协会王占杰副理事长兼秘书长；全国塑料制品标准化技术委员会塑料制品分会彭永杰秘书长；云南省塑料协会韩简吉秘书长；山西省塑料协会王慧凯秘书长。

参加本次会议的理事单位代表、团体标准委员会委员代表共计72位。

会议由专委会曹志强主任主持。并做《农膜专委会五届常委会工作安排》。他首先介绍了五届理事会成立以来秘书处所做的主要工作；对农膜专委会五届理事会要重点做好的工作，进行了部署。

农膜专委会副秘书长徐双宏就《农膜操作工培训手册》的编写进行了详细的说明，并介绍了《2018年中国塑协培训委员会工作计划》。

中国塑料加工工业协会副理事长兼秘书长王占杰代表代表中国塑料加工工业协会，对来自全国各地农用薄膜行业及相关领域领导、专家和行业同仁表示诚挚欢迎。对曹志强主任做的关于五届理事会主要工作安排给予了高度的评价。并提出了三点意见：一、农膜企业要积极参加“农膜行业培训工作”二、加强行业自律诚信体系建设，提升产品品质、严守诚信底线。三、加强标准化工作，为行业高质量发展打好基础。同时还对农膜专委会组织参展、参观“2018年中国国际塑料展暨塑料新材料、新技术、新装备、新产品展览会”所做的工作和努力，给予了表扬和肯定。

全国塑料制品标准化技术委员会塑料制品分会彭永杰秘书长就制订团体标准的注意事项及农膜行业团体标准在立项申请编写过程中存在的问题提出了意见及建议。随后对三个团体标准进行了介绍，华盾雪花塑料（固安）有限责任公司秦立洁总工解读《农用吹塑棚膜农药中硫、氯残留量的规定》(征求意见稿)；山东天壮环保科技有限公司刘飞工程师解读《氧化-生物双降解生态地膜》（征求意见稿)；河南省银丰塑料有限公司豆开畅总工解读《农用薄膜生产及相关母料企业VOCs气体排放管控标准》（征求意见稿)。与会代表对标准进行了认真的讨论。

华东理工大学VOCs治理校友会秘书长/上海工宜科技有限公司陈亮峰与参会代表就农膜挥发性有机物污染防治对策进行交流。

农膜专委会刘敏秘书长宣读了“关于缴纳《中国塑协农膜行业团体标准制订经费》的通知”，并介绍了目前申请立项的每个标准的具体经费分配安排。

最后曹志强主任做会议总结发言，希望各单位认真落实、完成专委会第五届理事会工作任务。

上述三个团体标准已修改完毕，并上报中国塑协团体标准化委员会薄膜分技术委员会立项申请。

（四）2018年科技大会农膜专委会会员单位受到隆重表彰

展会期间中国塑协召开了2018科技大会，会上对荣获中国塑料加工业百强企业（2017年度)、2018“中国塑料加工业科技创新型优秀会员单位”、“中国塑料加工业科技创新先进工作者”进行了表彰。农膜专委会华盾雪花塑料（固安）有限责任公司等13家企业荣获2017年度中国塑料加工业百强企业；河南省银丰塑料有限公司等13家企业荣获2018“中国塑料加工业科技创新型优秀会员单位”；蒋瑞萍等8位同志荣获2018“中国塑料加工业科技创新先进工作者”，李永军同志荣获“中国塑料加工业行业工匠”称号。展会上中国塑协介绍科技创新活动中，全行业取得许多实质性成果，在所列出的15项成果中，农膜专委会会员单位占了其中的7项。另外中国轻工业联合会授予华盾雪花塑料（固安）有限责任公司等10家企业为2017年轻工业塑料行业（农用薄膜）十强企业。上述荣誉彰显上级领导部门对农膜行业科技创新工作取得的成绩和进步的肯定和鞭策，农膜专委会和获奖会员单位（个人）将不负众望，争取做出更大成绩。

（五）其他工作

1. 组织各类会议

组织参加“可控全生物降解地膜农田试验及总结交流会”；

组织召开“农膜回收生产者责任延伸制度企业代表座谈会”；

召开团体标准启动会，由15家企业17位代表组成农膜团体标准工作组，开展行业团准工作。

2. 组织参展、参观有关展览会

组织参展参观“2018第三十二届中国国际橡胶工业展览会”有38家企业参展、63家会员单位173名代表参观；

组织参加“NPE2018美国国际塑料展览会”，代表们认真了解展品信息，增进国内外同行之间的交流，国外先进的发展理念让代表们感触很深，受益匪浅。展会期间还与埃克森美孚等公司进行了座谈、技术交流。

3. 按时完成上级安排的各项工作

关于美国加征关税对塑料加工行业影响的报告；对“农膜管理办法”的修改意见和建议的报告；VOCS排放数据的收集；开展科技创新年(2017-2018）活动情况的汇报；关于“轻工业发展规划”中期评估材料的汇报；申报中国轻工业工程技术研究中心的报告（申报企业共8家)；申报2018中国塑料加工业人才交流对接需求的报告；轻工联合会和中国塑协各类奖项的申报工作。

一年来，围绕科技创新各项工作，农膜专委会始终坚持“宏观上积极引导，微观上热忱服务”，为促进行业发展做出了努力，在总结成绩的同时也看到还有不少的不足，主要是联系企业深入基层不足，工作的力度和效率不足，为基层服务的广度和深度不足，在今后工作中农膜专委会将进一步发扬成绩，克服缺点，在中国塑协的领导下，为使农膜行业更快的向高端化发展做出更大努力。

（中国塑协农用薄膜专业委员会　刘敏）

改性塑料

一、行业发展特点概述

改性塑料作为新材料的重要产品，在汽车、高铁、船舶、航空航天、信息、电子、光学、医疗、新能源等高端应用领域发挥越来越重要作用，具有广阔前景；属国家战略新兴产业范畴，因此受到国家政策鼓励与支持，中央和地方都为行业健康稳定运行提供良好的政策环境。其中，《中国制造2025》《国民经济和社会发展第十三个五年规划纲要》《“十三五”国家战略性新兴产业发展规划》都将新材料列为重点发展领域之一。改性塑料是新材料产业的重要组成部分，必将成为今后一段时期，国家重点扶持发展的材料和产品。

进入21世纪以来，中国改性塑料行业伴随着国民经济的稳定健康发展和“以塑代钢”、“以塑代木”的不断推进，连续十几年经济技术指标稳步较快递增，改性设备、改性技术不断成熟，改性塑料工业体系也逐步完善。中国对于改性塑料产品的需求可以说与日俱增，但是受制于技术层面的制约，国内改性塑料产品依然以中低端为主，高端产品仍然受制于国外。根据国家统计局的统计数据显示，2010-2018年，我国初级形态塑料总产量从4361万吨上升至8558万吨，接近翻番；与此同时，我国改性塑料也实现了快速上升，由2010年的705万吨，增长到2018年的1780万吨左右，改性化率由2010年的16.2%增长到2018年的20%左右。目前，改性塑料在中国家电和汽车领域的应用占比超过50%，家电和汽车行业的发展对改性塑料的市场需求会产生较大影响。但随着国内改性塑料技术的不断提高以及应用范围的逐渐扩宽，家电和汽车行业的发展对改性塑料行业的影响将逐渐降低。根据国家统计局数据，同时结合行业发展周期及下游行业发展周期，预计到2022年，改性塑料行业工业总产值将超过2000亿元，改性塑料行业销售收入将超过1900亿元。因此，未来我国改性塑料行业仍然存在较大的发展空间。

二、产业运行情况

（一）主要改性企业运行情况

与国际化工巨头相比，国内改性塑料生产企业在技术、规模、产业链上均不具备优势，导致国内改性塑料生产企业在高端专业型改性塑料领域缺乏竞争力。从产能上看，国内改性塑料生产企业总数超过3000家，多数年产量不足3000吨，过万吨的很少。随着我国经济持续繁荣发展，我国的改性塑料行业在“十二五”期间，改性塑料行业实现了功能化、精品化；现在进入“十三五”，改性塑料行业将向轻量化、功能化、生态化、智能化进军。通过不断的技术创新研发，也取得了一系列技术成果与产品，行业整体技术水平与国际上发达国家的差距正在逐渐缩小，某些领域已达到世界先进水平，其发展的特点与方向主要有通用塑料工程化、工程塑料高性能化、新型高效助剂的开发与应用等。国内涌现出一批综合实力强的改性塑料生产企业，通过统计上市公司2018年度报告，金发公司产能约200万吨，上海普利特40万吨左右、银禧公司30万吨左右等；可以看出，行业的集聚度逐步提升，未来将不断发展成为一批具有世界级竞争力的大型改性塑料专业生产企业。

金发科技股份有限公司，是全球化工新材料行业产品种类最为齐全的企业之一，其中在改性塑料板块，公司是亚太地区规模最大、产品种类最为齐全的改性塑料生产企业。在完全生物降解塑料、特种工程塑料和热塑性复合材料板块，公司研发技术及产品质量已达到国际先进水平，市场占有率快速增长。公司逐步实现从改性塑料到化工新材料的升级，从功能材料向结构材料的拓展，产品结构不断向产业高端和高附加值方向延伸。2018年，共申请专利105件，参与或主持发布国家标准7项，团体标准1项。实现营业收入253.17亿元，同比增长9.42%，实现营业利润6.88亿元。

上海普利特复合材料科技有限公司，2018年全球实现营收36.66亿元，同比增长7.89%；公司中国区实现营业收入31.86亿元，同比增长14.57%。公司新申请专利申请数量70项，其中新申请发明专利68项，新申请实用新型专利2项；新授权专利10项，其中新授权发明专利8项，授权实用新型专利2项。公司荣获“国家企业技术中心”，“聚丙烯高性能化技术及其在汽车轻量化上的应用”荣获上海市科技进步奖一等奖；“低气味、低散发汽车用改性聚丙烯材料”荣获2018年上海市重点产品质量振兴攻关成果奖三等奖；公司研发中心被国家发展改革委认定为国家企业技术中心。

中广核核技术发展股份有限公司，形成了电子加速器制造、辐照加工服务、改性高分子材料供应等三大核心业务单元；改性高分子材料主要聚焦在电动汽车、核电、新能源、轨道交通、航天航空等以高技术含量、高附加值为主要特征新兴市场。2018年，新增专利申请受理165项，其中发明专利109项，实用新型56项，新增授权专利102项；改性高分子材料板块实现营业收入46亿元，同比增长7.02%。

广东银禧科技股份有限公司，专注于改性塑料行业研发，同时不断地进行上下游行业延伸、探索与整合，大力发展3D打印高分子复合材料研发及产业化，丝材类产品开发出了食品级PLA，食品级PETG，丝绸色丝材，柔性PLA、ASA等新型产品并投入市场销售。2018年实现营业收入为22.63亿元，较去年同期减少11.73%，新增18项授权专利，其中14项为发明专利，4项为实用新型专利。

山东道恩高分子材料股份有限公司，是一家集研发、生产、销售热塑性弹性体、改性塑料和色母粒等功能性高分子复合材料的国家火炬计划重点高新技术企业。2018年，开发了轮胎用高气体阻隔新型热塑性硫化合金材料（DVA），可替代传统汽车轮胎热固性硫化丁基橡胶（IIR）气密层的高阻隔性新型弹性体材料，该材料被称为“全球第三代轮胎气体阻隔层新型材料”；采用超临界流体连续挤出发泡技术，实现年产1000吨的产能PP发泡片板材工业化生产线建设和ETPU颗粒产品开发。2018年，公司实现营业收入13.62亿元，较上年增加45.87%，实现净利润1.22亿元，较上年增加30.52%。

青岛国恩科技股份有限公司，致力于打造领先的新材料一体化生产综合性专业平台，以新材料研究和工程化应用为核心，以轻量化材料板块和功能性材料板块为两翼，全面推动新材料在各领域应用业务的协同发展。2018年公司实现营业总收入37.24亿元，较上年同期增长81.94%；实现营业利润3.54亿元，较上年同期增长47.16%。

南京聚隆科技股份有限公司，主要从事改性工程塑料材料的研发、生产、销售，主要产品为高性能改性尼龙材料、高性能工程化聚丙烯材料、高性能塑料合金材料、塑木环境建筑工程材料四大类，广泛应用于汽车零部件、轨道交通、电子电气、室外庭外环保建筑等领域。2018年，公司被评为江苏省专精特新小巨人企业和中国塑料加工业优秀科技创新企业，获得中国石油与化学工业联合会科技进步一等奖，申请发明专利21项，授权发明专利5项。实现销售收入10.18亿元，同比下降0.54%，实现利润3504万元，同比下降13.17%。2302万元，同比下降59.2%。

深圳市沃特新材料股份有限公司，产品主要包括特种及新型工程高分子、高性能复合材料、碳纤维及碳纳米管复合材料、含氟高分子材料。产品主要应用领域为电子、家电、办公设备、通讯、汽车、水处理、电气、航空等领域。公司液晶高分子（LCP）材料、改性PPE系列产品以及碳纤维、碳纳米管复合材料在业内具有领先的技术水平。2018年实现销售收入8.08亿元，同比增5.65%，实现利润3504万元，同比下降13.17%。

广东国立科技股份有限公司，主要产品包括EVA环保改性材料及其制品、TPR环保改性材料及制品、改性工程塑料等三大系列，产品被广泛应用于高档运动及休闲鞋材、运动器材、电子配套产品、家用电器、汽车汽配、智能家居等领域。2018年度公司实现营业收入10.92亿元，同比增长44.13%；实现利润5550.38万元，同比降低9.86%。

综上所述，尽管近年来汽车及家电产销放缓，但汽车轻量化及家电改性塑料使用量增加，其需求市场仍有增长空间。我国已形成了以金发科技股份有限公司为龙头的改性塑料产业格局，产业集聚度不断提升，上市公司的经营业绩较为稳定，都十分注重新产品研发，不断提升企业核心竞争力。

（二）下游主要产业运行情况

目前，我国改性塑料主要应用于家电、汽车及新能源、电动工具、玩具、OA设备、家居卫浴、电线电缆、节能灯具和电子电气等多个行业。

家电是目前改性塑料应用最大的领域，主要产品包括改性PP、PA6、PA66、高光ABS、PC、PC/ABS、PMMA、PC/PBT、PPS、PPO等，可应用于小家电外壳、内部结构件、功能件等区域。据统计，2018年中国家电市场零售额规模累计8327亿元（包含25个常见品类），同比增长1.5%，中国家电市场面临着整体失速的危机。其中，冰箱市场零售规模达930亿元，同比增长0.7%；彩电市场零售规模达1421亿元，同比下降11.4%。但与此同时小家电市场进入快速发展阶段。小家电的触感柔和化、免喷涂高光泽化、智能化、互联网化等个性化和智能化趋势对于材料的设计和开发提出了更高的要求。在家电领域，用量较大的是电冰箱、洗衣机、空调、电视机等，按一台电冰箱使用5kg改性塑料、一台洗衣机使用5kg改性塑料、一台空调使用5kg改性塑料、一台电视机使用3kg改性塑料来粗略计算，2018年国内这四种家电需求的改性塑料合计达到254万吨，它们在整个家电需求的改性塑料中占比为53%左右，因此2018年国内家电用改性塑料需求为480万吨左右；但是由于电冰箱、洗衣机、空调、电视机近年来产量同比增速都基本在5%以下，导致家电领域的改性塑料需求同比增速已经连续5年在5%以下。

汽车是目前我国改性塑料的第二大应用领域，据市场咨询机构Markets and Markets，2018年全球车用塑料市场规模由2012年的216.16亿美元增至461.12亿美元，消费量由2012年的710万吨增至2018年的1130万吨，2013-2018年期间需求复合年增长率将达13.4%。在国内汽车市场下滑的情况下，国内汽车材料销量同比基本持平，在国内汽车材料市场占有率略有增长。这主要归因于：一是全球汽车产量增速稳定；二是汽车轻量化使得单车改性塑料用量增大。而国内车用改性塑料增长速度远远高于全球平均。国内汽车产量增速在过去多年中都远远高于全球汽车产量增速，国内单车塑料用量要远远低于欧美等发达国家，发展空间巨大，特别是中国已经是全球最大的新能源汽车市场，新能源汽车更加需要轻量化技术的支持，因此国内车用改性塑料需求增速将高于全球平均水平，成为改性塑料下游增长最快的领域。据工业和信息化部统计数据显示，2018年中国汽车市场28年来首次负增长，汽车消费动力不足，汽车产销分别完成2780.9万辆和2808.1万辆，同比分别下降4.2%和2.8%；新能源汽车快速发展，产销量保持高速增长态势。假设每辆汽车的改性塑料使用量为160kg，则2018年汽车领域的改性塑料需求量为450万吨左右。

其他应用领域，随着5G设备的大规模投产应用，也将不断带动改性塑料行业持续性发展。根据市场研究机构Juniper Research公司报告预测，到2025年，全球5G服务收入有望突破650亿美元。而由于5G信号的高传输速度、低延迟要求，传统能够对信号产生屏蔽的金属材料将不再大规模适用于5G设备。因此高分子等非金属材料将实现在5G设备上的大规模使用。因此，作为众多国民基础行业和战略性新兴产业的支撑行业，新材料特别是改性塑料行业将长期保持平稳发展的态势。而随着国内企业技术的不断提升，和对环境保护的日益重视以及消费升级时代的到来，高分子材料行业将围绕5G、汽车新能源及轻量化等重点领域持续发展。

三、未来发展趋势与展望

目前，我国改性塑料生产企业和国外还存在差距；但是，随着国内经济持续稳定发展，科技创新能力不断提升，制度与管理方面的创新，国有企业股份制改造，民营经济崛起，新的资本运行和资源配置的调整，鼓励和引导民间投资健康发展若干意见的发布等，将为改性塑料行业的腾飞提供难得的发展机遇和政策与制度的保障。“十三五”期间，对企业来说是实现利润增长的绝佳时期，相信在“十三五”完成的时候，我国改性塑料产业能够再上一个台阶，出现更多可以和国际大型企业匹敌的一批优秀企业。

衡量一个国家塑料工业发展水平的重要指标——塑钢比，我国仅为30∶70，不及世界平均的50∶50，更远不及发达国家如美国的70∶30和德国的63∶37。我国人均塑料消费量与世界发达国家相比还有很大差距。因此，我国改性塑料行业还具有很大的发展潜力，随着国内支柱产业、战略性新兴产业及高技术产业发展，对改性塑料的需求也在不断增加。如为了应对能源问题的挑战，需要开发能源装备用结构材料和能源存储及转换材料，如用于风力发动机风叶的增强改性塑料；为了改善环境，实现人和自然和谐发展对环境友好材料和环境治理材料不断提出新要求，如完全生物降解塑料等。未来，改性塑料主要发展方向：一是通用塑料工程化；二是工程塑料高性能化、多功能化、复合化；三是特种工程塑料低成本化、产业化；四是纳米复合技术等高技术的应用；五是改性塑料的绿色、环保、低碳、循环再利用。

中美经贸摩擦以及全球经济形势的不确定性，让改性塑料产业面临“危”也拥有“机”；为此，企业必须时刻把握技术创新脉搏；同时，加强“标准化、数据化、自动化、智能化”体系建设，不断提升企业核心竞争力。

（中国塑协改性塑料专业委员会、
福建师范大学聚合物资源绿色循环
利用教育部工程研究中心　杨松伟）

人造革合成革

一、人造革合成革工业经济运行基本情况

1. 产量同口径对比保持增长

国家统计局公布数据显示 2018 年 1~12 月全国 18 个省市人造革合成革产量 295.5 万吨，同比增长 3.1%。其中上海、安徽、福建、江西、湖北、湖南、广东等 7 个省市实现正增长。数据显示：福建 86.89 万吨，实现增长 13.2%，占全国 29%；浙江 66.84 万吨，负增长 22.33%，占全国 23.22%；安徽省实现年产 48.12 万吨，增长 3.71%，占全国的 16.1%。福建、浙江、安徽三个省的总产量占全国的 68.29%；广东、江苏、河北分别为全国的 4、5、6 位。西部地区的重庆、贵州、四川三个省人造革合成革生产 13842 吨，其中贵州和四川是 2017-2018 年新产地，两省产量合计 10478 吨。东北地区吉林和辽宁 13221 吨。

2. 经济效益同口径对比增长

2018 年人造革合成革全年主营业务收入：907.39 亿元，同比增长 5.26%；利润总额：32.64 亿，同比增长 1.25%。2018 年主营业务收入和实现利润总额，与 2013 年定比分析以及和历史节点定比分析看，去年的经济效益已经跌入十年前金融危机爆发后的状态。

3. 出口下降，进口增长

2018 年人造革合成革进出口贸易总额：28.95 亿美元；其中出口 23.49 亿美元，同比下降 1.15%；进口 5.46 亿美元，同比增长 5.23%。人造革合成革出现出口下降、进口增长是 21 世纪以来首次出现增长的年份。2018 年出口美国的合成革 1.43 亿美元，占出口总额的 6%，同比下降幅度为 11.41%；出口韩国的合成革 0.52 亿美元，占出口总额的 2.14%；进口韩国合成革 1.2 亿美元，占进口总额的 21.98%。

二、节能减排与绿色转型升级再创新成效

1. 在大起大落超出预期中，迅速实现自我修复动荡

合成革行业这几年遇到前所未有的生存难关。上游供给侧价格大幅度波动、下游需求不足、市场不旺，造成合成革市场震荡；原材料价格综合上涨幅度超过 85%，而下游产业库存居高不下，企业订单出现断档，现金流聚集减少；从几家上市公司业绩表现看也出现过动荡徘徊。

（1）在动荡中向好。2018 年产量季度性的变化波澜壮阔，超出预期，生产制造形势在非合理区间动荡徘徊，持续大半年，而后在起伏动荡中，第四季度回暖，再动荡中向好，实属艰难不易。去年一季度产量同比增长 7.1%，是近几年季度增长最好水平；但二季度形势急转直下，同比下降 14.7%，一增一降相差 20%，首次出现季度两位数字的下降幅度，其中 40%的省市为负增长。三季度同比增长 5.8%，到 11 月份，增速 4.7%，呈现从“不能自拔”中拉起了上升旗帜，全年最终实现稳定增长局面。

（2）内生动力增强。2018 年部分合成革企业继续呈现从外到内、从壳到核转向复合新材料产业，老制造基地向新区域转移，随市而动，发展超快。第一、逐步完成了大规模梯度转移，海西形成生产格局、中西部地区也已经崛起，打破了（赣贵甘川）无革地区，其中贵州新建企业产量 7360 吨，东北老工业城市的产量显露出来。生产转移带动新城市建设、行业转型带动产业链的绿色体系，逐步将呈现放射性均衡发展格局。第二、合成革制造融入“一带一路”沿线国家的也正在积蓄，企业已经着手在越南投资建厂，建立贸易伙伴关系，建设合成革园区也有在东南亚探索之中；中小革厂收购业内世界大品牌，也已出现在河北雄安地区。

（3）绿色制造突破历史。2018 年完成了工信部部署的消减挥发性有机物三年行动计划任务，消减 DMF 化学品使用量超过 20%任务目标。“去 DMF 化”“去锅炉化”已经局部地区推向全行业，在向前跨越发展，第一、采取独立创造的世界最先进水性聚氨酯、无溶剂聚氨酯生产技术，实现从源头控制，实现有害物质零排放的行业实践取得成功。第二、生产车间中段控制、生产工艺末端治理，从企业独立治理技术到区域集中处理技术，都有了质的飞跃。第三、生产聚集区全部“去锅炉化”，使用天然气清洁能源，或者使用生物燃料，不在排放二氧化硫、燃煤灰渣、烟气量、烟尘；第四、在生态合成革、绿色合成革、时尚合成革生产新技术方面，无疑绝对性的领先任何发达国家和地区。全行业整体在绿色转型升级的深水区，面对生产力要素成本居高不下，部分地区限产，下游上千家企业退

出市场，担保链后遗症，特别是第二次技术改造资本跟不上，加上出口受限的严峻形势下，人造革合成革企业家采取积极采取现代科学管理、实施重组合作，联合开发、租赁经营等一系列行之有效的改革创新，很多企业合理的实现了新一轮资本结构调整、产品机构调整、供需结构调整，奠定了未来稳定发展基础。

三、全国人造革合成革行业的交流活动

1. 合成革专委会第六届七次理事会扩大会和年会在温州召开

2018年8月28日在浙江温州市召开了专委会第六届七次理事会扩大会，参会单位28家，52人。会议总结了2017年专委会工作、通过了财务报告和研究落实2018年工作计划和目标，对新申请入会单位进行审查和批准2018年新增陕鼓集团和德国古乐科等会员单位2家。

2. 组团参加“2018中国国际塑料展”

专委会秘书处集中精力组织宣传和推广“2018中国塑料新材料、新技术、新装备、新产品展览会”，宁德温州商会合成革专委会、高明塑料协会、义乌皮革协会、丽水合成革商会组团参展。参加展会的企业有：安利、禾欣、同大、华峰、双象、国信等20个单位，35个展位。在展会前后全面宣传了行业、宣传协会、宣传新技术工作，多次利用参加上下游行业的会议，宣传人造革合成革产业，加强与上下游的合作交流，为会员提供上下游行业信息。

3. 组织鉴定与企业对接交流服务活动

为山东同大、江苏乐科、江苏国信、福建天守、福建宝利特等公司，开展企业间交流与合作、校企联合、提供政策咨询和为企业改制上市等诸方面提供信息和现场沟通协作。为昆山阿基里斯人造革有限公司《高强度高粘结双面遮物帘织物》、上海华峰研究院《封闭端无溶剂革用聚氨酯树脂》等单位的中国轻工联合会技术鉴定，做了前期辅导与申报工作。协助企业申报工信部绿色工厂和绿色集成项目，安徽安利材料科技股份有限公司被工信部授予“绿色工厂”称号。

4. 组织特色区复评对接工作

组织高明“中国合成革产业基地”特色区域复评的前期考察、分析、业务指导以及申报准备工作，按计划完成申报与复评程序性工作。为福鼎等各合成革产业集群，落实“十三五合成革工业转型升级方案”提供了相应的信息、政策、技术对接服务工作。

5. 组织节能减排标准的征求意见工作

2017-2018年先后四次组织企业对浙江省能源监察大队制定的《合成革单位产品能源消耗》国家强制性标准进行调研、座谈，对征求见稿和送审稿多次召开会议进行研讨，修改该标准，争取最好方案公布实施，为行业节能减排奠定基础。本标准已经完成报批稿并公示完毕，预计2019年发布执行。

6. 组织“2018第八届中国合成革峰会暨合成革工业节能技术论坛”

2018年8月29日专委会，在温州市召开了“2018第八届中国合成革峰会暨合成革工业节能技术论坛”，本次会议重点宣传推广最新的节能与节点技术与应用，邀请江苏乐科能源设备有限公司和欧佩德伺服电机节能系统有限公司系统介绍合成革行业节电和节能的有关技术，受到企业的欢迎，对促进合成革企业在节能改造方面起到积极的推动作用。

7. 组织“家居和汽车用合成革及聚氨酯泡沫与聚烯烃新材料绿色供应链技术交流会”

专委会在推进节能减排的同时积极开展产业链跨行业建设工作。在2018年10月29日在南京塑料展同期联合弹性体专委会和聚氨酯专委会联合举办了“家居和汽车用合成革及聚氨酯泡沫与聚烯烃新材料绿色供应链技术交流会”，尝试建立相关行业之间的交流机制。本次会议是本着“产业之间信息交流，绿色制造技术创新”为主题，建立行业跨界信息分享，技术交流，贸易合作等公共服务平台，推动和引导3个行业健康、可持续发展。会议上邀请了美国陶氏全球技术总监章翼先生和弹性体专委会周赞斌主任详细介绍了绿色产品理念与相关技术，并在会议上积极与参会企业互动，为企业提供了丰富的关键资源，受到与会者好评。

8. 组织召开了《合成革DMF替代产品技术交流会》

为积极开拓国际市场和水性和无溶剂合成革的应用，专委会和ZDHC组织合作，制定了《2018年人造革合成革行业DMF替代产品行动计划》，就ZDHC化学品注册、零排放采购路线图、废水检测标准、建设先锋试点工厂等项计划开展工作，受到企业高度关注。在专委会和ZDHC组织，2018年5月15日在东莞市召开了《合成革DMF替代产品技术交流会》，邀请到阿迪达斯、

ZALA、H&M 等国外知名品牌的设计师、买手和代工厂等产业链和国内合成革企业共计 200 人共同研究水性合成革和无溶剂合成革的应用，同时举行了水性合成革和无溶剂合成革展示，共计 26 家企业推出各种功能化的产品，受到国外品牌的关注，订单量大幅度增加，同时要求共同维护行业共同利益，坚决反对恶性竞争，互相杀价、特别是以低于材料成本的倾销价格，共同维护合理的市场价格区间。维护行业的国际科技地位、行业品牌、企业经济利益。

9. 做好“全国塑料制品标准化技术委员会人造革与合成革标准化工作组（TC48/GW1）”前期筹备与第一次会议工作

根据工信部、全国塑标委和中国塑协关于建立标准体系建设的精神和工作安排，目前建立了包括基础术语、试验方法、节能环保、工艺管理、产品等共计 99 项人造革与合成革的标准体系。在中国塑协和全国塑料制品标准化技术委员会指导下，2018 年 1 月成立了“全国塑料制品标准化技术委员会人造革与合成革标准化工作组（TC48/GW1）”，并于 2018 年 3 月 18 日在昆山召开了工作组成立大会，工作组由 30 家合成革行业相关领域专家组成，包括大学、检验机构、汽车企业、合成革企业等，为行业标准化工作奠定坚实技术基础。

10. 指导企业做好五项标准的申报、起草、审查工作

今年完成《人造革合成革试验方法　气味的测定》《人造革合成革试验方法　拉伸负荷和断裂伸长率的测定》《人造革合成革试验方法　耐揉搓性的测定》《儿童雨衣用聚氯乙烯人造革》和《人造革合成革试验方法　耐寒性的测定》等 3 项国家标准和 2 项行业标准的起草制定工作。

11. 举办“2018 中国国际合成革展览会”

专委会与德纳公司继续办好 8 月 28 日–30 日在温州国际会展中心举办的“2018 中国国际合成革展览会”。从专业展会重点上，是紧密结合温州的鞋机鞋材展会、温州合成革市场，生产企业展出逐步转向贸易企业展出，从展商结构上，发生了根本性的变化，贸易企业参展成为主体，展品仍然保持了丰富多彩的良好局面。

四、形势与任务

2017 年党的十九大给我们指出了进入中国特色社会主义新时代的方针路线，2018 年改革开放 40 周年之伟大成就激发人造革合成革企业在困境中坚持改革创新，创造新的科技与市场发展。2019 年我们将迎来中华人民共和国成立 70 周年，而后我们将是实现全面建成小康社会的基本目标。2019 年也是人造革合成革专业委员会成立 30 周年，在一个伟大的新时代里，专委会、地方商协会以及企业要继续坚持以党的十九大确定的方针政策统领思想和行动，站在科技进步的新起点、适应市场需要的新要求，力求在生存与发展创造新作为，在生态化、绿色制造上实现新发展，为人们提供更加丰富的时尚功能化产品做出新贡献。人造革合成革专委会和各省市合成革商协会将面临企业生存与发展的一系列难点、焦点等严峻的问题和形势，要共同作为推动人造革合成革从传统产品向符合新材料产业发展的重要力量，要充分发挥联系政府、企业及市场间的桥梁作用，发挥专委会和地方商协会组织优势，助推新时代人造革合成革产业健康发展。未来工作重心仍然是继续着眼国家改革开放和加快实施创新驱动发展战略的大局，进一步加强国际领域间的科技合作，积极融入国家“一带一路”对外开放格局，更好地为我国新时代人造革合成革创新发展提供支撑。仍然继续全面做好推进生态环保系统建设，首先组织力量做好《合成革行业污染系数研究》和《合成革行业排污许可证管理办法》中规定的重点管理和简化管理的宣传、讲解和组织工作；同时针对国家消减 VOC 行动计划，通过全国第二次污染源普查工作，研究合成革行业减排的成果，推广我国企业家创造的先进的合成革生态工艺、绿色制造、时尚产品，为达到工信部等五部委减排 25%的指标而做出贡献。同时继续坚持做好全行业企业信用建设、特色区域共建、标准化工作、知识产权创新、科研院所科技成果转换，通过展会交流、会议交流等不同的形式推进人造革合成革新市场建设。

（中国塑协人造革合成革专业委员会　冯庶君）

异型材及门窗制品

一、概述

中国的塑料异型材门窗行业从 2015 年伊始市场需求便骤然剧烈萎缩，并导致爆发塑料门窗行业全国性大洗牌，很多作坊式企业被淘汰，行业生产量向大型企业聚集，截至 2018 年行业向大型企业集中的局面已经形成，行业已经进入“标志性成熟发展期”，市场进入激烈竞争的阶段。大型企业在研发技术、产品生产、市场规模方面占绝对主导地位，并开启了新一轮的技术革新浪潮，例如系统门窗、装配式建筑、高性能防火防盗窗等，逐步与国际先进技术接轨，在门窗智能化和互联网化方面甚至全球领先。

近年来，在中国塑协的领导与指导下，专委会积极贯彻落实党和国家的相关政策，引导行业健康发展。按照中国塑协指导精神，对行业企业在差异化产品创新、提质增效方面促进转型升级，响应国家“绿水青山就是金山银山”号召，按照中国塑协绿色发展要求，积极推动行业配方调整，推动行业企业绿色健康发展。这些措施进一步促进了行业技术进步与科技创新，提升了行业综合素质，促进了行业整体进步，加快了行业内企业实现转型和健康发展的进程。截至 2018 年，塑料门窗行业的发展呈现出如下几个新趋势：

1. 由“库存销售”向“接单生产”转变

塑料门窗的主要材料塑料异型材一直以来以库存销售为主，也就是说由生产方主导新产品的断面结构、表面处理工艺，购买方在库存的基础上进行选择，2018 年以来这一模式遭到了明显的颠覆，各大塑钢型材厂家基本不再做库存，而转变为“接单生产”，塑料门窗需求方对材料的需求更加个性化，对门窗的样式、材料材质、断面结构、表面处理等方面都有了定制的需求，定制化生产成为发展的一个新趋势。

2. 由“一次性工程供销”向“长期性大房地产商合作”转变

房地产行业是塑料门窗行业的直接下游，由于房地产行业逐渐走向国内前几大房地产商聚拢，房地产商对门窗产品的成本、品牌、个性化有了新的要求，这就促使其有强烈意愿与塑料门窗企业达成长期战略合作，具体体现在各大房地产商纷纷组建自己的“集采平台”，邀请国内前十强塑料门窗企业竞标加入。

3. 由“夫妻零售店”向“高端系统门窗”转变

长期以来，塑料门窗零售端由“夫妻店”和小型门窗厂完成到客户的“最后一公里”，截至 2018 年，受铝合金型材的冲击，塑料门窗夫妻店和小型门窗厂几乎消失，取而代之的是位置更好、拥有更大展示空间、产品更加精致、售价更高的“系统门窗形象店”，且销售很火爆，在全国范围内尚属蓝海市场。

4. 由“价格竞争”向“品质竞争”转变

在塑料门窗行业进入“标示性成熟阶段”后，由于产品的同质化严重，“价格竞争”成为主要的一种发展方式，2018 年以来树脂价格的剧烈波动，让整个行业意识到“价格竞争”带来的危机，同时，各地方逐步出台建筑用门窗节能标准，相关的国家标准、行业标准也发布实施，对型材质量有了更高的要求，行业头部企业已转变发展方式，更加注重产品创新，用“品质竞争”赢得市场。

5. 由“劳动力密集型”向“智能化、少人化”转变

塑料门窗一直以来是“劳动密集型”行业，无论是塑钢型材的生产，还是塑料门窗的组装，都需要大量的人力投入，随着市场劳动力成本的提高和定制化生产的需求，单纯的劳动力投入已经不能满足市场需求。大量智能化、自动化设备投入使用，例如自动配混系统、智能温控系统、自动打包机、全流程门窗组装系统等等，提升了塑料门窗生产制作的质量，为塑料门窗行业未来的发展提供了更多可能。

6. 由“悲观心态”向“未来看好”转变

受铝合金型材的冲击，塑料门窗行业遭受了三十多年来的首次重创，市场的剪刀淘汰了大部分的落后产能，行业大型骨干企业也受到了前所未有的挑战。面对这样的行业境况，一段时间内“悲观心态”在蔓延。截至 2018 年，受国家对“K（Uw）值”标准的提高，各地建筑节能标准的出台，以及铝合金型材本身弊端的显现，行业的调整在悄然发生，参照相对发达的欧洲门窗发展经验，塑料门窗只是进入了一个“调整期”，并未完全被市场淘汰，“未来看好”成为行业的普遍共识。

2018年是全面贯彻中共十九大精神的开局之年，也是我国改革开放40周年，站在新时代经济发展的重要节点，行业杂志《塑料异型材》也迎来了创刊30周年纪念。坚决以“十九大”精神为指导，坚决执行《塑料加工业“十三五”发展规划指导意见》《塑料加工业技术进步“十三五”发展指导意见》和《中国制造2025》，我国塑料加工业已进入更加依赖技术进步的发展新阶段、全球创新格局和产业变革将进一步加速、全球制造业进入智能转型期倒逼塑料加工业发展，塑料加工业呈现功能化、轻量化、生态化和微成型发展趋势。在这样的大背景下，塑料异型材及门窗行业迎来了新的机遇和挑战，把握住我国新形势下发展的重要战略机遇期、关键期，重点在材料的多功能、高性能方面进行研发，力争在材料功能化、绿色化及环境友好化方面取得新的突破；加快绿色、节能、高效新型加工成型工艺和技术的开发和应用；紧紧围绕高端化、品牌化，加快提升中高端产品的比例。进一步赶超国际先进水平、推进产业结构调整转型升级、促进塑料加工业长期平稳健康发展。

二、2018年行业发展现状

1. 时间节点现状

2018年，是中国塑料门窗行业进入“十三五”的第三个发展年，也是全面贯彻中共十九大精神的开局之年，站在我国改革开放40周年新时代经济发展的重要时点，塑料门窗行业将2018年确立为“创新发展、绿色发展”的关键之年，塑料门窗行业有激烈竞争的迷茫，逐渐找到了未来发展的方向。

2. 国政节点现状

“绿水青山就是金山银山”，2018年习近平总书记的“绿色发展理念”逐步深入，党的十九大对生态文明建设和生态环境保护进行了系统总结和重点部署，梳理了五年来取得的新成就，提出了一系列新理念、新要求、新目标、新部署，为提升生态文明、建设美丽中国指明了前进方向和根本遵循。从新成就看，将“生态文明建设成效显著”作为过去五年取得历史性成就、发生历史性变革十个方面之一予以集中阐述；从新理念看，将坚持人与自然和谐共生作为新时代坚持和发展中国特色社会主义基本方略的重要内容；从新要求看，紧扣新时代我国社会主要矛盾的变化，必须强化生态环境保护，推动高质量发展，提供更多优质生态产品以满足人民日益增长的美好生活需要；从新目标看，将坚决打好污染防治攻坚战作为决胜全面建成小康社会的三大攻坚战之一，将建设美丽中国作为全面建设社会主义现代化强国的奋斗目标；从新部署看，明确要求加快生态文明体制改革、建设美丽中国，作出推进绿色发展、着力解决突出环境问题、加大生态系统保护力度、改革生态环境监管体制等四项重点部署。

在中国塑协的领导下，认真贯彻落实党的“十九大精神”以及习近平主席“新时代经济发展要求”，行业坚持传承创新的工作导向，以推进供给侧结构性改革为主线，按照《塑料加工业“十三五”发展规划指导意见》及《塑料加工业技术进步“十三五”发展指导意见》，全国塑料加工行业正稳步推进在科技进步与创新发展方面的工作，面对近年来的行业发展形势，积极寻求突破口，同舟共济，在经营思路上取得了一定的共识和突破。

在“生态文明”“绿色发展”的时代大潮中，塑料门窗优异的“节能保温”性能再次被广泛关注，尤其是在“K（Uw）值”上的性价比优势，同等“K（Uw）值”塑料门窗的成本要比铝合金门窗低得多，并且塑料门窗可以实现更低的“K（Uw）值”，这是其他材料做不到的，塑料门窗的卓越性能（无热桥“K（Uw）值”≤0.8）和核心价值（绿色节能）再次得到充分印证和彰显。

2018年1月，由中国塑协异型材及门窗制品专委会、全国塑料制品标准化技术委员会联合主办的“贯标培训会暨行业发展高层论坛”在芜湖海螺大酒店召开，中国塑料加工工业协会王占杰副理事长作题为《技术创新谋突破、标准先行促发展》的讲话。发布会吸引了广大行业相关单位参加，新标准得到了广大业内规模企业的认可，在行业内引起强烈反响。

3. 地政节点现状

2018年，在北京、河北、山东、新疆、天津实施居住建筑75%节能设计标准的基础上，河南省出台了《河南省超低能耗居住建筑节能设计标准》，黑龙江省出台《黑龙江省居住建筑65%+节能设计标准》，辽宁省出台《2018年建筑节能与科技工作要点》，沈阳、大连和其他具备条件的城市率先执行居住建筑节能75%设计标准，结合居住建筑节能75%设计标准的实施，开展门窗等重点节能部位能效提升行动，抓好被动式、超低能耗建筑和钢结构装配式建筑试点和推广工作；贵州省出台相关措施，将逐步提高建筑节能标准，加快发展绿色建筑、推进建造方式转型升级、提升建筑能效。居住建筑节能75%标准和公共建筑节能设计65%标准，在全国范围内先进省份和重点城市得到了严格实施。

截至目前，已经有河北、山东、河南三个省先后份发布实施了有关超低能耗建筑的标准。山东、河北、北京、天津、江苏、河南等地也相继出台了推广被动式超低能耗建筑发展的鼓励政策。超低/近零能耗建筑的发展已逐步规范，日臻成熟。同时，国家住建厅正在酝酿和推广《严寒和寒冷地区居住建筑节能设计标准》，将在2019年8月开始作为强制标准执行。随着地方和国家对建筑节能要求的加强，必将进一步推动“K（Uw）值”优越的塑料门窗行业在实施地的快速发展，行业市场和企业效益也因此明显受益。

4. 国际市场环境

2018年，随着我国“一带一路”政策的推进，在改革开放40周年的历史节点上，我国进一步扩大了国际往来和国际市场，虽然有“中美贸易战”制造的摩擦，但并未影响我国对外开放的格局，中国塑料门窗行业也在“一带一路”、进一步深化改革开放中，得到了更广泛的交流合作，部分企业在国际贸易上进一步开拓市场。随着“一带一路”的深入，沿线国家成为我国塑料门窗行业发展的新市场，以印度为首的南亚和东南亚市场，塑料门窗市场潜力巨大，2018年塑料门窗在此区域的出口量增长了50%左右，部分行业厂商甚至在此投资建厂，进一步扩大了外贸渠道和对外投资。

2018年，中国塑料门窗行业走出国门的商务活动也越来越多，学习先进国家门窗发展经验，引进国外先进技术，甚至与国外知名门窗品牌合作在国内建厂，这些都极大地推动了塑料门窗行业的发展。

2018年5月7日至8日，中国塑协朱文玮理事长率团到美国佛罗里达州奥兰多市橘郡会议中心，参观考察了“2018美国塑料和模具展览会（NPE2018）”，了解塑料行业的最新进展和未来发展趋势，学习NPE的办展经验，塑料门窗行业组织优秀厂商参加。朱文玮理事长、王占杰副理事长兼秘书长等代表团成员先后走访了上百家参展企业，了解国内外塑料行业相关新材料、新产品、新装备的最新技术及发展情况。朱文玮理事长在参观考察后指出：我们的会员单位参加美国塑料展彰显出科技创新给企业带来的实力增长。他强调，我们一定要一直坚持创新驱动，通过提质增效、实施三品战略，加速塑料行业不断壮大，形成新兴优势产业链。

5. 国内市场环境

2018年，按照中国塑协“塑料绿色发展”的要求，在行业内推行GB/T 33284—2016《室内装饰装修材料　门、窗用未增塑聚氯乙烯（PVC-U）型材有害物质限量》、GB/T8814—2017《门、窗用未增塑聚氯乙烯（PVC-U）型材》、QB/T 5078—2017《未增塑聚氯乙烯（PVC-U）型材专用加工助剂技术条件》、QB/T 5079—2017《未增塑聚氯乙烯（PVC-U）型材专用氯化聚乙烯技术条件》、QB/T 5080—2017《未增塑聚氯乙烯（PVC-U）型材专用彩色共挤料技术条件》、QB/T 5081—2017《未增塑聚氯乙烯（PVC-U）型材专用热稳定剂技术条件》六个标准。中国塑料门窗行业的国内市场环境显现出新的特征：

（1）更加关注环保，积极推动无铅化发展。

（2）更加关注节能，对“塑料门窗K（Uw）值”有了更高的要求。

（3）更加趋向于定制化。

（4）更加注重品质和系统化。

6. 市场营销

塑料门窗行业有两个主要销售渠道，一是工程市场，一是零售市场。2018年以来，受铝合金的影响，这两个市场都在发生着微妙的变化。工程市场更加集中，塑料门窗主要被用于大型房地产建设和市政回迁房建设，并且不约而同地采取了“集采平台”的模式，这对行业品牌企业是有优势的，在一定程度上也推动了国标材料，打击了“非标料”；在零售市场上，塑料门窗在品质上有了质的提升，有街边“夫妻店”向更加注重用户提前的“系统门窗店”转变，在市场上已经形成了很有知名度的塑料门窗品牌，塑料行业对品牌的认识提升到了一个全新的高度。

在销售渠道上，塑料门窗行业也深入嵌入了互联网和移动互联网，在天猫、京东等各大电商平台上，都有塑料门窗品牌的身影，随着互联网的深入，线上的销售额逐年递增，不仅是实体销售的补充，甚至成为销售的引领。2018年市场呈现出的这些新概念、新理念、新渠道、新方式，都在证明着一个新的市场节点已经到来，塑料门窗行业的复兴已经在悄然孕育。

7. 市场销量（现实需求）

据不完全统计，2018年中国塑料门窗行业实现销售塑料异型材200万吨，以这个指标来考量比较，统计分析数据如下：

（1）行业型材产销量依旧在下降，下滑速度有所放缓，

（2）行业总产能规模也在减少，国内型材产销量集中度进一步加大。

（3）受原材料价格影响，行业型材销售价格拐点上升，门窗销售价格也拐点向上，逐步向高端化发展。

8. 经济效益与社会效益

在经济和社会效益方面，决定企业盈亏和成活的主要来自两方面因素，一方面来自市场，一方面来自对塑料门窗的技术升级。在市场方面，随着塑料门窗市场在工程上的集中化，能够与国内大型房地产企业进行广泛合作的领先企业，订单非常可观，利润也有保证，还坚守原有渠道的企业将面临这淘汰和破产；在技术升级方面，对塑料门窗的性能进行升级，对塑料门窗的潜力进行大力挖掘，已经成为行业企业生存和发展的必然途径，从效果看，在塑料门窗上成功进行品牌和技术升级的企业，每平米塑料门窗均价能卖到1200元以上，利润十分可观，这将会成为塑料门窗发展的一个新的趋势。

三、2018年行业技术进步

（1）按照《塑料加工业“十三五”发展规划指导意见》《塑料加工业技术进步“十三五”发展指导意见》，塑料异型材积极发展规划，行业提质增效趋势明显，过剩产能得到进一步削减，产业结构调整初见成效。

（2）政府机构、协会社团乃至业内部分代表性骨干企业，积极组织技术交流讲座、专题研讨；编撰技术著作和工具资料，并联合科研院所进行技术攻关、解决行业技术难题。

（3）行业技术创新体系更加贴近产品、贴近市场、贴近“绿色节能”，形成的无铅化普遍实施，在产品的高端化和功能性方面的考虑越来越多。

（4）形成表面处理技术日趋成熟，彩色覆膜技术、彩色共挤技术、彩色通体技术、彩色扣板和涂装技术等，都被广泛用于生产实践，使得行业产品彩色化进程突飞猛进、效果卓著。

（5）2018年，在广播电视、报刊杂志、塔牌屏幕等等媒体的广告中，人们听到越来越多的“门窗广告”，看到越来越多的“品牌门窗”和“门窗系统”。在销售实际操作中，市场越来越多地纳入了“集采”渠道和“目录”方式。市场呈现出的这些新概念、新理念、新渠道、新方式，都在证明着一个新的市场节点已经到来：即“门窗市场正在从传统的‘直销模式’向‘营销模式’转变”。

（6）在协会的协调下，行业间技术、经营思路交流增多，行业自律进一步加强。

四、发展建议

2018年在行业中存在的主要问题：

（1）缺乏与异质产品的竞争行动与忧患意识，在市场占有率上逐步被铝合金产品排挤，近年来市场占有率逐年迅速下降，虽然在很多方面行业达成了共识，但良好、有效的对策及行动尚未拿出。

（2）由于市场需求下降，低水平大量重复建设得到了遏制，过剩的低水平产能已经部分退出市场，产品同质化严重的现象在逐步出现较大差异化改变，截止到目前，行业内外尚未建立起合情合理的产品报价方式，广大企业建议的“原料价+加工费”的报价模式也好处于讨论阶段。

（3）骨干企业在市场上是竞争对手，但是，在促进行业发展上应该共商同进，应逐步由市场经济的模式向共享经济的模式方向转变。我们不能只是市场中的对手，更应该在行业发展过程中联手，成为促进行业发展的战友，我们再也不能不管不顾地拼得你死我活，应该共克时艰，共谋发展，共创未来，实现双赢、共赢。

（4）塑料门窗是一个系统工程，任何一个环节跟不上都会使最终产品达不到需求效果。塑料门窗是一个系统工程，做好上下游系统性工作，各个环节均要按需求落实好，塑料门窗才能是一个性能优良、功能先进、经久耐用的优秀产品，才能得到市场的青睐。

围绕目前市场存在的问题，征求相关专家意见，提出建议如下：

1. 务实分析行业现状和制约发展的瓶颈问题，明确行业发展方向

我们要深入学习贯彻落实党的十九大精神，坚持以供给侧结构性改革为主线，坚定不移实施创新驱动发展战略。

塑料异型材和塑料门窗行业应集行业之力，加强研究和分析，对行业现状和发展不充分进行梳理，围绕制约行业发展的瓶颈问题，提出解决建议。要明确行业的发展方向，加快向高质量发展迈

进，加强创新体系建设，提高科技创新能力，做好加快转变发展方式、优化产业结构、提升运行质量工作，促进行业健康发展。

2. 以标准化工作为基础，强化“三品”提升战略工作

异型材行业要继续提升标准化建设水平，提升产品的质量水平，提升应用保障水平，为应用领域提供放心的产品和服务。要根据行业实际，积极务实，不断创新，争取实现“一个市场、一条底线、一个标准”。

习近平总书记在党的十九大报告中指出，“把提高供给体系质量作为主攻方向，显著增强我国经济质量优势”。增品种、提品质、创品牌“三品”提升战略是促进塑料加工业健康发展的重要举措。骨干企业应发挥行业领军、示范作用，丰富产品种类，引领产品升级；应弘扬精益求精的工匠精神，提升产品品质；应增强品牌意识，提高产品附加值和竞争能力。要通过这些工作的开展，转变有的市场领域对塑料异型材、塑料门窗的不良印象。

3. 重视科技创新，强化技术进步的引领作用，坚定高端化产品定位不动摇

习近平总书记在十九大报告中指出：“创新是引领发展的第一动力，是建设现代化经济体系的战略支撑”。“要建立以企业为主体、市场为导向、产学研深度融合的技术创新体系”。

中国塑协在2017年制定、发布的《塑料加工业技术进步“十三五”发展指导意见》中，也提出要坚持创新驱动发展大力实施高端化、高功能化战略，牢牢把握“功能化、轻量化、生态化、微成型”技术发展方向，全面推进产业转型升级。

塑料门窗行业应积极开展技术交流，提高科技创新水平，发挥塑料异型材和塑料门窗节能环保、隔热保温等优势，扬长避短，提高产品档次，优质优价，以技术创新为突破点，坚定高端化产品定位不动摇。

4. 完成PVC异型材热稳定剂禁铅工作，持续推进行业绿色发展

中国塑协积极倡导行业绿色化发展与生态化建设。提出坚持“资源节约型、环境友好型、科技创新型”的产业方向推动塑料加工业健康和可持续发展。异型材行业要做好技术创新，以新修订的型材国家标准中对有害物限量要求为契机，积极加速PVC热稳定剂全面禁铅工作的进展，进一步推动行业的绿色发展。

5. 主动适应市场的需求变化，加强市场推广意识

专委会要做好市场宣传和推广工作，满足应用领域不断变化的、新的需求。围绕装配式建筑、住宅精装修等市场变化进行创新，坚持“高端化、个性化、小批量、私人定制”的市场导向，推动新型销售模式和新型业态的快速成长。

五、专委会2018年主要活动

2018年，异型材专委会新一届班子主持工作，继续推动专委会引导、服务工作，力争发挥更大的桥梁纽带作用，主要开展了以下几方面的工作：

1. 遵循环保绿色发展理念，严格进行宣贯执行新标准

按照中塑协“塑料绿色发展”的要求，在行业内推行国家标准33284、8814、行业标准5078、5079、5080、5081六个标准。

1月22~23日，由中国塑协异型材及门窗制品专委会、全国塑料制品标准化技术委员会联合主办的“贯标培训会暨行业发展高层论坛”在芜湖海螺大酒店召开，中国塑料加工工业协会王占杰副理事长作题为《技术创新谋突破、标准先行促发展》的讲话。贯标会吸引了众多行业相关单位参加，新标准得到了广大业内规模企业的认可，在业内引起强烈反响。

2. 走访主要行业企业，提出产品发展方向促进行业发展动力

专委会对行业内规模企业华之杰、中财、海螺、中德、惠丰等进行了实地走访和调研，了解企业发展情况、遇到的问题及提出的建议等，了解和新标准执行情况。在产品发展方向上，提出坚持以高端化、功能化、生态化技术为着力点，大力优化产品结构，促进塑料异型材门窗行业向环境友好型、资源节约型、科技创新型的战略方向转变。提升高端产品比重，追求品质耐久无故障化的品牌产品，逐步满足高端化、功能化、整体艺术化、智能化的高端需求。

3. 组织召开第一期理事长沙龙，会同行业骨干企业共谋行业发展

行业发展的水平，取决于行业骨干企业的带动。8月11~12日，中国塑协异型材门窗专委会第一期理事长沙龙，在山东荣成倪氏海泰大酒店召开，中国塑料加工工业协会副理事长兼秘书长王占杰参加会议，并给予了方向性指导。沙龙以“共谋行业发展　共创行业未来”为主题，共同探讨行业

当前发展中的问题，探索行业未来发展趋势。达成多项行业发展共识，对行业未来发展起到了积极且效果立显的作用。

4. 参加国外展会，开放全球视野，积极进行对外交流

2018 年 5 月 6 日至 10 日，专委会秘书长李静霞随同中国塑协考察团赴美国、加拿大参观考察。考察团由中国塑协理事长朱文玮带队，重点参观考察了“2018 美国塑料和模具展览会（NPE2018）”，了解塑料行业的最新进展和未来发展趋势，学习 NPE 的办展经验。朱文玮理事长、王占杰副理事长率领代表团成员先后走访了上百家参展企业，了解国内外塑料行业相关新材料、新产品、新装备的最新技术及发展情况。

5. 注重企业品牌培育，努力办好 2018 年南京“四新”展览会

中国塑料加工工业协会通过搭建展示平台，使科技成果和四新技术得到展示和应用，促进行业整体水平的提升；搭建交流平台，切磋技术、交流信息和需求，促进产业合作；搭建贸易平台，为企业展示产品、洽谈贸易、拓展市场牵线搭桥。塑料异型材及门窗专委会作为协会的重要分支机构，克服种种困难，积极配合联络，协商更多行业企业参加，圆满完成了协会交给的任务。

6. 专委会会刊《塑料异型材》杂志创刊 30 周年庆典活动

《塑料异型材》杂志已成为专委会一张亮丽的名片，从 1988 年到 2018 年，这份刊物已走过 30 载的春秋。我们用了 3 个月左右的时间，整理塑料异型材行业从引进至今的重要历史事件，找寻那些收藏了历史杂志的行业专家，用纪录片和杂志记录了《塑料异型材》杂志以及塑料异型材行业的 30 年辉煌历程，对那些曾经为杂志做出过卓越贡献的企业和专家授予荣誉，谨以此向《塑料异型材》杂志 30 周年纪念，向改革开放 40 年致敬。

7. 注重企业品牌培育，努力办好 2018 年南京“四新”展览会

今天我们相聚在这里，与全国乃及世界各地塑料同行切磋交流，得益于中塑协前期做的大量工作，塑料异型材及门窗专委会作为协会的重要分支机构，积极配合联络，争取更好的展馆场地，协商更多行业企业参加，圆满完成了专委会任务。在此，向各位参展商代表的积极配合表示感谢。同时，“2018 中国国际塑料展”总规模达 3.4 万米^2，展会参展面积、展商数量，相比上一届增长 100%，创历史之最，是一个精品多、品牌全、科技型的新型专业展会，为大家提供了广阔的企业宣传、品牌建设、业务洽谈机会。中国塑料加工工业协会通过搭建展示平台，使科技成果和四新技术得到展示和应用，促进行业整体水平的提升；搭建交流平台，切磋技术、交流信息和需求，促进产业合作；搭建贸易平台，为企业展示产品、洽谈贸易、拓展市场牵线搭桥。祝愿各企业参展顺利，在展会上能够有所收获。

8. 专委会会刊《塑料异型材》杂志创刊 30 周年庆典活动

《塑料异型材》杂志作为我们协会的官方出版物，在塑料异型材行业已成为一张亮丽的名片，从 1988 年到 2018 年，这份刊物已走过 30 载的春秋。在异型材挤出技术匮乏时，它提供了大量的国内外技术指导文献，帮助企业实现研发技改突破，在如今异型材企业走向成熟的阶段，它成为广大行业企业品牌宣传、学习交流的平台。虽是一本小小的杂志，但它是异型材行业快速发展的见证者和指引者，值得回顾和纪念。为此，我们征求中塑协意见、征集会员单位想法，用 3 个月左右的时间，整理塑料行业从引进至今的重要历史事件，找寻那些收藏了历史杂志的行业专家，用纪录片和杂志记录了《塑料异型材》杂志以及塑料异型材行业的 30 年辉煌历程，对那些曾经为杂志做出过卓越贡献的企业和专家授予荣誉，谨以此向《塑料异型材》杂志 30 周年纪念，向改革开放 40 年致敬。

9. 加强协会组织建设，聘任兼职副秘书长，加强协会服务工作

为提高协会的服务能力，秘书处从副主任单位中挑选有能力且热心为行业服务的人员聘为专委会副秘书长，更好地为行业服务。

六、结束语

2018 年是行业艰难运行的一年，留给了我们很多疑问和困惑，不过在国家大力倡导“环保绿色”的大背景下，借鉴国外先进国家门窗发展的经验，塑料异型材行业未来大有可为，前景还很广阔，我们要做的就是要“增益我们所不能”，在产品实用性、个性化、功能性等方面下功夫，立足长远方能凤凰涅槃、浴火重生。“促进企业创新升级，推动行业绿色发展”将成为未来一段时间的发展主题，中国塑料门窗行业一定抓住新时代中的经济新机遇，坚持创新引领，坚持绿色发展，勇于开创行业新局面。

（中国塑协异型材及门窗制品专业委员会）

复合膜制品

2018年，在下游行业需求的强劲拉动下，中国复合膜软包装市场需求旺盛，发展比较平稳。通过多方不完全统计与测算，2018年复合膜软包装产量约为400万吨，行业主营业务收入约为927.5亿元，主营业务收入过亿的企业约为80多家，过亿企业的主营业务收入总计约为240多亿元，占比规模以上企业主营业务收入26%左右，产业集中度有所提升。2018年复合膜软包装行业经历了全国范围内的环保督察、原材料价格的大幅波动、招工难用工荒导致人工成本大幅攀升，以及中美贸易摩擦等诸多挑战，特别是难以承受的环保投入致使众多中小企业被迫整顿停产甚至退出行业，订单越来越向实力雄厚、管理规范的软包大企业转移，行业呈现出强者愈强，弱者愈弱的趋势，行业洗牌加剧。随着市场经济发展的需要，各行各业对塑料复合膜软包装的需求逐年上升，且越来越上档次，由于塑料软包装不仅有着柔韧性、透明度高，阻气和阻湿性好、低成本、使用方便等多种优点，还因其自身色彩艳丽、图案新颖成为下游客户产品宣传、品牌树立的重要介质。可以说现在超市中琳琅满目的产品大多都是复合膜软包装来承担主要角色。

2018年，对软包行业影响最大的仍然是VOCs减排治理。

一、软包行业积极推动节能减排、绿色生产创新技术在行业内的应用

在环保政策越来越严格的巨大压力下，全产业链积极行动寻找务实可行的治理路线。随着软包行业节能减排的市场需求，各种源头、过程、末端的VOCs治理技术应运而生，众多创新成果不断涌现，为软包行业的节能减排奠定了坚实的基础。目前，从复合膜专委会的理事单位来看，基本上都已上或正在上末端治理装置，或者溶剂回收或者燃烧热能回用。洛阳天宝环保科技有限公司的溶剂回收装置与相关技术、西安昱昌环境科技有限公司的旋转式RTO燃烧装置与相关技术、广东环葆嘉节能科技有限公司的ESO+减风增浓热风设备及相关技术等都受到软包企业的首肯与赞赏，同时，软包企业也越来越重视过程控制以及无组织排放的治理，陕西永创与金锣文瑞包装、无锡国泰以及青岛益青分别合作的减风增浓节能减排项目有效解决了困扰复合膜软包装企业很多年的无组织排放问题，获得这些项目企业好评。部分企业在生产过程中不再使用溶剂清洗地面、机器，而是尝试使用水溶性的清洗剂，以减少危废的产生。

VOCs末端治理目前存在问题是无论是溶剂回收装置还是RTO燃烧装置资金投入都很昂贵，运营成本也相当可观，中小企业完全没有能力上末端治理装置。好在广东环葆嘉、西安昱昌、佛山安洁保都在研制适合中小企业的VOCs治理装置，并初见成效，以期帮助中小企业用较少的投资和极低的运行成本完成废气污染治理，并通过回收余热减少耗能成本。

源头治理也有一些突破性的进展，陕西北人的EB印机和中山松德的UV-LED无溶剂印刷机以及广东新优威的氮气保护全UV无溶剂凹版印刷技术都为复合膜软包装行业VOCs减排的源头治理提供了有力的装备基础，为复合膜软包装行业的绿色发展带来了新的希望。另外，无溶剂复合的发展目前已经相当普及了，包括一些几年前企业不敢碰的那些刚性材料，PET和PET镀铝的复合、PET和铝箔的复合，现在也都有应用了，包括一些高温蒸煮已经大批量地在很多产品中使用，当然这一块还需要去关注一下PAA析出方面的问题。目前水性墨的应用市场还处于发展的初级阶段，值得一提的是2018年底江门东洋油墨的水性凹版油墨在陕西北人的赛鲁迪982印刷机上获得成功展示，实现300米稳定的高速印刷，印刷效果优良。水性墨成功应用的关键点在于干燥方式的创新与改进，相信会逐渐有突破性进展。很多软包企业更期待EB和无溶剂凹印的成功应用，因为更节能。如果无溶剂凹印光引发剂的安全性能得到解决，将会给软包行业带来福音并大大促进软包行业VOCs的源头治理。另外，由于数码印刷非常契合短版、急单以及个性化的需求，同时又符合环保的要求，开始赢得软包企业及终端用户的高度关注。2018年深圳建鸿兴印刷有限公司和山西运城制版集团相继投资了HP indigo20000设备，而最早购买HP indigo20000的糖果制造商山东绿爱食品有限公司又增加了7台订单。以扩大其个性化软包市场规模。

目前复合膜软包装行业企业对VOCs治理基本已形成共识，就是要从根本上减少溶剂的使用量，如水性油墨的试应用、满版白墨采用水性墨、单一溶剂油墨的使用与回收、减少色墨的使用数量（简单4色或不超6色）、无溶剂印刷、水性胶、挤出复合、高固含量溶剂胶或直接使用共挤出薄膜材料（如尼龙或EVOH共挤膜），或用一些透明高阻隔或镀铝材料，最终通过四层减三层、三层变两层或两层变单层，减少层数实现减少整体溶剂的使用。

二、2025年确保复合膜软包装的回收再利用已形成全球共识

2018年10月29日在巴厘岛举行的Our Ocean Conference（我们的海洋会议）上，艾伦·麦克阿瑟基金会与联合国环境规划署合作正式发起“新塑料经济全球承诺书”，该承诺书已获得了全球350家包装生产商、品牌、零售商、回收厂商、政府及NGO（非政府组织）的积极响应与签署，承诺书明确在2025年前100%的塑料包装要确保可回收或可堆肥或可重复使用。这项全球共识旨在终结塑料废弃物和塑料垃圾，实现塑料的循环利用使我们的世界与海洋变得更美好。

可以说复合膜软包装循环使用与回收再利用已成为摆在我们行业面前的又一大难题。复合膜一般由基材、层合胶粘剂、阻隔材料、热封材料、印刷与保护层涂料等组成。其阻隔材料有尼龙、PVDC、EVOH、铝箔、PET镀铝等。多种基材的复合结构是无法回收再利用的，如何确保我们的包装材料既有良好的阻隔性能又能够回收再利用，这确实是摆在我们行业面前的一大难题。解决这一难题也和VOCs治理一样需要全产业链的协同创新，共同努力。通过原材料商、基材生产商以及软包企业的共同努力，已经出现了一些可喜成果。例如陶氏已与广东德冠薄膜新材料股份有限公司和福建凯达集团有限公司展开合作，实现了创新TF-BOPE在液洗袋领域的商业化生产及应用。采用新型TF-BOPE替代传统液洗袋中间的增韧层PET（聚对苯二甲酸乙二醇酯）或BOPA，不仅减少包装材料用量、增强包装袋的机械性能，而且有利于回收再利用。再如百瑞尔包装材料有限公司改性PVA涂布复合膜作为新型环保的高阻隔包装材料，已经在液体鲜奶无菌包装获得广泛应用。

三、软包行业开始布局智能制造

目前复合膜行业里的龙头企业已经开始布局智能制造，值得一提的是复合膜专委会理事长企业江苏彩华集团与陕西北人合作通过流程再造，形成全新的智能仓储系统、智能物流系统，智能制造执行系统（MES）、信息互联系统，不仅提升了无纸化办公，还使产品的品质均一性获得提高，长期的用工成本得以下降。彩华集团为我们软包装企业做出了榜样，我们一定要依靠技术进步和科技创新，加速布局智能制造，切实提升我国复合膜软包装行业的全球竞争力。

四、休闲零食食品以及电商的迅猛发展给软包企业带来了订单的增长

随着中国消费结构的升级以及新生代消费群的扩容休闲食品呈现爆发的势头。根据中商产业研究院《2018中国休闲食品分析报告》，休闲零食市场包含一切“少量方便包装食品”，2018年市场规模约18000亿元，增速保持在18%～19%左右；中国食品工业协会在参考了美国休闲零食定义和人均消费量后，认为我国目前休闲零食销量已破万亿，并将保持20%以上的复合增速，在2020年突破2万亿。网购的盛行更是催生了月销售过亿的诸如“三只松鼠”“百草味”“良品铺子”等一大群休闲食品跨境电商的行业黑马，其迅猛发展也为软包企业带来了订单的增长。休闲食品行业已成为食品行业的重要市场，未来休闲食品市场发展空间和潜力巨大。

2018对复合膜软包装行业来说最重要的事件当属“新塑料经济全球承诺书”，它不仅将彻底改变复合膜软包装行业的产品结构与产业结构，还将赋予这个行业“可持续发展”的全新理念，整个产业链都将不得不为之做出改变。

（中国塑协复合膜制品专业委员会）

聚氨酯制品

一、聚氨酯行业状况

中国聚氨酯工业经历了20多年的高速增长后已成为全球最大的聚氨酯原材料和制品的生产基地，生产技术水平不断提升，产品基本满足国民经济和社会发展需求，行业增速由高转至中低。随着聚氨酯外墙保温防火、安全生产、环境保护等问题日趋凸现，行业结构调整和产业升级步伐也逐渐加快，聚氨酯制品的创新发展将成为今后行业的主旋律。聚氨酯行业如何适应新形势，如何面对机遇和挑战，是当前行业上下游企业所共同关心的问题。这需要人们摸清聚氨酯及其应用领域的发展现状和存在的问题，共同探讨、寻求对策，以维持聚氨酯行业稳定健康可持续发展。

（一）我国聚氨酯主要原材料现状

1. TDI（甲苯二异氰酸酯）

TDI生产技术复杂，装置要求高，生产相对集中；2018年全球TDI的产能接近300万吨，其中亚洲地区TDI产能达170万吨，生产企业主要集中在中国、日本和韩国。中国是全球最大的TDI消费地区，日本和韩国是最重要的TDI出口国家，主要出口中东、非洲和美洲等地。2014~2018年中国TDI产能情况见表1。

表1　2014~2018年中国TDI产能

年份	产能/(万吨/年)
2014	89
2015	89
2016	84
2017	84
2018	126

2018年中国TDI的生产企业将达到7家：科思创、万华化学、巴斯夫、沧州大化TDI、甘肃银光、福建东南电化和烟台巨力，详见表2。

表2　2018年中国TDI生产企业产能

生产企业	区域	产能/(万吨/年)
科思创	上海	31
巴斯夫	上海	22
万华化学	山东烟台	30
沧州大化TDI	河北沧州	15
甘肃银光	甘肃白银	10
福建东南电化	福建泉州	10
烟台巨力	烟台莱阳	8
合计		126

2016年，随着2套TDI装置的关停或转产，以及10月份科思创30万吨/年装置和巴斯夫30万吨/年装置相继出现问题，不能正常生产，全球TDI供需失衡，价格开始大幅上扬，我国TDI生产企业抓住机会，提高开工负荷，出口暴增，全年净出口超过10万吨。2017年随着我国消费回暖，下游需求增幅较大，国内TDI价格高于国际市场价格，国内TDI装置几乎满负荷生产，产量达83.4万吨，国内生产企业多专注于国内市场，科思创出口量最大。2017年国内TDI净出口约8万吨，较2016年减少约2万吨。2018年TDI价格高位回落。预计未来几年我国TDI消费将维持缓慢增长势头，产能增幅高于需求增幅，国内TDI产量将大幅增加，国内企业要注重技术升级和产品质量，参与国际市场的竞争。未来全球TDI产品消费的增长点将来自于亚洲、非洲、中东和拉美等地，印度市场将保持较高增速。

2. MDI（二苯基甲烷二异氰酸酯）

MDI生产技术复杂，装置投资大，过程控制困难，全球仅少数几家公司掌握MDI制造技术，目前有7家公司共计22套MDI生产装置，2018年MDI生产能力在850万吨左右。我国MDI生产企业包括万华化学、上海联恒、科思创和重庆巴斯夫，共计305万吨生产能力。另外，瑞安东曹8万吨/年母液精馏装置，2018年约进口8万吨母液进行精馏。2018年中国MDI产能情况见表3。

表3　2018年中国MDI生产企业产能

生产企业	区域	产能/(万吨/年)
科思创	上海	50
巴斯夫	重庆	40
上海联恒	上海	35
万华化学	烟台、宁波	180
东曹	瑞安	8（精馏）
合计		305+8

预计未来3年全球MDI需求增速在3%~5%左右，我国MDI的需求增速将维持在5%~6%，到2020年全球MDI消费量将接近750万吨，我国MDI的需求将达到约250万吨。上海联恒的24万吨装置已于2017年底建成；万华化学计划在未来3年内，通过技术升级改造将宁波120万吨装置的产

能提升至150万吨，同时将烟台的60万吨装置的产能提升至110万吨，总产能将达到260万吨；科思创计划将上海漕泾的50万吨MDI装置扩产至60万吨，到2020年中国将新增114万吨MDI产能，加上重庆巴斯夫和万华化学的MDI装置产能的释放，中国将成为最重要的MDI出口国之一。

3. 环氧丙烷（PO）和聚醚多元醇

随着共氧化和直接氧化法PO生产项目的建设，国内PO生产技术结构发生了巨大变化，2018年我国氯醇法PO生产工艺的占比降到了53%，PO产能达327万吨，主要生产企业和产能情况见表4。

表4 2018年中国PO生产企业产能

生产企业名称	工艺	产能/（万吨/年）
无棣鑫岳化工有限公司	氯醇法	35
中海壳牌石油化工有限公司	PO/SM	32
吉神化学工业股份有限公司	HPPO	30
宁波镇海炼化利安德化学有限公司	PO/SM	28.5
滨化集团股份有限公司	氯醇法	28
万华化学	PO/MTBE	26.4
山东三岳化工有限公司	氯醇法	24
南京金陵亨斯迈新材料有限责任公司	PO/MTBE	24
山东金岭化工（集团）股份有限公司	氯醇法	16
天津大沽化工股份有限责任公司	氯醇法	15
方大锦化化工科技股份有限公司	氯醇法	12
南京金浦锦湖化工有限公司	氯醇法	10
山东大泽化工有限公司	氯醇法	10
中石化长岭分公司	HPPO	10
其他	氯醇法	26.2
合计		327.1

2018年，国内HPPO（过氧化氢直接氧化法生产环氧丙烷）装置由于各种原因开工率较低，全年共生产约12万吨产品，而国内PO/SM（苯乙烯）工艺满负荷生产，氯醇法PO工艺由于环保的限制，均采取了一定的减负荷措施。2018年我国共生产PO255万吨，进口约23万吨，出口仅4100吨左右，表观消费量约276万吨。2020年之前国内企业有多个新建或扩建项目，全部采用PO/SM或HPPO技术，预计将增加产能近300万吨/年，氯醇法PO的生产工艺占比将进一步降低。

2018年全国聚醚多元醇的产能达到550万吨，其中山东省是国内聚醚多元醇产能最高的省份。2018年我国聚醚多元醇销量靠前的企业包括中海壳牌、蓝星东大、万华化学、句容宁武新材料、德信联邦、山东隆华、南京红宝丽、江苏长华、南京钟山、河北亚东等。2018年中国聚醚多元醇产能情况见表5。

表5 2018年中国聚醚多元醇生产企业产能

生产企业	产能/（万吨/年）
万华化学	40
佳化化学有限公司	35
句容宁武新材料股份有限公司	30
山东蓝星东大有限公司	30
德信联邦化学工业有限公司	30
山东隆华新材料科技股份有限公司	30
无棣德信化工有限公司	30
绍兴恒丰聚氨酯实业有限公司	30
中海壳牌石油化工有限公司	27
聚源化学工业股份有限公司	23
河北亚东化工集团有限公司	20
江苏长华聚氨酯科技有限公司	18
南京红宝丽股份有限公司	18
江苏钟山化工有限公司	15
国都化工（昆山）有限公司	10
可利亚多元醇（南京）有限公司	8
其他	156
合计	550

我国聚醚多元醇产能不断增加，技术水平也不断提高，聚醚品种规格也基本齐全，基本满足国内

市场需求，出口量开始上升，进口量开始呈逐年下降趋势；但是在2015年新加坡壳牌扩产和泰国陶氏新聚醚装置投产，国外产品借助成本和质量优势，开始大量进入中国市场，直到2018年依然保持强劲势头，全年进口近40万吨，其中聚醚中软泡聚醚数额最大约22万吨，占全部进口量的50%以上。2014年之后，我国聚醚出口也呈逐年上升趋势，2018年出口量达33万吨，净进口量接近8万吨。

（二）我国聚氨酯制品的发展现状

1. 聚氨酯泡沫

聚氨酯泡沫制品是目前聚氨酯产品应用最广泛、用量最大的产品，主要包括聚氨酯软泡和聚氨酯硬泡。2018年我国聚氨酯泡沫的消费量为438万吨，同比增长约6.8%。

聚氨酯硬泡主要应用于冰箱、冰柜、冷库、管道保温、板材、冷藏集装箱和热水器等保温领域：2018年冰箱、冰柜依然是聚氨酯硬泡最大的应用领域；太阳能热水器由于消费观念的变化和方便性降低，市场消费持续降低，在此领域聚氨酯硬泡应用出现超过10%的负增长；喷涂、板材以及煤矿加固等领域均出现小幅下降；受GB 50016—2014的影响，近两年聚氨酯外墙外保温的应用出现较大的后退。

聚氨酯软泡主要用于家具、汽车、服装等。2018年软体家具消费稳步上升，汽车产量小幅上涨，普通海绵生产随着消费升级，高回弹、慢回弹产量增幅较大。这些都带动了聚氨酯软泡的发展。

2. 氨纶

2018年我国氨纶产能约为75万吨。氨纶性能优异，应用领域不断拓展，产能增加迅速。在这以前，氨纶行业发展混乱，一度处于无序发展状态，供求关系失衡；但由于2012年起的反倾销，我国氨纶企业状况逐渐好转，国内企业市场占有率增加，开工率上升，市场对差异化、功能性、高附加值氨纶纤维的需求量不断增加，2018年共生产60万吨，增速约9%。市场竞争秩序逐步好转。

3. 合成革浆料

据中国塑料加工工业协会人造革合成革专业委员会的统计，2018年我国人造革合成革增速约1.8%，其中聚氨酯合成革由于污染、性能、成本等因素造成聚氨酯合成革增速明显低于PVC（聚氯乙烯）人造革增速。2018年合成革浆料的消费量约190万吨，与2017年相比基本持平。

4. 鞋底原液

我国是全球最大的聚氨酯鞋底原液生产国，2018年总产能达119万吨左右。聚氨酯鞋底原液主要用在劳保鞋、皮鞋、旅游鞋等领域，由于纯MDI价格高位运行，成本增加，和其他替代品的价格差越来越大，下游鞋企受到原料成本压制，加上近年来鞋材产业生产向东南亚国家转移明显，2018年国内消费量约60万吨。

5. 弹性体（包括TPU、CPU和防水铺装材料等）

TPU（热塑性聚氨酯）是近几年需求增速最快的热塑性弹性体材料，性能优异、价格适中，成为PVC材料的替代品，国内对TPU的需求表现出持续增长的态势。2018年我国TPU的产能约75万吨，产量约40万吨，较2017年增长13%，主要应用于鞋材、薄膜、电线电缆等领域。CPU（浇注型聚氨酯）主要用于胶辊、筛板、密封件等，国内最大的CPU预聚体企业有一诺威、华天和朗盛等，2018年消费量超过27万吨。加上防水和铺装材料（主要用于防水、城市绿道、小区绿道、体育场地）等，2018年各类聚氨酯弹性消费量约100万吨。

6. 涂料

2018年我国涂料行业依然保持高速增长态势，较2017年增长10%以上，全年规模以上企业产量超过2000万吨，其中聚氨酯涂料200万吨。我国将继续严格管理涂料行业VOC（挥发性有机化合物）排放，溶剂型涂料的生产和使用将受到限制，涂料行业结构调整将持续，这对水性聚氨酯涂料将是利好，水性建筑涂料、木器漆、汽车涂料等将保持高速增长。

7. 胶黏剂和密封剂

2018年聚氨酯胶黏剂和密封剂消费量约78万吨。由于TDI的蒸气压高，MDI型胶黏剂和密封剂增加迅速，包装行业的胶黏剂逐渐由MDI和HDI（六亚甲基二异氰酸酯）替代TDI。

综上所述，2018年我国聚氨酯产品的消费量约1110万吨（含溶剂），较2017年增长约6.5%，中国仍是世界上最大的聚氨酯原材料生产基地和聚氨酯制品生产国。但是也存在创新能力不足、产业集中度低、产品同质化严重、低端产品过剩、高端产品不足的现象，特别是聚氨酯制品领域企业小而散的问题突出，难以适应提升效率的要求，难以形成品牌效应。

（三）我国聚氨酯行业的发展趋势

在“十一五”、“十二五”期间，随着人们生活水平的提高，对家具、服装、鞋材、家电、汽车等产品的需求旺盛，带动了我国聚氨酯投资增速，产能不断增加，聚氨酯行业经历了发展最快的十年。进入“十三五”以后，行业产能过剩问题开始显现，此时消费市场趋于平稳发展，靠新兴应用领域推动聚氨酯消费高速增长已非常困难，行业开始进入产业整合和提升阶段。

目前聚氨酯行业存在的突出问题包括：

（1）聚氨酯建筑保温防火。聚氨酯硬泡是目前世界上可规模化生产的、保温性能最好的材料，进入21世纪，我国聚氨酯硬泡开始用于建筑外墙保温和屋顶保温防水。建筑保温应用被普遍看好的聚氨酯应用领域，由于施工管理不到位致使火灾事故频发，所以防火管理部门对保温材料本身的要求更加严格，建筑防火设计措施越来越规范，聚氨酯硬泡在建筑保温领域的应用受到制约，特别是GB 50016—2014于2015年5月1日实施以来，聚氨酯外墙保温市场持续下滑。

（2）环保。2018年1月环境保护部印发了《环境保护综合名录（2017版）》，氯醇法环氧丙烷和TDI产品被列入《高污染、高环境风险产品名录（2017版）》，税收、贸易和金融等方面均产生一定的影响。聚氨酯合成革生产会产生含有酮类、胺类等有机物的废水，以及边角料、离型纸、包装桶、残渣等固体废弃物，如果未妥善处理，会对环境造成很大污染，鼓励水性聚氨酯、无溶剂聚氨酯和热塑性聚氨酯弹性体替代溶剂型聚氨酯树脂生产合成革。聚醚多元醇滤渣属性不明，各地环保部门管理不一，增加了生产企业的管理风险和生产成本；异氰酸酯包装桶、聚醚和聚酯多元醇包装桶的危险属性也不明朗，各个企业处置方法不同，易成为环保部门监控和处罚的对象，给企业正常的生产和管理造成极大麻烦。聚氨酯原材料价格居高不下，使聚氨酯硬泡成本远高于聚苯乙烯等其他有机材料，竞争力进一步下降；TPU价格高涨，替代PVC等材料的步伐减缓；聚氨酯鞋材的成本陡增造成和其他替代品价差越来越大，鞋底原液消费出现下滑。

进入“十三五”，我国处于经济增长的调整期，大宗原材料价格暴涨，聚氨酯原料的价格增幅远高于一般化工产品，2016年、2017年、2018年TDI和MDI产品是全国化工产品当中价格差额最大的化工产品，聚氨酯产品竞争力减弱，行业进入增速放缓、结构调整加快的创新和提升时期。目前聚氨酯行业要遵循高性能、高品质、环保和可持续的发展理念，重点关注以下几个方面：

（1）ODS物质替代技术。聚氨酯行业的HCFCs（氢氯氟烃类）发泡剂的替代品主要包括HFCs（氢氟烃类）发泡剂和环戊烷，HFCs类发泡剂具有偏高的GWP（温室效应潜值）且价格高，仍存在被替代的可能。新一代氟氯烯类发泡剂如三氟丙烯（LBA）、六氟丁烯ODP（臭氧消耗潜值）和GWP较低，却存在技术保护和成本高等问题。目前我国广泛采用的HCFCs发泡剂替代品是戊烷类发泡剂，但存在易燃易爆的安全风险，无法用在现场施工的应用领域。山东理工大学自主研发的CFA8系列化学发泡剂生产技术已经通过科技成果鉴定，CFA8系列发泡剂经化学反应释放的CO_2起到发泡剂的作用，在全水发泡和深冷保温领域效果明显；由绍兴华创聚氨酯有限公司自主开发的超临界CO_2辅助水发泡的聚氨酯喷涂工艺技术，具有施工温度范围宽、产品性能稳定的特点。这两项技术均采用CO_2作发泡剂，为喷涂、板材、门业等领域的ODS替代提供了解决方案。

（2）聚醚多元醇的技术进展。1）低气味、低VOC、高性能聚醚多元醇生产技术：采用新型催化剂体系、合适的聚合工艺，生产具有相对分子质量分布窄、不饱和度低等优点的聚醚多元醇；采用适当的后处理工艺可以有效地脱除产物中的VOC，主要方法有闪蒸法、萃取法、超滤法、汽提法、添加吸附剂等；在聚醚多元醇中添加微量的稳定剂可以有效地抑制储存过程中醛类物质的产生。2）生物基聚醚多元醇技术，包括植物秸秆基多元醇和油脂基聚醚多元醇。该类产品利用可再生资源生产合格的聚醚多元醇产品，部分甚至全部替代传统的聚醚多元醇来生产聚氨酯。3）聚氨酯泡沫的回收再处理技术：在催化剂存在下，通过对聚氨酯泡沫的醇解，得到质量稳定的聚醚多元醇产品，可部分代替新鲜聚醚多元醇进入生产体系，可有效解决聚氨酯泡沫的回收处理难题。聚氨酯软泡、硬泡醇解后得到的聚醚多元醇指标见表6。

表 6　　从聚氨酯泡沫回收的聚醚多元醇性能指标

聚醚多元醇	羟值/(mg·g^{-1})	酸值/(mg·g^{-1})	$w(H_2O)$/%	黏度（25℃）/(mPa·s)
软泡类	50±1	<3.0	<0.3	4000±1000
硬泡类	520±10	<3.0	<0.4	4500±1000

（3）阻燃聚氨酯硬泡技术。聚氨酯硬泡建筑防水保温是聚氨酯应用最重要的领域之一，推广聚氨酯在建筑保温领域的应用一直以来都是行业重要的工作，由于火灾事故频发，国家制定了更加严格的法规、标准，特别是 GB 50016—2014 实施以来，聚氨酯硬泡在建筑保温领域的应用下滑严重。一方面科研机构、助剂企业、生产企业要相互合作，加大研发力度生产真正符合国家标准要求的聚氨酯产品，一方面行业协会会根据企业反映，沟通国家相关部门，提出合理的意见和建议，完善标准，维护聚氨酯材料在建筑保温领域的健康应用。

（4）绿色合成革工艺技术。工信部、财政部（2106）217 号关于印发重点行业挥发性有机物削减行动计划的通知中，合成革行业即是重点行业之一，要求到 2018 年其 VOC 排放较 2015 年要减少 20%以上。传统的聚氨酯合成革生产企业要采取密闭收集系统，实现生产过程密闭化、连续化、自动化，采用密闭化负压废气收集系统，实现高效的溶剂回收，降低 VOC 排放。科研院所、大专院校和企业加强合作，开发高性能水性聚氨酯树脂，先进助剂和设备企业做好服务工作，加快技术的产业化进程，鼓励合成革企业采用水性聚氨酯、无溶剂聚氨酯和热塑性聚氨酯代替有机溶剂型聚氨酯树脂，从而真正实现合成革的清洁生产。

今后在环保的大背景下，化工企业入驻园区已成为行业发展的大势所趋，化工产业园区化将成为加速淘汰化工落后产能的有效手段。入驻园区的聚氨酯企业要紧抓这个机会，采用先进的生产工艺，提升自身技术水平，利用园区优势实现物流一体化、能源一体化、基础设施一体化，从而降低原料、物流、能源成本，规范管理，坚决杜绝安全、环保事故的发生，增强企业的市场竞争力。

根据党的十九大“加强建设制造强国，加快发展先进制造业”的明确要求，结合我国聚氨酯行业的发展现状，坚持需求导向，以技术创新为核心，以管理创新为抓手，注重人才队伍建设，把高质量发展作为主攻方向，推动聚氨酯行业的供给侧结构性改革，提高资源的利用效率，提升产品质量，进一步提高行业集中度，培养一批知名企业和知名品牌，实现全行业利润率高于全社会平均利润率，实现全行业质量效益型发展，维持聚氨酯行业的可持续发展。

二、聚氨酯专委会工作

回顾 2018 年的工作，聚氨酯行业和全国其他行业一样，受国家政策调控的影响，行业多年积累的矛盾和问题凸现，企业生产成本居高不下，企业利润下滑，行业发展速度回落，特别是聚氨酯硬泡板材这个被我们在将来寄予厚望的行业由于房地产行业销售下滑，受价格、防火及施工工艺等影响，2017~2018 年聚氨酯硬泡板材使用全面回落。针对行业的具体情况和协会全年整体工作安排，我们主要从以下几个方面开展工作。

（一）ODS 淘汰工作

目前聚氨酯硬泡行业 ODS 淘汰工作成为泡沫行业 ODS 淘汰工作的重点和难点，ODS 淘汰工作分两大块工作，一是围绕开展 HCFC-141b 淘汰，二是打击非法 CFC-11 的使用。协会作为中国聚氨酯泡沫行业淘汰 ODS 的国内支持机构，专委会秘书长刘卫东受协会委托派驻环保部对外合作中心从事 ODS 淘汰管理工作。这一项工作与专委会的日常工作相辅相成。

1. 法规及政策宣传

今年上半年，国际上一些机构及非政府组织以多种形式发布中国部分地区的部分企业非法使用已禁止使用十年的 CFC-11 的信息。我们通过聚氨酯专委会微信公众号及专委会网站及时发布了协会的倡议书，以及生态环境保护部发言人刘友宾针对美国《自然》杂志发表的文章答记者问，公众号阅读量分别达到 2300 个和 4000 个。

2. 关于淘汰 ODS 相关问题咨询工作

聚氨酯泡沫行业淘汰 ODS 管理工作开展二十多年了，我专委会参与项目管理工作也有十五年，专委会工作人员已熟知淘汰 ODS 政策法规。通过各种途径找到专委会的来咨询 ODS 淘汰政策的企业，我们都耐心回复解答。

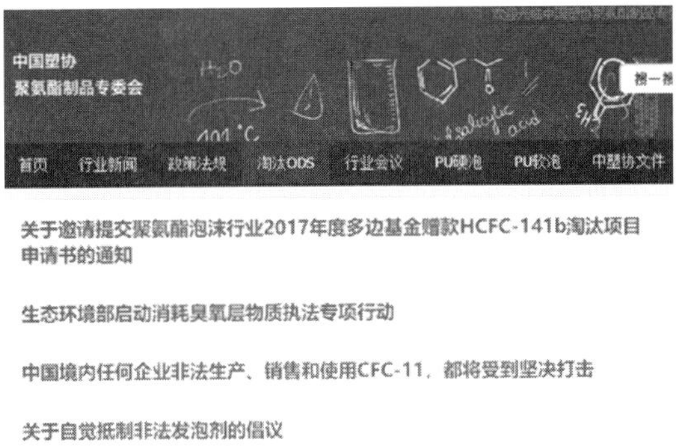

专委会网站信息及微信公众号截图

（二）项目管理工作

1. 新项目企业征询及辅导、资料审核

在第一阶段的中国聚氨酯泡沫行业ODS淘汰工作中，除家电冷藏集装箱等第一阶段目标行业，其他子行业规模较大企业基本也参与到淘汰项目中。按照中国聚氨酯泡沫行业第二阶段行业计划，2017年底开展了第二阶段聚氨酯泡沫行业淘汰HCFC-141b工作。随着ODS淘汰工作的推进，符合参与项目的企业越来越少且有规模的企业更少。我们利用专委会的渠道通过设备厂家、原料厂家、以及企业间介绍，寻找符合项目要求的各类聚氨酯硬泡生产企业，首先对这些企业做甄别，对符合要求的项目企业做申报项目辅导，帮助企业填写申报项目文件。对企业提交的文件做审核，选择满足申报条件的企业，为新一年度的项目申报做准备。

2. 现场核查项目企业

2017年底至2018年初参与了对外合作中心委托的第三方会计师事务所对中国聚氨酯泡沫行业ODS淘汰工作第二阶段第一年度的项目企业消费量核查工作，先后前往烟台、常州、天津、济南、沈阳、新疆、北京七地核查了7家申报企业。预计12月份将开展2018年度的项目企业现场核查。

3. 审阅会计师报告、指导企业编写执行计划、准备新项目合同

项目核查结束后，对会计师提交核查报告初稿反复审阅、修改会计师报告中存疑的文字、数字等，企业有疑问也要及时与会计师企业做三方沟通。沟通时间不局限于工作时间。最终报告确定企业消费量数据后，指导并帮助企业编制执行计划。参与组织执行计划评审会，评审会于4月19日在桂林召开。通过了6家企业执行计划。之后着手准备新项目企业与对外合作中心及我协会的三方项目合同。目前这批合同已经进入最后审批阶段。

4. 项目审计

参与对已经验收的项目企业及准备验收的项目企业的现场审计工作，在现场遇到问题及时与审计人员及企业沟通，保障交流顺畅、审计工作圆满顺利。

5. 项目验收

帮助指导部分项目企业编写完成报告，准备项目验收相关文件。

（三）走访企业关注行业发展问题

春江水暖鸭先知，企业站在市场的最前端，对市场的感觉最敏锐。2018年专委会走访了30多家软泡及硬泡企业。走访过程中既面对面与企业人员做了交流也实地参观了解企业的现状。通过走访，对于不同企业面对的不同问题及行业共性问题，与企业及时交流，尽我们所知所能地与企业负责人交流互通行业共同问题及如何解决。

从去年开始，我们国家加强了环境保护的强度，保护大气、水、土壤的力度空前，绿水青山就是金山银山正在深入人心。聚氨酯制品行业是我国较早开始淘汰ODS的行业。20多年来，我们的制品企业已经完全淘汰F11发泡剂，现在开始过渡到141b发泡剂配额使用，在近20多年的过程中，聚氨酯制品专委会对在ODS淘汰工作工作中出现的新问题和制品企业及科研院所紧紧配合，找出解决问题的应用配方、合理的工艺流程、生产的环保达标、生产过程的防火防爆以及制品的实际应用等问

题。和部分制品企业有比较良好的关系。今年的环保督察开始后，我们积极宣传国家和环保部门的法律、法规及具体要求。要求企业依法合规生产。对个别存在侥幸心理的企业反复说明利害关系，打消了部分企业想蒙混过关的想法。现在绝大多数的行业企业都在依法依规的诚实经营。

（四）组织召开行业会议、参与行业会议

根据2018年工作计划，以及通过本行业的实际调研情况，综合分析行业热点问题，我们在2018年4月份在广西桂林召开了聚氨酯硬泡行业发展论坛。与会人员有公司主要负责人、工程技术人员、行业专家及相关单位人员参加，参会人数近260人。会上就聚氨酯硬泡行业面临的原料包装环保处理方式、VOCs回收处理、ODS淘汰政策法规、新产品、新技术、新工艺等行业共同关注的问题进行了深入、广泛的探讨。通过这次会议，澄清了行业中存在的一些模糊认识，与会专家及大企业代表对部分产品的工艺要求和质量控制做了深入交流。会议倡导企业：同业间避免无序恶性竞争，开展技术创新，通过提高企业管理水平，在同样消耗社会资源的情况下，生产优质产品。通过行业10强评比，表彰先进、推广优质产品。2018年我们还参加了由中国家具协会、中国聚氨酯工业协会组织的相关会议，互通行业发展情况，同时与PU聚义堂、聚氨酯联盟等相关聚氨酯行业的媒体与培训机构交流学习、取长补短，这些机构更接地气，有很多值得我们学习借鉴的地方。

（五）关注新产品、新技术、新应用领域

聚氨酯制品具有分子设计的特性因此用途广泛，而且在不断拓展。在行业企业科技创新和标准化工作中，我们主要是将新材料在开拓市场和新材料生产中产生的新产品（如：2018年开始出现的用聚氨酯高分子材料做的化妆蛋）加以宣传。虽然本行业的部分从业人员文化层次较高，思维比较敏锐，开发新产品能力较强。但企业规模都比较小，企业融资和抗风险能力较弱。企业发展过程的前期需要加强引导和保护，如果企业前期创业成功，将能带动一个细分行业，后续发展将十分迅速。今年的标准化工作仍主要是在对软泡绿色产品做团体标准立项准备。

（六）组织行业企业参加南京展会

2018年协会组织的南京展会比较成功，我们专委会在协会领导指导下，努力开展招展宣传工作，通过努力，专委会本次参展企业10家，11个展位，尽管没有完成协会给我们下达的任务，但比上一届展会展位数翻了一番多。

（七）2019年的打算

中国聚氨酯制品工业经历了20多年的高速增长后已成为全球最大的聚氨酯原材料和制品的生产基地，生产技术水平不断提升，产品基本满足国民经济和社会发展需求，行业增速由高转低。随着聚氨酯外墙防火、安全生产、环境保护等问题凸现，行业结构调整和产业升级步伐加快，创新发展将成为今后的主旋律。聚氨酯行业如何适应新形势，如何面对机遇和挑战，是当前行业上下游企业所共同关心的问题。这需要人们摸清聚氨酯及其应用领域的发展现状和存在的问题，共同探讨、寻求对策，以维持聚氨酯行业稳定健康可持续发展。

2019年我们将针对本行业的实际问题，与上下游企业做交流沟通，沟通创造价值，专委会作为一个平台，就是为企业与企业间，企业与政府间的纽带。主要从以下4个方面做好2019年的工作：

1. 注重自身建设、做好服务工作

加强自身学习，提高服务水平。做好聚氨酯制品专委会的日常工作，认真落实协会在各个时期的任务、意见及精神。强化为会员服务、为行业企业服务、为国家整体利益服务的责任意识。做好日常咨询，走访企业，了解行业的发展机会和存在的问题，推动解决行业企业共同面临的共性问题，找准解决问题的方法，少走弯路，增加专委会的凝聚力和纽带作用。聚氨酯专委会要结合行业发展的内在需求，谋求发展创新，主动服务经济结构调整、国家节能减排战略，提高专业服务水平，为企业服好务。同时积极发展会员，服从协会的管理和工作指导，完成协会布置的各项工作。

2. 继续做好ODS替代工作

参与淘汰企业的走访和回访，使符合多边基金资助的聚氨酯制品企业按计划完成淘汰工作，加强淘汰ODS的法律法规的宣传，提高企业遵纪守法意识和能力，为保护臭氧层做出行业贡献。

3. 关注建筑节能政策

按照节能环保和市场的要求，积极推广大块聚氨酯硬泡新工艺，逐步解决聚氨酯泡沫变形的问题。加强与聚氨酯自阻燃高防火制品企业的联系。掌握他们的科研动态，特别是以水作为发泡剂的高阻燃的连续板材的实验情况。为节能减排执行建筑节能75%的地区做好技术储备。

4. 开展软泡团体标准工作

组织相关企业及科研机构编制家居用绿色海绵团体标准。

5. 组织专委会年会和各项技术交流会

将于2019年4月间组织2019聚氨酯硬泡行业发展论坛。与兄弟协会中国家具协会、中国太阳能协会、中国聚氨酯工业协会、中国家电协会、中国冷链物流加强交流合作。扩大我协会和聚氨酯制品专委会的行业影响。力争为行业企业多做贡献。

（注：文中部分数据来自国家海关、聚氨酯工业协会、天天化工网、聚氨酯联盟等）

（中国塑协聚氨酯制品专业委员会）

塑料板片材

2018年，塑料板片材制品行业经济运行总体平稳、稳中有进。塑料板片材制品行业工业增加值的增速，高于同期塑料制品加工业平均值。塑料板片材制品行业投资增速，高于同期塑料加工业投资增速。行业主营业务收入较2017年有所提高，显现出较好的发展潜力和前景。

随着中国塑料加工业的快速成长，当前塑料板片材行业的产业基础、发展环境和条件都发生了深刻的变化，无论是中国产业经济转型还是国际上新一轮产业变革和科技革命的来临，都对塑料板片材行业提出了新的要求。随着中国经济发展进入新常态，塑料板片材行业的发展面临着新的机遇和挑战，加快结构调整、转型升级、提质增效，寻求和培育新的增长点，已成为全行业亟待推进的共同课题，2018年是塑料板片材企业开拓创新，实行转型升级卓有成效的一年。塑料板片材行业，在中国塑协的正确领导下，取得了较大的进步。

一、行业现状

塑料板片材是用塑料为原料制作成的一种新型塑料材料。近十几年来，我国塑料板片材行业发展速度较快，受益于行业新产品、新材料、新技术、新装备和产能的不断提高，以及产品应用领域的不断扩大。塑料板片材行业在国内和国际市场上发展形势都十分看好，2018年行业的增长率仍然保持在6%以上，实现产品销售率97%以上，出口同比增长20%以上，高于塑料制品行业平均水平。

（一）塑料板片材行业现状

1. 行业概况

进入21世纪以来，中国塑料板片材行业取得了令世人瞩目的成就，发展速度已名列前茅，实现了历史性的跨越。“十二五”期间增长率一直保持在10%以上，在保持较快发展速度的基础上，经济效益也有新的提高。从合成树脂用量，塑料板片材设备数量，及塑料板片材制品产量来看，都显示了塑料板片材行业强劲的发展势头。

随着塑料板片材新技术的应用，以及相关部门对环保型塑料板片材的大力推广，新型塑料板片材的应用也越来越广。我国市场上出现了多种类型的塑料板片材新产品。其中有的已流行多年，有的刚刚上市。目前，市场上经常见到的塑料板片材产品有，传统的PVC板片材、PP板片板片材、PE板片材、PS板片材，也有近几年增长较快的PET板片材、PC板片材，及各种添加玻纤、碳纤、高强度纤维的塑料基复合板片材等。由于塑料板片材具有重量轻、透光性好、保温、隔音、安装方便等特点，因此在建筑装饰行业，包装行业，工业制造，农业生产，国防工业等行业应用越来越广泛。在国家生态环保，绿色发展政策的推动下，我国塑料板片材行业呈现了快速发展的态势。中国挤出塑料板片材，从零起步，截至目前占据全球产量的30%以上，稳居世界第一。塑料板片材已涉及国民经济的各个方面，以塑料代替木材、钢材、铝材、石材、玻璃、皮革等，广泛应用于工业、农业、化工、建筑、包装、航空航天、国防等尖端部门。

2. 塑料板片材企业下行压力加大，增速持续放缓，塑料板片材行业已进入中高速增长的新常态

当前塑料板片材行业的产业基础、发展环境和条件都发生了深刻的变化。无论是中国产业转型还是国际上新一轮产业变革和科技革命的来临，无一不对中国塑料板片材行业提出了严峻的挑战。“十三五”期间是我国塑料板片材实现稳步发展的关键时期，和“十二五”时期相比，行业发展的速度已经明显地减缓，据行业统计数据显示，虽然2018年塑料板片材行业增速高于塑料行业平均水平，出口增长较快，由于塑料地板基材、装饰、包装类板片材新产品出口量增加，使行业累计出口交货值同

比增长20%以上。但塑料板片材行业国内交货值增幅有所回落，增速放缓。增幅回落和增速放缓原因是多方面的。一方面由于美国特朗普政府的贸易单边主义，造成全球经济增长乏力；另一方面因为中美贸易战，国内经济下行压力加大。两方面因素的叠加是导致塑料板片材制品增速放缓的直接原因。除了国内外宏观环境影响外，也应该看到塑料板片材行业自身的问题：一是产品结构不合理，中低档产品比例过高；二是部分产品出现结构性、阶段性过剩；三是技术创新能力不足，行业新增长点不多。2018年塑料地板增长较快，在出口大幅度增长的基础上，国内市场也在增长。用于包装行业、广告行业、建筑装饰行业的塑料板片材，2018年也有一定的增长。

3. 塑料板片材行业效益下降，企业经营困难加大

改革开放以来，塑料板片材行业取得了跨越式发展，主要得益于改革开放政策，得益于国民经济高速发展的拉动，得益于人民生活消费水平提高的推动，得益于塑料板片材行业抓住机遇大规模引进国外的先进技术和装备。过去十几年，行业经历了追赶型的高速发展阶段，然而塑料板片材行业并没有摆脱低水平，低效率的传统制造业地位，在国际上处于产业价值链中低端，其竞争优势基本是以牺牲资源、环境、能源为代价，以廉价劳动力为支撑的初级比较优势。由于告别了短缺时代，部分产品产能过剩严重，依靠投资、扩大产能、通过规模扩张的发展模式已不可持续。依靠廉价劳动力形成的低人工成本，这一优势正在削弱，同时资源、环境、能源的约束力也在加大，以及近年来原材料的涨价因素等影响，企业利润空间被大大压缩，行业利润增幅逐年下降。2018年由于环保管理力度加大，化工原材料的大幅上涨，人力资源成本的快速上升，以“提高质量、降低消耗”为主要内容的降低变动成本，和以“提高劳动生产率”为主要内容，降低固定成本的传统盈利模式受到严重挑战。企业经营成本不断升高，经营困难加大。

（二）塑料板片材行业目前存在的主要问题

1. 结构性、阶段性产能过剩顽疾没有得到有效缓解

产品产能结构性和阶段性过剩是塑料板片材加工业产品结构不合理的集中体现，是实现健康发展，可持续发展的一大障碍。目前低端产品产能过剩问题仍未有效解决，而且继续在恶化，远超市场需求，如廉价的，劣质的硬质PVC板片材，PS、PP、PE板片材等。盲目引进而引发的阶段性过剩产能尚未有效化解，而高端产品仍需大量进口，如汽车、高铁、机场、酒店装饰用高档塑料板片材，耐高温、高透明的功能性塑料板片材等。

2. 品牌意识，质量意识淡漠

品牌意识的淡薄，营销网络建设相对滞后，加之较低的技术和资金进入门槛，使得板片材行业企业规模普遍不大，营销手段单一，营销成本较高，缺乏品牌策略，对目标市场和细分市场几乎没有什么调查研究和应对手段，一拥而上，埋头就干，对于技术、质量的更新与提升考虑较少，当竞争日趋激烈时，很多企业陷入了渠道冲突、实行价格战、成本上升、收入下降、客户投诉不断、满意度大幅度降低的尴尬困境之中。由于传统塑料板片材产品，技术含量低，投资少，行业进入门槛低，因此造成产能严重过剩。加上行业内一些企业，质量意识淡漠，习惯于打价格战。所以由产能过剩引发低价恶性竞争比较普遍，造成市场严重混乱，既影响行业形象又影响企业效益，同时深刻影响了行业健康发展。

如何在市场中杀出一条血路？除了渠道营销以外，还必须花大力气全方位的打造属于企业、渠道商和消费者共同认可的强势品牌，从而占据未来市场的稳固地位。

3. 塑料板片材行业创新意识不强，创新能力不足

由于行业内大企业较少，以中小企业为主，企业科技人员少，科技研发能力差，再加上企业科技经费投入不足，或没有条件投入，科技创新受到了严重制约。有的高质量、高水平板片材受到市场可接受价格的制约，相对而言，市场上类同的通用产品较多，中低档产品占绝大多数，而高技术、高附加值的产品很少。行业应通过不断的自主开发，加快科技创新，开发新产品，进一步提高产品的功能性，可靠性，稳定性和先进性。利用“互联网+”提高企业的技术创新能力，同时进行生产管理创新、营销模式创新，提升企业的综合创新能力。

此外，目前行业总体装备水平偏低、产品结构不合理、科技投入不足、产品集约化程度低、抵御风险能力不强、行业区域发展不平衡，以及环保等问题也影响了行业的健康发展。

（三）塑料板片材行业发展前瞻

当前，塑料板片材行业正处于发展壮大期向产

业成熟期过渡的关键时期，是产业迈向中高端的关键时期。在“新常态”下，塑料板片材行业经济下行压力加大，企业生产经营也面临许多新的困难和问题。因此，认真分析面临的形势，适应“新常态”，主动作为，开拓创新，平稳渡过产业转型期，是摆在我们面前的重要任务。

1. 塑料板片材行业发展重点建议

（1）要坚持创新驱动发展，依靠科技创新，不断提高产品档次和质量，大力实施高端化战略，提高中高端产品比例。

（2）要加快生产工艺创新，要改进优化传统生产工艺，大力开展推广应用智能设备，通过生产工艺创新和智能装备，建设现代生产体系，为提高产品质量创造条件。

（3）特别在新型塑料板片材方面，要大力实施差异性战略，要通过技术进步和创新，解决好低水平，同质化竞争严重的问题。

2. 促进塑料板片材行业健康发展的措施

（1）面对新一轮全球科技革命和产业变革浪潮，面对我国经济进入新常态，塑料板片材行业必须大力实施创新驱动战略，紧紧围绕创新这一新引擎，调整发展思路，把主要精力集中到调结构转方式，着力提高发展质量和效益上来。

（2）要实现中高速和中高端双目标，必须紧紧围绕“高端化”这一核心，大力培养新的经济增长点，一要大力开发新产品，加快产业升级；二是要大力推进工业化和信息化深度融合，加快“互联网+”工程建设，要适应高端化、个性化、小批量、私人定制的市场导向，探索大规模个性化制造的新路子，推动新型生产模式和新业态的快速成长，大力培养新的经济增长点，是未来发展的重要措施和方向。

（3）要面对生产力要素成本不断上升，资源环境的约束不断增加，面对高成本时代到来，必须紧紧围绕以提高生产效率为核心，着力培养新的竞争优势。

（4）完善质量保证体系，引导市场健康发展。要加强行业自律，完善质量保证体系，健全质量认证和监督制度。对企业的工艺装备、生产规模、检测手段和质量保证体系等提出合理化建议，配合相关单位加强对行业产品质量的监督首查。企业应加强对用户的服务，协助用户选择最佳的产品。对于涉及公共安全，人身安全的产品，应逐步建立、健全强制性的管理办法。生产企业不应采取以低价作为进入市场的手段，要有长远的市场意识，注重产品质量、技术创新、完善服务，为用户提供合格产品和优质服务。

（5）注重与上下游行业的联系与合作，促进塑料板片材行业健康发展。加强与装备企业的合作，推动行业的装备技术创新和技术进步，提高生产效率、自动化、智能化水平、提升产品质量。联合原材料生产企业，提高原材料性能，研发新原料，确保板片材行业新产品开发，促进塑料板片材行业健康发展。

全球范围的新一轮科技革命和产业变革正在孕育，新一代信息技术在工业领域的广泛渗透，正在引发制造业发展理念、技术体系、制造模式和价值链的重大变革，协同、智能、绿色、服务等正逐渐成为制造业的核心价值体现。由此可见，信息化技术正深刻改变着制造业的生产模式和产业形态。新一轮科技和产业变革的酝酿和推进，改变了世界制造业的分工格局，这给中国塑料板片材加工业提出了严峻挑战。

当前正值中国塑料工业转型升级的关键时期，国际上新一轮科技革命和产业变革在风起云涌，与我国加快经济转型发展形成历史性交汇，我国国民经济正在面临重要的战略机遇期，经济增长减速换挡，产业链向高端迈进，“新常态”已经成为最热的经济关键词，经济的主要任务是完成发展方式的转变，从传统的“投资驱动”逐步转换到“创新驱动”。而新技术方兴未艾，互联网+、工业 4.0 等新技术不断涌现，塑料板片材行业如何在新技术浪潮中更好的生存发展是每个企业都面临的考验和挑战。毫无疑问，谁既有先进的生产技术、又有顺应时代的管理与销售手段，谁就能生存下去、发展起来。

2018 年是实现塑料加工业“十三五”发展目标的重要之年，中国塑协根据行业“十二五”的规划和技术进步指导意见的执行情况，提出《塑料加工业“十三五”发展指导意见》。

（1）指导思想是：深入贯彻落实党的“十八大”、十八届三中、四中、十九大、全国科技创新大会精神，按照国家“一带一路”、“中国制造2025”、加快培育发展战略性新兴产业的总体要求，紧紧围绕国民经济和社会发展重大需求，坚持“自主创新，重点跨越，支撑发展，引领未来”的指导方针，围绕科学发展和结构调整，以加快塑料加工业转型升级为主要突破点；以提高塑料加工业自主创新能力为核心，以新材料、新技术、新装备和新产品为发展重点，前瞻布局，引领发展，突出重点，加快完善创新体系，大力实施高端化战略，推进两化深度融合，重点突破关键技术瓶颈，力争在智能制造、数字制造、网络制造上取得新的突破，推动产业升级，提高产业素质，为塑料加工业进入世界先进国家行业打好基础。

（2）基本原则是：坚持创新驱动发展，进一步发挥技术进步、科技创新的保证和支撑作用。大力实施高端化战略，牢牢把握“功能化、轻量化、生态化、微成型”技术发展方向，全面推进产业转型升级。坚持“资源节约型、环境友好型、科技创新型”的产业方向，大力实施“绿色、低碳、循环、生态”发展战略，推动塑料加工业健康和可持续发展。坚持“高端化、个性化、小批量、私人定制”的市场导向，推动新型生产模式和新型业态的快速成长。牢牢把握“由大到强”目标，大力实施“进口替代”战略，加快推进引进、吸收、再创新和集成创新步伐，缩小与国外先进水平差距。

（3）主要目标：①完善科技创新体系；②增加科技资源总量；③提高自主创新能力；④继续推进节能减排；⑤加快重点产业和产品结构转型升级。争取到2025年，塑料加工业主要产品能够满足国民经济和社会发展，尤其是高端领域的需求，部分产品和技术达到世界领先水平。

（4）主要任务：①加快整合行业创新资源和要素，完善以企业为主体的科技创新体系建设；②把握行业发展方向，加强前沿技术研究，努力缩小与先进国家的差距；③组织突破行业发展的共性关键技术，推进科技创新与产业化示范；④加快重点塑料加工装备制造的研发，提高装备自主化水平；⑤加快新产品新技术的推广应用，加快产品升级换代；⑥加快绿色、节能、高效新型加工成型工艺研发，推行清洁生产和节能减排；⑦推动塑料加工业安全工程体系建设，保障食品和环境安全；⑧加快两化深度融合，提高企业智能制造水平，推进塑料加工业智能转型；⑨加快实施技术改造，实现企业、行业的转型升级。

二、专委会活动

（一）会员服务

2018年在全体会员的共同努力下，在中国塑协的正确领导下，板片材专委会的各项工作取得了较大的进步。会员的数量有了较大的增加，新发展了会员单位15家，理事单位3家，会员总数突破120家。理事会、年会、及技术交流会开得比较成功，积极落实南京塑料国际展览会工作，基本完成了专委会年初制定的工作目标。

专委会重视反馈会员企业信息，积极反映会员企业诉求。主要有如下几方面：

（1）组织会员参加、研究《塑料类食品相关产品生产许可证实施细则（2018年修订稿）》、《产业转移指导目录（2012年本）》修订工作，汇总意见报送中国塑协；

（2）组织会员企业申报科技部节能减排与低碳成果、中国轻工业联合会科学技术奖、中国塑料加工业科技创新型优秀会员单位、中国塑料加工业科技创新先进工作者等；

（3）在中国塑协的努力下，在板片材专委会的积极反映沟通下，PVC板片材出口退税率低的问题得到了解决。从2018年9月份开始，PVC片板材的出口退税由原来的5%上调到9%，很大程度上降低了PVC板片材企业的出口成本，提高了企业的经济效益，提高了PVC板片材的出口竞争力。

另外板片材专委会积极做好网络宣传，建设维护好专委会的官方网站、qq群和微信公众号。

（二）组织召开行业相关会议

1. 成功召开2018年年会及技术交流会

中国塑协板片材专业委员会2018年会暨技术交流会，于2018年10月25日至27日在江苏常州溧阳天目湖维景大酒店召开。会议由中国塑料加工工业协会主办，中国塑协板片材专业委员会、金纬机械常州金纬片板膜科技有限公司承办。参加会议的有来自全国各地塑料板片材制品生产企业，及与之相关的原料、模具及设备企业、科研院校等单位代表200多人。中国塑料加工工业协协会朱文玮理事长，溧阳市人民政府陈峰副市长，国务院发展研究中心宏观经济研究部张立群研究员，金纬公司董事长何海潮先生，中国塑协板片材专委会二届理事会主任任月璋理事长，及中国塑协副秘书长、会员部主任刘姝女士出席了本次会议。

26日上午会议为中国塑协板片材专委会2018年年会，下午为技术交流会。年会首先由溧阳市人民政府陈峰副市长致欢迎词，介绍了溧阳市的概况，邀请代表们在溧阳多走走，多看看。金纬公司董事长何海潮先生代表承办方致词，介绍了金纬公司的发展历程，从名不见经传的小公司到如今年产值20多亿元，连续8年蝉联中国挤出装备行业综合实力排名第一，金纬公司一直保持着持续健康的发展。经过40多年的努力奋斗，今天金纬旗下已拥有全资及合资企业二十多家，3000多名员工，从单一生产加工螺杆机筒部件，到制造塑料管道、板片膜、异型材、中空包装、汽车内饰和轻量化产品等大型生产线智能装备，以及大规模整厂化纤纺丝工程设计与制造，年产能2000多台套，拥有300多项专利。希望在中国塑协领导的协调下，通过此次会议，大家群策群力，利用集体的智慧，大家的资源，共同提升，共渡难关，共同发展。

随后进行年会的各项议程，由板片材专业委员会第二届理事会任月璋主任，作《板片材专委会工作报告》。常务副主任朱山宝先生，作《板片材专委会财务报告》《新增会员》报告。由中国塑协副秘书长、会员部主任刘姝女士主持板片材专业委员换届选举工作。换届选举完成后，由新当选的中国塑协板片材专业委员会第三届理事会主任朱山宝先生讲话。他表示，第三届理事会一定会在以往的工作基础上再接再励，开创新的局面，取得新的成绩。

年会上，中国塑协朱文玮理事长作重要讲话。他向选举产生的新一届板片材专委会的主任，副主任和新一届理事会表示诚挚的祝贺，向以任月璋董事长为主任的上届专委会各位副主任和理事所开展的有成效的工作表示感谢。详细介绍了塑料行业的基本情况和发展前景，着重提出了：中美贸易战对经济发展各领域的影响。建议塑料板片材行业：第一，要在科技创新上下工夫。塑料板片材行业正处在创新追赶的关键时期，要实施高品质发展战略，扎实开展提品质、增品种、创品牌专项行动，依靠产业链协同创新，加大在产品新材料、新技术、新装备上的研发力度，在功能化、轻量化、生态化上积极探索，为工业、农业、建筑、装饰等领域提供多功能新材料。第二，要在智能制造上下工夫。智能制造是世界制造业科技进步的趋势，伴随着新一代信息技术与制造业融合发展加快，智能制造已经成为重构制造业新格局的重要动力，和抢占制造业竞争制高点的必由之路。第三，要在标准化建设上下工夫。集中力量，规范和健全产品标准，加快行业基础通用标准、产品标准和检测标准的建立。第四，坚定信心，积极面对。当前，经济形势复杂且不确定因素增多，要有自信并做好应对的准备，更加注重创新，解决技术上的短板，提升产品的核心竞争力。要求板片材专委会新一届理事会要把服务行业、引领行业发展为己任。专委会主任、副主任、理事单位要切实发挥作用，发扬为会员服务、为行业服务、为企业服务的优良传统；在组织会员单位做好上述工作外，专委会要注重行业调研分析，做好行业发展规划，注重引领创新与市场对接。专委会活动的目标要明确具体，贴近企业，贴近生产，贴近实际；倾听企业意见，更好地反映行业诉求，研究行业发展的重大问题，大力促进技术创新、深化节能降耗，低碳环保，团结和带领全体会员共同发展。

年会前根据和会员单位的沟通，大家对经济形势比较关心，因此我们邀请著名经济学家在年会上作报告，由我国重量级经济学家，国务院发展研究中心宏观经济研究部研究员张立群教授，作《当前宏观经济形势与政策取向分析》的报告。张教授的报告，内容丰富，信息量大，通过大量的经济数据，结合当前实际情况，对中国的经济形势与政策取向做了详细的分析。对中国宏观经济现状，宏观经济主要问题，供给侧改革，国际经济形势等作了翔实的介绍。

下午的技术交流会，首先由军事装备专家，原陆军军事交通学院陈希真教授，作《高分子材料在军事领域应用前景展望》的报告。陈教授的报告内容新颖，详细介绍了高分子材料在军事领域应用，与会代表非常感兴趣。华南理工大学王小萍教授作《芳纶浆粕的预处理及其在PP中的应用研究》的报告，对板片生产企业很有启发。湖北工业大学陈绪煌教授，介绍《板片材PVC耐热专用料研究进展》情况，陈教授长期从事高分子材料的改性与加工研究，2014年以来，和PVC树脂生产企业、PVC制品加工企业紧密合作，对如何提高聚氯乙烯树脂的耐温，进行了深入研究和试验。陈教授的报告从理论分析着手，到实验结果的验证，都作了详实的说明，实用性很强，PVC板片材企业非常关注。塑料行业资深专家，中国塑协助剂专委会副主任施珣若高工，作《国内外环保法令法规解读兼谈稳定剂行业的现状》的报告，对板片材企业非常有帮助，得到了与会代表的认可。技术报告后，有常州金纬片板膜科技有限公司等10家企业，作新产品新技术介绍。由于会议内容丰富，针对性强，符合与会代表需求，大家认真听讲，会场秩序良好。

下午技术交流会结束后，金纬公司为与会代表了准备了精美的“金纬之夜晚宴”。晚宴上有精彩的文艺节目，为与会代表提供了很好的沟通机会。27号上午何海潮董事长亲自陪同全体代表参观占地面积400余亩的常州金纬工业园区，参观了多种先进的塑料板材、片材生产线，同时还参观了各种塑料型材、管材生产线，以及先进的造粒、配混等生产设备。使代表们对常州金纬有了比较深刻的了解，获得了很好的收获，同时为板片材企业与金纬公司的合作，打下了很好的基础。

2. 理事会及交流活动，加强行业的凝聚力

2018年4月21日在江西萍乡召开了中国塑协板片材专委会二届十次理事会议，会议讨论了板片材专委会2018年年会计划，通过与会代表表决，将年会地址定为常州金纬，会议讨论通过了2018年赴印度参加塑胶类展会事宜；讨论布置了2018中国国际塑料新材料、新技术、新装备、新产品展览会的相关工作。会议代表学习了中塑协2018年工作要点、中国塑协领导的重要讲话精神、中国塑协制定的相关制度、规定及国家政策法规等。参观了江西岳峰高分子材料有限公司。

2018年10月25日在江苏溧阳召开了中国塑协板片材专委会二届十一次理事会议，会议讨论通过了《板片材专委会工作报告》，讨论通过了换届工作的各项内容，讨论通过了新增会员、新增理事议案，讨论了2019年理事会、年会的相关事宜，讨论了成立《聚氯乙烯淋水片》标准制定工作组等，朱文玮理事长，刘姝副秘书长出席了本次理事会，朱文玮理事长对板片材专委会理事会的工作，做了具体指导。

为了促进行业企业科技创新，大力开发新产品，专委会于2018年4月24~27日组织会员企业参观了CHINA PLUS 2018展会，该展是亚洲第一，世界第二的国际类橡塑展，在业内具有很高的知名度，技术水平较高，代表们收获颇丰。为了进一步打开国际市场，使我们的塑料板片材产品走出国门，经中国塑协批准，专委会组织10余家会员企业赴印度调研考察，印度是我们板片材企业出口的主要市场之一，我们专委会组织会员重点考察了印度最大的塑料板材市场：Screeno Plastic India。主要品种有：PVC、PC、PP、PS、PET PETG等众多板材，片材，卷材。参加的会员代表在市场上和印度众多的客户进行了深入广泛的交流，听取了印度客户的要求和意见，有些企业直接拿到了订单。

（三）专委会建设

专委会建设总的指导思想是：规范会员管理，加强行业数据统计，做好行业服务工作。2018年，专委会继续加强自身建设和秘书处内部管理，建立健全各项规章制度，完善运行与自律机制，规范会员管理，加强理事会范围的行业数据统计工作，提高行业服务的专业性、技术性和权威性。具体内容有：

1. 充分利用协会及专委会的资源优势，为企业提供全面服务

配合中塑协，组织会员企业积极参与行业活动，征集行业内优秀科技创新项目，参加中轻联科学技术奖励申报。根据企业发展需要，指导企业进行研发中心建立的申请材料编制、报批、评审等工作。

积极组织会员企业参加《申报2018年度国家级重点新产品计划项目》活动，把符合条件的企业推荐给中塑协，申报重点新产品和战略性创新产品。组织推荐行业内会员企业参加中国工业企业品牌竞争力评价工作，推荐本行业优秀企业填写相关材料，上报中塑协。按照中塑协要求，组织行业会员企业填写申报材料。

2. 完善并维护专委会网络平台，提升行业宣传力度

专委会网站及微信公众平台可以快捷方便地为行业相关企业服务，也是广大会员交流平台。为了提高这些平台的服务质量，专委会及时对网站的“重点报道”及“行业动态”等项目进行更新，将行业最新消息通过专委会公众平台及时发布，以便会员单位能及时了解到相关信息，同时还利用网站的“产品介绍”、“推荐产品”及“广告宣传”等栏目为会员单位的产品进行宣传。并且，还收集国内外相关技术资料补充到网站的“技术资料”、“行业标准”等栏目内。

3. 积极发展会员，壮大专委会队伍

通过网络宣传、行业走访、提供专业技术支持、提供政策及信息服务等多方面来积极发展会员，为专委会逐渐发展壮大打下了坚实的基础。

三、行业重点企业

塑料板片材生产企业主要分布在江苏、浙江、山东等地区，苏州奥凯等公司是PVC板片材产品的代表企业；苏州奥美是聚碳酸酯板片材产品的代表企业，聚碳酸酯板片材和传统塑料板片材相比，附加值较高，效益好。淄博中南塑胶有限公司是中国最大的专业生产药品包装材料的厂家，产品远销欧洲，南美，北美，澳洲，非洲和亚洲的很多国家和地区。

苏州奥凯材料技术有限公司成立于2008年6

月，位于苏州高新技术开发区，主要生产、研发、销售高档 PVC、PET、PC 等挤出片材、板材、薄膜及相关高分子材料、航空材料。现发表国家专利 10 余项，形成产品 8 大系列，100 多个品种，广泛用于包装、印刷、折盒、吸塑、电子、乐器、文具、水处理、交通工业、电器、太阳镜、太阳帽、镀镜、防护面罩、各种标牌、铭板、航空与高铁等领域。产品以优良的质量赢得了国内外客户的认可，为中国片板材行业发展做出了卓越贡献。公司目前拥有 13 条生产线，年产能达到 30000 吨，是华东地区规模最大的硬质片材生产企业之一。

苏州奥美材料科技有限公司，总投资 2 亿元人民币，年设计生产能力 20，000 吨，是中国最大的集研发、制造、销售、服务于一体的聚碳酸酯薄膜及片材生产基地。奥美现拥有六十余项国家专利，并主导了 PC 薄膜产业国家标准制定，是国家级企业博士后工作站，是江苏省著名商标及名牌产品、江苏省高新技术企业。奥美专注于研究、开发、制造国内外高端市场所需的特殊聚碳酸酯薄膜产品。目前应用于光学电子、平板显示、医疗设备、高铁航空、汽车部品、LED 照明、安全防伪、图片印刷等领域的十大系列，二百多个品种的产品，业务遍及 60 多个国家和地区，连续多年产销量及市场占有率中国第一。主要经营项目：研发、制造：平板显示屏材料，聚碳酸酯、聚甲基丙烯酸甲酯、聚酯化学薄膜产品及高分子功能化材料，并提供相关的技术及售后服务；销售：塑胶原料、非危险化学工产品、塑胶机械、塑胶薄膜、片材；自营和代理各类商品及技术的进出口业务。

黄石华亿塑胶有限公司，是原轻工部 PVC 层压板定点生产厂家，现中国塑料加工工业协会理事单位，塑料板、片专委会副主任单位，至今已有 45 年生产历史。公司主要产品有 PVC 层压板、挤出板、CPVC 层压板、PP 挤出板、PE 挤出板、塑料焊条等。是硬质聚氯乙烯板材国家标准 GB/T 22789.1—2008 主要起草单位、湖北省高新技术企业、湖北省守合同重信用单位，“华熠”牌 PVC 层压板荣获湖北省名牌产品称号，“华熠”牌商标被湖北省工商局评为湖北省著名商标。2013 年公司 PVC 层压板工程技术中心被湖北省发改委列为省级工程技术中心。目前是国内生产 PVC 层压板规模最大、品质最优、生产及检测设备最先进、最环保节能的高新技术企业。公司拥有自动化程度较高的三辊压延片机和 1600T、2600T、3000T 三套热压机组，以及 PVC 层压板全套检测仪器。目前公司年产 PVC 层压板可达 1.2 万吨，板材宽幅可达 1.5 米。

济南海富塑胶有限公司位于济南市东郊 35 公里处，章丘市枣园街道办事处驻地，紧靠枣徐 09 公路，东临章丘绣源河，距济南机场 30 公里，交通十分便利。海富塑胶是由海富公司与美国富安投资公司共同投资建立的中美合资企业。主要是以生产 PVC 系列板材为主。目前公司共有 7 条生产线，全部进口于德国和奥地利。公司依靠先进的设备，严格的企业管理，先后开发了宽幅 PVC 发泡板和超厚 PVC 挤出硬板，使 PVC 挤出硬板厚度可达 50mm，并于 2011 年成功开发生产出了 CPVC 板、高光亮 PVC 板材和永久抗静电 PVC 板材，年生产 PVC 系列板材可达 12000 吨，产品畅销国内，并远销东南亚、中东、北美、中南美、欧洲等世界各地。

扬州金丰新材料有限公司系中外合资企业，国家级医药、食品包装材料生产基地。公司坐落于省级经济开发区--扬州邗江工业园内，地理位置优越，东接宁通高速，南临扬州港，西依润扬大桥，北通宁启铁路，水陆交通十分便捷。公司总资产 2 亿元，年销售额达 3 亿元，拥有 10 多条从美国、日本、韩国等国家引进的先进设备，年生产能力达到 2 万吨。主要产品有新型环保材料 PET 片材、板材；PVC 片材、板材；SP 药用复合膜、袋；PTP 药用铝箔等四大系列，三十多个品种，广泛应用于药品、食品、电子产品、工艺品、五金工具、文具、玩具、渔具等制品的包装。公司的生产车间严格按照国家 GMP 标准净化，产品的各项技术、质量指标均达到国际一流水平。

淄博中南塑胶有限公司是中国最大的专业生产包装材料的厂家之一。公司坐落于山东省淄博市，紧邻北方最大的化工企业齐鲁石化，同时公司享有便利的交通条件，靠近济青高速和京沪高速，并距离北方最大的深水不冻港青岛港 260 公里。作为中国最大的包装材料生产厂家之一，每年的产量达 20000 吨。目前公司有三条 PVC 生产线、一条 PET 生产线、一条铝箔生产线、一条伸缩膜生产线，产品覆盖 12 个系列 45 个产品，其中包含 PVC 药用片材，PVC 食品包装片材，PVC 输液袋，PET 食品包装片材，铝箔包装片材，伸缩膜和牧场膜。我们同时还有能力生产特殊片材，包含金银片材，PVC 夜光片材，抗静电片材和抗菌片材。

淄博中南塑胶致力于新科技的开发，多种产品填补了国内的空白。公司注重于科技的进步，并与山东理工大学保持了良好的关系。公司拥有 4 名博士和 6 名硕士专家，他们在包装领域具有丰富的经验和很强的专业背景。为了进一步改善产品质量，我们成立了塑料压延技术中心，该中心已经被中国塑料加工工业协会命名为中国塑料压延技术中心。塑料压延技术中心与山东理工大学保持了产学研一体的合作关系。

公司通过了 ISO 9001、ISO 14001 和 ISO 18001 认证，并从国家食品药品监督管理局取得药品包装用材料注册证。近年来，随着公司业务的飞速发展，中南塑胶公司的齐国商标在国内外享有很高的市场声誉，我们的产品已经远销欧洲，南美，北美，澳洲，非洲和亚洲的很多国家和地区。

扬州润丰塑胶有限公司，拥有五条自动挤出生产线。主要产品有丙烯腈-丁二烯-苯乙烯（ABS）、聚丙烯（PP）、聚乙烯（LDPE、HDPE）、高抗冲聚苯乙烯（HIPS）及 PMMA 等。品种多（有磨砂、布纹、皮纹及米粒纹等）、颜色齐全，产品具有良好的加工性能，有抗寒防冻、耐高温、抗冲击、抗静电、导电等特点。应用范围如下：PP：LED 灯、电子产品，果冻杯、快餐盒等吸塑产品及工艺品包装；文件夹、相册、公文包等文教用品和印刷材料及水处理材料。PE：密封件、箱包内衬、服装领衬、机器垫板及建筑装璜材料和水处理工程材料。HIPS：五金、电器、电子、医药、工艺品包装、印刷、灯箱广告等。ABS：汽车火车内饰件、电脑雕刻、标牌、家具、箱包内衬、水处理及五金、水产品、工艺品包装等。

江苏金材科技股份有限公司是广东鸿达兴业集团控股子公司，原名江苏琼花高科技股份有限公司，国家级高新技术企业、国内规模最大的 PVC 包装材料生产基地之一。公司坐落于扬州市东郊杭集工业园，东临长江，西傍运河，宁通高速横贯东西，水陆交通十分便捷。公司现有职工 450 多人，其中具有大专以上学历和各种专业人才占职工总数的 35%，近年来引进了多名具有博士、硕士学历的高层管理及高级技术人才。公司拥有二十多条高科技自动化生产流水线，大多从德国、意大利等国著名厂家引进，年生产能力达 8 万吨，产品主要有智能卡基材、高阻隔药用 PVC/PVDC 涂覆片材、药用 PVC 片材、印刷用 PVC 片、板材、吸塑用 PVC 片、板材等九大系列六十多个品种，广泛用于医药、电子、服装、环保、仪器、建筑装潢等行业。由于公司规模大、起点高、质量好、科技含量高等诸多优势，使得“琼花”品牌在全国乃至国际同行业中均享有盛名。

瑞安市奥华塑胶有限公司创办于 2002 年，位于浙江省瑞安市陶山镇，隶属中国新潮集团，是一家专业生产聚氯乙烯（PVC）硬质胶片的现代化民营企业。公司投资总额 1.7 亿元，公司占地面积 25000 米^2，拥有数台（套）最新技术的自动化压延生产流水线和检测设备，2007 年生产能力达到 2 万吨，产值 2.1 亿元。主要产品有 PVC 透明、彩色硬质胶片、印刷板材等系列包装材料。产品具有透明度高，抗冲性能强，色泽鲜艳，耐化学药品性及易加工等特性。广泛运用于五金电器、电子、文具、服装、工艺品、医药、食品等真空成型的吸、压塑包装。

四、发展趋势与规划

我国塑料板片材行业仍然处在快速发展时期，随着新材料、新工艺、的不断出现，塑料板片材的新产品层出不穷。新型塑料板片材的应用也越来越广，塑料板片材应用领域已涉及国民经济的各个方面，各种塑料板片材，正以其优越的性能，广泛应用于工业、农业、化工、建筑、包装、航空航天、国防等尖端部门，代替木材、钢材、铝材、石材、玻璃、皮革等传统材料制作的板片材。

目前快速发展的新型塑料板片材，得到了大量的新型高分子材料和新技术支撑，塑料板片材正朝着集美观、实用于一体的方向发展，功能方面则向更加专业，特殊功能的方向拓展。“十三五”期间，国家已把科技创新带动产业发展提到了空前未有的高度。因此，目前是新型塑料板片材行业发展的大好时机。

中国塑协提出的《塑料工业“十三五”发展规划指导意见》《塑料加工业技术进步“十三五”发展指导意见》及《（2016-2020）轻工业发展规划》的发布，对我们塑料板片材行业具有极其重要的指导意义，必将是我们未来发展的基本方针，通过创新思维、创新产品过程设计和关键技术创新实现产业创新发展，以低能耗、低资源消耗、低环保负担方式提高产品质量和增加效率，实现产业升级，实现塑料板片材产业的可持续发展。

（中国塑协板片材专业委员会　周家华）

塑料编织制品

一、塑编产业2018年发展综述

（一）数据显示行业发展放缓，呈现下滑趋势

截至2018年底，全国塑料编织专业生产企业有6700多家，从业人数约43万多人，年综合生产能力约2700万吨。

2018年全国规模以上企业塑料丝、绳及编织品（以下简称塑编制品）产量1499.8万吨，同比增长0.1%，产值约1946.7亿元，同比增长-0.2%。2018年全社会塑编制品产量约1819万吨，同比增长-2.3%，全社会产值约2274.2亿元，同比增长-3.1%。

2018年塑编行业发展增速低于全国塑料制品行业平均增速，首次出现负增长态势，行业发展发生新的变化，要引起全行业的关注和重视。

2018年塑编企业整体开工率不足70%，塑编企业平均利润率约为5%。因下游用户普遍存在拖欠款现象，企业回款周期变长，财务成本升高，环保检查被停产，工厂开工不足，人工成本增高，原材料涨价等多重因素，对企业生产经营产生了不利影响。

2018年塑编部分大中型企业取得了较好的发展，有些企业继续更新设备，扩张产能；部分小微企业萎缩或关停。

（二）各种塑编产品所占总量的比例

在1819万吨塑编包装产品中，水泥袋约636.7万吨，约占35%；化工原料、粮食、饲料等各种普通编织袋654.7万吨，约占36%；集装袋263.8万吨，约占14.5%；土工布及篷布189.2万吨，约占10.4%；网眼袋36.4万吨，约占2%；其他塑编产品38.2万吨，约占2.1%。（见图1）。

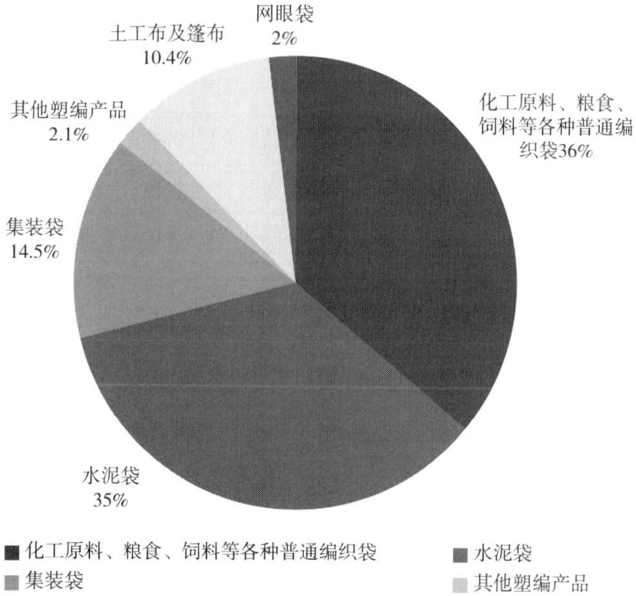

图1　2018年塑编产品占比图

据塑编行业不完全统计，2018年全国共生产各种塑编产品约1819万吨中，使用新粒料聚丙烯约1146万吨，约占63%；粉料聚丙烯约272.9万吨，占15%左右；粒料聚乙烯约127.3万吨，约占7%；再生料约272.8万吨，约占15%（见图2）。1819万吨塑编产品中还包含各种母料约142.2万吨，纸、缝纫线、胶、颜料、油墨等62.3万吨。

新粒料聚丙烯主要用于集装袋、大型石油化工企业的石化产品包装的编织袋、食品袋和透明袋等。

新粒料聚乙烯主要用于篷布、救灾帐篷、土工布、吊带、包装食品编织袋内衬等。

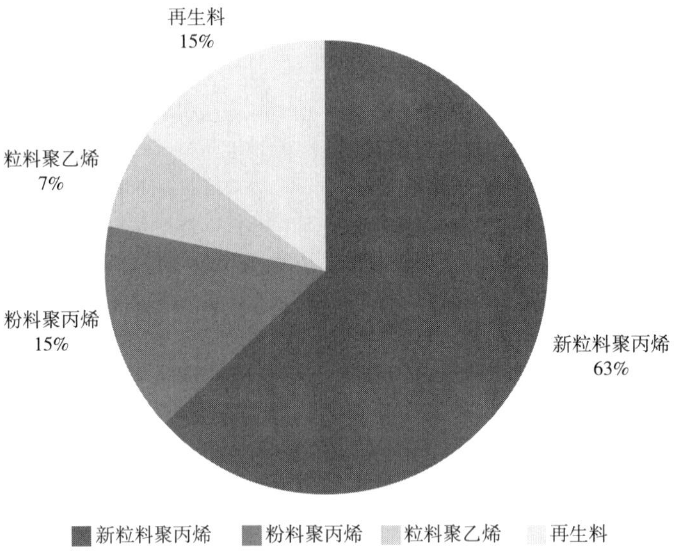

图 2　塑编产品各原料用量占比

粉料主要用于包装化肥、饲料、透明袋、包装米面等编织袋。有时用粒料和粉料混合生产这些种类的编织袋。

品质好的再生料和新料混合生产集装袋、化工包装袋、透明袋等。

品质一般的再生料单独或与粒料、粉料混合生产化肥包装袋、饲料袋、水泥包装袋、垃圾包装袋等。

近年来使用粉料有下降趋势，原因是粉料和粒料的价格差不足以吸引塑编企业。

随着全面“禁锢令”管理制度的实行，用户对高品质产品需求增多，企业生产中有意识增加全新料使用比例等原因，以后再生料的使用将会进一步减少。

2018 年，因更多的企业采用聚丙烯粒料生产高、中档编织袋，加之各地环保部门要求生产企业使用环保设备，使得生产车间粉尘、烟雾大大减少，生产环境获得较大改善。

（三）各省份占总量的比例

产量位列全国前 6 位的省（市）是山东、辽宁、浙江、河南、四川、江西。增长幅度位列前 5 位的是江西、河南、内蒙古、四川、山东；产量位列全国前 6 位的产量合计约占全国塑编产量 60%。山东、辽宁、浙江等省占全国塑编产量的比例都呈下降趋势。塑编产业分布遍布全国，从东南向中部、东北、西北、西南、中原转移的趋势放缓。除山东、辽宁外，青海等其他省（市）塑编产量占全国比例都在 10%以下（见表 1、图 3）。

表 1　2018 年塑编制品主要地区产量和全国占比

序号	地区	产量/万吨	占全国比例/%
	全国	1819	100
1	山东	338.3	18.6
2	辽宁	260.1	14.3
3	浙江	149.2	8.2
4	河南	143.7	7.9
5	四川	123.7	6.8
6	江西	83.7	4.6
7	湖北	78.2	4.3
8	广西	76.4	4.2
9	安徽	72.8	4
10	江苏	65.5	3.6
11	广东	58.2	3.2
12	河北	56.4	3.1
13	湖南	54.6	3
14	黑龙江	40	2.2
15	重庆	38.2	2.1
16	内蒙古	25.5	1.4
17	其他省份	154.5	8.5

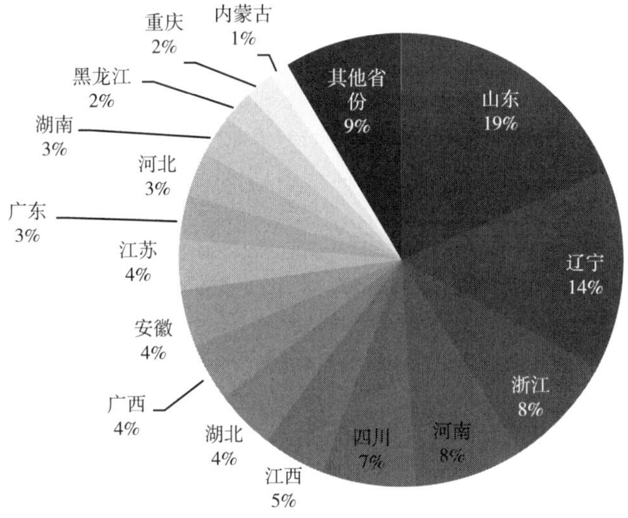

图 3 全国塑编企业各省产量占比图

（四）塑编产品出口平稳增长

我国外贸回稳向好的基础不断巩固，发展潜力逐步释放，塑编产品出口继续向好，2018 年，塑编产品实现出口交货值为 88.6 亿元，同比增长 3.19%。但集装袋出口有所下降，出口量比上一年减少了 1.5%，出口金额下降了 1%（见表 2）。主要原因是印度等东南亚一些国家生产成本低，分割了部分中国集装袋市场份额。

长期来看出口形势不容乐观。2018 年有一些出口企业面临较大的生存困难，或者转向竞争更加激烈的国内市场。从中国劳动力等各种生产要素成本还在不断上涨的角度看，塑编产品的出口压力非常大，倒逼企业从低端产品向附加值高的产品生产和出口，有些企业将工厂转到东南亚或拉美地区。另一方面可以看到人民币汇率从单边上升开始向下振荡，将一定程度缓解出口企业的成本压力。其次，塑料原料近两年整体价格下降，处于中低价位，给出口企业在产品结构调整方面带来机会。但我们也要看到目前国际形势复杂多变，中美贸易摩擦加剧，严格的外汇管制，人民币汇率的高估，国内各种原材料涨价，造成出口企业赢利减少或出口困难。

表 2　　塑料编织集装袋加工贸易基本情况

成品名称	商品编号	年度	出口国别	出口口岸/加工企业所在地区	出口量/吨	出口货值/千美元
塑料编织集装袋	6305320000	2013	日本、欧盟、韩国、美国等	江苏、山东、福建、浙江等	91844	515897
		2014			92606	509190
		2015			93810	517337
		2016			97562	484227
		2017			103709	523933
		2018			102153	518693

（五）节能降耗成果显著，取得了很好的经济效益和社会效益

塑编企业采用节能设备比例比上一年度又有提高，塑编企业的节能改造基本完成。新的节电潜力来自于拉丝收卷机的节电改造。

2018 年全国塑编企业继续淘汰落后设备，采用高线速度拉丝机和阔幅模头，节能圆织机，自动化一体切缝设备，进一步降低了编织袋生产能耗，部分企业每吨编织袋电耗降至 800 度以下。

通过多年的努力，塑编行业节能取得了很大的进步，产生了良好的经济效益和社会效益。

2008 年实际节电 5.7 亿度，2009 年实际节电 14.2 亿度，2010 年实际节电 23.8 亿度，2011 年实际节电 36.2 亿度，2012 年实际节电 50.7 亿度，2013 年实际节电 58.9 亿度，2014 年实际节电 66.6 亿度，2015 年实际节电 69.9 亿度，2016 年实际节电 75.6 亿度，2017 年实际节电 81.9 亿度，2018 年实际节电 81.9 亿度。10 年时间总计节电 565 亿度（见表 3、图 4），取得了很好的经济效益和社会效益。

表 3　　2008~2018 年塑编企业节能情况

年份	产量/万吨	节电改造前用电量/亿度	当年节电潜力/亿度	实际节电/亿度	当年节电水平/(度/吨)
2008	550	96.25	24.75	5.78	105
2009	700	122.5	38.5	14.16	202
2010	880	154	48.4	23.76	270
2011	1200	192	60.0	36.18	302
2012	1390	222	69.5	50.7	365
2013	1522	244	77.5	58.9	387
2014	1633	256	81.7	66.56	408
2015	1692	264	84.6	69.89	413
2016	1778	248.9	88.9	75.57	425
2017	1862	260.7	93.1	81.93	440
2018	1819	254.7	91	81.9	450

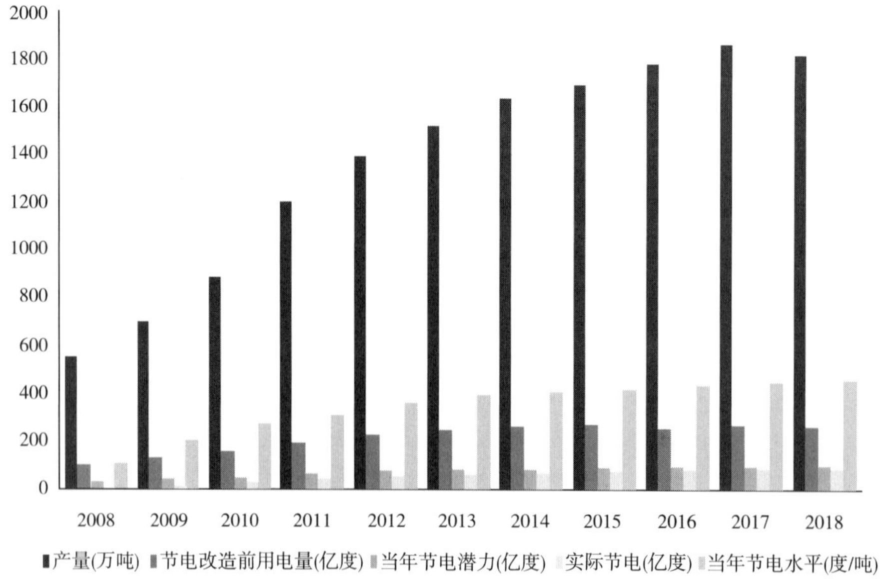

图 4　2008~2018 年塑编企业节能情况分析图

（六）塑编企业增效降成本的主要途径

多年来，塑编企业深入开展节能降耗活动，大力淘汰落后设备，引进先进的节能型塑编生产设备，提高了塑编生产装备水平、生产效率并减少了劳动力的使用，增效降成本效果明显。

塑编产业节能途径很多，近几年主要的节能手段是从拉丝机、圆织机、收卷机、制袋机及其他后加工设备节能入手。

（1）拉丝机节能主要途径：一是提高螺杆转速和生产的连续性；二是大型化，加大螺杆、增宽模头，增加产能比；三是从拉丝机加热方式上寻求节能降耗。

（2）圆织机节能降耗主要途径：一是选择小六梭、大八梭圆织机；二是继续选择节能型四梭圆织机；三是大力推广节能型小六梭圆织机；四是使用创新型节能圆织机。

（3）收卷机节能主要途径：由磁盘式收卷发展到变频式收卷，再到收卷机上采用高效节能无刷电机，使能耗不断降低。

（4）制袋机降低成本主要途径是向切缝一体机、切缝印一体机和自动化方向发展。

塑编的后工序设备技术不断创新，效率继续提高。主要发展方向是一体机、自动化、智能化。自动切缝机品种不断增加，技术不断进步，更多的企业已采用自动切缝一体机来完成后工序。

今后，塑编行业增效降成本的主要途径一是采用高效节能、自动化、智能化的塑编设备；二是采用高质量的原材料、高级填充母料及先进技术、工艺、配方达到提高产品质量，减少单位产品克重，最终实现塑编轻量化降成本增效的目标。

（1）高速拉丝机和节能圆织机设备节能开发方面已出现瓶颈，今后主要方向是智能化制造。

（2）切缝一体机继续向自动化和智能化方向发展。自动切缝一体设备品种在不断增加，技术上不断创新，速度不断提高，继续保持较高增长。

（3）方底阀口袋制袋设备，自动化程度高，大大减少了劳动用工，降低了生产成本，提高了企业利润水平。方底阀口袋制袋设备国产化任重道远。一些塑编生产企业采用了方底阀口袋制袋设备生产编织袋，取得了很好的效益。今后发展速度取决于下游用户灌装自动化的发展进度。水泥厂的自动化灌装改造已处于快速发展的前夜，方底阀口袋制袋设备在未来几年将会出现快速发展。

（4）集装袋后工序用工多，劳动强度大，制约着行业的发展。缝制设备的自动化、标准化方面存在着很大的提升空间。

（5）使用自动套内袋机代替人工套袋，其技术不断改进，速度进一步提高，保持着较高的增长速度。

（6）使用高性能的原材料及改性材料、填充母料、助剂达到减轻克重、降低产品成本的目的。

二、“全国塑编产业链技术交流与市场对接会”——塑编产业链多功能交流创新平台

（一）2012年8月29日在沈阳市成功召开了“2012全国塑编产业链技术交流与市场对接会暨沈阳康平塑编经贸展洽会”

会议由中国塑料加工工业协会和沈阳市人民政府共同主办，中国塑协塑编专委会和康平县人民政府承办，沈阳华泰塑业有限公司、沈阳时代塑编包装有限公司、常州市永明机械制造有限公司、烟台永太机械有限公司、奥地利史太林格有限公司、雁峰集团有限公司、潍坊宏源塑编有限公司、常州市德正机械有限公司、天津玉泉工贸有限公司、常州市腾诚机械制造有限公司、德州三志塑胶有限公司、鲁谷（北京）科技有限公司、浙江兰溪市中艺捻织厂提供赞助。来自国内外塑编产业链的1200多名企业代表出席了本次会议。

沈阳市人民政府市长陈海波，中国轻工业联合会副会长、中国塑料加工工业协会理事长钱桂敬、工业和信息化部消费品司副司长高延敏、国资委处长梁方等各部委领导参加了会议并做了重要指示。

本次会议得到了政府、各地方协会、各塑编企业等方面的大力支持，从政府支持程度、参会人员数量、会议的影响力等方面都超历届。

（二）2013年8月1日在常州市成功举办了“2013全国塑编产业链技术交流与市场对接会”

本次会议由中国塑料加工工业协会主办，中国塑协塑编专委会和常州塑化产业商会承办，会议得到了常州市永明机械制造有限公司、山东新宇包装股份有限公司、德州三志塑胶有限公司、常州市德正机械有限公司、常州市华盛塑料机械有限公司、常州市腾诚机械制造有限公司、雁峰集团有限公司、常州市卫翔机械有限公司、北京大正伟业塑料助剂有限公司、北京中坤嘉达科技有限公司、常州市润亿机械制造有限公司、天津玉泉工贸有限公司、淄博日月进塑料机械有限公司、潍坊宏源塑编有限公司、博翊精机（嘉善）有限公司、西安聚能塑胶有限公司、北京明顺包装机械厂、汕头市欧格

包装机械有限公司、浙江兰溪市中艺捻织厂、芜湖恒一塑料设备制造有限公司、史太林格塑胶机械（太仓）有限公司等单位的赞助。来自国内外塑料编织制品产业链的730多名企业代表出席了本次会议。

会上，宣布并表彰了塑料编织行业技术顾问小组第一批成员。

同期，举行了中国塑协塑编专委会第三届四次理事会，会上还对中国塑协塑编专委会第三届理事及理事以上成员进行了增补。

（三）2014年8月20日在牡丹江市成功举办了“2014全国塑编产业链技术交流与市场对接会暨黑龙江穆棱塑料经贸洽谈会”

本次会议由中国塑料加工工业协会和牡丹江市人民政府主办，中国塑协塑料编织制品专委会和穆棱市人民政府承办，黑龙江万事达塑业集团、天津华今集团有限公司、牡丹江瑞丰新材料科技有限公司、黑龙江升华包装有限公司、穆棱市惠尔森建材有限公司、黑龙江华纶卫生材料有限公司、黑龙江大东机械设备有限公司等单位协办。常州市永明机械制造有限公司、常州市德正机械有限公司、德州三志塑胶有限公司、史太林格塑胶机械（太仓）有限公司、北京大正伟业塑料助剂有限公司、雁峰集团有限公司、潍坊宏源塑编有限公司、天津玉泉工贸有限公司、北京明顺包装机械厂、陕西聚能塑胶有限公司、沈阳鑫正发塑业有限公司、常州市腾诚机械制造有限公司、青岛建华包装机械有限公司等单位提供了赞助。

来自国内外塑料编织制品产业链的370多名企业代表出席了本次会议。

会上，中国塑料加工工业协会向穆棱市授予“中国塑料产业创业基地”荣誉称号。

（四）2015年9月22日至9月24日在浙江平阳县举办了“2015全国塑编产业链技术交流与市场对接会暨塑编产业转型升级发展论坛”

本次会议由中国塑料加工工业协会、平阳县人民政府主办，中国塑协塑料编织制品专委会、平阳县塑包协会承办，温州晨光集团有限公司、浙江华庆集团有限公司、浙江中宇节能科技有限公司、天津华今集团有限公司、雁峰集团有限公司、浙江三龙通用机械有限公司协办。

会议得到了平阳地区温州晨光集团晨亮塑业有限公司、浙江坤达包装有限公司、温州钱峰科技有限公司、浙江南一塑料机械有限公司、浙江科达包装机械厂、浙江胜龙机械有限公司、平阳县华强机械有限公司、温州科旺机械有限公司、平阳县凯达包装有限公司、温州实丰塑料机械有限公司、平阳县陈文机械有限公司、温州港联机械有限公司、平阳县华源塑料机械厂、平阳县塑料母料厂、温州方磊塑化有限公司、浙江天风塑料机械有限公司大力赞助，全国各地区塑编产业链企业包括常州市永明机械制造有限公司、德州三志塑胶有限公司、常州市德正机械有限公司、史太林格塑胶机械（太仓）有限公司、浙江兰溪市中艺捻织（机械）厂、常州市腾诚机械制造有限公司、陕西聚能塑胶有限公司、天津玉泉工贸有限公司、瑞安市余敏塑机螺杆有限公司、北京泰纳科新材料科技有限公司、北京明顺包装机械厂、潍坊宏源塑编有限公司、枣阳市双星伟业塑胶有限公司、临沂青松油墨厂、宿迁联盛化学有限公司、汕头市北星包装机械（北信机械）有限公司等单位的赞助。

来自国内外塑料编织制品产业链的830多名企业代表出席了本次会议。

会议议程主要包括：中国塑协塑编专委会会长姜集康向大会做了“中国塑协塑料编织制品专委会第三届理事会工作报告”；讨论修改《中国塑协塑编专委会工作条例》；最后进行了塑编专委会理事会换届仪式，选举产生了以姜集康为会长，孙冬泉为秘书长，6名常务副会长，17名副会长，22名常务理事，21名理事，1名常务副秘书长，6名副秘书长组成的第四届理事会成员班子。全体与会代表热烈鼓掌通过各项议程。

会上对“2014年度塑编行业二十强企业”表彰，颁发了奖牌。

会议还组织代表参观了温州晨光集团有限公司、浙江中宇科技发展有限公司、浙江华庆集团有限公司、雁峰集团有限公司、浙江三龙通用机械有限公司。

（五）“2016全国塑编产业链技术交流与市场对接会”2016年11月5日在南京市胜利召开

本次会议由中国塑料加工工业协会主办，中国塑协塑料编织制品专业委员会承办。会议得到了天津华今集团、常州市永明机械制造有限公司、史太林格塑胶机械（太仓）有限公司、常州市德正机械有限公司、雁峰集团有限公司、德州三志塑胶有限公司、枣阳市双星伟业塑胶有限公司、北京大正伟业塑料助剂有限公司、常州市腾诚机械制造有限公司、天津玉泉工贸有限公司、浙江品博塑料机械有限公司、北京明顺包装机械厂、烟台双华塑料机械有限公司、浙江兰溪市中艺捻织（机械）厂、常州市武进江南印刷机械有限公司、河南晴赢软件科技有限公司、佛朗克电子（上海）有限公司、石家庄市嘉睦禾塑业有限公司（原石家庄太保塑料厂）、科莱恩化工（中国）有限公司、临沂青松油墨厂、越南欧洲塑胶股份有限公司、温州钱峰科技有限公司、陕西聚能塑胶有限公司、西安纯源机械工程有限公司等单位的支持和赞助。

来自国内外塑料编织制品产业链的600多名企业代表出席了本次会议。

会议期间对塑编行业二十强企业进行了表彰。

还组织与会代表参观了为期三天的“2016中国国际塑料新材料、新技术、新装备、新产品展览会”。代表对本次展会的塑料机械、模具、塑料制品、塑料原料与助剂、塑机零配件、检测设备、专用工具等企业有了进一步的了解。

11月6日下午，组织部分塑编企业负责人参加了中国塑料加工工业协会第七届会员大会。

（六）“2017中国（康平）国际塑编产业技术交流与市场对接高峰论坛”于2017年8月30日在辽宁康平胜利召开

本次会议由中国塑料加工工业协会、康平县人民政府主办，中国塑料加工工业协会塑编专委会、辽宁康平经济开发区管理委员会和沈阳市康平县塑编协会承办。会议得到了天津华今集团有限公司、石家庄市博大塑化有限公司等单位的大力支持。常州市永明机械制造有限公司、史太林格塑胶机械（太仓）有限公司、常州市德正机械有限公司、雁峰集团有限公司、德州三志塑胶有限公司、营口大正新材料科技有限公司、天津玉泉工贸有限公司、常州市腾诚机械制造有限公司、石家庄市嘉睦禾塑业有限公司、北京明顺包装机械厂、浙江兰溪市中艺捻织厂、抚顺市集装袋厂、河南商丘晴赢软件科技有限公司、枣阳市双星伟业塑胶有限公司、临沂青松油墨厂、北京泰纳科新材料科技有限公司、江苏万乐自动化装备有限公司、沈阳泰亨塑业有限公司、沈阳祥瑞塑业有限公司、沈阳和利塑业有限公司、河北友田缝纫机有限公司、温州亿科塑料机械有限公司、广州思肯德电子测量设备有限公司、汕头市北星包装机械有限公司等单位提供了赞助。

开幕式上对获得2016年度塑编行业二十强企业进行表彰并颁发奖牌。

会上还举行了隆重的签约仪式。围绕“产学研合作”、“一带一路”建设、“国内外塑编行业综合新技术引进”等签约了10个合作项目。

根据塑编行业不断发展的需要，中国塑协塑编专委会推举第二批塑编技术顾问，分别是：黄美昌、王滨、乔荫春、刘厚义、罗道友、焦瑞芳、唐亚辉、陈少文、孙立荣，行业的专家队伍的扩大增强了行业的技术服务能力。

高峰论坛期间，设立了三个地点进行企业产品展示和综合技术宣传，三处展示面积达1500多平方米。

来自奥地利、德国、美国、法国等国家在我国的代表以及国内24个省市的塑编行业企业代表500多人参加了本次会议。

本次会议是一次行业创新大会，是塑料加工业科技创新年活动的一部分，更是行业的一次盛会。

（七）“2018塑编产业链技术交流与市场对接会”于2018年10月29日在江苏南京胜利召开

本次由中国塑料加工工业协会主办，中国塑料加工工业协会塑编专委会承办，会议得到了天津华今集团有限公司、石家庄市博大塑化有限公司、常州市永明机械制造有限公司、史太林格塑胶机械（太仓）有限公司、常州市德正机械有限公司、雁峰集团有限公司、德州三志塑胶有限公司、常州市腾诚机械制造有限公司、北京明顺包装机械厂、浙江兰溪市中艺捻织厂、抚顺市集装袋厂、河南商丘晴赢软件科技有限公司、石家庄市嘉睦禾塑业有限公司、临沂青松油墨厂、廊坊奥琛塑胶科技有限公司、河北金辉新材料科技有限责任公司、临沂市互为机械厂、温州钱峰科技有限公司、常州市武进江南印刷机械有限公司、陕西聚能塑胶有限公司、北京泰纳科新材料科技有限公司、枣阳市双星伟业塑胶有限公司、广州思肯德电子测量设备有限公司、江苏智马科技有限公司、辽宁亿龙集团等企业的大力支持和赞助。

来自国内外的塑编行业企业代表800多人参加了本次会议。各地方协会纷纷组团参会，组织了优秀企业代表来大会交流学习。

10月28日报到当天，还组织了部分塑编企业代表参加了“2018中国塑料加工业科技大会”和参观展览。

会议还隆重表彰了中国塑料加工业科技创新型优秀会员单位、科技创新之星、杰出工程师、行业工匠等中国塑料加工业科技创新先进工作者，以及中国塑料加工业科技创新贡献奖。塑编行业浙江坤诚塑业有限公司和安徽省临泉县万隆塑料包装有限公司荣获“中国塑料加工业优秀科技创新企业”荣誉称号。

会上对“2017年度塑编行业二十强企业”授牌并进行表彰。

10月28~30日，同期在南京国际展览中心举办的“2018中国国际塑料新材料、新技术、新装备、新产品展览会”，设置的塑编展示专区，塑编企业80多个展位参展，产品展示、技术宣传厅吸人眼球，为此次会议提供了有力的支持。

展会期间，主办方表彰了参展单位，塑编展区获得的展商及奖项如下：优秀展商奖为佛山佛塑科技集团股份有限公司；优秀设计奖为济南鼎鑫机械制造有限公司、临沂市互为机械厂、青岛金三阳纺机科技有限公司；优秀组织奖为中国塑协塑料编织制品专业委员会、苍南县塑料行业协会、沈阳市康平县塑编协会、平阳县塑料包装协会；合作伙伴奖为苍南县塑料行业协会、沈阳市康平县塑编协会、平阳县塑料包装协会。

每年一度的技术交流与市场对接会推动了塑编产业升级发展；探讨了技术创新与产品发展方向；交流了节能降耗、塑编集群发展、生产及技术管理经验；展示了新技术、新工艺、新设备、新产品；搭建了塑编产业链供需衔接的贸易平台；成为塑编产业链新老朋友会师聚首、交流经验、友好联欢的平台。我们大家要积极参与，每年相聚。

三、2018年塑编产品质量监督抽查综合情况汇总

（一）上海市质监局抽查食品包装用编织袋产品全部合格

2017年12月25日，上海市质监局官网发布2017年上海市食品包装用编织袋产品质量监督抽查结果。结果显示，本次共抽查产品4批次，经检验，不合格0批次。

食品包装用编织袋是列入食品相关产品生产许可发证目录的产品。本市共有食品包装用编织袋生产企业7家，本次计划抽查7家，实际抽到产品的有4家，另有3家由于停产未抽到样。

（二）广西质监局抽查4批次塑料编织袋拉伸负荷项目不合格

2018年1月17日，广西壮族自治区质量技术监督局官网公布2017年塑料膜等产品质量广西监督抽查结果，本次共抽取全区30家企业生产的33批次产品。主要以《2017年塑料膜等产品质量广西监督抽查实施细则》为检验依据，合格产品29批次，不合格产品4批次。不合格产品检出率为12.12%。

贺州市百麒麟塑业有限公司、贺州塑友包装材料有限公司、贵港市港昌彩印包装有限公司、贵港市华泰塑料制品有限公司等4家企业生产的4批次塑料编织袋，被检出拉伸负荷项目不合格。

广西壮族自治区质量技术监督局表示，针对本次抽查结果反映出的问题，各有关市局要严格按照《产品质量法》、《产品质量监督抽查管理办法》等有关法律、法规的规定，本着“扶优扶强、打假治劣、引导消费”的原则，采取有效措施，切实做好对产品质量监督抽查不合格产品及企业的后处理工作。

（三）绵阳市质监局抽检出1批次塑料编织袋不合格

12月6日，绵阳市质监局官网发布2018年绵阳市第四批食品包装产品质量监督抽查结果。本次抽查了17批次食品包装产品，经检验，合格16批次，1批次的塑料编织袋不合格，涉及的不合格项目有：缝底向拉伸负荷。

（四）抚州市质监局抽查塑料编织袋类2批次产品不合格

12月14日，抚州市市场和质量监督管理局官网通报2018年第2季度产品质量市级监督抽查情况，共抽查了抚州市19家企业生产的20批次产品，16家企业生产的17批次产品质量合格，抽查合格率为85%；检出3批次产品质量不合格，不合格产品检出率为15%。

其中，塑料编织袋类，共抽查了2家生产企业生产的2批次产品，重点检验了拉伸负荷、耐热性、耐跌落性等10个项目。抽查发现，有2批次产品质量不合格，存在的主要问题是产品的有效尺寸不达标。

（五）海南省市场监管局抽查出4个薄膜产品样品抽查不合格

2018年12月10日，海南省市场监督管理局公布2018年薄膜产品质量省级监督抽查结果，检出4个样品不合格，不合格产品检出率30.8%。本次省级监督抽查涉及12家生产企业13个样品，检出4个样品不合格，不合格产品检出率30.8%。本次抽查包括跟踪上年度不合格企业5家5个批次，经检验2个批次合格，3个批次不合格，连续两年不合格企业为：海口龙华龙泉琼新塑料厂、海南锦云化工塑料有限公司、海南天人降解塑料股份有限公司。

（六）石家庄2018年四季度食品相关产品市级监督抽查及风险监测情况

石家庄市质量技术监督局通报2018年四季度食品相关产品市级监督抽查及风险监测情况。本次抽查应采集样品69批次，实际采集样品52批次，采样率75.4%，涉及食品包装非复合膜袋、复合膜袋、塑料工具、塑料容器、塑料编织袋、纸制品、餐具洗涤剂七类产品。样品依据产品执行标准、《2018年四季度食品相关产品石家庄市级监督抽查实施细则》进行了监督检验。此次监督抽查的52批次样品，经检验全部合格。

按计划要求，2018年第四季度计划开展石家庄市级风险监测产品7类，具体为：复合膜袋、非复合膜袋、食品用塑料工具、食品用塑料包装容器、纸制品、餐具洗涤剂和编织袋。计划开展风险监测99批次，实际抽取了67家企业的74批次样品，计划完成率74.7%。此次风险监测产品检验项目的确定依据为卫计委相关要求及日常检测过程中发现的风险点。

其中，复合膜袋产品共计检测7批次产品，邻苯二甲酸酯、溶剂残留均为未检出，风险产品检出率为0；非复合膜袋产品共计检测9批次，溶剂残留均为未检出，风险产品检出率为0；编织袋共计检测4批次，均未检出荧光性物质，风险产品检出率为0。

（七）宁夏回族自治区市场监管厅通报2018年下半年集装袋、水泥袋监督抽查结果

2019年1月2日，宁夏回族自治区市场监督管理厅官网通报2018年下半年集装袋监督抽查结果，共抽查了15家集装袋企业16批次产品，产品经检验全部合格，抽检合格率100%；水泥包装袋产品监督抽查结果，共抽取3家企业3批次产品，合格2批次，合格率67%。宁夏瀛泰包装材料有限公司水泥袋的经向拉伸负荷和纬向拉伸负荷不合格。

本次水泥包装袋产品检验依据为：GB/T 9774—2010《水泥包装袋》；CCXZ-QG-001-2017《水泥包装袋宁夏回族自治区产品质量监督抽查实施细则》等相关标准。主要是对产品的单位面积质量、拉伸负荷中经向及纬向、牢固度、制袋材料对水泥强度的影响标志灯项目进行检验。

通报指出，针对本次监督抽查中发现的问题，各相关市场监管部门要按照《中华人民共和国产品质量法》《产品质量监督抽查管理办法》《产品质量国家监督抽查不合格产品生产企业后处理工作规定》等法律法规的规定，认真做好后处理工作。

（八）淄博市质监局抽检出1批次塑料制品不合格

12月28日，淄博市质监局官网发布2018年第2批塑料制品产品质量监督抽查结果。共抽查了67家企业的69批次产品。

依据GB/T 8946—2013《塑料编织袋通用技术要求》、GB/T 10454—2000《集装袋》等标准的要求，对塑料制品的标签标识、总迁移量、高锰酸钾消耗量、重金属、脱色试验、锑、溶剂残留、甲苯二胺、感官要求、乙醛、氯乙烯单体、透光率、雾度、加热伸缩率、透湿、拉伸性能、断裂标称应变、直角撕裂力等项目进行了检验。经检验，合格为68批次，不合格为1批次。淄博天山化工有限公司产品的经向拉伸负荷和纬向拉伸负荷不合格。

从2018年塑料编织袋产品全国部分地区抽查情况来看，塑料编织袋质量有进一步提高，合格率在九成以上。新国标GB/T 8946—2013《塑料编织袋通用技术要求》实施以来，企业认真对照执行，产品抽检合格率进一步上升。但是从用户端来看，客户对产品质量要求越来越高，质量问题要引起生产企业的足够重视，应该努力提高产品质量。各地质检机关也要加大查处力度，共同促进塑编产品质量的提高。

四、2018年聚丙烯原料行情回顾及市场运行特点总结

2018年的聚丙烯行情发展，可以粗略地分为四波走势。第一波第一季度PP价格一路下滑。第二波第二季度价格呈反弹上行并且趋稳。第三波第三季度到10月中旬，出现大幅上涨。第四波在10月中下旬开始到11月末PP价格一路下跌，之后呈震荡运行趋势。

2018年1月1日PP（拉丝）样本企业价格在9266元/吨。截至2018年12月28日PP（拉丝）样本企业价格在9216元/吨，整体跌幅为0.54%。

2018年聚丙烯市场是一个整体上涨的年份，中国PP市场行情除一季度震荡走跌以外，二三四季度均呈震荡上涨态势，进入四季度高位价格有所回落。以拉丝价格为例，截止至12月底，年均价在9390元/吨，同比2017年的8530元/吨高出860元/吨，幅度在10.08%，年度最低价8500元/吨出现在3月下旬，最高价11200元/吨出现在国庆长假归来的10月中上旬，全年振幅在2700元/吨。共聚方面，年度最低价9100元/吨同样出现在3月下旬，最高价11550元/吨出现在8月中旬，全年

振幅在 2450 元/吨。

第一季度初期，年关将至，石化企业以稳价为主，商家企业随行就市，刚需采购。此时 PP 价格相对比较稳定。中期，春节后价格出现走弱情况。春节前商家并没有积极备货，期货市场的弱势也对现货价格产生了影响，使得 PP 市场行情出现下探趋势。后期，PP 市场出现震荡下行走势。

第一阶段（1~3 月底）节日气氛浓厚及库存累积且下游复工缓慢聚丙烯延续下行

2018 年一季度，我国 PP 行情整体呈现震荡走弱趋势，除 1 月份上半月行情小幅延续了去年四季度的涨势之外，其余时间多以震荡下行为主。1 月中上旬国内 PP 行情走势延续去年四季度涨势，PP 期货延续上行，加之油价继续高位运行，石化出厂价格上调，带动 PP 现货市场震荡上行。进入 2 月份，由于临近春节假期，节日氛围较浓，终端厂家陆续离市，加之物流停发，期货走势不佳，市场震荡下跌。节后归来，两油库存累积，突破 100 万吨大关，处于近一年内高位，下游厂家多数尚未入市，复工率偏低，报价走弱。3 月份，国内 PP 市场行情由于受到石化库存高位、期货弱势以及下游需求疲软等多重利空因素影响，延续下行走势，PP 期货在 3 月中下旬跌至 8431 元，为年度最低点。

第二季度初期，PP 市场开始呈现出震荡走高的势头，下游订单与开工情况都比较积极，对原材料涨幅起到一定推动作用。中期，PP 市场出现震荡整理趋势，并没有出现太过明显的涨跌波动。后期，开始出现价格小幅上涨情况，但是下游抵触情绪比价明显，交投气氛不佳，出现了走弱势态。

第二阶段（4 月初~10 月中）检修季利好以及结构性资源短缺聚丙烯步入上行通道

4~6 月份，市场缓慢上涨，受生产装置集中检修影响，期货顺势高走，然下游客户抵触情绪较浓，单边上涨难以持续，高位成交承压，交投僵持为主，市场主流报价呈区间震荡走势，涨势缓慢。7~8 月份，聚丙烯市场行情走高明显，PP 期货连续飘红，且市场货源供应不多，尤其共聚料货源偏紧，共聚价格涨势快于拉丝，二者价差逐渐拉大，最大价差在 8 月中旬达 1500 元/吨，明显高于 600~800 元/吨的正常值。8 月下旬，受期货下跌、下游对高价原料抵触情绪浓厚、石化企业库存上涨的影响下，石化企业出厂价开始回调，但下调幅度远远低于前期拉涨幅度。进入 9~10 月份，市场再次进入快速上涨通道，月内拉丝料受石化厂排产不多影响，上游生产比例一度从正常的 35% 降至 25%，最低拉丝生产比例仅在 22.03%，明显低于拉丝 34%左右的需求比例，场内拉丝料供应偏紧，且下游因“金九银十”传统旺季及节前备货带动，成交量有所放大。而共聚料市场供应相对拉丝料略显充裕，此时拉丝价格涨幅明显高于共聚，二者价差逐渐缩窄，截止至 10 月底，二者价差缩窄至 180 元/吨，部分低端共聚价格已与拉丝持平。

第三季度初期，原油出现一定涨幅，推动 PP 市场出现上涨，但下游成交情况一般，并不积极。中期出现继续上涨，之后又开始回落，涨至高位，下游出现抵触情绪，接货平平。后期，PP 市场继续上扬，但是涨幅力度并不算太强。上游高报，下游在 10 月 1 日节前备货，致使价格走高。

第三阶段（10 月中~11 月中）原料价格高企使下游不能承受之重聚丙烯高位回落

随着原料价格不断上涨，以 PP 主力合约期货价格为例，PP 已于国庆假期归来后的 10 月 10 日达到 10642 元，为 2015 年以来的最高点。原料价格高企增加下游采购成本，迫使部分中小企业减产停工，市场交投陷入僵局。随着市场后期因未来浙石化、大连恒力等新装置的投产，冬季环保检查制约下游需求，东南亚新投产装置的低价货源冲击国内市场以及十月份进口窗口打开预计进口货源增多等诸多因素，业者对四季度看空情绪升温。因此 PP 期货盘面涨势乏力，拖累现货市场步伐，期现价差逐渐扩大，从多数情况下的 200 元/吨左右扩大到近 800 元/吨，实属少见。另一方面，由于上游石化拉丝生产比例逐渐提高至 30%以上的正常水平，现货供应不再紧缺，随着逐渐临近 1901 合约交割期，后市 PP 行情以修复期现基差为主，修复基差过程也是现货价格补跌的过程，因此此阶段 PP 价格呈高位回落走势。

第四季度初期，PP 市场先扬后抑，下挫较大。开始石化企业支撑成本，以及原油和期货上调，先期走高，之后期货下挫，造成下游顾虑心理，继而石化企业也出现下调价格，致使出现下挫情况。中期，持续走弱，主要因为上游原料，原油，丙烯联动下跌，并且下游采购情绪不佳。后期，在持续下跌的行情中，出现了反弹的情况，之后又再次走弱，起初石化企业库存不足，并且下游需求扩大，导致出现 PP 市场走高态势，之后期货呈现弱势，PP 市场开始走弱。

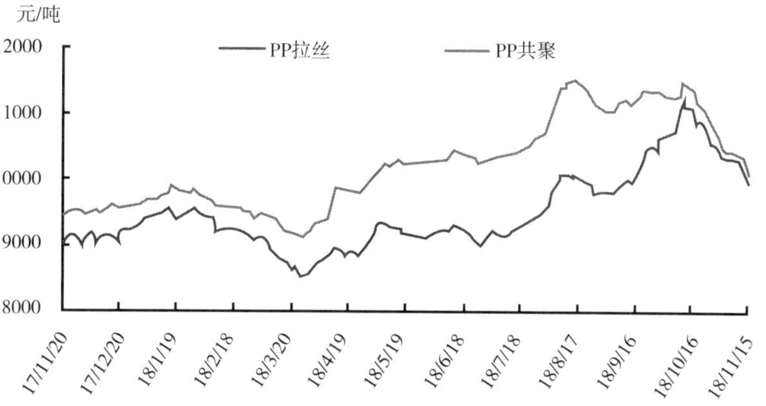

国内聚丙烯市场价格走势图

聚丙烯“买方市场”以及下游工厂按需采购的策略成为2018年的常态化现象，预计这种常态化现象也将贯穿整个2019年。今年聚丙烯市场主要以震荡整理为主，建议塑编企业采用随用随购的原则，在市场急跌走低时适当囤积原料。

五、行业大事记

1. 2018年10月29日在江苏南京胜利召开了“2018塑编产业链技术交流与市场对接会”

由中国塑料加工工业协会主办，中国塑料加工工业协会塑编专委会承办的“2018塑编产业链技术交流与市场对接会”已于2018年10月29日在江苏南京胜利闭幕。来自国内外的塑编行业企业代表800多人参加了本次会议。各地方协会纷纷组团参会，组织了优秀企业代表来大会交流学习，康平县塑编协会组团32人参会，平阳县塑包协会组团58人参加会议，苍南县塑料行业协会组团20多人参会，洛阳企业组团30多人参会。参会代表热情空前高涨，促进了塑编行业的大融合，大团结，大发展。

10月28日报到当天，还组织了部分塑编企业代表参加了“2018中国塑料加工业科技大会”和参观展览。

会议还隆重表彰了中国塑料加工业科技创新型优秀会员单位、科技创新之星、杰出工程师、行业工匠等中国塑料加工业科技创新先进工作者，以及中国塑料加工业科技创新贡献奖。塑编行业浙江坤诚塑业有限公司和安徽省临泉县万隆塑料包装有限公司荣获“中国塑料加工业优秀科技创新企业”荣誉称号。

10月29日上午8：10，在江苏省会议中心大会堂举行了开幕式。由中国塑料加工工业协会副理事长马占峰做开幕致辞，马副理事长在致辞中讲到2017年塑料加工业遭遇原材料大幅波动、历史上最严的环保整治、禁废令等外部因素给行业发展和调整带来巨大挑战，近几年，塑编行业在节能降耗，新产品的开发等方面取得了很大的进步，尤其后工序加工方面发展迅速。在取得成绩的同时，我们应该清醒地认识到塑编行业在发展中存在如规模不大、集中度不高、大企业不多，技术研发投入强度与人才不足等诸多问题，并提出以下几点发展建议：一、加强基础性技术研究，提升塑料编织产品技术水平和综合实力；二、加强塑料编织产品标准化工作，积极开展三品提升战略活动；三、鼓励企业走出去，拓宽市场需求，完善产业生态链条。

随后，中国塑协塑编专委会常务副秘书长赵克武宣读了“2017年度塑编行业二十强企业”并对授牌企业进行表彰。

获得2017年度塑编行业二十强企业是：天津华今集团有限公司、温州晨光集团有限公司、江西金沙包装集团有限公司、江西亚美达科技有限公司、南塑集团有限公司、石家庄市博大塑化有限公司、洛阳市强胜实业有限公司、福建宏祥科技有限公司、天津市旭辉恒远塑料包装股份有限公司、山东寿光健元春有限公司、江西省坤达科技有限公司、浙江华庆集团有限公司、沈阳华泰塑业有限公司、江苏万乐复合材料有限公司、安徽省锦翔塑编包装实业有限公司、江苏中乾塑业有限公司、济宁市兖州区宏泰塑料制品有限公司、浙江瑞旺科技有限公司、沈阳鑫正发包装有限公司、山东兴国新力塑业科技有限公司。

接下来，大会进入主题交流阶段，中国塑协塑编专委会会长、浙江华庆集团有限公司董事长姜集康做“2017年度塑编专委会工作总结汇报”，向与会代表介绍了过去一年来塑编专委会的各项工作，并对2018塑编专委会工作提出设想和建议，并提出了改进方向。

中国塑协塑编专委会常务副秘书长赵克武在大会作了“2017年塑编产业链发展报告”，总结了2017年度塑编行业发展状况，从政策、质量及市场等多方面介绍行业发展现状及面临的问题，并建议以“十三五”发展规划为指导，优化调整产业，加快“功能编织袋”研发，调整产品结构比例，着重技术研究开发，促进产业升级，促进塑编行业高质量发展。

全国包装标准化技术委员会袋分技术委员会秘书长甘向晨作了“以国家标准修订为契机提升水泥包装袋质量水平”的发言，甘秘书长对我国水泥包装袋发展现状、企业面临的风险以及《水泥包装袋》国家标准修订方案及标准化工作相关动态进行了详细的介绍，希望能引起水泥包装袋企业的重视，以国家标准修订为契机，共同提升中国水泥包装水平！

中塑协塑编专委会副秘书长、温州市塑料行业协会常务副会长周肇枢作“塑编产业改造提升的实践与思考”的发言，作为一个传统产业，产业提升、智能制造是塑编行业亟须解决的问题，周会长以周边企业的为例生动而又深刻的为我们指出塑编行业改造提升的方向，坚守主业不动摇、传统产业改造提升、智能制造助推产业链向高端迈进。

以上几位特邀嘉宾和专家的发言很精彩，得到了与会代表的一致肯定，纷纷表示会后深入交流。

接下来企业代表发言也是精彩纷呈，江西亚美达科技有限公司技术中心总监刘广华作了“从‘四化’看饲料包装的转型升级”的发言，从生态化、轻量化、功能化、安全化四个方面详细分析了饲料包装的发展趋势。奥地利史太林格有限公司中国区副销售总监万勇作“更智能，更优质，更环保——史太林格，新形势下塑编包装方案提交者”的发言，奥地利史太林格有限公司是全球知名的企业，多年来致力于中国市场的经营和开发，针对塑编包装及回收提供整套解决方案，设备种类齐全，技术先进，尤其方底阀口制袋设备在中国保持着较高的市场占有率。常州市永明机械制造有限公司副总经理陈龙星作“新政下塑编同行的砥砺前行”的发言，面对突变的经济形势和环保新政，提出了几点建议：其一顺应环保新政；其二重视排污及回收工作；其三提升装备水平降低成本，而就此也提出了相应的解决方案，对广泛应用的添加高比例回收料和母料并不建议。埃克森美孚化工威达美客户开发工程师金婕好作“威达美在方底阀口袋中的解决方案”的发言，通过物理性能、加工性能、成本等各方面向大家介绍了基于威达美™涂覆层在方底阀口袋中的优良性能。最后，雁峰集团有限公司董事长陈志淡作“雁峰集团高速悬浮六梭圆织机介绍”的发言，介绍了其公司的最新产品——悬浮六梭圆织机，该产品解决了摆杆易损坏的难题，降低能耗的同时提高了制品质量，也更加自动化、智能化。

上午的主题交流阶段就此结束，与会代表意犹未尽，会场大家听的专心致志，场下代表们充分交流，场外的企业资料展示区也是咨询不断，交流各自的心得体会，企业之间的联系也更加紧密。

下午的主题交流继续，延续上午的精彩，下午的发言也是各有所长。下午的会议由中国塑协塑料编织制品专委会副会长、江苏中乾塑业有限公司董事长王学保主持。

首先是威德霍尔机械（太仓）有限公司销售经理金永桥作“高效经济洁净的袋装粉料包装”的发言，介绍了方底阀口包装设备，凭借先进的技术和优良的性能获得业内好评。河南商丘晴赢软件科技有限公司总经理杨宗位做“《塑编企业专用ERP管理软件》——增强企业内生价值，向管理要利润”的发言，晴赢软件公司开发的塑编专用管理软件简单实用，功能强大，为塑编企业信息化，自动化提供了捷径。塑编涂膜技术顾问陈少文做“涂膜工艺十控制”的发言，陈工分享了其多年来在涂膜工艺方面的经验，并从十个方面详细讲解。北京泰纳科新材料科技有限公司总经理罗道友作“靶向纳米增效技术助力塑编产业节能与品质升级”的发言，以数据详细说明了靶向纳米功能助剂在塑编产品中的改良作用，以助力塑编产业升级。

接下来，北京明顺包装机械厂总经理杨玉文、临沂青松油墨厂副总经理张国际、抚顺市集装袋厂董事长唐亚辉、临沂市互为机械厂总工程师神和尧、江苏智马科技有限公司总经理张昌盛、辽宁亿龙集团销售总公司总经理刘学、广州思肯德电子测量设备有限公司销售经理周磊轶、温州亿科塑料机械有限公司董事长陈达分别做了“怎样完成塑编有利前行”“环保油墨　助力塑编印刷可持续发展”“自主创新　开拓进取”“自主研发创新驱动推动塑编后加工设备实现革命性突破”“智马交流感应伺服电机在塑料机械行业的应用”“塑料编织制品‘粉代粒’新技术应用及市场前景展望”“CPP/CPE流延薄膜在线厚度检测及控制技术”“《高速悬浮圆织机》——研发·实验·成功之路”的发言。

以上发言都是各企业的最新设备、技术及宝贵经验，其中辽宁亿龙集团带来的是一项新的技术，“粉代粒”塑编专用“改性重钙粉”，降低了生产成本，质量优异，为我们行业的节能降成本给出了新的思路。

至此，会议的主题交流阶段已全部结束。代表们的发言内容精彩纷呈，新技术、新设备、新产品层出不穷，与会代表收获满满。

10月28～30日，同期在南京国际展览中心举办的“2018中国国际塑料新材料、新技术、新装备、新产品展览会”，设置的塑编展示专区，塑编企业80多个展位参展，产品展示、技术宣传厅吸人眼球，为此次会议提供了有力的现场支持，28号报到当天，数家企业代表提前前往参观，展会及会场人流不断！

展商商务洽谈取得明显效果，有的展商已将展品售出，有的展商已签订了销售合同，有的展商已达成了多项意向协议。据了解，大部分展商通过展会搭建的商贸平台，达成了多项合作协议。其中，塑编展区辽宁亿龙集团正商谈价值上千万元的改性钙粉订单；而临沂互为机械厂现场售出一台切缝一体机，并且有四台设备意向成交。

展商纷纷表示，本次展会上观众与买家比较专业，是产品对接和公司形象展示的好机会。许多展商表示下次还要参展，并要提前预订展位做特装。

展会期间，主办方表彰了参展单位，塑编展区获得的展商及奖项如下：优秀展商奖为佛山佛塑科技集团股份有限公司；优秀设计奖为济南鼎鑫机械制造有限公司、临沂市互为机械厂、青岛金三阳纺机科技有限公司；优秀组织奖为中国塑协塑料编织制品专业委员会、苍南县塑料行业协会、沈阳市康平县塑编协会、平阳县塑料包装协会；合作伙伴奖为苍南县塑料行业协会、沈阳市康平县塑编协会、平阳县塑料包装协会。

10月30日上午，组织与会代表参观了为期三天的“2018中国国际塑料新材料、新技术、新装备、新产品展览会”。今年的展会规模宏大，在塑编展示专区上，石家庄市嘉睦禾塑业有限公司、抚顺市集装袋厂、佛朗克电子（上海）有限公司、河北金辉新材料科技有限责任公司、河南晴赢软件科技有限公司、临沂青松油墨厂、丹东亿龙高科技材料有限公司、陕西聚能塑胶有限公司、廊坊奥琛塑胶科技有限公司、常州市永明机械制造有限公司、常州市美意磊机械附件厂、河北友田缝纫机有限公司、汕头市北星包装机械有限公司、常州市武进江南印刷机械有限公司、常州市劲普自动化设备有限公司、青岛金三阳纺机科技有限公司、江西亚美达科技有限公司、临沂市互为机械厂、常州市伟宇精密机械有限公司、济南鼎鑫机械制造有限公司、辽宁金科塑胶科技有限公司、北京泰纳科新材料科技有限公司、汕头市启航精机有限公司、平阳塑编企业联合展区、雁峰集团有限公司、佛山佛塑科技集团股份有限公司、威德霍尔机械（太仓）有限公司、洛阳市红宝塑业有限公司、沈阳康平塑编协会、北京佳瑞洋科技有限公司、德州市睿彩塑胶科技有限公司、淄博日月进塑料机械有限公司、温州亿科塑料机械有限公司、汕头市光华机械实业有限公司、营口大正新材料科技有限公司等单位进行了实物展示，现场还开机进行实际操作，展示出了较高的设备和机械水平。代表对本次展会的塑料机械、模具、塑料制品、塑料原料与助剂、塑机零配件、检测设备、专用工具等企业有了进一步的了解。三天展区内人流不断，展商及观众对此次展会表示高度赞扬。

至此，为期3天的2018塑编产业链技术交流与市场对接会圆满落幕，此次会议与展会相配合，达到视听两大盛宴完美结合，与会代表“听”到了新经验、新技术，“看”到了新产品、新设备，与塑编展商企业面对面深入交流，让与会代表满载而归。

本次大会加强了行业交流，探讨了行业的未来发展趋势，研讨了下游企业需求情况，促进了我国塑编生产企业更多地采用新技术、新设备、新工艺和性能优良的原辅材料，加强了行业节能降耗工作，鼓励了塑编产业中各个细分产品生产企业间加强业务沟通，倡导了理性竞争的行业氛围，提高了我国塑编生产企业的核心竞争力，促进了我国塑编产业从产能扩张发展方式向质量提升、技术创新发展方式升级，提倡回收处理及排污重环保工作，推动了我国塑编企业可持续健康发展，受到了与会企业的一致欢迎。对于未来促进中国塑编行业走向世界产生了深远的影响。

本次大会的胜利召开必将推动全国乃至全球塑

编行业未来的可持续健康发展。本次会议气氛热烈、和谐，大会在祥和的气氛下圆满结束。

2. 表彰2017年度塑编行业二十强企业

获得2017年度塑编行业二十强企业是：天津华今集团有限公司、温州晨光集团有限公司、江西金沙包装集团有限公司、江西亚美达科技有限公司、南塑集团有限公司、石家庄市博大塑化有限公司、洛阳市强胜实业有限公司、福建宏祥科技有限公司、天津市旭辉恒远塑料包装股份有限公司、山东寿光健元春有限公司、江西省坤达科技有限公司、浙江华庆集团有限公司、沈阳华泰塑业有限公司、江苏万乐复合材料有限公司、安徽省锦翔塑编包装实业有限公司、江苏中乾塑业有限公司、济宁市兖州区宏泰塑料制品有限公司、浙江瑞旺科技有限公司、沈阳鑫正发包装有限公司、山东兴国新力塑业科技有限公司。

3. 组织企业参加科技大会

10月28日在塑编专委会年会报到当天，组织了部分塑编企业代表参加了“2018中国塑料加工业科技大会”和参观展览。国家相关部委、中轻联领导，行业大型骨干企业以及上下游产业企业负责人及科技人员1000人出席了科技大会。大会全面落实习近平总书记“把创新驱动发展战略实施好”的号召，创新塑料行业“整装再进发”。以“发动科技创新强大引擎，促进塑料加工业高质量发展”为主题，研讨行业创新大计，同绘行业发展蓝图。

4. 组织企业参加2018年4月24~27日上海的2018年国际橡塑展

2018年4月24日2018国际橡塑展在上海虹桥国家会展中心盛大举行。中国塑料加工工业协会副秘书长、中国塑协塑编专委会秘书长孙冬泉，常务副秘书长赵克武带领专委会工作人员参加了本次展会。

展会期间，赵克武常务副秘书长分别走访了参展的塑编产业链企业，与相关负责人进行了沟通和交流。塑编上下游产业链企业近百家参加了此次展览，在8.1馆塑编设备企业最集中，其他馆也有塑编配套企业展出。在四天的展出中，塑编专委会工作人员在各展馆内派发《塑编制品》期刊4000本，取得了很好的效果，受到产业链企业的欢迎。

参加本次展会的企业有：常州市永明机械制造有限公司、史太林格塑胶机械（太仓）有限公司、雁峰集团有限公司、宿迁联盛化学有限公司、温德默勒与霍尔舍机械制造公司、科莱恩化工（中国）有限公司、埃克森美孚化工公司、常州市卫翔机械有限公司、常州市武进江南印刷机械有限公司、常州市润亿机械制造有限公司、浙江品博塑料机械有限公司、广东欧格精机科技有限公司、汕头市北信机械实业有限公司、河北志强缝制设备有限公司、常州市武进恒发机械有限公司、北京加成助剂研究所、烟台新秀化学用品有限公司、北京天罡助剂有限责任公司、陕西聚能塑胶有限公司、营口大正新材料科技有限公司、汕头市光华机械实业公司、博翊机械工业有限公司、常州市恒力机械有限公司、浙江三龙通用机械有限公司、汕头市远东轻化装备有限公司、浙江天风塑料机械有限公司、温州钱峰科技有限公司、洛喜雅集团有限公司、赛奥机械（广州）有限公司、汕头市邦德机械有限公司、浙江南一塑料机械有限公司、青岛建华包装机械公司、河北省青县双星缝制设备有限公司、江苏普莱克红梅色母料股份有限公司、常州市睿晟机械有限公司、淄博沣益塑业有限公司、泰安海岱绳网机械科技有限公司、山东鑫得利包装机械厂、汕头市明星机械实业有限公司、青岛金三阳纺机科技有限公司、山东德瑞克仪器有限公司、常州市隆龙升经编机械有限公司、常州市新燎原机械有限公司、苏州市易登机械有限公司、辽宁金科塑胶科技有限公司、东莞市高源塑胶有限公司、广东美联新材料股份有限公司、温州德泰塑业有限公司、承德精密试验机有限公司、石家庄开发区中实检测设备有限公司等单位，分别展出了自己最新的产品和良好的形象。

5. 组织理事单位成员参加中国塑料加工工业协会七届三次理事扩大会议

2018年4月23日，中国塑料加工工业协会七届三次理事扩大会议在上海华纳风格大酒店召开，中国轻工业联合会党委副书记王世成，中国塑料加工工业协会理事长朱文玮，副理事长曹俭、马占峰，副理事长兼秘书长王占杰，中国塑料加工工业协会副理事长、广东省塑料工业协会会长符岸，中国塑料加工工业协会副理事长、浙江塑料工业协会会长韩新伟，河南省塑料协会会长段同生以及来自全国各地的理事和代表200多人参加了会议。会议由副理事长马占峰主持。

6. 塑编上下游企业在“2018中国国际塑料新材料、新技术、新装备、新产品展览会”展示参观

10月28~30日上午，塑编上下游企业30多

家，80 多个展位在“2018 中国国际塑料新材料、新技术、新装备、新产品展览会”集中亮相。今年的展会规模宏大，在塑编展示专区上，石家庄市嘉睦禾塑业有限公司、抚顺市集装袋厂、佛朗克电子（上海）有限公司、河北金辉新材料科技有限责任公司、河南晴赢软件科技有限公司、临沂青松油墨厂、丹东亿龙高科技材料有限公司、陕西聚能塑胶有限公司、廊坊奥琛塑胶科技有限公司、常州市永明机械制造有限公司、常州市美意磊机械附件厂、河北友田缝纫机有限公司、汕头市北星包装机械有限公司、常州市武进江南印刷机械有限公司、常州市劲普自动化设备有限公司、青岛金三阳纺机科技有限公司、江西亚美达科技有限公司、临沂市互为机械厂、常州市伟宇精密机械有限公司、济南鼎鑫机械制造有限公司、辽宁金科塑胶科技有限公司、北京泰纳科新材料科技有限公司、汕头市启航精机有限公司、平阳塑编企业联合展区、雁峰集团有限公司、佛山佛塑科技集团股份有限公司、威德霍尔机械（太仓）有限公司、洛阳市红宝塑业有限公司、沈阳康平塑编协会、北京佳瑞洋科技有限公司、德州市睿彩塑胶科技有限公司、淄博日月进塑料机械有限公司、温州亿科塑料机械有限公司、汕头市光华机械实业有限公司、营口大正新材料科技有限公司等单位进行了实物展示，现场还开机进行实际操作，展示出了较高的设备和机械水平。观众对本次展会的塑料机械、模具、塑料制品、塑料原料与助剂、塑机零配件、检测设备、专用工具等企业有了进一步的了解。三天展区内人流不断，展商及观众对此次展会表示高度赞扬。

7. 大资公司在中原证券交易中心“四板”隆重挂牌

洛阳市人民政府与中原证券股份有限公司战略合作签约仪式在洛阳市钼都利豪国际饭店隆重举行。洛阳市市长刘宛康，市委常委、常务副市长吴孟铎，中原证券股份有限公司党委书记、董事长兼总裁菅明军等领导出席了签约仪式。刘宛康市长发表了热情洋溢的致辞讲话，包括大资公司在内的共 108 家企业隆重举行了“四板”展示企业集中挂牌仪式。

大资公司副董事长王泉、总经理王京涛、总经理助理梁天佑等高层领导参加了挂牌仪式，伴随着欢快的乐曲，在全场热烈的掌声中，王董从中原证券交易中心董事长赵继增的手中接受了中原证券“四板”展示企业的标牌。

大资公司此次在中原证券交易中心“四板”展示企业挂牌成功，是继 2015 年 12 月在上海股权托管交易中心挂牌后，又一次在资本市场服务体系中展示良好的企业形象，不仅能够较好地提升企业的知名度、美誉度，而且必将推动大资公司持续稳定健康发展。

8. 苍南塑协召开会长办公会议

1 月 26 日，苍南县塑协在南塑集团三楼会议室召开会长办公会议。县科协党组书记沈志安、主席傅美丹出席会议，各会长单位负责人参加会议。会议由协会党支部书记许良然主持。

会议研究部署了六届二次会员大会的相关准备工作，对会议召开时间、地点、议程、邀请对象、规模等具体事宜进行了讨论，初步确定在 3 月中下旬举行大会。同时讨论通过了关于开展 2017 年度先进企业评选活动的意见，并新吸收温州鑫泰新材料股份有限公司、苍南维财包装有限公司、苍南县塑料制品有限公司等 3 家企业为会员单位。

会议还回顾总结了 2017 年协会工作，就下一步工作进行了研究讨论。会议指出，创新工作方式，优化服务是今后工作重中之重。一是要以服务会员为中心，坚持走访、加强联系，及时掌握会员企业在经营运作中面临的热点和难点问题，反映企业诉求，帮助会员解决实际困难，维护企业和企业家的合法权益；二是要加强与政府相关职能部门的沟通协调和行业间互动，为行业发展提供合作交流平台。

按照省、市科协关于对苍南县塑料制品业列为省级传统动能升级试点单位的工作要求，县科协党组书记沈志安在会上征求了企业需求对接项目，以引进省级协会专家建立协同创新服务站，对接攻坚突破，推进我县塑料产业全面升级。

另外，与会企业就推行现金结算、春节放假期间安全工作等事宜交流了意见。

9. 宿迁副市长曹秀明莅临联盛科技指导安全生产工作

1 月 22 日下午，副市长曹秀明，市安监局局长安宇，区委书记、宿迁高新区党工委书记刘海红，副区长、宿迁生态化工科技产业园区党工委书记赵其良及相关部门负责人莅临联盛科技视察指导安全生产工作。联盛集团常务副总裁、联盛科技总经理缪克汤，安环总监、副总经理王勇，副总经理张朋及集团安环部门相关责任人陪同领导调研。

10. 实施再造计划 实现倍增目标 康平县加快建设一流省级开发园区

2月6日，康平县召开2018年辽宁康平经济开发区经济工作会议，县委书记、开发区党工委书记朱文蔚在会上强调，要实施再造计划，实现倍增目标，加快建设一流的省级开发园区。

朱文蔚强调，推动开发区转型创新发展，实施开发区再造计划，实现三年倍增目标，责任重大、时间紧迫、任务繁重，更加需要我们拿出勇立潮头的信心、舍我其谁的担当、先行先试的勇气，砥砺奋进、超常作为，为加快建设美丽富饶幸福新康平贡献积极力量！

县长、开发区管委会主任王志刚在讲话时说，辽宁康平经济开发区要对标省级开发区标准，剖析自身存在的问题，正视自身所处位置，同时坚持问题导向，潜下心来研究破题之策，使我县工业园区走出发展困局，真正成为引领县域经济发展的重大引擎。

就如何做好下一步工作，王志刚要求，要正视差距，深刻剖析存在的主要问题；要对症施策，谋划未来开发区破题之路；要深化体制机制改革，全面释放园区发展活力；要做好发展大布局，构建宜产宜居的发展空间；要以主导产业为核心，不断夯实园区发展生命线；要坚持服务与管理并重，不断优化园区服务环境。

县委常委、常务副县长高原主持会议。

开发区管委会副主任庄占祥宣读了开发区2018年工作要点。

会议聘任时代塑编总经理朱明伟为辽宁康平经济开发区管委会副主任，王志刚为朱明伟颁发了聘书。

新聘任的辽宁康平经济开发区管委会副主任朱明伟在会上发了言。

开发区管委会、县经济部门代表、企业家代表分别在会上作了表态发言。

11. 东星塑业集装袋产品助力港珠澳大桥工程项目

东星塑业经过20年的发展已经成为行业内知名的重包装供应商，服务于多家世界五百强企业，其中包括与中石化、中石油、顺丰、中铁、京东等行业巨头，东星塑业，大胆创新改革，产品质量过硬，经历过多个国家级知名项目的验证，近日港珠澳大桥工程项目就是选用东星塑业集装袋产品，用于填海、路面施工集料的装载、对桥梁预压以及所有物料的收集转运。

东星塑业为港珠澳大桥提供的系列集装袋采用最新金钻面料设计制造，吊带十字兜底，安全系数高，厚度达200克一平方，可测试承重6吨，超乎行业标准。

12. 浙江省经信委副主任徐焕明莅临浙江坤诚塑业调研传统产业改造提升试点工作

3月1日，省经信委党组副书记、副主任徐焕明一行莅临浙江坤诚塑业调研塑编包装传统产业改造提升试点工作，县长郑建忠、副县长李上清等陪同调研，坤达科技董事长林月城、浙江坤诚塑业总经理林成实等热情接待并汇报工作。

徐焕明副主任一行视察了坤诚塑业高标准绿色车间项目现场，并仔细询问了项目的规划及进展情况。林董向徐焕明副主任汇报了坤诚绿色产业链布局及创新提升的实质性工作。林董表示：“浙江坤诚塑业通过技改后，全面推行机械自动化生产，实现产能规模化，产品标准化的科学体系，坤诚塑业的发展战略布局大力响应国家“创新、协调、绿色、开发、共享”五大发展理念，未来三年将是中国民营企业的调整期，国家将继续推动经济转型，淘汰产能落后、高污染、高能耗的产业，提高能源利用率，只有贯彻落实绿色环保才能够实现可持续发展，公司坚持环保车间、绿色产品、技术创新的发展理念，积极打造鸟语花香的塑编生产基地，共建美好环境，树行业标杆”。

13. 大资公司获得洛阳市“五一劳动奖状”荣誉称号

4月27日，洛阳市隆重召开庆祝“五一”国际劳动节暨五一劳动奖表彰大会，大资公司被授予洛阳市“五一劳动奖状”荣誉称号，公司总经理王京涛出席了表彰大会，并接受颁奖。

14. 苍南塑协4企荣获“纳税大户”表彰

日前，温州市金田塑业有限公司、浙江强盟实业股份有限公司、浙江世博新材料股份有限公司、南塑集团浙江包装有限公司等4企业被县国税局通报表彰为“2017年度纳税大户”。

15. 苍南县经信局组织召开塑料制品制造业改造提升座谈会

4月9日下午，县经信局在县行政中心组织召开了塑料制品制造业改造提升龙头企业座谈会，广泛听取企业家代表对塑料制品制造业改造提升省级试点工作的意见建议。灵溪镇、龙港镇、县工业园区、塑料制品行业协会及南塑集团有限公司、浙江品诚包装有限公司、金田塑业有限公司、温州顶超塑业有限公司等17家企业负责人和代表参加了会议。座谈会由县经信局局长杨义坛主持。

座谈会上，与会代表纷纷围绕我县塑料制品行业发展面临的问题、机遇和出路等畅所欲言，现场气氛活跃。企业家们表示，塑料制品行业是我县的重点支柱产业，但目前我县塑编企业纷纷遇到用工紧缺、产品同质化严重、生产设备效率较低等问题，我县塑料制品行业急需进行理念创新、模式创新、产品创新、技术创新，提升自身核心竞争力。企业家们希望政府部门在人才引进培育、产品质量检测、土地供给保障、设备技术改造、银行融资贷款等方面出台更多的有利政策，进一步促进我县塑料制品行业转型升级。

与会代表还就《苍南县塑料制品制造业改造提升省级试点实施方案（2017-2020）》和《关于支持我县塑料制品制造业改造提升省级试点人才队伍建设的实施意见（2018－2020）》进行了深入讨论。

杨义坛局长指出，塑料制品制造业改造提升省级试点是我县塑料制品行业凤凰涅槃的新机遇，政府有关部门将进一步加大政策扶持力度，不断优化营商环境，加快技改升级，推进创新服务综合体建设，帮助企业做大做强，力争到2020年全县塑料制品制造业总产值突破150亿元。他希望广大企业家们抢抓机遇、顺势而为、勇于变革、勇于创新，在新一轮发展中抢占先机，赢得优势。

16. 浙江坤诚与温州大学校企合作，携手共建研发中心和产学研基地

坤达科技旗下浙江坤诚塑业有限公司迎来了与温州大学的通力合作，共同建立了研发中心和产学研基地并于5月23日启动揭牌仪式。温州大学化材学院张兴国院长、县科技局杨立祥局长、县工业园区施成义副主任、县工业园区经济发展科林仕剑科长、坤达科技董事长、研发中心主任林月城、研发中心副主任刘建平教授等领导与专家出席并见证仪式。

17. 中国塑料加工工业协会理事长朱文玮一行来苍调研

6月23日，中国塑料加工工业协会理事长朱文玮、副理事长兼秘书长王占杰、副秘书长兼会员部主任刘姝、副秘书长兼会展部主任孙冬泉一行来苍南调研，了解塑料行业的科技成果、运营情况及需求，交流深化共建“中国塑编之都”。县人民政府副县长李上清，县经信局党组成员总工程师庄孝德，灵溪镇党委委员副镇长杨立国，灵溪镇工业经济发展副局长、经济服务中心主任冯守相，温州市、苍南县、平阳县塑协有关领导，苍、平两县12家企业代表参加座谈会。

会上，李上清副县长代表县人民政府对调研组一行的到来表示欢迎，对各位专家领导一直以来对苍南塑料行业的关心、支持和指导表示衷心的感谢，同时就苍南塑料产业发展的历史和现状以及存在的问题进行了分析介绍。他指出下一步县政府将扎扎实实、认真实施好浙江省塑料制品改造提升试点实施方案，以试点作为载体和动力，加快推进我县塑料行业发展，进一步打响“中国塑编之都”这一国字号金名片，具体要推进平台建设、加大大企业培育力度、加快推进智能制造、推进创新要素的集聚、加大低小散整治。

朱文玮理事长听取与会人员的汇报和意见建议后，对两县推动“中国塑编之都”工作取得的成绩及为行业所作出的贡献给予了充分肯定。他表示中塑协将发挥平台作用，在科技创新、机器换人、检测和研发中心建设、培训、融资、推行现金结算等方面提供助力，全力支持、共同培育“中国塑编之都”，通过努力引领、推动行业发展，加快转型升级步伐，按照国家要求走生态、节能、环保、绿色发展之路，实现高质量发展。

18. 史太林格PET塑料瓶回收再造的折底袋获金奖设计

奥地利史太林格集团（Starlinger）凭借PET塑料瓶回收再造的折底袋，一举获得了2018WorldStar可持续发展金奖。这款叫作rPET PP * STAR的折底袋由使用过的PET塑料瓶生产的塑料织物做成，适用于干燥的宠物食品、肥料、糖、面粉或米饭等产品。袋子本身只重117克，却能容纳50公斤肥料，而且非常抗破损。这种袋子可以在使用后再回收，从而实现闭环生产。rPET PP * STAR的生产运输可以说是相当低碳了。鉴于PET塑料的众多优点，史太林格还开发了其他包装，例如rPET FIBC（柔软的中型容器或大袋子）和用于食品托盘的片材（viscoSHEET）。

19. 安福环保科技废塑料资源化利用项目获中央预算内投资1200万元

7月17日，常德市发改委传出喜讯，临澧县安福环保科技股份有限公司年处理6万吨废塑料资源化利用项目近日通过了国家发改委最终审核，获

2018年生态文明建设中央预算内第六批专项投资1200万元，为全省同批次单个项目最高投资。

湖南安福环保科技股份有限公司位于临澧经济开发区，是一家以废旧塑料回收加工和集塑料编织袋研制、生产、销售和服务于一体的“新三板”上市挂牌和高新技术认证企业，该公司主要经营废旧塑料颗粒、塑料编织品和塑料注塑产品，目前废旧塑料加工能力15000吨、塑编包装制品和塑料改性及注塑产品生产能力30000吨。近三年每年实现销售收入1亿元左右，入库税金1000多万元。

湖南安福环保科技股份有限公司目前正在抓紧建设废塑料资源化利用工程项目，总投资13500万元，建设内容为年处理6万吨废塑料资源化利用和年产3万吨塑料颗粒改性及塑料产品生产线，项目建成后，可提供200多个就业岗位，全年可消化废旧塑料6万吨，产出再生颗粒5.9万吨。

20. 温州市经信委来苍调研传统产业提升工作

7月19日，市经信委副主任李雄伟带领有关负责人来苍南调研塑料制品制造业改造提升省级试点工作开展情况。

李雄伟一行先后走访浙江华旭实业有限公司、浙江瑞旺科技有限公司、海西清创园等，深入企业一线，查看生产加工流程及创新产品演示，详细了解企业生产经营情况及发展状况，并听取了县经信局关于传统产业改造提升工作的汇报。

塑料制品、印刷等传统制造业，是支撑我县经济社会发展的支柱产业。2017年，苍南塑料制品制造业改造提升被列入浙江省级试点，为苍南经济转型提供了一个有利契机。我县已经制定塑料制品制造业省级试点方案，计划通过3年时间努力，将苍南打造成全国塑料制品制造示范基地。

李雄伟对我县塑料制品制造业改造提升工作表示肯定。他希望，苍南要以提质增效、优化提升为目标，加大技改投入和产品研发，充分利用海西清创园等创新平台，吸引高端人才，优化创新创业环境，提高产品科技含量和附加值，积极探索，勇于创新，为全市乃至全省提供可借鉴、可示范、可推广、可复制的经验。

21. 旭辉恒远公司党支部将红色精神融入党建

为让员工深刻领悟并践行红色精神，旭辉恒远公司党支部把红色文化融入企业党建，打造占地2000多平方米的红色展室和党员活动中心，设置企业历程、荣誉展示、红色教育、党员服务、职工活动五大功能区。其中，红色教育区分为13个板块，陈列展出6000余件红色文物藏品及文献读物，生动展示中国共产党的光辉历程以及老一辈革命家的丰功伟绩，让党员职工深受感染。

企业党支部开展“师徒结对”活动，引导党员自觉成为企业发展的先行者。同时，在党员和干部职工中每月开展一次“我为企业献一计”活动，党员及职工每年提出的合理化建议超100条，直接采纳30条以上，推进企业发展创新。

从仅有3名员工、占地20平方米的小厂发展成拥有600名员工、占地13万平方米的新三板挂牌公司，旭辉恒远塑料包装股份有限公司的不断壮大，离不开党支部这面红色旗帜。该公司党支部把红色文化融入企业党建，有力助推企业快速发展。

22. 宁夏润龙包装公司科技创新为转型发展提供持续动力

宁夏润龙包装新材料股份有限公司是我市一家专业从事高强度高分子材料研发及其相关制品生产的企业。近年来，该公司与华东理工大学开展合作研发，成立技术团队集中攻关，经过几百次反复试验，成功研发出兼具耐高温、耐腐蚀和高强度特性的聚乙烯内膜包装袋产品。一个仅有3根头发丝厚的塑料袋，在充气状态下80公斤的人踩在上面不会破裂，160℃的高温下不变形，这就是宁夏润龙包装新材料股份有限公司自主研发生产的高科技神器——新型高强度、耐高温聚乙烯内膜包装袋。

新技术带来新产品，新产品带来新市场。宁夏润龙包装新材料股份有限公司研发的聚乙烯内膜包装袋一经推出，深得烧碱、电石、双氰胺等行业的青睐，订单不断。目前，公司成功占领宁蒙周边高端危险品包装市场，并与众多国内大型知名企业形成长期稳定合作关系。2015年，公司被认定为自治区级科技型中小企业、国家高新技术企业。

23. 苍南县节能服务进企业　把脉用能降成本

5月31日，我县启动节能诊断服务进企业活动，通过邀请市能源监察支队和市总工会技协办电工技术服务队相关专家一行来到南塑集团有限公司，重点围绕提高能源使用效率、淘汰落后用能设备等工作内容提供服务，为企业节能降耗“把脉问诊”。

通过专业设备对企业的用电情况进行现场检测，专家组发现企业存在的电网高次谐波污染、功率因数设置不合理和部分变压器负载率偏低等问题，根据保守测算，每年浪费的电量达到45万千瓦时以上，直接经济损失35万元以上。专家组针对存在的问题提出了节能技术方案和建议，受到了企业负责人的欢迎，并表示将马上组织技术力量进行整改，以进一步减低企业的成本和能源的浪费。

据悉，我县塑编行业历史悠久，是塑料制品制造业中的主导产业，也是我省传统产业改造提升试点之一，下一步我县将重点围绕塑编行业开展节能服务，为产业的改造提升和绿色发展创造更好的条件。

24. 苍南县学会企业联合体成立　协同创新服务站授牌

9月10日，助力温州苍南塑编产业改造提升学会企业联合体成立大会暨浙江省塑料工程学会苍南协同创新服务站授牌仪式举行。县领导蒋献生、陈晓、陈久喜参加会议。

大会对联合体和协同创新服务站进行授牌，并举行了联合体第一次工作会议。据了解，助力温州苍南塑编产业改造提升学会企业联合体在四级科协的倡议、指导和支持下，今年6月立项为中国科协2018年度创新助力工程示范项目，是全国88个项目中的4个学会企业联合体之一。

据悉，塑编产业是我县支柱产业之一，助力温州苍南塑编产业改造提升学会企业联合体的成立，对我县塑编行业技术提升、转型发展将产生重要推动作用。联合体将围绕浙江省传统塑料制品行业改造提升发展需求，以开放视角和新思维模式开展内部融合和外部协作，重点开展学术交流、科学普及、国际科技交流合作、承接政府转移职能、帮助企业解决生产研发难题等助力工作，有力解决我县塑编产业结构不合理、技术力量薄弱、创新能力不足等问题，极大提升产业技术水平，对我县塑编产业再创辉煌具有重大意义。

25. 塑编专委会常务副秘书长赵克武一行走进山东考察走访企业

为深入了解山东塑料篷布市场发展状况以及塑编产业链上下游企业2018年生产经营状况，本着重点调研塑料篷布企业以及对制定塑料篷布标准的建议和想法。中塑协塑编专委会常务副秘书长赵克武一行于2018年12月11日至15日，在山东德州、临沂、青岛等地进行了为期5天的考察、走访，与企业的负责人就生产经营、科研开发、质量管理、篷布标准等内容进行了广泛的交流和沟通。

在山东的5天时间里，赵克武一行先后走访了德州市睿彩颜料公司、德州深顺塑料公司、临沂启扬塑料公司、临沂塑料市场、临沂青松油墨厂、临沂领杰包装公司、临沂互为机械厂、青岛金三阳纺织机械公司、青岛鑫瑞德机械设备公司、青岛成硕达塑业公司、青岛昌瑞塑料公司、青岛升世真机械公司、青岛沃德塑料包装公司、青岛华鑫源塑料机械公司、青岛甜昊新材料科技公司、青岛雨虹篷布制品公司等企业。重点了解了企业今年在生产经营中出现的主要困难、遇到的主要问题；企业的新产品、新技术、新设备的研发、投入最新进展情况，以及愈加趋严的环保监管、巡查对企业经营产生的影响及企业应对措施，中美贸易摩擦对企业产生了哪些影响等方面情况，并认真听取了各企业对专委会工作提出的意见和建议，专委会表示要为企业搭好交流和服务平台，并有针对性地为企业展开各项服务工作。

期间，塑编专家、德州深顺公司董事长刘安友和睿彩公司总经理郑玉明全程陪同。刘总从事塑料行业30多年，对篷布行业非常熟悉，一直致力于篷布的研究和开发，先后开发出了十多种引领行业的新产品，如耐老化农用篷布、充气帐篷等产品。

通过对山东市场调研走访了解到篷布产品具有抗晒、抗冻、抗老化、抗腐蚀、轻便、耐用等特点，被广泛用于车船的货运、露天仓库堆放物遮盖；粮仓及各种农作物露天遮盖；工地临建棚、临时仓库的材料以及军工、水产养殖等用途。估计约有上百亿元的市场规模，是塑编重要子行业之一。目前，市场十分混乱，产品良莠不齐，低劣产品充斥市场，严重地影响了行业的健康发展。而且塑料篷布产品没有国家标准和行业标准，急需制定统一的产品标准来规范行业发展。

通过和企业的负责人交流，大家一致认为需要行业协会来牵头，组织大家制定塑料篷布标准，来规范篷布行业市场秩序，引导行业健康发展，共同提升行业发展水平。

26. 华新水泥年产10亿只新型环保包装袋项目开始桩基施工

11月2日，在黄石市黄金山经济技术开发区华新新材料与智能装备制造科技园内，华新包装公司年产10亿只新型环保包装袋项目开始桩基施工，标志着项目正式启动，进入土建施工阶段。

该项目投资约5亿元，占地205.26亩，5栋生产厂房总建筑面积达40000平方米，规划建设“华新水泥股份有限公司包装分公司年产10亿只新型环保包装生产线”。项目于8月初奠基，经过安全预评价、职业病健康危害评价专家评审、环境保护局技术专家评价后进入施工期，预计于2019年8

月底完成项目建设。

新型环保包装袋项目将采用国际先进的包装袋生产设备、智能物流系统，以建设国内规模最大、技术最先进的包装袋生产线，打造绿色环保无污染、生产工艺自动化的新型企业。这将对水泥装运系统智能化升级、改善生产环境、消除安全风险、降低生产员工劳动强度等方面有着重要意义，是华新包装公司从传统型向技术型企业转型发展的重要举措。

27. 全球第一家提供“碳中和”集装袋的企业-博壳松包装

博壳松在2018年成为全球第一家提供“碳中和”集装袋的企业，以降低集装袋对环境的影响。

“碳中和”是计算二氧化碳的排放量，然后通过植树或投资可再生能源和节能技术等方式来吸收或减少相应的二氧化碳排放量，达到可持续发展的目的。

博壳松集装袋“碳中和”项目与瑞士苏黎世的非盈利组织MyClimate合作。MyClimate根据国际标准计算碳排放量，覆盖集装袋的碳足迹完整生命周期——从原材料采购到生产、运输、包装、配送及回收等各个环节。

碳补偿交易额将支持坦桑尼亚的气候保护项目——利用太阳能电池板制造可再生能源，为非洲的低收入家庭、学校和小型企业等提供清洁、经济的照明和电力。

28. 苍南县塑编产业学会企业联合体开展产业辅导

10月13日，苍南县塑料行业先进质量管理方法推广应用培训班举行，邀请中国计量大学王小兵博士作《卓越绩效管理模式与高质量发展》、浙江工业大学王旭教授作《高分子阻燃技术及浙江省科技政策解读》、四川大学杨鸣波教授作《塑料行业现状及发展方向探讨》专题报告。

本次培训是在苍南县科协、助力温州苍南塑编产业改造提升学会企业联合体的倡议下，由浙江省塑料行业协会主办、苍南县塑料行业协会协办。这是“国字号创新工程”落地及塑编产业改造提升学会企业联合体成立后的一项后续工作，旨在为苍南塑编产业提供技术辅导和理念更新。3位主讲老师的讲解既有理论高度深度，又有翔实数据和典型案例，100多位参训的企业家聆听了报告，开拓视野，深受启迪。

近年来，苍南以塑料制品制造业改造提升省级试点为抓手，制定实施2017~2020年的苍南县塑料制品业改造提升的省级试点实施方案、科技创新发展行动计划。围绕塑料制品产业发展需要，与温州大学合建温大苍南研究院，与清华长三角研究院杭州分院共建海西清创园，在清创园建设海西智能包装公共服务平台，于今年7月正式对外开放。争取“国字号创新工程”落地，9月成立了助力温州苍南塑编产业改造提升学会企业联合体，建设浙江省塑料工程学会苍南协同创新服务站，打造市级的塑料制品产业创新服务综合体。相信伴随此类活动的不断开展，该联合体在苍南塑编产业转型升级的过程中发挥的作用将会越来越大、越来越实。今后，温州市科协将继续支持联合体此类活动，共同打造“样板”，为全市乃至全省提供可借鉴、可示范、可推广、可复制的“苍南经验”。

29. 电商兴市　助力商城转型升级

12月13日，由临沂商城管理委员会、临沂市商务局主办，临沂商城电子商务促进会、临沂沂峰网络科技服务有限公司承办的2018临沂商城B2B电商峰会暨十大网商颁奖典礼在临沂蓝海国际饭店隆重举行。目的是帮助更多的网商朋友们获得更多的方法和实战经验，推动临沂电商经济及临沂商城转型升级。电商模式的不断更新也带动起“商贸城”“物流城”的临沂向前发展。

临沂市政府副市长陈强、临沂市政协副主席、临沂商城管委会主任李宗涛、临沂商城党工委书记仉天青、阿里巴巴CBU销售服务事业部总经理竺海伟等相关单位负责人出席活动。

临沂市政协副主席、临沂商城管理委员会主任李宗涛在致辞中指出2018临沂商城B2B电商峰会是临沂商城落实全省新旧动能转换重大工程部署要求，落实“电商兴市”的具体行动重大举措。市委市政府把电子商务作为“8+8”产业计划的新兴产业之一予以重点培育。今天以“电商兴市　助力商城转型升级”为主题的电商峰会，旨在集聚行业智慧，共谋发展良策，助力临沂商城电子商务产业培育壮大。

临沂市政府副市长陈强在大会上做重要讲话，电子商务是推动新旧动能转换、实现经济提质增效的重要路径。临沂作为“商贸名城、物流之都”，更应在新时代中插上互联网的翅膀，实现经济的腾飞。近年来，全市上下按照“走在前列”的要求，加快实施新旧动能转换工程和商贸带动战略，全力抓好各项工作，经济社会呈现出良好发展态势。临沂市委、市政府高度重视发展电子商务，积极创新思路、强化引领规范、加快推进实施，全市电商产业已进入蓬勃发展的快车道。

连续三届获得“临沂 B2B 十大网商”的临沂领杰包装有限公司在会上跟大家分享了作为传统企业的电商发展之路，详细阐述了领杰“三次转型”“三次升级”得两个阶段，通过公司对组织架构和商业模式的升级，助力企业不断扩大规模提升至过亿产值。

30. 杨自明带队督导周口质监系统“质量提升行动年”活动等三项工作开展情况

省局党组成员、副局长杨自明带队督导周口特种设备和食品相关产品隐患排查治理、环境污染防治攻坚战、“质量提升活动年”活动三项工作。

督导组听取周口质监局的工作汇报，查阅三项工作的相关见证材料，并随机抽取四家企业进行现场督查。在新华正塑编包装有限公司，杨自明向企业负责人深入了解了企业的生产经营状况，并详细了解辖区质监局的监管工作。

杨自明对周口质监系统落实三项工作的情况给予肯定，对下一步工作提出要求：一是食品相关产品生产企业进一步强化主体责任，落实环境保护、安全防护等管理制度，确保不出问题，筑牢质量安全防线；二是在督导中发现的问题，要限期整改，相关单位要加强后续监督，确保整改到位；三要做到监督检查工作常态化，全面排查隐患，杜绝特重大事故的发生。

31. 苍南干部进企服务受欢迎企业走访率100%化解问题 105 个

为进一步发挥民营经济在苍南高质量发展中的主力军作用，苍南县从今年 11 月起按照全市开展“万名干部进万企”专项行动要求，实行苍南县乡联动，近千名干部“一对一”进企服务，聚焦当前企业发展面临的困难和问题，切实帮助企业提振发展信心、化解发展难题，着力打造最优营商环境。

据了解，自全市“万名干部进万企”专项行动开展以来，苍南县选派了 850 名优秀干部，“一对一”开展结对帮扶行动，其中苍南县级干部 385 名，乡镇干部 465 名。助企干部问冷暖、问实情、问对策、问项目和问思路，切实帮助企业提振发展信心、把握发展态势、化解发展难题、增强发展后劲、明确发展路径。目前已化解各类问题 105 个，实现企业走访率 100%，真正做到助有所变、助有所成。

32. 普定县年产 9 亿条编织袋包装项目投产

普定县年产 9 亿条编织袋包装项目隶属于贵州博大包装有限公司，是普定县“千企改造”重点项目。项目由“中国塑编城”投资建设，总投资 4 亿元，固定资产投资 2.8 亿元。公司现有职工 500 余人，主要来自于企业周边乡镇。

博大包装有限公司主要从事塑料制品（以编织袋为主）和纸包装的生产、销售及贸易；生产规模达到年产量 9 亿条。公司拥有研发、设计、拉丝、编织、彩印、复合、制袋、检测一条龙的编织袋生产体系，通过了 IS09001：2008 质量管理体系认证。拥有塑编行业专利 12 个，多个水泥包装袋生产工艺环节均属全国首创，整个生产过程实现了高效智能生产。

目前，公司一期已建成投产。今年，公司投入巨资从奥地利史太林格公司引进全球最先进的热封糊底阀口袋制袋系统两套，生产出全球最顶级的水泥包装袋，实现“水泥进超市”的行业梦想。公司引进的奥地利全进口方底阀口袋生产线已投产，该条生产线是目前国际上最先进的包装袋生产线，具有节能减耗，环保等优势。该条生产线年产值可达 6000 万元以上。

33. 塑编专委会常务副秘书长赵克武到徐州沛县走访

为作好产业提升，抓好清洁生产，促进沛县塑编产业健康发展，12 月 26～27 日，塑编专委会常务副秘书长赵克武一行来到沛县，在沛县温州塑编商会会长罗承锡、秘书长程志庭等陪同下先后走访了江苏省徐州大顺包装有限公司、徐州万丰塑业有限公司、徐州冠新塑编有限公司、徐州宏华塑业有限公司、徐州市国塑包装品有限公司等企业，并跟当地部分塑编企业负责人就生产经营、营商环境、环保治理、产品开发、劳动用工等方面进行深入交流。

沛县是全国塑编企业集中地之一，大大小小有 130 多家塑编企业，大部分是当地政府招商引进的温州塑编企业。塑编产业年产值约 80 亿左右，年上交利税约 4 亿，解决就业 2 万多人，是沛县三大支柱产业之一。

在沛县调研过程中，正赶上中央环境保护督察组对“徐州市大气污染十分突出”问题进行督察整改。据罗会长介绍：当地塑编企业已被停产 20 多天，沛县塑编企业停产一天损失高达几百万，上万工人无活可干，造成有些工人家庭生活十分困难。

一年来，因环保检查被停产好几次，损失无法估计，各企业老板十分痛心和无奈。因为当地治理环境污染的缘故，沛县所有塑编企业都安装了环保设备，并经当地环保部门验收全部达标，生产过程全天候处于环保的监控之中。因大气污染原因政府令塑编企业连续 20 多天的停产，然而沛县的大气污染依旧，这让我们对政府环保治理的精准性表示担忧。

一年来，徐州温州商会积极向当地政府各部门反映情况，也希望通过塑编专委会向国家层面反映情况，解决沛县塑编企业面临的困境。

赵秘书长对沛县塑编企业在环保治理方面做出的努力表示肯定，也感谢这些塑编企业老板辛勤奋斗，让塑编行业在沛县形成产业规模。同时指出在环保趋严的大背景下，沛县塑编产业要想得到持续健康发展，企业也必须在清洁生产方面多下功夫，要从工厂的厂容厂貌、车间的生产环境改变和企业管理方面下功夫，改变当地政府对塑编行业“脏、乱、差”的印象，争取当地政府更多的支持。同时，沛县塑编企业也要进行提升改造，淘汰高能耗的设备，更多的使用节能、高效、自动化程度高的机器设备，逐渐减少再生料的使用，提高产品的档次和品质。

期间，赵秘书长还会见了沛县工商联主席张文华，双方进行了深入交流，张主席对塑编专委会常务副秘书长赵克武一行来沛县考察调研表示欢迎。张主席介绍道：沛县是能源大县，沛县有三大支柱产业煤炭电力、纺织、塑编，煤炭已有 50 年的开采史，已不太景气，最近几年当地发展比较快的是纺织等行业。塑编产业是沛县的支柱产业之一，在解决当地就业，稳定政府税收方面起到了很大的作用，大部分企业受惠于能源大县的较低的电价。对目前塑编企业遇到的困境，张主席表示要积极联系政府相关部门寻求解决问题的办法。

赵秘书长回京后马上将沛县塑编企业停产实际情况向协会进行了汇报，协会领导对此非常重视，已通过相关渠道向有关部门进行反映。

后与程志庭秘书长联系了解到沛县塑编企业已全部恢复生产。

34. 塑编专委会常务副秘书长赵克武走进临沂盛德进行调研

12 月 25 日，塑编专委会常务副秘书长赵克武为开展塑料篷布标准制定工作来到了篷布生产集中地山东临沂，对当地篷布行业及生产企业进行走访、调研。

此次走访的是临沂最大的塑料篷布生产企业——临沂盛德塑胶有限公司。公司成立于 2003 年 9 月，位于山东省临沂市兰山区李官工业园，占地面积 56000 余平方米，建筑面积 40000 余平方米，总投资人民币 6000 万元，注册资金 600 万元。公司集生产、加工、销售于一体，是生产加工 PE 篷布的专业厂家。公司拥有 200 多台水织机，16 台拉丝机，500 多名员工，年产量在 20000 吨以上。2017 年又投资数千万元，建设占地 100 多亩新厂，今年正式投产。新厂建成后，主要做一些高端产品，产能 15000 吨。新增 6 台高速拉丝机，公司的水织机都是自己研发的 4.5 米幅宽的机型，处于行业领先水平。公司本着以质量求生存、以信誉求发展、以人为本，客户至上的经营理念，打造卓越企业，创造优质品牌，多年来与客户建立了良好的业务关系，在同行业中，建立起了自己的品牌和信誉，生产的“盛德”牌篷布深受全国各地及国外用户的欢迎。

篷布在生活中应用广泛，具有防晒、防雨等多种作用，主要运用于交通运输、仓储物流及建筑等方面。20 年前，戴总仅用千元资金，从经销篷布开始做起，到现在资产过亿，产品受到大家的认可，期间虽历经各种困难和磨难，但这也正说明篷布行业广阔的发展空间。现在篷布种类繁多，产品质量相差悬殊，不乏有低价竞争者扰乱市场，同质化竞争严重。此外，行业产品无品牌运营较多，存在模仿和抄袭的问题，急需加强行业规范化管理。

赵秘书长认为篷布行业急需行业自律，规范经营，制定产品标准，通过标准规范市场，引导企业理性竞争，推动行业健康发展。企业也要勇于开拓，敢于创新，要有自己的核心技术，并形成竞争优势。盛德在这方面走在了行业的前列，从产品到生产设备都有自己的研发成果，是塑料篷布行业的佼佼者。

戴总表示将大力支持制定塑料篷布标准，并愿意为制定标准出人出力，为篷布行业发展做出贡献。

35. 康平塑编协会百余名企业家共庆新年

2018 年 12 月 31 日，正值辞旧迎新之际，沈阳市康平县塑编协会举办会员大会，来自辽宁康平经济开发区管委会的领导和康平塑编协会成员们齐聚一堂，回顾 2018 年协会工作，部署 2019 年重点工作。

会上，辽宁康平经济开发区副主任庄占祥发表致辞，他说，开发区党工委将树立服务至上理念，坚决落实市委提出的“要把服务企业印到骨髓里，植到基因中”的要求，当好“店小二”，做好服务工作。庄占祥希望，与会人员在新的一年里，要同心同德，同舟共济，共同为康平塑编产业高质量发展贡献力量。

康平塑编协会会长易会杰代表康平县塑编协会理事会作了工作报告。

康平塑编协会秘书长李阳普主持会议。

36. 2018坤达科技农牧包装高峰论坛在苍南隆重召开

2018年12月31日，“包装新风尚　编织大品牌”2018坤达科技农牧包装高峰论坛在苍南国际大酒店盛大召开，来自行业内外的领导嘉宾、学者专家、事业伙伴们携手共襄，一起为塑编行业的发展聚起一轮思维，融出一片天地。

苍南县经信委杨义坛局长发表了热情洋溢的致辞，对远道而来的嘉宾、企业家朋友们表示热烈欢迎和感谢。他说，苍南被誉为“浙江美丽南大门”，这既是苍南发展的一个美好梦想，又是今后的战略目标。塑编产业是苍南县的主导产业、传统优势产业、富民强县产业，目前塑编行业正逐步迈向智能化。

中国塑协副理事长、高级工程师马占峰作了《塑编行业提升思路分析》的主题演讲。他从塑料加工业地位到当前塑料加工业形势等方面指出，目前塑编发展产业链较完整，布局较合理，整体实力较强，提出了未来塑料编织行业提升思路，塑编行业降本增效的主要途径：一要采用高性能的原材料、多功能高级填充母料，以及先进技术、工艺、配方达到的低克重高品质产品，最终实现塑编产品轻量化、高质量的目标；二要采用精密、高效、稳定、节能、智能化的设备；三要转变发展观念，从过去依靠量的增加产能扩大的发展方式转到依靠技术进步实现创新驱动发展的路子上来。

坤达科技董事长最后发表了《塑编包装如何领航品牌创新》的主题演讲。他介绍了塑编产业的基本情况、产业价值观变化，分析了塑编产业SWOT趋势，即行业发展优势、劣势、机遇和挑战等方面。同时，分享了目前坤达科技研发中心的工作方向和工作目标。

37. 领杰包装荣获临沂2018年度电子商务十大影响力品牌

12月29日，由临沂商城总商会、中国有赞、临沂商城电子商务促进会主办，临沂商城电商创业园管理有限公司承办的“开放·连接·未来”临沂市第二届电商品牌文化节暨“社交电商有赞鲁中商盟”成立大会在临沂蓝海大酒店（商城店）成功举办。

29日，临沂电商品牌文化节拉开帷幕，近百家著名电商企业、电商平台齐聚临沂，共话电商未来！第二届电商品牌文化节现场探讨电子商务新趋势下的机遇与挑战、赋能企业新电商思维、新零售渠道和新商业模式，服务临沂商城乃至鲁南区域电商产业集聚发展。

经过专家评审组评选，在临沂第二届电商品牌文化节颁发了2018年度优秀电子商务企业/个人奖项。临沂领杰包装有限公司荣获“电子商务十大影响力品牌奖”。

38. 苍南县塑料行业协会赴福建师范大学开展考察对接活动

为进一步加强企业与高等院校的产学研合作，促进苍南塑料制品业改造提升。12月14~15日，苍南县塑料行业协会组织学会企业联合体成员单位以及相关会员企业代表在协会党支部书记许良然带领下，赴福建师范大学开展考察对接活动。此次活动得到浙江省塑料工程学会的大力支持。

在福建师范大学福建省改性塑料技术开发基地副主任、中国塑料加工工业协会改性塑料专业委员会常务副秘书长杨松伟，福建师范大学福清分校海洋与生化工程学院院长林渊智的陪同下，考察团一行先后走访了2个校区，先后参观了聚合物资源绿色循环利用教育部工程研究中心等科研平台和包装设计、高分子材料等相关实验室，还实地观摩了福融辉实业（福建）有限公司、福建友谊胶粘带集团有限公司两家当地塑料企业的生产车间和展示厅。随后在福建师范大学福清分校图书馆学术报告厅召开校企合作研讨会。

39. “2018中国塑包纺织产业峰会暨博览会”浙江平阳萧江召开

9月29日，以“经纬中国编织梦想”为主题的2018中国塑包纺织产业峰会暨博览会在浙江平阳萧江拉开帷幕。来自国内外塑包纺织业界精英欢聚一堂，共同研讨当前塑包纺织产业面临的问题和挑战，预测未来塑包智能织造、数字经济带给中国塑包纺织产业转型提质的发展趋势。开幕式上，随着萧江“包装小镇”建设项目正式启动，标志着萧江为中国塑包纺织产业转型提速搭建起了一个大平台。

塑包纺织产业的健康发展与中国包装产业的市场繁荣密切相关。当天，中国塑包纺织产业峰会举办的《中国塑包纺织产业峰会高端论坛》现场，邀请业界专家围绕塑包纺织产业的发展方向畅所欲言、献计献策，对中国塑包纺织产业今后发展的导向明晰，促进塑包纺织产业主动吸收与借鉴国内外优秀成果，促进企业加快在新装备、新材料、新技术、新模式的探索与应用，进一步提升企业的核心竞争力，为整个产业的转型提质提供理论支撑。中国塑包纺织产业博览会则以打造最为专业的行业盛会为目标，展厅面积 2 万米^2，分成品、设备、综合 3 个区，设 5 个展馆，共有展位 295 个。展会吸引了 205 家国内外塑包企业参展，参展对象涵盖塑包纺织企业，以及机械设备、软件工控、电雕制版、包装材料、原料辅料等全产业链企业。开展当天，参观人数超过两万人。

中国塑协理事长马占峰、副秘书长孙冬泉，中国塑协塑编专委会常务副秘书长赵克武应邀参加了活动。

40. 塑编专委会常务副秘书长赵克武应邀参加 2018（第十一届）国际柔性集装袋行业发展论坛

2018 年 9 月 18 日，塑编专委会常务副秘书长赵克武应邀参加了在南京召开的“2018（第十一届）国际柔性集装袋行业发展论坛”，并在会议上做了“2018 塑编产业链报告”与参会的集装袋企业共同探讨集装袋国内外市场发展情况。

结束语

今年是实施“十三五”规划最后一年，也是塑编行业转变发展方式，调整优化结构，全面提升产业整体水平，实现高质量发展的重要一年。2019 年经济增长出现缓降，企业经营存在较大困难。我们要进一步坚定信心，不失时机地加快转变发展方式，加快调整优化结构，加快技术进步和科技创新，促进塑编行业健康、可持续发展。改变塑编行业产能过剩、生产集中度低、规模偏小、产品结构不合理、技术力量薄弱、创新能力不强等问题。让我们携手共进，开拓创新，谱写塑编行业高质量发展新篇章！

（中国塑协塑料编织制品专业委员会　赵克武）

塑料管道

近年塑料管道行业不断优化产业结构，努力提升产品品质，加强科技创新力度，补短板，强服务，在新环境下，不断培育发展新动能，巩固和提高市场竞争能力，促进行业不断进步，推进行业高质量发展。

一、行业现状

2018 年，我国经济发展在高基数上总体平稳、稳中有进。2019 年是新中国成立 70 周年，是全面建成小康社会、实现第一个百年奋斗目标的关键之年。国家坚持稳中求进工作总基调，坚持推动高质量发展，坚持以供给侧结构性改革为主线，坚持深化市场化改革、扩大高水平开放，加快建设现代化经济体系。

同整体环境相适应，塑料管道行业也迎来新的、不同以往的发展时期。国家加快管网改造、提高城镇化水平、实施农村饮水安全巩固提升工程，提高 6000 万农村人口供水保障水平；完成新一轮农村电网升级改造；对城镇老旧小区大力进行改造提升工程；推动共建“一带一路”；开展农村人居环境整治，推进“厕所革命”、垃圾污水治理，建设美丽乡村等政策的拉动下，塑料管道市场仍稳步发展。

1. 产量稳步提高

近年来，塑料管道行业总产量保持稳健增长，见表 1。中国目前依然为塑料管道生产和应用的最大国家，在全球塑料管道行业占有重要地位，发挥着重要作用。

表 1　　近年塑料管道产量和增长速度

年份	2014	2015	2016	2017	2018
产量/万吨	1300.0	1380.0	1436.0	1522.0	1567.0
增长率/%	7.40	6.15	4.06	6.00	3.00

2. 出口仍然增长

塑料管道的出口量、出口额继续保持稳定增长。表 2 为近年塑料管道出口情况。

表 2　近年来塑料管道出口情况

项目 年份	出口量/万吨	增长率/%	占总产量比例/%	出口额/亿美元	增长率/%
2014 年	56.69	7.47	4.4	22.94	6.93
2015 年	54.47	-3.94	4.0	22.13	-3.50
2016 年	58.22	5.87	4.1	21.40	-3.97
2017 年	66.01	13.19	4.3	24.20	12.98
2018 年	71.55	8.39	4.6	27.19	12.36
2019 年 1~6 月	塑料板、管、型材			141.09	9.53

3. 产业结构持续优化

塑料管道行业产业结构发生了较大变化，规模较大、品质好的企业发展步伐加快，并开始将目光转向国际市场，以“一带一路”沿线国家为目标，走出国门；规模小、总体水平低的企业发展则出现了困难，有部分企业停产或转产。

4. 科技创新步伐加快

作为主体的企业创新意识不断加强，行业的科技创新及技术进步水平持续提升，科技成果落地速度加快。企业在新产品研发、智能制造等方面取得显著成果，一些产品已有较高的技术水平并获得自主知识产权，管道连接技术、管件、检查井等配套设施进一步完善，自动化、智能化建设越来越受到重视。

5. 产品品质整体提升

近年行业企业共同努力，塑料管道产品整体质量水平显著提升。行业在品种增加、品质提升、品牌建设方面作出积极努力，行业企业在自律公约、质量保障联盟等开展工作不断引导下，行业的产品质量总体水平提高较大，企业在产品质量安全方面达成共识，“安全可靠、高品质”成为市场竞争关键词，“提供放心产品及服务”成为行业发展主流。

6. PVC 用铅盐热稳定剂替代等生态化建设取得积极进展

塑料管道行业生态化建设不断取得进步，尤其面对一些外来非议，强化绿色发展工作。在专委会组织的 PVC 管材、管件“禁铅”工作中，采用环保型热稳定剂替代铅盐稳定剂工作进展迅速，一些大企业以及率先完成整体禁铅工作，为行业的无铅化打下重要基础。在一些新产品的研发、生产上也能体现环保节能工作的进步。行业企业更加关注环保、健康的产品生产，在绿色产品研发方面投入力度加大。一些企业绿色管道产品逐步扩大市场份额。

7. 国际影响力持续扩大

近年行业积极参与和举办国际交流活动，极大提高了行业的国际影响力。行业利用一带一路契机，积极引导国内企业走出国门，打开国际市场，在产品应用、技术引进、设备更新、市场推广等方面与国外企业加强合作，拓展了企业发展空间。一些外国同行希望了解并加入我国塑料管道行业的发展，行业国际影响力整体提升。

二、存在问题

行业取得成绩的同时，我们也要看到，一些不平衡、不充分的问题，仍影响着塑料管道行业的更好发展。行业生产能力仍持续供大于求，产品质量水平参差不齐，标准化工作有待加强，创新意识还需进一步提高等，这些都是行业急需解决的问题。

1. 市场引导工作需要上一个台阶

近年来，塑料管道产品市场发生了一些新的变化，有的材料管材应用量提升较快，而有的材料管材应用量增长相对迟缓，导致产品自身发展不平衡。加之市场引导能力还较弱，行业产能持续供大于求，造成供求关系的不平衡。未来的发展中，塑料管道行业应加强对市场信心的维护，加强对市场预期的引导，充分发挥自身产品优势，引导市场，创造需求，促进行业发展更上新台阶。

2. 技术创新的动力不足

经过多年的发展，塑料管道行业在产品及技术创新等方面取得了一定的成绩，但在实际应用中，还存在不足，比如基础技术创新速度及技术落地速度较慢，新产品应用过程时间较长，高端技术进步不明显，行业中有的企业还偏重于仿制产品，只想做大不想做精做专，有的企业科技研发投入不够等。究其原因，一是企业创新意识不强，二是市场需求特点等原因导致企业创新动力不足。下一步，行业要优化产品结构、提高科技研发能力，要加强追赶国际高端技术，着力开发附加值高的高端产品，增强产品配套技术能力，加强基础技术创新步伐，弥补创新动力不足的问题。

3. 行业的竞争能力仍有待提高

其他材料管道产品近年来发展较快，有的管道产品完善了自身原有的不足，有的品种已经有较好的进步。随着其他材质管道产品的竞争力逐步增强，塑料管道产品自身优势逐渐被弱化，市场空间受到挤压，提高行业竞争力已迫在眉睫。2018 年，塑料管道贸易顺差虽然达到 15.31 亿美元，但代价是 71.55 万吨出口量与 7.50 万吨进口量的比值，进口单价是出口单价的 4 倍，说明我们高值化产品相对较少。接下来的发展中，我们要继续通过创新提高各项技术指标，增强产品自身综合竞争力。

4. 市场环境的进一步改善需要大家共同努力

虽然近年来塑料管道行业通过诚信建设等方式，已经在一定程度上改善了市场无序竞争问题，但就目前的市场来看，竞争环境还有待提升，市场的无序竞争严重影响着行业的健康发展。行业中仍然存在部分企业不按产品标准生产制品的现象，甚至有的规模较大的企业依然存在不同程度的类似问题。市场上中低端产品、通用产品占市场的大部分，而高技术、高附加值的产品相对较少，有的市场、招投标项目需要的还是低价劣质产品。行业要围绕提高产品质量等任务加倍努力，针对有的市场、招投标项目需要低价产品等现象，团结起来进行抵制。而在未来，如何抓住利于自身发展的机遇，如何借助国家相关政策利好实现自我突破，将成为塑料管道企业需要重点解决的问题。

5. 产业链的协调发展应进一步加强

作为塑料制品加工企业，产业链上游原辅材料供应能力及下游市场的需求变化直接影响着行业的发展。目前上游有的树脂品种存在规格、数量的不足，有的品种质量尚不十分稳定，有的品种还依靠进口，改性料、填充剂、色母粒、助剂等有的产品还需提高水平，而且原料市场价格波动也直接影响到了塑料管道生产企业的正常生产经营；作为下游的应用市场，一些客户对低端产品的需求，以及低价中标等现象的存在在一定程度上影响了企业经营方向。如何找到整个产业链的发展协调一致的方法和途径，如何促进整个产业链协同发展，已经成为整个行业面临的严峻课题。

行业要围绕提高产品质量等任务加倍努力，有的市场、招投标项目需要低价产品。

三、发展建议

塑料管道近年的稳定发展得益于经济建设需求的拉动、相关政策的推动、设计单位和应用领域的认可以及塑料管道产品本身特有的性能优势和产品品质的提升。我们还要不断努力，扬长避短，拓展新市场，培育行业发展新动能；通过创新驱动发展，不断引导行业品质提升，通过搭建全产业链协调平台，资源集聚，精准对接，提升塑料管道的市场竞争力，实现塑料管道行业的高质量发展。

1. 不断加快科技创新步伐，引导行业不断进步

创新是经济社会发展的重要驱动力量，也是推动供给侧改革的突破口和关键点。行业要做好培育产品创新中心、企业工程技术中心等研发平台工作，推进关键技术和创新产品的研发及产业化。

要提高自主创新能力。不断激发行业发展新路径，紧跟时代发展，及时发现、挖掘新市场、新用户、新需求，做好行业市场开拓工作。要根据市场需求，及时引导产品发展方向，做好产品附加值提升工作，逐步向高端化发展。要建立行业创新体系。落实创新驱动战略，优化产业结构，引导企业加大对技术创新的投资力度，构建以企业为主体、市场为导向、产学研相结合的技术创新体系。推进政产学研金用一体化发展，提高科技成果转化效率。

要实现创新发展战略目标。针对行业发展实际，将《塑料加工业技术进步“十三五”发展指导意见》《中国塑料管道行业“十三五”期间（2016-2020）发展建议》的创新发展建议落到实处，持续深化创新驱动发展。

2. 为应用领域提供高品质产品，满足应用领域的高质量需求

塑料管道行业要实现从“数量”到“质量”的新提升，就应将品质化发展作为企业之本。

随着市场环境的逐步规范，应用市场越来越关注塑料管道的产品质量。目前，塑料管道行业发展迎来了“品质提升”关键期，从原料到应用，从制造到销售，从品牌到管理，各个环节都需要提升品质，由粗放走向精细。

制订品质提升发展计划。要制定切实可行的品质提升发展计划，设立目标，建立长效运行机制，开展塑料管道及相关产品的品质提升工作。弘扬工匠精神。充分发挥工匠精神，关注从原料到生产、从产品到销售、从市场到服务等各个环节，切实做好品质提升工作。加快诚信体系建设。加快建设、完善行业诚信体系，通过组建行业联盟、建立相关工作组、签署行业公约、自愿承诺书、信用评价等形式，积极推进行业诚信体系建设和行业自律行为。

3. 建立可持续性发展模式，践行绿色发展理念

绿色发展已成为时代发展主题。塑料管道是绿色产品，符合国家长远发展战略。塑料管道行业要牢固树立“绿水青山就是金山银山”的理念，大力实施绿色发展战略，构建绿色产品、绿色工厂、绿色园区为主的绿色制造体系，推动节能减排和资源综合利用。

建立绿色发展体系。行业应加快建立绿色发展体系，建立绿色发展的长效机制，引导企业实施产品全生命周期绿色管理，减低能耗，减少温室气体排放，减少污染排放。有效推进绿色生产。首先要做好基础工作，切实解决企业绿色生产中遇到的困难和问题，围绕“践行绿色发展，实现 PVC 管材管件产品无铅化”这一主线，积极强化科技创新的引领作用，大力推进环保型非铅盐热稳定剂在所有 PVC 管材、管件产品中的应用，构建行业绿色发展新格局。围绕绿色发展寻找新的经济增长点。要围绕需求，在产品研发、市场推广、售后服务等环节，构建市场导向的绿色技术创新体系，强化绿色技术创新、绿色生产的经济激励作用，促进企业内部对绿色技术、绿色生产推广应用的积极性，使之成为新的经济增长点。

4. 完善科学的服务体系，提供特色、优质服务

市场越来越强调服务理念。目前有的塑料管道企业在服务方面还有不足。在全新的市场需求下，行业要做好服务体系建设，系统化为应用领域做好服务工作，做好产品的各种配套工作，企业在产品研发、技术进步、售后服务等各环节要加强力度。行业要从现有产品入手，增加产品生产中的服务要素投入，向研发、设计等价值链上游扩展，提高产品附加值；围绕产品功能扩展服务业务，向营销、售后等服务下游延伸。行业要经形成具有特色的服务体系，为用户领域提供全方位的系统服务及系统解决方案，在售前、售中、售后服务方面逐渐形成特色，并依托自身市场实力开展更为细致、便捷的服务。

5. 推动智能化发展，实现塑料管道智造

加速新一代信息技术与制造业融合，是深化供给侧结构性改革的重要举措。塑料管道行业要深化制造业与信息技术的融合，促进智能制造发展，依靠工业互联网实现研发、设计、生产、流通和服务等全流程、全方位的数字化、信息化和智能化发展，运用大数据智能化新技术改造提升传统产业，推动企业开展机器换人，提高企业智能化水平，推动行业转型升级。行业骨干企业在智能化生产方面的投入力度提升较快，通过机器换人、智慧生产等方式，提升生产效率，提高产品质量，降低运营成本，增加市场竞争力。让“智能化”生产成为行业骨干企业的常态化发展模式，同时带动整个行业智能化生产的不断进步。

6. 不断深化国际化发展，提升行业影响力及综合竞争能力

塑料管道行业要及时调整发展方向，瞄准国际化发展目标，不断推动我国向塑料管道强国的目标迈进。越来越多的国际型塑料管道企业开始寻找新的市场机遇，不断参与到中国市场的竞争当中，这为国内塑料管道行业企业带来挑战，同时也向国内企业全球化发展提出了新的要求。

我国是世界塑料管道生产和应用最大国家，在产品研发、生产等方面与国际一流水平的差距日益减小，但要实现由追赶到并行最后实现超越的目标还有一定距离。塑料管道行业要不断加大国际化力度，充分利用国家“一带一路”发展契机，带领行业企业“走出去”，深入推进国际化发展步伐。通过组织国际性会议、展会等方式，提升我国塑料管道行业的世界影响力；通过学习国外先进经验，提升自身技术及管理水平；通过与国外同行合作等方式，加快先进技术的融合及应用；通过海外投资等方式，建立我国塑料管道世界性生产基地，拓展海外市场。

世界经济已经进入新旧动能转换期，我国经济发展也进入了新时代，基本特征就是我国经济已由高速增长阶段转向高质量发展阶段。我们要适应这

种变局，发挥塑料管道行业在经济发展中的重要作用，在实现满足人民对美好生活得更好需求的过程中作出新贡献。我们要继续努力，加强创新驱动，在转型中谋求发展，走出一条适合中国塑料管道行业发展实际的品质化、标准化、智能化、绿色化、多元化、产业链化、国际化的发展之路，促进塑料管道行业不断进步。

四、专委会活动

1. 举办第十届一次理事会议

2018 年 3 月 9 日，在湖北武汉召开了中国塑料加工工业协会塑料管道专业委员会第十届一次理事会议，讨论了 PVC 管材及管件环保热稳定剂铅盐替代工作进展情况，以及开展行业检查工作设想；PVC 管材和管件生产企业介绍了各自环保热稳定剂铅盐替代工作的进展情况，以及遇到的困难和问题；理事单位中环保热稳定剂企业对相关问题进行了反馈。与会代表通过表决，赞同对 PVC 管材及管件环保热稳定剂铅盐替代工作的开展结果进行合适方式检查并将结果予以发布。

2. 召开专委会第十届二次会员代表大会（2018 年年会）

2018 年 4 月 12~13 日，在浙江省台州市召开了“中国塑料加工工业协会塑料管道专业委员会第十届二次会员大会暨 2018 年塑料管道行业交流会”。来自相关单位的领导、专家、会员单位、塑料管道生产企业、上下游企业、行业协会、检测机构、认证单位、相关媒体等 547 位代表参加了会议。

会议组织代表观看了央视“3.15 晚会”播出的“多地市政管道偷工减料，造假手段五花八门”专题报道，张建均理事长宣读了“提升产品质量，严守诚信底线”承诺责任书，组织参会企业签署了责任书。

会议围绕“新时代　新目标　新贡献”主题内容，安排了塑料管道原料、助剂、设备、新技术、检测、应用、标准化、质量管理及宏观经济发展趋势、行业发展等方面 29 个专题报告，安排了 20 家塑料管道制品、加工装备、助剂、检测设备、辅助装备等公司的产品展示。

会议号召塑料管道行业应根据“新时代　新目标　新贡献”的会议主题积极努力，在新时代里，设立发展新目标，积极抓住机遇，迎接挑战，不断加强创新驱动发展，提升品质水平，加快智能制造步伐，优化产业结构、转变发展方式，共同促进塑料管道行业在新时代取得新成绩，为满足人民对美好生活的需要作出新贡献。

3. 组织 3 期理事长沙龙活动，讨论行业发展中面临的问题，研究相关对策，为行业发展献计献策

2018 年，专委会分别于 1 月、5 月和 11 月组织召开了 3 次理事长沙龙活动，分别以“塑料管道行业要不断坚持品牌创新与发展”“提升管道品质　拓展应用领域”“适应新常态　发展新动能”为主题，讨论了塑料管道行业在新常态下如何提升自身品质、拓展应用领域、坚守品牌的创新与发展等问题，为行业发展提出了新的目标和方向。

4. 召开“塑料管道行业产业链新技术、新产品应用研讨会”，推动行业产业链化发展及技术创新进展

2018 年 10 月 27 日，塑料管道行业产业链新技术、新产品应用研讨会在南京召开，共有代表近 200 人参加了会议。会议安排了 11 位行业专家、同仁进行专题报告，展开相关交流，内容涵盖石油领域油气用塑料管道、增强热塑性塑料管道（RTP）、氯化聚氯乙烯管道（PVC-C）、玻纤增强聚丙烯管道配套技术、智能化系统在行业中的应用及团体标准等领域。

5. 全力支持中国塑协主办的“四新展”工作，为行业企业搭建交流与展示平台

2018 年 10 月 28~30 日，“2018 中国国际塑料展览会暨第三届塑料新材料、新技术、新装备、新产品展览会”在南京国际展览中心举行。为做好相关工作，专委会专门组织人力进行招展工作。经过努力，在大家的支持下，专委会超额完成了招展任务。

6. 持续开展专业人员培训工作，培养行业专业人才

2018 年 5 月 30 日~6 月 1 日，专委会与国家化学建筑材料测试中心（材料测试部）联合举办了第十期塑料管道产品检测技术培训班，为来自塑料管道加工企业及相关单位近 200 名技术人员进行了专业培训，提升了行业检测水平，夯实了行业发展的人才基础。

（中国塑料加工工业协会　王占杰
中国塑协塑料管道专业委员会
赵艳　郭晶　唐维　范艳菊）

BOPP 薄膜

一、行业现状

（一）行业概况

2018 年，全国塑料制品行业汇总统计企业塑料制品产量为 6042.15 万吨，同比增长 1.10%。从塑料制品分类来看，2018 年的塑料薄膜产量为 1180.36 万吨，同比增长 0.89%，占全国塑料制品的 19.5%。塑料薄膜产业作为包装和新材料的主导产业，在塑料加工业中占有极其重要的地位，以功能膜、光学膜为代表的塑料膜材料更是 21 世纪新材料的重要组成部分，在我国战略新兴产业的中扮演着重要的角色。

在众多功能性膜材中，双向拉伸聚丙烯（BOPP）薄膜是一种综合性能优异的薄膜材料，具有质轻、无毒、无臭、防潮、机械强度高，尺寸稳定性好、印刷性能良好、透明性好、阻隔性好、抗冲强度高、耐低温等优点，应用非常广泛，中国 BOPP 薄膜行业产能占据全球市场份额超过 50%，存在中低端产品重复投资、同质化严重，高端产品比重不高，产品创新严重不足，利润率持续走低，市场竞争白热化，受原材料价格影响较大等问题。

（二）行业分析

2018 年中国的 BOPP 市场，新增投产脚步放缓，行业产能分布格局依旧不均，华东、华南及华北仍是 BOPP 主要产能集中地，产能占比约为 85%。根据中国塑协双向拉伸聚丙烯薄膜（BOPP）专委会的调查，2018 年 BOPP 薄膜统计总产能 603.2 万吨，统计总产量为 340.5 万吨，考虑到统计误差和未统计企业的产量，2018 年 BOPP 薄膜有效产能约为 560 万吨，实际产量约为 420 万吨，2018 年实际开机率约为 75%，比 2017 年实际开机率 71.67%增长 3.33 个百分点。

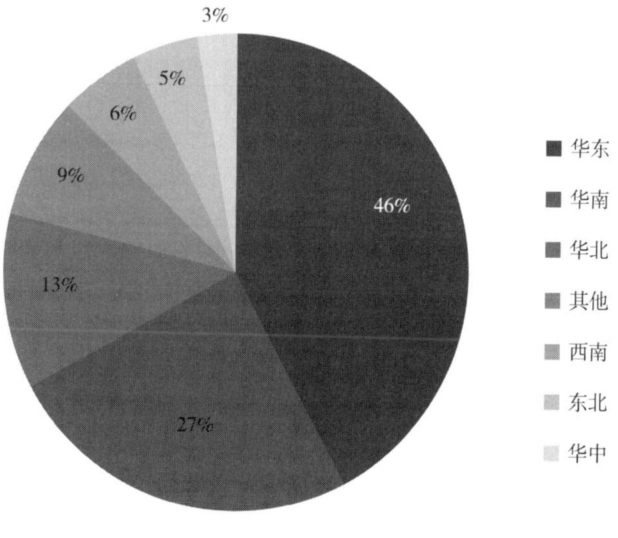

产能占比

2018 年中国 BOPP 新增生产线统计

生产企业	投产日期	宽度/米	年产能/万吨	备注
重庆金田	2018 年 1 月	8.2	3.15	标签膜、厚光膜
中山永宁	2018 年 3 月	8.7	4.1	珠光膜、合成纸
宿迁金田	2018 年 11 月	8.7	4.5	超厚光膜、厚热封膜

截至 2018 年 11 月，中国 BOPP 行业分别有重庆金田、宿迁金田及中山永宁三家新增生产线，新增产能达 11.7 万吨/年。新增的三条生产线后续生产定位不再是普通厚光膜、光膜系列，已开始向高阻隔膜、标签膜、珠光膜、超厚膜、预涂膜、消光膜等方向发展。产品差异化发展思路，BOPP 膜厂已开始在实践。这一现象也反映出当前中国 BOPP 生产企业已认识到供应量明显高于需求量，中国 BOPP 行业处于供应过剩阶段，开始通过创新的发展思路寻求改变。

通过 BOPP 专委会统计经济指标可以看出，BOPP 行业长期处于供过于求局面，究其原因，其中一部分为长期停产产能，一部分为近两年新增装置，同时新增设备的生产能力也明细提升。近两年，中国 BOPP 行业扩产脚步明显放缓，BOPP 薄膜行业在经过 2012~2017 年产量增长率连续下滑之后，由于部分僵尸企业的退出，部分生产线转移海外，部分企业新线投资减速，加上市场需求的继续增长，2018 年开机率已经得到适当回升，主要企业的开机情况良好，整个行业正在出现良性发展的迹象。

（三）行业发展存在的问题

（1）行业产能过剩，产品结构单一、高端化产品紧缺。

（2）行业高开工率情况不复存在，行业开工维持在 50%~65%。

（3）价格走势无律可循，淡旺季特征不明显。

（4）行业新增投产虽脚步放缓，但也新线不断，落后产能淘汰。

（5）膜厂利润受原料 PP 价格影响，维持盈利较为困难。

（四）行业发展建议

（1）生产企业需慎重考虑未来新增产能释放的节奏，要扼制产能进一步盲目扩大的势头，不要盲目投资，避免重复建设，防范经营风险。要对生产装置进行优化，淘汰落后产能，以此化解过剩产能，推动 BOPP 薄膜行业向着良性发展的轨道前进。

（2）要加大高端化产品的研发力度，推动行业产品升级。要研究国际上发达国家知名企业产品现状及未来发展方向，寻找差距，从原料、装备、配套产品等产业链进行攻关，向原料高性能化专用化、设备稳定高效精密化、产品高端化精细化发展。要紧跟当前最新科技动态，瞄准“功能化”方向，把握好行业发展机遇，坚持技术进步和科技创新。同时加强传统包装产品深度开发，围绕差异化、高端化，实现产品系列化和品质化，赋予更多功能，缩小与国外先进水平差距。

（3）积极参与一带一路建设，充分利用这个市场，开展国际产能合作，创造条件把国内优质富余产能转移出去，并进一步开拓新的市场。

（4）加强技术创新，推动产业链的协同创新，要组织好原料、助剂、装备联合攻关、协作创新。要加强产学研的深度融合，企业要借力发展、借智发展，主动为科研院所、大专院校提供中试场所和条件，推动科研成果快速转化。

（5）加强资源整合。要积极推动有条件企业以资金、管理、技术、专利等和社会闲置能力合作，提高产业集中度，为推动技术进步、规范市场秩序创造条件，要走出低谷，取决于创新驱动发展、取决于动能整合与转换真正落到实处，必须下定决心，不懈努力。

二、专委会活动与工作内容

（一）专委会主要活动

（1）2018 年 4 月 21~23 日在上海华纳风格大酒店成功举办了“2018 功能性薄膜上下游产业链市场与技术发展高峰论坛”，本次论坛由中国塑料加工工业协会主办，中国塑协双向拉伸聚丙烯薄膜专委会、中国塑协电池隔膜专委会、中国塑协降解塑料专委会、中国塑协流延薄膜专委会、中国塑协镀铝膜专委会共同承办，来自全国薄膜产业链的 260 多名企业代表参加了本次会议。会后组织企业代表集体参加第三十二届中国国际塑料橡胶工业展览会开幕式并参观展会。本次会议得到国内外薄膜产业链企业的大力支持和积极参与。大会期间，代表们对高功能性薄膜行业的未来发展趋势进行了探讨；对制造高功能性薄膜的设备、技术，以及新的原辅材料进行了密切的交流；并对此次大会的各个主题报告、会议效果都给予了肯定，本次研讨会的成功召开对于促进高功能薄膜行业未来的健康发展将起到积极的推动作用。

（2）2018 年 10 月 26 日晚在江苏南京召开了我专委会第三届二次理事会，理事会成员单位、BOPP 骨干企业代表参加了会议。理事会成员单位负责人及代表在会上介绍了各自企业经营状况，专委会秘书处总结了 2017 年工作，并提出 2018 年工作要点。大家还就 2017 年行业发展情况、2018 年行业发展趋势进行了分享、交流。

（3）2018年10月27日在江苏南京成功召开了“2018 BOPP、BOPA、BOPI、BOPE、BOPS等薄膜产业链市场与技术发展研讨会”，本次会议由中国塑料加工工业协会主办，中国塑协双向拉伸聚丙烯薄膜专委会承办，来自薄膜产业链的近200名代表参加了本次会议。本次双拉年会是双向拉伸薄膜行业的一次非常有意义的会议，主要以BOPP、BOPA、BOPI、BOPE为主，行业内的重点薄膜生产企业包括安徽金田高新材料股份有限公司、福建福融科技集团有限公司、江苏恒创包装材料有限公司、佛山佛塑科技集团股份有限公司、广东德冠薄膜新材料股份有限公司等著名企业领导都出席了本次会议。此外，上下游企业代表参会也都十分踊跃，行业同仁聚在一起共同探讨行业的未来市场与技术发展趋势，交流原辅材料行业信息、备品备件供应，共同分析我国双向拉伸薄膜行业发展形势，研究探讨促进薄膜行业高质量发展的措施，深入交流行业技术特点，找出解决行业共性问题的技术手段和有效办法，对促进BOPP、BOPA、BOPI、BOPE等薄膜行业与上下游产业链保持可持续发展具有一定的指导意义。

（4）2018年10月28日上午会务组组织全体代表参加“2018中国国际塑料展暨第三届塑料新材料、新技术、新装备、新产品展览会”的开幕式并参观展览会。展会展出面积超过3万平方米，超过1300个展位，超过630家国内骨干企业和相关单位展示塑料工业高品质的材料、装备、产品和技术。下午，代表们参加了“2018中国塑料加工业科技大会”。塑料加工行业企业家、工程技术人员、相关的大专院校、科研院所等专家学者近1000余人参加了科技大会，会场气氛热烈。会议期间，国家部委领导就科技创新与制造强国、塑料加工创新发展与专利和知识产权保护、国际国内著名院士专家就塑料加工业发展的现状与趋势做高端发布。代表们对此次展会上的参展企业和科技大会的内容表现出极大的兴趣，纷纷表示获益匪浅。

（二）专委会主要工作

（1）经济指标：联系BOPP薄膜企业进行2018年经济指标调查工作。

（2）会员维护：做好维护老会员、发展新会员、积极收取会员会费工作。

（3）《双向拉伸薄膜》全年六期编辑、排版、发行，宣传（邮寄给企业）。

（4）BOPP专委会微信公众号的维护，尽量做到时常更新，将协会、专委会的资讯第一时间发布。

（5）配合协会工作

1）在10月之前全力“2018中国国际塑料展”的招展、宣传工作。

2）2018年4月组织行业内理事成员单位参加“中国塑料加工工业协会七届三次理事扩大会议”。

3）联系企业开展“工业和信息化部办公厅关于推荐2018年两化融合管理体系贯标试点”工作。

4）联系重点企业参加“2018年度中国轻工业联合会科学技术奖励申报”工作。

5）联系企业参加“塑料加工行业申报科技部节能减排与低碳技术成果”申报工作。

6）联系企业开展“征集美国加征关税对塑料加工行业影响”的工作。

7）联系企业开展“提供调整出口退税率建议”的工作。

8）联系企业开展“评选塑料加工业科技创新型优秀会员单位”的工作。

9）组织企业开展“首批中国轻工业工程技术研究中心认定”的工作。

10）组织企业开展“两化融合先进单位推荐表彰”工作。

11）组织企业开展“中国品牌促进会现开展2018年品牌价值评价”工作。

BOPP专委会充分发挥引领、推动和凝聚力的作用，组织高质量的行业活动，并为会员企业提供优质的会员服务，根据行业实际，倡导企业从自身管理等角度出发，进行自我调整，推动产业结构升级，提高行业生产率。同时，专委会在行业资源共享、政策服务、人才开发、交流合作等方面搭建合作共赢的平台，为行业企业共创共谋发展的机会，通过有效的政、金、产、学、研、用协同创新，推进中国BOPP行业可持续发展。

（中国塑协双拉专委会　范艳）

BOPET 薄膜

一、行业现状

1. 行业概况

2018 年 BOPET 行业处于平稳期，行业供需好转，盈利能力提升。功能膜因其较高的利润率及更广阔的发展空间引起市场的广泛关注，BOPET 行业企业在研发功能化薄膜新产品方面的投入不断加大，进一步加大差异化薄膜产品市场的开发力度，产品竞争从普通膜向功能膜转移。企业更加重视自身的市场定位和竞争优势分析，各企业开始显现出较鲜明的产品专业化特色。

2. 数据和分析

（1）行业产能

2018 年行业新产能释放 4.6 万吨，预计总产能为 337.57 万吨，产能年增长率 1.38%，较 2017 年的 2.78%有所下降。

（2）开工率及市场消费

BOPET 市场需求逐年增长，2018 年国内需求约 239 万吨，需求年增长率约 4%，与 2017 年的 4.5%基本持平。2018 年行业平均开工率在 74%左右，较去年的 72%略有提升，部分去年停机状态的生产线恢复生产，大部分企业除了正常的检修以外，基本都处于满负荷开机状态。

（3）产品价格

总体看，2018 年全年 BOPET 市场价格稳步上涨，上涨幅度及节奏与上游原料价格的波动高度一致。2018 年 BOPET 市场最低价出现在 1 月，12 微米普通膜约 10400 元/吨，最高价出现在 9 月约 16000 元/吨，全年 BOPET 薄膜与原料的价差在 2000~5000 元之间波动。2018 年 BOPET 薄膜价格及与原料的价差创五年之最。

（4）进出口情况

2018 年出口数量约 41.8 万吨，较 2017 年的 37.6 万吨，增长约 11.4%。2018 年出口均价 3.10 美元/千克（折合人民币约 21.4 元/千克），较 2017 年的 3.18 美元/千克（折合人民币约 21.0 元/千克）略有上升。2018 年进口数量约 32.8 万吨，较 2017 年的 27.8 万吨，增长约 18.0%。2018 年进口均价 6.79 美元/千克（折合人民币约 46.9 元/千克），较 2017 年的 7.43 美金/千克（折合人民币约 49.0 元/千克）有下降。由数据可以看出行业出口增长较快，继 2015 年、2016 年、2017 年后连续第四年出口数量大于进口数量。同时也看出 2018 年进口数量增长量有增大趋势，同比增长约 5 万吨（2015 年出口量减少 7.14 万吨、2016 年增长 1.67 万吨、2017 年增长 2.87 万吨）。由此可以看出国内高端薄膜需求增速加大，部分差异化产品国内已可替代进口，对进口价格产生压力，进口价格有所降低，但国产化替代依旧存在较大空间。

3. 发展趋势

总体来看，目前 BOPET 行业处于平稳期，2019 年 BOPET 市场暂无新增产能释放。但未来部分膜企仍有扩能计划，预计新生产线投产时间在 2020 年中，届时市场产量将会增加，市场竞争压力增大。行业产品未来仍将进一步向高端化、精细化、专业化发展，创新是永恒的主题。进一步提升企业自主创新能力、加强精益管理、降低运营成本、走出自己的特色是企业未来努力的方向。

二、专委会活动

BOPET 专委会工作围绕“新市场、新格局、新未来”这一主题，通过各项活动探索行业未来发展的新方向、新需求；加强与企业的沟通与交流，积极为会员提供增值的服务；在行业内宣传“和谐、竞争、有序”的发展理念，营造企业间合作共赢的良好氛围，增强行业凝聚力，推动行业可持续发展

（一）2018 年专委会主要活动

2018 年专委会主要工作围绕自身建设，行业交流，行业创新等方面展开。

1. 专委会自身建设

（1）理事会议

2018 年组织召开 3 次理事长会议，2 次理事会议，重点讨论专委会活动组织、筹备中国国际塑料展及第五届中国聚酯薄膜产业技术与市场研讨会、行业公益、会员服务、征集对专委会工作的建议等等。通过会议明确专委会工作重点并为专委会工作出谋划策。

（2）会员管理

专委会通过活动进一步提高与企业沟通效率，了解企业的需求，加强对企业的服务，增强行业的凝聚力。2018 年专委会继续吸收优质企业入会，会员数量增长较快，2018 年新入会 26 家企业，其中膜企 3 家，经销商 1 家，产业链企业 22 家。

（2017、2018 年合计增加 42 家新会员）。截至 2018 年底在册会员共 99 家，其中薄膜企业 46 家，用户 3 家，配套企业 50 家。

（3）搭建平台

2018 年 3 月 28 日“中国 BOPET 行业共享平台”正式上线，免费为会员服务，结合行业微信公众号、行业门户网站——“中国 BOPET 网”联动，旨在搭建中国 BOPET 产业链交流互动平台、为会员提供增值服务。“中国 BOPET 行业共享平台”由 BOPET 生产企业、配套供应商、配套服务商、薄膜经销商共同参与，为 BOPET 生产企业提供多元化的配套产品选择，也为下游客户提供薄膜产品采购渠道，这是行业资源共享新模式的探索，打造新常态下的竞争模式——合作+竞争，在行业企业间共享仓库、共享资源、共享信息。平台资源包括：膜企共享备品备件及薄膜产品；专业设备；备品备件；原料及添加剂；辅助材料及消耗品；相关配套外协服务等。平台上线后引起行业内广泛关注。

2. 行业交流

（1）年度会议

2018 年 3 月 28 日，中国塑协 BOPET 专委会四届二次全体会议在浦江隆重召开。会议由浙江省浦江宏达有限公司、上海思德胶辊制造有限公司协办，共有 74 家薄膜企业、配套企业、特邀用户企业的领导和代表约 150 余人出席会议。其中 38 家薄膜生产企业老总亲自莅临会议。中国塑协代理理事长兼秘书长朱文玮莅临会议并作重要讲话。

会议审议通过了专委会 2017 年工作总结、2018 年工作计划及专委会 2017 年财务收支情况报告；专委会报告了 2018 年行业创新联盟相关工作实施计划安排；会上还进行了中国 BOPET 行业共享平台上线演示。秘书处就 10 月将举行的“第五届聚酯薄膜产业技术与市场研讨会”及“中国塑料展”相关事宜与会员代表进行了沟通交流。28 日下午，与会的 BOPET 薄膜企业、行业配套企业、用户代表进行了面对面的交流与座谈。新入会企业自我介绍企业和产品概况；秘书处分享了“中国 BOPET 产业概况分析及数据分析”；中石油辽阳石化介绍了“2017 年聚酯原料概况及 2018 年市场预期”；康辉石化、合肥乐凯、康得新、浙江强盟、杭州大华、天津万华、常州钟恒等企业老总分享了包装膜、光学膜、离保膜、有色膜、亚光膜、烫金转移膜等细分领域的产品市场情况；日东电工介绍了光电领域对 BOPET 薄膜产品的要求；行业配套企业分享了相关产品新技术信息。

与会代表在会期中进行了充分的沟通与交流，从薄膜产品到行业配套的装备、备品备件、原料、添加剂、辅助材料、相关服务及下游用户，共同分享信息，进一步加深了解。

（2）开展专业小组活动

2018 年专委会重点加强按产品细分领域设立专业小组建设，围绕专业领域展开活动。当前，各企业根据自身优势确立目标市场向细分领域发展，企业渴望对自己产品的细分领域进行更为深度的产业链交流。专业小组的活动形式适应企业需求，进一步提升了专委会的工作效率，收到良好效果。

2018 年离保膜小组召开了 2 次正式会议和 2 次非正式会议，转移膜小组召开了 1 次研讨会，出口小组就韩国发起对中国的反倾销复审调查相关事宜召开讨论会。专业小组会议对原料市场、薄膜市场、特别是细分领域产品市场的情况进行交流，分析市场需求，提出行业需关注的市场动向以及客户使用方面的信息。通过小组会议讨论如何提高产品质量，开发高档次的专业产品，以及如何应对产品国际化竞争的新形式等等问题。

（3）组织产业技术与市场研讨会

“第五届中国聚酯薄膜产业技术与市场研讨会”于 2018 年 10 月 28 ~ 29 日在南京隆重举行。研讨会吸引了 126 家企业的 260 多名代表参会，其中薄膜生产企业 41 家（其中 33 家薄膜企业的董事长、总经理亲自莅临会议）、原料企业 23 家、设备和备品件等行业配套企业 49 家、终端用户 7 家、研究单位及科研院所 6 家。来自中国、德国、法国、美国、英国、日本、韩国、芬兰等国家的行业同仁欢聚一堂，来自薄膜生产企业、上游原料、配套企业、用户、研究机构等相关单位的企业家、专家和学者发表主题演讲 17 篇，共同探讨双向拉伸聚酯薄膜产业链的发展与未来，中国塑料加工工业协会理事长朱文玮莅临会议作重要讲话。专委会易志龙主任在会上做了“中国 BOPET 行业市场运营现状及发展趋势分析”的报告，提出“和谐、竞争、有序”的行业发展理念，引导行业健康可持续发展。

本届研讨会以“新市场、新格局、新未来”为主题，以聚酯薄膜产业链新材料、新技术、新装备、新工艺、新市场为焦点，包含聚酯薄膜行业极具潜力的新兴市场领域、聚酯薄膜制造新材料、新技术、新装备、新工艺、聚酯薄膜生产过程中技术和管理共性问题解决方案、联合创新、科研院所研究成果等内容，旨在进一步加快产业转型升级，提高行业联合创新能力，搭建行业资源共享平台，营造产业链合作共赢的氛围。

会议期间还举办了上、下游产业链联谊晚宴，行业同仁之间的距离更加贴近。与会代表对会议组织及行业合作氛围表示赞赏。祝愿中国 BOPET 行业更加兴旺发达！

（4）联合参展“第三届中国国际塑料展”

中国塑协 BOPET 专委会 45 家薄膜企业和产业链配套企业以“中国 BOPET 行业联合展区”联合亮相 2018 年 10 月 28~30 日南京“第三届中国国际塑料展”。

中国 BOPET 行业联合展区面积约 400 平方，设置三大区块：①薄膜企业展示区（行业薄膜新产品方向、企业产品展示）；②行业共享平台展示区（行业配套企业最新产品、技术展示）；③企业独立展示区（行业重要企业产品、技术展示）。

中国 BOPET 行业联合展区为双向拉伸聚酯薄膜产业链人士提供了很好的交流机会，行业 25 家主流薄膜企业参与展示聚酯薄膜产品、技术和应用领域，20 家配套企业展示装备、备件、原辅材料等最新产品和技术；展区还吸引了众多行业下游客户前来观展。展区为上、下游之间的沟通架起桥梁，形成了一个产业链互动的平台。行业人士一致认同并赞许 BOPET 行业联合展出的展览方式，相关企业参与度高，具有集中化、专业化、精准化等特点。联合展台设计独具特色，在展会中十分吸引观众眼球，是一次成功的尝试。

展会期间，行业 36 家企业老总出席了“2018 中国塑料加工业科技大会”。

（5）对外交流

2018 年 BOPET 专委会进一步加强国际合作与交流，除了积极邀请德国、法国、美国、英国、日本、韩国、芬兰等国家的产业链企业共同参与行业技术与市场研讨会，还在总会的支持和指导下承办了中国塑料加工工业协会代表团的赴日访问。

2018 年 12 月 3~7 日，应日本塑料工业联盟、日本日东电工株式会社等单位的邀请，专委会组织行业 7 家企业的董事长、总经理随中国塑料加工工业协会朱文玮理事长带领的中国塑协代表团赴日进行访问和交流。访日期间，代表团分别与日本塑料工业联盟、日本日东电工株式会社、日本励展展览有限公司、日本国际塑胶展览协会、日本三菱化学株式会社等单位进行交流，并参观“第 9 届高功能薄膜技术博览会与技术研讨会”及富士通高新技术展示中心。此次访问，中国 BOPET 行业企业家实地走进日本国际化知名企业，并考察了解日本高功能薄膜相关材料的最新发展，对日本企业的高新技术产品及精细化管理有了进一步的认识，同时也切实体会到日本先进的科学技术、成熟规范的社会管理、富有特色的民族文化以及日本同行高度的敬业精神，收获很大。随行的 BOPET 企业家对本次出访活动给予高度评价！

此次活动是专委会对外交流的尝试，相信有助于促进行业的国际交流与合作，进一步推进 BOPET 产业进步与发展！

3. 行业创新

（1）整合资源

2017 年行业创新联盟成立，2018 年专委会对行业内的创新资源进行了全方位的梳理。收集整理了行业内可共享的原料、拉膜、涂布等相关的小试、中试设备和原料、薄膜产品、终端用户产品的性能测试以及原材料剖析仪器、设备等，助力产业链创新。

2017 年专委会建立了行业创新联盟，将分散的行业创新资源整合起来，建立平台、机制和规则，推动产业链上下游协同创新。2018 年专委会梳理整合了十几家企业的创新资源供行业分享，包括原料聚合小试、中试设备；挤出小试、中试设备；拉膜小试、中试设备；涂布小试、中试设备；检测仪器设备（包括原料、薄膜、涂布的检测）以及材料剖析设备等等。

（2）成果展示

此外，在“第五届中国聚酯薄膜产业技术与市场研讨会”上还展示了浙江强盟实业股份有限公司和苏州应星机械有限公司共同发布联合创新成果——“低温差增压辊在 BOPET 薄膜纵拉工艺中的应用”。合肥乐凯科技产业有限公司发布了“国内外光学薄膜企业及产品对标分析”，对光学膜产品国际先进标准进行分析对比，为行业产品进一步提升和创新提供参考。

（中国塑料加工工业协会 BOPET 专委会）

泡沫塑料 EPS

一、行业现状

2018 年，我国 EPS 墙体保温用量持续下滑，虽然依托装配式建筑构造体系及被动房的稳步发展，在一些用途领域有亮点，但在传统外保温领域萎缩现象依旧没有得到改善，传统应用的危机加剧。另一方面，EPS 包装物的用量持续稳定增长，表现出良好的势头，但企业利润微薄的状况依旧。原本由于价格较高，用量较少的 EPP、EPO 等轻质发泡材料由于利润率高开始逐渐被接受并使用，增长速度较快。拓宽了原有发泡类产品的适用范围。

根据 EPS 专委会统计，2018 年，国内 EPS 原料树脂活跃产能为 570.5 万吨，制品使用量由 284 万吨上升到 290 万吨，进口量实现了翻倍增长，出口量增长了 1.7%。在面临中美贸易战等外围宏观影响，电子电器产销增速下滑；环保不断施压，下游开工不足；部分地区政策要求使用 EPS 替代品等等的不利因素下，EPS 整体产量、进口量不降反增，主要基于三点原因：

(1) 全国房地产开发投资再增长。2018 年全国房地产开发投资 120264 亿元，比去年的 109799 亿元增长 9.5%。全国各类棚户区改造开工 626 万套成为房地产投资中较为重要的板块。房地产开发投资的再增长，使墙体保温板材用量实现小幅增加，间接提升了泡沫用量。

(2) 家电产量总体呈增长，带动 EPS 市场需求。尽管中美贸易战及其他外围宏观环境影响，产量增速有所放缓，但 2018 年家电产量较 2017 年有所提升。主要在空调、电视机产量上实现增长，一定程度带动泡沫包装用量。

(3) 禁废令+环保，再生料需求锐减。2018 年，国家“禁废令”继续升级，对进口废塑料进行大力整改，再生塑料整体进口量大幅度下滑。其中，再生 EPS 进口量在 0.2 万吨左右，同比下滑约 99%。另外，国内的环保政策，部分再生 EPS 厂家开工受限，甚至部分工厂被取缔，全年整体产量出现明显下滑，但另一方面来说，EPS 新料的采购量有所增加。

虽然 2018 年中国 EPS 产业用量实现增长，但当下行业面临的发展形势依旧错综复杂：传统建筑应用上行乏力，包装制品价低利薄，环保要求愈发严苛，阻燃剂替代迫在眉睫。而一直困扰行业发展的小企业多、技术研发能力弱、中低端产品居多、低价竞争激烈等问题依旧存在。如何深化供给侧结构性改革，提品质、增品种、创品牌、去低端化及推进产业链，协同创新，产业链上下游抱团发展是摆在行业和企业面前的严峻课题。

二、专委会活动

1. 组织企业参加中国塑协“四新”展会

作为专委会 2018 年度的重点任务，组织企业参展贯穿专委会上半年整体工作安排，通过走访企业、积极宣传、为企业提供展会前后期服务等多项举措，专委会为企业参展创造良好条件。受限于行业情况，本次参展情况一般，专委会在积极总结的基础上，力争下次展会再有所突破，争取完成协会交代的任务。

2. 积极配合中国塑协活动，推荐行业先进

过去一年来，专委会积极响应中国安排的各项活动，积极组织会员企业参与塑协组织的各项评选工作。在中国塑协团体标准化分技术委员会委员推荐过程中，EPS 行业共有六人当选首批中国塑协团体标准化技术委员会——“塑料板、片、材分技术委员会”委员。在 2018 中国塑料加工业科技创新型优秀会员单位（个人）评选中，行业又有 6 家企业，3 人次获评。这些活动的开展拉近了企业与行业组织间的距离，为行业树立了优秀标杆，对推动企业科技创新和产品质量的全面提高起到了重要的推动作用。

3. 做好阻燃剂替代工作，为 EPS 应用保驾护航

六溴环十二烷（HBCD）自 20 世纪 60 年代投放全球市场以来，约 80%作为阻燃剂用于了 EPS 和 XPS 建筑保温板材生产，由于 HBCD 大量长期使用，以及具有的典型 POPs 性质，HBCD 已经成为人类高度关注的污染物。

2018 年，由中国塑料加工工业协会承接的生态环境部环境保护对外合作中心项目《六溴环十二烷（HBCD）在生产及发泡聚苯乙烯和挤塑聚苯乙烯应用中现况调查与评估》于十二月正式启动。我专委会作为主要参与部门之一，积极组织人力、协调关系、召开“EPS 包装制品阻燃剂使用情况调研会”掌握第一手数据，采集样品、撰写报告，做好企业与政府之间纽带作用。

4. 召开理事会工作会议，吸纳行业人才

EPS专委会在工作过程中，充分发挥理事民主监督的作用，2018年的十月配合中国塑协“四新”展会的举办，专委会在南京召开本年度理事会议对本行业的重要问题形成决议，有效保障了EPS产业的健康发展。

随着专委会影响力的加强，不断地有新的单位提出入会要求。我们经过认真考察、筛选，将一批热心行业工作、积极为行业服务的企业加入到理事会中来，同时免去了一些长期不参加专委会工作的理事。使专委会会员总数保持总体稳定，理事会保持应有的活力，以满足行业发展需要。

5. 推动EPS在被动房领域应用，开展专题性论坛

近年来，随着建筑节能工作的深入，被动式住宅以其超低的能耗、优越的建筑性能备受关注，正逐步引领我国建筑节能事业的发展。而在这其中，聚苯板，特别是石墨聚苯板在被动房墙体外保温中发挥了重要的作用。有鉴于此，专委会积极应对，组织企业学习。十二月，专委会在重庆召开被动房应用专题论坛，邀请国内被动房领域行业大咖到会交流，起到了良好的效果。

6. 积极与地方相关组织互动

专委会在开展工作的过程中，积极协调各地企业关系，主动联系各地区兄弟EPS行业组织，在组织建设、服务会员等方面互通有无，同为EPS行业健康发展助力。

三、重点企业

2018新增理事及以上企业：

陕西德润华通节能技术工程有限公司成立于2008年，是集科研、开发、生产、销售、施工于一体的高科技新型环保节能材料生产企业，现有两大生产基地，分别位于西安市沣东新城下泉工业园区及西安市鄠邑区余下镇工业园区。

公司始终以“求质量、重信誉”为服务宗旨，历经多年磨砺，现拥有一支高素质的生产和经营团队，员工100名，拥有规模化、设备齐全的现代化厂区10000米^2，自动化系列间歇式预发机组、全自动真空板材成型机、墙体板专用切割机及干粉砂浆成套设备，EPS装饰线条生产线等等，苯板年生产能力200000米^3，砂浆年生产能力40000吨。

HIRSCH SERVO总部在奥地利Glanegg，HIRSCH SERVO旗下有20个EPS加工工厂HIRSCH prozell，1个机械生产工厂（含模具厂）HIRSCH maschinenbau。

HIRSCH servo集团每年有10万吨的EPS原料加工能力，共有1200个员工。

HIRSCH MASCHINENBAU致力于EPS机械行业的领军，其Hirsch预发机的精确程度得到了全球用户的认可，可以精确的控制发泡密度公差在正负1%，整个发泡过程自动称重，自动纠错，大大的降低了人员成本，并且提高精度及发泡效果。

HIRSCH的大板机具有密度修正功能，做出的大板熔结度高，密度阶层小，含水低，不弯曲变形。

HIRSCH的穿梭成型机更具有灵活配合多种材料的一体复合生产，不同密度生产，同时穿梭式的机器对操作人员更加的安全。

HIRSCH PROZELL在东欧，西欧，中欧的主要业务是建筑类保温板，建筑模块，高密度，地热板，包装等。

赤峰市城泰保温材料有限公司是内蒙古鲁班新型建材集团公司旗下最具成长力的分公司，是新型节能环保建材规模化生产和应用的引领者及建筑科技成果推广者。企业联合京蒙节能专家，大力发展循环经济和建筑节能产业化，致力于为公共建筑和民用建筑提供一揽子应用解决方案。目前拥有三大业务体系：

- 墙体及建筑外围护结构保温技术系统；
- 化工建材及建筑外墙环保节能饰面技术系统；
- 新型房屋及温室大棚构造技术系统。

企业以品牌建设和技术创新为发展战略，是蒙东地区规模最大的产学研联合企业，“黄金甲”和“燕窝”牌系列产品荣获“全国高科技建筑建材产业化委员会重点推广产品”和“内蒙古自治区住房和城乡建设厅重点推广产品”。

企业以打造自主名牌为己任，从低层、高层、超高层民用和公共建筑工程及改扩建工程，到既有居住建筑节能改造工程；从新农村建设和危旧房改造工程，到抗震节能民居及保温承重一体化大棚建设工程。“黄金甲”和“燕窝”牌系列产品都在激烈的竞争中以高水平的质量和服务，赢得了设计院、业主和建筑单位的一致认可，奠定了行业领导地位。在全面推进住宅产业化的进程中，企业又与北京化工大学和哈尔滨鸿盛房屋节能体系研发中心及北京SDL公司合作，首创国际领先的EPS模块建筑节能体系和全自动一体化涂料生产线。产品遍布赤峰、辐射内蒙、辽宁、河北。

大道包装集团是一家大型综合型美资企业，销售网络覆盖中国和美国全境，在上海、苏州、重庆和深圳四地设有生产基地。

大道生产经营 EPS、EPP、EPE 和纸塑等缓冲材料制品，业务涉足包装制品、汽车零配件和婴童用品等多个行业，是国内最大的泡沫制品生产企业。近年来，大道坚持可持续性发展的理念，大力开发绿色环保材料的应用，投资建设纸塑生产车间，独立开发了国内首个面向大体积大重量产品的精品干压纸塑包装方案。

大道拥有独立的设计团队，具有优秀的产品开发能力和整体包装设计能力，从选材、结构和工艺设计入手为客户提供有竞争力的产品和包装。此外，优秀的产品质量，可靠的交货期和先进的工艺技术，也确保了我们为 Google，FUJISU，Roche 在内的众多企业提供服务并获得成功。

五十年来的耕耘和服务，使我们在电子消费品、家用电器、冷链、物流、汽车、生活家具和儿童用品在内的各个行业积累了丰富的经验。大道将一如既往地致力于为跨国公司和本地企业提供高质量的产品和可信赖的服务。

四、新产品、新技术

挤出法生产阻燃 EPS 珠粒。挤出法生产含 HBCD 阻燃 EPS 珠粒是将聚苯乙烯粒子、石墨、HBCD 阻燃剂等在搅拌机中充分混合，经上料机加入到挤出机料斗中经过加温使聚苯乙烯材料熔融混合，形成聚合物溶体，将发泡剂在沿螺杆挤出机路径的方向注入到聚合物熔体中，形成可发泡凝胶，将胶体通过静态混合器和熔体冷却器的降温，经过挤出系统、水下切粒系统制备出的含 HBCD 阻燃 EPS 珠粒成品。挤出法生产工艺流程图如图所示。

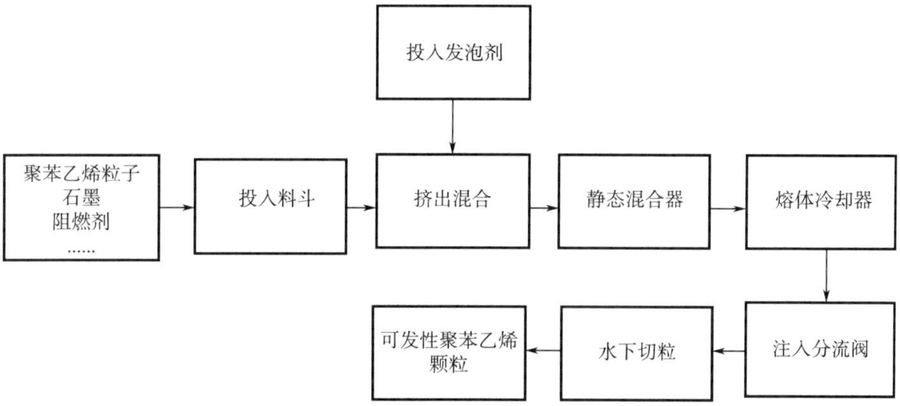

挤出法法生产 EPS 珠粒工艺流程图

五、存在问题

(1) 石墨 EPS 产品质量与国外还有较大差距。在现有生产工艺的基础之上，国产石墨 EPS 与进口产品比起来，无论是质量稳定性还是用户好评率均存在一定差距。

热固改性 EPS 存在同样问题，无论从其导热系数的不稳定性还是其热稳定性、熔结性的物理表现来看，目前还存在很多亟待改进的地方。

(2) 企业普遍创新能力不强。国内 EPS 产业技术进步发展速度缓慢，随着现有技术门槛的不断降低，越来越多的企业开始进入这一行业。由于产品同质化严重，引发长期价格竞争，不利于行业健康发展。特别是在 EPS 机械设备领域，国产设备同传统国外品牌设备相比在精细度，质量稳定性，售后服务方面仍存在较大差距，更多的是以低价位谋求市场竞争力，新技术研发方面很多企业不愿意投入，照搬国外成熟产品，“画虎不成反类犬”的现象时有发生。一定程度上也影响了部分国内高端 EPS 制品生产企业对国产设备的热情。

(3) 阻燃剂替代迫在眉睫。HBCD 自 20 世纪 60 年代投放全球市场以来，约 80% 作为阻燃剂用于了 EPS 和 XPS 建筑保温板材生产。根据《斯德哥尔摩公约》要求，国外已经开始全面禁止 HBCD 的生产与使用。我国已经制定了五年淘汰计划，全国人大已正式批准增列 HBCD 为 POPS 物质。可以说 HBCD 替代工作这场“战役”已在全行业内正式打响。

(4) 环境保护刻不容缓。去年以来，从国家到各级地方，对于环境保护愈发关注，环保督察的力度越来越强，无论是燃煤锅炉的取缔还是苯系物的释放都对 EPS 产业产生影响，特别中小 EPS 企业受冲击严重。从当前的政策发展趋势看，今后很长一段时间内，环保将成为中国社会关注的主旋律。

六、发展趋势

（1）创新发展。党的十九大以来，习近平总书记高度重视科技创新工作，强调创新是引领发展的第一动力。当下，中国 EPS 产业已进入成熟期，产品种类单一、应用领域固化已严重限制了全行业发展速度。创新驱动成为产业谋求竞争优势的关键首选。

EPS 虽然具有保温隔热性好、缓冲抗振性强等优点，但在增强、增韧领域还具有较大的提升空间亟待开发；同时在应用领域，积极寻求 EPS 与装配式构造体系的结合点，扩大 EPS 应用领域范围也是创新的具体表现。我们要依据科技手段，在设备改造，工艺调整等方面入手，实现 EPS 在强度、导热系数、阻燃性、安全等方面的技术进步，更好地推动产业创新发展。

（2）绿色发展。“绿水青山就是金山银山”，坚持绿色发展才能可持续发展。EPS 产业的可持续发展不能以牺牲环境为代价。要加强生产领域节能减排技术的研究，加快绿色环保阻燃剂替代工作，探讨 EPS 科学回收与循环利用。以“散乱污”企业综合整治、VOCs 有机废气回收等环保治理工作为契机加速产业整合进度，促进行业规范化发展。

（3）合作发展。企业发展到今天，“单打独斗”已很难满足市场发展的需要。“活下去”成了 EPS 企业面临的终极话题，在严苛的市场环境下，企业更加需要抱团合作，专委会要增强服务意识，积极搭建行业企业上下游交流合作平台，整合专家、企业、社会、政府等的资源，向企业集聚，让企业分享，会员单位特别是骨干企业和理事单位，要热爱行业，奉献行业，人人为行业发展出力献策，实现合作共赢。

（中国塑协泡沫塑料 EPS 专业委员会　侯树亭）

硬质 PVC 发泡制品

一、行业现状

（一）行业产能与生产规模

据中国塑协硬质 PVC 发泡制品专委会不完全调查显示，2018 年硬质 PVC 发泡制品产能将超过 120 万吨，全年总产量超过 85 万吨。产量同去年相比增幅约为 6%，增速与上年持平。主要原因是 PVC 原材料价格波动较大，国内市场总量增长慢；另外，PVC 发泡地板基材由于生产技术要求高，部分厂家转型生产 PVC 石塑地板基材；PVC 发泡墙板及广告板由于低价竞争比较激烈，部分厂家已经减产，也有小厂关停的情况。

（二）产品市场与开发

目前 PVC 发泡制品应用领域主要是广告业、室内外建筑及装饰材料、家具、地板及车船装饰等，市场应用情况如下图。其中，门窗及装饰建材包括 PVC 发泡门窗、管材、墙板、及其他装饰装修材料等，其约占年产量的 30%。广告装饰方面主要是广告展板、裱画板、丝印、喷绘、雕刻等用途，所用 PVC 发泡制品大多采用自由发泡板及共挤发泡板，其约占年产量的 28%。在建筑模板方面，由于其具有优良的阻燃性及可钉性，其比其他塑料建筑模板发展更快，经过几年的快速发展，其发展速度有所放缓，其产量约 10%。家具方面包括各种柜体、房间隔断、办公隔断、屏风等，随着人们对 PVC 发泡材料的优良性能及无毒环保等特性进一步了解，其在家具上的用量也将会快速增长，目前约占年产量的 12%。硬质 PVC 发泡地板是最近几年才快速发展起来的，但由于收缩率控制方面不如 SPC 地板容易，其发展速度受到较大影响，目前主要以出口为主，国内市场也在逐步开发应用，这部分约占产量的 12%。交通工具装饰方面主要是用于大中型客车、列车及轮船等交通工具的底板，其产量也保持比较快的增长。

（三）运营状态

2018 年 PVC 树脂价格一直维持在较高水平，一季度价格基本稳定在约 6800 元/吨，3 月价格有所下降，最低约 6100 元/吨左右，3 月底又开始快速上涨到约 6800 元，到 8 月涨到 7200 元左右后就逐渐下行，年底最低约 6300 元/吨。加工助剂量方面价格却长期处于历史高点，发泡调节剂价格从 1

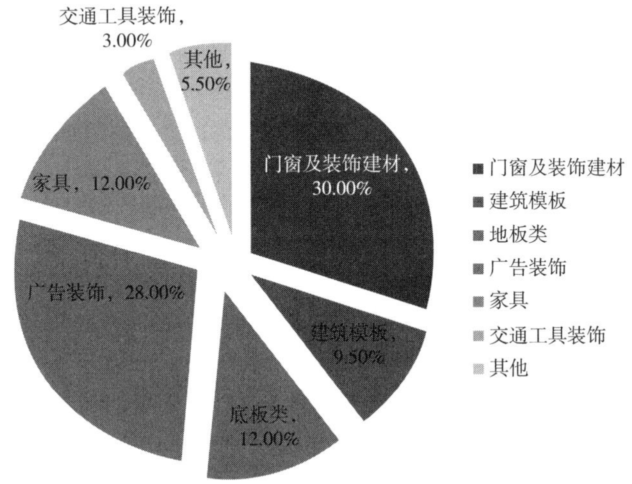

硬质 PVC 发泡制品应用领域及比例

月份的 28000 元/吨的历史新高逐渐降到 6 月底 22000 元/吨的较低价后又开始了上涨走势，至目前达到 24000 元/吨左右。由于发泡调节剂在 PVC 发泡制品配方成本中占有较高比例，因此也明显增加了企业的生产成本。

传统 PVC 发泡板材由于前几年新增产能较大，短期内已经处于饱和状态，因此，今年这方面新增产能较小。产量方面，由于原料价格、生产成本及市场竞争等原因，除少数几家大厂生产增幅较大外，其他大多增幅很少甚至减产。

2018 年新增产能较大的是 PVC 发泡墙板，PVC 发泡墙板产能和产量都保持了很高的发展速度；在橱卫板方面受房地产宏观因素影响，其市场用量有一定萎缩；PVC 发泡地板虽然随着一步法的广泛推广，产量有所增加，但由于新开发的 PVC 石塑地板（SPC）生产工艺相对简单，产品的尺寸稳定性更容易控制，并且配方成本较低，在低端地板上抢占了一些 PVC 发泡地板的市场。只是出口美国的地板大都仍要求 WPC 地板或 LVT（luxury vinyl tile）地板。

总之，硬质 PVC 发泡制品是节能环保新材料，已得到全世界所公认，它又符合国家鼓励发展的产业政策，可以大量替代木材，减少森林的砍砍伐，并且是目前替代木材性能最好的材料，有很好的发展前景。因此，我们行业内的企业，要大胆创新，要不断扩大我们产品的用途范围，要持续提高产品的工艺技术和质量水平，实现行业健康稳定的发展。

二、行业热点

硬质 PVC 发泡地板随着加工技术进一步完善，其产量仍然在增长。随着一步法硬质 PVC 地板生产线的出现及相关技术提高，生产的质量得到了较大提高，生产的效率及合格率也大幅提高。虽然由于贸易关税的影响增速下降较多，但随着国内比较大的型材生产厂在向 PVC 地板生产转向成功，PVC 地板将在国内流行，到时的产量也将出现爆发式增长。

三、专委会活动

（一）组织召开行业相关会议

（1）2018 年 4 月 24 日在上海华纳风格大酒召开了 PVC 发泡制品专委会六届三次理事扩大会。会议由中国塑协副秘书长刘姝介绍了中国塑协七届三次理事会会议情况，重点介绍了中国塑料加工工业协会人员任免及选举情况。另外，刘姝副秘书长还介绍了中国塑料加工工业协会团体标准化技术委员会成立大会的情况。由周家华秘书长介绍了中国塑协主办的“2018 第三届中国国际塑料展暨塑料新材料、新技术、新装备、新产品展览会”相关事宜。本次会议决定了 2018 年年会的承办单位及相关方案。会议还介绍了硬质 PVC 发泡行业相关标准的立项、制修订进度。

本次会议重点讨论了行业发展中存在的问题及应对办法。与会代表都认为行业上下游应该针对行业发展需要互相协作，从原辅材料、挤出设备、模具设计加工、挤出加工工艺等方面开发新的产品、提升产品质量、降低生产成本等，从而扩展市场、提升产品竞争力，确保行业健康稳定发展。

（2）2018年9月8日在河北衡水龙源酒店召开了专委会六届四次理事扩大会，参加会议的有专委会副理事单位、理事单位、重点会员单位及其他相关行业专家等，与会单位涵盖PVC发泡制品生产企业，及与之相关的原料企业、模具及设备企业、科研院校等单位代表30多人参加了这次会议。会议传达了中国国际塑料展，中国首届科技大会的情况，希望相关单位积极参展参会。介绍了2018年行业年会暨技术与市场交流会准备情况及希望准备承办2019年行业年会的企业将承办方案提交专委会。会议还介绍了与国内外相关行业协会合作事宜，要抓住机会与印度及一带一路国家的相关协会合作，推进行业相关企业走出去，也吸引国外相关公司走进来。会上提交了专委会2018工作报告给与会代表审议。重点讨论了行业发展中存在的问题及应对办法。由于严格的环保政策，行业所需原料受到较大影响，加之贸易摩擦带来的关税影响，2018年硬质PVC发泡制品行业产量增速下降较快，行业各企业都应积极应对外围环境的变化，开发新产品、新技术、新工艺，拓展新市场。

（3）2018年9月9~11日在河北衡水龙源温泉酒店成功召开了硬质PVC发泡制品专委会2018年年会暨技术与市场交流会。中国轻工业联合会原副会长钱桂敬同志、中国塑料加工工业协会理事长朱文玮同志、衡水市人民政府副市长刘玉华同志、国家统计局中国经济景气监测中心副主任潘建成同志、中国著名东南亚商务专家，中国—东盟商务理事会执行理事长许宁宁同志等领导及专家学者出席了本次会议，有来自全国各地PVC发泡制品生产企业，及与之相关的原料企业、模具及设备企业、科研院校等单位代表约400多人参加了这次会议。中国轻工业联合会原副会长钱桂敬在大会上作了《塑料行业创新发展》的主旨报告，论述了塑料行业的赶超战略，明确了我国的塑料工业已由追赶者变为了挑战者。以全球的视角分析技术创新的重要性、必要性，以及技术创新的路径等，提出企业技术创新要过好三关，即技术关、人才关、资本关，为塑料企业技术创新提供了方向性意见。通过不断创新和技术进步，来解决成本及外部环境变化带来的各种问题。中国塑协朱文玮理事长，作了《中国塑料工业的现状与发展前景》的重要报告，内容丰富，高屋建瓴，用详尽的数据，介绍了塑料行业发现情况。对塑料行业目前存在的主要问题，进行了深度剖析，有关中美贸易战对塑料行业的影响，做了明确的说明，提出了解决困难的办法和应对措施，为塑料行业发展指明方向。中国房地产业协会苗乐如副会长、国家统计局中国经济景气监测中心潘建成副主任、中国-东盟商务理事会执行理事长等行业专家都发表了相关主旨演讲。专委会孙锋主任作《发展绿色产品守护绿水青山》的工作报告，总结了2018年硬质PVC发泡制品行业的发展状况、行业取得的成绩，分析了存在的问题影响因素，指明了以后的工作重点。会议还公布了专委会2017年财务报告，宣布了硬质PVC发泡制品专委会2018新增会员名单。

在技术与市场交流会上多位国内PVC发泡行业的技术专家到会讲解行业发展新技术及应用。湖北工业大学陈绪煌教授介绍“PVC耐热发泡制品专用料的开发”；华南理工大学王小萍教授作了《聚氯乙烯纳米复合改性的研究》技术报告，讲解了磷酸锆纳米材料的特性、有机改性的原理；中国塑协塑料助剂专委会施珣若副主任作了《节能、环保、绿色的PVC制品》报告，系统讲述了PVC产品的发展史、产品的性能、产品用途、以及PVC产品在环保改革中的作用。同时还有国内外相关企业技术专家分享了PVC发泡制品相关技术经验。

与会代表还参加了精信集团成立20周年的庆典活动，共同见证了精信集团荣耀二十年的不凡历程。参观了精信集团泰纳产业园的制造业板块，业内专家对精信集团先进的自动化CPE抗冲改性剂及钙锌稳定剂生产线等给予了高度评价。

（4）2018年10月29日，《硬质聚氯乙烯低发泡型材》《硬质聚氯乙烯发泡建筑模板》两个行业标准起草工作讨论会在江苏辰茂新世纪大酒店顺利召开，会议首先对这两个标准的草稿进行了仔细讨论，特别对性能指标及测试方法进行了充分讨论，添加了需要补充的指标、去除重复检测项目及一些无实际意义的检测项目。并结合不同企业的实际经验对测试方法也进行了相应调整，对具体指标数值也进行了适当修改。同时还确定了每一个标准各自的试验验证取样方案、送样单位、试验单位等，确保取样的全面性、合理性及一致性，明确相同的测试方法，确保测试数据可对比性及验证数据的真实性。会议还对各起草小组的下一步工作进行了布置，明确了工作任务及完成时间，推进起草工作更快进行。

（5）组织行业企业参展或参观中国塑协主办的

“2018第三届中国国际塑料展暨塑料新材料、新技术、新装备、新产品展览会”。成功组织了17个单位共计42个展位参加展会，另外，还利用会议及其他方式组织了近100人次参观了这届展览会。促进了参展商及参观者专业对接，不但为展会的成功举办贡献力量，而且也为行业的发展提供了支持。

（二）专委会建设

1. 充分利用协会及专委会的资源优势，为企业提供全面服务

配合中国塑协，组织会员企业积极参与行业活动，参加中国塑协组织的行业十强、轻工联合会组织的行业百强等活动，参与工信部组织的信用评级等。同时积极在行业内倡导诚信自律，促进行业健康发展。

2. 完善并维护专委公网络平台，提升行业宣传力度

专委会网站及微信公众平台可以快捷方便地为行业相关企业服务，也是广大会员交流平台。为了提高这些平台的服务质量，专委会及时对网站的“重点报道”及“行业动态”等项目进行更新，将行业最新消息通过专委会公众平台及时发布，以便会员单位能及时了解到相关信息，同时还利用网站的“产品介绍”、“推荐产品”及“广告宣传”等栏目为会员单位的产品进行宣传。并且，还收集国内外相关最新技术资料及标准资料补充到网站的“技术资料”、“行业标准”等栏目内。同时更好利用专委会的微信公众号及时发布相关政策、行业动态、生产技术及行业内重点企业介绍。

3. 积极发展会员，壮大专委会队伍

通过网络宣传、行业走访、提供专业技术支持及标准服务、提供政策及信息服务等多方面来积极发展会员，2018年新增会员单位15家，为本专委会逐渐壮大打下了坚实的基础。

四、重点企业

硬质PVC发泡制品生产企业主要分布在广东、山东、江浙等地区，规模较大的企业设计产能都在2~3万吨/年，对应产值可达人民币2亿元/年以上。

1. 宝天高科（广东）有限公司

是外商独资高科技企业。公司投资总额达3000万美元，占地面积61441米^2，专业研发、生产PVC发泡板、PVC发泡型材、改性工程塑料。

宝天高科（广东）有限公司坐落于风景优美的国家级开发区——广州经济技术开发区，毗邻广深高速公路。聘请了行业内知名教授和技术专家组成公司专家委员会，与中国塑料加工工业协会、广东省塑料工业协会有着紧密的技术合作关系，确保了产品在行业内的主导地位。

公司引进了国际上最先进的生产设备及加工技术，建成了国内最大的PVC发泡板材生产基地，年产能力达3万吨。品种包含自由发泡和塞路卡结皮发泡板材，厚度范围为1.5~30mm，以及PVC发泡型材。产品广泛应用于家具、广告、建材、装潢及工业应用等领域。

该公司2012年销售收入22245万元，利税1281万元，出口1167万元，出口占销售收入52.4%。2013年销售收入25972万元，利税1561万元，出口13438万元，出口占销售收入51.7%。2014年销售收入20421万元，利税1557万，出口10272万元，出口占销售收入50.3%。2015年销售收入21478万元，利税1681万元，出口11087万元，出口占销售收入51.6%。2016年销售收入18391万元，利税1438万元；2017年17775.1万元，利税1167.5万元；2018年销售收入16715万元，利税838万元。

2. 山东博拓塑业股份有限公司

山东博拓塑业股份有限公司始建于2006年，2010年9月在原沂源县伟锋橡塑有限公司基础上改制为股份有限公司，公司总占地面积100000米^2，注册资金500万元人民币，固定资产5500万元，是一家集研发、生产、营销为一体的现代化PVC发泡板材的生产企业。

公司生产的PVC微发泡板材，产品规格品种齐全，是以塑代木、以塑代钢的新型绿色环保材料，具有防潮、阻燃、隔音、隔热、吸音、保温、不变形、无毒、美观、抗老化、能力强等优点。并具有同木材一样的加工性能，可锯、可刨、可开孔、可钉、可上螺丝、可粘接，而且具有木材没有的热粘合、塑料焊接等加工方法，是一种符合国际标准的新型装修装饰材料。

公司现有职工280余人，其中大中专毕业生160多人，拥有一支高素质、事业型的管理团队，秉承“敬业、创新、务实、严谨”的企业精神，不断加强内部企业管理，完善全面质量管理体系，推行“5S”管理法。在国外，产品已辐射美国、印度、俄罗斯、欧洲、南美、中亚、非洲等国家和地区；在国内，产品辐射各省区市。未来的山东博拓，将成为集研发、生产、营销、国际贸易为一体

的大型专业 PVC 发泡板材生产基地。

该公司 2010 年与青岛科技大学开展产学研一体化合作，建立了“教学实践基地”和“工程技术科研中心”，2012 年组建“青岛科技大学博拓实验室”，为公司的科研创新提供了人才保障。

该公司 2012 年成为国家高新技术企业，公司已申报专利 35 项，其中已授权发明专利 13 项，实用新型专利 22 项。公司已通过 ISO 9001：2008 质量管理体系认证、GB/T 24001—2004/ISO 14001：2004 环境管理体系认证和 OHSMS 18001 职业健康安全管理体系认证。

该公司 2012 年实现产值约 10196 万元，利税 1690 万元；2013 年实现产值 18650 万元，利税 3080 万元；2014 年实现产值 18583 万元，利税 3111 万元；2015 年实现产值 19365 万元，利税 1031 万元；2016 年实现产值 17487 万元，利税 4679 万元；2017 年实现销售收入 17161 万元，利税 1222 万元；2018 销售收入 14615 万元，利税 876 万元。

3. 山东汇丰木塑型材股份有限公司

公司成立于 2013 年 6 月 8 日，2014 年 8 月 25 日股份改制为山东汇丰木塑型材股份有限公司，2014 年 9 月 24 日在齐鲁股权交易中心成功挂牌，标志着公司在发展过程中进入了一个新的里程碑。司位于平邑经济开发区温水园区，丰山路以西，327 国道以北。注册资本 3000 万元，目前现有职工近 172 人（科研技术人员 23 人），占地 118 亩，截至 2016 年总投资已达到 1.2 亿元，预计 2016 年实现销售额 1.5 亿元、实现利税 1500 多万元。公司是一家集研发、生产、销售 PVC 广告板、PVC 家具板、PVC 建筑板、地板基材为主营业务的现代化企业。2015 年 12 月荣获“高新技术企业”称号。公司目前拥有十几条先进的板材生产线，年生产能力达 30000 吨，同时培养了一大批专业知识的生产技术人员和现代化经营运作的管理人员。公司产品销售已覆盖全国各个省、市（直辖市）及自治区，并已经远销越南、印度、澳大利亚、英国、沙特、南非、阿联酋、伊朗、菲律宾、南美等国家。

公司立足高起点、高科技、高品位，以“做百年企业，创百年名牌”为战略目标。以良好的产品质量和优质的售后服务，以及优惠的市场价格赢得了市场，赢得了广大客户的一致好评。并于 2015 年底顺利通过 ISO9001：2008 国际质量管理体系认证，为产品质量提供了实质、可靠性的验证。山东汇丰将以科技创新为先导，以服务用户为中心，通过实施人才战略，创新战略，品牌战略，以崭新的姿态迎接国际化的竞争。2016 年实现产值 11522 万元，利税 2393 万元；2017 年实现产值约 15000 万元，利税 1320 万元；2018 年销售收入 17522 万元，利税 1051 万元。

4. 济南海富塑胶有限公司

海富塑胶是由海富公司与美国福安投资公司共同投资建立的中美合资企业。本公司现有员工 200 余人，占地面积 17000 平方米，主要以生产 PVC 系列板材为主。目前公司共有 6 条生产线，全部进口于德国和奥地利。本公司依靠先进的设备，严格的企业管理，先后开发了宽幅 PVC 发泡板和超厚 PVC 挤出硬板，PVC 挤出硬板厚度可达 50mm，并于 2011 年成功开发生产出了 CPVC 板，高光亮 PVC 板材和永久抗静电 PVC 板材。2013 年公司累计生产 PVC 系列板材 12000 吨，实现产值 12300 万元，出口创汇 1600 万美元。2014 年公司累计生产 PVC 系列板材 9864 吨，实现产值 8200 万元，出口创汇 1236 万美元，利税 392 万元。2016 年实现产值 10626 万元，利税 2630 万元。产品畅销国内，并远销东南亚、中东、北美、中南美、欧洲等世界各地。

五、新产品的开发

（1）车用耐热 PVC 发泡板：该产品主要用于箱货车，将可为车箱减重 50%以上，但由于运输过程中存在较高温度，因此对其耐热性有较高要求。

（2）高性能硬质 PVC 发泡板材与金属、非金属复合材料：采用硬质 PVC 发泡板材与金属或非金属复合的材料有：PVC 发泡板与碳纤复合、与石材复合、与金属复合。目前形成批量生产的有 AEP 板，AEP 是 Aviation Energy-saving Complsite Panel（航空工业级节能板）的简称，其是由金属（常用铝或钢板）面层及阻燃硬质 PVC 发泡板芯层复合而成的板材，金属表层一般有氟碳涂层，起耐候、防腐、易清洁、耐擦伤等作用，根据实际应用金属表面也可以是聚酯、覆膜等其他处理方式。其用途广泛，适用于高端建筑的外墙、幕墙、机场、车站、列车车箱、汽车面板、工业厂房、商店、天面装饰、厨卫柜体；也可应用钢结构外立装饰。AEP 复合板的研发、应用顺应国家对建筑节能、绿色环保的设计要求，为美化城市，节能减排发挥重要作用。

六、存在的问题

1. 规模化方面的问题

由于PVC发泡制品进入门槛低，初期投资可以很小，使得行业内的几百家企业年产量大多在5000吨以下，年产量上万吨的企业也只有十几家。使得大多企业不具备规模化经济生产，企业的创新能力及市场竞争力也相对较弱。

2. 低质低价的问题

由于大多生产企业生产规模较小，生产技术和质量控制等均存在缺失，加之通用PVC发泡产品竞争激烈，导致了在部分市场上存在低质低价的竞争状态。但随着行业标准体系完善，心脏用户对产品质量要求提高，小型企业的环保压力增大，低质低价的竞争有望得到改善。

七、发展趋势与规划

由于PVC发泡板材的诸多优势，使得其成为木材的最佳替代品，因此发展PVC发泡制品在应用木材的众多领域的替代工作将大有作为，重点包括在室内外装饰装修领域的应用、广告及车辆轻量化材等方面。从发达国家PVC发泡制品发展来看，PVC发泡配方主要朝着无铅化发展，工艺方式主要朝着共挤及微孔发泡方向发展。结合我国国情及行业发展的实际现状，行业将重点发展无铅化产品及节能微孔发泡产品。如钙锌配方、AEP板、车用PVC板等。

总之，我们将充分利用PVC发泡制品的保温、隔音、防潮、防水、防蛀、防腐、阻燃、无毒、力学性能优良、可回收利用等等突出优势，不断研发出国内外需求量大的新产品种类，推进行业不断快速发展。

（中国塑协硬质PVC发泡制品专业委员会）

降解塑料

一、行业现状与进展

（一）国外生物降解塑料发展情况

1. 发展趋势

近年来，随着国际原油价格的持续攀升和资源的日渐趋紧，石油供给压力增大，生物能源产业、可降解产业的经济性和环保意义日渐显现，产业发展的内在动力不断增强。尤其是可降解化学品、生物基可降解材料由于其绿色、环境友好、资源节约等特点，正逐步成为引领当代世界科技创新和经济发展的又一个新的主导产业。在日本、欧洲等国家完全生物降解地膜有少量应用，大约每年有4000吨左右的用量。在欧美国家，淀粉和脂肪族聚酯的共混物被广泛用来生产垃圾袋等产品。国际上规模最大、销售最好的是意大利的Novamont公司，其商品名为Mater-bi，产品在欧洲和美国有较大量的应用。日本UNITIKA公司，也研发和生产了许多种制品，其中帆布、托盘、餐具等在日本爱知世博会被广泛使用。据日本生物降解塑料研究会的资料，2014年日本用量约4万吨左右。根据欧洲生物塑料协会的统计，2014年生物降解塑料全球产量在30万吨左右，每年的递增速度为20%左右。

2. 原料情况

美国Natureworks公司开发了将玉米中的葡萄糖发酵制取聚乳酸，实现年生产能力15万吨。美国和巴西等国家已实现聚羟基烷酸酯（PHA）的工业化生产。

日本三菱化学和昭和高分子公司也已工业化生产PBS，目前2家产能大约5000吨/年左右。

德国BASF公司所生产的脂肪族芳香族无规共聚酯（Ecoflex），其单体为己二酸、对苯二甲酸、1,4-丁二醇，目前年产能14万吨，实现年生产5万吨。BASF公司同时生产共聚酯与聚乳酸的改性料（Ecovio）和以聚酯和淀粉为主的生物降解塑料制品。

意大利Novamont公司主要生产以PBAT和淀粉共混物的制品例如塑料购物袋等，年产能3万吨左右。

（二）国内生物降解塑料生产及应用情况

1. 发展趋势

据中国塑协降解塑料专业委员会统计，我国2014年生物降解材料的用量约5万吨，其中不添加淀粉的生物降解聚合物约3万吨。2015年从事生物降解塑料的企业约80家，年生产能力30万吨，实际生产约3万吨，国内市场需求约8万吨，国外进口2万吨，出口4万吨。

2. 原料情况

国内主要生产淀粉基塑料、聚乳酸、聚羟基烷酸酯、二元酸二元醇共聚酯、二氧化碳共聚物等降解塑料产品，同时还有一部分植物纤维模塑制品。其中：

（1）PBS、改性脂肪族芳香族共聚酯材料

国内研究单位主要有中科院理化所、清华大学、四川大学等。目前已经能规模化生产，开发出来的产品有发泡材料、薄膜（包括包装膜、农用地膜）、注塑制品等。生产企业包括：浙江杭州鑫富药业股份有限公司、安徽安庆和兴化工有限公司、山东汇盈新材料有限公司、新疆蓝山屯河聚酯有限公司、广东金发科技公司、山西金晖集团等。

杭州鑫富药业股份有限公司，年产 PBS 1.3 万吨。采用高效无毒催化剂、一步缩聚法直接合成PBS、PBSA、PBAT，产品符合国际标准，满足吹塑、挤塑、注塑、纺丝及发泡等多用途的加工需求，有生物降解材料的改性和制成品研发；广东金发科技控股公司的 PBSA 完全生物降解塑料生产线产能 3 万吨，重点产品农用生物降解地膜，目前已有较大突破；山东汇盈新材料公司一期年产 2.5 万吨 PBS、PBAT，二期将建年产 8 万吨 PBS，产品已推向市场产品包括包装膜、地膜等；新疆蓝山屯河聚酯有限公司，拥有年产 5000 吨薄膜级 PBS 及PBAT 生产装置；金晖兆隆高新科技有限公司，年产两万吨生物降解塑料（PBS/PBAT）产品；安庆和兴化工有限公司在建一万吨聚丁二酸丁二醇酯项目；常茂生物化学工程股份有限公司，已建年产 1万吨生物发酵法丁二酸生产线；金晖兆隆高新科技有限公司，年产两万吨生物降解塑料（PBS/PBAT）产品。

（2）聚己内酯（PCL）

国内从事 PCL 研究的单位有湖南国防科技大学和四川大学等，四川大学采用己二醇一步法合成己内酯单体，生产工艺绿色环保。中试生产的单位有深圳市光华伟业公司等。

（3）二氧化碳共聚物

国外最早研究的是日本和美国，但一直没有工业化生产。我国于 1985 年由前期的国家自然科学基金开始立项研究，主要研究单位有中科院广州化学研究所、长春应用化学研究所，浙江大学，中山大学理工学院等。

内蒙古蒙西集团公司采用长春应用化学研究所的技术，利用水泥生产过程中产生的二氧化碳，已建成年产 3 万吨二氧化碳/环氧化合物共聚物的装置，产品主要应用在包装和医用材料上，但目前已经停止运转。

中国海洋石油总公司和中科院长化所合作，在海南东方化工城兴建二氧化碳共聚物可降解塑料项目，并正式启动项目建设工作，该项目设计能力为 3 千吨/年，但目前已经停止运转。

浙江台州邦丰塑料有限公司从 2010 年 6 月开始利用长春应化所的专利技术，在浙江温岭市上马工业区建设 3 万吨二氧化碳基塑料生产线。2012 年一期 1 万吨/年生产线目前是世界上第一条连续稳定生产的万吨级生产线。

河南天冠集团有限公司以自主知识产权的二氧化碳捕获技术和成套装备技术，建成了千吨级 PPC 工业化生产线，拥有十多项专利，计划 2015 年建成年产 10 万吨 PPC 的生产能力。

江苏中科金龙化工股份有限公司已建成年产 2.2 万吨二氧化碳基聚碳酸亚丙酯多元醇生产线和年产 160 万米^2 高阻燃保温材料生产线。

（4）天然材料基生物降解塑料

天然生物降解塑料中，热塑性淀粉和植物纤维模塑已经产业化，其他天然材料尚处于基础研究阶段。例如：四川大学研究开发的基于纤维素的天然高分子复合膜，是通过易于回收再利用的绿色室温离子液体作为共溶剂，使纤维素分别与淀粉、木质素、大豆蛋白等天然高分子中的一种或两种在不添加任何其他助剂的情况下复合成膜，获得光学透明性和阻隔性好的完全生物降解的天然高分子复合膜。

武汉大学张俐娜教授在溶液中将纤维素溶解，然后再将其处理后来制作纤维、薄膜等，目前也正在产业化中试过程中。

（5）聚乳酸

我国 PLA 的生产仍属起步阶段，建成的生产线较少，目前产业化的有中科院长春应用化学所与浙江海正生物材料有限公司，已经实现 1.5 万吨/年的生产能力，在建生产线，一期产能 5 万吨/年，二期 10 万吨/年；江苏允有成公司已建立 1万吨/年的生产线，已可以批量化生产；浙江南益生物科技有限公司现有规模 PLA 专用树脂生产能力 7000 吨，计划建设 PLA 专用树脂 5 万吨/年生产线；正在中试的单位有上海同杰良生物材料有限公司、江苏九鼎集团等，其中上海同杰良生物材料有限公司已开发纤维级聚乳酸专用树脂，在建万吨级乳酸与聚乳酸生产工厂，江苏九鼎集团公司已完成了 5 千吨级中试，生产状态稳定。正拟建生产线的

有吉林中粮生化公司，正在筹建万吨级规模的生产线；另外还有河南南乐天仁、山东寿光金玉米公司也正准备筹建万吨级聚乳酸生产线。

（6）聚羟基烷酸酯

我国PHA研究方面介入较早，处于世界先进水平。国内规模化生产的单位有宁波天安生物材料有限公司，已经达到2千吨/年的生产能力，目前正准备筹建年产万吨的生产线，该公司也是目前全世界生产PHA规模最大的企业。

天津国韵生物科技有限公司在天津已建设了年产1万吨/年的PHA生产线。目前和北京福创投资公司合作后，拟在吉林筹建10万吨/年新工厂。

（7）共混生物降解塑料

国内研究和生产利用上述几种生物降解树脂共混、改性加工降解塑料的单位很多，四川大学通过原位合成脂肪族聚酯，与天然高分子，特别是淀粉和大豆蛋白共混，成功地制备出相容性与成型加工性能好、耐水性好和力学性能优异的淀粉/脂肪族聚酯和大豆蛋白/脂肪族聚酯复合材料。

已产业化或已中试的单位有武汉华丽、广东益德、苏州汉丰、浙江天禾、浙江华发、南京比澳格、河北昭和、浙江天禾、广东上九、肇庆华芳、烟台阳光澳洲、常州龙骏等公司。其中：

武汉华丽生物材料有限公司建立了完整产业链，改性淀粉（PSM）生物塑料规模3万吨/年，产品包括粒料、薄膜、片材、注塑品等，销往全球30多个国家和地区。新建6万吨规模以木薯淀粉、秸秆纤维为主要原料的PSM生物塑料及制品研发生产基地。

深圳虹彩新材料科技有限公司主营业务为热塑性复合生物基改性塑料树脂及制品。以非粮木薯淀粉与甲壳素二项复合型热塑性生物基改性塑料的专利技术，形成生物改性树脂15000吨，吸塑、注塑、吹膜等生物基塑料制品10000吨的产能。规划建设二期5万吨规模复合热塑性生物基塑料及2万吨制品的扩产。

苏州汉丰新材料有限公司年产4万吨木薯变性淀粉。产品包括变性淀粉、添加母料、专用料、片材、膜袋类、注塑与吸塑类等，规模化年产3万吨级粒料及制品，2015年形成年产7万吨生产能力。

四川（五粮液集团）普什集团拟以木浆粕、棉浆粕等天然纤维为主要原料，建设年产3万吨级新型热塑性纤维素合成生产线，建设年产万吨级生物基三醋酸纤维素光学材料专用料、万吨级生物基热塑性纤维素包装制品生产线，建设年产万吨级一次性生物基热塑性纤维素复合材料餐具生产线。

浙江天禾生态科技有限公司拥有3.5万吨年产量生物基全系列材料与产品（包括吹膜/吸塑/注塑产品）。

江苏锦禾高新科技股份有限公司主营天然秸秆塑料、玉米淀粉基塑料以及生物基全降解塑料原料及产品。

广东益德环保科技有限公司以“淀粉降解材料挤出片材机组”成套设备的核心技术为依托，研发全生物降解一次性消费品、婴童系列产品和地膜，产品出口多国。

南通华盛高聚物科技发展有限公司从2007年12月开始与长春应化所合作开发全生物降解二氧化碳基塑料改性和膜加工技术，每年出口美国、日本和欧盟的塑料薄膜超过2万吨。

厦门协和环保科技有限公司目前产能3万吨，正拟建2万吨PLA片材包括吹膜/吸塑/注塑产品、一次性包装以及淋膜纸杯与纸餐具等。

此外，重点生产企业还有浙江华发生态科技有限公司（8千吨/年）、常州龙骏公司（规模8千吨/年）、肇庆华芳降解塑料有限公司（规模5千吨/年）等。

3. 应用情况

生物降解塑料可生产一次性塑料制品包括包装膜、垃圾袋、餐饮具以及医用、农用等多种制品（由于生物降解地膜国家很重视，所以在后面将单独列节介绍）。

（1）生物降解塑料购物袋

我国目前使用生物降解塑料购物袋情况最好的省市为吉林省。吉林省出台了《吉林省禁止生产销售和提供一次性不可降解塑料购物袋、塑料餐具规定》（第244号政府令），并于2015年1月1日起实施。出台了《吉林省生物质资源高端化利用产业发展规划（2013-2020年）》、长春市发展和改革委员会于2015年6月出台《长春市2014年生物基材料制品应用示范专项资金使用管理办法》，立足产业基础，吸引了一批聚乳酸制品上下游生产企业落户长春，生物基产业发展呈集聚态势。长春市生物基材料制品处在试用推广阶段，主要推广制品为超市购物袋、食品包装袋。已在大、中型商超，食品加工企业等得到广泛应用。2015年上半年吉林省全省推广使用生物降解塑料制品全省已累计替换各类产品2051吨。

（2）一次性餐饮具

2015年上半年，在天津市包括空港经济区已完成生物基可降解塑料制品（淀粉、PLA、PBAT、PBS、PBC等共混改性）1130吨的销售推广，其中一次性餐饮具950吨，塑料袋150吨，酒店易耗品30吨。

深圳虹彩产品已率先在深圳属地餐饮连锁企业使用，产品包括餐盒、水杯、汤碗及刀叉勺等。深圳虹彩生产的一次性餐饮具、膜袋制品在深圳华福鼎餐饮有限公司、深圳市远村饮食供应链有限公司、深圳市合子厨房有限公司、深圳市开根科技有限公司等超过15家各类餐饮商超企业实现供货。

高铁用制品：2015年上半年，已实现在京津冀高铁一次性生物基可降解塑料制品2800吨的销售使用，其中一次性生物基餐盒1650吨；一次性生物基降解塑料袋750吨；一次性生物基口杯400吨。

武汉华丽环保公司2015年1月至6月用生物基塑料实现替代传统塑料总数约2549吨，其中一次性餐饮具约674吨，膜袋类约1712吨，酒店用品约85.6吨，其他包装品约76.4吨。

4. 生物降解地膜

• 国内外技术发展及研发应用现状

聚乙烯地膜已广泛应用于农业生产，在增温保湿、抗虫防病增产方面作用显著，其生产、应用技术成熟，增产增收效益巨大。特别是在我国应用30多年以来，产销量已居世界第一，覆盖面积达3亿多亩，年用量100万吨以上，成为中国农民离不开的重要农资。

但国内多年来大面积的超薄地膜使用后的残膜无法彻底清理回收，而聚乙烯地膜因性能稳定自身极难降解，导致残膜在土壤中的比重逐年增加。研究表明，残膜存在改变土壤的理化特征，造成土壤肥力降低、植物根系生长发育困难。土壤中残膜含量58.5公斤/公顷时，玉米、小麦、大豆、蔬菜等减产5.5%~59.2%。随着我国农用地膜使用量的持续增长，地膜残留问题给国家的环境保护和农业的可持续发展构成严重威胁。

目前国内农业上采取使用加厚地膜（10微米）、组织回收、加工废弃地膜的方法进行治理，但投入大，劳动强度高、大量耗水且管理不易。而采用降解地膜可以免除后期回收处理，操作简易，可从源头解决农地膜的污染问题。特别是在新疆、内蒙古、甘肃、云南等西北地广人稀地区，使用生物降解材料制造的完全生物降解地膜，堆肥条件下三至六个月可自然降解为二氧化碳和水，无任何残留，对环境没有负担和危害，还可改善土壤透水透气性，有利于微生物活性增长，是从根本上解决地膜白色污染的有效方法。

国际上关于降解地膜的研发已40余年，国内多家科研、生产单位也进行了20多年的探索研究。20世纪90年代的研究主要集中在传统聚乙烯树脂中添加光敏剂或填充淀粉等实现降解，但存在产品不能完全可控降解问题，用后崩解成碎片或呈网架式结构的降解残膜碎块更加难以收集处理。21世纪以来，主要集中在生物降解地膜、植物纤维地膜等可完全降解地膜的研发和应用。但因技术和成本问题，一直未能广泛应用。生物降解塑料地膜是从20世纪90年代后期开始被大量研发生产，目前在欧洲和日本等发达国家已经被逐渐推广应用，在日本每年约为2千吨的生物降解地膜用量。生物降解地膜最大的优点，就是在当年残留在土地后，在短期内就能被完全分解成二氧化碳和水，从而不会破坏和污染土壤。

随着近年来国内降解树脂原料生产和制品加工技术的进步，降解地膜尤其是完全生物降解地膜已取得较大进展。以PBAT（聚己二酸-对苯二甲酸丁二酯）、PBS（聚丁二酸丁二醇酯）、PLA（聚乳酸）、PBSA（聚丁二酸丁二醇酯-己二酸丁二醇酯）等树脂为主要原料，通过淀粉、纤维素、甲壳素、大豆蛋白等天然聚合物及其各种衍生物、混合物进行改性，采用吹塑工艺制成的完全生物降解地膜技术逐渐成熟，可望替代聚乙烯地膜。

我国有能力生产生物降解塑料地膜的原料企业约为10家，有能力加工的薄膜加工企业在30家左右。如果对现有传统塑料地膜的生产企业进行培训或吹膜设备稍加改造，生物降解塑料原料可以在传统塑料企业进行加工生产。

生产成本上，各种生物降解塑料原料各不一样，聚乳酸约25000~35000元/吨，二元酸二元醇共聚物约30000元/吨，聚羟基烷酸酯约35000~40000元/吨，淀粉基共混生物降解塑料约28000~35000元/吨。生物降解塑料的成本约是传统塑料聚乙烯的2~3.5倍。

目前，完全生物降解地膜在欧洲、日本有少量应用，国内云南、新疆等部分地区、部分农作物上进行了少量试用，面积在万亩左右，但尚无真正大面积应用。国内研制的完全生物降解地膜，总体技术水平国内外差距不大。从农田应用试验效果上看，不仅能够完全降解，而且具有良好的增温保墒功能与增产作用，在部分气候干燥地区及烟草、大蒜、花生等使用时间并不苛刻的作物上使用，有较好的效果。但存在成本过高、降解进程不够稳定可控、薄膜强度低影响机械铺膜作业、难减薄等技术瓶颈。

二、政策建议

（一）总体政策措施建议

农用地膜、包装用塑料膜、一次性塑料袋和一次性塑料餐具是造成农田和城市环境“白色污染”的四个主要来源。采用完全生物降解塑料，可从源头解决问题。但目前生物降解塑料的生产成本是传统塑料的2~4倍。由于价格过于昂贵，在现有经济条件下，若没有政府的补贴和政策支持，短时间内难以实现生物降解塑料对常规产品的替代。因此，建议十三五期间：

1. 将发展生物降解塑料列入规划重点

建议十三五期间，完成15万吨/年聚乳酸、10万吨/年聚羟基烷酸酯、20万吨/年二元酸和二元醇共聚酯、10万吨/年二氧化碳基共聚物、60万吨/年淀粉基塑料、20万吨生物聚氨酯、20万吨竹纤维素等原料生产能力建设。完善万吨/年规模生物聚乙烯、生物尼龙、生物橡胶的制备能力。完成100万吨/年能力的制品建设，包括生物基纺丝、纤维、垃圾袋、一次性酒店用品、购物袋、餐饮具、日用品、包装、木塑产品等重点生产企业的培育；完成10万吨/年以上的生物基降解塑料袋、一次性餐饮具等制品的市场应用示范。

2. 国家出台相应配套政策

支持企业扩大生物降解树脂原料的生产能力建设，解决我国生物降解塑料制品原料价格高居不下的问题。

目前国内完全生物降解塑料树脂生产企业大约20家，在缺少资金的情况下已经苦苦坚持研发、生产多年，平均每家投入在1.5亿元左右，年销售额3000万以上的仅约5家，每家年运行成本约500万左右，即使不算固定资产投入折旧，也是入不敷出，加上维持市场和技术改进还需不断投入，绝大多数企业营运艰难，已有1家企业倒闭，只有极个别的企业，或靠其他产品的赢利养活，或靠出口国际市场为生，目前亟须国家支持。

3. 通过补贴和税收等政策，强制推广、鼓励生物降解塑料生产应用

我国从2008年限塑令实施后，超市、商场的塑料购物袋使用量普遍减少了2/3以上，仅四年时间里就累计减少塑料消耗80万吨，相当于节约石油480万吨，折合标准煤680多万吨，减少二氧化碳排放1520万吨，节约石油资源相当于大庆油田年产油量的1/8。因此，若有更多的省市特别是北京、上海、广州这样的大城市及海南、西藏等风景旅游地区如吉林省一般，率先出台禁止生产销售和使用一次性不可降解塑料购物袋、塑料餐具的政策、规定，进而在一定时机出台国家的禁止生产、使用一次性不可降解塑料购物袋、塑料餐具的法规，则仅因一次性塑料袋和塑料餐具造成的环境污染就将会有很大改观，减轻城市环境和管理压力。

对生物降解地膜生产企业进行财政补贴，包括专项支持、低息或免息贷款、税收豁免等。

政府应在税收政策上对生物降解塑料进行调整。在出台政策法规的同时，建议对生物降解制品生产企业进行财政补贴，包括专项支持、低息或免息贷款、税收豁免等。

对生物降解塑料购物袋生产制定统一的增值税优惠政策。为鼓励和扶持一些企业的发展，可以按照新的企业所得税条例规定减免优惠政策如：一是企业需要照顾和鼓励的，可以实行定期减免和免税；二是法律、行政法规和国务院有关规定给予减税免税的企业依照规定执行。例如，国务院批准的高新技术产业开发区内的高新技术企业，按15%的税率征收所得税；新办的高新技术企业自投产年度起免征所得税两年；企业利用废气、废水、废渣等废弃物为主要原料进行生产的，可在五年内减征或免征所得税等等。

4. 建立专项资金，提高技术和扩大生产规模，降低原料成本

根据生产调查和测算结果，应用生物降解的生产成本是传统塑料的2~5倍。由于价格过于昂贵，在现有经济条件下，若缺失政府补贴和政策支持，生物降解塑料要替代常规产品主流难以实现。

5. 设立示范推广专项基金

建议国家设立专项资金，从国家层面上支持生物降解树脂和改性原料生产企业进行技术改造，提高工艺技术水平和扩大生产规模，降低原料成本。每一项新技术的普及应用需要一个从共识到接受的过程，应农业新技术、新产品推广的试验、示范、再推广的一般规律，建立专项基金，逐步技术示范，在成熟时扩大推广应用。

进行年产100万吨能力的生物降解塑料制品加工企业建设，包括生物基纺丝、纤维、垃圾袋、一次性酒店用品、购物袋、餐饮具、日用品、包装、木塑产品等重点生产企业的培育；年产10万吨以上的生物基降解塑料袋、一次性餐饮具等制品的市场应用示范；重点加大生物降解地膜的研发、应用及推广的支持力度。

6. 分期分批推广降解塑料

按照行业生产能力和制品生产技术，逐步推进生物降解塑料购物袋的推广进度。鼓励生物降解塑料购物袋应用为主线，给予政策支持，逐渐培育市场，部分地推广生物降解塑料。结合一些发达城市立法推进垃圾分类的工作，逐渐推广生物降解的有机垃圾的垃圾袋；在酒店行业推进生物降解一次性酒店用品推广。将生物降解塑料购物袋、一次性餐具、酒店用品等的应用纳入酒店评级、城市评级的评价系统。

逐渐在包装行业中，对一次性的包装要求采用生物降解塑料包装，力争十三五期间完成替代一次性包装材料的10%~30%替代工作。

建议工信部会同国家发改委制定生物降解一次性包装材料的替代政策；会同财政部制定相关专项资金补助政策；会同税务总局、财政部制定相关税收政策；会同海关总署制定海关编码等；会同民航局制定在民航客机上推广生物降解一次性制品；会同旅游局制定生物降解一次性制品在旅游景点、饭店、酒店等的应用；会同建设部制定生物降解垃圾袋在垃圾分类中的应用，尤其是有机垃圾袋应用方面的推进工作。

（二）生物降解地膜发展政策措施建议

建议国家重点加大生物降解地膜的研发、应用及推广的支持力度。

1. 理由

（1）目前国内生物降解塑料主要在包装用塑料膜、一次性塑料袋和一次性塑料餐具的生产应用及其出口方面，但其生产、使用量难以得到较大突破。而农用地膜，自20世纪80年代聚乙烯地膜在国内得到大力推广以来，至2013年全国覆盖面积已达3.7亿亩、年用量139万吨以上，而且仍在以每年10%的速度增长。但因超薄聚乙烯地膜大量使用造成的耕地白色污染现状亟须改变，生物降解地膜的应用则是从根本上解决白色污染的有效途径。

（2）国标委于2013年底启动的GB13735《聚乙烯吹塑农用地面覆盖薄膜》国家标准修订工作，在2014年基本修订完成，目前已经开始征求意见并与2015年初就将审定批准。该标准以农膜生产企业为主，在农业部强烈要求和国标委、工信部、环保部等各大部委的重点关注和参与下，规定了聚乙烯地膜的最小标称厚度为10μm，加上偏差，最薄为8μm，且为强制标准。此厚度比现行国标及实际应用厚度要高出许多，主要是为了地膜使用后能够回收。但是，会带来诸如花生种植可能因膜厚在生长时扎不下根而绝收，南方部分地区的部分蔬菜及烟草等作物覆盖后烧苗等问题。目前国内的花生、烟草、蔬菜种植面积分别为3200、1100、9500多万亩，新国标2015年就将执行，势必影响这些经济作物的生产，该问题的解决迫在眉睫。

但是，新标准在修订时特意明确适用范围不包括降解地膜，给通过降解地膜的应用解决上述问题留下了空间。

（3）前一段时间，生物降解地膜虽然在国内部分地区、部分作物（如烟草、大蒜、水稻等经济作物）的使用上取得了较好的效果，但就全国范围的不同气候、不同作物品种特别是大田、粮食作物的应用，还存在着价格过高、降解速度过快、薄膜难减薄等问题，使此产品一直处于看好但难以真正应用的尴尬地步。

但2014年下半年，在国内生物降解企业技术人员的不懈努力下，通过改进合成工艺，在降低完全生物降解地膜的生产成本和薄膜厚度，提高地膜透明度、保水性及控制薄膜降解速度上有了突破性进展，使得完全生物降解地膜的推广应用真正成为了可能。可以预见，完全生物降解地膜推广面积的扩大，将带动生物降解塑料的迅速发展，原料价格也将大大降低，打破生物降解塑料的“价格-用量”怪圈，进入良性循环发展。

重点加大生物降解地膜的支持力度，尽快启动、建设生物降解地膜的应用示范，围绕降解农用地膜的规模化应用，选择重点区域建设生物降解地膜的应用示范区，推进相关生物基材料的生产与应用技术产业化，建设应用示范体系。重点支持采用PBS、PLA、PPC、PBAT等为原料的生物基材料农用地膜专用树脂、生物可降解农用地膜的生产与加工，特别是支持技术相对成熟的企业，建立塑料农用地膜的生产、推广、应用一体化的联合体，建设农用地膜从原料到终端产品到农田使用的供应链，并通过具体措施推动我国生物降解地膜的应用发展：

2. 具体措施

（1）围绕农业清洁生产加大生物降解地膜产品升级换代和产业能力提升

目前国家发改委每年安排农业清洁生产专项资金支持地膜残膜回收加工能力建设，成效较为显著。建议增加部分资金用于农用生物降解膜产品升级换代和产业能力提升，支持以完全生物降解地膜产品及适合全生物降解原料的加工设备的研发、生产，助推我国全生物降解膜产业发展，实现工、农业的产业升级，为从根本上解决地膜残留问题创造更多有利条件。

（2）开展试点示范工作，提升全生物降解膜产品农田适用性，逐步扩大推广

生物降解地膜示范应用的成本包括地膜购置费、仓储搬运费、评价试验费、试验工作经费、示范费、技术培训费及风险赔偿金，建议国家资金支持，将原料成本补贴给原料生产企业，将加工费和运输费直接拨付给地膜加工企业，试验评价和工作经费及风险赔产金拨付给评价机构，而示范费用拨付到农户。在全国范围内，选择重点区域和重点作物，根据地膜用量、交通便利等综合因素，合理谋划，选山东、新疆、河北、云南、甘肃、黑龙江、河南、四川等8~10个地膜使用较为广泛的省市进行试验示范。建议选择云南烟草、山东花生、新疆棉花、甘肃玉米、内蒙马铃薯等主要覆膜品种，分别开展5000~10000亩规模的为期3年的试点示范。

在示范应用基础上逐步扩大推广，确立重点推广区域，优先扶持补贴新疆棉田、北方花生及烟草等作物种植使用完全生物降解地膜。解决花生、烟草等作物不能按新国标使用普通聚乙烯地膜问题，率先实现上述作物及地区放弃使用聚乙烯地膜、全面规模化应用完全生物降解地膜。

（3）建立符合我国特点的农用生物降解地膜评估评价体系，推行准入制，从开始就把好产业关，引导产业规范、健康发展

由政府管理部门授权，委托中国塑协、全国农技推广中心和农用塑料应用技术学会牵头，串联起原料企业、加工企业与农田应用整个产业链，组织制定产品及农田应用标准，进行农用生物降解地膜应用效果验证及评估，对合格产品给予挂牌或准入证书，协调、解决从生产到推广、应用中的技术问题；国家工商、质检部门严格执法，防止鱼龙混杂，使假冒和掺入聚乙烯的非完全生物降解产品混入，坑害农民和破坏环境，搞乱行业。

（中国塑协降解塑料专业委员会　翁云宣）

氟塑料

2018年是贯彻党的十九大精神的开局之年，是改革开放40周年，也是实施“十三五”规划承上启下的关键一年，氟塑料加工行业在新发展理念的引领下，坚持以供给侧结构性改革为主线，以科技创新为动力，整体运行平稳，保持了稳中有进的发展态势。

一、行业现状

我国发展仍处于并将长期处于战略机遇期，世界面临百年未有之大变局，变局中挑战与机遇并存。2018年多数企业发展较好，规模企业注重管理，加工中心及净化车间的数量明显增多，越来越多的加工企业生产复合型产品，或向系统化发展，智能制造正在悄然上升。可熔性氟塑料加工高速发展，更多的产品进入民用市场。环保监控加强，VOC排放问题成为监管重点，环评后增加设备需要重新报备，有害物质集中外销处理需要往来凭据。企业更加注重安全生产，对员工的安全教育加强。

目前，我国聚四氟乙烯树脂产能已超过13万吨，聚偏氟乙烯产能约为2.8万吨，聚全氟乙丙烯产能约为2万吨。据不完全统计，2018年我国聚四氟乙烯产量约为10.3万吨，较2017年有所增长。

2018年国产聚四氟乙烯树脂价格动荡严重，第一季度明显上涨，中粒度销售价格比年初上涨12.0%，分散树脂比年初上涨17.7%。从5月起价格开始急速下跌，最大跌幅达34%，8月又开始上涨，涨幅达18.2%，截至12月，中粒度销售价格约为6.3万元/吨，分散树脂价格约为6.6万元/吨。如此剧烈的波动，严重影响了加工企业的正常生产和库存准备。

据不完全统计，2018 年氟塑料加工企业聚四氟乙烯树脂消耗量比 2017 年上涨 6.2%，聚四氟乙烯制品产量比 2017 年上涨 8.3%，企业销售总额较 2017 年有所增加。由于氟塑料制品在化工、环保、汽车、航天航空、半导体、通讯等领域的需求不断增加，其他糊膏挤出的产量明显增加，比 2017 年增加了 17.6%，模压制品、等压制品、柱塞挤出制品的产量也分别增加了 8.7%、11.4%、12.8%。而生料带和纤维制品的产量分别比 2017 年下降了 11.8%和 2.5%。2018 年聚四氟乙烯制品的构成如图 1 所示。

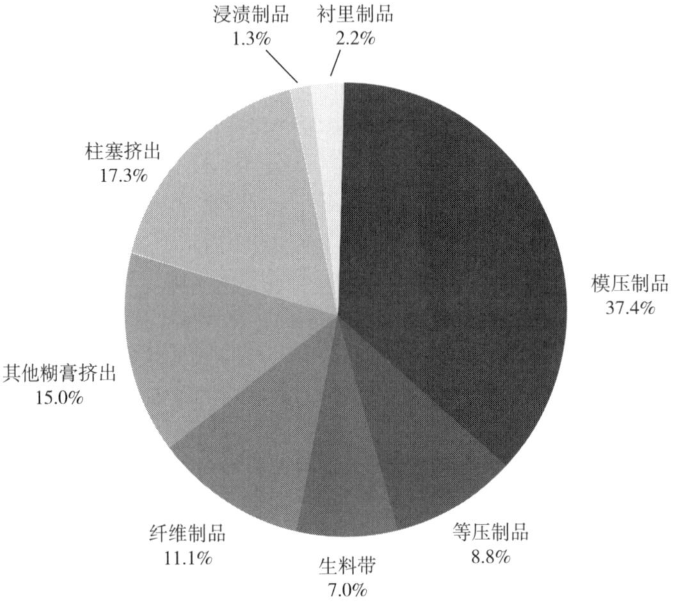

图 1　2018 年聚四氟乙烯制品的构成

2018 年受中美贸易摩擦影响，聚四氟乙烯制品进出口量较 2017 年都有不同程度的下降。根据进出口数据统计，截止到 2018 年 12 月底，聚四氟乙烯树脂进口量 6340.06 吨，同比上涨 1.31%，进口平均价格同上涨 0.57%；出口量 22908.14 吨，同比下降 8.34%，出口平均价格同比上涨 25.88%。可熔性氟聚合物进口量 12461.51 吨，同比上涨 2.66%，进口平均价格同比下降 1.73%；出口量 24524.64 吨，同比上涨 0.59%，出口平均价格同比上涨 16.63%。聚四氟乙烯制品进口量 1594.01 吨，同比下降 9.22%，进口平均价格同比下降 4.03%；出口量 18301.81 吨，同比下降 5.93%，出口平均价格同比上涨 20.19%。具体数据见表 1、表 2：

表 1　　2018 年 1~12 月氟塑料进口量及与上年比较表

产品	进口总量/千克	累计比同期/%	进口总金额/美元	进口平均价格/(美元/千克)	累计比同期/%
初级形状的聚四氟乙烯	6340059	1.31	79239364	12.50	0.57
其他初级形状的氟聚合物	12461510	2.66	275016151	22.07	-1.73
聚四氟乙烯制非泡沫板、片、膜、箔及扁条	1594006	-9.22	94065099	59.01	-4.03

表 2　　2018 年 1~12 月氟塑料出口量及与上年比较表

产品	出口总量/千克	累计比同期/%	出口总金额/美元	出口平均价格/(美元/千克)	累计比同期/%
初级形状的聚四氟乙烯	22908138	-8.34	226800135	9.90	25.88
其他初级形状的氟聚合物	24524645	0.59	300217645	12.24	16.63
聚四氟乙烯制非泡沫板、片、膜、箔及扁条	18301808	-5.93	179488564	9.81	20.19

二、行业发展方向

近年来，随着我国国民经济的不断发展，氟塑料加工行业日新月异，规模和效益保持平稳增长，产业结构进一步优化，新技术、新产品方面取得诸多突破，品牌建设成绩显著。目前，行业正处于转型升级的关键阶段，产业的发展将从规模增量型的粗放发展方式向质量效率型集约增长转变，由高速增长阶段转向高质量发展阶段，要坚持“创新驱动、质量为先、绿色发展、结构优化、人才为本”的基本方针，坚持“资源节约型、环境友好型、科技创新型”的产业发展方向，依靠科技创新，强化技术优势，全面推进产业转型升级和健康可持续发展。

随着中美贸易摩擦不断升级，我们应该做好打“持久战”的准备，加快自主创新步伐，补齐技术短板，掌握关键核心技术，牢牢把握发展主动权。在高质量发展中，加大科技创新力度和基础研究，全面推进制造强国战略，努力实现从氟塑料大国向氟塑料强国转变。

三、专委会活动

（一）走访调研

为了解企业发展情况，专委会先后对上海、辽宁、河北、江苏、浙江、湖南、江西地区等三十余家氟塑料加工和原料生产企业进行了走访考察。所到之处得到了被访企业主要负责人的周密安排和热情接待，与企业进行了座谈交流，并参观了企业的生产车间和实验室。通过走访调研，切实了解了企业的发展现状、经营情况和发展中存在的问题，并了解了企业下一步的发展规划和设想，各企业也对专委会今后的工作提出了很多有建设性的意见和建议。

（二）开展标准化工作

1. 标准立项

立项申报《螺纹密封用聚四氟乙烯未烧结带（生料带）》修订标准，目前该行业标准计划已下达，计划号为 2018-2136T-QB。

2. 标准制定

《聚偏氟乙烯（PVDF）薄膜的耐风沙测试方法》（计划号 2016-1735T-QB）行业标准已完成讨论稿，于 2018 年 9 月 10 日召开工作组讨论会。由于该标准还需进一步进行试验验证，牵头单位杭州福膜新材料科技股份有限公司提出申请标准延期一年完成。

3. 标准的宣贯

《聚四氟乙烯（PTFE）板材》（QB/T 5257—2018）和《聚偏氟乙烯（PVDF）板材》（QB/T 5259—2018）轻工行业标准已批准公布，于 2018 年 9 月 1 日正式实施。专委会于南京的第五届七次理事扩大会上进行了最新行业标准的宣贯，有效推动了新标准的实施。

4. 积极申请组建氟塑料标准工作组

近年来，我国氟塑料行业高速发展，其产品被广泛应用于化工、环保、军工、机械、建筑、汽车、航天航空等领域。氟塑料属于产量小但应用面广的产品，被列入国家战略新兴产业，但相关标准的制订却跟不上行业的发展，由于氟塑料的加工工艺和应用领域与通用塑料基本不同，所以在通用的塑料制品分标委会中局限性很大，因此，专委会向全国塑料制品标准委员会申请组建氟塑料标准工作组，召集氟塑料行业的专家将氟塑料行业的标准统一规划，使更多的业内人士参与到标准的申报和制修订中，促进氟塑料的标准化健康发展。

（三）会议活动

1. 举办国际培训

为提高中国氟塑料加工行业的从业人员的整体水平，增加国际的交流与合作，增强行业可持续发展能力，专委会于 2018 年 12 月 1~2 日在无锡举办了“2018 中国氟塑料加工国际培训班”，160 余名学员参加了此次培训。本次培训邀请了德国氟塑料协会秘书长 Michael Schlipf 博士，他凭借多年深厚的理论基础、丰富的实践经验以及敏锐的市场洞察力，详细讲解了含氟聚合物的设计原理，分析了含氟聚合物在化工、制药、半导体、环保、汽车等领域的案例研究。本期培训取得了非常好的效果，必将促进我国氟塑料加工水平的提高。

2. 积极筹备参与协办“2018 中国国际塑料展”并组织氟塑料代表团参观展会

2018 年 10 月 28~30 日，“2018 中国国际塑料展”在南京成功举办。此次展会扩大了规模，扩大了科技交流活动。氟塑料专委会积极参与招展工作，完成 14 个展位，北京市塑料研究所、南京肯特复合材料股份有限公司、立昌科技（赣州）有限公司、浙江嘉日氟塑料有限公司、浙江松华新材股份有限公司、辽宁华日高新材料股份有限公司 6 家会员企业参加了此次展会。王建忠理事长带领氟塑料专委会参观团到相关企业进行参观学习。

3. 召开第五届七次理事扩大会

2018 年 10 月 27 日，第五届七次理事扩大会在南京召开。会议以“落实创新、协调、绿色、开放、共享的发展理念，推动氟塑料行业高质量发展”为主题，分析了当前面临的新形势，共同商讨氟塑料行业发展大计，为行业发展指引了方向。会议增补了专委会理事单位和副理事长单位，表彰了“氟塑料行业先进企业和先进个人”，并进行了最新行业标准的宣贯。

4. 召开第五届六次、七次理事长工作会

专委会分别于 2018 年 4 月 14 日、10 月 26 日召开了第五届六次、七次理事长工作会。会后代表们分别参观了副理事长单位浙江有氟密阀门有限公司和南京肯特复合材料股份有限公司。

5. 举办“兴氟沙龙”活动

自 2017 年 11 月成立“兴氟沙龙”以来，分别于 2017 年 12 月、2018 年 3 月和 8 月举办了三期活动。通过沙龙活动，增进了各企业和人员间的相互了解和沟通，搭建了一个氟塑料年轻一代的沟通交友平台。

四、政策建议

2019 年是新中国成立七十周年，是全面贯彻落实党的十九大精神的深化之年，也是决胜全面建成小康社会、实施“十三五”规划纲要的攻坚之年。我国发展仍处于并将长期处于战略机遇期，氟塑料加工行业也面临着新的发展机遇与挑战。

（1）要继续扎实推进“两化”深度融合，积极贯彻落实“中国制造 2025”，推动智能制造，推进企业实现数字化、数据化、智能化生产，努力实现氟塑料加工智能化转型；

（2）坚持品牌战略，加快推动行业高质量发展，贯彻实施国家“三品”战略行动计划，通过提品质、增品种、创品牌，做好品牌创建和产品质量提升工作，提高民族品牌的核心竞争力；

（3）坚持绿色发展，注重生产和应用过程的环境保护和节能减排，实现厂房集约化、原料无害化、生产洁净化、废物资源化、能源低碳化；

（4）借助“一带一路”战略，积极开拓国际市场，促进国际交流与合作，谋求共同发展。

（中国塑协氟塑料加工专业委员会
吕方　陈生）

多功能母料

一、我国塑料色母粒行业发展总体概况

20 世纪 70 年代末，中国开始了色母粒的研制，兰州石化公司、上海染化厂、北京化工学院等单位分别承担了化工部下达的科技攻关项目。在 1978 年召开的首届全国科学大会上，上海染化一厂即以《聚丙烯纤维防老化及改进染色性能的研究》获得了大会奖励。20 世纪 80 年代初，北京燕山石化公司引进了瑞士汽巴嘉基公司色母粒湿法生产技术，广东新会彩艳公司引进了双螺杆色母粒制备技术，率先取得了化纤原液着色的突破。之后，一些企业也在塑料着色技术上取得了进展，如宁波色母粒厂以为黄河牌电视机壳着色为契机，从 1985 年开始了色母粒的研发与生产，时至今日已成长为国内塑料色母粒企业的领头羊。色母粒发展初期是典型的高附加值产品，如今已发展成为塑料化纤行业的配套产业，在合成树脂到最终制品的产业链中起着举足轻重的作用。现在这种技术已逐步扩展到其他助剂，在中国塑料加工行业中形成了一个通用而又独特的分支——塑料母粒技术。

说其通用，是因为母粒生产依托的是最为通用的塑料挤出造粒技术，这也是将色母粒技术划归为塑料加工业的依据。说其独特，是因为颜料或其他功能助剂加到载体树脂中，为一般的塑料加工技术带来了许多新的问题，最主要的问题就是功能助剂的分散，正是围绕着这一独特问题的解决，促进了颜料、分散剂、助剂乃至塑料加工机械行业的革命性进步。

这样一个处于产业链关键位置的行业，有着带动上游产业和推动下游产业发展的双重任务。目前中国色母粒生产企业至少有上千家。

二、我国塑料色母粒行业发展分析

中国塑料色母粒行业经过近三十多年的发展，从无到有，从小到大，逐步形成了完整的产业链；随着中国B超设备市场快速发展和技术进步，中国塑料色母粒行业已经基本上达到了国际同步水平，通过“引进、消化、吸收和再创新”技术路线，以及全球化的竞争优势，突破了核心技术垄断，关键原材料本地化，积极参与国际竞争，充分展示出了其强大的竞争优势！

三、我国塑料色母粒行业发展特点分析

中国色母粒品种较全，通用型产品已完全可以满足国内塑料加工业的需求。国内色母粒品种分配情况，按颜色对色母粒品种进行分析，黑白母粒几乎占据了色母粒总产能的80%，彩色母粒只占20%。

在色母粒生产中，纤维色母粒对技术及原材料要求较高，而色母粒生产技术的产生也是缘于丙纶纤维的着色。由此可见，色母粒这种为解决丙纶着色难题所发明的技术在塑料着色领域得到了更为广泛的应用。

PET与PP纤维在中国发展较快，而PA纤维所占市场份额较少，PET、PP、PA纤维色母粒产量分布比例目前分别为68.2%、30.2%和1.6%。随着跨国公司PA项目在中国落户，中国PA色母粒研发与生产也必须迎头赶上。

随着中国工程塑料近年来的快速发展，PA、PC、氟塑料等工程塑料和特种工程塑料对色母粒提出了更高的要求。北京化工大学材料科学与工程学院近日研制成功聚全氟乙丙烯色母粒，填补了国内空白，在研制过程中很好地解决了原材料选择、配方及生产工艺调整等难题，成功制备了白、黄、绿、蓝、红、橙、棕、黑全色系聚全氟乙丙烯色母粒，应用于电线电缆，电性能及力学性能指标完全符合要求。这一项目的研制成功，为中国用于工程塑料的高档色母粒的研制打下了良好的理论和实践基础。

四、我国塑料色母粒企业发展分析

目前，我国色母粒生产企业有近千家之多，主要分布在广东、浙江、江苏、山东、北京、上海、湖南、河北和天津等省市，它们分属于各个工业系统。而这些众多的色母粒厂家中，质量上乘的不多，且中小企业和个体企业占有很大比例。生产能力严重过剩，除新建生产装置增速过快，产品订单不足等因素外；其中重要因素是国产色母粒产品结构单一，品种不全，通用型产品占很大比重，而高浓度和超高浓度、多功能性色母粒及细旦纤维用色母粒所占比重较少。反观色母粒技术水平较高的国家，颜料、分散剂等原材料品种齐全，已形成了系列化和专业化产品结构。

五、塑料色母粒产品价格走势分析

近几年，我国塑料色母粒生产成本有所上升。塑料色母粒行业的上游行业原料，在全球原材料价格普遍攀升的形势下，我国医药领域的原材料在上升到历史最高，加上职工工资的提高，使各种塑料色母粒产品成本升高。总之，目前原材料价格的波动就会影响到该产品价格的不断波动。

根据原材料与下游市场需求相互影响的分析，未来，随着国内企业技术的提高以及工艺的改良，塑料色母粒有望与国际技术水平持平，价格预计未来5年内呈现稳定增长。

（中国塑协多功能母料专业委员会　罗子木）

塑木制品

一、塑木行业状况

（一）中国塑木行业发展概况

塑木起源于美国，20世纪八九十年代，美国Woodstock公司、Trex公司分别采用聚丙烯、聚乙烯与木粉或木纤维生产塑木复合材料，制作汽车内衬板、野餐桌、地板等；90年代中期进入中国，经过20多年发展，已超越美国，成为全球最大的塑木产品生产国和出口国，被列入国家“十二五”和

“十三五”发展规划，为战略新兴产业之一，是未来极具活力的朝阳行业。

塑木复合材料（wood-plastic composites 简称 WPC）是由热塑性塑料（如聚乙烯 PE、聚丙烯 PP、聚氯乙烯 PVC 等）与生物质纤维材料（包括天然纤维稻壳、木粉、竹粉、麦秸、秸秆等）复合而成的一种新材料，主要特征为塑料在复合材料中呈连续相，生物质纤维为分散相，具有塑料和木材的双重特性；一般采用挤出、注塑、模压等加工生产技术，是一种新兴的绿色环保产品，分为户外塑木材料和室内塑木材料两大类，已进入建筑、市政、园林、家居、装饰、物流、汽车、旅游、高铁、船舶、军工等应用领域。

塑木具有较高的强度和硬度，耐酸碱、抗腐蚀、不变形且不含甲醛，是绿色节能环保产品，具有天然木材纹路、色泽、质感以及高分子材料特有的防腐防潮、防霉变、防虫蛀、抗紫外线、耐磨、免漆、一次成型、环保等多重性能，耐用性优于普通木质材料。

（二）我国塑木主要原材料现状

1. 热塑性树脂

主要聚乙烯、聚丙烯、聚氯乙烯三大类占77%；其次 PS、ABS、PET、PA、PLA、PMMA 等工程塑料占 13%；占比 10%其他材料为聚碳酸酯、三聚氰胺树脂、聚甲醛、聚异丁烯、聚对苯二甲酸丁二醇酯等。

在聚烯烃塑木产品需要的热塑性树脂中，主要用的是回收热塑性塑料；在以上所有热塑性树脂中，聚乙烯回收塑料最容易获得，因此在塑木产品中，聚乙烯塑木产品在户外铺面材料市场中使用量是最大，并且性能是最稳定的产品。聚氯乙烯基塑木在室内应用更广泛和受欢迎。

2. 纤维粉

植物纤维——木粉、秸秆粉、糠粉、竹粉、果壳粉是植物纤维主要种类，其中，木粉研究最多占比 31%；秸秆粉和糠粉次之，分别占据 16% 和13%；其他还有淀粉、树皮粉、草粉、咖啡渣、棉花壳、茶叶等。

在目前所有塑木产品生产，应用最多的木质纤维粉，即木粉，因为木纹是生产实木地方，密度板砂光后的下脚料而过滤而来的木粉，这样的木粉具有量大，并且质优价廉的特点，因此在国内应用是最广发的木质纤维粉。

3. 加工助剂

除生产塑木产品需要的最大两种原料热塑性塑料和纤维粉外的助剂中，还有无机填料、偶联剂、润滑剂、抗氧剂、光稳定剂、发泡剂、发泡调节剂、增韧剂等。

（1）无机填料（碳酸钙、硅灰石、滑石粉）：主要作用是调节塑木产品的尺寸稳定性，并且决定产品生产时的稳定性和产品的收缩率等。2019 年江西广源化工推出塑木专用的针状硅灰石粉，对满足塑木产品尺寸稳定性，增强增韧作用明显高于普通碳酸钙和滑石粉。

（2）偶联剂：塑木产品应用的偶联剂主要是增加产品的弯曲强度和弯曲模量，随着产品产量增加，其稳定性特别重要。

（3）润滑剂：塑木产品生产应用的润滑剂目前以专业公司生产的复合润滑剂为主，除进口产品外，国内有东莞汉维科技有限公司、浙江杰上杰新材料有限公司、上海光裕等规模企业开发的润滑剂产品可以满足塑木产品中不同流动性塑料原料，取代传统单体复配润滑剂，解决容易开裂、析出、稳定性差等缺点。

（4）抗氧剂：塑木产品户外使用会热老化，目前常用 1010 和 168 抗氧剂按 1∶1 复配使用，或者直接用复配号的型号 B225 进行解决塑木产品户外热老化问题。不同公司可能型号不同。

（5）紫外剂吸收剂或稳定：普通塑木产品一般用受阻胺类紫外线稳定剂，解决塑木产品的户外紫外线老化问题，目前还有少量用 531 等紫外线吸收剂。

（6）发泡剂：PVC 塑木发泡产品需要的发泡剂主要有 AC 黄发泡剂和 NC 白发泡剂；

（7）增韧和抗冲改性剂：按结构一般分为 3 类：弹性同类：一般具有核/壳结构的发哦分子材料如 ACR、MBS、MABS 等；非弹性体类如 CPE、EVA 等聚合物与集体树脂荣荣共混时会互相森头形成网状结构，从而提高韧性和冲击性能。

4. 共挤塑木产品的表面共挤材料

近年来，特别是 2018 年，共挤塑木产品需要的表面共挤材料越来越丰富，除普通的共挤材料外，陆续出现了磨砂共挤料、抗静电共挤料、降温共挤料及弹性共挤料等；并在行业内出现了专业提供共挤材料和服务的公司，例如青岛绿都塑料科技有限公司，可以提供共挤材料，根据客户需要提供丰富多彩的色母、木纹色母，并可以根据客户需要，提供特殊共挤材料的定制服务等。

（三）国内产能和产量及市场情况

1. 国内塑木产能及产量情况

目前全球塑木市场容量约500万吨，中国产销量约300万吨，已连续7年超越美国，成为全球第一大塑木产品生产和出口大国；国内生产企业620家，其中户外PE塑木生产企业约220家，产能200万吨，年生产能力2万吨以上的企业55家；室内PVC塑木生产企业400多家；联结在塑木产业链的企业超过2000家，主要分布在华东、华南、华中地区，塑木生产企业和产销量的年均增长率超过30%。

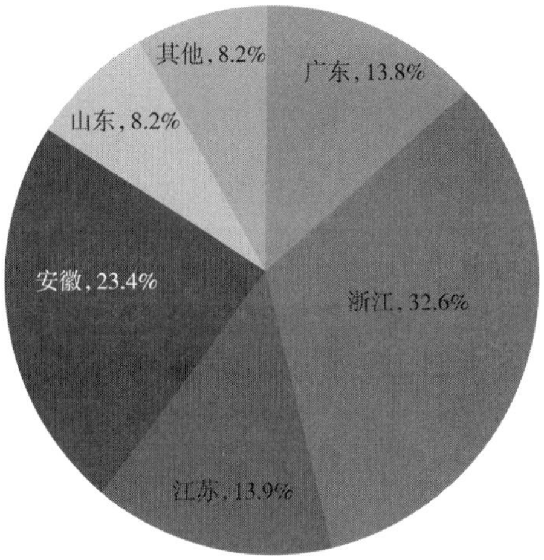

2018年塑木产量分布

2018年实际塑木产量超过5万吨的有1家：安徽森泰塑木集团股份有限公司。2018年实际塑木产量超过1万吨的有近40家：惠东美新塑木型材制品有限公司、浙江诚成新材料科技有限公司、宁波禾隆新材料有限公司、浙江科杰新材料有限公司、宜兴市华龙塑木新材料有限公司、浙江元森态家具有限公司、广东康特环保科技有限公司、滨州世旭塑木有限公司、黄山华塑新材料科技有限公司、安吉正源塑木装饰材料有限公司、江苏福瑞森塑木科技股份有限公司、吉林华邦新材料科技有限公司、山东绿森塑木复合材料有限公司、安徽国风塑木科技有限公司、浙江新远见材料科技股份有限公司、黄山美森新材料科技有限公司、江苏星和瑞塑木科技有限公司、宣城福美达新材料有限公司、安徽爱瑞德新材料有限公司、安徽红树林新材料科技有限公司、山东霞光集团有限公司等。

塑木生产企业主要分布在东部省份，其中珠三角、长三角地区和山东省最为集中。新增加的生产企业以内陆及西部省份为主，而北方地区的塑木生产企业仍然偏少。

2. 国内塑木市场情况

国内市场总体来看在稳步增长，东部发达地区保持相对稳定的增长率，西部以及海南等旅游业、养老地产发达的省份增长相对更快。比如贵州省、四川省的塑木应用明显比其他省份更多。

从产品结构上来看，各地区也有不同特点。比如四川、新疆普通喜欢用实心厚板，海南则以第二代共挤地板为主，云南普通接受空心圆孔地板。其中第二代的共挤地板市场占有率逐步增加。

3. 国外塑木市场情况

欧洲市场较为稳定，总量比上年略有上升，产品仍以一代普通产品为主，共挤塑木产品增长较快。一些新兴市场增长较快，比如英国、德国、波兰、东欧、东南亚、北欧、南美及大洋洲、非洲，国内很多塑木企业通过展会等方式积极开发这些新兴市场，并取得不错的效果。

塑木复合材料最大和最熟的市场在北美，但由于美国及加拿大的市场准入门槛较高，本土的生产企业无论是规模、品牌都高于国内生产企业。国内的塑木产品运到这些市场，在成本及交期等方面并无优势，开发这些市场困难较大，但国内仍有少数有实力的龙头企业在努力开发，并取得一定的成效。中美贸易摩擦，对出口美国的企业有很大的影响。

（四）新产品及技术发展状况

1. 二代共挤类产品

国内的共挤产品主要有四种风格，第一种是以美新为典型代表的共挤产品，通过多年的努力开发，在线压花以后表面进行处理，在大幅度提高耐候性的同时，表面木质感好、纹理自然，形成了独立的风格，在国际、国内塑木行业得到广泛认可。国内多数生产企业以美新风格为基础，加上各种后处理方式，形成了各自的风格，这类产品成为共挤产品的主流。第二种是以森泰为代表的表面共挤后在线压花，基本上不再进行表面后加工的共挤产品，生产工艺简单，表面硬度高，耐磨性好，粘结度强，风格与美国同类型产品类似，也广泛被市场接受。第三种是聚锋的三层套色的共挤产品，两层不同颜色共挤经深压纹打磨后形成的色彩鲜明的木纹产品效果。第四种是以吉林华邦、江苏福瑞森为代表的一些厂家，共挤产品表面处理后，外观纹理粗犷，形成独特的风格，取得不错的市场份额。

2. 一代塑木混色产品

欧洲市场普通接受外观仿木、仿古效果，在普通一代产品中通过添加色母粒混色形成较为自然的条纹。该类技术首先以赫尔普、康特为代表，后面又有一些企业如新远见、坤鸿、永昇、福瑞森在此基础上进一步改善，技术更为成熟，产品表面效果更自然，市场增长也很快。

3. 第三代塑木新技术及其新产品开发

2018 年，结构用工程塑木复合材料及其制品开发进度加快，如 SMA 塑木、ABS 塑木、PMMA 塑木、PA 塑木、PET 塑木等工程塑料塑木技术以及塑木与金属或结构材复合的“芯层共挤技术”是第三代塑木产品的重点，如芯层采用金属、刚性增强塑料、外层共挤塑木的新技术以嘉景、金发为代表，开发铝合金增强共挤塑木和芯层为刚性塑料骨架增强共挤塑木，达到结构材料性能要求，已开发成功的有 AEE、金刚木、钢芯木、增强共挤塑木，在汽车、门窗、家具、集成房屋是其潜在的应用领域；

4. 发展 PVC 塑木是中国市场一大特色

PVC 塑木产品丰富和拓宽了塑木材料及其应用领域，市场潜力和规模远大于聚烯烃塑木产品。发泡和共挤 PVC 塑木产品及其生产技术和应用开发，因有别于聚烯烃塑木产品特性（阻燃、轻量、高强、美观）值得重视，室内绿色家装 PVC 塑木产品异军突起，引领潮流．国内代表企业：广州金发、广州恒德、山东霞光、东莞百妥木等企业在新技术方面、新产品方面各有突出亮点，为塑木企业跨入 10 万吨级别规模化生产，打通室内室外塑木产品线及实现塑木整装集成房屋，提供技术和产品支撑。

5. 在线压花、混色在线压花再表面处理产品

此类产品通过在线压花，花纹深、工艺简单实用、纹理清晰、耐磨性好，表面效果自然，市场前景好，代表塑木发展新产品的方向之一。以科艺为代有的花辊设计、制造厂家不断推出新的花纹，对此类产品的市场推广起到积极的作用。

简单来讲，现在有新产品开发，主要以一代或者二代共挤产品为平台，通过不同的表面处理方式，开发不同风格的表面效果，满足不同地区、不同文化和审美要求的客户要求。

另外，一些特殊用途、特别是对力学性能要求高的产品开发也取得较大进展，比如里层采用金属材料增强、外层共挤塑木复合材料的一些型材。以金发为代表开发的芯层衬骨架的型材力学性能好，弯曲模量成倍增加，对塑木复合材料由装饰性材料向结构性材料发展有重大意义。

6. 塑木生产设备和设施的进步与创新

（1）高产量造粒机

塑木生产厂普遍采用 75 平双造粒机，每小时产量 300~500 千克，生产效率低；采用 95 平双造粒机每小时产量 1000~1500 千克，是发展方向。

（2）塑木生产自动化系统

原料配混系统和造粒挤出系统自动化——木粉、塑料、填料引入大型贮料罐，通过管道采用自动计量真空输送到各混料造粒系统，造粒料通过管道真空输送到掺混料仓均化冷却，再通过管道真空输送到各挤出生产线，减少粉尘，降低劳动强度。

塑木型材表面加工系统自动化——采用自动化双面（或四面）拉毛拉丝打磨机及其与自动切割机一体化自动控制系统，提高生产效率。

（3）环保处理设备

塑木产品在加工中的水汽和粉尘是行业中亟待解决的问题，2019 年最新环保环保设备分为 PVC/PE/PPR 等塑料加工车间粉尘收集达标排放系统，波纹管碳酸钙加工车间粉尘收集达标排放系统，木工行业粉尘收集达标排放系统，金属抛光行业粉尘收集达标排放系统，塑木，墙板，地板等塑料加工中废气 VOCS 处理达标排放系统，油漆行业 VOCS 处理达标排放系统等等处理污染空气环境的设备制造。国内成熟的专业设备厂家比较少，如苏州吉玛环保科技有限公司。

（五）塑木行业存在的不足

（1）塑木企业生产效率低、经济效益差：一次成品合格率低（<90%），劳动生产率低（全员人均月产销量<10 吨），综合废品率高（>15%），损耗大（>8%），行业平均毛利率低（<20%）。环保治理落后，采用两步法塑木生产企业，造粒废气环保处理投入少、技术简单，恶臭气味难以达到国家排放标准，成为困扰行业发展的一大问题。企业信息化和生产自动化建设滞后，数字化和智能化与整个行业无关。

（2）塑木主要原料（回收塑料和植物纤维）标准化工作没有引起足够重视，原料质量及其适用性过度依赖企业自身经验与教训积累，是整个塑木行业生产成本和产品质量的“黑洞”；没有建立强

制性的塑木产品认证标准与制度，仅有的《环境标志产品技术要求　塑木制品》（HJ 2540—2015）和《绿色产品评价　塑木制品》（GB/T 35612—2017）为推荐性标准，且与消费市场、政府项目招投标制度衔接不紧。

（3）塑木企业创新投入、能力与人才不足，产品同质化严重，持续价格战；25 家骨干生产企业占 620 家塑木企业 4%，但是专利申请量占全部企业申请量 45%，其余 96% 的塑木企业专利申请量仅占 55%。

户外塑木以中低端铺板 Decking 为主占 65% 以上，产品毛利率低，没有资本市场的支持，消费过度依赖区域市场；室内塑木以轻质发泡 PVC 塑木为主。

第二代共挤塑木产品经过近五年的技术开发与市场推广，开始出现产品同质化现象，并暴露出质量问题：中空共挤吸水板面开裂、表面起泡剥离、共挤混色板面阴阳色差等。

二、专委会工作

（一）法规及政策宣传、加强网络宣传及微信推广活动

专委会非常重视网络宣传工作，通过官方网站及微信积极宣传党和国家的方针政策、行业发展以及会员企业的动态等。组织评选最美项目工程图集，在国内工程使用、设计单位等进行宣传推广。

（二）积极推动塑木标准化工作

（1）2018 年 1 月 11 日，参加在惠州举办的广东省塑木标委会 2017 年会暨塑木研讨会。

（2）2018 年 3 月 13 日，参加在华南理工大学唯美楼参加广东省塑木标委会秘书处 2018 年第一次工作会议。

（3）2018 年 5 月 29 日，参与地方标准清理评审工作。

（4）参与全国轻质与装饰装修建筑材料标准化技术委员会木塑复合材料分技术委员会组织的塑木标准评审工作。

（5）积极组织会员单位参与国标、行标、团标等的制订。

（三）发挥协会作用，做好服务工作

一年来，我专委会以服务为宗旨，充分发挥行业协会作用，力所能及的为企业服务，在为企业排忧解难方面，作了一些实事，很受企业的欢迎。

（1）2018 年 1 月 13～16 日，塑木专委会林会长带领秘书处工作人员到江浙一带走访：

1）考察 2018 年中国第十二届国际塑木高峰论坛举办地——海宁市海洲国际大饭店，并对筹备工作做初步部署。

2）走访企业。此次江浙之行一共走访了 5 家企业，它们是：浙江诚成新材料科技有限公司、江苏福瑞森塑木科技股份有限公司、南京华立明科工贸有限公司、南京聚锋新材料有限公司、南京赛旺科技发展有限公司。

3）山东理工大学蔡红珍教授在百忙之中从山东赶到南京，与专委会林会长及秘书处在南京见面交流。

（2）3 月 20 日，中国塑协塑木制品专委会林东亮理事长带队拜访参加上海地板展的塑木企业。第二十届中国国际地面材料及铺装技术展览会于 2018 年 3 月 20～22 日在上海新国际展览中心举行。

（四）组织会议

（1）2018 年 3 月 19 日，在上海柏曼酒店召开第三届五次理事会会议。会议讨论了第十二届国际塑木高峰论坛的筹备及工作落实、审议了关于第三届理事会增补理事单位名单、宣导了 2018 年中国国际塑料展暨塑料新材料、新技术、新装备、新产品展览会的招展工作等等。

（2）组织召开会员大会 2018 年 9 月 12 日，在海宁登豪酒店召开三届四次会员大会。会上，林东亮主任作塑木专委会 2018 年上半年工作汇报，各秘书长汇报了今年各项工作的开展和组织情况，最后，中国塑协朱文玮理事长作重要讲话。

（3）组织召开中国第十二届国际塑木高峰论坛

2018 年 9 月 13 日在浙江省海宁市登豪酒店隆重召开“中国第十二届国际塑木高峰论坛”。本届论坛以“创新塑木　节能环保”为主题，由浙江诚成新材料科技有限公司承办，邀请了国内外大专院校专家学者、各企业嘉宾共计超过 350 人。

（4）举办第六期塑木技术培训班

2018 年 10 月 28～29 日在江苏南京举办第六期塑木技术培训班。本次培训班以塑木技术、专利申请与保护、高新技术企业申报等为主题，专业、独特的培训内容，充实的活动安排获得了与会嘉宾的一致好评，吸引了七十多家企业到场交流。

（5）组织会员单位参加国际会议

2018 年 7 月 21 日，专委会由林东亮理事长和宋维宁博士一同带队出访加拿大，参加加拿大塑木论坛。今年主办方对我们特别重视，特别安排中国专家和欧美专家座谈会，专门安排参观研究院，大

大提高了中国塑木行业的国际声誉，我们将根据报名企业的情况尽量安排相应的参观项目。这次组团参加加拿大塑木论坛的目的就是将中国塑木带到国际的平台。

（五）组织会员单位参加2018第三届中国国际塑料展暨塑料新材料、新技术、新装备、新产品展览会

2018年10月28～30日，组织会员单位参加2018第三届中国国际塑料展暨塑料新材料、新技术、新装备、新产品展览会。专委会对此次展览会非常重视，对展览会进行了大量的宣传工作，积极引导、组织会员单位参展，为更好地宣传塑木行业，专委会还专门设计了塑木一条街的形式参展。参展企业普遍反映效果很好，参展企业多，参观人数多、组织工作好，收获满满。

（六）2019年的专委会工作计划

1. 注重自身建设、做好服务工作

加强自身学习，提高服务水平。做好塑木制品专委会的日常工作，认真落实协会在各个时期的任务、意见及精神。强化为会员服务、为行业企业服务、为国家整体利益服务的责任意识。做好日常咨询，走访企业，了解行业的发展机会和存在的问题，推动解决行业企业共同面临的共性问题，找准解决问题的方法，少走弯路，增加专委会的凝聚力和纽带作用。塑木专委会要结合行业发展的内在需求，谋求发展创新，主动服务经济结构调整、国家节能减排战略，提高专业服务水平，为企业服好务。同时积极发展会员，服从协会的管理和工作指导，完成协会布置的各项工作。

2. 关注政策

继续关注中美贸易摩擦对行业内企业影响，安全、环保政策对行业的新要求。

3. 开展团体标准工作

组织相关企业编团体标准：《塑木生产企业环保技术规范》《塑木制品安全生产技术规范》。

4. 组织专委会年会和各项技术交流会

组织参加3月份上海铺地材料展览会、5月份的橡塑展览会、9月份会员大会暨第十三届中国国际塑木高分论坛、10月份的广交会。

5. 组织召开理事会及专委会第四届换届工作。

（中国塑协塑木制品专业委员会）

中国塑协专家委员会和中国塑协技术协作委员会

一、2018年工作概述

2018年，中国塑协专家委员会和中国塑协技术协作委员会继续本着“为行业服务，为企业服务，促进塑料产业技术进步与发展”的宗旨，在协会的领导和支持下，积极开展工作，努力为企业和行业服务。超额完成了协会交予的“第三届国际塑料展”招展任务，完成了专家委员会微信平台和网站的及时维护和信息推送、网上管理系统的维护管理，实现方便、快捷、有效地会员管理、新专家的吸纳、年度会议的筹备组织、推广、组织技术成果交流、为塑料行业发展服务和企业发展服务等工作。

1. 组织开好专委会年会

2018年10月29～30日，“2018塑料新材料、新技术、新成果交流会暨高分子材料加工成型与先进制造研讨会暨第四届中国塑料/化工研究院所发展论坛暨中国塑协专家委员会四届二次年会”在南京召开，会议由中国塑料加工工业协会主办，中国塑协专家委员会、中国塑协技术协作委员会、北京化工大学机电工程学院共同承办，南京创博机械设备有限公司、广东河源市鑫达科技有限公司、蔚锐信息科技（上海）有限公司、苏州锦珂塑胶科技有限公司、陕西延长泾渭新材料科技产业园有限公司、常州大千科技股份有限公司、广东森德利环保新材料科技有限公司、广州市哈尔机械有限公司赞助，南京协和化学有限公司、南京永腾化工装备股份公司、中国聚合物网支持。

参加会议的有中国塑料加工工业协会理事长朱文玮，中国轻工业联合会原副会长、中国塑料加工工业协会原理事长钱桂敬，中国工程院院士、华南理工大学教授瞿金平，中国工程院院士、四川大学教授王琪，中国塑协第四届专家委员会主任杨卫民以及副主任、秘书长、副秘书长、中国塑协专家委员会委员、中国塑协技术协作委员会单位的代表240多人。

10月29日上午，大会开幕式及专家委员会四

届二次会议由中国塑料加工工业协会副秘书长、中国塑协专家委员会秘书长田岩主持。中国塑协专家委员会主任杨卫民教授对第四届中国塑协专家委员会一年的工作情况和今后的工作计划进行了总结和布置。

中国塑料加工工业协会理事长兼中国塑协科技咨询委主任朱文玮发表了热情洋溢的讲话。他从创新讲起，强调全球进入高强度研发时代，经济增长更加依赖科技发展，塑料加工行业要紧跟发展动态，牢牢把握科技进步大方向。对第四届专家委员会的专家们在行业的科技创新、专家院士行等活动中所做的工作和发挥的作用给予了充分肯定和赞扬，希望专家团队在新时代应有新目标、新举措、新作为，在十三五中后期和即将到来的十四五发挥更大的作用，贡献更多智慧、取得新的成绩，为推动塑料加工业进入世界先进国家行列做出更大贡献。

开幕式后，大会主题报告环节由专家委员会主任杨卫民教授和中国工程院院士/四川大学王琪教授主持。中国工程院院士/华南理工大学瞿金平教授、中国石化北京化工研究院张师军副总工、四川大学高分子科学与工程学院院长傅强教授、郑州大学郑国强老师代替橡塑模具国家工程研究中心常务副主任刘春太教授、清华大学高分子研究所长郭宝华教授、北京化工大学机电学院院长/中国塑协专家委员会主任杨卫民教授、华东理工大学赵玲教授、北京化工集团有限公司总工陈宇教授级高工分别做了《塑料加工成型技术创新研究进展》、《聚烯烃树脂新牌号的开发及应用前景》、《结构化和轻量化高分子材料成型加工》、《全生物降解二元酸二元醇酯研究进展及应用》、《高性能合成树脂先进制备技术研究进展》、《超临界 CO_2 模压发泡制备聚合物微孔片板材》、《溯源应对新规，创新驱动发展》的报告。

10月29日下午的会议围绕聚氯乙烯产业链绿色生产技术专题和高分子材料与先进制造创新成果交流两个主题展开。

第一分会场是“聚氯乙烯产业链绿色生产技术交流论坛”，先后由专家委员会副主任委员陈鹊、詹茂盛和技术协作委员会常务理事、专家委员会副主任委员王小红、彭超主持。江南大学蒋平平教授、北京航空航天大学詹茂盛教授、天津工业大学韩永生教授、新疆中泰化学阜康能源有限公司袁世财副总、齐鲁石化聚氯乙烯树脂研究所王晶所长、中绿英科（北京）科技有限公司刘东升总经理、广东工业大学轻工化工学院吴茂英教授、广东森德利环保新材料科技有限公司徐军总工程师、河源市鑫达科技有限公司陈金鹏总工、包头稀土研究院曹鸿璋副主任、四川大学高分子研究所卢灿辉教授、北京化工大学林彦军教授、蔚锐信息科技（上海）有限公司潘俊总经理、苏州锦珂塑胶科技有限公司毕宏伟副总经理、中国塑协助剂专委会施珣若副主任、华东理工大学吴驰飞教授分别作题为《环保法规背景与中国增塑剂行业挑战与机遇》、《高性能聚合物膜》、《PVC 在食品包装中的应用及发展趋势》、《聚氯乙烯专用树脂生产与应用》、《可氯化聚氯乙烯专用树脂的开发》、《聚氯乙烯专用料发展现状存在问题及解决方案》、《对 PVC 热稳定剂性能递变规律与作用机理的新认识》、《镁铝锌环保稳定剂及其在 UPVC 压延制品上的应用》、《钙锌稳定剂的设计与应用》、《稀土稳定剂在聚氯乙烯制品中的应用研究》、《液相机械剥离制备石墨烯/纳米纤维素功能复合材料及应用》、《超分子插层组装与先进功能助剂材料》、《塑料改性助剂创新研究进展》、《基于工业物联网技术的塑料管材工厂 Unet 信息化生产追溯平台》、《一种塑料加工“三位一体”节能技术》、《节能、环保、绿色的聚氯乙烯（PVC）塑料制品》、《PET 纤维增强 PE 新材料的工业制备及展望》的专题演讲。

第二分会场是“高分子材料与先进制造创新成果交流论坛”，分别由叶南飚、朱锦、吴大鸣和何和智四位专家委员会副主任委员主持。在这个专题中，中国塑协专家委员会副主任/中科院宁波材料研究所朱锦研究员、北京化工大学材料学院阻燃材料实验室主任张胜教授、浙江工业大学材料与工程学院院长王旭教授、上海交通大学吴建博士代中国塑协技术协作专委会副主任张勇教授、四川大学杨杰教授、吉林大学特种工程塑料教育部工程研究中心王贵宾教授、贵州大学鲁圣军教授、北京工商大学温变英教授、华东理工大学郑安呐教授、华南理工大学何和智教授、合肥乐凯科技产业有限公司杨永宽总经理、南京创博机械设备有限公司李东生总经理、北京化工大学贾明印副教授、大连理工大学宾月珍教授、金发科技股份有限公司产品研发中心副总监罗忠富教授级高工、曼瑞德集团有限公司于东明总工、北京化工大学吴大鸣教授分别作了《生物基高分子材料研究进展》《先进阻燃高分子材料研究进展》《通过反应共混实现聚乳酸及其共混物的高性能化研究》《聚丙烯的共混改性》《聚芳硫醚及半芳尼龙类高性能聚合物的研究与开发》《新型磺化聚醚醚酮可交联聚砜复合超滤膜的设计制备与性能研究》《植物纤维增强聚丙烯材料》《基于产业化应用的高分子电磁屏蔽材料和导热材料》《聚合物键合型抗有害微生物材料的研究及应用》《高分子材料加工创新技术进展》《我国光学聚酯薄膜行业技术现状和未来发展趋势》《轻量化材料的基础加工新技术》《高性能纤维增强热塑性复合材料成型技术与装备》《碳纳米管电磁屏蔽及反射隔热防腐涂层技术》《汽车用工程塑料开发进展》《热塑性交联聚乙烯（TPEX）的研究及管材的制造》《面向智能时代的功能高分子材料及其器件技术》的专题报告。

10月30日上午，会议继续进行。第三分会场围绕“聚氯乙烯树脂及制品相关标准研讨”专题开展。全国塑料制品标准化技术委员会副秘书长、中国塑协团体化标准技术委员会秘书长田岩首先主持聚氯乙烯树脂及制品相关标准需求讨论环节。中国塑协团体化标准技术委员会副秘书长田辉介绍了聚氯乙烯标准体系及现有系列标准情况，随后，施珣若、刘东生、王晶、陈金鹏等专家和与会代表纷纷发表意见，提出了制定PVC相关树脂、薄膜、型材等标准的建议。接下来的聚氯乙烯热稳定剂的热稳定效能测试方法团体标准讨论会由中国塑协团标委原辅料分技术委员会秘书长、福建师范大学福清分校校长陈庆华教授主持。该标准原已在行业内讨论多年，现已经中国塑协团体标准化技术委员会立项，由中国塑协团标委原辅料分技术委员会归口。会上中国塑协技术协作委员会原秘书长杨惠娣、东莞市锡华检测仪器有限公司总经理李本松、上海思尔达科学仪器有限公司总工姚汉樑分别就聚氯乙烯热稳定剂效能评价方法标准制定工作情况、流变仪用于聚氯乙烯热稳定剂评价的可行性、双辊炼塑机用于聚氯乙烯热稳定剂评价的可行性进行了介绍，随后与会代表和参加制标单位进行了讨论交流，选出并确定了制标组牵头单位河北精信化工公司，该公司张灿明总工表态愿和大家一道共同努力把聚氯乙烯热稳定剂的热稳定效能测试方法团体标准做好。

第四分会场围绕国家重点研发计划项目“高性能合成树脂先进制备技术及应用示范”项目专题展开汇报交流。会议由杨卫民主任主持。杨卫民教授首先为大家介绍了项目总体情况，接着各单位进行专题汇报。北京化工研究院吕明福教授级高工、高达利高工，北京化工大学杨卫民教授、李好义讲师、程珏教授，山东华夏神州新材料有限公司王丽主任，重庆宏国聚材科技股份有限公司李利，华南理工大学曹贤武教授，金发科技股份有限公司陈平绪部长先后作题为《PE双拉专用料及双拉薄膜技术》、《HMSPP及其发泡材料制备技术》、《熔体电纺纳米长纤制备关键技术》、《高性能氯碱离子膜制备关键技术》、《PVC高性能化关键技术》、《高性能低粘度EP制备关键技术》、《异氰酸酯先进制备技术》、《茂金属聚乙烯造粒技术》和《长纤维增强热塑性塑料制备技术》、《金属化塑料制备技术》的汇报。最后，与会专家就项目进展和完成情况进行了讨论，评审组专家进行点评并形成评价意见。

纵观全程，本次会议在参会代表集体参加中国塑料加工工业协会主办的“2018第三届中国国际塑料新材料、新技术、新装备、新产品展览会”开幕式、观展和出席“2018中国塑料加工业科技大会”的基础上历时一天半，采取了主会场加分会场、4个专题论坛的形式，精心安排了不同角度、专业方向的报告、创新成果发布56个，征集收录塑料加工相关论文41篇。会议期间，组委会还以问卷形式进行了塑料加工行业的难点与瓶颈技术项目征集，准备针对共识度高的技术问题，为行业申报国家科技计划项目、组织行业专家群策群力重点攻关，为企业发展排忧解难作出努力。会议从始至终会场爆满，代表们纷纷表示内容丰富、收获大，会议效果好。

2. 做好专家委员会的网站、微信平台建设

为进一步发挥专委会职能，践行“为行业服务，为企业服务，促进塑料产业技术进步与发展”的宗旨，加强行业相关企业与专委会、专家的有效沟通，专家委员会继续加大微信公众平台及网站的运营维护力度，及时发布更新专家委员会网站、微信平台，帮助企业解读行业相关政策，积极报道塑料加工行业的相关科技信息特别是专家们的新成果、新突破，同时继续保持微信平台与网站的关联，方便微信读者点击链接进入专委会网站了解更多行业相关信息。2018年全年，专委会公众号完成77次推送，总计推送文章101篇。

3. 加强专委会组织建设

2018年初，按照中国塑料加工工业协会的安排，中国塑协技术协作委员会秘书处工作职能转交至中国塑协专家委员会秘书处。因此，专委会的组

织建设重点放在了两个委员会的整合与融合上。

1）专委会主任杨卫民带领秘书处人员，在中国塑协领导的支持、陪同下，主动拜访、沟通中国塑协技术协作委员会原主任、多家常务副主任和副主任、理事单位，沟通情况、了解需求、联络感情。秘书处以拜访、电话、座谈会、见面等方式，和技术协作委员会会员单位进行沟通，尽力帮助会员单位解决实际问题，努力继续为会员单位服好务。

2）在 2017 年专家委员会换届的基础上，继续扩大专委会队伍，增补副主任委员 7 名、增聘副秘书长 1 名。

增补福州市福塑科学技术研究所有限公司总经理彭超、华东理工大学化工学院教授赵玲、轻工业塑料加工应用研究所教授王向东、上海交通大学高分子材料研究所教授张勇、南京橡塑机械厂总工程师赵建华、湖南塑料研究所所长王小红、南京科亚化工成套装备有限公司副总康锋七位同志为第四届专家委员会副主任委员。增聘温变英为副秘书长。

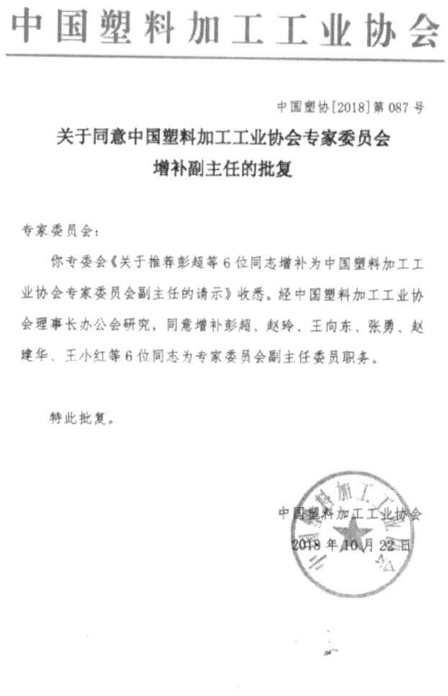
中国塑料加工工业协会

中国塑协[2018]第 087 号

关于同意中国塑料加工工业协会专家委员会增补副主任的批复

专家委员会：

你专委会《关于推荐彭超等 6 位同志增补为中国塑料加工工业协会专家委员会副主任的请示》收悉。经中国塑料加工工业协会理事长办公会研究，同意增补彭超、赵玲、王向东、张勇、赵建华、王小红等 6 位同志为专家委员会副主任委员职务。

特此批复。

中国塑料加工工业协会

2018 年 10 月 22 日

3）完成新聘、认定专家 49 人，至 2018 年底，中国塑料加工工业协会第四届专家委员会聘任专家人数达 345 人。

4. 继续大力推进行业科技创新工作

1）2017 年，中国塑料加工工业协会新一届理事会推出为期两年的“中国塑料加工业科技创新年”活动，中国塑协专家委员会的专家们积极响应，多名专家参加了活动，为协会提供了强大的技术支撑，为推进行业的技术进步与转型升级、提升协会在行业中的形象与凝聚力发挥了重要的作用。

2018 年委员会继续推进相关工作，主任杨卫民带领秘书处，先后走访了华东理工大学、苏州大学、南京工业大学、南京职业技术学院、华南理工大学、四川大学等高校，与高校研究院所老师专家们座谈，了解老师和专家们的科技创新情况和进展，走进上海、浙江、江苏、广东、四川等地的政府和企业，了解企业需求、考察并沟通专家院士行相关事宜，并派专家支持了 4 月份在浙江舟山召开的“2018 中国聚烯烃大会暨第三届中国聚烯烃人科技创新与产业升级高峰论坛”、5 月在西安举办的长安大学“第二届高分子材料产学研论坛”，受到欢迎和好评。

2018 年 10 月 28~30 日，中国塑料加工工业协会在南京举办了“2018 中国国际塑料展暨第三届塑料新材料、新技术、新装备、新产品展览会”，期间各专业技术委员会同期召开的各种技术论坛、新产品发布会、专业会议等系列配套会议达 40 多场，与展览会相互配合，以会促展、以会带展，成为展会的突出亮点。其中 10 月 28 日召开的“2018 塑料加工行业科技大会”，是行业首届以科技大会为主题、千人参加的行业盛会，会场 930 个座椅基本座无虚席、后面站满人，会议全程气氛热烈、场面壮观。专家委员会的专家和技术协作委员会的代表 150 多人参加了科技大会和展会开幕式，57 个专家团队参加了展览。专家委员会副主任委员、中国工程院院士、四川大学王琪教授在“2018 塑料加工行业科技大会”上做《高分子材料时代和废弃高分子材料回收利用新技术》的报告，指出高分子材料时代的塑料回收再生利用是绿色低碳产业，保护环境与资源再生是塑料产业健康发展的必然选择。她的报告得到参会代表的一致赞誉。此外，同期举行的 40 多场各类专业会议中，到处都能看到委员会专家们的身影，他们做报告、发成果，与企业洽谈技术合作为企业答疑解惑，成为展会、专业会议成果的有力支撑。

2）聚氯乙烯热稳定剂的热稳定效能测试方法——热老化试验箱法、双辊塑炼法、转矩流变仪法三个标准的制定，是技术协作委员会着力推进了几年的工作。该三项标准经过秘书处及多家 PVC 树脂、助剂、制品及检测设备企业及研究单位持续不断的共同努力，已经完成了标准初稿的编写。但是因各种原因一直未能在相关标准化技术委员会立项，使得标准不能名正言顺地使用，无法发挥其效力及作用。而另一方面，行业却非常亟需这样的基础方法标准来规范企业行为。秘书处在 2018 年继续推进该项工作，通过多方努力，终于在中国塑协团体标准化技术委员会立项，归口于中国塑协团标委原辅料分技术委员会管理。目前该系列标准按中国塑协团标为的管理办法和要求，已经确立了标准牵头单位和制标组成员单位，可以正常开展工作。

5. 发挥专家作用配合协会成功举办“第三届国际塑料展”

2018 年 10 月 28 日~30 日，由中国塑料加工工业协会主办的“2018 中国国际塑料展览会暨第三届塑料新材料、新技术、新装备、新产品展览会”在南京国际展览中心举行，本届展会面积超过 3 万米^2。协会下达给专家委员会和技术协作委员会的招展任务也从第一届的 30 个展位、第二届的 60 个展位升至 90 个。专委会杨卫民主任带头，不仅自己单位参展、认展，而且主动利用出差、参会的机会亲自宣传、鼓动相关高校及研究院所参展。专委会秘书处利用各种年会、技术交流会等多种场合会议及邮件、电话等多种方式，充分依靠广大行业专家，最终实现争取了国内 57 个专家团队的积极参与，展位数达到 98 个，全面超额完成了任务。这些亮相南京的高校、研究院所团队，都是国内在塑料加工方面产、学、研成绩突出、取得丰硕成果的佼佼者，其团队带头人都是行业的院士、教授、专家，他们的参展和他们的成果给展会带来突出亮点，给国内寻找新产品、新技术、新项目和技术合作转让的塑料加工企业带来福音，同时自己也得到机会免费参展展示自身、进行宣传与技术合作、转让，实现双赢。初步统计，已有 200 多家企业接触、洽谈。

6. 做好委员会日常工作

委员会还会认真做好日常工作。包括，中国塑协组织的各项工作、通知、评比、报奖、要求等的上传下达，做好行业相关企业的科技咨询工作、加强与行业专家的沟通交流、帮助相关企业立项、评审和科技成果鉴定、技术人员培训等工作。同时加强网络信息平台的维护建设，充分利用新媒体进行

参展单位：

大连塑料研究所
北京化工大学先进聚合物加工实验室
北京化工大学成型制造研究室
四川大学聚芳硫醚课题组
山西省化工研究所
北京化工大学新材料及装备研究室
中国石化北京化工研究院
北京加成助剂研究所
上海交通大学-模具CAD国家工程研究中心
大连理工大学华光高科特种材料（大连）有限公司
北京工商大学材料与机械工程学院
吉林大学特种工程塑料教育部工程研究中心
华东理工大学橡塑机械工程研究中心
四川大学高分子研究所
四川大学化学学院环保型高分子材料国家地方联合工程实验室
中南大学化学化工学院精细化工研究所
贵阳大学国家复合改性聚合物材料工程技术研究中心
扬州大学化学化工学院
北京化工大学火安全材料研究中心
齐鲁工业大学前沿交叉科学研究院
四川大学高分子研究所
浙江工业大学
工程塑料国家工程研究中心
广州市香港科大霍英东研究院
江南大学
中国科学院长春应用化学研究所
中山大学广东省高性能有机聚合物光电功能薄膜中心
聚合物资源绿色循环利用教育部工程研究中心（福建师范大学）
长安大学
中石化北京化工研究院
常州塑料研究所有限公司
北京化工大学 英蓝实验室
北京工商大学
衢州学院
北京低碳清洁能源研究院
北清科技（安阳）创新研究院
华南理工大学
福州市福塑科学技术研究所有限公司
四川大学高分子材料工程国家重点实验室
北京华腾新材料股份有限公司
中国包装科研测试中心
广州检验检测认证集团有限公司
中石化燕山树脂应用研究所
华东理工大学
北京化工大学
国家化学建筑材料测试中心（材料测试部）/国家高分子材料与制品监督检验中心
福建师大福清分校
国家阻燃材料工程技术研究中心
国家阻燃材料与制品质量监督检验中心
南京工业职业技术学院
国家塑料制品质量监督检测中心（福州）
中国科学院宁波材料技术与工程研究所
国家化学建筑材料测试中心（建工测试部）
中国建筑科学研究院有限公司
四川大学高分子科学与工程学院
北京市塑料研究所

行业最新科技信息及国家政策信息的传播发送。对专家系统进行定期维护，实现便捷式的人员信息线上管理。

二、专家委员会 2018 年推荐的塑料加工相关科技信息

（一）3D 打印技术应用进展

3D 打印技术，亦称增材制造技术，它是一种以数字模型文件为基础，运用粉末状金属材料，通过逐层堆叠累积的方式来制造任意复杂形状物体的技术。该技术在珠宝、鞋类、工业设计、建筑、工程和施工（AEC）、汽车，航空航天、牙科和医疗产业、教育、地理信息系统、土木工程、枪支以及其他领域都有所应用。

随着我国“中国制造 2025”发展战略的提出，制造技术将面临巨大的提档升级与更新换代的历史机遇。增材制造技术是对传统加工技术的有效补充，是一项具有划时代意义的战略性技术。3D 打印技术在未来将具有更加广泛地应用前景。

1. 嫦娥四号中继星发射成功，中国实现 3D 打印在轨应用

2018 年 5 月，载有众多 3D 打印零部件的嫦娥四号中继卫星发射成功，其中包含中国航天科技集团五院 529 厂采用 3D 打印技术研制的多个复杂形状铝合金结构件。嫦娥四号中继星的成功发射和入轨运行，标志着我国 3D 打印技术和产品首次实现飞行验证，首次获得在轨应用，具有重要的里程碑意义。

（信息来源：新浪新闻）

2. 仿生设计与 3D 打印结合开始发挥重要作用

2018 年 11 月，NASA 宣布他们与 Autodesk 合作，借助 AI 和 3D 打印两项先进技术打造了史上最复杂的行星着陆器“spider”，从而使外部结构质量减少 35%，性能提高 30%。NASA 借助 AI 和 3D 打印在零风险和使用潜力之间取得了平衡。

同月，波士顿动力公司为机器狗 SpotMini 安装了仿生手臂，该手臂采用仿生学设计，借助 3D 打印制造，采用微处理器和伺

服电机控制每根手指的运动，实现仿生手臂像人的手臂一样灵活，极大提高了其进行实际操作的能力。

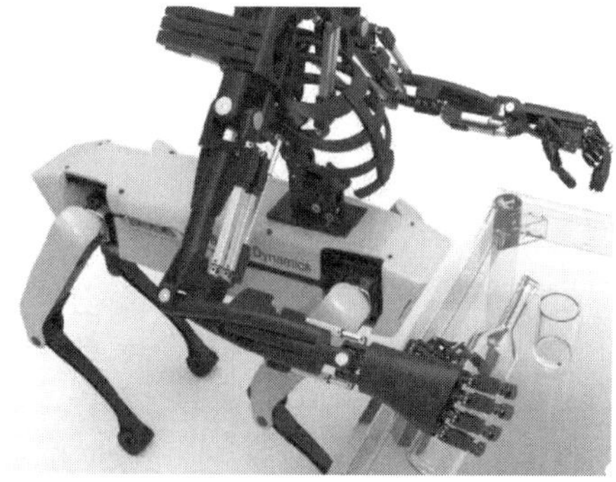

（信息来源：新浪科技）

3. 国产金属 FDM 打印机及材料研发获得突破性进步

在国外 Markforged 和 Desktop Metal 的金属 FDM 打印机尚未真正在国内落地之际，2018 年 12 月，包括升华三维在内的企业纷纷宣布国产金属 FDM 打印机及材料研发成功。国产相关技术的突破，弥补了国内在该领域发展的技术空白。而 2019 年将成为该技术的竞争元年，基于 FDM 的金属 3D 打印机及材料（线材）升级版本，将陆续面世。

（信息来源：注射成型网）

4. 组织器官修复和替代产品快速发展

空军军医大学西京医院首次在临床上成功将采用 3D 打印的渐变仿人体骨骼结构钛合金支撑棒植入股骨头坏死患者体内，有效缓解疼痛症状，改善关节功能，为股骨头坏死患者治疗提供了新方案；上海交通大学医学院附属第九人民医院利用 3D 打印和细胞培养相结合的方式，首次为患有小耳畸形的儿童患者制造出了新的耳朵，此项成果是组织工程人耳形软骨在临床应用中的重大突破；由苏州同心医疗自主研发的超小型全磁悬浮人工心脏临床应用取得成功，从而使中国终末期心衰患者在等待供体期间死亡风险显著下降，标志着国内人工心脏领域进入新的发展阶段；由上海捍宇医疗、宁波健世生物、上海微创等公司开发的二尖瓣反流修复器械

ValveClamp、经导管三尖瓣置换装置 LuX-Valve、经导管主动脉瓣置换装置 VitaFlow、XINSORB 支架等一系列人工瓣膜和可吸收支架已显示长期临床效果，可填补国内空白。

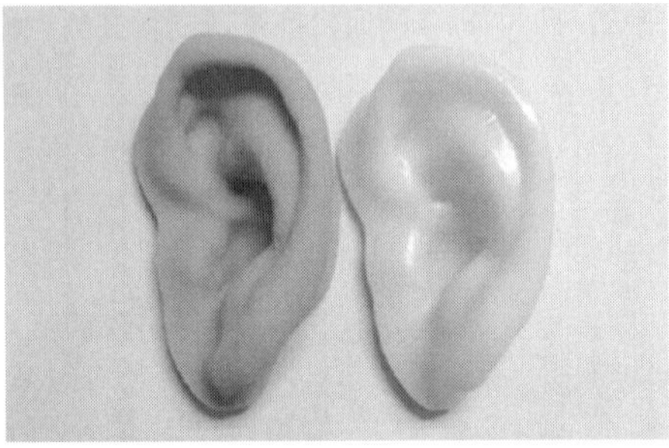

（信息来源：湖南频道）

（二）石墨烯应用技术

石墨烯（Graphene）是一种由碳原子以 sp2 杂化方式形成的蜂窝状平面薄膜，是一种只有一个原子层厚度的准二维材料，所以称为单原子层石墨。英国曼彻斯特大学物理学家安德烈·盖姆和康斯坦丁·诺沃肖洛夫，用微机械剥离法成功从石墨中分离出石墨烯，因此共同获得 2010 年诺贝尔物理学奖。石墨烯常见的粉体生产的方法为机械剥离法、氧化还原法、SiC 外延生长法，薄膜生产方法为化学气相沉积法（CVD）。

1. 石墨烯超导重大发现—“魔角”石墨烯

21 岁的麻省理工学院博士生曹原，他发现了石墨烯的这种魔角，并在《自然》上进行了刊文。当温度冷却到绝对零度即-273°C 以上 1.7°C 时，两层石墨烯如果堆成约 1.1°的微妙角度，就会产生超导现象。

技术的研究方式变革了时代的研究成果，曹原发现了双层石墨烯的超导现象，颠覆了前人使用氧化铜材料做超导电性研究。而曹原就通过简单的双层石墨烯碳材料，提供了一个复杂超导物理的研究平台。

（信息来源：中国科学技术大学官网）

2. 科学家首次合成具有拓扑性质石墨烯纳米带

国际顶级学术期刊 Nature 以“Engineering of robust topological quantum phases in graphene nanoribbons”为题报道了上海交通大学物理与天文学院王世勇特别研究员与瑞士材料联邦科学与技术实验室 Roman 课题组、德国马普所 Klaus Mullen 课题组、美国伦斯勒理工大学 Vincent Muller 课题组以及德国德累斯顿工业大学冯新亮课题组合作的最新成果。他们继 2016 年获得原子级精确的锯齿型石墨烯纳米带后（Nature 531，489，2016），再次取得突破，首次合成具有拓扑性质的石墨烯纳米带。瑞士联邦实验室 Oliver Groning，上海交通大学王世勇，德国马普所 Yao Xuelin 为文章的共同第一作者。

（信息来源：中国科学院上海硅酸盐研究所）

3. 最新石墨烯基铝燃料电池能量密度 545Wh/kg、容量 130k·Wh

中科院宁波材料所动力锂电池工程实验室团队联合浙江省石墨烯制造业创新中心研发团队大力推进铝燃料电池的工艺开发和工程样机研制，成功研制出能量密度高达 545Wh/kg、容量达 130k·Wh 的石墨烯基铝燃料电池发电系统。

该研究团队联合浙江省石墨烯制造业创新中心研发团队大力推进铝燃料电池的工艺开发和工程样机研制，成功研制出能量密度高达 545Wh/kg、容量达 130k·Wh 的石墨烯基铝燃料电池发电系统，该系统由 6 个 10 单元电池串联电池堆的阵列组成。测试结果表明，50A 电流放电功率可达到 3000W，峰值功率预计可高达 4800W。该电池系统有望应用于电动汽车等的动力电源或备用电源。为了展示该电池系统的使用效果，他们开展了对独栋建筑照明供电和石墨烯远红外能量房供电的演示。

（信息来源：锂电世界杂志社）

4. 清华大学成功研发出可测人体信号的石墨烯“电子皮肤”

清华大学微纳电子系任天令团队研发出多层石墨烯表皮电子皮肤，该器件具有极高的灵敏度，可以直接贴覆在皮肤上用于探测呼吸、心率、发声等，未来在运动监测、睡眠监测、生物医疗等方面具有重大应用前景。这一成果日前发表在纳米领域著名期刊《美国化学学会·纳米》上。

据介绍，电子皮肤是一种重要的生物医学传感器，要求器件拥有好的柔韧性和可伸缩性、高灵敏度、好的贴合度和舒适度。石墨烯由于其出色的导电性和柔韧性，是电子皮肤的理想材料，但是如何将石墨烯更加舒适、美观、稳定、可靠地贴合在皮肤表面，从而采集各种生理信号仍然是一个亟待解决的问题。

通过对激光直写石墨烯微观结构的分析研究，任天令团队建立了以石墨烯带状结构为基元的裂痕理论模型，较好地模拟了由应力引起的阻值变化过程。多层石墨烯表皮电子皮肤可以通过电阻变化实现对皮肤表面的微小形变等的监测，通过贴覆在口罩、手腕、喉咙等多个位置分别实现对呼吸、心跳、语音等生理体征信号的测量，测试者佩戴时并不会影响正常活动。

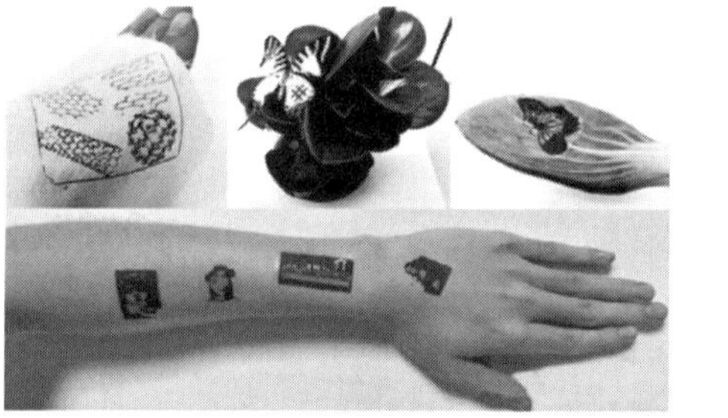

（信息来源：人民网）

5. 石墨烯改性方法获新突破，其电、光学性质发生巨变

由国家电子技术研究所（俄罗斯）、Fuxungs-ZuncU-JuliCH（德国）和 AIMEN 技术中心（西班牙）组成的国际研究团队，开发了一种石墨烯改性的方法。作者利用超快激光功能化的单层 CVD 石墨烯，无掩模制造了微型纳米器件。作者认为，飞秒激光在石墨烯上运动的区域，产生了光化学反应（仅在光下曝光的反应），从而导致石墨烯通过氧化基团改性。这些基团极大地改变了石墨烯的电学和光学性质，提供了功能性器件开发的新方法，这种方法不使用任何复杂的基于掩膜的技术。

作者通过 FS 激光脉冲在石墨烯场效应晶体管中产生了 P-P 结。制作的光电探测器在室温下就可以工作，而且不需要外部冷却。在改性结构中观察到 100mA/W 的最高光响应率。

这项研究提供了纳米材料完全无掩模方法制备的第一步。在 FS 激光处理过程中，改变环境可能导致石墨烯表面的不同官能化。此外，其他的 2-D 材料，如磷烯，可以提供非常好的光化学活性，并且可以以相同的方式对它处理。研究表明，通过超快激光处理，在石墨烯表面无掩模构图是可行的，可以制备具有效率高、低噪声和高线性动态范围的全集成光电探测器。

（信息来源：中国粉体网）

（三）纳米材料应用技术

纳米材料是指在三维空间中至少有一维处于纳米尺寸（0.1~100nm）或由它们作为基本单元构成的材料，这大约相当于 10~100 个原子紧密排列在一起的尺度。

现阶段，纳米材料的应用主要集中在纳米粉体方面，属于纳米材料的起步阶段。纳米材料有着更强的力学性能（如强度和韧性等），对纳米陶瓷来说，纳米化可望解决陶瓷的脆性问题，并可能表现出与金属等材料类似的塑性。

1. 我国纳米核心技术取得重大突破，在长续航动力锂电池、纳米绿色印刷等领域实现创新

中国科学院战略性先导科技专项“变革性纳米产业制造技术聚焦”团队 13 日在北京宣布，经过 5 年协同攻关，专项在长续航动力锂电池、纳米绿色印刷、纳米催化、健康诊疗及饮用水等产业领域形成了一系列纳米核心技术创新，吸引和带动社会资本投入超过 50 亿元。

在长续航动力锂电池方面，专项开发的多款动力电池单体电芯能量密度达到 300 瓦时/千克以上，居世界先进水平，目前正在进行电池组集成优化，为装车演示做准备；开发的锂电池关键材料均已进入中试阶段，已供货 30 多家电池与电动汽车等企业并形成合作关系，初步形成了产业影响；在高能量密度锂离子电池新一代正负极材料、固态电池、锂硫电池、高水平动力电池失效分析技术方面，取得了大量原创成果，为我国下一代动力电池发展奠定了重要基础。

（信息来源：人民日报）

2. 日本科学家成功合成超难结构有机碳纳米带突破跨越 60 年的难题

在 1991 年发现碳纳米管（CNTs）之前，就有科研工作者提出了仅由熔融苯环构成的带状化合物或碳纳米带。例如，作为理论研究的假设分子，在 1954 年的文献中，有研究者发现并提出了之字形 CNT 的最短带段环己烯。虽然曾经有很多科研团队的研究对象是环己烯及其衍生物，但是对这种之字形纳米带的合成尝试均尚未成功。对于包含完全融合的边缘共享苯环的闭环的碳纳米管的合成，也已经是从事有机化学研究的科学工作者们难以探索的目标。日本名古屋大学 Yasutomo Segawa 教授和 Kenichiro Itami 教授通过迭代 Witting 反应合成环戊烯异构体 CNT 带段，然后再由镍介导的芳基-芳基偶联反应来合成包含完全融合的边缘共享苯环的闭环的碳纳米管。通过 X 射线晶体学证实该合成物具有圆柱形带结构，并且通过紫外-可见吸收光谱、荧光光谱和拉曼光谱研究以及理论计算阐明了其基本光电特性。同时，研究者提出该分子具有用作制备结构定义良好的碳纳米管的潜在可能。

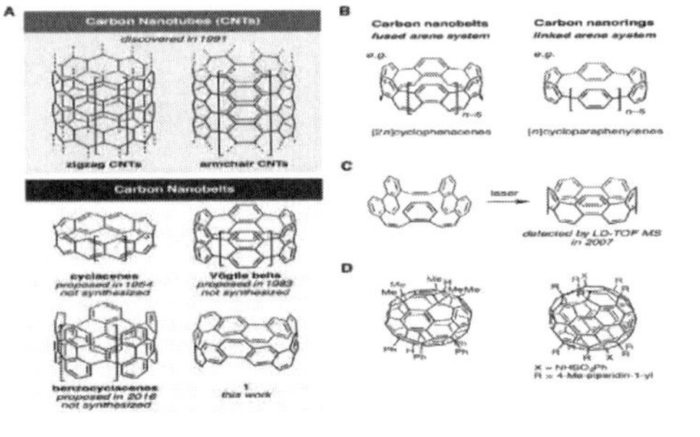

（信息来源：人民日报）

3. 利用碳纳米管打造世界最小晶体管

随着硅晶体管的减小，计算速度也得到很大提高，但对目前发展的硅晶体管而言，已经接近了它的极限尺寸。要想进一步设计微型晶体管，就要尝试减小其组件的尺寸。对于半导体电子设备线路的研究，最大的挑战在于要减小晶体管线路使其所用部件尺寸缩减至 40 纳米。因此研究者们尝试将碳纳米管应用于晶体管中，而主要的困难则是要提高性能，同时目前纳米管晶体管尺寸在 100 纳米左右，较硅晶体管要大。IBM 研究中心曹庆等人研制出最小的 P 通道碳纳米管晶体管，尺寸仅 40 纳米。基于一个半导体性的碳纳米管，所占据的空间小于硅晶体管的一半，却表现出相当高的归一化电流密度，在低的供给电压 0.5 伏，亚阈值摆幅 85 毫伏/倍频程（mV/dec）下，电流密度高于 0.9 毫安/微米。此外，在超负荷运算工作下，基于高密度纳米管阵列线路制备的晶体管较最佳集成的硅电子设备能传输更高的电流。

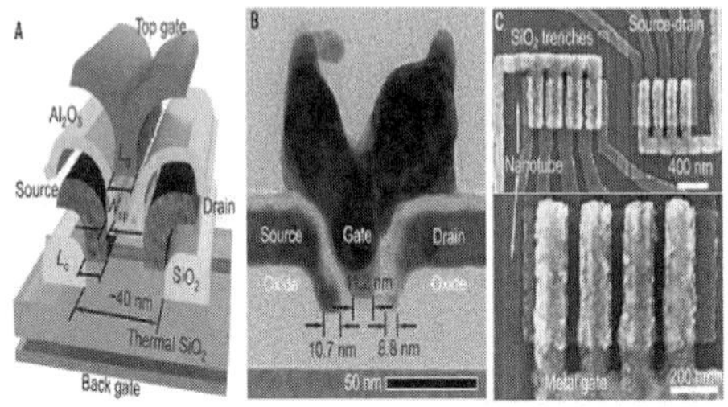

（信息来源：SCIENCE）

4. 二维纳米材料——类水滑石（LDHs）用于气体和液体膜分离过程的最新研究进展

近日，宁波大学的李砚硕教授和大连理工大学的刘毅教授（共同通讯作者）等人首次总结了 LDHs 纳米材料用于气体和液体膜分离过程的最新研究进展，包括其制备、结构、性质及应用，并展望了 LDHs 在膜分离领域的发展前景。在 J. Membr. Sci 上发表了“Recent advances in layered double hydroxides（LDHs）as two-dimensional membrane materials for gas and liquid separations”的综述论文。作者阐述了 LDHs 纳米材料的制备、剥离和修饰方法，并详细的介绍了引入 LDHs 在气体和液体分离膜中所起的作用。该论文的第一作者为宁波大学的逯鹏博士，北京林业大学的王强教授为合作作者。

（信息来源：搜狐科技）

（四）碳纤维应用技术

碳纤维是一种由碳元素组成的一种特种纤维。具有耐高温、抗摩擦、导电、导热及耐腐蚀等特性外形呈纤维状、柔软、可加工成各种织物，由于其石墨微晶结构沿纤维轴择优取向，因此沿纤维轴方向有很高的强度和模量。碳纤维的密度小，因此比强度和比模量高。碳纤维的主要用途是作为增强材料与树脂、金属、陶瓷及炭等复合，制造先进复合材料。碳纤维增强环氧树脂复合材料，其比强度及比模量在现有工程材料中是最高的。

1. 美国科学家用成功使用植物制造碳纤维

据外媒 1 月 23 日报道，美国科学家成功利用植物来制造碳纤维，从而降低其原本昂贵的成本，在帮车主省油的同时也能减少碳污染。

根据《科学》杂志最新发表的一份研究表明，科学家们将这些植物材料分解成糖，再转化成酸，并与廉价的催化剂结合生产出了丙烯腈。而且该过程不会产生过多热量，甚至是有毒的副产品。

（信息来源：环球聚氨酯）

2. 我国百吨级 T1000 碳纤维生产线实现投产

我国完全自主研发的第一条百吨级 T1000 碳纤维生产线在江苏连云港开发区实现投产且运行平稳，标志着我国高性能碳纤维再上一个新台阶，迈入了向更高品质发展的新时代。目前，中国建材集团所属中复神鹰碳纤维公司已系统掌握了 T700 级、T800 级千吨级技术和 T1000 级、M30 级、M35 级百吨级技术，在国产碳纤维市场的占有率连年达到 50%以上，极大促进了我国碳纤维复合材料产业的发展，解决了国家对高端材料的急需。

（消息来源：人民网）

3. 我国 T700 碳纤维通过航天火箭发动机验证

7 月 8 日，中国光威复材发布消息称，由其研制的 T700 级碳纤维产品通过航天火箭发动机应用验证，打破国外高性能碳纤维长期垄断。

8 日发布消息称，由其研制生产的 T700 级碳纤维产品近日在我国某型号固体火箭发动机壳体上验证成功，标志着我国已突破国产干喷湿纺工业碳纤维在重点武器型号等航天应用领域的技术瓶颈，打破了国外高性能碳纤维对于中国市场的长期垄断。

（消息来源：中国光威复材）

4. 德国 Fraunhofer 推出 PAN 基碳纤维原丝熔融纺丝新工艺

Fraunhofer 应用聚合物研究所（Applied Polymer Research，IAP）展示最新的 ComCarbon 技术。该技术大大降低了量产碳纤维的生产成本。众所周知，在传统工艺中，PAN 基碳纤维的生产成本有一半消耗在原丝生产的环节。鉴于原丝无法熔融，必须用一种昂贵的溶液纺丝工艺（Solution Spinning）生产出来。“为此，我们研发出一种 PAN 基原丝生产的新工艺，能够将原丝的生产成本降低 60%。这是一种经济可行的熔融纺丝工艺，采用了一种特别研制的可熔融 PAN 基共聚物。” Fraunhofer IAP 研究所生物聚合物部长 Johannes Ganster 博士解释说。

（资料来源：中塑在线资讯）

5. T800 级碳纤维复合材料首次实现工程应用

2018 年 3 月，T800 级碳纤维复合材料实现了首次工程应用，填补国内航空领域一项空白。

新制造的 T800 复合材料部件终于出炉，各项无损检测合格，满足技术条件要求。T800 材料制造已取得初步成果。国产直升机先进材料研发再上了一个新高度。为解决 T800 复合材料工艺性问题，中国航空工业集团有限公司多次组织各相关专业人员进行交流和进度协调。为确保型号任务节点，攻关团队多次深入制造现场就模具方案和工艺参数等问题，与工艺人员进行多轮讨论和反复推敲，同强度、结构、材料等专业设计人员齐心协力，讨论制造工艺参数、检测规范，攻关克难，提出了可行的方案。一举解决了 T800 复合材料孔隙析胶等实际生产问题。

（信息来源：国家国防科技工业局网站）

（焦志伟、和菊秀、田岩）

塑料助剂

一、2018 年行业状况

2018 年是全面贯彻党的十九大精神的开局之年。在以习近平同志为核心的党中央坚强领导下，全党全国落实党的十九大作出的战略部署，坚持稳中求进工作总基调，按照高质量发展要求，塑料助剂行业绝大部分企业迎难而上、扎实工作，能较好地适应宏观经济的发展趋势，牢固树立绿水青山就是金山银山的思想，加强环保意识增加环保投入，根据市场需求的变化，调整、优化产品结构，重视提高自主创新能力，积极开发新产品、新技术，提高自身的竞争力，整个塑料助剂行业在 2018 年取得了很大的进步。

2018 年国内塑料助剂的消费量为 696.8 万吨。2018 年塑料助剂各主要品种在塑料中的消费量见表 1。

表 1　2018 年塑料助剂消费量统计

单位：万吨

品种	消费量
增塑剂	423
热稳定剂	60
阻燃剂	48
冲击改性剂与加工改良剂	57
着色剂	45
润滑剂	16
发泡剂	21
抗氧剂	15.7
抗静电剂	1.1
光稳定剂	4.8
偶联剂	3.2
其他	2
合计	696.8

二、专委会活动

（一）认真完成中塑协交办的各项工作

助剂专委会根据中塑协的要求，开展了一系列的工作。积极参加中国塑协举办的各项活动。8 月份在人手紧张的情况下还派员参加了“食品接触聚烯烃类管道生产企业现场检查工作”，参加的人员认真履行责任，尽职尽责检查企业的相关规章制度和落实情况，给企业提供建议。

中国塑料加工工业协会 2018 年 10 月 28~30 日在南京国际展览中心举办“第三届中国国际塑料展暨 2018 第三届中国国际塑料展暨塑料新材料、新技术、新装备、新产品展览会”。作为协会下属分支机构，我们克服困难、积极组织会员单位参加展览会，有 13 家企业通过我专委会报名参展共计 21 个展位。为了更好地帮助参展企业参加展会，我们协助参展企业制作展画，租赁桌椅，预订房间，给企业提供力所能及的帮助。会后多数企业反映此次展览会较前两次有很大的进步，专业观众较多，因此虽然观众不是很多，却也有较好的效果，并表示下届还会参加。

专委会在一年中积极与上级协会沟通，按时完成上级协会交办的任务，较好地完成了上传下达的工作。

（二）举办相关专题会议和论坛

（1）组织热稳定剂发展沙龙：热稳定剂环保化一直是相关行业普遍关注的问题，今年 4 月和 9 月分别组织了“合作共享”、“生存发展”两次热稳定剂发展沙龙。各参会企业从现阶段的企业生存环境，2018 年的销量、利润，下半年的发展预测几个方面谈了自己的看法。面对面的交流使参会的领导对现阶段的困难有了更深刻的了解，对今后企业的发展也有了一定的思考，共同希望建立健康、自律、可持续发展的行业发展氛围。

（2）组织召开 2018 年增塑剂发展论坛：2018 年 11 月 27 日~29 日在南京召开了 2018 年增塑剂发展论坛，达成共识：在目前市场经济环境中，增塑剂企业会面临很多共性问题，需要大家共同商量、共同面对，同行之间需要多进行坦诚的交流互动，形成合力，为行业和企业的可持续性发展保驾护航；我国增塑剂产量世界第一，品种齐全，要充分利用协会和杂志平台，带领企业走出去，加强国际交流，开阔视野，开拓市场；办好《增塑剂》杂志，让杂志成为展现企业形象的平台、信息发布的媒体，汇集行业的声音，真正成为行业的代言人。

（3）2018 年塑料助剂生产与应用技术信息交流会于 2018 年 11 月 27 日~30 日在重庆市召开，来自全国各地的塑料助剂生产企业、塑料加工企业、大专院校、科研院所的 290 多位代表参加了会议。会议期间共发表了 32 篇论文，来自大专院校、科研院所和企业的专家、代表宣讲了论文 22 篇。中国塑料加工工业协会马占峰副理事长和重庆市塑料行业协会付志敏会长到会祝贺。

会议回顾 2018 年塑料助剂行业的发展情况，交流生产、技术、销售等方面的信息，共同探讨行业如何应对新的政策要求和新的市场导向；如何跟随大政方针，及时调整我们企业的发展方向，既能享受政策红利，又具有自己的自主能动性。

会议发布了增塑剂、阻燃剂、热稳定剂、抗氧剂、光稳定剂、成核剂等塑料助剂产品的最新科研成果及发展方向，重点关注了聚氯乙烯热稳定剂环保化进程的研究，包括各种性能润滑剂、水滑石的性能和环保热稳定剂在 PVC 制品中的应用，以及工程塑料、聚乳酸等改性及所用助剂等行业关注的热点问题，特别介绍了成核剂在加工过程中的成核机理和在一些树脂中的应用。本次会议特意邀请了南京工业大学的方正教授介绍了微流场反应技术，并以此为基础介绍了生物基增塑剂的开发。

本次会议审议通过了中国塑协塑料助剂专委会2018年工作总结和2019年的工作计划。会议期间还召开了《塑料助剂》编委沙龙。

（三）积极沟通，反映会员单位的诉求

上半年，美国挑起与我国的贸易战，我们在中国塑协的指导下积极调研，很快完成了塑料助剂行业受到影响的报告，为会员单位增加了一个发声的渠道。

4~5月份还协助多家会员单位申报由工业和信息化部办公厅、中国工业经济联合会组织的“第三批制造业单项冠军企业和单项冠军产品”的申报工作，为企业提供有效的证明，助力会员单位的发展。

另外，我们还密切关注塑料助剂行业的相关政策，积极沟通、主动联系上级部门，做好上传下达的工作。

（四）组织企业走出去，参加美国NPE展会

NPE（国际塑料展览会）是美国规模最大、历史最悠久的塑料展览会，也是世界第二大塑料行业盛会。2018年5月7~11日，我们联系了主办单位，组织了会员单位参展，第一次以助剂专委会的整体形象出现在国际展览会上；还组织了19人的参观团赴展会现场参观。

（五）做好行业数据调查整理工作

为了更真实地了解行业情况，促进行业的进步，塑料助剂专委会进行了2017年塑料助剂行业数据的统计工作。秘书处通过各种渠道（行业调查表、走访、电话采访、网站信息披露、广告、环评报告、海关等）搜集、汇总、整理统计数据，以期建立一个行业评价体系来对企业进行评估，和预测行业的发展方向。目前，此项工作初见雏形，一些品种已经取得了较为客观的数据，接下来，专委会将加强行业数据的调查验证工作。

（六）成立助剂团标工作组

塑料助剂行业的标准是落后于企业和产品的发展的，今年4月，中国塑协团体标准技术委员会在上海成立，我们在广泛征求意见的基础上组织了重点助剂企业联合其他原辅材料企业成立了“中国塑协团体标准技术委员会塑料原辅材料分技术委员会”，5月在福州召开了第一次会议。

（七）办好《塑料助剂》杂志，搭建行业交流的平台

2018年度，《塑料助剂》杂志除了日常的出版工作以外，还在第4期组织了一期阻燃剂专刊，主要报道了国内、国际市场和发展前景分析；阻燃剂专利和法规；阻燃剂对环境的影响；环保阻燃剂的种类及优缺点；阻燃剂的合成；阻燃剂在材料中的应用；阻燃剂的安全生产，等。

《塑料助剂》编辑部加强自身建设，严格要求自己，在各级领导的关心指导下，在每一位编委、专家、会员、读者的帮助和支持下，被授予“南京市三八红旗集体”的荣誉称号。

（八）做好行业技术经济信息交流平台建设

（1）通过QQ群、微信群，加强与会员单位的联系，尽力做好行业内信息收集和汇总工作；

（2）通过微信公众号及时发布专委会的活动及会员单位的重大事件；

（3）继续做好《塑料助剂》杂志的编辑出版和发行工作，在努力建设好技术交流平台的同时加强行业宣传的媒体平台功能；

（4）及时向会员单位通报各项与塑料相关的标准及法律法规；

（5）组织相关人员编写《中国塑料工业年鉴》塑料助剂章节；

（6）认真做好中国塑协布置的各项工作，协助中国塑协各职能部门开展工作，发挥行业优势，提高专委会的公信力。

（7）根据会员单位的要求为他们发表符合要求的技术文章，为申报职称等提供保障；为会员单位提供了相关资料，包括文献、国内外专利以及有关证明材料等。

三、产品结构调整与技术进步

1. 增塑剂

整体而言，2018年增塑剂行业竞争更加激烈，传统增塑剂与环保增塑剂抢占下游市场份额竞争加剧，环保压力依旧，技术落后的中小规模厂家逐步淡出市场，行业集中度进一步提升。

增塑剂主要品种仍为DOP、DOTP、DBP、DINP等石化路线产品，生物基增塑剂如环氧类、柠檬酸酯类占比并无明显变化。产品结构方面，环保类增塑剂占比有所提升，主要体现为DOTP产销量的提升。作为传统和环保增塑剂的典型代表，DOTP与DOP的产销量差距越来越小，相差不到10%。

2018年各类增塑剂生产能力780余万吨，以山

东、华东为主，实际产量约470万吨左右，其中邻苯类DOP 138万吨、DINP约50.8万吨，DBP/DIBP 60万吨，DPHP约14万吨，对苯类DOTP 129万吨，偏苯类TOTM约10.6万吨，DOA 6万吨、DOS 1.5万吨，环氧类40万吨，柠檬酸酯类约7万吨，其他约10万吨左右。

2018年增塑剂消费邻苯类占56%，环氧类占8.5%，对苯类占28%，偏苯类占2%，柠檬酸酯类占1.5%，特种性能类占2%，其他占2%。

尽管产能已大幅过剩，部分相对较大的企业或者有局部竞争优势的企业出于自身经营考虑，仍然有新增产能投产。DINP方面，黄骅市信诺立兴精细化工股份有限公司建设10万吨/年产能。DOTP方面，开封九泓新建10万吨/年装置，广东春达计划新增5万吨/年产能，盘锦联成计划新增5.5万吨/年产能，天津澳佳永利计划新增6万吨/年产能，东营益美得计划新增10万吨/年产能，以后新增产能计划在2019、2020年陆续投产。DOP方面，南京利邦年产能10万吨DOP装置建设完成，预计会有产量释放。

2. 热稳定剂

稳定剂总产能超过150万吨，2018年产量（含出口）超过70万吨，国内表观消费量在60万吨以上。硬制品用环保产品过20万吨，软制品用环保产品约为10万吨。各类稳定剂出口总量约为10万吨。

环保产品开发、应用总体水平达到世界先进水平，特殊品种达到世界领先水平（如可替代硫醇甲基锡在硬质高透明加工中应用等品种）。现有品种可以满足PVC塑料制品加工要求和全球已有环保法今法规及安全标准。环保稳定剂的新材料研发、新工艺应用得到越来越多企业的重视并取得不俗的成绩，材料出口呈增长状势。由广东森德利环保新材料科技有限公司完成的（硬质高透明PVC用镁铝锌无毒复合稳定剂）项目等通过中轻联组织（中轻联科鉴字［2018］第014号）得到了：项目总体技术水平达到国际领先水平的最高评价。山东金昌树、广东河源鑫达等公司环保稳定剂的产能已分别扩产至年产10万吨规模。有5家企业建立了院士工作站，20余家企业和高校及相关院所建立了长期合作关系。

3. 抗氧剂和光稳定剂

2018年，产能、产量、表观消费量比2017年同比增加。受环保、安全等限制性政策影响，产量的增加幅度低于产能增加幅度。行业内，为了扩大企业业务方向、范围和规模，开始出现同行业企业并购。

专用或特殊抗氧剂的产能和产量逐步增加，除大部分产品用于出口之外，国内的专用或特殊抗氧剂应用技术也在提高，专用或特殊抗氧剂与通用抗氧剂共同用于高分子材料，提高材料热稳定性能和性价比。

4. 其他

2018年，其他塑料助剂，如冲击改性剂与加工改良剂、发泡剂、润滑剂、偶联剂、抗静电剂、抗菌剂、成核剂、扩链剂、防雾剂等在开发新产品和技术进步方面也都取得了不同程度的进展。

四、存在问题

落后产能将进一步被淘汰，整个行业整合洗牌的局面越来越明显。新产品的研发和应用方面的投入在很大程度上已经决定一个企业的未来，为了高质量发展，企业必须具有独立自主创新能力和综合技术服务能力，优化自身的产品结构。在2018年，环保和安全是主流，但产品结构不尽合理，部分产品质量不够稳定依然存在；高端产品不足，同类产品市场竞争激烈，利润点低；部分企业的科技投入不足、自主创新能力不强，缺少高水平的专业人才，非常重要的塑料助剂的基础研究工作不受重视。

（一）增塑剂

1. 产能过剩，开工率低

近年来，由于各企业盲目扩张，导致了严重的产能过剩，至今仍然未能得到有效消化。产品同质化严重，装置开工率不高，DOP开工率仅有50%，DOTP虽然开工率尚可，但是相比较去年，需求量已经大幅放缓，未来两年还有近40万吨产能投放，届时可能会重蹈DOP覆辙。目前，整个行业利润低下，竞争力不强，许多中小型装置面临被淘汰的困境。

2. 产品结构不合理，品种仍然相对稀少

与国外相比，产品结构不合理的矛盾仍然非常突出，目前我国增塑剂产品中50%为邻苯类产品，虽然近年来环保增塑剂产量有所增加，但环保类高效品种所占比例仍较小。另外，许多专用和高性能品种还不能满足下游制品需要，高端产品仍然依赖进口。比如PVB专用增塑剂三甘醇二异辛酸酯、聚酯增塑剂等。

3. 科研开发能力仍需加强

世界上已开发成功的增塑剂达500多种，已商品化的达100多种，而我国目前生产的约60个品种，严重制约了我国相关行业的发展。新产品开发进度较慢，新产品的推广应用因受制于下游塑料加工成本也不顺利。另外，新产品开发仅局限于制出产品，而不是配套应用解决方案，下游中小型塑料加工企业研发实力更弱，按照原工艺配方使用可能不适应，更加加大了推广难度。

4. 国内增塑剂行业及上游竞争力有待加强

国内的增塑剂仍然以丁辛醇类增塑剂为主，DOP 曾于 2017 年 9 月份被列入《优先控制化学品征求意见稿》，尽管经过全行业的争取并没有被列入目录中，但这给增塑剂行业敲响了警钟。目前我国已经已有许多套丁辛醇装置并已过剩，但并未掌握异壬醇的生产技术，国外的毒理研究认为，DINP 较 DOP 毒性低，这成为某些国外厂商提出用 DINP 替代 DOP 的理由。因此，国内应该加快异壬醇等高碳醇的技术研发，以免将来受制于人，民族产业被打压。

2018 年，PTA 原材料大幅涨价，DOTP 面临成本压力，大幅上调价格，DINP、DINCH 等产品有了价格优势，在出口产品领域中体现出了较强的竞争力，一时间，DOTP 生产企业不知所措。因此，行业内企业应该加强产品技术储备，研发替代类品种及加氢产品，做好“备胎”，提升市场突变时的应变能力和总体竞争力。

5. 毒理性研究工作需要加强

近年来，随着人类对食品安全的不断重视，增塑剂的生物毒性多次被提及，DOP、DBP、BBP 等产品也早已被限制，无法在与人体接触产品中应用。反观国内，并没有相关人员或机构进行此类的研究工作，尤其是我国独有的、现在大规模上马的 DOTP 项目，并没有这方面的研究。未来，我们即使对国外将某些增塑剂产品的列入提出抗议，也没有充分的数据来支撑我们的观点。因此，启动增塑剂的毒理研究工作十分必要。

（二）热稳定剂

尽管我国热稳定剂生产与开发取得了相当的成绩，但仍存在许多不足。

1. 品种少，环保产品的消费量仍需加大

铅盐类稳定剂的使用量虽然逐步被钙锌类热稳定剂替代，但是用量仍然占到 50%左右，非铅盐热稳定剂很大一部分用在出口产品中。同时，产品技术标准相对落后，产品质量波动较大。

2. 生产规模小，产品质量差。

我国热稳定剂质量参差不齐，较多小微企业产品环保化进程缓慢，动力不足，尤其是软质塑料制品如广告膜等还在使用含镉稳定剂。

3. 开发力度不够

随着世界 PVC 工业的发展，国外新型热稳定剂开发层出不穷，但由于种种原因，我国热稳定剂企业的原始创新不足，主要体现在研发经费投入少、高瑞人才严重缺乏，尤其是推广应用工程技术人才严重短缺和重视不够。新型热稳定剂的生产与应用远远不能满足国内 PVC 工业的发展和制品的需要。

（三）抗氧剂和光稳定剂

（1）产品工艺控制水平和质量有待提高并稳定，应用效果也需提高并保持稳定。

（2）光稳定剂产品的标准化工作依然滞后，通用型光稳定剂 531、326、770、944、622 等产品，依然没有行业标准。

（3）部分主要或关键原料受国外企业控制，如光稳定剂 944 原料己二胺、紫外线吸收剂 531 原料间苯二酚，原料供应紧张、价格大幅上涨，使得 944、531 产品供不应求、价格高居不下。

五、发展趋势

（1）我国塑料助剂行业在 2018 年整体发展平稳，企业应深挖自身潜力，提升产品质量、降低产品消耗，加强环境治理，从而进一步提升产品竞争力。同时加强同行业交流与合作，以求得取长补短，共同提高，促进塑料助剂企业和产品规模化经营，加快提高行业的整体技术和生产水平。

（2）骨干龙头企业通过不断强化技术服务能力，完善技术服务体系，向高质量发展转移，不但在产量上，也应在技术上协调上下游共同进步。

（3）相关的助剂企业应继续大力拓展海外市场，使海外市场中的份额保持稳步增长。

（4）塑料助剂行业今后将以“绿色、环保、无毒、高效”作为永恒的主题，逐步用新品替代对人类健康和环境有害的品种。

（5）要适应不同的市场，让产品满足不同层次用户的需求，特别是扩大专用产品和高端产品和高附加值产品的比重。

（6）要加大生物可降解塑料用的各种助剂产品的研发力度，这将是以后发展的长期趋势。

（7）加大科技投入，根据产品特点，积极开发应用低碳技术，搞好清洁生产，淘汰落后工艺和落后设备。

（中国塑协塑料助剂专委会秘书处）

流延薄膜制品

2018年，是流延薄膜行业呈现出总体平稳、稳中有进，转型加快的发展状态的一年。随着中国塑料加工业的快速增长，流延薄膜行业的基础、发展环境和条件都发生了很大的变化，行业产业产能过剩给流延薄膜产业升级转型提供了新的机遇和挑战。随着国民经济的发展进入新常态，加快结构调整，转型升级，提质增效，寻求和发展新的增长点，已成为全行业有待推进的共同课题，2018年是流延薄膜行业企业开拓创新，实现转型升级的重要一年，流延薄膜行业在中国塑料加工工业协会的各位领导的关怀下取得了很大的进步。

一、行业现状

流延薄膜产品种类繁多（CPP、CPE、PVB、TPU、PVC、PVDF、CPI、CPET、CPA等）。根据中国塑协流延薄膜专委会的统计数字，2018年CPP表观总产能约158万吨，去除停产产能21.22万吨，实际总产能约为129万吨，实际产量约为100万吨，开机率77.51%。对比2017年产能、产量增幅均不大，开机率上升。由于行业自2016年以来去产能和理智投资的影响，CPP行业2018年产能增长不大，产量小幅增长，行业情况总体保持平稳增长，其中用于锂电池软包装铝塑封装膜的CPP薄膜基材产量增加较多，但考虑到未来普通软包装用复合膜的使用减少趋势，未来CPP薄膜的市场增长空间不会太大，还需要谨慎投资，同时由于6.9米高速宽幅线的研发成功，未来CPP行业的设备更新周期可能到来，2014年以前投资的小线将逐渐失去竞争力，这是值得CPP薄膜生产企业重视的问题。

年度	总产能/万吨	总产量/吨	开机率/%
2016	155	1009742	65.14
2017	156	110000	70.51
2018	158	1290000	77.51

流延聚乙烯缠绕膜行业：2018年产量150万吨，比2017年产量142万吨增长5.63%。产能2018年180万吨，比2017年170万吨增长5.88%。

流延聚乙烯卫生膜行业：2018年产量30万吨，比2017年产量28万吨增长7.14%。产能2018年40万吨，比2017年37万吨增长8.10%。

随着我国城镇化水平的提高和农村妇女生活条件的改善，以及未来我国老年人对卫生用品的大量需求，我国流延聚乙烯卫生膜的市场增长空间还很广阔，预计未来10年将以超过10%的速度增长。

流延聚乙烯保鲜膜和PVC、PVDC保鲜膜行业：2018年产量110万吨，比2017年产量105万吨增长4.76%。产能2018年140万吨，比2017年130万吨增长7.69%。

流延PVB和EVA玻璃夹层膜行业经济运行：在玻璃夹层膜产品中，EVA薄膜的产量很小，全国每年不超过1万吨，其余全部是PVB玻璃夹层膜。2018年产量55万吨，比2017年产量52万吨增长5.77%。产能2018年75万吨，比2017年70万吨增长7.14%。

TPU薄膜行业：2018年产量9万吨，比2017年产量8.4万吨增长7.17%。产能2018年12万吨，比2017年11万吨增长9.09%。

聚酰亚胺薄膜行业：从材料性能角度看，聚酰亚胺薄膜是未来市场潜力最为广阔的薄膜产品，尤其在光学和电子领域的应用前景不可限量。2018年，我国聚酰亚胺薄膜（简称PIF）的产量已超过5000吨，比2017年4500吨增长11.11%，在品种、产量、功能和应用范围等领域得到快速的增长，预计未来十年平均年增幅将在15%以上。

聚酰亚胺薄膜目前主要是流延生产工艺，限制聚酰亚胺薄膜发展的阻力是价格和加工效率，流延设备厂家要在如何提高生产线效率、降低加工成本上努力，促进聚酰亚胺薄膜的推广应用。

流延保护膜行业：保护膜的应用范围很广，每年用量超过150万吨，目前主要是吹膜工艺，流延保护膜的比重还很低，未来发展的空间还很大，需要流延机厂家加强研发，薄膜生产企业进行工艺和配方技术试验，原材料厂家开发专用料。

二、行业概况

我国流延薄膜行业从20世纪70年代末期开始至今，近40年的时间里，从产能至生产设备日趋成熟，行业得到了飞速的发展。

1. 启蒙阶段

我国的流延薄膜生产线的开发应用起步较晚，基础较为薄弱，初期多以引进为主。20世纪70年代末，开始引进的主要是生产卫生用品薄膜的单层流延机。

2. 发展阶段

进入90年代，我国的包装行业发展十分迅速，包装用膜的需求越来越大，国内从奥地利兰精公司，日本三菱重工，德国 Relifenhauser、W&H，意大利 Colines、Dolci，美国 Battenfeld 等引进了多层共挤流延膜生产线。同时，经过国产设备制造商及零配件供应商的共同努力，国产 CPP 流延薄膜生产线也开始进入前期的探索与尝试阶段。从最初的幅宽1米多、2米多逐步发展，主要用于生产 CPP 复合膜、镀铝膜及含 PA 的高阻隔膜。

3. 国产设备萌芽

2000年以后，国内的一些专业人士开始进行多层共挤流延机国产化的探索与研究。并研制出了具有自主知识产权的流延膜生产线，但这时期的国产设备以模仿为主，主要是2.5m以内的小生产线，设备的制造质量、性能、产能、生产速度、所生产的薄膜的品种、质量与进口设备相比有较大差距。

4. 国产设备的发展

2004年，佛山佛塑科技集团股份有限公司东方包装膜分公司引进美国巴登菲尔一条5.3米生产线，成为国内最宽、产能最大的生产线。虽然该设备2013年已经停机，但仍是流延膜行业浓墨重彩的一笔。同时，2004年也是行业发展快速的一年，不仅是流延薄膜制品取得了相当大的增长，同时，在国家宏观调控政策下，进口设备放慢步伐，国产化流延薄膜设备取得了很大进展。

5. 产能爆发期

2006年前后，国内生产线投产数量不断增加，而且国产化愈加明显。不完全统计，到2006年为止，我国 CPP 薄膜引进生产线超过77条，产能超过39万吨；国产线超过150条，产能超过26万吨，合计产能超过65万吨。结束了流延机领域进口设备长期占据主角地位。

6. 行业调整期

2011年，国产流延机机型的开发已从单层到多层、从小幅宽发展到大幅宽的多功能生产线。浙江大东南集团在此年新增6.2米生产线，已经达到了行业的内的最宽幅流延机，国产流延机向前卖了一大步。在此阶段，CPP 行业的产能利用率逐渐递减，自2010年以来的，基本维持在60%~65%。

7. 流延行业的春天

2013年度开始，有部分膜厂释放信号，准备改造或者上新的设备，涉及 CPE 薄膜；行业内更是有机械厂家开始对 CPE 行业的新设备试机参观，这一年开始，CPE 的生产线较 CPP 的生产线增长迅猛。

8. 新领域的探索

随着国内外市场需求的不断增加，塑料包装新材料、新工艺、新技术、新产品不断涌现。流延膜产品和所用材料也在不断更新，我国的流延机专业生产厂家，在创品牌、提高产品质量和档次，努力赶超国际先进水平的同时，为避免产品同质化、打价格战的恶性竞争，开始注重产品结构的调整，尽快提高现有产品的技术含量，并正向高性能、多功能，积极采用新原料、新技术、拓宽应用领域以及塑料包装与环保谐调发展等方向发展。开拓流延膜的新的应用领域，如开发用于建筑行业的保温、隔热、防水、隔声的新型建材的流延膜生产线，电子行业的导电流延膜生产线等。并将朝着高效、节能、环保、大型、精密、多层的方向发展。

可以预期，随着我国国民经济的持续高速发展及经济全球化及国内外两个市场的强劲拉动，塑料流延膜生产设备在今后想当长的一段时期内仍将持续高速发展，成为拉动塑料包装、医疗、新能源、新型建材、电子信息等行业快速增长的新型朝阳行业。

三、发展趋势

行业产品未来将会进一步向着高端化、精细化、专业化发展，创新是永远的主题。如何降低生产成本，以高质量，增品种，高效管理来走出自己的特色，是未来努力发展奋进的方向。

四、发展建议

最近5年以来，国内流延薄膜装备产能保持着持续增加态势，2016年、2017年两年新增上线出现小高峰，2018年仍然有一定规模的新增。

（1）市场盈利空间的压缩，迫使膜企从一定远期角度考虑降低单位生产成本，上宽幅大线，旨在淘汰窄幅老线，增强竞争力。

（2）下游加工设备包括印刷、复合、制袋向宽幅、高速方向逐步优化，带来对基材薄膜适应性满足匹配的提升，上新线，以求适应市场需求。

（3）包装终端应用要求档次的提高以及包装方式的革新，乃至新应用开辟，倒逼薄膜制造商在产品结构、性能方面的创新改变，上特别设计能满足特种功能膜制造需要的生产线。

1. 产能扩张上的弊象

市场显示通用品种薄膜严重饱和，供需失衡明显加剧，低价位恶性竞争、部分产能休克，初步统计行业现役开工率一度跌破六成；国内外经济形势暗淡、低迷，企业资金吃紧，部分膜厂新上计划忐忑难定或已上项目骑虎难下；技术消化、研究开发及市场操盘上的力不从心，使得新上项目难以实现预期策划目标。

1）下游需求层面：环保督查持续，局部地区受影响程度或将明显，消费驱动增进预计不大、大环境变局把握不明朗，下游恐现不温不火或有所缩减的总体态势。

2）上游原料层面：国际贸易正面冲突和调整格局，原油市场变化，石化大企治理，均还会对石化行业继续产生着直接影响，情况难以明晰。

3）行业本体层面：资金、技术、人力要素，经营策略把控、市场开拓能力、内部管理水平、产品创新机制，金融政策、产业调控、税政改革，诸多内部资源和外部环境因素，依然考虑着每一家企业各显神通的本领。

2. 相关建议

（1）慎重扩能，侧重自有装备改造优化升级，提升生产效能，释放既有产能和挖潜效益为主。

（2）品质立企，坚持走质量效益型路线，以紧密匹配目标市场客户逐步提高的质量需求，保存和发展与客户依存共赢的根本。

（3）权衡资源，依托市场，因地制宜，有的放矢，锤炼有效机制，务实开拓产品创新之路。

五、专委会活动

1. 2018 第四届特种流延膜技术与现场演示会

2018 年 5 月 30 日，由中国塑料加工工业协会主办、新乐市人民政府支持、中国塑协流延薄膜专委会和新乐华宝塑料机械有限公司承办的“2018 第四届特种流延膜技术与现场演示会”在石家庄召开，来自流延薄膜产业链的 400 多名企业负责人出席了本次会议。

2. 2018 CPP、CPE 等流延薄膜行业市场与技术发展研讨会

由中国塑料加工工业协会主办，中国塑协流延薄膜专委会承办，“2018CPP、CPE 等流延薄膜行业市场与技术发展研讨会”于 10 月 29 日下午 17：20 分胜利落幕。

本次流延年会以 CPP、CPE 为主，上下游产业链行业发展进入新阶段的一次重要会议，行业专家、企业家代表、行业同仁相聚在南京，共同分析我国薄膜行业发展形势，研究探讨促进薄膜行业高质量发展的措施，深入交流行业技术特点，找出解决行业共性问题的技术手段和有效办法，非常有意义。

3. 2018 流延薄膜行业市场与技术发展研讨会暨流延薄膜年度总结大会

由中国塑料加工工业协会主办，中国塑协流延薄膜专委会，南通三信塑胶装备科技股份有限公司承办的“2018 流延薄膜行业市场与技术发展研讨会暨流延薄膜年度总结大会”于 2018 年 12 月 27 日在中国启东举办。本次研讨会是流延薄膜行业的一次盛会，流延薄膜生产企业参会非常踊跃，名流延膜生产企业均参加本次会议，与会企业对各个主题报告与会议效果一致表示肯定，本次论坛的成功召开对于流延膜企业健康发展起到了指导作用。

（中国塑协流延薄膜专业委员会　郭书丽）

塑料配线器材

一、行业现状

过去的一年中，国际形势风云突变，全球一体化经济格局又发生了变化，贸易保护及大国主义又重新抬头。国内持续去产能、调结构，促转型升级，大力发展高端制造业。在此双重压力下，国内经济上行压力明显加大。但在全体塑料行业人的努力下，我国塑料行业规模和营业额仍然保持平稳增长，出口额也是略有增加。2018 年，全国塑料制品行业总产量 6042. 15 万吨，同比增长 1. 10%；规模以上企业完成主营业务收入 18061. 75 亿元，同比增长 5. 04%；实现利润 950. 40 亿元，同比增长 3. 28%；出口额 694. 21 亿美元，同比增长 10. 67%，行业运行整体平稳，稳中有进。我专委会所处的子行业——塑料配线器材行业，也有着不错的增长趋势，据不完全统计，2018 年配线器材行业完成工业总产值 235 亿，同比增长 3. 7%。

二、行业热点

新时代新材料，21 世纪是个多变、多彩的时

代，新材料在这个时代舞台上扮演着越来越重要的角色。材料是工业发展的基础，优秀的材料能为工业制造提供结实的制造和创新基础，能有效推进新科技、新技术的诞生、成长与成熟。大势力所趋配线器材专委会也紧跟时代步伐。

配线器材专委会加快五大通用塑料高端专用料的开发利用，努力提升产品质量，对新型绿色环保材料、改性等复合塑料、特种工程塑料以及合金材料加快推进产业化，弥补国内空白。2018 年下半年，专委会的副主任企业——上海凯赛生物技术研发中心，研发了新材料——生物基聚酰胺 PA56（源于自然界可再生的物质为原料），通过不断的实验，现针对该原料应用于尼龙扎带等配线器材类产品上，已取得初步成功，在 2018 年 10 月 27 日的配线器材专委会南京会员大会上，上海凯赛的技术人员，详细地讲解了生物基戊二胺平台产业化技术的突破和试验数据分析，对这一新型环保材料进行了推广应用培训。

三、专委会活动

在专委会全体会员的积极参与和全体工作人员的共同努力下，我们不断调整产业布局和发展战略，扎实、全面地推进了行业的可持续发展，较好地发挥了专委会的桥梁纽带作用。主要表现在以下几个方面：

1. 加强质量、环境、职业健康安全体系建设，提供人才培养和技术交流服务

为提高企业的质量、环境、职业健康安全管理水平，专委会为会员单位提供 ISO 9001（质量）、ISO 14001（环境）、OHSAS18001（职业健康安全）、IATF16949（汽车行业质量管理）等标准的贯标认证、咨询提供服务；联合各级政府机构，开展注塑工程师培训和取证工作，使行业内 10 人取得了塑料工程师职称、25 人取得了助理工程师职称；为推进“十三五”节能降耗目标的完成，专委开展节能技术培训工作，及时总结和交流各企业在节能降耗活动中的先进经验和先进设备；专委会还积极引导行业中的企业参加各级政府的“节能降耗财政专项资金补助”项目，使行业中多家企业享受到了政府财政补贴。

2. 促进企业技术进步，规避贸易壁垒

结合企业不同产品出口到不同国家，专委会多次组织美国 UL 中国分公司、德国莱茵 TUV 中国分公司的专家技术人员，来专委会进行产品检测和认证培训工作：2018 年 3 月 20 日，专委会与美国 UL 苏州分公司，在浙江省乐清市天豪君澜大酒店酒联合举办了“质联未来”配线器材行业产品的标准讲解研讨会。此次会议帮助塑料配线器材行业企业，更深入地了解了 UL62275 测试方法，如何准备样品；什么是 TYPE1、TYPE11、TYPE2、TYPE21 等相关知识，以及 UL 的最新、最先进的 Cable Management Systems（线缆制品）测试方法和认证服务，以及 UL 新标准与老标准的异同点等内容，对配线器材行业的产品检测、认证提供了极大的帮助；2018 年 10 月 27 日专委会邀请德国莱茵 TUV 集团上海分公司的专家，讲解了配线器材产品在 CE-LVD2014/35EC 范围内的认证相关标准，以及产品分类及测试方法，给会员企业普及了产品检测认证的相关知识，各企业受益匪浅，有效地规避了贸易壁垒。

3. 规范行业发展秩序，制定多个行业标准

自专委会成立以来，我们为了规范行业发展秩序，防止不正当竞争，提升行业整体形象，积极制定行业标准，并时刻关注这一重点工作。几年来，专委会制定的行业标准已有：QB/T 4494—2013《聚酰胺（尼龙）扎带行业标准》、HDB/QB 098—2015《聚酰胺扎带海关单耗标准》、QB/T 5258—2018《塑料压线帽行业标准》，继此之后，2019 年，我们又有一新的标准发布实施：由长虹塑料集团英派瑞塑料股份有限公司主笔起草的 T/CECS 585—2019《高分子合金电缆桥架技术规程》目前已被中国工程建设标准化协会批准发布。该标准的实施，将进一步提高该产品的整体水平，增强产品竞争力，有效推动塑料配线器材行业的技术进步。

4. 节能减排，倡导绿色生产

“节能降耗”是贯彻落实科学发展观、构建社会主义和谐社会的重大举措，是建设资源节约型、环境友好型社会的必然选择，是推进经济结构调整，转变增长方式的必由之路，是维护中华民族长远利益的必然要求。为了切实贯彻落实这项“节能降耗”工作，塑料配线器材专委会通过不断探索和研究。在设备的改造上，我专委会多次与科学技术研究院、北化机械学院、注塑机设备厂商等进行联动，以期能够更好地通过技术革新，结合产业特点，打造出更加节能、高效的产品。通过广泛的实验与推广，现阶段，在我行业内已经对伺服节能乃至全电动设备都有了全新的认识。下一阶段，我们必将在行业内大力推广相关的先进节能技术，积极将国家的相关节能降耗政策落地。

5. 转型升级，研发新材料产品

新材料属于战略新兴产业，未来好多产业的提升是靠新材料实现的，未来中国的许多产业提升是靠新材料来完成。工信部公布有关新材料数据显示，我国新材料产业发展势头良好，预计到2025年产业总产值将达到10万亿元；到2035年，我国新材料产业总体实力将跃居全球前列，新材料产业发展体系基本建成。

根据中国塑料产业“十三五”绿色可持续发展规划构想，“十三五”期间，专委会加快五大通用塑料高端专用料的开发利用，努力提升产品质量，对改性等复合塑料、特种工程塑料以及合金材料加快推进产业化，弥补国内空白，紧紧围绕国民经济和社会发展重大需求，以加快塑料制品转型升级为重点，以提高塑料制品自主创新能力为核心，大力实施产品高端化战略，全面提高行业整体素质，研发出多种新材料产品，例如配线器材专委会理事长企业长虹塑料集团英派瑞塑料股份有限公司新研发的新产品：高分子合金电缆桥架、高分子聚合物板桩等，这几种产品在国内市场上均属建设领域具有独创性的新产品，特别是高分子合金电缆桥架是继PVC电缆槽管之后，在电气工程中应用的又一以塑代钢的新典范，有着非常广阔的发展前景。

6. 技术革新，开发多种新产品

专委会积极推动产业升级，推进行业内科技进步和技术创新，进一步加强“机器换人”、“新产品开发”等项目实施力度，提倡节约资源，推行清洁生产，提高可持续发展能力。规范国内塑料配线器材市场秩序，实现产品品质高端化，地区产业均衡化的发展目标，进一步促进塑料配线器材行业稳步发展。目前，配线器材行业中产品已有“尼龙扎带、钢钉线卡、定位片、压线帽、接线端子、配线槽、号码管、电缆固定头、缠绕管、冷压端头、快速连接器”等塑料制品，但行业中的企业并不满足现状，在企业转型升级路上不断探索和研究，不断开发新产品。例如：浙江亚泰塑料有限公司研发的尼龙电缆固定头，具有夹紧圈经特殊设计，对电机不造成损伤等优点。再如：长虹塑料集团英派瑞塑料股份有限公司开发出几种升级换代的产品：高性能电缆固定头、防滑扎带、双齿扎带、防腐高分子电缆桥架等等，获得国家专利50多项。

四、存在的问题

目前，塑料配线器材行业仍面临着不少困难和问题，我们既要肯定成绩，也要看到不足。问题主要表现在以下几个方面：

1）低端塑料产业新装置的大规模投产造成产能严重过剩，企业盈利空间大大压缩；

2）主要产品附加值较低，加上出口导向型较强，使得全行业受国际宏观经济影响较大；

3）原材料价格波动风险和劳动力紧张，给行业企业的市场策略制定和实施带来了很大的不确定性，生产成本控制也带来了一定的影响。对这些困难和问题，我们必须要引起高度重视，积极采取针对性措施主动应对，努力在今后的工作中加以克服和解决。

五、发展趋势与规划

1. 加强行业运行监测，推动塑料行业新材料研发应用

专委会继续发展行业的上下游企业加入行业中来，落实上下游企业间的“无缝对接”，以需求为导向，推动上游企业新材料的研发，完善塑料行业新材料推广与应用，做到“产—学—研”一体化，整体提升产业技术和科技水平，实现产业经济价值，深化产业链、提高产品应用率，实现有关产业真正的高端化和技术化。切实把握形势变化，密切关注中美贸易摩擦给我们行业带来的影响，提前预判，积极应对。加强行业运行监测，密切关注产品市场变化、原材料价格波动等，加强企业管理，更加注重成本控制，积极适应新常态。

2. 融合“互联网+”模式

企业要建立信息平台、升级有关计算机软件或实现两化融合、联合优质互联网，增强该方面的技术和能力。通过信息、计算机、大数据和云计算等技术，优化有关新材料、新产品、新技术的设计和研发、精简产品制作流程、整合产业资源，提升效率、降低运营成本。专委会新一年里将继续增进会员间的信息交流，扩大市场服务职能。

3. 建立健康规范的发展环境

加强行业协作和自律。企业要积极应对形势变化，抱团取暖。面对贸易战的不利影响，协作开拓新的市场，如日欧市场、东南亚市场、“一带一路”沿线国家市场，加强与这些国家的经贸往来合作。中国塑协与企业一道，在环保自律、质量自律、管理自律等方面狠下功夫，不断夯实发展基础，树立大国塑料行业的良好形象和精神面貌，给企业自信，给消费者信心。专委会将继续实施产业标准规范化管理，制定有关行业产品标准和指标，形成科学合理的生产、检测依据，引

导行业发展。接下来我们将对行业内的产品：定位片、接线端子、膨胀管等产品，进行标准制定或修订，通过标准对整个行业的规范起到推动作用，提高企业的技术素质和管理水平，形成行业自我管理、自我约束、自我监督、自我完善和自我发展的良好发展势态。

4. 发展会员，扩大专委会影响力

发展会员是一个组织具有生命力的重要表现，做好会员发展和管理工作，既要发展规模较大的企业，也要发展中小型企业，以增强专委会的广泛性和代表性，增强专委会的凝聚力和影响力。为了真正把专委会办成政府满意、企业欢迎的自律性社会团体。企业虚心听取会员的意见，真实了解企业发展状况，是专委会的主要工作之一。专委会要听取会员企业对专委会的意见和建议，通过走访和看望，拉近专委会与会员间的距离，达到互相了解，互相沟通，增进友谊，提高认识的目的。做好讯息更新和发布，借助政策引导市场和企业，避免价格虚高或长时间大幅度波动问题。我们将进一步加强会长办公会议、理事会会议和会员大会制度等，为专委会工作的扎实开展和稳健发展提供有力保障。

5. 以诚信推动产业发展，建立行业命运共同体

行业的发展，其本质是各个会员单位的发展，是产业上下游的发展。然而，在行业发展的同时，由于我国多年来化工行业新材料方面的受制于人，导致我行业原材料的供应完全被外资企业所垄断。在原料的供给不足、原料的价格一路上扬的情况下，行业内一些企业在产品品质上出现了偷工减料、以次充好。在此，专委会向全体行业成员呼吁：诚信与产品品质，才是企业、行业发展的命脉。浴火重生、坚韧不拔才是发展的硬道理。专委会将带领全体成员在积极创新的同时，一定坚持品质立市、诚信为本。同时，专委会也将积极与国家相关部委、行业负责人进行联动，在国家政策层面上，积极突破行业的短板。通过行业上下游的积极互动与配合，打造紧密的上下游合作，建立行业命运共同体！

（中国塑协塑料配线器材专业委员会　毛维琴）

镀铝膜

一、行业现状

（一）行业概况

（1）镀铝膜产品性能优良，节能环保，物美价廉，用途广泛，其防潮、保鲜、保香、反光、隔热、体轻、价廉、高阻隔性、安全卫生性和可加工性等特色深受食品、药品、化妆品等产业的青睐，目前尚没有哪一种产品可以替代它的位置，发展前景广阔，不管情况发生什么样的变化，我们始终要对其充满信心。

（2）导致镀铝膜市场不景气的原因主要还是供大于求，产能过高。

（3）镀膜设备的国产化、大型化、智能化促进了镀膜产量的强势扩张，增强了企业的生产能力，加剧了产能过剩，使得市场竞争更加白热化。

（4）缺乏新产品的转型升级和开发，大家都局限于市场，不舍得投入，谁也不愿意主动作出努力去引导消费。只想走捷径，尽快实现利润，这往往就带来很多不正当竞争，破坏了市场环境。

（5）国家对镀铝膜产品支持力度不够，没有专门的部门去帮助一些正规企业开发和研究新产品，间接造成了镀铝膜产品的局限性。

（二）数据分析

2018 年全国镀膜行业年产能在 110 万吨，2018 年产量大约 85 万吨，开机率 72.23%。

镀铝膜作为一种高阻隔、高金属质感的包装材料，2018 年受国内外大形势的影响，增速大幅度放缓。但不同品种的增长差异扩大，不同企业之间经营状况分化。

镀铝膜主要的几种基材分别是：PET、CPP、BOPP、PVC、PE 等。PET 继续保持 10%以上的快速增长。CPP 因为食品企业的产品结构变化，增长较慢。BOPP 主要用于出口，欧美企业比较喜欢用 BOPP 热封镀铝膜，也保持着快速的增长。PVC、PE 主要用于标签、装饰，增长也较明显，但是总量较少，影响不大。总的来说，各品种保持 5%以上的增长还是有的。但是，由于新的、高速的设备不断增加，产能的增长快于需求的增长，总体

上竞争是继续加剧的。造成部分规模小，设备落后的企业倒闭。有的没倒闭的企业也干脆把设备停了，把人遣散，直接找这些价格较低的厂家加工，因为这样成本会更低。有些规模较大，设备较先进，成本较低，或者产品结构较好的厂家就保持了快速的增长，如浙江鹏祥、佛山彩龙、山东乐港等。

（三）进出口情况

不完全统计，当前进行各类镀铝膜出口贸易的公司和企业共计382家，主要集中在江浙沪，其次为广东、山东、安徽、湖北等。其中从事镀铝膜出口贸易三年以上的企业有47家，主要从事镀铝PET，镀铝CPP，镀铝BOPP的出口贸易。

当前国内镀铝膜出口目的地集中于以下地区：美国、欧洲、日本、新加坡、马来西亚、泰国、印度尼西亚、菲律宾、巴基斯坦、伊朗、澳大利亚、墨西哥、巴西等。

国外客户主要需求：

1）欧美地区：各种规格镀铝PET；18μm、20μm、22μm镀铝BOPP

2）东南亚：各种规格镀铝PET；20μm、25μm镀铝CPP

3）中东：12μm镀铝PET、25μm镀铝CPP

4）拉美、非洲：12μm、25μm镀铝PET；18μm、20μm、22μm镀铝BOPP

（四）存在问题

（1）MCPP、BOPET进口原料、中石油、中石化材料、原油、期货价格是最大影响因素。

（2）行业内盲目扩产，生产规模大了，利润反而下降了，同行质低价竞争严重。

（3）新产品开发和创新研发能力有待整体提升。

（4）行业内产品分类日趋明显：VMPET为例，果树反光、装饰、食、药包装、祭祀用品、汽车膜、窗膜等功能性材料；VMCPP：普通食品包材、充气产品、超低温高附着力产品，以食品，药品应用为主，产品应用拓展较慢

（5）环保政策对整个产业链条的影响和促进。做企业不仅要有经济效益更要注重勇于担当社会责任，有无社会责任意识，有无社会责任感，是“老板”与“企业家”区别的重要标志。坚持人与自然和谐共生，必须树立和践行绿水青山就是金山银山的理念，坚持节约资源和保护环境。

（五）行业发展建议

（1）科技创新是镀膜行业发展的关键。镀膜的发展进入了由过去的单一品种、单一功能、中低端产品向多品种、多工艺、多功能、多用途、高品质方向发展。面对竞争加剧，企业要健康发展，就要不断创新。创新包括工艺技术创新、加工装备创新、应用领域创新。积极争取国家政策给予镀膜行业出口支持，争取把镀膜列入高新技术产品。坚持以企业为主体的创新体制建设，深化供给侧与需求侧的精准对接，促进高效创新，推动政产学研金用的集成创新，促进镀膜行业提品质、增品种、创品牌，实现提质增效。

（2）合理控制产能，谨慎扩张，做强而非单纯做大，合理规避风险。镀膜行业的快速发展，在满足人们的多种需求的同时，清洁生产、污染防治及用后产品的回收再利用越来越受到政府及社会的广泛关注。镀膜企业应树立绿色节能环保理念，加大环保清洁生产的研发力度，实现回收再利用循环发展，为我国实现美丽中国梦，让人民生活更美好践行企业的职责和使命。

（3）行业创新与发展需要联动，在当前全球经济形势复杂、不确定因素增多，企业经营压力加大的情况下，更加需要抱团合作，专委会要增强服务意识，积极搭建行业企业上下游交流合作平台，整合专家、企业、社会、政府等的资源，向企业集聚，让企业分享，会员单位特别是骨干企业和理事单位，要热爱行业，奉献行业，人人为行业发展出力献策，实现合作共赢。

（4）努力开拓国际市场。企业的发展不能故步自封，甘于现状，要主动地走出去，比如多参加一些国际展会，多了解国际市场动态和走向，广泛掌握一些市场信息，争取更多的客户资源。

（5）拓展镀铝薄膜的应用。镀铝薄膜的用途还没有完全开发出来，我们认为可以开拓其在液态奶、果汁、饮料、调味品（酱油、醋）、果酱等方面的应用，另外肉制品、奶酪、蒸煮袋等产品也可以多做一些应用镀铝膜的试验。当然这些如果有国家相关部门的支持的话应该会进展的更快一些，单靠企业自身难度太大。

二、专委会活动

（一）2018年专委会主要活动

1. 行业年会

由中国塑料加工工业协会主办，中国塑协镀铝膜专委会承办的“2018镀膜行业市场与技术发展

论坛”已经于2018年10月27日在中国南京闭幕。本次会议得到合肥东昇机械科技有限公司、诺德美克（上海）机械有限公司、青州市宝丰镀膜科技有限公司赞助，来自镀铝膜产业链的80多名企业代表出席了本次会议。中国塑协理事长朱文玮致欢迎辞，在讲话中分析了当前塑料行业的经济形势，对我们镀铝膜行业的发展提出了指导意见。此外，还特别邀请了专委会理事会成员、行业老朋友和参与行业建设的专家发言。

下午四点，镀铝膜企业召开镀铝行业专题座谈会，会议中大家交流了行业的现状，分析了行业的特点，提出了产品保价和商务结算等问题，并呼吁全国镀铝膜企业要多沟通形成区域价格联盟、抵制恶性竞争，最终达成国内镀膜企业团结一致合作共赢的局面，共同渡过经济难关，共同为镀膜行业的健康发展做出贡献。

本次论坛是镀铝膜行业的一次盛会，镀铝膜生产企业参会非常踊跃，包括上海永超新材料科技有限公司、山东长宇镀铝材料有限公司、潍坊弘润包装材料有限公司、佛山市彩龙镀膜包装材料有限公司、沈阳市东海包装材料有限公司、安徽双津实业有限公司等著名企业在内的全国著名镀铝膜生产企业均参加本次会议，与会企业对各个主题报告与会议效果一致表示肯定，本次论坛的成功召开对于镀铝膜企业健康发展起到了指导作用。

2. 功能性薄膜行业论坛

由中国塑料加工工业协会主办，中国塑协双向拉伸聚丙烯薄膜专委会、中国塑协电池隔膜专委会、中国塑协降解塑料专委会、中国塑协流延薄膜专委会、中国塑协镀铝膜专委会共同承办的“2018功能性薄膜上下游产业链市场与技术发展高峰论坛”已经于2018年4月22日在中国上海闭幕，来自全国薄膜产业链的260多名企业代表参加了本次会议。

会后组织企业代表集体参加第三十二届中国国际塑料橡胶工业展览会开幕式并参观展会。本次会议得到国内外薄膜产业链企业的大力支持和积极参与。大会期间，代表们对高功能性薄膜行业的未来发展趋势进行了探讨；对制造高功能性薄膜的设备、技术，以及新的原辅材料进行了密切的交流；并对此次大会的各个主题报告、会议效果都给予了肯定，本次研讨会的成功召开对于促进高功能薄膜行业未来的健康发展将起到积极的推动作用。

（二）专委会建设

1. 组织好行业活动工作

（1）2019年9月将召开镀铝行业年会并进行换届大会，寻找新的理事会成员，增加会议亮点是本次论坛的关键。

（2）继续开展团体标准制定工作，扩大团标小组成员。

2. 发展会员企业，做好服务工作

细化镀铝专委会工作，更好服务于企业；与企业多进行沟通多发展镀铝会员企业，共同促进全国镀铝膜企业的经济发展。

3. 做好微信公众号推送工作

通过公众号推广，服务于会员企业；充分利用信息平台，做好行业宣传工作；微信公众号做到及时更新，内容丰富、专业性强；关注相关地区发展动态，及时发布最新讯息。

三、新产品开发

（1）透明高阻隔膜，也就是氧化铝膜，透氧透水<2，甚至<0.5，可替代透明高阻隔膜，如：EVOH、BOPA、K膜，也可部分替代不透明的高阻隔膜，如铝箔，普通镀铝膜。

（2）超高阻隔镀铝膜，透氧透水<0.5，主要用于食品电子元器件，可替代铝箔。

（3）高均匀度镀铝膜，厚薄偏差$<3\%$，主要用于汽车防爆膜，建材防爆膜，反射膜。可以部分替代磁控溅射工艺镀铝膜。

（4）超厚镀铝膜，主要用于导电要求的电子行业用的薄膜及特种标签。

（5）高附着力镀铝膜，主要用于食品、洗涤及装饰行业。

（6）高端镀铜膜，镀铜薄膜近年发展较快，原来主要通过磁控溅射工艺生产，现在有越来越多的镀铜产品通过普通设备生产，效益良好。

普通镀铝膜产品市场已经饱和，再在这方面下力气效果不大。我们通过多走出去学习和交流的模式，获得一些新产品方面的方向和信息，然后和信得过企业共同合作开发。国内新产品的开发有些已经成型，有些也正在紧锣密鼓地进行当中。

（中国塑协镀铝专委会　谷岳阳）

塑料家居用品

塑料家居用品是塑料制品的重要品类。随着经济增长和人民生活水平的提升，塑料家居用品行业面临更加广阔的市场和更加多元化的需求，塑料家居用品行业迎来了新的发展契机。中国塑协塑料家居用品专委会正以《塑料加工业“十三五”发展规划指导意见》、《塑料加工业技术进步“十三五”发展指导意见》、《中国制造 2025》和“三品战略”为工作指导，引领塑料家居用品行业绿色创新、健康有序发展。

一、行业发展情况

2018 年全国日用塑料制品总产量 559 万吨，从全国各省市产量来看，广东 173.1 万吨，占全国 30.96%；浙江 85.8 万吨，占全国 15.34%；湖北 70.7 万吨，占全国 12.65%；四川 49.3 万吨，占全国 8.81%；福建 30.2 万吨，占全国 5.4%；山东 26.1 万吨，占全国 4.68%；江苏 27.0 万吨，占全国 4.84%；重庆 10.1 万吨，占全国 1.80%。

2018 年以来，经济下行，去标杆、信贷趋紧、环保趋严、社保新规、中美贸易战……企业生产成本、出口成本水涨船高，利润空间被大大压缩，企业发展举步维艰。特别是中美贸易战致使部分外向型企业成本增加，订单下降等给企业带来严重冲击，企业面临减产歇业、调整重组的挑战，塑料家居用品行业的发展面临着较大的压力。由于塑料家居用品行业几乎都是以家庭作坊方式起步，企业主要靠企业家逐年积累再投入的简单扩大再生产方式发展起来，规模以上企业数量、质量明显偏低，行业存在企业数量多，规模小而分散，塑料家居产品技术含量和产品附加值不高，企业技术人才稀缺等因素为企业转型升级带来巨大的阻力，制约着塑料家居用品行业创新发展。

当前，塑料家居用品行业已进入转型升级、高质量发展新阶段。就当下而言，降本增效，以用户体验为中心，全面推进品质革命，这既是行业发展的出路，也是行业的广阔前景和美好未来。塑料家居用品行业必须进一步总结过去，展望未来。实现智能制造必须痛下决心，必须从用户需求出发，从企业决策者内心出发，不断超越自我，实现引领。现阶段，越来越多的企业家在思考如何推进自身企业实现智能制造升级发展。虽然“工业 4.0”、“智能制造”、“智能工厂”这些层出不穷的新概念为我们指明了方向，但是当企业真正想要落实施行时，却仍然有不少困惑与困难。为了更好地引领行业走向智能制造时代，助力塑料家居用品企业提振信心，我们通过举办论坛交流，组织企业参展观展，组织企业到行业及上下游标杆企业考察参加等方式，打造共享合作平台，促进企业间交流学习，激发创新理念。

2018 年专委会积极做好由中国塑料加工工业协会主办“2018 中国国际塑料展暨塑料新材料、新技术、新装备、新产品展览会”（简称：四新展）展前宣传工作和筹备工作，四新展上专委会会员企业广东拓斯达科技股份有限公司、印家转印、家联、美联、苏达山、美利肯、百斯福等塑料行业产业链创新企业代表积极响应在四新展上参展 37 个展位，携手打造塑料企业智能智造示范样板，全力推动上下游协同创新与进步，展示行业发展新风貌，引领行业发展潮流。塑料家居用品行业需要长期努力，长远规划，需要人才培养，团队稳定，科技投入，创新驱动，既要战略清晰，又要耐力足够，更要意志坚定。发展智能制造，既符合塑料家居用品行业发展的内在要求，也是企业实现转型升级的必然选择。大力发展智能制造，是塑料家居用品行业实现高质量发展的必由之路。

二、专委会工作开展情况

2018 年度，中国塑协塑料家居用品专委会在中国塑料加工工业协会的领导下，充分做好塑料家居行业服务、协调、组织工作，发挥企业、政府及用户之间沟通的桥梁、纽带作用，及时传达政府方针政策和法律法规，引导、推动塑料家居行业协调、科学、健康发展，在服务会员、服务行业、推动行业稳步发展主要体现以下几方面：

（一）会员发展工作

随着中国塑协塑料家居用品专委会的影响力进一步扩大，虽然专委会准入门槛在不断提升，但行业上下游“高精尖”的优秀企业申请入会的热情却未因此减退，这是因为中国塑协塑料家居用品专委会在行业中已经获得大家的高度认可。2018 年专委会会员数量增长率达 14%。经过四年多的发展，中国塑协塑料家居用品专委会已凝聚了行业内高素质企业近两百家。

另一方面，随着专委会的发展，会员队伍的不断壮大，会员部对符合相应入会条件的申报企业进行了严格筛选，并做出了以下调整优化，2018 年比以往在筛选会员上更严格，更规范。为了确保专委会的会员质量，对个别不符合专委会工作条例的会员单位进行劝退。2018 年经过优化后新加入的副主任、理事、普通会员具体新增：副主任增加 3 家，理事增加 1 家，新增普通会员总数为 25 家。

（二）会员服务工作

1. 企业走访

企业走访工作一直是秘书处的重要工作之一，通过主动深入企业一线，了解企业需求，服务企业所需，同时在与企业家交流过程中，了解当前行业现状及企业所面临的问题，进而针对性地制定和调整新的工作规划，更好地服务会员。2018 年度专委会走访会员企业共 75 家。由于会员企业众多且分布全国各地，专委会根据实际情况尽可能地多走访，基本做到每一家会员企业都走访到位，让每一次的服务效益最大化。

期间我们组织了大型学习考察团进行企业间的交流学习十多次，单次平均参与人数达 20 人以上。在我们和企业的共同努力下，行业的开放分享程度越来越高，越来越多的企业家们开始打破行业和地域的限制，积极参与其中。为进一步推动该项工作，加强会员间的交流与合作。

2. 整合资源

2018 年，秘书处积极参加各类相关行业高峰论坛，采集行业前沿信息，组织行业进行技术等交流，推进行业科技创新与技术进步，促进产业结构调整，促进行业提高综合竞争能力。为会员企业取得以下服务成果：

（1）政府采购

中国塑协塑料家居用品专委会作为本行业唯一的国家级行业协会，专委会拥有丰富的线上线下资源，各大型高端平台的对接诉求随着专委会影响力的扩大而接连不断。以往专委会成功协助企业与司法部门、军需采购部门等政府单位完成招标投标、采购对接，总金额超过千万。

（2）企业间合作

作为塑料家居用品行业全国性的资源平台，专委会所属会员单位涵盖了原材料、机械设备、技术加工各大类别塑料家居用品等行业上下游的诸多领域内“高精尖”的龙头企业。2018 年度协助会员企业解决合作需求对接共 40 单。

（3）解决生产技术问题

作为专业的国家行业服务机构，中国塑协塑料家居用品专委会广泛吸纳了一大批业内权威的专家学者组建成专委会最值得信赖的专家智库，服务的领域涵盖智能制造、生产模式规划、原材料改性、自动化服务、电子商务、宏观经济学、供应链管理、注塑工艺、模具设计与制造、热转印工艺等十几个专业方向协助企业解决生产技术上的问题。

（4）组织会员企业起草制定团体标准

2018 年根据《中华人民共和国标准化法》（1988 年 12 月 29 日第七届全国人民代表大会常务委员会第五次会议通过），中国塑料加工工业协会塑料家居用品专业委员会组织协调会员企业共同起草“粘钩”团体标准。通过制定、实施团体标准，能有效地整合会员企业的资源和研发力量，促进优化上下游产业资源形成产业链，在全产业链、行业交融和社会管理中激发市场主体的活力与自主协调能力，助力产业核心竞争力的提升。

（5）组织全体会员召开换届年会

2018 年 8 月 8 日，中国塑协塑料家居用品专委会第二届理事会就职典礼暨第六届中国塑料家居用品高峰论坛在揭阳迎宾馆隆重举行。中国塑料加工工业协会朱文玮理事长、中国塑料加工工业协会副理事长/广东省塑料工业协会符岸会长、中国百货商业协会楚修齐会长、揭阳市叶牛平市长、揭阳市刘端雄副市长、美利肯企业管理（上海）有限公司徐开亮中国区业务总监、天猫家居家纺招商负责人戴华、智人智造创新中心校长陈文奇等塑料政商界、企业界、金融界、行业精英、关心支持塑料行业发展的各界名流及知名媒体 300 多人出席盛典。

为确保本次盛会的圆满召开，专委会会前半年时间分别在台州、揭阳、汕头等地召开年会筹备会议，并多次通过微信交流群召集会员企业一起探讨会议详细议程，围绕如何提高会议质量，如何依托盛会凝聚行业力量，促进企业间合作等问题交流收集意见，成功打造一场务实高效的盛会，本次年会获得参会领导嘉宾以及全体会员高度认可和大力赞扬。

（6）战略合作对接

企业利益只有与社会效益紧密相联，坚持不懈地搞好绿色发展，才能迈出稳健步伐，才能基业长青。

1）2018 年专委会携五家优秀的会员企业（盘锦海兴科技股份有限公司、茶花现代家居用品股份有限公司、三友控股集团有限公司、揭阳市鸿飞塑胶有限公司、汕头市康家宝塑料制品实业有限公司）与美利肯企业管理（上海）有限公司签订战略合作协议，积极响应国家节能减排要求，主动实施国际标准，使用环保环材料，走环保创新、可持续发展的道路。

2）中国塑协塑料家居用品专委会与广东海塑智造科技有限公司、智人智造创新中心三方签订战略合作协议，用硬体资源做载体，深入领域客户，行业专家做智囊团，整合地源优势，向协会客户输出交钥匙工程，保证生产效率的同时，能稳步提升工厂制造水准。用优势资源带入，培养行业相当于德国工程师水准的高标准人才。规范传统产业的行业标准，带动行业整体风向，紧跟制造步伐，帮助会员企业实现转型升级。

3. 企业宣传

2018年度，中国塑协塑料家居用品专委会微信公众平台在大家的努力推广和不断完善下，微信公众平台关注人数一直呈线性增长，过去一年，公众平台不断充实完善会员生日祝福、企业资讯推荐等栏目，做细做精招贤纳士、供求信息等栏目，进一步加强与会员企业的互动，提高服务企业水平，扩大平台宣传效应，全心全意为会员企业服务。专委会微信公众平台日益完善，逐渐成为塑料家居用品行业发布信息、传递行业正能量的主要平台；成为会员企业掌握行业动态，宣传公司文化，展示企业风采的重要窗口；成为广大企业、社会各界及消费者认识塑料家居用品行业、了解协会动态的有效窗口。

微信公众号不断丰富提高推文内容质量的同时，文章排版、自定义菜单栏设计等方面也在不断提升，从整体上提高公众号的档次和品位。2018年专委会微信公众号浏览界面改版，我们也积极应对，同步调整公众号推文界面，减少推文数量，打造精品推文。微信公众平台相应开辟《感恩有您》、《我为专委会代言》、《聚焦 | 专委会服务平台》、《寄语》《年会特辑》等栏目，在年会前，年会中，年会后全方位展现塑料家居用品行业风采及专委会工作开展情况。向塑料业界传递前沿的行业发展趋势和行业正能量；展现中国塑协塑料家居用品专委会致力行业资源整合，全力护航塑料家居用品行业发展的坚定决心。与此同时，信息部同时新增制作“微语简报”，通过微信朋友圈、微信群等宣传渠道扩大为企业宣传和展示的窗口。

2018年度专委会网络平台公众号协助会员企业推广数据如下：

• 2018度微信公众平台关注人数5550人。

• 2018度微信公众平台净增关注人数1265人；增长率30%。

• 公众号共发布专委会活动及企业报导推文350+条（原创文章250+篇）

• 单篇文章最高点击率为91601次。

在这些数字的背后是用心运营专委会微信公众账号，提高网络服务功能，更好地服务于会员和行业，加强了微信公众账号和专委会官网的建设工作，通过增加信息部专业技术人员、改版升级及时报道行业动态、行业信息，为会员及行业提供一系列的企业、产品、项目推广。

三、积极参加“2018中国国际塑料展暨塑料新材料、新技术、新装备、新产品展览会”

2018年专委会积极做好由中国塑料加工工业协会主办“2018中国国际塑料展暨塑料新材料、新技术、新装备、新产品展览会”（简称：四新展）展前宣传工作和筹备工作并组织会员企业共20余家企业到场参观学习。

专委会也以四新展为契机，以标杆企业为引领，协助企业明晰转型路径，把握机遇，本次四新展上专委会会员企业广东拓斯达科技股份有限公司、印家转印、家联、美联、苏达山、美利肯、百斯福等塑料行业产业链创新企业代表积极响应在四新展上参展37个展位，携手打造塑料企业智能智造示范样板，全力推动上下游协同创新与进步，展示行业发展新风貌，引领行业发展潮流。

四、“中国塑料家居用品行业诚信联盟”的发展

“中国塑料家居用品行业诚信联盟”（以下简称“诚信联盟”）立意于行业诚信体系建设，是行业示范品牌建设的基地，是专委会助力企业品牌宣传和推广的前沿阵地，是我们行业对接国家政府等各方资源的一线平台。

“中国塑料家居用品行业诚信联盟”自2015年8月成立至今，以维护行业共同利益与行业形象，推进塑料家居用品行业健康发展，为消费者推荐诚实守信塑料家居用品企业和优质产品为核心，严格审核诚信联盟准入门槛。2018年“中国塑料家居用品行业诚信联盟”新增中国塑料家居用品行业诚信联盟成员单位2家：1）四川省恒丰塑胶有限公司；2）汕头市锦丰塑胶制品有限公司。

五、全方面收集并向上级反馈中美贸易摩擦对企业影响情况和企业诉求

中美贸易摩擦对塑料家居用品制造企业经营发展带来不同程度的影响。宋旭彬会长多次代表塑料家居用品行业在国家商务部会议、中国轻工工艺品进出口商会会议、中国塑料加工工业协会会议上发言，建议国家应提高塑料家居制品出口退税率，保持外汇汇率稳定，提升塑料行业外贸竞争新优势，培育外贸增长新动能等措施，得到上级单位重视。为了解企业对美出口所受影响，中国塑协塑料家居用品专委会开展出口企业调研，通过问卷形式广泛收集企业的诉求和意见，帮助企业积极应对，维护合法权益。调研广泛收集企业诉求和建议，专委会及时将调研结果进行分析和整理，反馈给中国轻工工艺品进出口商会等上级部门，为上级部门深入了解贸易战中企业受损情况，出台快速、准确、细致的救助方案提供重要参考依据。另一方面，专委会全力领引塑料家居用品企业通过抓紧自动化升级改造，提高智能制造水平，整合供应链系统，挖掘内销市场潜力，开拓其他国家市场等多种措施积极应对。

（中国塑协塑料家用用品专委会秘书处）

聚苯乙烯挤出发泡板材（XPS）

一、行业现状

2018年受大气环保压力而造成的限产因素、供给侧结构改革、去产能、加之原料上涨等因素的影响，XPS行业出现较大程度的洗牌现象，众多劣质低廉的小厂家进入关停状态，部分XPS企业面临迁徙或转型。与此同时，也有一些规模较大，管理规范的企业实现了持续性增长，并在工艺技术及产品应用方面进行拓展升级。

XPS行业整体发展随着国民经济发展而发展，房地产及固定资产投资的增量降低，限制了行业的行业规模持续扩大，行业产品应该在存量基础上，进行市场开拓，在已有设施更新换代上下功夫。我国已有建筑面积400多亿米^2，每年4%的产品更新换代约16亿米^2 建筑需要建筑保温，则年需要保温材料约500万吨，已有建筑市场的改造需求，超过每年的新增需求，广大XPS制品企业应该在既有建筑节能市场发力，并在工艺技术及产品应用方面进行拓展升级，适应已有建筑市场的需求，向存量市场发展。

二、发展趋势

2018年XPS挤塑板在建筑的屋面、地面、地暖、冷库及其他土木工程领域的用量与上年基本持平。一些新的XPS改进及应用正陆续走入市场，全行业格局悄然发生变化。2018年XPS行业主要呈现以下新的发展趋势：

1. 石墨挤塑板

由于新产品、新工艺、新技术的带动及市场需求的变化，部分XPS挤塑板厂家在传统挤塑板基础上进行技术创新和工艺调整，并将创新型产品推向市场。

石墨挤塑板是在挤塑原料中加入石墨料，在产品配方中添加通过活性剂进行表面改性的石墨粉，利用其特有无机材料性能，制造出有机保温材料，保持传统挤塑板良好的燃烧性能基础上，在板材泡孔结构的互联壁表面形成高弹性、高强度的轻质保护层，降低产品导热系数，同时增强板材强度和尺寸稳定性。石墨挤塑板比常规挤塑板更低应力，韧性更好，也比常规挤塑板更环保更具市场潜力。目前石墨挤塑板正在进一步扩大市场占有率。

2. 复合保温免拆模板

永久性复合外模板由保温板、保温过渡层和内、外两侧粘结加强层及加强筋构成，产品具有质量轻、保温效果好、施工方便、防火性能好、无安全隐患，与建筑物同寿命等优良特性。

复合外模板保温体系施工时，外侧以复合保温板为永久性外模板，将现浇混凝土墙体与永久性外模板浇注为一体，并通过锚栓连接使其更加安全可靠，浇注完成后外侧抹砂浆保护层，满足建筑节能65%的要求。

目前此产品在山东发展最为迅速，其他省份也陆续有企业推广应用，未来发展趋势向好。

3. 保温装饰一体化板

全国约有200余家一体化板企业，主要分布在山东、河北、江苏、四川、新疆等省市。受绿色建筑（节能）政策驱动及产品技术优势（相对薄抹灰体系），2018年保温装饰一体化板行业稳步增速，产量及应用量约5000万米^{2}左右，预计今后几年一体板行业属于高速发展阶段。行业内企业要注意产品质量的提升，尽快提升产品品质及应用标准，行业适当设置进入门槛，避免少数企业以次充好，影响整个行业的发展。

4. 楼面隔音垫

随着城市现代化建设的加快和人口居住密度的递增，噪声污染越来越严重，人们对居住、办公场所的隔音效果要求越来越高。

目前部分XPS企业正在推广挤塑板在楼面隔音领域的应用，主要通过在现浇楼面上铺设一道具有独特弹性闭孔结构的隔音垫层，并设置相应的高抗压强度挤塑板保护层、现浇混凝土面层及装修层，与钢筋混凝土结构层共同形成复合隔声楼面，以降低楼板撞击声传播。

5. 外墙内保温

随着我国建筑节能研究的不断深入，建筑外墙节能保温事业也越来越受到关注。不同于外墙外保温，外墙内保温体系是将保温材料设置在墙体内侧表面的，XPS挤塑板也因其优良性能，作为一种常用的材料应用于外墙内保温，是一种既安全可靠又经济有效的建筑节能解决方案。

6. XPS挤塑设备改进升级

随着XPS行业淘汰HCFC的进一步推动，XPS设备升级换代的进程加快，二氧化碳发泡、真空发泡等一批高端设备在本行业的应用展现出爆发式增长，全行业自动化水平进一步提高。据不完全统计，2018全年XPS行业新增二氧化碳生产线100条左右。

三、专委会活动

1. 不断扩大专委会队伍

2018年中国塑料加工工业协会聚苯乙烯挤出发泡板材（XPS）专委会新增理事单位1家，新增会员单位7家，专委会秘书处对新入会的会员单位进行了走访考察。

2. 加强会员单位的宣传力度

XPS专委会的网络宣传渠道主要有官方网站和微信公众号，2018年全年不定期对会员单位进行深度报道和宣传推广，介绍会员单位的企业和产品优势，同时在行业相关微信群中进行推送，起到了良好的展示效果。同时XPS专委会网站和微信公众号也会定期发布各地政策、行业新闻、奖项评选、标准意见征求等内容，为XPS各企业提供及时的资讯信息。

3. 积极与政府相关部门沟通，反映企业诉求，发挥桥梁和纽带作用

专委会把为政府分忧、为企业解难、为行业服务为办会宗旨。对本行业企业进行相关的调查研究，针对部分企业遇到的共同问题，一方面及时向政府有关部门汇报，争取政策支持。另一方面，与有关部门进行沟通，争取问题得到圆满解决。

环保部对外合作中心于2018年6月4日，在采购与招标网发布“六溴环十二烷（HBCD）在生产及发泡聚苯乙烯和挤塑聚苯乙烯应用中现况调查与评估咨询服务”招标公告。中国塑协积极组织XPS、EPS专委会进行项目申报工作。历时2个多月，与环保部进行了多次的沟通和探讨，于2018年9月30日，中国塑协与环保部签订了调研服务协议。专委会秘书处作为此次项目主要承担单位，将深入行业企业进行系统调研，了解HBCD生产、使用各项情况，听取行业及企业意见和建议，收集行业HBCD相关数据，经分析整理、研究后，形成不同分析报告上报给中国塑协及环保部对外合作中心。

4. 积极推进行业标准化工作，组织开展行业相关标准的宣贯培训及研讨会议等活动

为帮助生产企业、检测单位加强对新标准的统一理解、贯彻和实施，提升我国XPS制造水平和产品质量，专委会于2018年5月28日组织开展《冷库用挤塑聚苯乙烯泡沫塑料（XPS）》（QB/T 5166—2017）、《土工用挤塑聚苯乙烯泡沫塑料（XPS）》（QB/T 5167—2017）、《硬质泡沫塑料冻融循环试验方法》（QB/T 5168—2017）三项行业标准的宣贯会。

2018年10月26～27日，专委会在南京召开“中国塑协XPS专委会2018年年会暨技术发展研讨会”，会议为XPS制品生产及上下游企业搭建了技术交流、商贸洽谈的平台，推动了产业转型升级和行业健康发展。

5. 积极宣传、引导、推动行业进行阻燃剂替代技术，参与HBCD淘汰项目

2018年5月28～29日，专委会联合德国朗盛集团组织开展了“绿色、安全、节能、环保有机保温材料技术发展研讨会”，会议旨在引导行业积极践行《关于持久性有机污染物的斯德哥尔摩公约》缔约方大会第六次会议审议通过的《〈关于持久性有机污染物的斯德哥尔摩公约〉新增列六溴环十二烷（HBCD）修正案》，推动有机保温材料行业技

术进步和健康发展，对推动保温材料行业技术进步和健康发展起到了积极而深远的影响。

2018 年 11 月中旬，XPS 专委会积极参与由中国塑料加工工业协会承接的生态环境部环境保护对外合作中心项目《六溴环十二烷（HBCD）在生产及发泡聚苯乙烯和挤塑聚苯乙烯应用中现况调查与评估》。我专委会秘书在项目启动后，积极部署人员深入企业开展多方位多渠道多形式的系统调研活动。在收集到大量 HBCD 相关数据及意见和建议同时，安排人员实际到各省市及地区相关 XPS 生产企业走访并核实相关填报数据信息，以确保统计数据的真实性与准确性。

2018 年 12 月下旬，专委会积极汇总分析研究后上报收集到的调研表，并配合中国塑料加工工业协会撰写调研报告。通过此次调研活动，专委会基本了解了板材企业的 HBCD 应用情况及阻燃剂生产企业的技术研发情况，为尽快实现替代技术和产品提供了有力保障。

6. 组织申报行业内奖项

2018 年 3 月，中国轻工业联合会下发了《关于开展 2017 年度轻工行业十强、轻工业百强企业评价工作的通知》，我专委会积极进行通知和宣传，并组织企业参与评选，通过企业申报和专家评审，XPS 行业欧文斯科宁（中国）投资有限公司等十家单位获得“中国轻工业塑料行业（聚苯乙烯挤出发泡板材）十强企业”。

2018 年 7 月，塑协评选出“中国塑料加工行业科技创新型优秀会员单位及科技创新先进工作者”等奖项，我专委会会员代表斩获多项荣誉。

7. 积极组织会员及行业相关企业参展“四新展会”

“2018 中国塑料新材料、新技术、新装备、新产品展览会暨第三届中国国际塑料展”于 2018 年 10 月 28~30 日在南京召开。通过专委会秘书处的积极努力、会员单位的大力支持下，南京法宁格节能科技股份有限公司、朗盛化学（中国）有限公司、山东英科环保再生资源有限公司、南京越升挤出机械有限公司、河南省德嘉丽科技开发有限公司、江苏诚盟装备股份有限公司等 16 家单位参展。展会宣传有助于提升企业综合实力和品牌价值，对行业健康发展有积极意义。

四、存在问题

1. XPS 产品质量与国外还有较大差距

在现有生产工艺的基础之上，国产 XPS 与进口产品比起来，无论是质量稳定性还是用户好评率均存在一定差距。

石墨 XPS 也存在同样问题，无论从工艺的成熟度还是市场的认可度来看，目前还存在很多亟待改进的地方。

2. 企业普遍创新能力不强

国内 XPS 产业技术进步发展速度缓慢，随着现有技术门槛的不断降低，越来越多的企业开始进入这一行业。由于产品同质化严重，引发长期价格竞争，不利于行业健康发展。特别是在 XPS 机械设备领域，国产设备同传统国外品牌设备相比在精细度，质量稳定性，售后服务方面仍存在较大差距，更多的是以低价位谋求市场竞争力，新技术研发方面缺少投入，与国外先进设备还存在一定差距。

3. 阻燃剂替代迫在眉睫

HBCD 自 20 世纪 60 年代投放全球市场以来，约 80%作为阻燃剂用于了 EPS 和 XPS 建筑保温板材生产。根据《斯德哥尔摩公约》要求，国外已经开始全面禁止 HBCD 的生产与使用。日本已于 2014 年淘汰 HBCD 生产和使用，美国目前已完成主要用途的替代，加拿大、欧盟分别于 2016 年 12 月和 2017 年 8 月完成淘汰工作。我国已经制定了五年淘汰计划，2016 年 7 月，第十二届全国人大常委会第二十一次会议审议批准《〈关于持久性有机污染物的斯德哥尔摩公约〉新增列六溴环十二烷修正案》（以下简称《修正案》）。《修正案》要求，用于建筑物中发泡聚苯乙烯（EPS）和挤塑聚苯乙烯（XPS）的（主要作为阻燃剂）特定豁免登记的有效期于 2021 年 12 月 25 日终止。HBCD 阻燃剂替代迫在眉睫。

4. 环境保护刻不容缓

去年以来，从国家到各级地方，对于环境保护愈发关注，环保督察的力度越来越强，特别中小 XPS 企业受冲击严重。从当前的政策发展趋势看，今后很长一段时间内，环保将成为中国社会关注的主旋律。

五、政策建议

1. 积极开拓 XPS 挤塑板在不同领域的应用

XPS 挤塑板在农业、冷藏车、军工等领域均可开拓应用渠道，XPS 企业应更多地走出去，学习借鉴不同的市场反馈。

2. 积极推动发泡剂和阻燃剂的淘汰和替代

根据国家政策导向，无论是 XPS 设备生产企业还是XPS制品生产企业，都应将环保和技术创新放在首位，与行业内技术专家加强交流，使产品既满足性能要求，又满足环保要求。

3. 加强自身宣传和推广

XPS企业普遍规模偏小，分布不均，推广意识和品牌意识较弱，目前中国塑料加工工业协会每两年举办的四新展会，为XPS企业提供了展示的平台，有助于提升企业综合实力和品牌价值，对行业健康发展有积极意义。希望XPS行业加快培育行业龙头企业，做大做强行业，为国家节能事业服务。

4. 推动行业标准的贯彻实施，加强政府层面市场监管

一个行业的有序稳定发展，离不开政策和标准的支持。XPS企业应加强质量管理，符合标准要求。以国家标准和行业标准为基准，围绕各省市情况因地制宜，提升产品质量是企业求发展的重要思路。另外，也要加强政府层面的市场监管，形成政府监管与行业自律、社会监管的合力，以保障XPS行业健康发展。

（中国塑协聚苯乙烯挤出发泡板材专业委员会 焦红文 赵艳）

热塑性弹性体

一、热塑性弹性体材料发展基本情况

1. 热塑性弹性体材料产业界定

热塑性弹性体树脂分子通常是线型或线性的嵌段共聚物，其中两端为硬段，为材料提供热塑性，中间嵌段为软段，为材料提供柔软、抗变形等橡胶的力学性能。但无分子链之间存在物理缠绕或化学交联。最新版的产业界定依据是《2017年国民经济行业分类注释》，“热塑性高分子材料”、“塑料热塑性弹性体颗粒”的工业编码为C-29-292-2929），归属门类为制造业，大类为29章，归入橡胶和塑料制品业，其中类为292塑料制品业，小类为2929“塑料零件及其他塑料制品制造”。中国塑料加工工业协会2017年将热塑性弹性体材料的生产企业、科研单位、流通领域、应用企业、设备制造企业，组织在一起开展专业交流工作，并成立了相应的全国性热塑性弹性体专业委员会，开展技术科技市场交流活动。

2. 热塑性弹性体材料分类定界

“热塑性弹性体材料”是塑料制品业新兴的材料。按ISO 18064：2003（GB/T 22027—2008）标准分类：乙烯和C_8、C_6、C_4烯烃共聚的乙烯弹性体，如：POE、m-LLDPE、以及丙烯基共聚物弹性体。热塑性弹性体材料，广义定位分七大类：其一、烯烃类（TPO）热塑性弹性体，其二、苯乙烯类（TPE-S或TPS）热塑性弹性体（如：SBS，SIS，SEBS，SEPS以及TPS Compound），其三、TPV由EPDM等橡胶通过与PO动态硫化并有较高交联密度的热塑性弹性体，其四、聚氨酯系弹性体（TPU），其五、聚酯类（TPEE）热塑性弹性体，其六、热塑性酰胺类弹性体（TPAE），其七、其他类TPZ，包括但不限于TPVC有机氟弹性体，有机硅弹性体。目前，部分专家将热塑性弹性体材料统称为“TPE/TPR”，简称为TPE或TPR，为所有热塑性弹性体的统称，包含：TPO，TPS，TPU，TPV，TPEE，TPAE，TPVC等。国内由于苯乙烯类弹性体占了绝大部分的弹性体市场和应用，所以很多时候就是指的SBC为基础之共混的改性热塑性弹性体，被简称为TPE。也还有不同的术语表达，如：“热塑性弹性体颗粒”、“热塑性弹性体改性材料”等等。

3. 热塑性弹性体材料国内统计与出口海关编码

按照国家统计制度与标准，塑料热塑性弹性体颗粒，代码为：3002010900。根据《2018年海关税则》热塑性弹性体有关的HS编码，按照不同的产品分类，全部集中在海关税则的第39章和第40章。其基本规律是，按照材料形状、材料结构区别的热塑性弹性体基本上都在39章，比如：颗粒状（白色）32%聚苯醚18%氢化苯乙烯丁二烯嵌段聚合的热塑性弹性体，编码为39072090.00；以热塑性弹性体制品用途基本上都在40章中，比如：建筑交通等领域用于加工密封条的热塑性弹性体编码为40029911.00。

4. 热塑性弹性体材料适用性领域

热塑性弹性体材料适于注塑、挤出、流延/压延、发泡、吹塑/膜、滴塑、吸塑等不同的塑料加工工艺需要。从生产过程到终端产品，在世界范畴

内确认为是标准性的环保材料。近年来热塑性弹性体快速增长，广泛应用于工业生产资料，如：汽车材料、通讯器材、航天航空、电子器材、线性器材、合成革、包装业、建筑、医疗、农业、军工、工具制造业等领域；应用于民生产业的门类也日益广泛，如：玩具、服装、箱包、制鞋、家用电器、文体器材，日用办公品等等。

5. 热塑性弹性体工业规模与产地

进入 21 世纪以来，我国和其他发达国家一样呈现出热塑弹性体消费量快速翻番增长，有资料显示：2000 年全球热塑弹性体消费量 140 万吨，十年后全球热塑弹性体消费增长到 340 万吨，2013 年全球消费量达到 420 万吨，比 2000 年增长三倍；据 Freedonia 集团统计，到 2020 市场需求将超过 700 万吨。目前我国的各类热塑弹性体树脂及改性料产量达 210 多万吨，成为世界大的生产和消费大国，也是全球需求增长最快的国家，尤其以汽车、线性器材、电子器材为中心的应用市场，年均 15%～20%的增长。目前我国现有 TPE/TPR 生产工厂三百余，主要分布在浙江（宁波、余姚）、江苏（南京、张家港）、广东（东莞、深圳），福建（晋江）。TPE-S 产能分布在天津、浙江、山东、辽宁、广东、江苏等地；有资料显示主要集中在四家石化公司、台在大陆两家公司以及相关公司 17 家，年产能 140 吨，其中六家公司的 SBS 生产能力 40 万吨，占全国的 34.78%。有些资料显示其他热塑性体材料：SEBS 年产 15 万吨；聚氨酯系年产 30 万吨，TPV 系年产 5 万吨、聚酯系 TPEE 年产 1 万吨、酰胺类 TPAE 年产 0.2 万吨。

6. 热塑性弹性体已经纳入国家新材料产业

2017 年，工信部、发改委、科技部、财政部印发的《新材料产业发展指南》提出，发展苯乙烯类热塑性弹性体等不含塑化剂、可替代 PVC 的医用高分子材料，提高卫生材料、药用包装的安全性。中国石油和化学工业联合会于 2016 年发布《石油和化学工业“十三五”发展指南》提出，在化工新材料领域，积极开发新型 TPE。

二、以热塑性弹性体材料与制品为内容的重点交流活动

1. “2018 第四届国际热塑性弹性体技术与市场高峰论坛”

为加强热塑性弹性体产业技术与市场的交流与合作，提升行业核心竞争力，促进行业健康持续发展。在中国塑协热塑性弹性体专委会和宁波市工商业联合会指导下，由宁波市热塑性弹性体商会 2018 年 12 月 1～3 日在宁波阳光豪生大酒店举办“第四届国际热塑性弹性体技术与市场高峰论坛”。出席本届论坛的代表 400 多国内外行业专家、企业精英齐聚宁波、共叙友情、共谋发展。本届论坛主要围绕：丙烯酸酯橡胶/尼龙基 TPV 的制备及应用、新型冷冻胶粉基热塑性弹性体加工工艺及应用研究、热塑性弹性体材料在汽车轻量化中应用、废旧弹性体材料高效高值综合利用、ETPU 高弹超轻发泡材料应用技术的研究、活性乳液聚合与新型极性热塑料弹性体材料、工程型热塑性弹性体的进展等议题。本届论坛邀请了：现任中汽创汽车零部件投资控股有限公司执行总裁、国际汽车轻量化绿色科技联盟副主席、中欧新能源汽车轻量化联合会副主席田亚梅先生，四川大学高分子科学与工程学院教授、博导、副院长杨伟先生，四川大学高分子研究所、高分子材料科学与工程学院教授、博士生导师卢灿辉、吴卫东先生，浙江大学化工系聚合与聚合物工程研究所罗英武教授、中国塑协热塑性弹性体专委会周赞斌主任，青岛科技大学高分子科学与工程学院邱桂学教授，北京化工大学机电工程学院秦柳教授，宁波澳芙特橡胶有限公司高级工程师吴涛先生等专家企业家为大会做了精彩的学术报告。

2. 热塑性弹性体与塑料家居、塑料鞋企业对接交流

中国塑协热塑性弹性体专委会在 2018 年 11 月 7 日在南京国际会展中心组织热塑性弹性体企业与塑料家居专委会企业、塑料鞋专委会企业进行市场对接交流。热塑性弹性体专委会于卫星执行副主任主持了对接会议，周赞斌主任介绍了热塑性弹性体在塑料鞋与家居制品的应用。塑料鞋专委会主任黄伟斌、塑料家居专委会秘书长梁家杰分别介绍了行业发展情况，企业之间进行技术与市场对接交流。

3. 组织参加展会、参观企业，开展业务培训

中国塑协热塑性弹性体专委会、宁波热塑性弹性体商会，2018 年 11 月 8 日组织宁波热塑性弹性体企业，参观南京杰亚挤出装备有限公司、南京聚隆科技股份有限公司等公司考察交流活动，促进了行业间的交流与合作。专委会组织会员企业先后组团参加了第 32 届的中国国际塑料橡胶工业展览会、第 20 届的中国塑料博览会、第 18 届的中国塑料交易会。中国塑协热塑性弹性体专委会、宁波热塑性弹性体商会组织了所属会员 20 多家企业参加中国塑料加工工业协会举办的“2018 第三届中国塑料

新材料、新技术、新装备、新产品展览会”。通过参展观展，了解国内外行业发展趋势，及时把握新技术、新产品和新市场的发展趋势，助推行业转型升级步伐。中国塑协热塑性弹性体专委会、宁波热塑性弹性体商会先后组织了《高分子材料在汽车行业中的应用》、《TPE 配方设计研讨会》高级研修班招聘会和培训等十余场次，累计有 300 余人次参加。为行业企业在经营管理、人才引进、技术提升、市场开拓等各方面做了一些服务工作。

企业积极热情的参加了全国各方组织同业的专业交流活动。国内的以热塑性弹性体行业或者以热塑性弹性体分类产品、热塑性弹性体用途、生产工艺技术、技术培训等为主题的活动日渐频繁，既有行组织、也有网络公司，或者企业主办的相关论坛峰会有市场次，数百人参加交流活动。涉及热塑性弹性的展览展示活动也逐步丰富起来。

（中国塑协热塑性弹性体专业委员会　冯庶君）

塑料鞋

一、行业现状介绍

1. 概况

我国现拥有塑料鞋制造企业及配套企业数万家，主要塑料鞋生产基地分布在广东揭阳、广东吴川、福建晋江等地，从业人员超 40 万人，人均年收入 2.5 万元；目前，在我国仅有的 5 个鞋都中，塑料鞋行业就获评了两个鞋都称号，分别是广东揭阳、广东吴川；2011 年 5 月，广东揭阳被中国塑料加工工业协会授予“中国塑料时尚鞋之都”，2015 年 11 月，中国轻工业联合会，中国塑料加工工业协会通过复评，再次批准广东揭阳为“中国塑料时尚鞋之都．揭阳”称号。2018 年，福建晋江内坑镇以产业协同发展为主线，依托晋江拖鞋联盟，有力推动拖鞋产业实施区域品牌、供应链条、创新资源三个方面的整合，小企业、大协作的集群效应日趋凸显，成为全国重要的拖鞋生产基地之一，并获评“中国鞋都・拖鞋名镇”荣誉称号。至此，确立了塑料鞋行业在我国制鞋业中的重要地位，我国制鞋业再次进入一个发展新的时期。

2. 全国塑料鞋三个重要生产基地生产情况

目前我国塑料鞋主要生产基地分布在广东揭阳、吴川、福建晋江等地，据统计，2018 年，广东揭阳制鞋业增加值 62.62 亿元，比增 2.6%；鞋出口 86.56 亿元，占全市出口总额的 27%；全市制鞋企业 2670 家，规模上企业 217 家，从业人员 20 万人；吴川全市制鞋企业 1060 家（比 2013 年的 990 家，增长了 7.07%）占当地工业比重 38%，产品收入 104 亿元（比 2013 年的 73 亿元，增长了 42.5%）占当地工业比重 65%，利润总额 12.3 亿元（比 2013 年的 8 亿元，增长了 57.5%），占当地工业比重 62%，利税总额 17.7 亿元，占当地工业比重 58%。资产总额 550 亿元，占当地工业比重 59%，出口创汇 5.6 亿美元（比 2013 年的 3.4 亿美元，增长了 64.7%），占当地工业比重 50%，从业人数 7.6 万人（比 2013 年的 5.8 人，增长了 31%），占当地工业比重 65%。现有规模以上企业 68 家，各类鞋机 5070 台，EVA 自动注塑成型生产线 310 条，PVC 系列一次注塑成型生产线 3470 条，设计、模具、原料三位一体的配套企业 162 家。建立国内外专业批发市场 9 个、建立检测中心 1 个、检测站点 12 个、建设各类公共服务平台 10 个、建设鞋业基地 1 个。福建晋江现有制鞋企业（工商登记注册）590 多家，年产量 7 亿多双，总产值超百亿元。2018 年，晋江内坑镇规上制鞋企业实现产值 55.79 亿元，占全镇规上企业产值的 23.83%。以上三个生产基地都是当地经济的支柱行业，支撑了当地塑料鞋行业的稳定增长。

二、行业发展方向和计划

1. 组建好塑料鞋专委会的工作团队，服务全国会员企业为行业的发展做贡献

中国塑协塑料鞋专委会作为非营利性全国社会组织，全体会员一起同心协力，倡导奉献，共同建立起一支能务实工作、有创新能力的工作团队，建立起一套完善的专委会工作开展机制，确保将服务有效地服务到全国塑料鞋生产企业。提高制鞋企业的生产能力、认真履行职责，一起把专委会的桥梁作用发挥好。向国家反映行业愿望，研究行业发展方向，维护企业利益，制定行业标准，对接国际市场，推动行业健康发展，为全面推动中国塑料鞋行业的发展做出我们专委会应有的贡献。

2. 开展行业交流活动，积极推进标准化建设

专委会积极组织会员企业学习先进经验，深入开展多地域考察学习，组织座谈交流会，促进企业业务合作，积极创造条件，促进会员单位之间形成相对紧密的联盟合作关系，探索开展实质性的业务合作，推进塑料鞋行业一体化运作、建立产业链电商服务平台，更好促进会员企业的合作交流与发展。引导会员企业抱团制订团体标准，积极参与行业标准、国家标准的修订，提高塑料鞋行业的制造标准质量提升。以标准化促质量提升，以质量提升促行业发展。目前，由广东思迪嘉鞋业有限公司、福建嘉仪塑胶有限公司牵头的两个行标、国标项目以完成初稿，争取向上申报批准。

3. 坚持走出去战略，推动行业高质量发展

引导会员企业参加国内外知名展会，参加对外经贸交流考察活动。进一步开阔会员视野，拓宽销售渠道，开拓海内外市场。同时加强与中国塑协的联络沟通，抓好 2020 年由中国塑协主办的南京国际塑料展的招展情况，落实具体措施，加强宣传引导，通过网站、微信公众号、微信群、信息加大宣传力度，积极组织会员单位参加参展，做好展会的布置、展示，提升塑料鞋在行业中的整体形象和影响力。

三、专委会主要活动

1. 中国塑协塑料鞋专委会成立标准化工作小组

2018 年 3 月 31 日，中国塑协塑料鞋专业委员会标准化工作小组成立会议暨第一次工作会议在揭阳市宏和大厦 11 楼塑料鞋专委会会议室召开。会议主要成立中国塑协塑料鞋专委会标准化工作小组，确定小组组成人员及分工；学习国家或协会有关标准工作的相关规定及申报程序，研究专委会推进标准化工作的初步设想和计划安排；落实首批标准申报工作的筹备工作和牵头单位。梳理目前还在有效期的塑料鞋的各类标准，初步确定标准制修订计划，成立相关工作组，分步组织相关标准项目的申报和制修订。针对塑料鞋行业近年来由于各种原因，造成的标准滞后现象，首先开展国标、行标的申报制修订，提高认识和意识，推动行业、企业积极参与标准的制修订工作。在此基础上，逐步开展塑料鞋团体标准的制定和深化工作，以团体标准为行业自律和发展的有效手段，促进行业健康发展。

2. 组织参加第二届中国塑料展、提升行业对外合作的突破，有效开展行业技术交流

为提升企业在国内外的知名度和影响力，服务和帮助会员企业拓宽视野，开拓国内外市场，打造塑料鞋行业品牌，树立专委会及会员在国内外行业的形象，推动塑料鞋行业健康持续发展，2018 年 10 月 28 日，专委会共组织福建、广东、江苏等地 43 家企业参加中国塑协在南京举办的“2018 中国国际塑料展”。并组织专委会会员前往南京，召开塑料鞋专委会“2018 年年会暨技术与市场交流会”，邀请专家现场为会员讲解科学合理地使用添加剂、鞋用 PVC 材料改性的方法与应用、抗菌材料在塑料鞋生产中应用的重要性及塑料鞋设计与品牌、标准化建设的重要性与制定等等内容，积极推进行业技术交流，加强行业技术及优秀成果交流，有效地为国际塑料展增加人气，为塑料鞋行业发展搭建平台，为会员发展提供广阔的空间。

3. 积极开展对外交流活动，走访调研、协调发展

由于整个行业发展过快，为更有效地使会员企业认识到自身的发展方向，专委会会通过组织会员调研考察，学习其他地区的成功经验，有效地了解到国内外的制鞋产业集群的现状，清楚地认识到自身企业的内部结构、市场的竞争能力、分布和发展对策，为会员提供优质服务。2018 年 8 月 14~15 日，专委会在主任的带领下，组织了部分常务副主任、副主任、理事及秘书处工作人员分别走访了福建晋江、福清鞋业商会、福建师范大学，并与当地制鞋企业展开交流座谈会，学习先进企业的成功经验；参观了福建师范大学的科研平台，了解了学院的科研成果，并在学校举行“鞋业产业政产学研暨广东、福建鞋业企业家交流联谊会”专委会通过与高校院所合作，加强与同行业兄弟协商会和企业的沟通联系，共同促进塑料鞋行业的发展 2019 年 3 月 25~26 日、专委会组织走访吴川鞋业商会并进行交流，随后考察了吴川制鞋园区建设、制鞋企业、新旧交易市场，充分地了解了吴川鞋业行业的生产规模及发展情况！

（中国塑协塑料鞋专业委员会）

电池薄膜

一、行业现状

• 行业数据

1. 行业产能

2018 年全球锂电池隔膜总产能约 90 亿米^2，市场需求约 40 亿米^2。中国有近 70 家的隔膜生产企业，2018 年总产能将突破 65 亿米^2，中国市场需求约 29 亿米^2，占全球市场近 72.50%。同时，国产隔膜的产量约 24 亿米^2，同比增长 41.17%，与 2017 年增速 41%相比，增速接近，但与 2016 年 70%相比仍然放缓严重。

2. 产品价格

2018 年中国锂电市场隔膜基膜的产量约 18 亿米^2，未来几年锂电池隔膜增长主要来自动力电池需求，预计到 2020 年锂电隔膜产量同比 2017 年增长超过 2 倍，基膜产量、产值分别达 32.1 亿米^2、48.2 亿元，隔膜基膜市场均价下降到 1.5 元/米^2。1 月锂电隔膜市场价格方面湿法均价在 3.7 元/米^2，涂覆后的价格在 6 元/米^2，干法隔膜均价在 2.4 元/米^2。8 月份湿法均价 1.8 元/米^2，涂覆后的价格在 3.8 元/米^2，干法隔膜均价在 1.2 元/米^2。

3. 进出口情况

下表是 1~11 月份的数据

商品编号	商品名称	出口量/kg	出口量（按照厚度20 微米折合亿米^2）	进口量/kg	进口量（按照厚度12 微米折合亿米^2）
39202010	丙烯聚合物制电池隔膜	2214380	2.2144	1979842	1.9798
39201010	乙烯聚合物制电池隔膜	20958749	1.4252	9230564	0.6278

估计全年数据干法隔膜出口量约为 2.45 米^2，进口量约为 2.16 亿米^2，湿法隔膜出口量 1.55 亿米^2，进口量为 0.68 亿米^2。

二、专委会活动

（一）组织召开行业相关会议

2018 年电池薄膜专委会成功召开三次技术交流会议，分别于三月份在保定召开技术发展研讨会，八月份在东光召开新产品、新技术研讨会，两次会议的成功召开为电池薄膜上下游产业链及时提供市场信息，对研发的新技术、新产品，搭建合作平台，促进行业发展，为我国新能源产业发展贡献一份力量。由于下半年行业竞争激烈，为了更好的服务于企业，专委会于十月份在南京召开电池薄膜行业高峰论坛，对电池隔膜市场出现的问题提出应对方案、探索市场前景，积极应对当下激烈的竞争形势。

（二）组织制定团体标准

（1）锂离子电池隔膜作为锂离子电池的重要组成部分，为了规范隔膜行业竞争行为，促进隔膜行业产品质量提升，由电池薄膜专委会组织相关企业，佛山市金辉高科光电材料股份有限公司牵头组织制定《汽车动力锂离子电池隔膜》团体标准，19 家企业共同制定该标准。2018 年成功召开四次标准会议，标准编制说明已有初稿。该标准是专委会服务隔膜制品企业的一个重要工作，鉴于行业产品质量参差不齐却无高质量标准遵循，我电池薄膜专委会亟行业企业所需，积极组织相关企业制定团体标准，并通过该标准的制定，促进隔膜行业有序竞争，促进我国新能源产业更加健康发展。

（2）随着我国新能源汽车软包动力电池应用加速和 3C 电子产品锂等下游需求放量，在软包锂电池中铝塑膜起到关键的作用，一般占到电芯成本的 15%~20%左右。然而国内由于技术的不足，铝塑膜市场占比非常少，占比不足 10%。目前国内铝塑膜市场 90%份额被日本厂商垄断，主要是 DNP（大日本印刷）、昭和电工和 T&T 占据。因此，电池薄膜专委会积极开展工作，组织相关企业参与团标和科技攻关小组当中，促进国产化发展。由上海紫江新材料科技股份有限公司牵头，19 家企业共同组成《锂离子电池用铝塑封装膜》团体标准制定小组暨锂离子电池用铝塑封装膜关键材料和生产设备国产化科技攻关小组。2018 年已成功召开三次会议，通过三次会的成功召开，各企业积极领取任务、测试实验数据，标准工作已见雏形，相信只有上下游配合，合作开发，才能共同促进铝塑膜国产化进程。

三、行业存在问题

1. 盲目扩产，同质化严重

中低端产能盲目扩张，产品质量没有优势，且同质化严重，只能在低端市场通过价格战争取生存空间。目前市场上公布的隔膜企业约 70 多家，但真正能够稳定量产的只有约 40 家，市场竞争力低的隔膜厂将会被淘汰或整合。

2. 客户资源两极分化

大订单和优质资源高度集中在实力雄厚的电池厂家手上，其他中小规模或新扩产厂家面临订单不足或停产状态，使客户资源进一步分化，给上游供应商带来风险隐患。

3. 资金风险高

动力电池企业开工率不高，需求不振，同时，价格毛利齐跳水，在这样的过渡期，企业流动资金受大客户资金链影响，回款、尾款难收。个别大客户支付方式变差，甚至发生票据无法兑现。

4. 同行竞争激烈

今年行业洗牌正式开始，在激烈的价格战下，行业龙头企业降成本能力强，并且具有很好的客户竞争优势，供应关系稳定，龙头企业将不断挤压规模小，资金、技术实力不足的企业的市场份额。行业将走向集中化，预计 2019 年、2020 年全国锂电池企业将有超过半数被淘汰，锂电池隔膜企业将有超过 40%被淘汰，没有强大资金支持，没有核心技术和研发能力的企业将会倒闭。

5. 账期长，收款难：

受下游客户回款期延长影响，整个锂电行业货款周期长，资金压力大，下游企业因订单不足或停产状态而拖欠货款会继续发生。

四、应对行业风险的建议

（1）通过技术提升、优化工艺、改进配方、持续研发新产品等措施，提高隔膜良品率和附加值，有效降低单位成本，提高企业竞争力。

（2）合理布局，理性发展，防范过度扩张引起的同行恶性竞争。

（3）扩大高端产品产能，如超薄湿法隔膜，可以满足更高能量密度的市场需求，也是目前湿法隔膜的发展趋势。

（4）为保障使用的安全性，提高隔膜的耐高温性能，“湿法+涂覆”是动力电池隔膜应用的方向。因此，提高超薄隔膜基材的穿刺强度，掌握涂覆陶瓷氧化铝、PVDF 或者 PVDF+陶瓷的混合涂层技术的成熟与产业化，可以大大提高企业的盈利能力。

（5）优化生产管控，完善体系管理，提高产品质量水平，有助于隔膜行业走向成熟，加快进口替代的步伐。

（6）国外市场仍有较大的出口空间可以容纳国内新增产能，有能力的隔膜厂家应该更多关注国外市场的需求，打入国际高端市场，引领国内隔膜生产水平不断提高。

（7）关注新能源汽车和动力电池产业链的其他发展方向，如燃料电池汽车。

五、全新电池（隔膜）发展进程

固态电池：技术也趋向成熟，不需要传统意义的隔膜，取而代之的是固态电解质做隔膜。

燃料电池：燃料电池准确来说是消耗清洁能源的发电机，技术趋向成熟，用的是质子交换膜。

锂硫电池：正负极研究已取得技术上的突破，隔膜发展技术待定，也有可能采用电解质做隔膜。

锂空气电池：仍处于大量资金支持的研究状态，技术有待突破，隔膜发展技术待定。

六、发展趋势

锂电池隔膜生产工艺和技术将迎来革命。随着锂电池隔膜行业成本竞争的加剧和动力电池续航里程、能量密度的增加，对锂电池隔膜提出了新的要求，锂电池隔膜产业链必须要进行如下技术革命：

（1）隔膜设备企业必须研发湿法更大幅宽、更快速度的生产线；

（2）超薄隔膜、耐高温隔膜的研发，这将改变现有的某些工艺技术路线；

（3）涂覆的材料将会根据应用的不同要求而变化。

所有 2016~2018 年投资新能源电动汽车、动力锂电池行业的计划，都会在 2019 年、2020 年上半年形成产能，给动力锂电池隔膜行业带来巨大的市场需求，而传统燃油动力汽车市场的萎缩将加大新能源电动汽车市场的扩张，锂电池能量密度、安全性的提高给电动汽车替代燃油汽车提供了技术支撑。

（中国塑协电池薄膜专业委员会　樊立辉）

中国塑协科技咨询委员会

中国塑料加工工业协会科技咨询委员会成立于2014年，是中国塑料加工工业协会为适应塑料加工工业发展需求，充分发挥专家、学者在行业中的作用，更好地推动、引领行业健康、持续、稳定发展，设立的协会领导下的非常设机构。

委员会设主任委员一人、副主任委员若干人，秘书长一人，秘书处由中国塑料加工工业协会综合业务部承担。委员由国内塑料加工相关高等院校、科研机构和生产企业、行业协会里具有丰富实践经验、较深学术造诣和较高知名度的专家、学者等科技工作者组成，每届委员任期5年，由中国塑料加工工业协会批准并颁发证书，至今已两届（详见第一届、第二届委员会名单）。

委员会的宗旨是发挥专家、学者的学识才智，积极推动塑料加工工业的创新发展和产业结构调整，促进塑料产业技术进步与发展。其主要职责：受协会及政府等有关部门的委托，作为行业最高咨询参谋机构，为塑料加工行业重大决策、重要规章制度或文件的制定提供客观、科学的咨询建议。委员会成立以来，对行业科技发展规划、计划的制定，重大科技项目的立项、成果评价提供咨询、论证和建议，对政府涉及行业的产业发展战略、方针、政策、法规、办法等提出咨询意见，对协会组织的科技成果、科技项目、科技先进单位与科技人员的申报奖励（协会级或省部级、国家级）进行评审，对行业国内外技术交流和开展国际合作提出咨询建议，为协会日常科技项目申报、科技管理工作提供咨询等方面发挥了积极而重要的作用。委员会几年来的工作情况介绍如下：

2014年7月16日，中国塑料加工工业协会科技咨询委员会成立暨第一次委员会议在北京中土大厦召开。首届委员会委员34人中26人出席会议。会议由中国轻工联合会副会长、中国塑料加工工业协会理事长、科技咨询委主任钱桂敬主持。

协会常务副理事长、科技咨询委曹俭副主任首先宣读第一届委员会成员名单和《中国塑协科技咨询委员会工作条例》。颁发科技咨询委员聘书后，协会理事长、科技咨询委钱桂敬主任介绍了委员会成立的目的意义和工作职责。协会副秘书长田岩介绍了协会关于制定《塑料加工业“十三五”发展规划指导意见》和《塑料加工业“十三五”科技进步指导意见》的工作方案和塑料加工行业报送中国轻工联合会2015年轻工行业技术改造重点方向提纲、轻工重点行业强基工程重点突破方向研究提纲、中国工程院-轻工制造业强基战略研究提纲编制中塑料加工部分内容等相关工作的情况。协会秘书长马占峰介绍了《塑料加工业“十二五”发展规划指导意见》制定以来行业的发展情况。随后，参会委员围绕协会如何引领和带动塑料加工行业的科技进步和产业升级、今后塑料加工业的科技发展方向、转变发展方式和调结构促发展等问题展开了热烈的讨论，提出了许多对行业今后发展极其有益的方向性意见和建议。

最后，钱桂敬理事长做总结发言。他指出，塑料加工业虽然是轻工第一大行业，但中小企业多，技术力量薄弱，过去工艺和设备从国外直接进口，产业基本进入成熟期，短缺的问题已彻底解决。但我们这个行业涉及的新材料，属于新的领域，在原料、装备、工艺上同发达国家仍有很大差距，十三五期间行业面临的是产品转型升级、高端化发展的问题。为了弥补技术力量的不足，充分发挥各位知名专家、学者的学识、才智和研究成果，成立科技咨询委员会这个沟通平台，联合生产企业和用户，实现产学研用协同攻关。本次会议首先是理清思路，为十三五规划和意见提出一个纲领性的东西，今后，科技咨询委员会还要围绕行业实际，扎扎实实地进行大量的调研工作，摸清行业情况，提出方向性指导意见，引领行业持续稳定发展。

中国塑料加工工业协会科技咨询委员会名单（第一届） 2014.7

序号	本会职务	姓名	单位	职务/职称
1	主任委员	钱桂敬	中国轻工业联合会/ 中国塑料加工工业协会	副会长/理事长/高工
2	副主任委员	曹　俭	中国塑料加工工业协会	常务副理事长/高工

续表

序号	本会职务	姓名	单位	职务/职称
3	副主任委员	瞿金平	华南理工大学聚合物新型成型装备国家工程研究中心	主任/教授 （中国工程院士）
4	副主任委员	蹇锡高	大连理工大学高分子材料研究所	所长、主任/教授 （中国工程院士）
5	副主任委员	王德禧	中国塑料加工工业协会专家委员会	主任、秘书长/研究员
6	委　员	于　建	清华大学化工系高分子所	教　授
7	委　员	马占峰	中国塑料加工工业协会	秘书长/高工
8	委　员	王占杰	中国塑协塑料管道专业委员会	秘书长/高工
9	委　员	王玉忠	四川大学环保型高分子材料国家地方联合工程实验室	主任/教授
10	委　员	王　琪	四川大学高分子研究所	教　授
11	委　员	田　岩	中国塑料加工工业协会	副秘书长/教授级高工
12	委　员	乔金樑	中国石化北京化工研究院	副院长/教授级高工
13	委　员	刘卫东	中国塑料加工工业协会聚氨酯制品专业委员会	秘书长/高工
14	委　员	刘英俊	中国塑料加工工业协会改性塑料专业委员会	秘书长/教授级高工
15	委　员	孙成伦	大连塑料研究所有限公司	董事长/高工
16	委　员	朱　锦	中国科学院宁波材料技术与工程研究所	高分子事业部主任/研究员
17	委　员	吴大鸣	北京化工大学机电工程学院	副院长/教授
18	委　员	吴　汾	南京聚隆科技股份有限公司	总裁/研究员级高工
19	委　员	吴耀根	佛山佛塑科技集团股份有限公司	总工/教授级高工
20	委　员	张真和	全国农业技术推广服务中心/ 中国农用应用技术学会	首席专家、会长/ 研究员
21	委　员	李毕忠	北京崇高纳米科技有限公司/北京大学工学院杭州研究院	董事长、副院长/研究员
22	委　员	杨卫民	北京化工大学高分子材料先进制造交叉学科研究中心	主任/教授
23	委　员	杨飞虎	大连实德集团有限公司	研究院院长/工程师
24	委　员	陈　生	中国塑协氟塑料加工专业委员会	秘书长/教授级高工
25	委　员	陈　宇	北京华腾新材料股份有限公司	董事长/教授级高工
26	委　员	陈庆华	福建师范大学环境科学与工程学院	院长/教授级高工
27	委　员	孟永新	天津市塑料研究所有限公司	副所长/教授级高工
28	委　员	罗宏宇	慈溪市德顺容器有限公司	总经理
29	委　员	罗忠富	金发科技股份有限公司	产品研发中心副总监/ 教授级高工

续表

序号	本会职务	姓名	单位	职务/职称
30	委　员	郑文革	中国科学院宁波材料技术与工程研究所	研究员
31	委　员	施珣若	中国塑料加工工业协会塑料助剂专业委员会	副主任/高工
32	委　员	项爱民	北京工商大学	教　授
33	委　员	高学文	嘉合实业（苏州）有限公司	总经理/高工
34	委　员	谢镇铭	丽水鑫科生态合成革研究院	院长/教授级高工

2015年8月21日，中国塑料加工工业协会科技咨询委员会第二次委员会在北京中土大厦召开，29位委员参加了会议。

会议审议并讨论了协会编写的《塑料加工业“十三五”发展规划指导意见》（框架）、拟向轻工业联合会提交的“十三五”技术进步、装备技术进步和节能减排、2016年技术改造涉及的项目等内容，研究讨论了协会《塑料加工业“十三五”技术进步指导意见》中应提出的前沿技术、关键共性技术、重点推广技术及清洁生产、重点装备研发技术项目和协会在“十三五”期间应组织、引导塑料加工行业开展的重大技术项目等相关内容，此外还研讨了如何推进行业“食品接触塑料产品生产风险监控及管理工作”等内容。

2016年4月8日，中国塑料加工工业协会科技咨询委员会第三次会议于在北京京瑞大厦召开。会议审议并讨论了《塑料加工业“十三五”发展规划指导意见》（征求意见稿），研究讨论了《塑料加工业“十三五”技术进步指导意见》准备提出的前沿技术、关键共性技术、重点推广技术及清洁生产、重点装备研发技术项目，研究了协会在“十三五”期间应组织、引导塑料加工行业开展的重大技术项目等相关内容。

2017年4月8日，中国塑料加工工业协会科技咨询委员会第四次会议在北京中国职工之家召开。这是协会换届第七届理事会后的第一次会议。

中国轻工联合会副书记兼中国塑料加工工业协会理事长王世成、中国塑料加工工业协会第六届理事长钱桂敬、中国塑料加工工业协会常务副理事长兼秘书长朱文玮、副理事长曹俭、马占峰和包括中国工程院蹇锡高、王玉忠院士在内的32名协会科技咨询委员参加了会议，另有两名特邀代表、5名协会副秘书长等列席了会议。

预备会议上对调整、增补科技咨询委委员进行了说明，增补中国塑料加工工业协会常务副理事长兼秘书长朱文玮高工、华南理工大学材料学院何慧教授、香港科技大学讲座教授及广州市香港科大霍英东研究院主任高福荣、北京汽车股份有限公司研究院总工程师曹渡教授级高工为委员，由常务副理事长兼秘书长朱文玮接替第六届理事长钱桂敬出任科技咨询委主任委员，聘钱桂敬同志为科技咨询委特聘专家。

正式会议由朱文玮主任主持。会上首先为特聘、新增委员颁发了聘书，接着全体委员审议并讨论了《塑料加工业“十三五”技术进步指导意见》（征求意见稿2）、“中国塑料加工行业科技创新年（2017-2018）活动方案”、“中国塑料加工业开展消费品工业“三品”专项行动方案”、“产业关键共性技术发展指南（2017）修订”中涉及塑料项目等内容。会场上气氛热烈，专家们针对中国塑料加工行业今后的技术发展提出了许多真知灼见和精彩的意见、建议。最后，中国轻工联合会副书记兼中国塑料加工工业协会理事长王世成做会议总结讲话。他高度评价会议效果，认为“一天的会议开得很好，紧张高效”，充分肯定委员们对“塑料加工业“十三五”技术进步指导意见”的意见建议，表示协会在后续的材料修改中将重点关注并在要组织力量，在行业的发展瓶颈、发展难点、发展软肋、发展热点四个环节重点发力，从倡导“科技创新年”活动、争取部委支持、发挥科技咨询委作用、探索推动机制创新、业内分解任务等五个方面加大落实力度。

2017年，中国塑料加工工业协会新一届理事会推出为期两年的“中国塑料加工业科技创新年”活动，先后于2017年8月22~24日在广东粤东沿海地区（汕头、揭阳、潮州等地）举办了全国塑料加工企业的高新技术转化项目对接及科技咨询会，于2017年10月24~25日在重庆梁平举办了“2017中

中国塑料加工工业协会

中国塑协 [2017] 第 023 号

关于中国塑料加工工业协会科技咨询委员会增补委员和朱文玮同志任主任的通知

各有关单位：

根据中国塑料加工工业协会科技咨询委员会（第一届）委员情况的变化及行业的发展需要，为更好地发挥专家学者和科技进步在转变中国塑料加工业发展方式和调整结构中的作用，经协会理事长办公会研究决定：

一、增补朱文玮、何慧、高福荣、曹渡为委员。

二、由协会常务副理事长兼秘书长朱文玮同志接替钱桂敬同志任主任委员。

三、聘钱桂敬同志为特聘专家。

至此，中国塑料加工工业协会科技咨询委员会（第一届）委员会，因自然减员 1 人、增补 4 人，现委员会由 37 人组成，名单见附件。

特此通知。

附件：中国塑料加工工业协会科技咨询委员会委员名单

中国塑料加工工业协会

二〇一七年四月[illegible]日

附件：

中国塑料加工工业协会科技咨询委员会委员名单（第一届）

主　任：

朱文玮

副主任：

曹　俭　蹇锡高　瞿金平　王德禧

特聘专家：

钱桂敬

委　员：

于　建　马占峰　王　琪　王玉忠　王占杰　田　岩　朱　锦

刘卫东　刘英俊　孙成伦　乔金樑　李毕忠　何　慧　吴大鸣

吴耀根　张真和　陈　生　陈　宇　陈庆华　罗宏宇　罗忠富

杨飞虎　杨卫民　孟永新　施珣若　项爱民　郑文革　高学文

高福荣　曹　渡　谢振铭

秘书长：

田　岩（兼）

国塑料产业链发展高峰论坛暨 2017 年塑料加工业专家院士行阶段总结会”。

协会科技咨询委的专家们积极参与，副主任委员、中国工程院院士、聚合物新型成型装备国家工程研究中心主任、华南理工大学瞿金平教授，副主任委员、中国工程院士、大连理工大学高分子材料研究所所长蹇锡高教授，长江学者、北京化工大学机电学院院长北京化工大学杨卫民教授，中科院宁波工业技术研究院（筹）院长助理、材料技术所所长朱锦研究员，福建师范大学环境科学与工程学院陈庆华院长，北京崇高纳米科技有限公司李毕忠董事长，分别参加了 8 月 22 日在广东揭阳市的广东海兴控股集团和广东思迪嘉鞋业有限公司举行的 2 场院士专家与企业的对接、交流座谈会和 23 日中国塑协专家委员会与汕头市经济和信息化局、汕头市塑胶行业商会、汕头海湾物资有限公司等单位共同承办的“2017 年中国塑料加工业专家院士行活动及启动会”，广东海湾高新材料研究院的专题研讨会，24 日的院士专家与粤东地区（汕头）塑料企业的交流对接会。

2017 年 10 月 24 ~ 25 日，在重庆梁平举办的“2017 中国塑料产业链发展高峰论坛暨 2017 年塑料加工业专家院士行阶段总结会”，科技咨询委又有包括特聘专家钱桂敬，副主任委员、中国工程院士、大连理工大学高分子材料研究所所长蹇锡高教授，副主任委员、中国塑料加工工业协会专家委员会主任王德禧研究员，长江学者、北京化工大学机电学院院长北京化工大学杨卫民教授，北京化工大学吴大鸣教授，中国科学院宁波材料技术与工程研究所高分子事业部主任朱锦研究员，广州市香港科大霍英东研究院主任高福荣教授，中国塑料加工工业协会改性塑料专业委员会主任兼秘书长刘英俊教授级高工，福建师范大学环境科学与工程学院陈庆华院长，大连塑料研究所董事长孙成伦高工，中国塑料加工工业协会塑料助剂专业委员会副主任施珣若高工，北京崇高纳米科技有限公司董事长、北京大学工学院杭州研究院副院长李毕忠研究员，嘉合实业（苏州）有限公司总经理高学文高工，中国塑料加工工业协会滚塑专业委员会主任、慈溪市德顺容器有限公司罗宏宇总经理，天津市塑料研究所有限公司副所长孟永新教授级高工，大连实德集团有限公司杨飞虎研究院长，金发科技股份有限公司产品研发中心副总监罗忠富教授级高工，华南理工大学何慧教授 28 位专家参会。其中包括中国工程院院士、大连理工大学教授、中国塑协科技咨询委副主任委员蹇锡高院士做《新型杂环高性能聚合物及其应用开发进展》、全国农业技术推广服务中心原首席专家中国农用应用技术学会会长张真和研究员做《中国现代农业对农用塑料应用技术的新需求》、北京化工大学高分子材料先进制造交叉学科研究中心长江学者杨卫民教授做《高分子材料加工成型与先进制造技术》报告，12 位专家参加企业座谈对接。

两次专家院士行活动的特点：

专家阵容强大，专家报告有深度有广度，专业领域覆盖面广，座谈时专家们为企业生产技术问题把脉支招，答疑解惑，企业提问积极而踊跃，现场气氛热烈，互动频繁，效果。

专家院士行活动的影响力大，吸引了粤东地区、沿海地区和全国塑料加工企业参与。约300位代表参加了启动会，150多人参加了3场座谈会，130多人参加了2场交流、对接会。重庆梁平的论坛近200人参加，对接会也是100多人，深得企业的欢迎和好评。

专家院士行在行业中反响热烈，实效性强。会后，企业和专家们继续采取各自适合的方式线下对接。有的在会场继续深入咨询，有的直接拍板专家作为其企业项目合作人，有的企业当场把专家直接接到企业答疑解惑、解决实际生产问题，有的专家在会后很快被刚成立的中国塑料加工工业协会塑料鞋专业委员会聘为专家顾问。汕头海湾研究院会后继续和蹇锡高院士深入沟通建院事宜，最后与北京化工大学英蓝团队联合成立了研发中心，为专家院士行活动结下硕果。

综上，中国塑料加工工业协会科技咨询委员会为中国塑料加工工业协会开展的“中国塑料加工业科技创新年”活动提供了强大的技术支撑，为推进行业的技术进步与转型升级、提升协会在行业中的形象与凝聚力发挥了重要的作用。

2018年10月28~30日，中国塑料加工工业协会举办的“2018中国国际塑料展暨第三届塑料新材料、新技术、新装备、新产品展览会”在南京举行。展会期间召开的各种技术论坛、新产品发布会、专业会议等系列配套会议40多场，与“2018中国国际塑料展暨第三届塑料新材料、新技术、新装备、新产品展览会”相互配合，以会促展、以会带展，成为展会的突出亮点。其中10月28日召开的“2018塑料加工行业科技大会”，是行业首届以科技大会为主题、千人参加的行业盛会，会场930个座椅基本座无虚席、后面站满人，会议全程气氛热烈、场面壮观。协会科技咨询委的专家委员们积极参会、参展，展示了其独特的魅力。

中国工程院院士、四川大学王琪教授在“2018塑料加工行业科技大会”上做《高分子材料时代和废弃高分子材料回收利用新技术》的报告，指出高分子材料时代的塑料回收再生利用是绿色低碳产业，保护环境与资源再生是塑料产业健康发展的必然选择。她的报告得到参会代表的一致好评。科技咨询委的其他专家委员，不仅率自己团队参加展览，展示最新研究成果，给国内寻找新产品、新技术、新项目的塑料加工企业带来帮助，本人也成为展会期间行业内各企业寻求的对象和各专业会议的重量级嘉宾，作为特邀专家在会上做报告，分享、交流其创新成果。仅在10月29~30日召开的“2018塑料新材料、新技术、新成果交流会暨高分子材料加工成型与先进制造研讨会暨第四届中国塑料/化工研究院所发展论坛暨中国塑协专家委员会四届二次年会”上，就有多位委员亮相。包括：中国工程院院士、华南理工大学瞿金平教授、四川大学高分子科学与工程学院院长傅强教授、清华大学高分子研究所长郭宝华教授、北京化工大学机电学院院长/中国塑协专家委员会主任杨卫民教授、华东理工大学赵玲教授、北京化工集团有限公司总工陈宇教授级高工分别做《塑料加工成型技术创新研究进展》、《结构化和轻量化高分子材料成型加工》、《全生物降解二元酸二元醇酯研究进展及应用》、《超临界 CO_2 模压发泡制备聚合物微孔片板材》、《溯源应对新规，创新驱动发展》的主题报告。中国塑协助剂专委会副主任施珣若高工在“聚氯乙烯产业链绿色生产技术交流论坛”分论坛上做《聚氯乙烯专用料发展现状存在问题及解决方案》报告。中国塑协专家委员会副主任/中科院宁波材料研究所朱锦研究员、金发科技股份有限公司产品研发中心副总监罗忠富教授级高工、北京化工大学吴大鸣教授在“高分子材料与先进制造创新成果交流”分论坛上分别做《生物基高分子材料研究进展》、《汽车用工程塑料开发进展》、《面向智能时代的功能高分子材料及其器件技术》专题报告。全国塑料制品标准化技术委员会副秘书长、中国塑协团体化标准技术委员会秘书长田岩、福建师范大学福清分校校长陈庆华教授主持了第三分会场“聚氯乙烯树脂及制品相关标准研讨会”、北京化工大学机电学院院长、中国塑协专家委员会主任杨卫民教授主持了第四分会场国家重点研发计划项目“高性能合成树脂先进制备技术及应用示范”项目专题汇报会。瞿金平、蹇锡高、王玉忠、王琪院士还为协会集中展示2017~2018年中国塑料行业科技创新和高质量发展的最新成果的“科技创新驱动中国塑料工业高质量发展成果展示区”提供了其科技开发及创新成就的素材。

2019年5月7日下午，中国塑料加工工业协会科技咨询委员会换届暨第五次委员会议在四川成都世外桃源酒店召开。

协会朱文玮理事长兼科技咨询委主任，中国轻工业联合会原副会长、中国塑料加工工业协会原理事长、特聘专家钱桂敬，副理事长兼科技咨询委副主任曹俭、王占杰，副理事长兼科技咨询委委员马占峰，塑料行业知名专家包括中国工程院瞿金平、蹇锡高、王玉忠、王琪、石碧院士和来自国内高校、研究院所、生产企业、行业协会的36名协会科技咨询委员参加了会议，协会所属农膜、异型材、塑料编织、再生、家居、XPS等8个专业委员会的秘书长及协会秘书处等相关人员列席了会议。

会议由朱文玮主任主持。会上首先进行中国塑料加工工业协会科技咨询委员会换届。第二届委员会委员在第一届委员的基础上稍作调整，除1位委员去世、2位委员因年龄和身体原因、2位委员因岗位变化不再续聘之外，其他委员继续担任，并新邀请12位行业知名专家加入，第二届委员人数扩大到46位。现委员会有中国科学院院士1位，中国工程院院士7位。其中高校及研究院所专家32（含8名院士）位，企业专家6位，协会代表8位。协会曹俭副理事长宣读“关于聘任中国塑料加工工业协会科技咨询委员会第二届委员会委员的通知”和委员名单后，颁发了第二届委员会主任委员、特聘专家、副主任委员、秘书长和委员聘书。接着，在马占峰副理事长、田岩副秘书长分别简要介绍背景情况和协会工作思路后，与会全体委员围绕落实协会《塑料加工业“十三五”技术进步指导意见》提出的“三化一微”及“智能化”技术方向，面向“十三五”后期和“十四五”中国塑协应组织开展的《塑料加工相关重点技术方向和重大技术项目》议题，《塑料加工行业重点课题项目组及牵头专家》议题，《中国塑料加工工业协会向社会和媒体正确宣传塑料行业方案》与生态化建设宣传工作等议题展开了热烈的讨论。在座的5位院士及多位专家发言踊跃、字字珠玑，提出的意见、建议达40多条，对行业的创新发展极具指导意义。

朱文玮主任做会议总结。他赞扬会议内容丰富有质量，大家发言踊跃，意犹未尽。讨论中蹇锡高、瞿金平、王玉忠、王琪、石碧、杨卫民、高福荣、施珣若、李永鸿等14位院士和专家的发言和意见建议很有价值，对行业的创新发展很有指导意义。他谈三点意见：

1. 上届科技咨询委工作成效显著、作用重要，得到业界广泛赞同

中国塑料加工工业协会科技咨询委员会是由钱桂敬老会长倡导成立的协会为行业技术服务的最高咨询参谋机构，目的是充分发挥科技进步在行业转变发展方式和调整结构中的支撑引领作用，把握行业的科技战略发展方向，为塑料加工业科技发展和重大决策提供咨询、建议。五年来，各位委员充分发挥了专业、学识、才智和咨询参谋特长，为塑料加工业科技创新出谋划策，对行业发展中前瞻性、战略性、综合性的重大科技问题开展研究、评估，为行业进步殚精竭虑、奔波操劳。如积极参与科技创新年、专家院士行、塑料加工业科技大会、各分支机构技术论坛等重大活动，做学术报告或直接帮助企业解答技术难题，为行业的科技进步、高质量发展做出积极贡献。是《塑料加工业“十三五”技术进步指导意见》形成的参与者、制定者也是科技创新引领产业链协同发展的推动者、践行者，得到业界广泛认同和称赞。如今第一届委员会届满并成功换届，46位行业知名专家组成的新一届委员会，团队专业结构更全面、分布更有代表性、年龄结构更合理。代表中国塑协对科技咨询委的成功换届和新一届委员表示祝贺，对因年龄和岗位原因不再任委员的王德禧、刘英俊等专家表示敬意，对各位委员的努力工作和卓越贡献表示感谢。

2. 科技咨询委引领创新攻关，使命践行，任重道远

2018年行业运行整体平稳，稳中有进，成绩来之不易。应认清行业发展整体趋势，查找行业存在的企业创新能力弱，行业创新体制体系不健全，产业同质化、原料高质化、装备精密化、高速化、智能化制约发展等问题，行业的精品制造意识需提高，技术与管理等差距大，节能减排压力大等短板与瓶颈问题，作为下一步的工作重点。要牢牢把握“功能化、轻量化、生态化、微成型”和“智能化”的行业技术进步发展方向，紧扣“三化一微”加“智能化”课题工作组和塑料生态化建设的宣传方案这些工作重点，集中发力。科技咨询委要发挥引领作用，带动行业集中力量，在前沿技术、关键共性技术和重大核心技术等重点领域、重点项目上集中发力，攻关突破。要处理好与行业现实需求和技术瓶颈的关系，站在国家层面解决国家战略要求和重大需求；要处理好赶与超的关系，在关键技术和替代进口上实现突破；要处理好研与用的关系，

搭建政产研学金用和全产业链协同创新平台，促进集成创新和科研成果、高效率低成本转化；处理好做与说的关系，发动全行业专家、企业家和全社会的资源，将塑料的优势、特点和阶段性创新成果及时宣传，客观全面推广，形成积极友好的塑料行业发展氛围。

3. 秘书处尽快整理委员的意见建议，修改完善，形成工作方案，抓好落实

最后，期望第二届中国塑料加工工业协会科技咨询委发挥科技咨询委引领者、开拓者、创造者、践行者作用，推动塑料工业由大向强，为人民生活更美好做出更大贡献！

中国塑料加工工业协会科技咨询委员会名单（第二届） 2019. 5

序号	本会职务	姓名	单位	职务/职称
1	主任委员	朱文玮	中国塑料加工工业协会	理事长/高工
2	特聘	钱桂敬	中国轻工业联合会/中国塑料加工工业协会	原副会长/原理事长/高级工程师
3	副主任委员	曹　俭	中国塑料加工工业协会	副理事长/高工
4	副主任委员	王占杰	中国塑协塑料管道专业委员会	副理事长/秘书长/高工
5	副主任委员	瞿金平	华南理工大学聚合物新型成型装备国家工程研究中心	主任/教授（中国工程院院士）
6	副主任委员	蹇锡高	高分子材料研究所/辽宁省高性能树脂工程技术研究中心/大连理工大学	所长、主任/教授（中国工程院院士）
7	副主任委员	王玉忠	环保型高分子材料国家地方联合工程实验室、新型防火阻燃材料开发与应用国家地方联合工程研究中心、环境与火安全高分子材料省部共建协同创新中心/四川大学	主任/教授（中国工程院院士）
8	副主任委员	王　琪	四川大学高分子研究所	教授/（中国工程院院士）
9	委员	于　建	清华大学化工系高分子所	教授
10	委员	马占峰	中国塑料加工工业协会	副理事长/高工
11	委员	王向东	北京工商大学/TC48 标委会	教授/秘书长
12	委员	石　碧	四川大学制革清洁技术国家工程实验室 国际皮革工艺师和化学家协会联合会	主任，副主席/教授（中国工程院院士）
13	委员	田　岩	中国塑料加工工业协会	副秘书长/教授级高工
14	委员	朱　锦	中国科学院宁波材料技术与工程研究所材料技术研究所	所长/研究员
15	委员	乔金樑	中国石化北京化工研究院	副院长/教授级高工
16	委员	孙成伦	大连塑料研究所	董事长/教授级高工
17	委员	李永鸿	佛山佛塑科技集团股份有限公司	副总工/教授级高工
18	委员	李毕忠	北京崇高纳米科技有限公司、北清科技（安阳）创新研究院	董事长、院长/研究院员

续表

序号	本会职务	姓名	单位	职务/职称
19	委员	李德群	华中科技大学材料学院	原院长 （中国工程院院士）
20	委员	杨卫民	北京化工大学机电学院	研究员
21	委员	杨飞虎	大连实德科技发展有限公司	总工程师/副总裁/ 高级工程师
22	委员	吴大鸣	北京化工大学机电学院	副院长/教授
23	委员	何　慧	华南理工大学材料学院	教授
24	委员	张立群	北京化工大学材料学院	院长/教授
25	委员	张真和	全国农业技术推广服务中心/ 中国农用应用技术学会	原首席专家、会长/ 研究员
26	委员	陈　生	中国塑协氟塑料加工专业委员会	秘书长/教授级高工
27	委员	陈　宇	北京化学工业集团有限责任公司	总工程师/教授级高工
28	委员	陈庆华	福建师范大学福清分校 福建师范大学环境材料开发研究所	校长、主任/教授级高工
29	委员	欧阳平凯	南京工业大学/江苏省产业技术研究院/国家生化工程技术研究中心	教授、名誉院长，主任 （中国工程院院士）
30	委员	罗宏宇	慈溪市德顺容器有限公司	总经理
31	委员	罗忠富	金发科技股份有限公司	车用材料事业本部副总/ 教授级高工
32	委员	郑文革	中国科学院宁波材料技术与工程研究所	研究员
33	委员	孟永新	天津市塑料研究所有限公司	副所长/教授级高工
34	委员	项爱民	北京工商大学	教授
35	委员	赵　玲	华东理工大学化工学院 新疆大学	教授/特聘教授
36	委员	段　雪	北京化工大学化工资源有效利用国家重点实验室	主任 （中国科学院院士）
37	委员	施珣若	中国塑料加工工业协会塑料助剂专业委员会	副主任/高工
38	委员	翁云宣	北京工商大学材料与机械工程学院/中国塑协降解塑料专委会	副院长/秘书长/教授
39	委员	高学文	嘉合实业（苏州）有限公司 江苏彩华包装集团公司省企业技术中心	总经理/高工/主任
40	委员	高福荣	香港科技大学/ 广州市香港科大霍英东研究院	讲座教授/主任
41	委员	郭宝华	清华大学化工系高分子所	所长/教授

续表

序号	本会职务	姓名	单位	职务/职称
42	委员	常纪文	国务院政策研究中心，资源与环境研究所	副所长/研究员
43	委员	蒋顶军	南京聚隆科技股份有限公司	副总裁/研究员级高工
44	委员	傅　强	四川大学高分子科学与工程学院	院长/教授
45	委员	谢镇铭	丽水鑫科生态合成革研究院	院长/教授
46	委员	穆景利	闽江学院海洋研究院/海洋学院	副主任/研究员

2019 年 5 月 7 日下午，参加中国塑料加工工业协会科技咨询委员会换届暨第五次委员会议的全体委员参加了在四川成都世外桃源酒店同期举行的、由中国工程院主办、四川大学等单位承办、中国塑料加工工业协会协办的第 289 场中国工程科技论坛“高分子材料可持续发展工程科技论坛”之第四分论坛“塑料生态化建设分论坛”的活动。该分论坛由中国塑料加工工业协会和四川大学承办，由协会科技咨询委委员中国工程院院士、四川大学化学学院王玉忠教授和中国塑协副理事长兼秘书长王占杰联合主持。200 多名来自塑料及相关行业的院士、专家、企业家等会议代表参加了会议。咨询委特聘专家钱桂敬，委员中国工程院院士、四川大学制革清洁技术国家工程实验室主任石碧，中国工程院院士、四川大学王琪教授，中国工程院院士、华南理工大学材料加工工程国家重点学科带头人、聚合物新型成型装备国家工程研究中心主任瞿金平，北京化工大学机电工程学院院长、教育部“长江学者”特聘教授杨卫民以及中国科学院院士、石河子大学终身教授，博士生导师，中国农业机械学会副理事长陈学庚，中国科学院院士、北京化工大学教授、生物医用材料北京实验室主任杨万泰共同作为论坛嘉宾依次做主题发言。他们从各自研究领域出发，就塑料的性能和优势、塑料的广泛应用、塑料对生活的不可或缺性、塑料回收处理不当带来的问题、生物降解塑料的替代优势及解决塑料污染问题的方法途径、技术进展和未来趋势等方面作了客观科学和充满激情的发言，对塑料行业生态化建设和可持续发展发表了许多真知灼见。

论坛会议期间，参加论坛和中国塑料加工工业协会科技咨询委员会换届暨第五次委员会议的委员们还接受了央视、新华社等媒体的采访与录像，就正确认识、使用、管理塑料及塑料垃圾，促进塑料行业可持续、健康发展，表达了看法和意见。专家们谈到了塑料行业的发展和科技进步趋势，塑料的特点和其对人类社会做出的贡献、给人们生活带来的改善和对国家发展的战略作用，呼吁社会全面、正确地认识塑料，厘清“禁塑”和“限塑”的概念与范畴，避免“禁塑、限塑”舆论误导高分子材料发展。院士专家们发言中指出：

塑料是典型的资源节约和环境友好型材料，是我国大力发展七大类战略性新兴产业的一个重要组成部分，也是未来新材料革命中一个非常重要的领域。

废弃塑料对环境和人们生活的污染与影响是全球关注的热点，这并不是塑料本身而是由于人的不当处置造成的，是社会发展过程中出现的问题，其解决需要一个过程，需要国家的政策法规的保证。应该从生产、应用、回收再利用等环节全生命周期分析查找问题的主要原因，其解决应该是系统工程。我们要按照循环经济法的规定，加强塑料再生利用方面的工作，在政府相关部门指导下运用综合手段实现塑料包装的减量化、资源化、再利用，推进塑料行业的可持续发展，推进全社会的生态化进程。

要厘清“禁塑”和“限塑”的概念与范畴。有的国家和国际组织以及我国有的省市颁布的相关塑料限令禁令，仔细研究会发现要禁止的是搅拌棒、吸管、塑料袋等一次性不易回收和不值得回收的塑料废弃品。我们倡导减少和重复使用一次性塑料制品。

解决塑料垃圾问题，要抓好生产、使用、回收再利用三个关键环节。一是生产领域，在防治塑料制品污染方面，生产企业义不容辞，必须从源头把好关；二是在应用领域，要主动提出减少和重复使用传统的一次性塑料产品，还可采用可降解的材料来替代生产部分一次性塑料产品，必须由政府部门出面，发动全社会来解决这一问题；三是回收和再利用。中国是世界上废塑料处置能力最强的国家。

现有的技术可以实现大部分热塑、热固性废旧塑料的再生应用，回收不了的塑料，才进行焚烧处理，餐厨塑料等不易回收的塑料，可使用生物可降解塑料进行替代。

要提高全民意识，要用技术手段去教育和鼓励公众和企业正确使用塑料。

专家们讲话的录像已经被央视《新闻直播间》、新华网等媒体报道，并被协会编入《绿色塑料使人民生活更加美好》视频宣传片，为宣传、传播正确的塑料科学知识，推动社会和政府全面的认识塑料、给塑料加工行业可持续发展空间起到了积极而重要的作用。

（中国塑协科技咨询委员会　田岩）

塑料标准化

2018 年发布塑料制品相关国家标准

序号	原序号	标准代号	标准名称	代替标准号	实施日期	公布号
1	32	GSB 16-3484—2018	聚氯乙烯塑料中邻苯二甲酸酯增塑剂标准样品			2018 年第 1 号国家标准公告
2	29	GB/T 11951—2018	天然纤维　术语	GB/T 11951—1989	2018/9/1	2018 年第 2 号国家标准公告
3	49	GB 16487. 9—2017	进口可用作原料的固体废物环境保护控制标准—废电线电缆	GB 16487. 9—2005	2018/3/1	2018 年第 2 号国家标准公告
4	52	GB 16487. 12—2017	进口可用作原料的固体废物环境保护控制标准—废塑料	GB 16487. 12—2005	2018/3/1	2018 年第 2 号国家标准公告
5	54	GB/T 16606. 1—2018	快递封装用品　第 1 部分：封套	GB/T 16606. 1—2009	2018/9/1	2018 年第 2 号国家标准公告
6	55	GB/T 16606. 2—2018	快递封装用品　第 2 部分：包装箱	GB/T 16606. 2—2009	2018/9/1	2018 年第 2 号国家标准公告
7	56	GB/T 16606. 3—2018	快递封装用品　第 3 部分：包装袋	GB/T 16606. 3—2009	2018/9/1	2018 年第 2 号国家标准公告
8	62	GB/T 18674—2018	渔用绳索通用技术条件	GB/T 18674—2002	2018/9/1	2018 年第 2 号国家标准公告
9	100	GB/T 35804—2018	硫化橡胶或热塑性橡胶　耐臭氧龟裂　测定试验箱中臭氧浓度的试验方法		2018/9/1	2018 年第 2 号国家标准公告
10	117	GB/T 35821—2018	生物质/塑料复合材料生物质含量测定方法		2018/9/1	2018 年第 2 号国家标准公告
11	136	GB/T 35840. 1—2018	塑料模具钢　第 1 部分：非合金钢		2018/11/1	2018 年第 2 号国家标准公告
12	220	GB/T 35923—2018	光学功能薄膜　三醋酸纤维素酯（TAC）膜　增塑剂含量测定方法		2018/9/1	2018 年第 2 号国家标准公告
13	224	GB/T 35927—2018	傅里叶变换显微红外光谱法识别聚合物层或夹杂物的标准规程		2018/9/1	2018 年第 2 号国家标准公告
14	272	GB/T 35974. 1—2018	塑料及其衬里制压力容器　第 1 部分：通用要求		2018/9/1	2018 年第 2 号国家标准公告
15	273	GB/T 35974. 2—2018	塑料及其衬里制压力容器　第 2 部分：材料		2018/9/1	2018 年第 2 号国家标准公告
16	274	GB/T 35974. 3—2018	塑料及其衬里制压力容器　第 3 部分：设计		2018/9/1	2018 年第 2 号国家标准公告

续表

序号	原序号	标准代号	标准名称	代替标准号	实施日期	公布号
17	275	GB/T 35974. 4—2018	塑料及其衬里制压力容器　第 4 部分：塑料制压力容器的制造、检查与检验		2018/9/1	2018 年第 2 号国家标准公告
18	276	GB/T 35974. 5—2018	塑料及其衬里制压力容器　第 5 部分：塑料衬里制压力容器的制造、检查与检验		2018/9/1	2018 年第 2 号国家标准公告
19	2	GB/T 1043. 2—2018	塑料　简支梁冲击性能的测定　第 2 部分：仪器化冲击试验		2018/10/1	2018 年第 3 号国家标准公告
20	5	GB/T 3682. 1—2018	塑料　热塑性塑料熔体质量流动速率（MFR）和熔体体积流动速率（MVR）的测定　第 1 部分：标准方法	GB/T 3682—2000	2018/10/1	2018 年第 3 号国家标准公告
21	6	GB/T 3682. 2—2018	塑料　热塑性塑料熔体质量流动速率（MFR）和熔体体积流动速率（MVR）的测定　第 2 部分：对时间-温度历史和（或）湿度敏感的材料的试验方法		2018/10/1	2018 年第 3 号国家标准公告
22	12	GB/T 6111—2018	流体输送用热塑性塑料管道系统　耐内压性能的测定	GB/T 6111—2003	2018/10/1	2018 年第 3 号国家标准公告
23	30	GB/T 13663. 2—2018	给水用聚乙烯（PE）管道系统　第 2 部分：管材	部分代替：GB/T 13663—2000	2018/10/1	2018 年第 3 号国家标准公告
24	31	GB/T 13663. 3—2018	给水用聚乙烯（PE）管道系统　第 3 部分：管件	GB/T 13663. 2—2005	2018/10/1	2018 年第 3 号国家标准公告
25	32	GB/T 13663. 5—2018	给水用聚乙烯（PE）管道系统　第 5 部分：系统适用性		2018/10/1	2018 年第 3 号国家标准公告
26	67	GB/T 19532—2018	包装材料　气相防锈塑料薄膜	GB/T 19532—2004	2018/10/1	2018 年第 3 号国家标准公告
27	86	GB/T 22344—2018	包装用聚酯捆扎带	GB/T 22344—2008	2018/10/1	2018 年第 3 号国家标准公告

28	170	GB/T 36053—2018	X 射线反射法测量薄膜的厚度、密度和界面宽度 仪器要求、准直和定位、数据采集、数据分析和报告		2019/2/1	2018 年第 3 号国家标准公告
29	181	GB/T 36064—2018	塑料软包装凹版印刷过程质量控制及检验方法		2018/10/1	2018 年第 3 号国家标准公告
30	239	GB/T 36118—2018	气体除菌用聚四氟乙烯微滤膜折叠式过滤芯		2018/10/1	2018 年第 3 号国家标准公告
31	257	GB/T 35840. 2—2018	塑料模具钢　第 2 部分：预硬化钢棒		2019/2/1	2018 年第 6 号国家标准公告
32	258	GB/T 35840. 3—2018	塑料模具钢　第 3 部分：耐腐蚀钢		2019/2/1	2018 年第 6 号国家标准公告
33	278	GB/T 36137—2018	中空纤维超滤膜和微滤膜组件完整性检验方法		2018/12/1	2018 年第 6 号国家标准公告
34	279	GB/T 36138—2018	除菌用聚四氟乙烯平板式微滤膜		2018/12/1	2018 年第 6 号国家标准公告
35	359	GB/T 36214. 1—2018	塑料　体积排除色谱法测定聚合物的平均分子量和分子量分布　第 1 部分：通则		2018/12/1	2018 年第 6 号国家标准公告
36	360	GB/T 36214. 2—2018	塑料　体积排除色谱法测定聚合物的平均分子量和分子量分布　第 2 部分：普适校正法		2018/12/1	2018 年第 6 号国家标准公告
37	361	GB/T 36214. 3—2018	塑料　体积排除色谱法测定聚合物的平均分子量和分子量分布　第 3 部分：低温法		2018/12/1	2018 年第 6 号国家标准公告
38	362	GB/T 36214. 4—2018	塑料　体积排除色谱法测定聚合物的平均分子量和分子量分布　第 4 部分：高温法		2018/12/1	2018 年第 6 号国家标准公告
39	363	GB/T 36214. 5—2018	塑料　体积排除色谱法测定聚合物的平均分子量和分子量分布　第 5 部分：光散射法		2018/12/1	2018 年第 6 号国家标准公告
40	10	GB/T 3294—2018	鞋楦尺寸检测方法	GB/T 3294—1998	43466	2018 年第 9 号国家标准公告
41	51	GB/T 18365—2018	斜拉桥用热挤聚乙烯高强钢丝拉索	GB/T 18365—2001	2019/1/1	2018 年第 9 号国家标准公告
42	84	GB/T 22875—2018	纸尿裤和卫生巾用高吸收性树脂	GB/T 22875—2008 GB/T 22905—2008	2019/1/1	2018 年第 9 号国家标准公告
43	87	GB/T 23641—2018	电气用纤维增强不饱和聚酯模塑料（SMC/BMC）	GB/T 23641—2009	2019/1/1	2018 年第 9 号国家标准公告

续表

序号	原序号	标准代号	标准名称	代替标准号	实施日期	公布号
44	151	GB/T 36262—2018	结构工程用纤维增强复合材料网格		2019/1/1	2018 年第 9 号国家标准公告
45	178	GB/T 36289. 1—2018	晶体硅太阳电池组件用绝缘薄膜　第 1 部分：聚酯薄膜		2019/1/1	2018 年第 9 号国家标准公告
46	179	GB/T 36289. 2—2018	晶体硅太阳电池组件用绝缘薄膜　第 2 部分：氟塑料薄膜		2019/1/1	2018 年第 9 号国家标准公告
47	268	GB/T 36374. 1—2018	塑料　砜聚合物模塑和挤出材料　第 1 部分：命名系统和分类基础		2019/1/1	2018 年第 9 号国家标准公告
48	269	GB/T 36374. 2—2018	塑料　砜聚合物模塑和挤出材料　第 2 部分：试样制备和性能测定		2019/1/1	2018 年第 9 号国家标准公告
49	287	GB/T 36392—2018	食品包装用淋膜纸和纸板		2019/1/1	2018 年第 9 号国家标准公告
50	325	GB/T 36421—2018	包装材料用油墨限制使用物质		2019/1/1	2018 年第 9 号国家标准公告
51	81	GB/T 36488—2018	涂料中多环芳烃的测定		2019/2/1	2018 年第 10 号国家标准公告
52	86	GB/T 36493—2018	玻璃纤维短切原丝流动性的测定		2019/6/1	2018 年第 10 号国家标准公告
53	87	GB/T 36494—2018	玻璃纤维无捻粗纱静电性的测定		2019/6/1	2018 年第 10 号国家标准公告
54	90	GB/T 36497—2018	涂料中多氯联苯的测定		2019/2/1	2018 年第 10 号国家标准公告
55	112	GB/T 36520. 1—2018	液压传动　聚氨酯密封件尺寸系列　第 1 部分：活塞往复运动密封圈的尺寸和公差		2019/2/1	2018 年第 10 号国家标准公告
56	113	GB/T 36520. 2—2018	液压传动　聚氨酯密封件尺寸系列　第 2 部分：活塞杆往复运动密封圈的尺寸和公差		2019/2/1	2018 年第 10 号国家标准公告
57	125	GB/T 36532—2018	纤维增强塑料　热固性模塑料和预浸料　固化特性测定		2019/6/1	2018 年第 10 号国家标准公告
58	12	GB/T 3780. 25—2018	炭黑　第 25 部分：碳含量的测定		2019/4/1	2018 年第 11 号国家标准公告

59	13	GB/T 3780.26—2018	炭黑　第26部分：炭黑原料油中碳含量的测定		2019/4/1	2018年第11号国家标准公告
60	156	GB/T 36587—2018	橡胶塑料机械　术语		2019/4/1	2018年第11号国家标准公告
61	164	GB/T 36595—2018	纳米钛酸钡		2019/6/1	2018年第11号国家标准公告
62	259	GB/T 36691—2018	甲基乙烯基硅橡胶　乙烯基含量的测定　近红外法		2019/4/1	2018年第11号国家标准公告
63	277	GB/T 36702.1—2018	灌溉设备　化学灌溉用安全装置　第1部分：化学灌溉用小型塑料阀		2019/4/1	2018年第11号国家标准公告
64	357	GB/T 36787—2018	纸浆模塑餐具		2019/4/1	2018年第11号国家标准公告
65	360	GB/T 36790—2018	塑料　聚酰胺　试样加速状态调节		2019/4/1	2018年第11号国家标准公告
66	361	GB/T 36791—2018	含溴有机阻燃化学品中溴含量的测定　氧弹燃烧-离子选择电极法		2019/4/1	2018年第11号国家标准公告
67	362	GB/T 36792—2018	阻燃化学品　溴代聚碳酸酯		2019/4/1	2018年第11号国家标准公告
68	363	GB/T 36793—2018	橡塑材料中增塑剂含量的测定　气相色谱质谱联用法		2019/4/1	2018年第11号国家标准公告
69	364	GB/T 36794—2018	胶粘带剪切破坏温度的测定		2019/4/1	2018年第11号国家标准公告
70	365	GB/T 36795—2018	浸胶芳纶帘子布技术条件和评价方法		2019/4/1	2018年第11号国家标准公告
71	366	GB/T 36796—2018	接触食品用胶乳手套　萃取物限量		2019/4/1	2018年第11号国家标准公告
72	367	GB/T 36797—2018	装修防开裂用环氧树脂接缝胶		2019/4/1	2018年第11号国家标准公告
73	368	GB/T 36798—2018	浸胶线绳、帘线、纱线直径和定长度重量试验方法		2019/4/1	2018年第11号国家标准公告
74	369	GB/T 36799—2018	胶粘剂挥发性有机化合物释放量的测定　微舱法		2019/4/1	2018年第11号国家标准公告
75	370	GB/T 36800.1—2018	塑料　热机械分析法（TMA）　第1部分：通则		2019/4/1	2018年第11号国家标准公告
76	371	GB/T 36800.2—2018	塑料　热机械分析法（TMA）　第2部分：线性热膨胀系数和玻璃化转变温度的测定		2019/4/1	2018年第11号国家标准公告
77	373	GB/T 36802—2018	太阳能光伏背板覆膜用胶粘剂		2019/4/1	2018年第11号国家标准公告

续表

序号	原序号	标准代号	标准名称	代替标准号	实施日期	公布号
78	374	GB/T 36803—2018	胶粘剂挥发性有机化合物释放量的测定　袋式法		2019/4/1	2018 年第 11 号国家标准公告
79	375	GB/T 36804—2018	液体硅橡胶　分类与系统命名法		2019/4/1	2018 年第 11 号国家标准公告
80	376	GB/T 36805. 1—2018	塑料　高应变速率下的拉伸性能测定　第 1 部分：方程拟合法		2019/4/1	2018 年第 11 号国家标准公告
81	448	GB/T 36877—2018	结构胶粘剂冲击剥离强度的测定　楔形物法		2019/4/1	2018 年第 11 号国家标准公告
82	449	GB/T 36878—2018	密封胶抗撕裂强度的测定		2019/4/1	2018 年第 11 号国家标准公告
83	17	GB 36887—2018	合成革单位产品能源消耗限额		2019/12/1	2018 年第 15 号国家标准公告
84	19	GB 36889—2018	聚酯涤纶单位产品能源消耗限额		2019/12/1	2018 年第 15 号国家标准公告
85	27	GB 36900. 3—2018	低、中水平放射性废物高完整性容器—交联高密度聚乙烯容器		2019/1/1	2018 年第 15 号国家标准公告
86	36	GB/T 2918—2018	塑料　试样状态调节和试验的标准环境	GB/T 2918—1998	2019/11/1	2018 年第 17 号国家标准公告
87	49	GB/T 5173—2018	表面活性剂　洗涤剂　阴离子活性物含量的测定　直接两相滴定法	GB/T 5173—1995	2019/7/1	2018 年第 17 号国家标准公告
88	50	GB/T 5174—2018	表面活性剂　洗涤剂　阳离子活性物含量的测定　直接两相滴定法	GB/T 5174—2004	2019/7/1	2018 年第 17 号国家标准公告
89	57	GB/T 5761—2018	悬浮法通用型聚氯乙烯树脂	GB/T 5761—2006	2019/11/1	2018 年第 17 号国家标准公告
90	60	GB/T 5836. 1—2018	建筑排水用硬聚氯乙烯（PVC-U）管材	GB/T 5836. 1—2006	2019/7/1	2018 年第 17 号国家标准公告
91	61	GB/T 5836. 2—2018	建筑排水用硬聚氯乙烯（PVC-U）管件	GB/T 5836. 2—2006	2019/7/1	2018 年第 17 号国家标准公告
92	81	GB/T 8081—2018	天然生胶　技术分级橡胶（TSR）规格导则	GB/T 8081—2008	2019/11/1	2018 年第 17 号国家标准公告
93	82	GB/T 8082—2018	天然生胶　技术分级橡胶（TSR）　包装、标志、贮存和运输	GB/T 8082—2008	2019/11/1	2018 年第 17 号国家标准公告

94	89	GB/T 8656—2018	乳液和溶液聚合型苯乙烯-丁二烯橡胶（SBR） 评价方法	GB/T 8656—1998	2019/11/1	2018 年第 17 号国家标准公告
95	90	GB/T 8659—2018	丁二烯橡胶（BR）9000	GB/T 8659—2008	2019/7/1	2018 年第 17 号国家标准公告
96	91	GB/T 8660—2018	溶液聚合型丁二烯橡胶（BR） 评价方法	GB/T 8660—2008	2019/11/1	2018 年第 17 号国家标准公告
97	103	GB/T 10801. 2—2018	绝热用挤塑聚苯乙烯泡沫塑料（XPS）	GB/T 10801. 2—2002	2019/7/1	2018 年第 17 号国家标准公告
98	135	GB/T 16799—2018	家具用皮革	GB/T 16799—2008	2019/7/1	2018 年第 17 号国家标准公告
99	149	GB/T 17253—2018	合成纤维丝织物	GB/T 17253—2008	2019/7/1	2018 年第 17 号国家标准公告
100	152	GB/T 17931—2018	瓶用聚对苯二甲酸乙二酯（PET）树脂	GB/T 17931—2003	2019/11/1	2018 年第 17 号国家标准公告
101	162	GB/T 19278—2018	热塑性塑料管材、管件与阀门 通用术语及其定义	GB/T 19278—2003	2019/7/1	2018 年第 17 号国家标准公告
102	168	GB/T 19812. 4—2018	塑料节水灌溉器材 第 4 部分：聚乙烯（PE）软管		2019/7/1	2018 年第 17 号国家标准公告
103	199	GB/T 23322—2018	纺织品 表面活性剂的测定 烷基酚和烷基酚聚氧乙烯醚	GB/T 23322—2009	2019/7/1	2018 年第 17 号国家标准公告
104	205	GB/T 24128—2018	塑料 塑料防霉剂的防霉效果评估	GB/T 24128—2009	2019/11/1	2018 年第 17 号国家标准公告
105	206	GB/T 24279. 1—2018	纺织品 某些阻燃剂的测定 第 1 部分：溴系阻燃剂	GB/T 24279—2009	2019/7/1	2018 年第 17 号国家标准公告
106	223	GB/T 25260. 2—2018	合成胶乳 第 2 部分：羧基丁腈胶乳（XNBRL）		2019/11/1	2018 年第 17 号国家标准公告
107	239	GB/T 29848—2018	光伏组件封装用乙烯-醋酸乙烯酯共聚物（EVA）胶膜	GB/T 29848—2013	2019/4/1	2018 年第 17 号国家标准公告
108	254	GB/T 34247. 2—2018	异丁烯-异戊二烯橡胶（IIR）不饱和度的测定 第 2 部分：核磁共振氢谱法		2019/11/1	2018 年第 17 号国家标准公告
109	256	GB/T 34691. 1—2018	塑料 热塑性聚酯（TP）模塑和挤出材料 第 1 部分：命名系统和分类基础		2019/11/1	2018 年第 17 号国家标准公告
110	257	GB/T 35451. 2—2018	埋地排水排污用聚丙烯（PP）结构壁管道系统 第 2 部分：聚丙烯缠绕结构壁管材		2019/7/1	2018 年第 17 号国家标准公告

续表

序号	原序号	标准代号	标准名称	代替标准号	实施日期	公布号
111	284	GB/T 36929—2018	皮革和毛皮　化学试验　全氟辛烷磺酰基化合物（PFOS）和全氟辛酸类物质（PFOA）的测定		2019/7/1	2018 年第 17 号国家标准公告
112	290	GB/T 36935—2018	鞋类　鞋号对照表		2019/7/1	2018 年第 17 号国家标准公告
113	291	GB/T 36936—2018	鞋类　鞋号术语		2019/7/1	2018 年第 17 号国家标准公告
114	296	GB/T 36941—2018	秸秆纤维基聚丙烯改性料		2019/7/1	2018 年第 17 号国家标准公告
115	301	GB/T 36946—2018	皮革　化学试验　多环芳烃的测定　气相色谱-质谱法		2019/7/1	2018 年第 17 号国家标准公告
116	307	GB/T 36952—2018	平板显示器（FPD）偏光膜表面耐划伤性的测试方法		2018/12/28	2018 年第 17 号国家标准公告
117	322	GB/T 36965—2018	光伏组件用乙烯—醋酸乙烯共聚物交联度测试方法　差示扫描量热法		2019/4/1	2018 年第 17 号国家标准公告
118	332	GB/T 36975—2018	鞋类通用技术要求		2019/7/1	2018 年第 17 号国家标准公告
119	402	GB/T 37042—2018	六亚甲基二异氰酸酯		2019/7/1	2018 年第 17 号国家标准公告
120	458	GB/T 37099—2018	绿色物流指标构成与核算方法		2019/7/1	2018 年第 17 号国家标准公告
121	459	GB/T 37101—2018	聚合物材料中 3,3′-二氯-4,4′-二氨基二苯基甲烷的测定　气相色谱-质谱法		2019/7/1	2018 年第 17 号国家标准公告
122	462	GB/T 37104—2018	包装　触摸危险警示　要求		2019/7/1	2018 年第 17 号国家标准公告
123	488	GB/T 37129—2018	纳米技术　纳米材料风险评估		2018/12/28	2018 年第 17 号国家标准公告
124	528	GB/T 37169—2018	金属编织网基聚四氟乙烯软带技术要求和检验方法		2019/7/1	2018 年第 17 号国家标准公告
125	547	GB/T 37188. 2—2018	塑料　可比多点数据的获得和表示　第 2 部分：热性能和加工性能		2019/11/1	2018 年第 17 号国家标准公告
126	548	GB/T 37189—2018	软质三聚氰胺泡沫塑料材料		2019/11/1	2018 年第 17 号国家标准公告
127	549	GB/T 37190—2018	管道腐蚀控制工程全生命周期　通用要求		2019/11/1	2018 年第 17 号国家标准公告

128	550	GB/T 37191—2018	生橡胶　水分含量的测定　卡尔费休法		2019/11/1	2018 年第 17 号国家标准公告
129	552	GB/T 37193—2018	光学功能薄膜　聚对苯二甲酸乙二醇酯（PET）薄膜　萃取率测定方法		2019/11/1	2018 年第 17 号国家标准公告
130	553	GB/T 37194. 1—2018	塑料　聚苯硫醚（PPS）模塑和挤出材料　第 1 部分：命名系统和分类基础		2019/11/1	2018 年第 17 号国家标准公告
131	554	GB/T 37194. 2—2018	塑料　聚苯硫醚（PPS）模塑和挤出材料　第 2 部分：试样制备和性能测定		2019/11/1	2018 年第 17 号国家标准公告
132	555	GB/T 37195—2018	以树脂为基料管道耐蚀修复作业技术规范		2019/11/1	2018 年第 17 号国家标准公告
133	556	GB/T 37196—2018	塑料　聚醚多元醇＼聚合物多元醇　醛酮含量的测定		2019/11/1	2018 年第 17 号国家标准公告
134	557	GB/T 37197—2018	乙烯-乙酸乙烯酯（EVAC）树脂		2019/11/1	2018 年第 17 号国家标准公告
135	558	GB/T 37198—2018	抗冲击聚苯乙烯（PS-I）树脂		2019/11/1	2018 年第 17 号国家标准公告
136	559	GB/T 37199. 2—2018	塑料　聚丁烯（PB）模塑和挤出材料　第 2 部分：试样制备和性能测定		2019/11/1	2018 年第 17 号国家标准公告
137	566	GB/T 37206—2018	有机分离膜抗菌性能测试方法		2019/11/1	2018 年第 17 号国家标准公告
138	569	GB/T 37209—2018	非金属橡胶基湿式摩擦材料		2019/11/1	2018 年第 17 号国家标准公告
139	576	GB/T 37215—2018	膜蒸馏用中空纤维疏水膜		2019/11/1	2018 年第 17 号国家标准公告
140	581	GB/T 37220—2018	大型橡胶软管组合件　加速疲劳试验		2019/11/1	2018 年第 17 号国家标准公告
141	582	GB/T 37221—2018	自浮式排泥橡胶软管及软管组合件		2019/11/1	2018 年第 17 号国家标准公告
142	607	GB/T 37247—2018	光催化材料及制品抗真菌性能测试方法及评价		2019/11/1	2018 年第 17 号国家标准公告
143	623	GB/T 37263—2018	高密度聚乙烯外护管聚氨酯发泡预制直埋保温钢塑复合管		2019/11/1	2018 年第 17 号国家标准公告
144	1	GB/T 2408—2008	塑料　燃烧性能的测定　水平法和垂直法《第 1 号修改单》		2019/11/1	2018 年第 17 号国家标准公告

2018 年发布外文版塑料制品相关国家标准

序号	原序号	标准代号	标准名称	标准外文名称	语种	公布号
145	1	GB/T 29862—2013	纺织品　纤维含量的标识	Textiles—Identification offibre content	英文	2018 年第 10 号国家标准公告
146	10	GB/T 30295—2013	氯碱工业用全氟离子交换膜　通用技术条件）	Perfluorinated ion-exchange membrane for chlor-alkali industry general technical specifications	英文	2018 年第 13 号国家标准公告
147	11	GB/T 32373—2015	反渗透膜测试方法	Test methods for reverse osmosis membranes	英文	2018 年第 13 号国家标准公告
148	22	GB/T 23966—2009	工业用二异丙胺	Diisopropylamine for industrial use	英文	2018 年第 13 号国家标准公告
149	23	GB/T 8331—2008	离子交换树脂湿视密度测定方法	Determination of bulk density of ion exchange resins in wet state	英文	2018 年第 13 号国家标准公告
150	24	GB/T 8144—2008	阳离子交换树脂交换容量测定方法	Determination of exchange capacity ofcation exchange resin	英文	2018 年第 13 号国家标准公告
151	25	GB/T 1631—2008	离子交换树脂命名系统和基本规范	Ion Exchange Resins Designation System and Basis	英文	2018 年第 13 号国家标准公告
152	26	GB/T 8330—2008	离子交换树脂湿真密度测定方法	Dertermination of specific gravity of ion exchange resins in wet state	英文	2018 年第 13 号国家标准公告
153	27	GB/T 5476—2013	离子交换树脂预处理方法	Methods of Pretreating Ion Exchange Resins	英文	2018 年第 13 号国家标准公告
154	28	GB/T 5757—2008	离子交换树脂含水量测定方法	Determination of moisture holding capacity of ion exchange resins	英文	2018 年第 13 号国家标准公告
155	29	GB/T 5475—2013	离子交换树脂取样方法	Methods of Sampling Ion Exchange Resins	英文	2018 年第 13 号国家标准公告
156	30	GB/T 12010.8—2010	塑料　聚乙烯醇材料（PVAL）　第 8 部分：透明度测定	Plastic-Poly (vinyl alcohol) (PVAL) materials—Part 8: Determination for transparency	英文	2018 年第 13 号国家标准公告
157	31	GB/T 12010.6—2010	塑料　聚乙烯醇材料（PVAL）　第 6 部分：粒度的测定	Plastic-Poly (vinyl alcohol) (PVAL) materials—Part 6: Determination for particle size	英文	2018 年第 13 号国家标准公告
158	32	GB/T 12010.5—2010	塑料　聚乙烯醇材料（PVAL）　第 5 部分：平均聚合度测定	Plastic-Poly (vinyl alcohol) (PVAL) materials—Part 5: Determination for average polymerization degree	英文	2018 年第 13 号国家标准公告

2018 年发布相关国家标准

序号	原序号	标准代号	标准名称	代替标准号	实施日期	公布号
159	31	GB/T 13016—2018	标准体系构建原则和要求	GB/T 13016—2009	2018/9/1	2018 年第 2 号国家标准公告
160	32	GB/T 13017—2018	企业标准体系表编制指南	GB/T 13017—2008	2018/9/1	2018 年第 2 号国家标准公告
161	196	GB/T 36077—2018	六西格玛管理评价准则		2018/10/1	2018 年第 2 号国家标准公告
162	53	GB/T 20004. 2—2018	团体标准化　第 2 部分：良好行为评价指南		2019/2/1	2018 年第 10 号国家标准公告
163	71	GB/T 13234—2018	用能单位节能量计算方法	GB/T 13234—2009	2019/4/1	2018 年第 11 号国家标准公告
164	289	GB/T 36714—2018	用能单位能效对标指南		2019/4/1	2018 年第 11 号国家标准公告
165	159	GB/T 19002—2018	质量管理体系 GB/T 19001—2016 应用指南		2019/7/1	2018 年第 17 号国家标准公告
166	160	GB/T 19028—2018	质量管理人员参与和能力指南		2019/7/1	2018 年第 17 号国家标准公告
167	229	GB/T 27021. 4—2018	合格评定　管理体系审核认证机构要求　第 4 部分：大型活动可持续性管理体系审核和认证能力要求		2019/7/1	2018 年第 17 号国家标准公告
168	230	GB/T 27021. 5—2018	合格评定　管理体系审核认证机构要求　第 5 部分：资产管理体系审核和认证能力要求		2019/7/1	2018 年第 17 号国家标准公告
169	456	GB/T 37097—2018	企业创新方法工作规范		2019/7/1	2018 年第 17 号国家标准公告
170	624	GB/T 37264—2018	新材料技术成熟度等级划分及定义		2019/7/1	2018 年第 17 号国家标准公告

（王春芳　田辉　田岩）

2018 年发布塑料相关行业标准

序号	原序号	备案号	标准代号	标准名称	代替标准号	实施日期	公布号
1	2	60476-2018	HG/T 2697—2017	胶辊　第 2 部分：聚氨酯胶辊	HG/T 2697—2001	2018/4/1	2018 年第 1 号行业标准公告
2	22	60496-2018	HG/T 5180—2017	汽车塑料件用水性涂料		2018/4/1	2018 年第 1 号行业标准公告
3	90	60564-2018	HG/T 5229—2017	热空气老化箱		2018/4/1	2018 年第 1 号行业标准公告
4	117	60591-2018	HG/T 5225—2017	抗静电无卤阻燃超高分子量聚乙烯管材衬里专用料		2018/4/1	2018 年第 1 号行业标准公告
5	129	60603-2018	HG/T 2097—2017	发泡剂　偶氮二甲酰胺（ADC）	HG/T 2097—2008	2018/4/1	2018 年第 1 号行业标准公告
6	132	60606-2018	HG/T 5259—2017	聚醚酯消泡剂		2018/4/1	2018 年第 1 号行业标准公告
7	233	60707-2018	QB/T 5042—2017	聚氨酯合成革绿色工艺技术要求		2018/4/1	2018 年第 1 号行业标准公告
8	290	60764-2018	JC/T 2410—2017	复合型密封垫片材料		2018/1/1	2018 年第 1 号行业标准公告
9	307	60781-2018	YY/T 0490—2017	气管支气管导管规格和标记	YY/T 0490—2004	2018/4/1	2018 年第 1 号行业标准公告
10	310	60784-2018	YY/T 0614—2017	一次性使用高压造影注射器及附件	YY/T 0614—2007	2018/1/1	2018 年第 1 号行业标准公告
11	317	60791-2018	YY/T 0661—2017	外科植入物　半结晶型聚丙交酯聚合物和共聚物树脂	YY/T 0661—2008	2018/10/1	2018 年第 1 号行业标准公告
12	363	60837-2018	YY/T 1543—2017	鼻氧管		2018/4/1	2018 年第 1 号行业标准公告
13	380	60854-2018	YY/T 1557—2017	医用输液、输血、注射器具用热塑性聚氨酯专用料		2018/4/1	2018 年第 1 号行业标准公告
14	95	61019-2018	FZ/T 64066—2017	燃煤锅炉烟气过滤用聚四氟乙烯类材料		2018/4/1	2018 年第 2 号行业标准公告
15	185	61152-2018	JB/T 13310—2017	涂附磨具　聚酯砂膜		2018/4/1	2018 年第 2 号行业标准公告
16	186	61153-2018	JB/T 13311—2017	涂附磨具用玻璃纤维背托盘		2018/4/1	2018 年第 2 号行业标准公告
17	189	61170-2018	JB/T 10833—2017	起重机用聚氨酯缓冲器	JB/T 10833—2008	2018/4/1	2018 年第 2 号行业标准公告
18	236	61229-2018	JB/T 6057—2017	塑料模　塑料模用钢　技术条件	JB/T 6057—1992	2018/4/1	2018 年第 2 号行业标准公告

19	28	61403-2018	CJ/T 270—2017	聚乙烯塑钢缠绕排水管及连接件	CJ/T 270—2007	2018/5/1	2018 年第 3 号行业标准公告
20	32	61407-2018	CJ/T 504—2016	高密度聚乙烯护套钢丝拉索	CJ 3058—1996	2017/5/1	2018 年第 3 号行业标准公告
21	309	61684-2018	JC/T 782—2017	玻璃纤维增强塑料可见光透射比试验方法	JC/T 782—2010	2018/4/1	2018 年第 3 号行业标准公告
22	312	61687-2018	JC/T 2427—2017	木塑复合材料耐氯水色牢度试验方法		2018/4/1	2018 年第 3 号行业标准公告
23	321	61696-2018	JC/T 2433—2017	建筑装饰板材耐积垢性试验方法		2018/4/1	2018 年第 3 号行业标准公告
24	157	62205-2018	YD/T 841. . 4—2016	地下通信管道用塑料管　第 4 部分：硅芯管		2016/7/1	2018 年第 4 号行业标准公告
25	222	62270-2018	YD/T 1113—2015	通信电缆光缆用无卤低烟阻燃材料	YD/T 1113—2001	2015/7/1	2018 年第 4 号行业标准公告
26	227	62275-2018	YD/T 2554. 2—2015	塑料光纤活动接器　第 2 部分：SC 型		2015/7/1	2018 年第 4 号行业标准公告
27	237	62285-2018	YD/T 1181. 1—2015	光缆用非金属加强件的特性　第 1 部分：玻璃纤维增强塑料杆	YD/T 1181. 1—2002	2015/7/1	2018 年第 4 号行业标准公告
28	238	62286-2018	YD/T 1181. 4—2015	光缆用非金属加强件的特性　第 4 部分：玻纤纱		2015/7/1	2018 年第 4 号行业标准公告
29	7	62370-2018	JG/T 499—2016	建筑用遮阳非金属百叶帘		2016/12/1	2018 年第 5 号行业标准公告
30	173	62537-2018	JG/T 223—2017	聚羧酸系高性能减水剂	JG/T 223—2007	2017/12/1	2018 年第 5 号行业标准公告
31	176	62540-2018	JG/T 508—2016	外墙水性氟涂料		2017/6/1	2018 年第 5 号行业标准公告
32	180	62544-2018	JG/T 512—2017	建筑外墙涂料通用技术要求		2017/9/1	2018 年第 5 号行业标准公告
33	181	62545-2018	JG/T 513—2017	钢边框保温隔热轻型板		2017/9/1	2018 年第 5 号行业标准公告
34	183	62547-2018	JG/T 515—2017	酚醛泡沫板薄抹灰外墙外保温系统材料		2017/9/1	2018 年第 5 号行业标准公告
35	194	62559-2018	JG/T 531—2017	市政工程及建筑用石英塑复合板材		2018/5/1	2018 年第 5 号行业标准公告
36	195	62560-2018	JG/T 535—2017	建筑用柔性薄膜光伏组件		2018/8/1	2018 年第 5 号行业标准公告
37	196	62561-2018	JG/T 536—2017	热固复合聚苯乙烯泡沫保温板		2018/8/1	2018 年第 5 号行业标准公告
38	199	62564-2018	JG/T 541—2017	建筑隔震柔性管道		2018/8/1	2018 年第 5 号行业标准公告
39	616	62988-2018	HS/T 54—2017	表面活性剂中壬基酚聚氧乙烯醚的鉴定方法		2017/8/1	2018 年第 5 号行业标准公告
40	895	64027-2018	JB/T 7444—2018	空气热老化试验箱	JB/T 7444—1994	2018/12/1	2018 年第 6 号行业标准公告

续表

序号	原序号	备案号	标准代号	标准名称	代替标准号	实施日期	公布号
41	156	63145-2018	DL/T 1851—2018	发电厂钢制衬胶管道和管件		2018/7/1	2018 年第 6 号行业标准公告
42	207	63196-2018	YD/T 3297—2017	通信用耐火光缆		2018/1/1	2018 年第 6 号行业标准公告
43	208	63197-2018	YD/T 841. 6—2017	地下通信管道用塑料管　第 6 部分：栅格管	YD/T 1324—2004	2018/1/1	2018 年第 6 号行业标准公告
44	209	63198-2018	YD/T 841. 7—2017	地下通信管道用塑料管　第 7 部分：蜂窝管	YD/T 1324—2004	2018/1/1	2018 年第 6 号行业标准公告
45	399	63388-2018	YD/T 1173—2016	通信电源用阻燃耐火软电缆	YD/T 1173—2010	2016/10/1	2018 年第 6 号行业标准公告
46	409	63398-2018	YD/T 2554. 3—2016	塑料光纤活动连接器　第 3 部分：FC 型		2016/10/1	2018 年第 6 号行业标准公告
47	416	63405-2018	YD/T 841. 1—2016	地下通信管道用塑料管　第 1 部分：总则	YD/T 841. 1—2008	2016/10/1	2018 年第 6 号行业标准公告
48	417	63406-2018	YD/T 841. 2—2016	地下通信管道用塑料管　第 2 部分：实壁管	YD/T 841. 2—2008	2016/10/1	2018 年第 6 号行业标准公告
49	418	63407-2018	YD/T 841. 3—2016	地下通信管道用塑料管　第 3 部分：双壁波纹管	YD/T 841. 3—2008	2016/10/1	2018 年第 6 号行业标准公告
50	419	63408-2018	YD/T 841. 5—2016	地下通信管道用塑料管　第 5 部分：梅花管	YD/T 841. 5—2008	2016/10/1	2018 年第 6 号行业标准公告
51	490	63479-2018	YD/T 2966—2015	通信电缆　聚四氟乙烯绝缘射频同轴电缆　皱纹铜管外导体型		2016/1/1	2018 年第 6 号行业标准公告
52	491	63480-2018	YD/T 2967—2015	通信电缆　聚四氟乙烯绝缘射频同轴电缆　微孔绝缘双层外导体型		2016/1/1	2018 年第 6 号行业标准公告
53	492	63481-2018	YD/T 815—2015	通信用光缆线路监测尾缆	YD/T 815—1996	2016/1/1	2018 年第 6 号行业标准公告
54	568	63557-2018	YD/T 838. 1—2016	数字通信用对绞/星绞对称电缆　第 1 部分：总则	YD/T 838. 1—2003	2016/4/1	2018 年第 6 号行业标准公告
55	569	63558-2018	YD/T 838. 2—2016	数字通信用对绞/星绞对称电缆　第 2 部分：水平对绞电缆	YD/T 838. 2—2003	2016/4/1	2018 年第 6 号行业标准公告
56	570	63559-2018	YD/T 838. 3—2016	数字通信用对绞/星绞对称电缆　第 3 部分：工作区对绞电缆	YD/T 838. 3—2003	2016/4/1	2018 年第 6 号行业标准公告

57	571	63560-2018	YD/T 838.4—2016	数字通信用对绞/星绞对称电缆　第4部分：主干对绞电缆	YD/T 838.4—2003	2016/4/1	2018年第6号行业标准公告
58	572	63561-2018	YD/T 3021.1—2016	通信光缆电气性能试验方法　第1部分：金属元构件的电气连续性		2016/4/1	2018年第6号行业标准公告
59	573	63562-2018	YD/T 3022.1—2016	通信光缆机械性能试验方法　第1部分：护套拔出力		2016/4/1	2018年第6号行业标准公告
60	574	63563-2018	YD/T 3022.2—2016	通信光缆机械性能试验方法　第2部分：接插线光缆中被覆光纤的压缩位移		2016/4/1	2018年第6号行业标准公告
61	575	63564-2018	YD/T 3022.3—2016	通信光缆机械性能试验方法　第3部分：撕裂绳功能		2016/4/1	2018年第6号行业标准公告
62	576	63565-2018	YD/T 3022.4—2016	通信光缆机械性能试验方法　第4部分：舞动		2016/4/1	2018年第6号行业标准公告
63	577	63566-2018	YD/T 3022.5—2016	通信光缆机械性能试验方法　第5部分：机械可靠性		2016/4/1	2018年第6号行业标准公告
64	587	63576-2018	HS/T 1—2011	海关标准编制规则	HS/T 1—2006	2011/11/7	2011/12/1 海关总署
65	591	63580-2018	HS/T 40—2013	涂料中甲苯、丙酮和丁酮的含量测定　顶空气相色谱-质谱联用法		2013/9/1	2018年第6号行业标准公告
66	594	63583-2018	HS/T 46—2014	低熔点复合涤纶短纤维的鉴别方法	HS/T 11—2006	2014/12/1	2018年第6号行业标准公告
67	599	63588-2018	HS/T 5—2006	有机改性碳酸钙的鉴定方法		2007/4/1	2018年第6号行业标准公告
68	603	63592-2018	HS/T 9—2018	乙烯-乙酸乙烯酯共聚物中乙酸乙烯酯含量快速分析方法　热重法	HS/T 9—2006	2018/5/1	2018年第6号行业标准公告
69	604	63593-2018	HS/T 10—2006	初级形状线性低密度聚乙烯的鉴别方法		2007/4/1	2018年第6号行业标准公告
70	613	63602-2018	HS/T 25—2009	聚酯纤维中二氧化钛含量的测定法		2009/4/1	2018年第6号行业标准公告

续表

序号	原序号	备案号	标准代号	标准名称	代替标准号	实施日期	公布号
71	614	63603-2018	HS/T 26—2017	甲苯二异氰酸酯中同分异构体含量的测定　气相色谱法	HS/T 26—2009	2017/8/1	2018 年第 6 号行业标准公告
72	636	63663-2018	HG/T 5303—2018	光敏材料　聚丁二醇 250-二（4-苯甲酰基苯氧乙酸）酯		2018/9/1	2018 年第 6 号行业标准公告
73	637	63664-2018	HG/T 5304—2018	光敏材料　4-（二甲氨基）-苯甲酸-（2-乙基）己酯		2018/9/1	2018 年第 6 号行业标准公告
74	639	63754-2018	JC/T 2435—2018	单组分聚脲防水涂料		2018/9/1	2018 年第 6 号行业标准公告
75	640	63755-2018	JC/T 2436—2018	木塑家具板材		2018/9/1	2018 年第 6 号行业标准公告
76	645	63760-2018	JC/T 1051—2018	金属面硬质酚醛泡沫复合板	JC/T 1051—2007	2018/9/1	2018 年第 6 号行业标准公告
77	647	63762-2018	JC/T 2441—2018	建筑绝热用石墨改性模塑聚苯乙烯泡沫塑料板		2018/9/1	2018 年第 6 号行业标准公告
78	669	63784-2018	JC/T 2458—2018	聚苯乙烯颗粒泡沫混凝土		2018/9/1	2018 年第 6 号行业标准公告
79	757	63889-2018	JB/T 13358—2018	光学薄膜带通干涉滤光片		2018/12/1	2018 年第 6 号行业标准公告
80	794	63926-2018	JB/T 12174. 3—2018	热收缩模制型材　第 3 部分：尺寸		2018/12/1	2018 年第 6 号行业标准公告
81	867	63999-2018	JB/T 13448—2018	螺杆柱塞式塑料注射成型机		2018/12/1	2018 年第 6 号行业标准公告
82	868	64000-2018	JB/T 13449—2018	塑料注射成型机用自动取件机		2018/12/1	2018 年第 6 号行业标准公告
83	978	64110-2018	JB/T 8448. 1—2018	变压器类产品用密封制品技术条件　第 1 部分：橡胶密封制品	JB/T 8448. 1—2004	2018/12/1	2018 年第 6 号行业标准公告
84	979	64111-2018	JB/T 8448. 2—2018	变压器类产品用密封制品技术条件　第 2 部分：软木橡胶密封制品	JB/T 8448. 2—2004	2018/12/1	2018 年第 6 号行业标准公告
85	1022	63643-2018	SJ/T 10012—2018	电子元器件详细规范 CBB23 型双面金属化聚丙烯膜介质　直流固定电容器　评定水平 E	SJ/T 10012—1991	2018/7/1	2018 年第 6 号行业标准公告

86	1023	63644-2018	SJ/T 10873—2018	电子元器件详细规范 CL20、CL20A 型金属化聚酯膜介质 直流固定电容器 评定水平 E	SJ/T 10873—1996	2018/7/1	2018 年第 6 号行业标准公告
87	1024	63645-2018	SJ/T 11002—2018	电子元器件详细规范 CBB111 型金属箔式聚丙烯膜介质 直流固定电容器 评定水平 E	SJ/T 10012—1996	2018/7/1	2018 年第 6 号行业标准公告
88	1039	63665-2018	HG/T 5305—2018	光敏材料 4-二甲氨基苯甲酸乙酯		2018/9/1	2018 年第 6 号行业标准公告
89	1040	63666-2018	HG/T 5297—2018	扩散复合聚对苯二甲酸乙二醇酯（PET）薄膜		2018/9/1	2018 年第 6 号行业标准公告
90	1041	63667-2018	HG/T 5298—2018	耐高温透明高阻隔膜		2018/9/1	2018 年第 6 号行业标准公告
91	1042	63668-2018	HG/T 5299—2018	铟锡氧化物（ITO）镀膜用透明聚对苯二甲酸乙二醇酯（PET）硬化薄膜		2018/9/1	2018 年第 6 号行业标准公告
92	1043	63669-2018	HG/T 5300—2018	铟锡氧化物（ITO）镀膜用折射率匹配硬化膜		2018/9/1	2018 年第 6 号行业标准公告
93	1044	63670-2018	HG/T 5308—2018	圆筒形干式煤气柜用橡胶密封带		2018/9/1	2018 年第 6 号行业标准公告
94	1045	63671-2018	HG/T 5310—2018	高分子吸收剂		2018/9/1	2018 年第 6 号行业标准公告
95	1046	63672-2018	HG/T 5311—2018	印刷用柔性树脂版		2018/9/1	2018 年第 6 号行业标准公告
96	1047	63673-2018	HG/T 5312—2018	窗纱用聚四氟乙烯复合膜		2018/9/1	2018 年第 6 号行业标准公告
97	1072	63698-2018	QB/T 1344—2018	制革机械 喷浆干燥机	QB/T 1344—1991	2018/9/1	2018 年第 6 号行业标准公告
98	1079	63705-2018	QB/T 5235—2018	制鞋机械 分条机		2018/9/1	2018 年第 6 号行业标准公告
99	1080	63706-2018	QB/T 5236—2018	制鞋机械 帮脚起毛机		2018/9/1	2018 年第 6 号行业标准公告
100	1081	63707-2018	QB/T 5237—2018	制鞋机械 翻转模式鞋底成型机		2018/9/1	2018 年第 6 号行业标准公告
101	1082	63708-2018	QB/T 5238—2018	制鞋机械 防水压胶机		2018/9/1	2018 年第 6 号行业标准公告
102	1083	63709-2018	QB/T 5239—2018	制鞋机械 鞋面定型机		2018/9/1	2018 年第 6 号行业标准公告
103	1084	63710-2018	QB/T 5240—2018	制鞋机械 中底板切割机		2018/9/1	2018 年第 6 号行业标准公告
104	1085	63711-2018	QB/T 5241—2018	制鞋机械 聚氯乙烯面材保压成型机		2018/9/1	2018 年第 6 号行业标准公告
105	1091	63717-2018	QB/T 5247—2018	箱包配件 塑料插扣耐用性能试验方法		2018/9/1	2018 年第 6 号行业标准公告
106	1092	63718-2018	QB/T 5248—2018	皮革 耐清洁剂试验方法		2018/9/1	2018 年第 6 号行业标准公告

续表

序号	原序号	备案号	标准代号	标准名称	代替标准号	实施日期	公布号
107	1093	63719-2018	QB/T 5249—2018	皮革　化学试验　总有机物挥发量的测定		2018/9/1	2018 年第 6 号行业标准公告
108	1094	63720-2018	QB/T 5250—2018	皮革　色牢度试验　加速老化条件下颜色的变化		2018/9/1	2018 年第 6 号行业标准公告
109	1095	63721-2018	QB/T 5251—2018	皮革　物理和机械试验　燃烧性能：丁烷气体燃烧法		2018/9/1	2018 年第 6 号行业标准公告
110	1096	63722-2018	QB/T 5252—2018	皮革　色牢度试验　颜色迁移到聚氯乙烯膜上的测试		2018/9/1	2018 年第 6 号行业标准公告
111	1097	63723-2018	QB/T 5253. 1—2018	皮革　物理和机械试验　沾污性能的测定　第 1 部分：马丁代尔摩擦法		2018/9/1	2018 年第 6 号行业标准公告
112	1104	63730-2018	QB/T 5257—2018	聚四氟乙烯（PTFE）板材	QB/T 3625—1999	2018/9/1	2018 年第 6 号行业标准公告
113	1105	63731-2018	QB/T 5258—2018	塑料压线帽		2018/9/1	2018 年第 6 号行业标准公告
114	1106	63732-2018	QB/T 5259—2018	聚偏氟乙烯（PVDF）板材		2018/9/1	2018 年第 6 号行业标准公告
115	1107	63733-2018	QB/T 5260—2018	再生塑料拼装沼气池		2018/9/1	2018 年第 6 号行业标准公告
116	1145	64133-2018	HG/T 5294—2018	老年橡塑鞋		2018/9/1	2018 年第 6 号行业标准公告
117	1209	62130-2018	YY/T 0514—2018	牙科学　气动牙科手机用软管连接件	YY/T 0514—2009	2019/1/1	2018 年第 6 号行业标准公告
118	1217	62138-2018	YY 0285. 5—2018	血管内导管　一次性使用无菌导管　第 5 部分：套针外周导管	YY 0285. 5—2004	2019/3/1	2018 年第 6 号行业标准公告
119	6	64142-2018	CB/T 3366—2018	钢管涂塑技术要求	CB/T 3366—1998	2018/9/1	2018 年第 7 号行业标准公告
120	11	64147-2018	CB/T 4489—2018	塑料救生浮具	CB 449—1965	2018/9/1	2018 年第 7 号行业标准公告
121	62	64198-2018	BB/T 0066—2017	聚乙烯挤出发泡包装材料		2017/10/1	2018 年第 7 号行业标准公告
122	64	64200-2018	BB/T 0072—2017	聚乙烯卧式吹塑罐		2017/10/1	2018 年第 7 号行业标准公告
123	71	64207-2018	BB/T 0051—2017	输液软袋用热转印膜	BB/T 0051—2009	2017/10/1	2018 年第 7 号行业标准公告
124	72	64208-2018	BB/T 0052—2017	液态奶共挤包装膜、袋	BB/T 0052—2009	2018/4/1	2018 年第 7 号行业标准公告
125	75	64211-2018	BB/T 0076—2018	包装容器　自立袋		2018/9/1	2018 年第 7 号行业标准公告

126	133	64273-2018	TB/T 1484. 1—2017	机车车辆电缆　第 1 部分：动力和控制电缆	TB/T 1484. 2—2010，TB/T 1484. 1—2010	2018/1/1	2018 年第 7 号行业标准公告
127	140	64280-2018	TB/T 1484. 2—2017	机车车辆电缆　第 2 部分：30kV 单相电力电缆	TB/T 1484. 3—2010	2018/1/1	2018 年第 7 号行业标准公告
128	141	64281-2018	TB/T 1484. 3—2017	机车车辆电缆　第 3 部分：通信电缆	TB/T 1484. 4—2010	2018/1/1	2018 年第 7 号行业标准公告
129	6	64358-2018	BB/T 0067—2014	包装容器　钢塑复合桶		2014/11/1	2018 年第 8 号行业标准公告
130	9	64361-2018	BB/T 0070—2014	包装用单项热收缩性聚酯薄膜		2015/4/1	2018 年第 8 号行业标准公告
131	10	64362-2018	BB/T 0060—2012	包装容器　聚对苯二甲酸乙二醇酯（PET）瓶坯		2013/6/1	2018 年第 8 号行业标准公告
132	40	64392-2018	TB/T 2476. 1—2017	铁路信号电缆　第 1 部分：一般规定	TB/T 2476. 1—1993	2018/7/1	2018 年第 8 号行业标准公告
133	41	64393-2018	TB/T 2476. 2—2017	铁路信号电缆　第 2 部分：塑料护套铁路信号电缆	TB/T 2476. 2—1993	2018/7/1	2018 年第 8 号行业标准公告
134	42	64394-2018	TB/T 2476. 3—2017	铁路信号电缆　第 3 部分：综合护套铁路信号电缆	TB/T 2476. 3—1993	2018/7/1	2018 年第 8 号行业标准公告
135	43	64395-2018	TB/T 2476. 4—2017	铁路信号电缆　第 4 部分：铝护套铁路信号电缆	TB/T 2476. 4—1993	2018/7/1	2018 年第 8 号行业标准公告
136	45	64397-2018	TB/T 3100. 1—2017	铁路数字信号电缆　第 1 部分：一般规定	TB/T 3100. 1—2004	2018/7/1	2018 年第 8 号行业标准公告
137	46	64398-2018	TB/T 3100. 2—2017	铁路数字信号电缆　第 2 部分：塑料护套铁路数字信号电缆	TB/T 3100. 2—2004	2018/7/1	2018 年第 8 号行业标准公告
138	47	64399-2018	TB/T 3100. 3—2017	铁路数字信号电缆　第 3 部分：综合护套铁路数字信号电缆	TB/T 3100. 3—2004	2018/7/1	2018 年第 8 号行业标准公告
139	48	64400-2018	TB/T 3100. 4—2017	铁路数字信号电缆　第 4 部分：铝护套铁路数字信号电缆	TB/T 3100. 4—2004	2018/7/1	2018 年第 8 号行业标准公告
140	49	64401-2018	TB/T 3100. 5—2017	铁路数字信号电缆　第 5 部分：内屏蔽铁路数字信号电缆	TB/T 3100. 5—2004	2018/7/1	2018 年第 8 号行业标准公告
141	50	64402-2018	TB/T 3100. 6—2017	铁路数字信号电缆　第 6 部分：应答器数据传输电缆	TB/T 3100. 6—2008	2018/7/1	2018 年第 8 号行业标准公告

续表

序号	原序号	备案号	标准代号	标准名称	代替标准号	实施日期	公布号
142	67	64419-2018	YY/T 0497—2018	一次性使用无菌胰岛素注射器	YY 0497—2005	2019/5/1	2018 年第 8 号行业标准公告
143	69	64421-2018	YY/T 0587—2018	一次性使用无菌牙科注射针	YY 0587—2005	2019/5/1	2018 年第 8 号行业标准公告
144	70	64422-2018	YY/T 1589—2018	雌二醇测定试剂盒（化学发光免疫分析法）		2019/5/1	2018 年第 8 号行业标准公告
145	115	64467-2018	JT/T 1217—2018	自浮橡胶排泥管		2018/8/1	2018 年第 8 号行业标准公告
146	10	64808-2018	SH/T 1819—2018	羧基丁苯胶乳中残留苯乙烯含量的测定　毛细管柱气相色谱法		2018/9/1	2018 年第 10 号行业标准公告
147	13	64811-2018	JB/T 20190—2018	内封式输液袋（瓶）吹灌封（BFS）一体机		2019/1/1	2018 年第 10 号行业标准公告
148	109	64908-2018	JB/T 13574—2018	电气绝缘用树脂基活性复合物　环氧滴浸树脂		2019/5/1	2018 年第 10 号行业标准公告
149	110	64909-2018	JB/T 13575—2018	电气绝缘用树脂基活性复合物　环氧连续沉浸树脂		2019/5/1	2018 年第 10 号行业标准公告
150	112	64911-2018	SN/T 0007.2—2017	进出口轻工产品检验标准编写的基本规定　第 2 部分：检验方法		2018/6/1	2018 年第 10 号行业标准公告
151	143	64942-2018	SN/T 4906—2017	橡胶中二硫化烷基酚的检测　液相色谱法-紫外检测法		2018/6/1	2018 年第 10 号行业标准公告
152	178	64981-2018	SN/T 4944—2017	食品接触材料　高分子材料　使用聚（2,6-二苯基-1,4-苯醚）作为干性食品模拟物测定迁移量的条件		2018/6/1	2018 年第 10 号行业标准公告
153	179	64982-2018	SN/T 4945—2017	食品接触材料检测方法　高分子材料　食品模拟物中 N-羟甲基丙烯酰胺的测定　液相色谱法		2018/6/1	2018 年第 10 号行业标准公告
154	187	64990-2018	SN/T 4953—2017	皮革中对苯二胺的测定　气相色谱质谱联用法		2018/6/1	2018 年第 10 号行业标准公告
155	188	64991-2018	SN/T 4954—2017	玩具中有机磷阻燃剂含量的测定　气相色谱-质谱联用法		2018/6/1	2018 年第 10 号行业标准公告
156	189	64992-2018	SN/T 4955—2017	鞋底不留痕试验方法　摆锤冲击法		2018/6/1	2018 年第 10 号行业标准公告

2018 年发布相关行业标准

序号	原序号	备案号	标准代号	标准名称	代替标准号	实施日期	公布号
157	1	61376-2018	RB/T 001—2017	认证认可行业标准编写指南		2018/6/1	2018 年第 3 号行业标准公告
158	2	61377-2018	RB/T 002—2017	认证认可行业标准分类指南		2018/6/1	2018 年第 3 号行业标准公告
159	3	61378-2018	RB/T 180—2017	基于过程的质量管理体系审核指南		2018/6/1	2018 年第 3 号行业标准公告
160	1103	63729-2018	QB/T 5256—2018	品牌培育管理体系实施指南　轻工行业		2018/9/1	2018 年第 6 号行业标准公告
161	16	64152-2018	RB/T 142—2018	移动式生物安全实验室评价技术规范		2018/12/1	2018 年第 7 号行业标准公告
162	25	64161-2018	RB/T 178—2015	合格评定　社会责任要求		2018/12/1	2018 年第 7 号行业标准公告
163	26	64162-2018	RB/T 179—2018	合格评定　社会责任评价指南		2018/12/1	2018 年第 7 号行业标准公告
164	28	64164-2018	RB/T 241—2018	绿色产品检测机构要求		2018/12/1	2018 年第 7 号行业标准公告
165	29	64165-2018	RB/T 242. 1—2018	绿色产品认证机构要求　第 1 部分：通则		2018/12/1	2018 年第 7 号行业标准公告
166	30	64166-2018	RB/T 242. 2—2018	绿色产品认证机构要求　第 2 部分：环境保护和资源节约		2018/12/1	2018 年第 7 号行业标准公告
167	31	64167-2018	RB/T 242. 3—2018	绿色产品认证机构要求　第 3 部分：可再生能源利用		2018/12/1	2018 年第 7 号行业标准公告
168	32	64168-2018	RB/T 242. 4—2018	绿色产品认证机构要求　第 4 部分：有机产品		2018/12/1	2018 年第 7 号行业标准公告
169	85	64225-2018	RB/T 175—2018	生物质能可持续性认证要求		2018/10/1	2018 年第 7 号行业标准公告

（王春芳　田辉　田岩）

展览展示与国际交流

2018中国国际塑料展暨第三届塑料新材料、新装备、新产品展览会

由中国塑料加工工业协会主办的“2018中国国际塑料展暨第三届塑料新材料、新技术、新装备、新产品展览会”（简称“2018中国国际塑料展”）在南京国际展览中心经过10月28~30日3天的展览，于10月30日下午圆满闭幕。

本届展会得到了相关部门，全国各地塑料加工业及上下游企业、各地方行业商协会、行业专家、学者等大力支持，展会展位面积达3万平方米；专业观众、买家及展商39000人次。展会期间成交活跃，据不完全统计，参展企业现场订单成交及意向协议超过20亿元。展会同期举办的科技大会、新产品发布会等40多场的系列会议上，专家、学者分享科技创新成果，交流国内外最新科技信息，参会代表反映良好，收获颇丰，展会获得圆满成功！

一、国内外大型企业踊跃参展

本届展会展览面积超过3万米^2，共设展位超过1300个。包括海天塑机集团有限公司、博创智能装备股份有限公司、南亚塑胶工业股份有限公司、青岛三益塑料机械有限公司、金纬机械公司、德国布鲁克纳机械股份有限公司、东芝机械株式会社等著名设备企业以及塑料制品龙头企业在内的国内外640家展商积极参展，参展商涵盖国内外塑料行业大型企业，覆盖塑料加工业全部领域的子行业。

二、展会开幕式盛况空前

10月28日上午9:08，“2018中国国际塑料展”举行隆重的开幕仪式，出席会议的领导和嘉宾包括中国轻工业联合会会长张崇和，中国轻工联合会原副会长、中国塑料加工工业协会原理事长钱桂敬，国家工业和信息化部消费品司司长高延敏，国家知识产权局知识产权运用促进司司长雷筱云，中国轻工业联合会副秘书长刘素文，中国塑料加工工业协会理事长朱文玮，中国工程院院士、四川大学教授王琪，英国皇家化学学会会员、加拿大工程院院士加拿大多伦多大学教授MOHINI SAIN，江苏省工业和信息化厅副厅长李强，南京市贸促会会长、南京市政府会展业办公室主任梁洁，南京市经济和信息化委员会副主任周文彪，中国塑料机械工业协会监事长、博创智能装备股份有限公司董事长朱康建，中国塑料机械工业协会秘书长王静，中国模具协会会长武兵书，中国电池工业协会理事长赵金生，中国塑料加工工业协会副理事长曹俭，江苏省轻工业行业协会会长许荣云，原江苏省轻工业厅厅长陈世爱、来自国内相关地方塑料协、商会等有关领导。

中国塑料加工工业协会副理事长马占峰主持开幕式，中国塑料加工工业协会副理事长兼秘书长王占杰代表本届展会组委会致辞，德国布鲁克纳机械有限公司高级销售经理经理VASIC Dragan代表国外展商发言，中国塑料机械工业协会监事长、博创智能装备股份有限公司董事长朱康建代表国内展商发言，中国轻工业联合会会长张崇和宣布2018中国国际塑料展暨第三届塑料新材料、新技术、新装备、新产品展览会开幕，有关地方政府部门及全国各地行业专家、国内外展商代表、采购商代表、媒体记者等800余人参加了开幕式。

三、2018中国塑料加工业科技大会彰显展会质量

2018年10月28日下午，中国塑料加工工业协会在南京国际展览中心组织召开“2018中国塑料加工业科技大会”，来自国内外的企业家、工程技术人员、专家学者及地方（商）协会代表1000余人参加了本次大会。

中国轻工业联合会会长张崇和部长做了题为《坚定创新自信　强化创新引领　加快塑料行业转型升级步伐》的重要讲话，工业和信息化部消费品司高延敏司长做了题为《科技创新引领塑料加工行业高质量发展》的报告，国家知识产权局知识产权运用促进司雷筱云司长做了题为《强化知识产权创造、保护、运用，支撑创新驱动发展》的报告，中国工程院院士、四川大学王琪教授做了《高分子材料时代和废弃高分子材料回收利用新技术》的报告，加拿大多伦多大学教授MOHINI SAIN做了题为《全球塑料工业的转型时代》的报告。

会议隆重表彰了中国塑料加工业科技创新型优秀会员单位，科技创新之星、杰出工程师、行业工匠等中国塑料加工业科技创新先进工作者，以及中国塑料加工业科技创新贡献奖。科技大会的召开是本届展会区别与其它类型塑料展会的重要标志，是推动中国塑料加工业科技创新和高质量发展的重要举措。

四、34 场系列会议烘托展会热烈气氛

展会期间，中国塑料加工工业协会各分支机构在南京举办 30 场专业系列会议及活动，包括 2018 塑料中空制品专委会理事会扩大会议，2018 BOPP、BOPA、BOPI、BOPE、BOPS 等薄膜产业链市场与技术发展研讨会，2018 塑编产业链技术交流与市场对接会，2018 CPP、CPE 等流延薄膜行业市场与技术发展研讨会，2018 镀膜行业市场与技术发展论坛，2018 锂电池和薄膜产业链高峰论坛，中国塑协农用薄膜专委会五届一次理事会议暨农膜行业团体标准修订会议，中国塑协复合膜制品专委会七届三次会员大会暨“绿色、安全、智慧—2018 复合膜产业链创新发展高峰论坛”，第五届中国聚酯薄膜产业技术与市场研讨会，家居和汽车用合成革及聚氨酯泡沫与聚烯烃新材料绿色供应链技术交流会，注塑企业整厂智能化解决方案暨新品发布会，中国塑协氟塑料加工专委会第五届七次理事扩大会议，2018 智能家电先进制造创新论坛，2018 滚塑技术与市场发展论坛暨滚塑企业联谊交流活动，中国塑协线缆材专委会第一届三次理事会议，热塑弹性体与塑料鞋、塑料家居市场对接会，中国塑协塑料鞋专委会 2018 年会暨技术与市场交流会，中国塑协改性塑料专委会 2018 年年会暨改性塑料行业科技创新成果交流大会，降解专委会技术论坛，多功能母料专委会第三届第七次理事会议，工程塑料企业沙龙，2018 年增塑剂产业发展论坛，中国塑协塑料配线器材专委会第三届二次会员大会，中国塑协 XPS 专委会 2018 年年会暨技术发展研讨会，热塑弹性体与塑料鞋、塑料家居市场对接会，塑料管道行业产业链协调发展高峰论坛，家居和汽车用合成革及聚氨酯泡沫与聚烯烃新材料绿色供应链技术交流会，2018 年全国塑料异型材及门窗行业年会暨《塑料异型材》创刊三十周年纪念大会，EPS 专委会第五届五次理事会议，第六期塑木技术培训班，中国塑协板片材专委会 2018 年会暨技术交流会，2018 塑料新材料、新技术、新成果交流会暨高分子材料加工成型与先进制造研讨会暨第四届中国塑料/化工研究院所发展论坛暨中国塑协专家委员会四届二次年会，《硬质聚氯乙烯低发泡型材》《硬质聚氯乙烯发泡建筑模板》行业标准起草工作第二次会议等。

在 34 场会议中，约有 300 多名专家学者到会做产业技术报告，另有 400 多家企业在各个会议上介绍创新产品，近万名代表参会，烘托出“2018 中国国际塑料展”蒸蒸日上，欣欣向荣的氛围。

五、58 个高校研究院所技术团队展示“新材料、新技术、新装备、新产品”最新研究成果

本次展会期间，来自大连塑料研究所、北京化工大学、四川大学、北京清华大学、山西省化工研究所、中国石化北京化工研究院、北京加成助剂研究所、上海交通大学、大连理工大学、北京工商大学材料与机械工程学院、吉林大学、华东理工大学、中南大学、国家复合改性聚合物材料工程技术研究中心、扬州大学化学化工学院、齐鲁工业大学、浙江工业大学、工程塑料国家工程研究中心、广州市香港科大霍英东研究院、江南大学、中国科学院长春应用化学研究所、中山大学、福建师范大学、中石化北京化工研究院、常州塑料研究所、衢州学院、北京低碳清洁能源研究院、华南理工大学、福州市福塑科学技术研究所有限公司、高分子材料工程国家重点实验室、中国包装科研测试中心、广州检验检测认证集团、中国石化北京燕山树脂应用研究所、中科院宁波材料所、北京市塑料研究所的 58 个高校与科研所团队展示了最新的科研成果，200 多家企业与高校和科研所达成合作意向，为促进产学研合作，加强塑料加工业科技创新，促进塑料加工业高质量发展奠定了坚实的基础。

六、“新材料、新技术、新装备、新产品”成果发布会给优秀展商提供成果转化的舞台

3 天展会期间，在展馆 C 馆设立的“新材料、新技术、新装备、新产品”成果发布会场，共举办了 15 场“四新”成果发布会，介绍新材料、新技术、新装备、新产品的科研信息和技术成果，吸引了众多行业人士参与，促进行业商贸合作，获得好评，部分企业收到了现场成果转化的订单，突显本届展会“四新”的办展亮点已经取得经济效益。

七、行业人才招聘会为企业提供人才交流平台

展会期间，中国塑协教育与培训委员会在展馆内组织了塑料加工业招聘交流会。48 家塑料加工及上下游企业报名参加会议，提供 194 个空缺技术岗位，招聘 766 名中高端技术人才。据不完全统计，还有南京本地的 9 家学校相关院系参加招聘会，拟于 2019 年毕业的 1720 名学生参加交流会，另有超过千名塑料行业的高级技术人才参加交流。

八、科技创新展区展示塑料加工业科技创新成果及进展

展会期间，中国塑料加工工业协会专门设立科技创新展区，展区除了部分塑料制品实物外，还用图片、表格等方式展示了包括塑料与工业革命、塑料创造社会新资源、塑料是人类的朋友、中国塑料工业百年等主题内容的塑料行业辉煌历史；中国塑料工业新体系、塑料加工自主知识产权、中国塑料工业标准化、塑料加工科研投入、中部崛起产业格局、塑料资源持续发展、科技进步转型升级、企业科技创新取得成果、分支机构开展活动为主要内容的塑料行业辉煌成就；还发布了塑料工业塑料工业前景与未来以及科技发展目录、塑料行业历年来科技获奖名单等信息。

九、现场订单成交及意向协议超过20亿元

“2018中国国际塑料展”开展期间，展商商务洽谈取得明显效果，有的展商已将展品售出，有的展商签订了销售合同，有的展商达成了多项意向协议。据了解，大部分展商通过展会搭建的商贸平台，达成了多项合作协议。

其中，德国布鲁克纳机械有限公司意向订单超过10亿元，涉及生产线数量超过10条；辽宁亿龙集团正商谈价值3180万元的改性钙粉订单；青岛三益塑料机械有限公司成交50多万美元；塑料鞋专区成交100万；申达机械成功售出展出产品——UN-230EP111注塑机；广东聚诚信精工机械有限公司成功售出展品；张家港金米兰激光科技有限公司售出多台设备；临沂互为机械厂现场售出一台切缝一体机，并有四台设备意向成交；新乡创美科技有限公司彩色共挤料成交；南京肯特复合材料股份有限公司已签订成交合同。

很多展商表示，本次展会上专业观众与买家较多，是产品对接和公司形象展示的好机会，多数展商表示下次还要参展，有的已经提前预定展位做特装和展示设备，整个展会在热烈的气氛中降下帷幕。

（中国塑料加工工业协会）

中国塑协代表团赴美加参观考察交流报告

应美国塑料工业协会和加拿大多伦多大学的邀请，2018年5月6日到5月13日，中国塑料加工工业协会理事长朱文玮、副理事长兼秘书长王占杰、副秘书长兼会展部主任孙冬泉、副秘书长兼综合业务部主任田岩以及部分分支机构负责人和相关企业代表一行11人，对美国、加拿大两国塑料行业相关组织、学校和企业以及2018美国塑料和模具展览会（NPE2018）进行了为期8天的交流和考察。考察活动得到了美国塑料工业协会、加拿大多伦多大学及相关单位的高度重视和热情接待。代表团分别就中国塑料行业现状和发展前景、2018美国塑料和模具展览会（NPE2018）情况、2018中国国际塑料展、中国塑料加工工业协会与美国塑料工业协会合作协议、以及开展交流与合作等方面内容与相关单位和企业进行了交流。通过考察访问，达到了扩大宣传、增进友谊、相互学习、促进合作的目的。

一、考察安排

1. 参观NPE2018展会

代表团一行参观了于2018年5月7日至5月11日在美国佛罗里达州奥兰多市举办的2018年美国塑料和模具展览会（NPE2018），并与美国塑料工业协会就两国塑料行业的现状及发展以及双方的合作框架协议进行了讨论与交流。

美国塑料和模具展览会（NPE）是美洲规模最大、历史最悠久的塑料展览会，也是世界最早的塑料大型国际展会。主办方介绍NPE展会是全球第二大塑料展会，也是西半球最大的展会。从1946年开始，已历时72年，开始在芝加哥每三年举行一届，本届已经是25届次，其中2012年从美国芝加哥迁移至奥兰多，增加展会规模，降低参展成本，再次赢得展会新的市场。时至今日，NPE展会在参展商、展览面积、规模、参观者人数等方面均保持稳步增长。NPE展会是由美国塑料工业协会主办承办运行的国际塑料工业展览会。据介绍，上届展会有来自23396家企业的65810观众参观，其中中国参展企业385家（17%），有一亿美元的采购规模。

据了解NPE2018组织了10.2万米^{2}的展区，来自128个国家的2000多家展商参展。展会分为11个展区，其中有商务金融中心、软聚氯乙烯、IDSA设计中心、材料科技、模具、塑料加工、热成型7个传统展示；2018年新增4个展区为3D/4D打印、瓶区、医疗部件加工、可持续及塑料回收。据了解本届展会中国参展企业约500家，主要以挤出和注塑机械、模具、辅助材料等居多。

2018 年 5 月 7 日至 8 日，中国塑料加工工业协会代表团参观了 NPE2018，了解塑料行业的最新进展和未来发展趋势。

代表团成员先后走访了上百家包括来自中国的参展企业，了解了国际塑料行业相关新材料、新产品、新装备的最新技术及发展情况。

在本届 NPE 展会中可以看到多数大型装备开机运转，智能化、高端化技术展示较多，一批新技术和新材料在展会现场显现出未来塑料行业的发展水平。我国优秀参展企业也都具有较强实力，在展会上展示了本公司的最新科技成果和产品，显示了我国塑料加工行业发展的先进水平。参展的中国企业有浙江海天、大连三垒、大连塑料研究所、苏州金纬、成都金石东方、宁波方力、山东道恩、金发科技、上海邦中、烟台万华、精诚模具、南京越升、山东东临、埃维恩（上海）等，以及一些国内装备、模具、原料、助剂等企业。

在参观 NPE 展会期间，代表团成员还向参展商和观众介绍了“2018 中国国际塑料展”的组织和进展情况，并向他们发放了“2018 中国国际塑料展”邀请函，受到广泛欢迎。许多企业均表示愿意了解并有意向参加 2018 中国国际塑料展。

代表团部分成员在与加拿大 CORMA 公司交流时了解到，位于加拿大多伦多的 CORMA 公司，是世界领先的塑料波纹管道挤出设备生产商之一。CORMA 擅长生产双壁塑料波纹管及其他管材的加工设备，在中国有中大型的塑料管道生产企业也在使用该公司的这种装备。目前我国生产双壁波纹管的企业最大外径 1200 毫米，这次展会上见到了该公司展示的 2000 毫米口径管材的产品。

本届展会的主要特点为：

第一、展会现场是一个制造业的动态全景。我们特别注意到，每个展位都处于工作状态，参展商与观众交流状态，大型设备都在运转、生产状态。整个展览是一场制造业的动态全景。自动化、机械手、机械人、智能化十分明显，一批最新技术和尖端材料在展会现场能够显现出发展水平。

第二、配套活动水准较高。美国塑料工程师学会的 ANTEC 与美国塑料工业协会同场举行“世界塑料业盛会”活动，有 9 场次深入技术会议，其中有 3D 打印研习班、农业塑料可循环研讨会、瓶区技术论坛、Carpet America 环保实践、塑料行业洞察—IHS Markit、塑料行业领导力峰会、可持续及塑料回收峰会等。视野开阔、极富启迪的主题演讲以及数十场参展商超级主题研讨会。

第三、组织颁发“塑料名人”活动。往年有 60 多项创新的应用成果参加比赛，今年增加了创新应用包括家电、汽车、医疗器械等消费和工业领域。从颁奖宣传片观察看到，颁奖主席台二十位颁奖嘉宾，为入围“塑料名人”颁发纪念奖。

第四、美国塑协组织招展形式多样创新。西楼的展厅有两个新兴技术展区。其中一个展区由美国塑协组织相关纳米复合材料、生物塑料、可持续性、节能和能源生产的参展商。另一个展区开放给所有创新技术的参展商申请，由行业媒体的编辑组成委员会评定符合资格的参展商。

第五、展会配套服务完整。主馆入口处有展商与观众服务台。每个场馆入口处还设有观众服务中心岛，提供《参展指南》《展会会刊》《每日展会快报》等信息。展会还提供了大企业专区、观众扫描入场、先进的观众登记系统、存包处、餐饮服务、现场流动保洁等服务。展馆出入口大门、墙壁、头顶空间数字标识明显，形成立体网络，简洁清晰，现场宣传气氛布置动静结合，色调和谐。

2. 与美国塑料工业协会交流

2018 年 5 月 7 日下午，考察交流团与美国塑料工业协会就塑料行业的可持续发展、两国塑料协会间的合作等方面进行了交流。

美国塑料工业协会成立于 1937 年，是美国第三大制造行业协会。会员来自整个塑料行业的供给链，包括塑料制品加工商、机械和设备制造商以及原材料供给商等。

美国塑料工业协会总裁兼首席执行官 Bill Carteaux 先生、执行副总裁 Patricia Davitt Long 女士等 8 名美方主要成员参加交流，体现了对中国行业代表团的重视。Bill Carteaux 先生首先介绍了美国塑料工业协会及塑料循环利用、会展等相关工作和美国塑料和模具展览会的情况，美国塑料工业协会是美国塑料和模具展览会的主办单位，NPE 是全球最具影响力的展会之一。

代表团团长朱文玮理事长介绍了中国塑料加工行业的整体情况，中国塑料加工工业协会积极推动塑料行业的绿色发展，协会有一支专业化、职业化、年轻化、知识化的专业工作团队，致力于以服务为根本，以科技为引领，搭建绿色发展桥梁和创新服务平台，引领会员企业凝聚行业力量，促进提升产业发展水平。中国塑料加工工业协会奉行全面贯彻新发展理念，坚定不移实施创新驱动发展战略，带动塑料加工业链上下游协同发展，加快结构性调整升级步伐，促进全行业实现高质量发展，为人民生活的更美好，做出新贡献！

朱文玮理事长提出，要在推进绿色塑料、科技创新发展、展览展示商务等领域，加强中美塑料行业组织之间的友好合作、交流与往来。要共同建立合作机制，在适当的时期建立合作机构，围绕塑料行业的环境友好、清洁生产、节约资源、循环利用、经济运行管理等领域开展科技与市场对接活动和交流，组织企业及科研院所贸易交流与互访。在“2018年中国国际塑料展”期间，共同组织中美塑料行业智能制造、绿色制造、再生资源利用等领域的交流活动、组织塑料制品市场商务活动，为中美塑料企业开展贸易往来与商务活动创造条件，并将上述内容以签署战略合作协议形式确认。代表团还播放了《中国塑料工业-绿色发展　扬帆启程》短片。

美国塑料工业协会表示，高度关注中国塑料加工工业协会提出的节约资源与环境友好、绿色生态、循环经济、清洁生产、科技创新的塑料工业发展主张，并对双方深度开展塑料科技、塑料展览展示商务合作、建立友好机制表示了积极的响应。

3. 考察加拿大麦克罗（MACRO）公司

11日上午，代表团来到位于多伦多近郊Mississauga的麦克罗（MACRO）公司，该公司的领导团队Joe Suhay P. Eng.、David Cui、Harvey Long等与代表团进行了交流并陪同参观了生产车间。

麦克罗公司成立于1987年，是专注于PVB玻璃夹层膜、太阳能背板膜、保鲜及缠绕等流延膜、多层共挤吹塑薄膜、二次吹胀收缩膜等生产线制造企业，该公司在模头、螺杆、收卷机等方面的设计很有特色。

4. 与加拿大多伦多大学举办交流活动

5月11日下午，代表团来到加拿大多伦多大学。多伦多大学林学院院长马哈尼皇家院士亲自安排了交流活动的准备工作，对交流议程、参观实验室、交流文稿以及PPT演讲稿，都做出了细心的研究。

交流会上，多伦多大学林学生物院院长助理Dr. Mallike Das代表院长致欢迎词并介绍了多伦多大学的规模、学术地位、国际排名等整体情况，还介绍了几年来学院生物基高分子材料的重大科研成果，提出多伦多大学科研成果的最终方向是产业化、工业化。

Dr. Javad Sameni、PhD Maria Semeniuk、Dr. Djanira Negrao Rodrigues、PhD Antimo Graziano等分别介绍了他们在塑料发泡及材料轻量化、降解塑料的制备与降解、分化周期理论、生物基替代甲醛、生物涂层用于绿色和食品包装、纳米级生物碳分解、使用新型聚乙烯替代聚丙烯和石墨烯增强聚乙烯及生物基复合材料等高分子替代材料，以及纳米级生物基材料、碳酸钙制备新材料和纳米金材料等方面的研究进展和取得的成果。随后，代表团参观了两个学院的8个相关实验室。

通过介绍和交流，考察交流团了解到多伦多大学是世界著名的研究性大学，在诸多领域的科研和学术水平处于国际领先地位，为人类认识宇宙、自然科学、生物科学、生命科学做出了很大贡献，其中塑料高分子、生物基、植物纤维基高分子材料研发具有国际领先水平。其物理检测、化学分析、生物基、植物纤维等实验室拥有国际上先进的光学分析仪器、价值很高的物化检测装置，功能齐全的生物基、植物纤维材料产业化制造装置以及试验、检测、分析仪器。中国塑协代表团参观了化学实验室、物理实验室、生物实验室和塑料加工研究中心，十多名实验室的主任、博士、教授在现场逐一详细介绍各类仪器的性能，特别是在研究塑料高分子材料上的应用及成功案例。各类实验、检测、分析仪器，包括世界上仅有的三台之一的高性能分析仪，以及挤出生产线、小试、中试机装置，都给大家留下了深刻的印象。

在座谈交流会上，播放了《中国塑料工业-绿色发展　扬帆启程》短片，团长朱文玮理事长向教授、博士、专家们介绍了我国经济发展和塑料加工业主要情况，以及塑料产业的科技前沿技术、方向和中国塑协为搭建科研成果转化的科技桥梁、商务桥梁所做的努力。朱理事长指出：中国塑协在为国内外大专院校、科研院所的塑料高分子科研成果转化为先进的生产力方面组织了多次交流活动，包括组织中国塑料行业专家院士行系列活动和科技创新年系列活动，都取得了积极成果。塑料是国民经济基础性材料工业，是先进的生产资料，塑料制品是工农业和人民幸福生活不可或缺的必需品。中国塑协的使命就是全面推进塑料工业先进生产力的健康成长，以服务为根本，以科技为引领，搭建发展桥梁，创新服务平台，与所属39个分支机构和国内外科研院所、同业组织，共聚行业科技力量，助力提升产业高质量发展。

在后续活动中，代表团还与中国贸促会加拿大分会、加拿大商务投资公司、加拿大人才交流组织负责人以及在加拿大的访问学者、在校华人研究生、博士生进行了交流。

二、收获和体会

1. 交流塑料行业经济情况，增加了对北美塑料市场的了解认识

我们与美国塑料工业协会、加拿大多伦多大学以及企业相互交流的内容之一是塑料工业经济发展情况。我们介绍了国家统计局、国家海关总署对外公布的塑料工业经济数据，宣传了我国塑料工业情况及地位。我们也了解到2014年以来美国塑料行业经济水平稳步增长。据美国塑料工业协会介绍，2016年美国塑料行业整体出货量为404亿美元，保持了在美国制造业中第三的地位，仅次于石油和天然气开采业、汽车业。

通过对比分析，我国创造的塑料工业加工价值已超越美国，但是人均创造价值远远低于美国。我国1.5万家规上企业，近400多万产业工人，比美国从业人员多一倍多。我国是每万名从业人员创造塑料加工值为12亿美元，美国是22多亿美元。我们了解到整个美洲区域4万多家塑料企业，有6000多亿美元的塑料市场，其中北美占据66%。由此分析，拉美国家的人均塑料还比较低，具有巨大的市场机遇。美国人均塑料每亿人口制造塑料已经超过1000亿美元，但我国和拉美国家人均塑料产量相差不大。我们看到北美塑料发达，人均制造塑料市场规模是全球比例最高的地区，拉美国家的塑料制造量具有发展空间，潜在市场机遇很大。

2. 交流塑料科技情况，了解了国外也在超前发展“三化一微”

通过考察和交流，我们体会到：

第一、大学科研重点在绿色生态塑料新材料。通过与多伦多大学十几名教授交流、参观实验室、检测室以及中试生产线，我们深刻地感觉到，加拿大政府在几年前就资助多伦多大学，投资1000多亿美元，开发生物基材料、植物纤维、碳纤维在塑料制品的应用，深入推进生态化、绿色塑料工艺技术基础理论研究。而且在这次交流中，他们提出科研成果产业化、工业化问题，能感觉到已经在超越发展。开发的可降解塑料不仅限于塑料大棚膜，而且着力于将具有一定厚度的降解塑料应用于制作花卉市场的容器、可降解花盆等。通常我们看到的大多数降解塑料制品为可降解农膜、可降解塑料袋、可降解快餐盒，以及最近在快递领域、包装领域推进塑料袋的应用，这些主要用来解决白色污染问题。加拿大多伦多大学加强科研投入，在生态化塑料、绿色制造塑料等方面具有超前性，我们看到了生物基、植物纤维和碳纤维结合制备塑料制品、注塑工艺生产厚制品和降解塑料制品，以及用木质素、矿物质填充剂制备汽车塑料片材、各种塑料制品等。

第二、大家都关注循环经济再利用议题。在与美国塑料工业协会交流中，对方对我们提出的功能化、生态化、轻量化、微成型技术的发展，迅速做出积极和充分肯定的反应。在美国塑料工业协会、塑料工程师学会和美国塑料回收协会（APR）的开展的工作中，我们注意到，美国塑料回收协会致力于引领行业长期发展，鼓励创新，解决塑料回收技术的挑战，支持塑料的回收循环再利用，而且组织了13届塑料回收大会与展会活动。

第三、展会展示充分体现。如今年的展会设计上，在西馆有美国塑料工业协会组织相关纳米复合材料、生物塑料、可持续性、节能和能源生产的参展商参加的新兴技术展区。再如在展会现场我们也看到诸多微成型技术，其中上海佳谷模具公司在展会上也展示出“微注塑”技术。

3. 交流塑料未来发展，智能制造已成为企业发展必由之路

这次在展会上看到的印象最深的是智能制造，塑料装备展出的最多的是智能制造，很大的收获是看到了塑料智能制造的国际发展水平，充分感觉到智能制造是塑料工业健康发展的必由之路。目前我们的差距还较大。

在交流中大家同样都遇到加速科研成果工业化、产业化与智能化共性问题。我们在国内与大学交流时常常会探讨产业化进程问题，同样在与加拿大多伦多大学交流时，他们也提出了如何尽快将科研成果工业化、产业化问题。他们为了尽快突破解决产业化实践，学院配置两套塑料中试生产线，我们看到其中一条请中国工程师正在安装调试。说明塑料新材料的开发应用，使用先进的装备至关重要，通过智能制造实现工业化。加拿大多伦多大学遇到这个问题，同样我们在推进“三化一微”时也有这个困扰。以往我们在展会免费为大专院校科研院所搭建和企业的对接平台，去年我们又组织了“专家院士企业行”的活动，也是为实现成果转换搭建交流新平台。但是还需要我们创造更多的有效

交流服务方式。

欧美国家包括亚洲塑料设备制造商，展出的现代化的生产装备是展会的主流。通过近距离地接触展会中塑料制造设备运用机械人、机械手及自动化配置，看到声、光、电结合，实物演示、模型、视频等，对“智能制造”技术先进性的理解，不再是车间里冰冷的机器和零件，而是你可以触摸、观察，甚至交流的对象。机械手有序、精准地完成着注塑系统、挤出系统、供料系统、分拣系统、检测系统、混炼系统、配色系统。初步统计智能制造占了展会现场的50%以上。由于我们对“智能制造”认识还不专业，只关注到了独立的自动化配置和自动化流程，注塑制品完成了自动供料、自动组装、自动检测与分拣、自动包装，还缺乏对“智能制造”相关管理软件、物流软件、信息系统等服务商系统的观察和交流。

4. 推广“2018 中国国际塑料展”的同时，也掌握了国际塑料展发展水平

参观“2018 年美国塑料及模具展览会”的共性收获，对于什么是展会国际化、专业化、现代化、高端化有了认识上的飞跃。这次赴美看展，除了宣传我们自己的展会外，通过参观和交流，我们也感到对国外展会现场参观机会不多，对国际展的理解也多浮在表面。这次观展，对于如何做好自办展会有较大的启迪。

5. 引进国外的高科技人才，进行国际技术交流与合作有较大的空间

本次美、加之行，除在展会上参观新技术并与展商交流学习外，代表团通过与中国旅美奥兰多专业人士协会、麦肯罗公司、多伦多大学林学生物学院和化学院等单位的交流感受很深。

通过中国旅美奥兰多专业人士的交流，我们能感觉到海外华人对祖国的向往和希望为国出力的愿望强烈，与我们交流的多位从清华等知名高校出来的顶尖技术人员，现从事高分子、塑料等相关的科技、教学工作，他们关心祖国建设、愿意为国家出力，其中一个还是国内的“千人”学者，他们很愿意来参加协会的活动展示自己的技术，为国内塑料行业助力，与国内企业建立合作与交流。

多伦多大学林学生物学院和化学院无论是在研究内容、研究水平还是实验室装备方面，其水平都是领先的，和他们的交流与参观有耳目一新的感觉。难能可贵的是他们十分注重产业化研究，承接或合作多项企业课题，我们应加强与该校的技术交流与合作，并介绍给行业企业进行产业化合作。

三、建议

赴美、加考察交流后，我们要结合各自的重点工作，借鉴经验，充分分析美洲塑料市场现状与前景，以及美、加塑料行业特点，进一步研究我协会围绕全行业重大、前沿科技进步，促进塑料经济持续发展，拓展应用市场，加快“三化一微”、“智能制造”及科技进步步伐，促进两化融合、信息化、科研转换重点项目、院校合作、国际合作等方面工作。

结合本次观展和交流的体会，借鉴经验，进一步做好 10 月份的“中国塑料加工业科技大会”和“2018 中国国际塑料展”工作。

通过本次参观、考察、交流，代表团加深了对国际塑料行业的先进生产技术、新产品的开发和应用等方面的了解，从中看到了中国塑料加工业与世界先进水平的差距，深刻认识到国内加工企业必须提高科技创新水平，企业管理能力，积极发挥行业协会作用，共同努力，促进我国塑料行业的高质量发展。

（中国塑协赴美、加考察代表团）

中国塑协代表团赴日交流考察活动报告

由中国塑料加工工业协会主办、中国塑协 BOPET 专委会承办的访日交流考察活动于 2018 年 12 月 7 日结束。本次访日交流考察活动是应日本塑料工业联盟、日本日东电工株式会社及日本励展展览有限公司等单位的邀请，由中国塑协 BOPET 专委会做大量细致周密的前期工作，并和日东电工株式会社做了很好的协调沟通。

在 2018 年 12 月 3 日–7 日三天半时间里，中国塑料加工工业协会代表团分别与日本塑料工业联盟、日本日东电工株式会社、日本励展展览有限公司、日本国际塑胶展览协会、日本三菱化学株式会社、富士通高新技术展示中心等单位进行交流，并

参观“第9届高功能薄膜技术博览会与技术研讨会”，做了大量的交流考察活动。

本次访日交流考察活动受到日本有关方面的高度重视和热情接待。每到之处，都得到考察单位热情周到的接待；所到之处，都传递了中日塑料行业间友谊与合作的信息。

一、拜访行业协会：架起行业间合作的桥梁

12月4日上午，中国塑协朱文玮理事长率代表团部分成员与日本国际塑胶展览协会（IPF）事务局柴田局长进行了会谈。双方就中国塑料加工工业协会和日本国际塑胶展览协会在各自国内组织、举办展会的情况进行了介绍，就互相支持展会等相关事宜进行了交流。参加会谈的还有中国塑协副理事长曹俭、副秘书长孙冬泉、田岩。

12月4日下午，中国塑协朱文玮理事长率代表团部分成员在日本三菱化学株式会社东京总部拜访了日本三菱化学株式会社相谈役（原公司总经理）兼日本塑料工业联盟会长姥贝卓美、三菱化学株式会社综合运营委员长二又一幸、日本塑料工业联盟专务理事岸村小太郎等。日本塑料工业联盟对中国塑协代表团一行的到访表示欢迎，表示十几年前，两个协会的领导曾相互访问，有过合作合同，但遗憾没有实际进展，表露了愿意合作的意愿。朱文玮理事长对日本塑料工业联盟的热情接待表示感谢，并表示代表团是带着友谊和合作的意愿来，希望通过交流增进双方友谊，学习技术和经验，促进双方合作发展。在友好的气氛中，双方就探讨继续签署合作新协议、共同关心的海洋垃圾污染问题、相互感兴趣的数据信息以及协会各自服务行业、服务会员等项工作的经验进行了坦诚的沟通交流，达成了共识，并期望在达成共识的基础上续签新协议，定期组织企业机构、会展机构进行互访交流，建立互访和会晤的机制。

通过本次交流活动，促进了双方进一步增加了解、加深友谊，增强合作的信心。双方一致认为，要精心培育我们种下的友谊之树，使其不断长成参天大树。双方应建立稳定而富有成果的沟通、交流、联络机制，为促进中日两国乃至世界塑料工业的发展做出贡献。

中国塑协副理事长曹俭、副秘书长兼综合业务部主任田岩、副秘书长兼会员部主任刘姝、中国塑协专家委员会副主任詹茂盛、中国塑协BOPET专委会主任/浙江强盟实业股份有限公司董事长易志龙参加了会见与交流。日本塑料工业联盟的专务理事岸村小太郎、事务局长加藤英仁、总务及环境部长横山利男、国际关系委员长横内满及翻译江女士参加会谈。日东电工公司调达统括部藤尾清浩部长和时奕峰先生作陪。

二、参观考察企业：感受与学习日本塑料工业的最新技术及发展方向

12月4日下午，中国塑协朱文玮理事长率代表团部分代表到日本三菱化学株式会社东京总部拜访了日本三菱化学株式会社相谈役（原公司总经理）兼日本塑料工业联盟会长姥贝卓美、三菱化学株式会社综合运营委员长二又一幸，并进行了交流。

代表团全体成员还参观了日本三菱化学公司的高性能塑料产品展示厅，了解了三菱化学公司近年在汽车及飞机，包装、标签及薄膜，IT与电子、显示，环境与能源，保健，医药与食品及生物等多个领域开发的碳纤维、可持续资源、功能性树脂、高性能工程塑料、MMA/PMMA等塑料新产品核心技术及其应用成就，感受和学习了日本塑料工业的最新技术及发展方向。

12月4日上午，朱文玮理事长等代表团成员在与日本国际塑胶展览协会交流期间，参观考察了日东电工株式会社驻东京办事处及办事处产品展示厅，了解了日东电工公司的发展历程和主要产品。应日东电工株式会社的邀请，12月6日下午，朱文玮理事长率中国塑协及BOPET专委会和中国BOPET行业企业家代表团到日东电工株式会社丰桥事业所访问交流。代表团听取了日东电工的公司介绍，参观了日东电工创新中心、防灾中心及光学膜涂布车间。中国塑协介绍了协会和行业概况、BOPET专委会介绍了中国BOPET行业及企业概况、中国BOPET生产企业在发展高功能聚酯薄膜产品方面的情况。

日东电工株式会社的“不断开拓新用途、开发新产品、并执着不懈地创造新需求”的“三新活动”以及挑战矛盾、解决顾客痛点，安全高于一切的防灾教育，车间精细化管理等等都给参观人员留下了深刻的印象。

12月7日，朱文玮理事长率中国塑协代表团一行13人，来到位于东京都港区的富士通高新技术展示中心，听取了企业全球化信息通信技术运用案例介绍，观看企业高新技术产品展示，参观了公司开发的利用人工智能信息技术提高技术、管理和培训的屏幕展示，询问了解相关内容。代表团成员亲身体验了利用人工智能技术手段，通过人体手掌静脉血管提高安全认证功能、利用 3D 技术对产品进行模拟动态设计与制作、以及多样化交流工具 LiveTalk 将发言内容及四种翻译结果实时转换为显示文字等。代表团成员还积极索取相关资料、建立联系方式，为今后加强合作创造条件。

富士通株式会社作为日本最大、世界领先的信息通信技术企业，拥有先进的大数据管理技术和解决方案，在推动技术进步同时，为人类的健康、美好生活和社会发展所做的努力和贡献，都给代表团全体成员留下了良好印象。

三、考察展会拜访展览公司：学习办展经验促进展会合作

2018 年 12 月 5 日，中国塑料加工工业协会朱文玮理事长率领中国塑协赴日交流考察团一行 12 人参观了在日本千叶幕张展览馆举行的日本“第 9 届高功能薄膜技术博览会与技术研讨会”。

考察团参观考察了来自世界各地的塑料高功能薄膜产业链企业展示的设备、配件、原辅材料、检测仪器、新产品等一系列实物或图片，与相关展商就技术等问题进行了交流，并且还参加了部分现场技术研讨会。考察团成员认为本届高功能薄膜技术博览会与技术研讨会有以下特点和亮点：一是日本参展企业全。在总数约 196 家参展商中，日本塑料功能膜企业 180 余家，国际知名的日本企业几乎都参展了。二是参展产品新，技术含量高，功能膜展出较多。三是展会组织好接待好，专题讲座多，演讲者专业层次高。

为办好第四届中国国际塑料展，考察团还专门研究了该展会整体布局，交流了日方成功的展会现场设计与布置等方面经验。考察团还拜访了国际知名参展企业及来自国内的中国塑协的参展会员企业，就新技术、新产品、参展情况等方面进行交流，共商第四届中国国际塑料展的参展事宜。

12 月 5 日上午，在参观考察日本第 9 届高功能薄膜技术博览会与技术研讨会期间，朱文玮理事长率中国塑协代表团与本届展会的主办方——日本励展展览有限公司董事长兼总经理石积忠夫、课长金太国进行了会谈。双方在坦诚、友好的气氛中，就各自国内组织、举办展会的情况等相关事宜进行了交流。通过此次会谈，代表团成员进一步了解了本届展会和当今世界高功能薄膜产业链新技术、新装备、新产品现状，为学习高功能薄膜行业先进技术，促进中国高功能薄膜行业的发展，起到了积极的促进作用。

代表团成员纷纷表示日本高性能薄膜展会质量高、人气旺，有很多经验值得学习借鉴，坚定了我们办好中国国际塑料展的信心，更好地为中国和全球塑料行业发展服务。

四、交流考察活动圆满成功，获得行业内外高度关注和评价

本次访日交流考察活动历时三天半，与各方交流达到预期效果，取得圆满成功，行业内外给予高度关注和评价。

通过学习考察，了解了日本塑料行业技术发展现状，感受到日本经济虽然下行压力大，但创新因素增多。企业注重练内功，发力科技创新，虽为百年企业，仍具强大生命力和市场竞争活力。

从交流考察中体会到，创新的产品创造了需求，引领了消费。行业要深化供给侧结构调整，优化产品结构，推动塑料加工业高质量发展。中国塑料加工工业协会要引领行业开展科技创新，推动产业链上下游协同合作，不断促进政产学研金用深度合作，推进供给侧结构性改革，搭建全产业链的交流合作平台。企业自身要练内功、强素质，推动转型升级，做大做强。

（中国塑协赴日考察代表团）